Verde e amarelo

Rodrigo Trespach

VERDE E AMARELO

UMA HISTÓRIA DAS DINASTIAS BRAGANÇA E HABSBURGO

GLOBOLIVROS

Copyright © 2025 by Editora Globo S.A. para a presente edição
Copyright © 2025 by Rodrigo Trespach

Todos os direitos reservados. Nenhuma parte desta edição pode ser utilizada ou reproduzida — em qualquer meio ou forma, seja mecânico ou eletrônico, fotocópia, gravação etc. — nem apropriada ou estocada em sistema de banco de dados sem a expressa autorização da editora.

Texto fixado conforme as regras do Acordo Ortográfico da Língua Portuguesa (Decreto Legislativo nº 54, de 1995)

Editora responsável: Amanda Orlando
Editor-assistente: Rodrigo Ramos
Preparação de originais: Pedro Siqueira
Revisão: Jane Pessoa e Carolina Rodrigues
Diagramação e capa: Carolinne de Oliveira
Imagem de capa: Dom Pedro I, pintura de Simplício Rodrigues de Sá/Museu Imperial/Ibram/Minc e Maria Leopoldina da Áustria, pintura de Joseph Kreutzinger/Kunsthistorisches Museum Wien

1ª edição, 2024

CIP-BRASIL. CATALOGAÇÃO NA PUBLICAÇÃO
SINDICATO NACIONAL DOS EDITORES DE LIVROS, RJ

T732v

Trespach, Rodrigo
    Verde e amarelo : uma história das dinastias Bragança e Habsburgo / Rodrigo Trespach. — 1ª ed. — Rio de Janeiro: Globo Livros, 2024.
    496 p.; 23 cm.

    ISBN: 9786559872091

    1. Brasil - História - Independência, 1822. 2. Bragança (Família). 3. Habsburg (Familia). I. Título.

| 24-92780 | CDD: 981.04 |
| | CDU: 94(81).043 |

Gabriela Faray Ferreira Lopes — Bibliotecária — CRB-7/6643

Direitos exclusivos de edição em língua portuguesa para o Brasil adquiridos por Editora Globo S.A.
Rua Marquês de Pombal, 25 — 20230-240 — Rio de Janeiro — RJ
www.globolivros.com.br

*À memória de dona Leopoldina (1797-1826),
arquiduquesa da Áustria e primeira imperatriz do Brasil;
e à memória de seu filho, dom Pedro II (1825-91),
o imperador filósofo.*

Sumário

CRONOLOGIA 9

APRESENTAÇÃO E AGRADECIMENTOS 13

PRÓLOGO

HOCHZEIT 17

PARTE I

O AMARELO 23

Os Habsburgo 25

1. O castelo do açor 33
2. Senhores do Sacro Império 47
3. A.E.I.O.U 71
4. O senhor do mundo 93
5. *Los Austrias* 121
6. Século de sangue 147
7. A grande imperatriz 161
8. Uma Habsburgo no trono brasileiro 185
9. Declínio e queda da dinastia 209

PARTE II

O VERDE... 243

Os Bragança.. 245

10. Casa ducal 251
11. Reis de Portugal... 277
12. Era de ouro 307
13. Despotismo esclarecido.. 325
14. A rainha louca 349
15. A corte no Rio 359
16. "Independência ou morte!"..................................... 387
17. O imperador filósofo.. 409
18. Orleans e Bragança.. 443
19. O último rei 455

BIBLIOGRAFIA 467
NOTAS.. 483

CRONOLOGIA

1108   Primeira menção a Habsburgo como distinção de nobreza.

1143   Dom Afonso Henriques é reconhecido como primeiro rei de Portugal.

1273   Rodolfo I de Habsburgo é coroado rei dos romanos.

1276-8   Viena é ocupada e passa a ser a capital Habsburgo.

1356   O sacro imperador Carlos IV promulga a Bula Dourada.

1358   Rodolfo IV de Habsburgo, o Fundador, ordena a falsificação do *Privilegium maius*.

1414   O duque Ernesto I de Habsburgo usa pela primeira vez o título de arquiduque.

1442   Dom Afonso, conde de Barcelos, se torna o primeiro duque de Bragança.

1452   Frederico III de Habsburgo é sagrado sacro imperador.

1455   Gutenberg imprime a Bíblia de 42 linhas.

1492   Colombo chega à América.

1504   Filipe I, o Belo, de Habsburgo, é coroado rei de Castela.

1517   Lutero dá início à Reforma Protestante.

1520	Carlos I de Habsburgo, da Espanha, é coroado sacro imperador como Carlos V.
1526	Criação da monarquia Habsburgo.
1555	A Paz de Augsburgo é assinada.
1571	Vitória cristã contra os otomanos, na batalha de Lepanto.
1580-1640	Portugal e Espanha formam a União Ibérica.
1588	A Invencível Armada de Filipe II é destruída.
1618-48	Guerra dos Trinta Anos.
1640	Dom João II, o oitavo duque de Bragança, é coroado rei de Portugal como dom João IV.
1645	Dom João IV cria o título de príncipe do Brasil, destinado ao herdeiro presuntivo.
1683	Os otomanos cercam Viena por dois meses.
1693	Os portugueses descobrem ouro no Brasil.
1700	Com a morte de Carlos II de Habsburgo, a Casa da Áustria é extinta na Espanha.
1712-5	É realizado o Congresso de Utrecht e assinado o tratado de Paz e Amizade.
1713	Carlos VI de Habsburgo promulga a Sansão Pragmática.
1729	Os portugueses descobrem diamantes no Brasil.
1740	Maria Teresa de Habsburgo se torna rainha da Hungria.
1740-8	Guerra de Sucessão Austríaca.
1755	Lisboa é parcialmente destruída por um terremoto.
1761	Portugal declara libertos os escravos que entrarem no país.
1781	Abolição da servidão nos Estados germânicos.
1789-99	Revolução Francesa.
1793	Luís XVI e Maria Antonieta são guilhotinados em Paris.

1804	Napoleão é coroado imperador dos franceses. Francisco II de Habsburgo passa a reinar como Francisco I da Áustria.
1806	O Sacro Império Romano-Germânico é dissolvido.
1808	A família real portuguesa chega ao Brasil.
1815	Napoleão é derrotado em Waterloo. É realizado o Congresso de Viena.
	O Brasil é elevado à categoria de reino.
1817	Casamento de dom Pedro de Bragança e dona Leopoldina de Habsburgo.
1822	Independência do Brasil. Dom Pedro I é coroado imperador do Brasil.
1841	Dom Pedro II é coroado imperador do Brasil.
1864-70	Guerra do Paraguai.
1867	O Império Austríaco passa a se chamar Império Austro-Húngaro.
1869	Abolição da escravidão em Portugal.
1871	Criação do Império Alemão.
1888	A princesa Isabel assina a Lei Áurea, abolindo a escravidão no Brasil.
1889	O imperador dom Pedro II é destronado no Brasil. O país se torna uma república.
1910	O rei dom Miguel II de Bragança é deposto em Portugal, que também adota o regime republicano.
1914-8	Primeira Guerra Mundial.
1916	O imperador Francisco José de Habsburgo morre em Viena.
1918	O imperador Carlos I de Habsburgo renuncia ao trono. A Áustria se torna uma república.

APRESENTAÇÃO E AGRADECIMENTOS

ESTE LIVRO É UMA HISTÓRIA bastante concisa de duas das mais importantes famílias reais do mundo, uma narrativa biográfica sobre os Bragança e os Habsburgo, as dinastias responsáveis pela fundação do Brasil como Estado independente, em 1822. Nas últimas três décadas, pouco foi publicado sobre a história europeia no Brasil. A bibliografia sobre a península Ibérica e a Europa Central tem permanecido restrita às publicações acadêmicas. Livros sobre a história de Portugal, Alemanha e Áustria são raros em nosso país, salvo temas específicos, uma ou outra biografia, em sua maioria de eventos e personagens dos séculos XIX ou XX — no último caso, notadamente ligados à Segunda Guerra Mundial.

No entanto, é impossível compreender o Brasil sem conhecer a história da Europa, especialmente a de Portugal. Nosso país herdou estruturas sociais e políticas europeias. Nosso modelo filosófico-religioso e jurídico está intrinsecamente ligado às práticas desenvolvidas há quase um milênio no outro lado do Atlântico. E um dos meios para compreender um povo é conhecer as pessoas que o formaram. A história individual não está desconectada da história da sociedade em que determinado indivíduo viveu, seus problemas sociais e econômicos, seu modo de se comunicar, vestir, pensar e administrar. Isso vale também para governantes, reis ou imperadores — no que acreditavam, como foram educados, quais eram seus objetivos e suas relações pessoais. No caso das famílias Bragança e Habsburgo, muitos personagens ao longo da história foram agentes ativos nas mudanças e transformações de seus reinos, caso de dom Pedro I, no Brasil; dom João V, em Portugal; e Maria Teresa, na Áustria. A história, contudo, não é uma ciência exata. Cada indivíduo deve ser entendido dentro do contexto de sua época. Aspectos culturais, sociais, políticos e tecnológicos devem ser levados em conta. Outros monarcas dessas mesmas dinastias nunca tiveram o controle dos acontecimentos, governando em condições políticas extremamente complexas, caso de dom João VI, em Portugal, e de Francisco I, na Áustria.

Talvez meu leitor deva estar se perguntando qual a relação de biografias europeias com o Brasil. A resposta é simples. Durante a maior parte de nossa história foram decisões tomadas por reis ou rainhas que viviam na Europa que definiram o destino do país. As decisões políticas do imperador Carlos V impactaram diretamente na conquista da América no século XVI. A ocupação do Nordeste brasileiro pela Companhia das Índias Ocidentais no século XVII guarda uma estreita relação com a guerra entre os holandeses e os reis espanhóis Habsburgo. Foi o rei português dom João V, da casa de Bragança, que definiu para onde seriam canalizadas as riquezas minerais extraídas do Brasil. Foi um modelo de Estado luso o adotado pelo país ao se tornar independente, no começo do século XIX, e que trouxe com ele todas as suas tradições, seus acertos e problemas.

Por que um livro de biografias? A biografia foi uma das primeiras formas encontradas pelo ser humano para contar histórias. Descrever a vida e os feitos de uma pessoa, especialmente aquelas de relevância para uma sociedade, como líderes religiosos, reis ou imperadores, era algo apreciado na Antiguidade. Aliás, o termo "biografia" vem do grego *bios* (vida) e *graphe* (escrita) e surgiu no século VI da Era Cristã. Na Idade Média, assim como entre os gregos e romanos antigos, a narrativa biográfica não passava por uma análise crítica e muitas vezes não era mais do que a junção de fatos ficcionais criados para justificar e dar credibilidade às ações e à vida pessoal ou pública de um personagem poderoso ou importante. De qualquer forma, a biografia continuou uma forma bastante popular de narrar a história.

No século XIX, ela serviu para sustentar o culto às grandes personalidades e na construção da ideia de nação, imortalizando heróis e símbolos considerados próprios de um povo ou um país na fundação dos Estados nacionais modernos. Um representante desse período foi o historiador britânico Thomas Carlyle. Ele acreditava na importância do indivíduo diante dos eventos da sociedade, afirmando que a história era a "soma de incontáveis biografias". Era função do biógrafo revelar a "verdade" sobre determinado personagem histórico. O trabalho de Carlyle quebrava a linearidade factual da história, mas se atinha apenas aos "grandes" nomes. Na mesma época, outros pensadores colocavam o indivíduo comum (o "povo") no centro de suas pesquisas. Em pouco tempo, surgiram estudos sociais mais amplos que relegaram as biografias a um plano secundário. Embora um grande número de biografias continuasse a ser produzido, foi somente na segunda metade do século xx que os historiadores começaram a dar maior importância aos estudos do indivíduo para a compreensão de eventos do passado. Entender pessoas ajudava na compreensão do todo. A biografia foi redescoberta e reinventada, passando a ser estudada dentro do contexto histórico mais amplo e com todas as avaliações e ferramentas necessárias. Hoje é difícil pensar em qualquer evento histórico e dissociá-lo da trajetória de vida tanto dos protagonistas quanto dos coadjuvantes. Para compreender o Brasil, é preciso estudar suas raízes mais profundas.

Foi dentro dessa perspectiva que *Verde e amarelo* foi escrito. Como em outros livros meus, usei fontes históricas diversas. Consultei uma vasta bibliografia sobre o assunto, fontes primárias e uma infinidade de obras publicadas por historiadores e entusiastas europeus e brasileiros das mais variadas correntes historiográficas, além de um extrato de pesquisas realizadas em arquivos e bibliotecas especializadas. Entre as fontes primárias, consultei autobiografias, diários, livros de memória, relatos e correspondências públicas e particulares de homens e mulheres que viveram e foram testemunhas de sua época. Além disso, consultei instituições de pesquisa, acervos documentais e periódicos. Sempre que possível, visitei lugares históricos e conversei com especialistas. Contextualizei os períodos históricos e evitei anacronismos, tão em voga nos dias de hoje.

Ainda assim, trabalho algum de pesquisa é realizado sozinho. Por isso, sou grato a muitos amigos e colegas, que de uma forma ou de outra colaboraram com a investigação e emprestaram seu conhecimento e seu tempo, contribuindo substancialmente para este livro. Preciso agradecer e mencionar alguns de forma especial. Aos meus editores na Globo, Mauro Palermo e Amanda Orlando, que apostaram no projeto e me deram todo suporte, além de toda a equipe envolvida no processo de edição. Aos amigos Maria Elena Boeckel e Henrique Boaventura, pelo auxílio de sempre com traduções de obras antigas em alemão, francês e inglês. Ao dr. Elmar Rettinger, especialista em Idade Média e ex-diretor do Instituto de História Regional da Universidade de Mainz, na Alemanha, pelas explicações e sugestões de leitura sobre o período. Quanto à pesquisa específica sobre os Habsburgo, devo agradecer especialmente a Marco Castellaneta, diretor dos museus de Aargau, na Suíça, e ao dr. Rudolf Velhagen, curador da mesma instituição. Ao magíster Martin Mutschlechner, do departamento de pesquisa e documentação do Grupo Schönbrunn, em Viena, na Áustria. E aos amigos Othmar Kremser, que foi meus olhos em Viena, e Denis G. Simões e Lise Leitzke, de Munique. Quanto à pesquisa sobre os Bragança, sou grato à dra. Marta Páscoa, arquivista da Casa de Bragança, em Vila Viçosa. Ao cientista político dr. Luiz Carlos Ramiro Jr., ex-diretor da Biblioteca Nacional. Ao historiador dom Carlos Tasso de Saxe-Coburgo e Bragança, bisneto da princesa dona Leopoldina, pelas indicações de leitura. A dom Bertrand de Orleans e Bragança, chefe da Casa Imperial brasileira, que me recebeu em São Paulo para uma entrevista. Ao dr. Osvaldo Rocco e à professora Hayley Ribeiro de Barros Rocco, assessores de dom Bertrand. Ao amigo dr. Paulo Eduardo Costa, conde de Sankt Pölten e presidente do Instituto Histórico e Geográfico de São Vicente, meu guia por museus e acervos em São Paulo. E aos amigos Salcio del Duca e Max Debussi, que me auxiliaram em visitas a museus em Juiz de Fora e Petrópolis. Nenhum deles é responsável pelos eventuais equívocos presentes neste trabalho, que, claro, são de minha inteira responsabilidade.

Devo um obrigado ainda a meu pai, à minha mãe e aos meus irmãos, por todo o apoio dispensado até aqui. Por último e não menos importante agradeço à minha esposa Gisele e aos meus filhos Rodrigo Jr. e Augusto pela paciência e amor infinito.

Rodrigo Trespach
Osório, primavera de 2024

PRÓLOGO

HOCHZEIT

Viena, Império Austríaco, terça-feira, 13 de maio de 1817.[1] A união entre as casas de Bragança e Habsburgo — o verde e o amarelo — estava prestes a ser formalizada. Eram seis e meia da noite quando o cortejo nupcial deixou o Hofburg em direção à igreja Agostiniana, que ficava a poucos passos do palácio imperial. À frente, iam os altos dignitários, seguidos pelos irmãos do imperador Francisco I, as arquiduquesas, o arquiduque Fernando — herdeiro do trono —, e o arquiduque Carlos, acompanhado do embaixador português na cidade, o marquês de Marialva. Logo depois, seguidos pelos capitães da Guarda Imperial, os príncipes Esterházy e Lobkowitz, vinham Francisco I e a imperatriz Carolina Augusta, que conduziam a noiva pela mão. Aos vinte anos, a arquiduquesa dona Leopoldina trazia no peito um retrato do noivo, o príncipe dom Pedro, rodeado de diamantes.

A igreja de Santo Agostinho datava do início do século XIV, fora consagrada em 1349 e cedida à Ordem dos Agostinianos Descalços em 1630. Reformada durante o século XVII, em estilo gótico, passou a servir aos Habsburgo como capela da corte, sendo usada em festividades religiosas e se tornando local de batismos e casamentos de arquiduques e imperadores. Na mesma igreja, em 1810, Maria Luísa, a irmã de dona Leopoldina, se casara, por procuração, com Napoleão. Ali também Francisco José se casaria com a célebre imperatriz Sissi, 37 anos depois, em 1854.

O séquito imperial foi recebido na igreja por Sigismund von Hohenwart, o príncipe-arcebispo de Viena, e diversas autoridades eclesiásticas. Hohenwart era da Carniola (a atual Eslovênia), estudara em Graz, fora professor em Trieste, Laibach e Florença, onde teve como aluno o então arquiduque Francisco. Depois de atuar como bispo em Trieste e Sankt Pölten, foi nomeado arcebispo de Viena pelo ex-aluno em 1803. Hohenwart também oficiara o casamento de Maria Luísa com Napoleão, ainda que muito contrariado.

Dona Leopoldina entrou no templo trajando um vestido ornamentado com brilhantes, cuja cauda era carregada pelas damas da corte. No caminho até o altar, camaristas formavam alas dos dois lados. Como dom Pedro estava no Brasil com a corte portuguesa, o príncipe foi representado na cerimônia pelo arquiduque Carlos, tio da noiva. Aos 46 anos, Carlos tinha uma longa folha de serviços prestados ao seu país. Entre eles, o feito de derrotar Napoleão em Aspern-Essling, em 1809 — a primeira derrota do "deus da guerra" em campo de batalha.

A francesa Alexandrine de la Boutetière, baronesa de Montet, que estava presente, deixou registradas suas observações: "A corte cintilava com adereços, uniformes e diamantes. O imperador bocejou durante toda a cerimônia; a augusta desposada parecia absolutamente calma".[2] Encerrada a cerimônia, a família imperial retornou ao Hofburg, onde dona Leopoldina recebeu as felicitações de cortesãos, ministros e do corpo diplomático. Após os cumprimentos, um jantar foi oferecido aos convidados. A recém-casada sentou-se à mesa, em formato de ferradura, com o pai e o noivo. Enquanto o imperador brindava à saúde do novo casal, do lado de fora do palácio uma salva de canhões era disparada. O banquete foi animado pela orquestra da corte.

No dia seguinte, logo cedo, dona Leopoldina escreveu para a irmã Maria Luísa:

> Por amor a ti, minha boa irmã, levantei-me às sete horas hoje, para te escrever no meu primeiro dia como esposa; a cerimônia de ontem me fatigou demais, porque usei um vestido terrivelmente pesado e adorno na cabeça; porém o bom Deus me deu força espiritual suficiente para suportar com firmeza todo aquele comovente ato sagrado.

Ela escreveu também para a sua "mui querida sogra", no Rio de Janeiro: "tendo a felicidade de apresentar-me hoje a Vossa Majestade como nora, ela me permitirá de antecipar as homenagens que eu terei a honra de lhe reiterar incessantemente de viva voz".[3]

As homenagens e a troca de correspondências continuaram no dia seguinte. O marquês de Marialva e Rodrigo Navarro de Andrade, mais tarde barão de Vila Seca, responsáveis pelas negociações e pelo acordo do casamento, receberam das mãos do imperador a grã-cruz e a cruz de comendador da Ordem de Santo Estêvão. Francisco I escreveu ao genro, afirmando: "minha filha fará tudo o que depender dela para agradar-lhe; lisonjeio-me de que você também desejará contribuir para a felicidade dela ao seu lado". Ao rei dom João VI, pai do noivo, o imperador deu notícias sobre o matrimônio, chamando-o de "um dos eventos mais felizes do meu reinado". A noiva, por sua vez, escreveu a dom Pedro sobre "o melhor dia de sua vida".

Dando seguimento às celebrações, Marialva preparou um grande baile para o dia 26 de maio, mas dona Leopoldina estava indisposta, com uma "tosse terrível" e cólicas intestinais que a obrigaram "a obrar 27 vezes".[4] O estado de saúde da noiva provavelmente tinha fundo emocional: a arquiduquesa estava apreensiva quanto à longa viagem e à iminente separação da família. De toda forma, a festa foi adiada de última hora e toda comida preparada foi distribuída entre os hospitais e pobres da cidade. Depois de alguns dias de atraso, em 1º de junho, um domingo, Marialva conseguiu realizar o "baile brasileiro". O lugar escolhido foi o Augarten, um grande parque na área central de Viena.

No início do século XVII, o Augarten era apenas uma várzea nos prados do Danúbio, local de caça dos Habsburgo. A princípio, um pequeno pavilhão foi construído para abrigar o imperador Matias durante as atividades esportivas. Mais tarde, em 1655, o imperador Fernando III instalou um jardim no local, o que deu origem ao nome do parque: "jardim da várzea". A mansão que já havia ali foi transformada em palácio, o Favorita (onde hoje está instalado o colégio Theresianum). A construção e os jardins, porém, foram destruídos durante o cerco otomano de 1683 e tiveram de ser reconstruídos. No século XVIII, durante o governo do imperador Carlos VI, pai da grande Maria Teresa, a área foi toda remodelada, com jardins franceses e amplas alamedas que convergiam para uma praça central. O tio de Francisco I, o imperador José II, deu seguimento ao embelezamento do lugar e renovou o palácio imperial Favorita. Para o baile de 1817, o marquês de Marialva gastou uma dispendiosa quantia para que o arquiteto Karl Moreau redecorasse o local e construísse novos espaços em madeira a fim de aumentar a comodidade e a capacidade do lugar. As obras duraram dois meses.

Em frente ao velho Pavilhão de Recreio, onde estava localizada a praça, Moreau ergueu um majestoso templo com um pórtico de seis colunas e uma escadaria ladeada por duas estátuas colossais. No arco da entrada foram colocados os brasões de armas dos noivos. Nas laterais do grande templo, duas áreas cobertas foram construídas para que os convidados chegassem em suas carruagens. Dois outros salões adjacentes foram criados para servir de salas de jantar. Em cada espaço, nove mesas grandes e redondas, e outras dezoito menores foram dispostas para acomodar os 1.200 convidados. Cada uma delas era iluminada por um grande castiçal dourado. A família imperial sentou-se no salão à direita do Pavilhão de Recreio, decorado em forma de tenda, com estofados em seda branca e franjas douradas. Sobre a mesa foram posicionados dois gigantescos lustres dourados. O grande salão de baile, projetado para 1.800 pessoas, foi erguido atrás do Pavilhão de Recreio, em forma circular, com quatro templos em seu entorno e uma cúpula central que tinha uma abertura no teto. Os templos serviam de antessala e alas para conversas, jogos ou descanso. No interior do grande salão, iluminado por lustres e candelabros, 32 colunas com motivos florais sustentavam uma tribuna com três fileiras de cadeiras das quais se podia observar o espetáculo. As paredes foram cobertas por dez espelhos imensos, e portas de vidro ofereciam vista para as alamedas e os jardins iluminados.[5]

A família imperial chegou ao local às nove horas da noite, no momento em que um temporal desabava sobre Viena. O baile foi aberto com uma *polonaise*, quando dona Leopoldina foi conduzida por Marialva. A arquiduquesa dançou ainda com o embaixador espanhol e Navarro de Andrade. O jantar foi servido às onze horas da noite — para o imperador e sua família em baixelas de ouro, e para os demais convidados, em baixelas de prata. Segundo os jornais da época, a corte ceou numa mesa de quarenta talheres e o custo do evento passou de um milhão de florins. Depois do banquete, o baile recomeçou. A família imperial se retirou às duas da madrugada e a festa continuou até as quatro horas. Uma comemoração popular estava planejada para os dias seguintes, mas foi cancelada depois que o marquês precisou cobrir os gastos com o adiamento do baile. As estruturas, no entanto, foram abertas à visitação pública e disponibilizadas para bailes beneficentes. Depois, tudo foi demolido e o material vendido. O valor arrecadado foi doado a instituições filantrópicas.

No dia 2 de junho, à tarde, dona Leopoldina rezou na igreja de Nossa Senhora Auxiliadora, pedindo proteção para a viagem próxima. Na manhã seguinte, às seis horas, assistiu à última missa em Viena, na igreja de Santo

Agostinho. Às sete horas, deixou o quarto no Hofburg conduzida pelo arquiduque Fernando, com "os olhos cheios de lágrimas", conforme relatou o *Allgemeine Zeitung*. Ainda segundo o jornal vienense, os corredores do palácio estavam lotados, e o imperador e a imperatriz permaneceram parados na saída do quarto "até perderem de vista a querida filha". No lado de fora, as carruagens estavam prontas, e a longa viagem teve início. De Viena, dona Leopoldina se dirigiu a Mürzzuschlag, e dali seguiu um roteiro previamente traçado, passando por Klagenfurt e pelas cidades italianas de Conegliano, Veneza, Pádua, Florença e Livorno, de onde partiu para o Brasil no dia 15 de agosto, às seis da manhã, a bordo da nau *Dom João* VI. A embarcação de sessenta metros de comprimento, armada com 96 canhões, seria sua casa durante quase três meses.

PARTE I

O AMARELO

Os Habsburgo

Nenhuma outra casa real foi tão poderosa por tanto tempo. A partir de um pequeno castelo no cantão de Aargau — ou Argóvia —, no século xi, os Habsburgo construíram uma das mais extraordinárias histórias familiares que o mundo conheceu. Uma história de poder, conquistas e glória, arquitetada com astúcia, diplomacia e golpes de sorte — mas não sem intrigas, violência, assassinatos e tragédias.

No auge da influência Habsburgo no Velho Mundo, o sonho de uma monarquia universal pareceu possível. Aliados à Igreja católica e tendo como pilar uma política de alianças matrimoniais que evitava tanto quanto possível os confrontos militares e favorecia a ampliação de seu poder, os domínios da dinastia ou os territórios que estavam sob influência de Viena incluíam os países do Sacro Império Romano-Germânico (com regiões onde se falava alemão na Europa Central, a Boêmia e a Morávia, os Países Baixos e pequenas porções de terra no sudeste francês e no norte da Itália), a Hungria, a península Ibérica e os reinos do sul da Itália (Nápoles, Sicília e Sardenha).[1] Como se isso não bastasse, ainda havia as possessões coloniais na América (incluindo o Brasil), um território tão vasto e rico quanto o continente europeu. Todo esse domínio transformou Carlos v no governante mais poderoso de seu tempo — o movimentado século xvi, marcado pelos avanços técnicos e científicos, as navegações e os confrontos teológicos. Os Habsburgo tinham sob sua interferência um "império onde o sol nunca se punha" — expressão que mais tarde seria adotada também pelos britânicos da Era Vitoriana. Seu legado é um dos mais duradouros da história.

O título de imperador e a coroa do Sacro Império estiveram em poder e sobre a cabeça de membros da família Habsburgo quase ininterruptamente por mais de 350 anos, entre 1452 e 1806, com um breve interregno entre 1742-5. Foi a dinastia mais longeva a deter o poder nos mais de oitocentos anos de história imperial. É necessário considerar ainda que nos dois séculos anteriores à obtenção da coroa imperial, outros três membros do clã foram reis romano-germânicos (ou seja, não sagrados pelo papa) por breves períodos.

Porém, além do Sacro Império e do Estado construído em torno de Viena — denominado monarquia Habsburgo (1526-1804), Império Austríaco (1804-67) e, finalmente, Império Austro-Húngaro (1867-1918) — ramos da família governaram a Espanha (1516-1700), a Toscana (1737-1859), Módena (1780-1859), Parma (1814-47) e outros Estados menores, como as chamadas *Vorlande*, nome dado às antigas propriedades da família na Alsácia e na Suábia. Da capital austríaca, governaram como reis na Hungria (1526-1921) e na Boêmia (1526-1918) — a atual República Tcheca. Maximiliano, o irmão mais novo do imperador Francisco José I, chegou a governar o México por um breve período (1864-7).

Durante séculos, os Habsburgo decidiram o destino de muitos povos e nações, governando milhões de pessoas de etnia, língua, religião e cultura tão distintas como os ameríndios no Novo Mundo e os magiares do leste da Europa. Lutaram contra o protestantismo e barraram o avanço do islã sobre o Velho Mundo. No contexto político do mundo europeu, apenas os Bourbon, na França, rivalizaram em poder e esplendor. Em uma visão global, nem os poderosos Románov, da Rússia, ou as grandes dinastias da China Imperial tiveram tamanha influência no globo.

A política de alianças através de matrimônios fez com que o sangue Habsburgo corresse nas veias de quase todas as casas reais europeias. Entre elas, a casa de Bragança, em Portugal e no Brasil. A primeira imperatriz brasileira, desposada pelo herdeiro do trono português, era uma Habsburgo: dona Leopoldina era bisneta da grande imperatriz Maria Teresa. Entretanto, as relações endogâmicas — o casamento entre parentes próximos — deram origem a uma característica física marcante em muitos membros da família: o prognatismo mandibular. A deformidade dos maxilares e a protuberância do lábio inferior da família apareceram de forma mais acentuada em Carlos II da Espanha, que reinou no século XVII. Na península Ibérica, os problemas de saúde acabaram pondo fim à dinastia. Na Áustria, a genética foi menos impactante, embora acompanhasse o declínio político da família.

No início do século xx, os Habsburgo não eram sombra do que haviam sido no passado. Quando a dinastia ruiu, depois de quase mil anos, a pequena parcela de terras e o castelo original, do qual haviam herdado o nome, no atual território suíço, nem sequer faziam parte do império de Carlos i, um moribundo Estado austríaco destroçado pela Grande Guerra de 1914-8.

Dezesseis Habsburgo governaram como reis romano-germânicos e doze como imperadores do Sacro Império entre os séculos xiii e xviii. Maria Teresa esteve à frente da administração do Estado, embora o marido, da casa de Lorena, fosse o imperador coroado. Depois de 1804, quatro Habsburgo governaram como imperadores da Áustria. A partir de 1867, dois se tornaram imperadores do Império Austro-Húngaro.

- Rodolfo i (rei 1273-91)
- Alberto i (rei 1298-1308)
- Alberto ii (rei 1438-9)
- Frederico iii (rei 1440-86, imperador 1452-93)
- Maximiliano i (rei 1486, imperador 1508-19)
- Carlos v (rei 1519, imperador 1520-56)
- Fernando i (rei 1531, imperador 1556-64)
- Maximiliano ii (rei 1562, imperador 1564-76)
- Rodolfo ii (rei 1575, imperador 1576-1612)
- Matias (rei e imperador 1612-9)
- Fernando ii (rei e imperador 1619-37)
- Fernando iii (rei 1536, imperador 1637-57)
- Fernando iv (rei 1653-4)
- Leopoldo i (rei e imperador 1658-1705)
- José i (rei 1690, imperador 1705-11)
- Carlos vi (rei e imperador 1711-40)
- Maria Teresa (soberana da Áustria 1740-80), imperatriz consorte de Francisco Estêvão de Lorena ou Francisco i (rei e imperador 1745-65) e corregente do filho José ii (1765-80)

Outros seis Habsburgo, agora ligados a casa de Lorena (Habsburgo-Lorena), governaram o Sacro Império e a Áustria entre os séculos XVIII e XX.

- José II (rei 1764, corregente 1765-80, imperador 1780-90)
- Leopoldo II (rei e imperador 1790-2)
- Francisco II (rei e imperador 1792-1835); depois de 1804, reinou como Francisco I da Áustria)
- Fernando I (imperador 1835-48)
- Francisco José I (imperador 1848-1916)
- Carlos I (imperador 1916-8)

Na Espanha, seis Habsburgo governaram entre os séculos XVI e XVII. Por meio deles, ocorreu a União Ibérica, quando os reis espanhóis também reinaram sobre Portugal — e o Brasil —, de 1580 a 1640.

- Filipe I, o Belo (rei consorte de Castela 1504-6)
- Carlos V (rei 1516-56; Sacro Imperador 1520-56)
- Filipe II (rei 1556-98)
- Filipe III (rei 1598-1621)
- Filipe IV (rei 1621-65)
- Carlos II (rei 1665-1700)

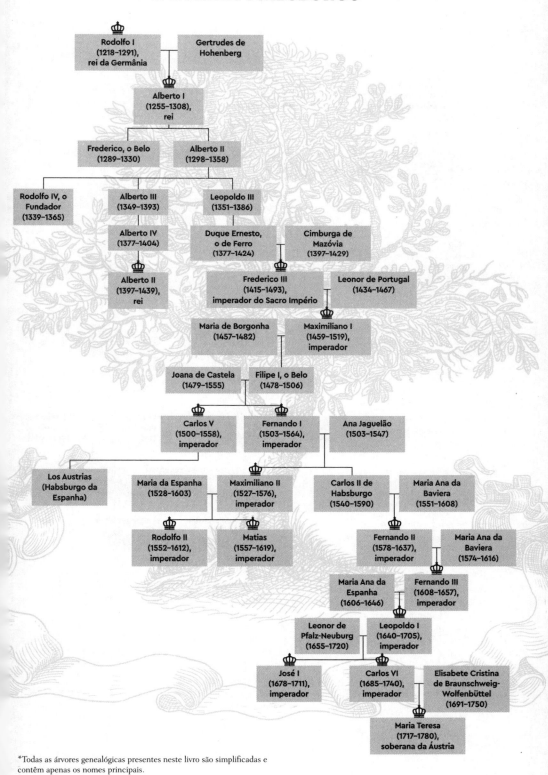

Dinastia Habsburgo-Lorena

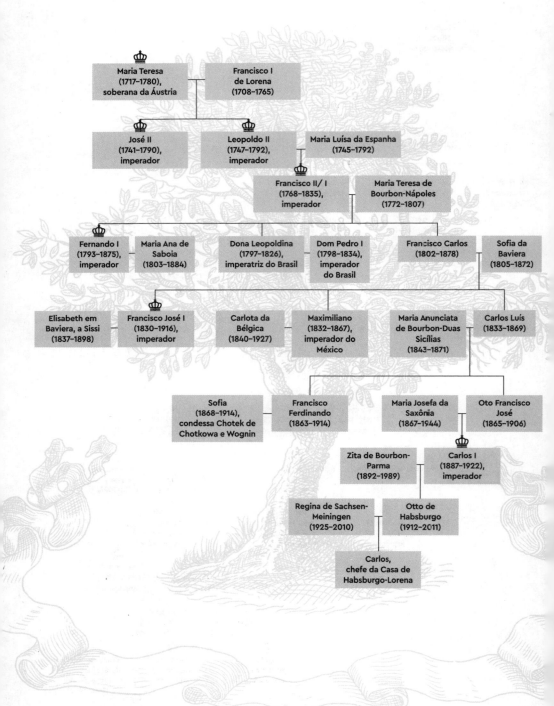

Los Austrias: os Habsburgo da Espanha

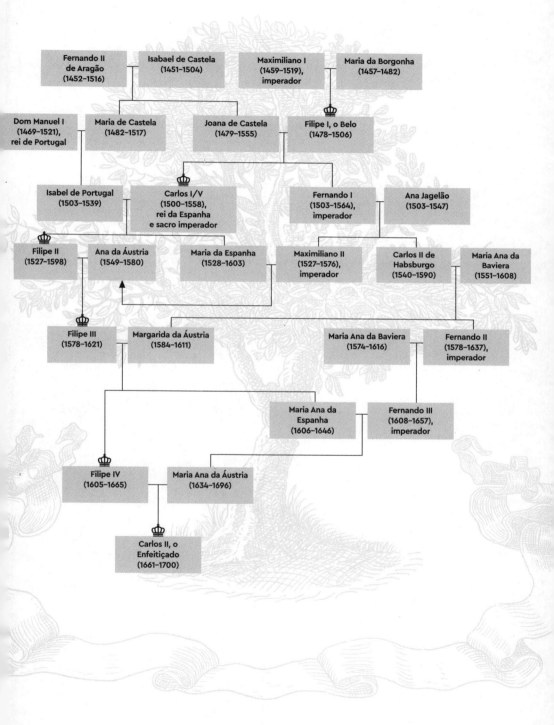

I.

O CASTELO DO AÇOR

POR VOLTA DO ANO 1000, a Europa ainda era um continente agitado pelas grandes migrações humanas que, cinco séculos antes, haviam sacudido e derrubado o poderoso Império Romano. Tensões internas e novas invasões ameaçavam a frágil ordem dos reinos e Estados germânicos, construídos sobre os escombros de Roma e da fragmentação do Império de Carlos Magno. Da gelada Escandinávia, os vikings atravessavam o mar do Norte para atacar a costa oeste francesa e as ilhas Britânicas — quando não iam além, chegando até as longínquas estepes do Cáucaso. Os sarracenos ocupavam a península Ibérica e a Sicília, ameaçavam cruzar os Pirineus e faziam constantes incursões marítimas às cidades costeiras italianas. O poder e o avanço do islã colocavam em xeque a própria existência da cristandade. Os impérios maometanos ocupavam grandes extensões de terra nas costas do Mediterrâneo, estendendo-se do norte da África à Anatólia e ao Oriente Médio. No leste, a Europa era assolada pelos húngaros, nômades que utilizavam o mesmo caminho trilhado pelos hunos de Átila antes deles.

Sem o poder de Roma, o centro nervoso do continente europeu deixara de ser a península Itálica e o Mediterrâneo. As atenções voltaram-se para o norte, para além dos Alpes. E uma das principais rotas que ligavam as grandes cidades italianas com o norte germânico cruzava a região sul da Suábia, próximo ao lago de Constança, na Suíça moderna. Esse caminho era conhecido havia pelo menos um milênio. No lugar onde o rio Reuss encontra o Aar, Roma havia ocupado um antigo assentamento helvécio e construído o acampamento fortificado de

Vindonissa (a atual Windisch), que serviria de base para suas legiões. A área era estratégica, já que o rio Aar deságua no Reno, a grande fronteira natural que durante séculos dividiu o império civilizado dos romanos do mundo "bárbaro" dos germânicos.

NA MONTANHA DE WÜLPELSBERG

De acordo com a lenda, o conde Radbot saiu para caçar com seu açor favorito em uma de suas propriedades no vale do Aar, perto de Altenburg, área hoje localizada no cantão suíço de Aargau. Parente do gavião, o açor era uma ave de rapina muito usada na falcoaria europeia. A criação e o treinamento de pássaros para a captura de pequenos animais eram uma das atividades favoritas da nobreza medieval. Naquele dia, durante a jornada, o açor escapou ao controle do dono e se perdeu, sendo encontrado algum tempo depois empoleirado em uma pequena elevação próxima ao rio. A ave tinha pousado no topo da montanha de Wülpelsberg, um lugar estrategicamente bem posicionado, com uma excelente vista da região. Do alto da colina era possível ver a Floresta Negra, do outro lado do Reno. Por volta de 1020, Radbot decidiu construir ali o castelo que ficaria conhecido como Habichtsburg e, mais tarde, por corrupção, Habsburg — do alemão *Habicht*, "açor", e *burg*, "castelo": o "castelo do açor".

A lenda, porém, pode ter surgido de uma interpretação equivocada do nome histórico da fortificação. A forma mais antiga registrada do lugar é "Havichsberg", presente em um documento do ano de 1108, quase um século após o início de sua construção. Como antes da fixação da forma atual do topônimo a grafia não tinha um padrão definido, o tempo pode ter deturpado o significado original. Há registros referindo-se ao lugar como "Havesborc" (1114), "Havekesburg" (1167), "Habisburhc" (1199) e "Habspurc" (1238). O nome poderia derivar, então, do alto-alemão médio *hab* ou *hav*, que significa "vau" ou "passo", ou seja, o lugar de travessia de um rio, o que coincidiria com um antigo ancoradouro de transporte fluvial localizado às margens do rio Aar, a pouco mais de três quilômetros do castelo. A própria cidade de Brugg, do outro lado do rio, de frente para a romana Vindonissa, surgiu em torno de uma ponte — o nome Brugg tem origem no termo *brucco*, que, no antigo alemão, significava "ponte". Habsburgo seria, por conseguinte, o "castelo próximo ao passo" e não o "castelo do açor".[1]

Ainda conforme a lenda, a construção da cidadela recebeu o apoio de Werner de Altenburg, o influente bispo de Estrasburgo, que teria uma relação de parentesco muito próxima com Radbot. Segundo a tradição, os dois seriam irmãos, embora o parentesco não possa ser confirmado com a documentação existente. O conde teria iniciado a construção por conta própria, mas tinha poucos recursos financeiros disponíveis, o que fez com que solicitasse a ajuda de Werner. Durante uma visita a Radbot, o religioso ficou assustado com as condições precárias do local. Havia apenas uma casa de pedra, alguns barracos de madeira e nenhum muro de proteção ao redor. Radbot teria tranquilizado o parente, afirmando que ele poderia pernoitar ali sem correr riscos. Pela manhã, ao acordar, Werner foi surpreendido por um grupo de cavaleiros bem armados acampados em torno da "fortaleza". Segundo a versão corrente, Radbot teria dito ao bispo que manter seguidores leais era mais importante do que muralhas ou castelos. Não é possível confirmar se o diálogo de fato ocorreu, mas ele ilustra muito bem uma característica que marcaria a dinastia Habsburgo por séculos: a diplomacia.

A cidadela consistia em uma casa de arenito, composta de vários andares, ladeada por construções em madeira e protegida por uma paliçada de madeira e pedras soltas. O telhado era possivelmente coberto por telhas. Havia duas ou três salas com pé-direito alto e as janelas tinham a forma de seteiras — e não contavam com vidros. Na verdade, em concordância com a lenda, originalmente o "castelo" não devia ser mais do que uma casa de camponês melhor construída. Nos quase dois séculos seguintes, porém, os Habsburgo ampliariam consideravelmente o espaço estruturado no topo da montanha.[2]

Por volta de 1070, a casa de pedra foi transformada em um castelo duplo, com uma torre no lado leste e outra adjacente no lado norte. O aquecimento interno se dava por meio de uma lareira. Na torre leste, havia uma latrina que podia ser acessada da sala principal do castelo — no século XI, o uso do banheiro era um ato "social" e não privado (algo que só começaria a mudar seiscentos anos mais tarde). O sanitário consistia não em um, mas em vários "assentos" coletivos, basicamente buracos em uma prancha de madeira ou em um bloco de pedra. Os dejetos caíam numa fossa, sem nenhum tipo de sistema de descarga. No lado oeste da montanha, outro castelo foi erguido. Este servia de moradia para os cortesãos.

Entre as duas construções havia um pátio com edificações de madeira que serviam de moradia para animais e servos. Entre um ponto e outro, existiam ainda um corredor e o portão de entrada. Ao longo do século XII, foram providenciadas uma cisterna de setenta metros de profundidade, uma casa de vigia e uma capela de dois andares. Tudo foi cercado por uma grande muralha. No século seguinte, deu-se início à ampliação do segundo castelo e à construção de uma grande torre, coberta por um telhado pontudo. O novo prédio — o Palas — era mais confortável do que o original: as paredes eram cobertas com painéis de madeira, as janelas tinham vidro e as vigas de cobertura eram cinzeladas. Por volta de 1250, o conjunto de construções ocupava todo o cume do Wülpelsberg, mas os Habsburgo já não residiam mais ali. Desde os anos 1230 eles haviam se mudado para Brugg. Nos trezentos anos seguintes, o castelo quase não foi modificado, passando por pequenas reformas apenas no século XVI. Por volta de 1675, a capela foi removida, e as pedras da casa original, utilizadas para a construção de um forno. Somente no século XIX a história do local passou a atrair o interesse de historiadores. Foram organizadas escavações arqueológicas e realizadas pelo menos quatro reformas que visavam melhorias.

ORIGENS FAMILIARES

A origem do nome e a lenda sobre a construção do castelo são apenas duas das muitas indagações que cercam a história dos Habsburgo. A ancestralidade de Radbot é uma incógnita ainda maior. É certo que a procedência da família remonta à Alsácia do século X, que então era parte do antigo ducado da Suábia, território entre o ducado de Lorena e o reino da Borgonha, em uma região que hoje compreende pequenas partes da Alemanha, da França e da Suíça. Entretanto, há muitas dúvidas e poucas certezas.

O que se sabe sobre os antepassados de Radbot tem como base uma crônica sobre a fundação do mosteiro de Muri, chamada de *Acta Murensia*. O texto é datado de 1160, com documentos anexos de 1086 e 1114, e teria sido compilado por um monge beneditino. No entanto, os originais foram perdidos e o que restam são cópias, bastante contestadas, do final do século XIV.[3] De acordo com esses registros, o progenitor da família seria um certo Guntramnus, de quem quase nada se sabe. A maioria dos historiadores modernos concorda que Guntramnus seja Guntram, um poderoso senhor de terras em Nordgau e Breisgau, no sul da Alemanha, que em 952 foi condenado pelo imperador

Oto I por alta traição. Alguns o ligam ao duque Eticho, que viveu na Alsácia do século VII e deu origem à importante família nobre dos eticônidas. A documentação a esse respeito, porém, é bastante precária e muito suspeita. A partir do século XV, quando os Habsburgo cresceram em importância e passaram a ser eleitos reis e imperadores romano-germânicos, surgiram diversas teorias que os ligavam a antigas famílias romanas proeminentes e até mesmo a Júlio César, o conquistador da Gália. Para consolidar seu poder, justificar e legitimar seu status e o direito ao trono imperial, diversos documentos e cartas genealógicas foram deliberadamente forjados, ligando a família a reis como Childerico III e Dagoberto I, que viveram no século VII, a são Bento, fundador da Ordem Beneditina, e ao papa Gregório, o Grande, no século VI. O parentesco com os reis merovíngios e carolíngios — que governaram a Europa Ocidental por cinco séculos a partir do que viria a ser o território da França moderna — era evidenciado com "provas" abundantes e inquestionáveis.[4]

Para além das origens míticas, parece não restar dúvida de que quando Guntram morreu, por volta de 990, deixou apenas um descendente: Kanzelin, o conde de Altenburg. Há pouquíssimas informações sobre ele, salvo que teve pelo menos dois filhos com uma mulher de nome Liutgard: Radbot, conde de Klettgau, e Rodolfo, futuro fundador do mosteiro de Ottmarsheim. Isso mostra a importância da família na região. Klettgau hoje fica em Baden-Württemberg, na Alemanha. Ottmarsheim está localizada a mais de cem quilômetros de distância, na Alsácia, já em território francês. Quando Kanzelin faleceu, as terras da família foram divididas entre os filhos. Entre as propriedades herdadas por Radbot estava a vila de Muri, localizada trinta quilômetros ao sul de Altenburg e do castelo Habsburgo.

Segundo uma versão muito difundida da história, Radbot teria presenteado Muri como dote de casamento a Ita de Lorena. Em 1027, ela teria ordenado a construção de um mosteiro, onde cinco anos depois se instalaram os monges beneditinos.[5] Outra versão, provavelmente mais próxima da realidade, é de que as terras onde o mosteiro foi construído pertenciam a Werner, o mesmo bispo de Estrasburgo que, segundo alguns historiadores, seria o filho mais velho de Kanzelin e, portanto, irmão de Radbot. Foi por desejo e determinação ou o apoio dele — e não de Ita — que a construção do mosteiro teria iniciado. De todo modo, em 1060, a abadia foi consagrada a são Martinho de Tours, conforme orientação de Werner, que morrera em 1028 enquanto realizava uma viagem diplomática a Constantinopla. Nas décadas seguintes, o mosteiro de Muri prosperou, acumulou propriedades em aldeias vizinhas e, mais importante, um tesouro em relíquias sagradas, que incluíam ossos de uma centena de santos e mártires cristãos, bem como fragmentos da Verdadeira Cruz — em que, acreditava-se, Jesus teria sido crucificado —, das tábuas dos Dez Mandamentos e da coluna de onde Pilatos havia julgado Cristo.

Quanto à Ita, sua genealogia é tão complexa e incerta como a do esposo. Segundo a *Acta Murensia*, ela seria filha de Frederico I, duque de Lorena, irmã de Werner, bispo de Estrasburgo, além de meia-irmã de Cuno de Rheinfelden, duque da Suábia. Pesquisadores modernos contestam a relação de Ita com a casa ducal de Lorena, e o parentesco com Rheinfelden é difícil de ser confirmado com os documentos existentes. O mesmo pode ser dito quanto a relação com Werner, que muito provavelmente era seu cunhado. Uma das hipóteses mais aceitas é de que Ita fosse filha de Adalberto, conde de Metz, e Judite, uma das filhas de Conrado, duque da Suábia. Cuno de Rheinfelden seria, então, irmão de Ita por parte de mãe e fruto de um casamento anterior de Judite.[6] De todo modo, quando Ita morreu, por volta de 1035, ela foi sepultada ao lado do altar da igreja do mosteiro em Muri. Seus restos mortais estão lá até hoje, resistindo a quase mil anos — e ao saque da abadia por protestantes, no século XVI. Junto dela, depositados em uma urna, estão os corações de Carlos I e Zita, os últimos monarcas Habsburgo austríacos, falecidos no século XX.

Os dados sobre a geração seguinte dos Habsburgo têm um grau maior de precisão. Depois do primeiro milênio, a popularização de registros escritos e a manutenção deles em arquivos, principalmente os da igreja, reduziram as chances de concatenações genealógicas equivocadas — embora, mesmo na época, não impedissem completamente adulterações e falsificações. Radbot e Ita tiveram quatro filhos: Oto, Adalberto, Richenza e Werner (depois chamado de "o Piedoso" e designado de I, embora provavelmente fosse o segundo com esse nome, se considerarmos que o bispo era seu tio). Por volta dos anos 1080, Werner, que também herdara o condado de Klettgau, forjou documentos para sustentar seus direitos sobre Muri. Em uma correspondência, supostamente escrita pelo tio, o bispo de Estrasburgo, ele garantia o direito perpétuo da família ao cargo de *Vogt*, uma espécie de protetor, oficial de justiça ou advogado para assuntos relacionados à abadia. A carta falsa foi registrada em uma assembleia em Aargau e confirmada mais tarde por um colégio de cardeais em Roma. Na segunda década do século XII, o sacro imperador Henrique V aprovou o foral, mas impôs condições aos Habsburgo. Eles não poderiam mais intervir na administração da abadia ou lucrar com seu funcionamento, o que vinha ocorrendo desde a fundação. Para garantir que não seriam expropriados, os monges elaboraram uma lista detalhada das propriedades religiosas da região e das relíquias mantidas na abadia, além de retratar os fundadores Habsburgo como ladrões e saqueadores, que usaram a construção da igreja apenas para aliviar uma consciência pesada por anos de crueldade dispensada aos camponeses e religiosos locais. Esta é a origem da controversa *Acta Murensia*, o principal documento sobre a procedência da família Habsburgo.

É dessa mesma época a primeira aparição do nome do castelo em Aargau, como indicação da nobreza familiar. Oto II era neto de Radbot e um dos dois filhos conhecidos de Werner, o Piedoso. Em 1108, ele tomou parte da campanha de Henrique V contra Kálmán, rei da Hungria, sendo mencionado como conde "Von Havichsburg" em um documento imperial escrito em Pressburg (hoje Bratislava, na Eslováquia).[7] Oto foi assassinado três anos depois, após retornar da guerra, mas o *Von Habsburg* passou a ser uma distinção. Depois dele, cinco gerações da família viveram à sombra dos poderosos Welf e Hohenstaufen — como parte de uma categoria de "condes pobres" — até a ascensão ao trono de Rodolfo I, o primeiro Habsburgo eleito rei dos germanos e de quem trataremos no próximo capítulo.

O MUNDO GERMÂNICO MEDIEVAL

O castelo de Habsburgo era uma entre as centenas de fortificações construídas na Europa após o ano 1000. A região de Aargau tinha uma das maiores concentrações de castelos e outras fortificações do continente. Uma contagem do século XIX apontou que havia setenta construções em pedra anteriores aos anos 1300, todas em uma área de 1.400 quilômetros quadrados.

Embora fortificações de madeira fossem muita mais antigas, o uso de pedras passou a ser frequente apenas no século X, sendo sua construção aprimorada nos séculos seguintes, principalmente depois da Primeira Cruzada (1096-9), com o aperfeiçoamento da engenharia defensiva — a palavra "castelo" vem do latim *castellum*, diminutivo de *castrum*, "lugar fortificado". Essas fortificações nada mais eram do que a habitação do senhor de terras local, cercada por torres de observação e muralhas, cujo objetivo era dar segurança às pastagens e às estradas, identificar um invasor ao longe e impedir que o lugar fosse saqueado ou tomado por um exército inimigo. Por isso, fortalezas e castelos eram construídos em lugares estratégicos, como colinas ou confluência de rios, o que facilitava repelir ataques ou enfrentar assédios. Ao seu redor surgiram novas cidades. Nessa época, aproximadamente 90% das pessoas viviam no campo, e até o fim do século xv nenhuma cidade europeia passava de cem mil habitantes. Havia cerca de três mil centros urbanos, mas apenas quinze ultrapassavam dez mil moradores. No Sacro Império, apenas Colônia, fundada pelos romanos no ano 50 e sede de arcebispado, se aproximava de trinta mil pessoas.[8] Muitas cidades germânicas, aliás, eram antigos postos avançados romanos ao longo dos *limes* (a fronteira), como Tréveris (Trier), Moguntiacum (Mainz), Ratisbona (Regensburg) e Vindobona (Viena).

A cidade medieval tinha uma fisionomia própria. A igreja ocupava o espaço central, geralmente na parte mais elevada. A partir do século x, o sino nas torres passou a reger inteiramente a vida cotidiana, servindo como marcador de tempo e fonte de informações. O número de badaladas e o intervalo entre elas eram usados como um código que anunciava a hora da missa, a morte, o nascimento ou a chegada de alguém importante. A praça central servia como espaço para feiras, onde camponeses e artesãos podiam vender seus produtos. Quando a cidade era grande o suficiente, os artesãos eram "arruados", ou seja, reunidos num mesmo lugar, conforme a profissão ou ocupação. Por isso, muitas ruas recebiam o nome dos profissionais que ali trabalhavam: rua dos Ferreiros, dos Sapateiros e assim por diante.

Os grupos familiares, que antes contavam com cerca de trinta a cinquenta pessoas, foram diminuindo aos poucos. O núcleo familiar, pais e filhos, passou a morar em habitações menores e compartimentadas. As casas eram construídas em madeira, com vigas resistentes, fincadas na terra e juntadas por cavilhas ou pregos de pau. A armação era coberta com galhos entrelaçados, sobre o qual passava-se uma mistura de argila, palha e esterco — como nas construções em pau a pique, comuns no Brasil colonial. Apenas no século xii surgiram residências particulares em pedra, e raramente com mais de dois andares. As janelas eram tapadas com tecido ou treliças de vime e o teto era coberto de palha. A mobília de uma casa consistia em poucos móveis, como camas, armários, cadeiras e bancos. Quase não havia divisão de cômodos, o quarto de dormir ou a cama eram compartilhados. No centro da habitação, uma lareira era acesa para aquecer o local e para cozinhar alimentos — o fogão passou a ser usado somente depois do século XIII. O cozimento em água com especiarias, ervas aromáticas e outros condimentos se tornou uma prática comum, facilitando o consumo de carnes duras. Quanto ao vestuário, as roupas amplas que escondiam a forma do corpo à moda romana ou bizantina utilizadas desde a Antiguidade foram substituídas a partir do século XI pelo costume germânico de usar calças compridas. Com o tempo, a distinção entre o masculino e o feminino tornou-se mais clara.

O espaço rural também foi sendo modificado. O campo passou a ser ocupado, novas estradas foram traçadas, pântanos e brejos drenados e canais de irrigação abertos. Na área cultivável, foram plantados diversos cereais, como trigo, centeio e milhete, com os quais se fazia pão, além de cevada e aveia, usados para alimentar o gado. O pão de trigo era a base da alimentação da época. Das florestas e bosques eram extraídas a madeira e a lenha.

A caça de pequenos animais, como codornizes, lebres, flamingos, pavões e cisnes, era usual entre os aldeões. Os de maior porte, como javalis e cervos, eram privilégio da nobreza, assim como o adestramento de cães, falcões e açores. A partir do século XIII, a falcoaria se tornou um dos símbolos da realeza, e o próprio imperador Frederico II escreveria um manual de cetraria. O camponês e o povo de modo geral criavam galinhas, porcos, vacas, carneiros e cabras, de onde se extraíam manteiga, gordura, banha, queijo, toucinho, leite, ovos e carne. Eram aproveitados ainda a pele dos intestinos, o sangue, o couro e os ossos. Usado para o trabalho no campo, o boi só era sacrificado quando já não rendia mais. A carne mais consumida era a de porco, animal encontrado em abundância vagando nas florestas e mesmo nas cidades. Salgada e defumada, podia alimentar uma família por meses. O porco era usado inclusive como "unidade de medida", para determinar o tamanho dos bosques, calculado de acordo com o número de cabeças que podia sustentar. O peixe era reservado aos dias de penitência. O povo em geral também consumia legumes e vegetais, geralmente em forma de sopa. O alimento era consumido em louças de terracota (argila queimada no forno) ou em recipientes de madeira. Os mais ricos tinham vasilhames de estanho ou de cerâmica, panelas ou caldeirões em cobre. O vidro, caro e reservado aos vitrais das igrejas ou aos cálices das classes abastadas, só passou a ser difundido no século XIV. Entre os talheres, somente a colher e a faca eram conhecidas. Até o século XI, não havia garfos, comia-se com as mãos, cortando o alimento e espetando-o com faca ou punhal. Pratos não eram usados nem mesmo entre os mais abastados. Em muitos castelos nem sequer havia uma mesa fixa. A superfície onde eram realizadas as refeições era sustentada por cavaletes móveis, hábito que originou a expressão "pôr a mesa". O açúcar era um elemento raro e de luxo, sendo o mel muito difundido. Diferentemente do mundo mediterrâneo, que apreciava o vinho, a bebida popular além dos Alpes era a cerveja — ou o hidromel, sobretudo em cerimoniais. A cerveja medieval, porém, não se assemelhava à moderna; não era gaseificada e não tinha lúpulo. De cor escura, era mais encorpada e doce.[9]

De todos os animais domésticos, o cavalo tinha maior status. Servia para muitas coisas, tanto na agricultura quanto na esfera militar. A equitação era uma diversão muito apreciada entre os nobres, e a cavalaria se desenvolveu na Europa de forma mais organizada após o século IX. Saber montar o cavalo e manejar a espada faziam parte do treinamento de qualquer jovem nobre. A caça e a participação em torneios ou justas, que simulavam combates, serviam de preparação para a guerra. A lança, o arco e o machado completavam o armamento típico da Europa do ano 1000. A pólvora e as armas de fogo não apareceriam no continente antes do século XIII, e seu uso só se tornaria popular no final do século XV.[10]

O progresso técnico permitiu novos modos de exploração dos recursos naturais. Os moinhos, antes movidos por escravos ou animais, passaram a funcionar com a força da água e do vento. A siderurgia melhorou as ferramentas agrícolas e a capacidade de trabalho dos animais, com o incremento de sistemas de atrelagem (cabresto e canga). O uso de ferraduras também aumentou significativamente. Os avanços permitiram uma explosão demográfica. Entre o ano 1000 e 1350, a população triplicou na Europa Ocidental e Central, passando de doze milhões para 35,5 milhões de pessoas.

O latim era a língua oficial, usada por religiosos e pensadores, mas não o latim clássico ou vulgar, e sim o escolástico. O povo comum falava a língua vernácula, própria de cada região. Na virada do primeiro milênio, as línguas europeias estavam divididas entre as chamadas românicas, que haviam sofrido influência do latim, faladas na parte sul e ocidental do continente; e as germânicas, faladas na Europa Central. O alemão era ainda muito fracionado entre variações dialetais (baixo-alemão, médio e alto).[11]

Os grandes centros de conhecimento eram os mosteiros, onde os monges copiavam os clássicos de autores romanos e gregos e mantinham os livros em bibliotecas. No século XI começaram a surgir universidades na França e na Itália. No mundo germânico, elas só apareceriam a partir do século XIV, em Praga (1348), Viena (1365) e Heidelberg (1385). A educação elementar, dirigida essencialmente por religiosos, consistia em aprender a ler, escrever e fazer contas. O ensino superior era composto das chamadas "sete artes liberais", divididas em *trivium* (gramática, retórica e lógica) e *quadrivium* (aritmética, geometria, astronomia e música). Depois de concluída essa etapa, o graduado poderia escolher especialização em teologia, direito ou medicina.

Quanto à estrutura política, a característica mais marcante do mundo medieval germânico era a ausência de um poder real centralizado. Apesar da absorção da cultura e da estrutura da civilização romana, os reinos germânicos basearam sua organização política na antiga composição tribal. Eram os guerreiros que elegiam um rei, normalmente o mais valoroso e destemido. Entre os séculos X e XIII, essa casta militar responsável pelas conquistas formava um grupo de nobres proprietários de terras, e seu poder substituiu a antiga autoridade imperial, que fora alicerçada em uma rígida hierarquia de divisões administrativas provinciais. O poder dos nobres estava associado a seu senhorio ou feudo, ao castelo e às terras em seu entorno, que eram, na maioria das vezes, recompensa por vitórias militares. As funções burocráticas e administrativas eram exercidas pelos bispos, e muitos deles também passaram a exercer o poder temporal. A sociedade feudal era caracterizada pelas relações de vassalagem e servidão. Independentemente da condição jurídica, cavaleiros, nobres e camponeses estavam submetidos à dependência pessoal e à subordinação a outro indivíduo: a servidão ligava o camponês ao nobre; a vassalagem, o nobre a um senhor (rei).[12]

As divisões políticas remontavam aos impérios de Carlos Magno e Oto I, entre os séculos IX e X. A denominação "germânico" era uma herança de Roma. Os romanos designavam genericamente de Germânia — a "terra dos germanos" — toda a região que ficava ao norte dos rios Reno e Danúbio, área que nunca chegou a ser ocupada pelo Império. A denominação fora cunhada por Júlio César e popularizada pela obra do historiador Públio Cornélio Tácito, do século I — o nome "Alemanha", em português, tem origem em uma das muitas tribos germânicas, os alamanos; o nome moderno do país em alemão, "*Deutschland*", deriva de "Teutschland", a "terra dos teutos". Após a queda de Roma, a Germânia passou gradativamente a fazer parte do Império de Carlos Magno, construído a partir do reino dos francos, o menos efêmero dos Estados criados pelos germânicos.

Filho primogênito do rei Pepino, o Breve, Carlos Magno nasceu em 742 e faleceu em 814. Teve uma existência longa, 72 anos, em uma época em que a média de vida mal passava dos trinta. Considerado o primeiro unificador da Europa, a história de seu império está na origem de duas grandes nações: França e Alemanha. Os franceses o chamam de Charlemagne, os alemães, de Karl der Grosse. Eginhardo, seu contemporâneo e biógrafo, o descreveu como alguém de porte imponente, embora de estatura mediana: "tinha sete vezes a medida de seu pé". De rosto alegre, voz clara, cabelos grisalhos, "olhos grandes e vivazes" e um nariz um "tanto proeminente", o imperador falava alemão austrasiano e latim, além de entender o grego. Vestia-se como os francos, com camisa e calções de linho, túnica de seda e meias que cobriam as pernas do tornozelo ao joelho. Portava sempre uma espada, presa a um cinto de ouro ou prata. No inverno, cobria-se com um gibão de pele de lontra ou zibelina. Carlos Magno gostava de nadar e apreciava a caça e a equitação. Tinha interesse em matemática, astronomia e astrologia, uma personalidade dinâmica, gênios militar e político incomuns, habilidades que lhe permitiriam ampliar o reino herdado do pai. Derrotando saxões, bávaros, ávaros e lombardos, levou a fronteira do império até os Pirineus, no sul; aos rios Elba e Danúbio, no leste; e ao norte da Itália, incluindo Roma. Para proteger as fronteiras e os territórios semissubmissos, criou as "marcas", regiões dirigidas por "marqueses" — incluindo terras no norte da Espanha e ao norte dos Bálcãs, em conflito com os islâmicos. Na Germânia, foram estabelecidos os ducados da Saxônia, Lorena, Suábia, Francônia e Baviera, mais as marcas da Turíngia, Caríntia e Ostmark. Estas últimas formariam o embrião da Áustria, na qual mais tarde os Habsburgo reinariam. Ao longo de 46 anos de reinado, Carlos Magno esteve presente em 25 campanhas militares, reuniu 29 assembleias e decretou 112 leis. Esteve cinco vezes na Itália, inclusive em Roma, e quinze na Saxônia, além de visitar a Espanha e os territórios do leste.[13]

Seu projeto era recriar o Império Romano e reunir a cristandade ocidental sob uma mesma Coroa. Para isso, planejou a unificação jurídica e monetária, que seria imposta a povos com leis e costumes diversos. Associando-se à Igreja católica, foi coroado imperador pelo papa em Roma, no Natal de 800. A unidade religiosa e política permitiu a criação de condados e bispados. O êxito, porém, foi parcial, e a duração de seu império, efêmera. Em 843, o grande território conquistado por Carlos Magno foi dividido entre seus três netos, cabendo a Luís, o Germânico, a parte mais oriental — a Germânia, chamada então de Francia Orientalis, "França Oriental". Na parte central do império se originariam o ducado da Borgonha e os Países Baixos. A porção ocidental, herdada por Carlos, o Calvo, daria origem à França.

Na Germânia, a linhagem dinástica dos francos carolíngios foi extinta em 911, com a morte do bisneto de Luís. E, diferentemente do que ocorreria na França, o processo de unificação territorial e identitária na Germânia seria mais lento e complexo, marcado pela fragmentação política, algo que iria perdurar até o século XIX, quando uma guerra entre Prússia e Áustria pôs fim ao sonho milenar de um império que reunisse todos os países de língua alemã na Europa Central. Sem os herdeiros de Carlos Magno como opção, Conrado I, duque da Francônia, foi eleito rei dos germanos. E, após um breve reinado, foi sucedido por Henrique, duque da Saxônia, conhecido como "o Passarinheiro". O reino de Henrique foi herdado pelo filho Oto, de 24 anos.

Coroado em Aachen (Aix-la-Chapelle, a antiga capital de Carlos Magno), em 936, Oto retomou o projeto imperial dos reis dos francos, restabelecendo a centralização do poder em uma Germânia fragmentada. Para Hans Prutz, historiador alemão do século XIX, Oto possuía determinação e uma "confiança quase fatalista em si mesmo e no direito real divino que tinha", o que lhe permitiu enfrentar uma forte oposição sem que isso impedisse a expansão do império.[14] Participou de um sem-número de campanhas violentas, invadindo a França, ocupando a Boêmia, enfrentando os bizantinos e expulsando os nórdicos, os eslavos e os húngaros das fronteiras de seu reino em uma época em que os povos da Escandinávia e do Leste Europeu ainda eram predominantemente pagãos. Oto se fez coroar rei da Itália e depois imperador pelo papa em Roma, em 2 de fevereiro de 962 — o primeiro imperador romano-germânico.

A principal fonte contemporânea sobre a vida de Oto é uma obra em três volumes escrita quase no final do século X por Widukind de Corvey, um monge beneditino saxão. Além da história política dos saxões, a crônica revela detalhes da vida, características físicas e qualidades morais de Oto. Segundo o religioso, ele tinha uma estatura gigantesca, cabelos brancos, olhos irrequietos, face rosada, barba longa e o "peito de leão, coberto de pelos". Andava com o passo acelerado, trajando sempre vestimentas de sua pátria — nunca usou um traje "estrangeiro". Dormia pouco e "durante o sono falava constantemente, de tal modo que se acreditava que continuasse acordado". Era dotado de uma "régia dignidade", sendo extremamente leal, piedoso, amigo, alegre e magnânimo.[15] Apesar de o relato de Widukind ter sido escrito com a intenção de exaltar o imperador, ocultando aspectos menos dignos, como o modo pelo qual seus inimigos eram tratados, as qualidades de Oto como administrador parecem ser inquestionáveis. O mais incrível, porém, é que só aprendeu a ler e escrever depois dos 37 anos — o que, na verdade, não era incomum naquela época, sendo este um ponto fraco dos governantes germânicos. O próprio Carlos Magno tinha sérias dificuldades e despertou tarde para o aprendizado das letras.

Após reinar por quase quatro décadas, ele foi chamado de "o Grande" por seus contemporâneos e sucessores. Oto não apenas consolidou a dinastia saxônica no poder, como criou uma estrutura político-administrativa baseada no poder temporal e religioso mais duradoura que a idealizada por Carlos Magno. Os saxônicos reinariam até 1024, sendo sucedidos por imperadores sálicos e Hohenstaufen, que por breves períodos foram substituídos por membros das famílias Supplinburg e Welfen. Depois de um período de instabilidade política em que, na prática, o império não teve um imperador — o Grande Interregno (1256-73) —, um Habsburgo foi escolhido para ocupar o trono dos germanos.

2.

SENHORES DO SACRO IMPÉRIO

ERA MANHÃ DE TERÇA-FEIRA, 24 de outubro de 1273, quando Rodolfo IV de Habsburgo sentou-se no trono que pertencera a Carlos Magno, instalado no andar superior da capela Palatina, em Aachen. Acomodado no mesmo lugar onde todos os reis da Germânia desde Oto, o Grande, haviam sentado, Rodolfo foi ungido e coroado pelo arcebispo de Colônia, Engelberto II de Falkenburg.

Hoje localizada na fronteira alemã com a Bélgica, a cidade de Aachen era um balneário conhecido desde os tempos dos romanos, que deram ao local o nome de Aquae Granni, as "fontes de Grano", em homenagem à deidade celta da água e da saúde. Vem daí seu nome em português, Aquisgrana. O nome Aachen deriva do alemão antigo *aha*, "água corrente", que os franceses adaptaram para *aix*, vindo daí outro nome pelo qual a cidade é conhecida, Aix-la--Chapelle, "a capela das águas". Na época de Rodolfo, a população de Aachen era inferior a quinze mil, mas, como a cidade guardava o lugar de coroação dos governantes do Sacro Império, era cercada por uma espessa muralha dupla feita de pedras, com 2,5 quilômetros de extensão.

A capela fora construída junto ao palácio imperial, formando um complexo de vinte hectares projetado por Odo de Metz, arquiteto-chefe do grande rei franco. Concluída no começo do século IX, a capela Palatina original seguia o modelo da basílica de São Vital, em Ravena, na Itália. Tinha dezesseis faces com um pátio interno octogonal, decorado com colunas, mármore italiano e mosaicos retirados dos antigos palácios romanos. As dimensões do prédio carolíngio eram magníficas para a época: a altura do edifício central ultrapassa os 31 metros; as paredes medem 1,75 metro e as colunas do octógono alcançam 3,70 metros. Ao longo dos séculos seguintes, em torno da capela seriam erigidos oratórios e coros em estilo gótico e barroco, que deram a forma atual do templo. A construção só se tornou uma catedral no século XIX. A tradição afirma que o "trono de Carlos" fora confeccionado a partir de despojos da igreja do Santo Sepulcro, em Jerusalém, mas não há certeza sequer se ele pertencera mesmo ao grande imperador e qual seria sua função dentro da capela. A peça consiste em quatro placas de mármore sem ornamentos, unidas por seis cantoneiras de bronze, e está posicionada em uma elevação, sendo alcançada por uma pequena escada de seis degraus, também em mármore.[1]

A coroa usada na cerimônia também é associada a Carlos Magno, mas é seguramente mais tardia, remontando à segunda metade do século X — pelo menos sua base, como apontam pesquisas modernas. É quase certo que sua versão mais elaborada data da coroação de Conrado III de Hohenstaufen, no século XII. Maravilha da ourivesaria medieval, a peça tem a forma octogonal e consiste em oito placas de ouro 22 quilates unidas por duas tiras fixadas com rebites de ouro. Sobre a placa frontal há uma cruz dourada de dez centímetros. Toda a peça é cravejada com 172 pedras preciosas (71 safiras, vinte esmeraldas e treze ametistas, entre outras) e 224 pérolas. Nos lados, quatro painéis dourados com imagens bíblicas de Jesus Cristo, Salomão, Davi e do profeta Isaías são adornados com safiras azuis. Usada em todas as coroações até 1792, ao longo do tempo a coroa foi mantida em diversos lugares. A partir do século XV, ela passou a ser guardada em Nuremberg, na Alemanha. Em 1796, foi levada para Viena, retornando para a cidade bávara durante o período nacional-socialista. Em 1946, foi devolvida à Áustria e se encontra hoje no palácio de Hofburg, em Viena.[2]

Conforme relatos, enquanto a cerimônia de 1273 era realizada, uma nuvem branca em forma de cruz pairou sobre a catedral, que foi então iluminada pelos raios vermelhos do sol de outono. Na crença popular, a grande e brilhante cruz era um sinal claro dos céus anunciando a alegria divina pelo novo "rei dos romanos". O próprio Rodolfo interpretou o ocorrido como um sinal para que ele lutasse pela Santa Cruz na Terra Prometida. Avisado do fenômeno, um poeta famoso compôs uma canção com um verso que não deixa margem para dúvidas: "Agora sei que o próprio Deus o escolheu através dos príncipes para ser um *Vogt* [um protetor ou administrador superior]".[3]

Quando Rodolfo foi coroado, haviam se passado pouco mais de 250 anos desde que seu ancestral Radbot dera início à construção do castelo da família em Aargau. E 165 anos antes seu tataravô fora chamado pela primeira vez de Habsburgo. Em não mais do que cinco gerações, os "condes pobres" da Suábia haviam deixado a obscuridade e alcançado o poder supremo entre os príncipes alemães. Na realidade, foi o avô de Rodolfo (Rodolfo ii, que viria a ser chamado de Rodolfo, o Velho), o responsável pela guinada e pela mudança no destino da família. Em 1198, ele abandonou a causa dos guelfos (de Welf, a família ducal bávara aliada do papado) e se juntou aos guibelinos (de Waiblingen, nome da cidade que os Hohenstaufen herdaram dos sálios e que passou a ser o grito de guerra da família). Em 1218, quando Frederico de Hohenstaufen chegou à Germânia vindo de uma campanha na Itália, Rodolfo, o Velho, o convidou para ser padrinho de seu recém-nascido neto, que receberia o nome de Rodolfo iv. Dois anos depois, Frederico seria coroado imperador do Sacro Império Romano pelo papa, em Roma. A essa altura, os Habsburgo já não eram mais "pobres". Em 1212, quando aliados dos Hohenstaufen reuniram dinheiro para o financiamento da eleição do jovem Frederico, que nascera e fora educado na Itália, Rodolfo, o Velho, desembolsou mil dos 3.200 marcos pagos ao duque de Lorena por seu voto — o arcebispo de Mainz e o bispo de Worms, além de outros quatro senhores, dispuseram de apenas setecentos marcos.[4]

A morte de Rodolfo, o Velho, em 1232, e a do próprio imperador Frederico ii, em 1250, no entanto, retardaram a ascensão dos Habsburgo ao trono. Rodolfo, o Velho, havia dividido seu patrimônio entre os dois filhos, Alberto iv e Rodolfo iii. E os dois seguiram caminhos opostos. O primeiro se aproximou dos guelfos, enquanto o segundo manteve-se fiel aos guibelinos. Mais tarde, Alberto arrependeu-se — ou calculou que seu partido não sairia vencedor — e projetou uma reaproximação. No entanto, ele teve pouco tempo para agir. O homem que ficaria conhecido como o Sábio, ou o Rico, decidiu partir para uma cruzada e acabaria morrendo de peste, em 1239, durante o cerco a Ascalom, na Terra Santa. A responsabilidade de reatar com os Hohenstaufen ficaria a cargo do filho Rodolfo iv.

O reinado de Frederico ii, por sua vez, fora marcado por disputas entre o imperador e o papado, um número sem fim de guerras, três casamentos e duas excomunhões. Frederico mantinha dois haréns à moda dos sultões e não escondia a admiração pela filosofia islâmica. Tudo isso fez com que o papa Gregório ix o chamasse de "Anticristo". Quando Frederico morreu, a Coroa da Germânia passou a ser disputada entre o filho Conrado IV e Guilherme II, conde da Holanda. Entretanto, ambos morreram de forma inesperada, aos 26 e 28 anos, em 1254 e 1256, respectivamente, deixando o reino em estado de quase anarquia.

Teve início, então, o período conhecido como Grande Interregno, que iria durar dezessete anos. A eleição de 1257, realizada em Frankfurt, foi disputada por dois príncipes estrangeiros: Ricardo da Cornualha, irmão do rei da Inglaterra e um dos homens mais ricos de seu tempo, e Afonso X, rei de Castela. Como esperado, o inglês saiu vencedor, mas esteve apenas quatro vezes na Germânia, sem nunca ter ido além dos territórios ao longo do Reno. O Sacro Império tinha um imperador nominal, mas, na prática, não havia controle político centralizado.

Com a morte de Ricardo, em abril de 1272, o trono voltou a ser motivo de discórdia. Além do próprio Afonso de Castela, entraram na contenda os reis Felipe III da França e Otakar II da Boêmia. No começo de setembro de 1273, porém, o papa Gregório X interveio em favor de um candidato alemão. Outro estrangeiro não seria aceito. Os príncipes-eleitores precisariam escolher entre o príncipe Siegfried von Anhalt e o conde Rodolfo IV de Habsburgo. Estava claro para todos que havia uma predileção pelo segundo. No dia 20 de setembro, Frederico III, burgrave — o comandante militar — de Nuremberg, membro da família Hohenzollern e amigo do conde, chegou à Basileia para tratar com Rodolfo sobre a eleição. O conde de Habsburgo estava em uma guerra contra o bispo local, e Frederico o encontrou à noite, no acampamento instalado no campo de batalha. Ao saber da inclinação dos eleitores por seu nome, Rodolfo desfez o cerco à cidade, desmobilizou seu exército e partiu para Dieburg, a fim de aguardar o resultado da assembleia. Em 1º de outubro, um domingo, os sete príncipes-eleitores reunidos em Frankfurt elegeram por unanimidade Rodolfo o novo rei da Germânia.[5]

Além da idade avançada, o que em teoria impedia um reinado longo, a fidelidade aos Hohenstaufen e a prática de uma política aparentemente sem ambições dinásticas e conquistas territoriais fora de sua área de influência pesaram em favor de Rodolfo. Ele parecia ser o remédio adequado para acalmar o Sacro Império depois de anos de disputas pelo trono e rivalidade entre os nobres. Era forte o bastante para reunir os príncipes e senhores de terra menores, mas não tão poderoso a ponto de fazer frente aos poderosos. Ao contrário do esperado, porém, Rodolfo governaria por quase duas décadas, mostrando-se um enérgico administrador.

50 *Rodrigo Trespach*

SACRO IMPÉRIO ROMANO-GERMÂNICO

Os reis da Germânia eram eleitos desde o século IX por meio de uma assembleia composta dos líderes das cinco principais "tribos". Eram representantes dos francos sálios (que ocupavam a Lorena), dos francos ripuários (Francônia), dos suábios, dos bávaros e dos saxões. Posteriormente, foram incluídos no processo eleitoral duques e bispos proeminentes, que estabeleceram o importante grupo dos "príncipes-eleitores" — que, na época da eleição de Rodolfo IV de Habsburgo, eram sete. A regulamentação desse colegiado, porém, só seria efetivada em 1356, com a Bula Dourada, um conjunto de leis promulgado nas Dietas de Nuremberg e Metz, realizadas durante o reinado do imperador Carlos IV. Nascido em Praga, Carlos tinha origem tcheca (boêmia), era membro das proeminentes famílias Přemyslovci (Premislida) e Luxemburgo, tendo estudado por anos na França. Com uma boa formação, ele seria o responsável por muitas e importantes reformas administrativas em um período em que o Sacro Império ainda não estava sob a influência hegemônica de uma única e poderosa família. Seu genro, no entanto, viria a ser o Habsburgo mais relevante do século XIV e a base sobre a qual a dinastia nascida em Aargau construiria um império próprio: Rodolfo IV, duque da Áustria, de quem trataremos mais adiante.

A bula de Carlos IV definiu que os sete príncipes-eleitores seriam os arcebispos de Colônia (como chanceler da Itália) e Trier (chanceler da Borgonha), o rei da Boêmia, o conde do Palatinado (representante dos antigos territórios francos e responsável pelo Sacro Império diante da ausência do imperador), o duque da Saxônia (líder militar máximo), o marquês de Brandemburgo (camareiro e tesoureiro, responsável por tribunais e cargos fiscais) e o arcebispo de Mainz (que era o chanceler imperial, ou arquichanceler, o mais alto posto para as terras alemãs e o último a votar nas eleições). O duque da Baviera seria incluído na assembleia somente no século XVII.

Os príncipes-eleitores elegiam o rei da Germânia (ou dos germanos), que recebia então o título oficial de *Rex Romanorum*, o "rei dos romanos".[6] A eleição era realizada na catedral imperial de São Bartolomeu, em Frankfurt, e a coroação na já mencionada capela Palatina, onde Carlos Magno foi sepultado e trinta reis alemães seriam coroados entre o final do século X e o começo do XVI. A partir de 1562, quase todas as coroações ocorreriam também em Frankfurt.

Construída às margens do rio Meno, os primeiros documentos relativos a Frankfurt remontam ao final do século VIII. Não obstante romanos e alama-

VERDE E AMARELO *51*

nos tivessem estabelecido assentamentos muito antes dessa época, foi a partir da ocupação dos francos que a área se desenvolveu. O núcleo urbano original, a Cidade Velha, surgiu em torno de uma curva estreita do rio Meno, onde o leito rochoso criava um vau, permitindo uma travessia segura. Vem daí o nome da cidade: "Vau dos Francos". Nessa área, foi construída a igreja de São Bartolomeu, cuja finalidade era substituir a de Aachen, que havia ficado de fora das terras da Germânia durante a divisão do Império Carolíngio, em 843. Na verdade, a igreja que começou a ser erguida em meados do século IX nunca foi uma catedral no sentido episcopal; era chamada de igreja do Salvador e somente no começo do século XIII seria consagrada a são Bartolomeu. Embora fosse uma cidade importante, Frankfurt não tinha uma grande população. Só por volta de 1520 é que alcançou os dez mil habitantes, não passando dos quarenta mil até pelo menos 1810.[7]

As eleições dos governantes do Sacro Império envolviam interesses políticos, mas eram articuladas e definidas por meio da influência econômica. O voto de cada eleitor não estava ligado à preferência pessoal ou às qualidades do candidato, mas ao seu poder militar e, principalmente, à quantia de dinheiro de que ele dispunha para repartir entre os príncipes-eleitores.

O escolhido para ser o rei da Germânia só passava a ostentar o título de imperador após ser sagrado pelo papa, em Roma. A sagração pela Igreja era realizada com uma grande procissão, com toda a pompa que exigia a etiqueta e muitas vezes com um enorme aparato militar. A longa distância demandava tempo e fundos nem sempre disponíveis pelo erário do império ou da casa real que estava no poder, o que fez com que muitos reis levassem anos para realizar a cerimônia ou até mesmo nunca fossem coroados em Roma, caso dos três primeiros Habsburgo eleitos: os condes Rodolfo IV/I (reinou entre 1273-91) e Alberto V/I (reinou entre 1298-1308), e o duque da Áustria Alberto V/II (reinou entre 1438-39). Quando coroados, passavam a usar o título oficial de *Imperator Romanorum*, mas os alemães simplesmente os designavam de *Kaiser*, termo que tinha origem em *Caesar*, o nome latino do general romano Júlio César, tio-avô e pai adotivo de César Augusto, o primeiro imperador de Roma.

Com o tempo e a expansão do imenso território governado pelos reis da Germânia, o Estado passou a ser denominado Sacro Império Romano-Germânico. Embora com muita frequência esse nome pomposo seja usado também como referência ao período inicial de formação, com Oto, o Grande, no século X, ele só foi adotado oficialmente pela primeira vez em 1486, ano em que Maximiliano I foi eleito rei dos germanos. Seu pai, o imperador do Sacro Império Frederico III, ainda estava vivo e Maximiliano só seria coroado imperador em 1508.

A noção de "império" tinha origem na ideia de poder universal, não ligado, necessariamente, a um determinado território, povo ou grupo étnico. De início, o Sacro Império de fato era transnacional, sendo dividido em três partes: a Germânia propriamente dita, com os territórios onde se falava o alemão; a parte leste da Gália, onde se encontravam a Lotaríngia e a Borgonha; e o norte da Itália, com os territórios de Piemonte, Lombardia, Ligúria e Toscana, indo até as fronteiras da República de Veneza e do Vaticano. Com o tempo, o caráter "germânico" sobressaiu — ainda que o Sacro Império mantivesse territórios importantes onde o alemão não era a língua predominante, como os ducados de Milão e Saboia, o reino da Boêmia e os Países Baixos. No século XVII, esse "Estado mal regrado e semelhante a um monstro", conforme definição do historiador francês Roland Mousnier, era composto de cerca de 350 territórios. Algumas dessas áreas eram vastas, mas, em sua maioria, não passavam de minúsculos principados laicos ou eclesiásticos e de cidades imperiais e livres.[8] Ducados, condados, arcebispados, principados e os demais domínios estavam divididos em "círculos" administrativos. Na prática, porém, cada pequeno Estado tinha formações próprias, com jurisdições elementares, cabendo aos conselhos prerrogativas financeiras, econômicas e, em alguns casos, militares. Cidades imperiais como Augsburgo, Nuremberg e Frankfurt não eram subordinadas a um príncipe territorial, mas diretamente ao imperador. Cidades livres como Estrasburgo, Worms, Mainz e Colônia tinham um bispo como governante nominal e direitos e privilégios de autogoverno. Ao contrário dos Estados ocidentais da Europa, onde o rei seria um fator agregador e centralizador, no Sacro Império ocorria o movimento contrário; muitos governantes locais trabalhavam contra o imperador, o que era um fator de desagregação e fragmentação política.

O órgão legislativo desse Estado gigante e heterogêneo era a Dieta (o Reichstag): uma simples reunião de embaixadores, divididos entre o colegiado de eleitores, príncipes e das cidades livres, que se encontravam de tempos em tempos. Criada no século XII, essa assembleia só passou a ser uma instituição formal em 1495, durante o reinado de um Habsburgo, Maximiliano I. Ao longo do século XVI, ela seria convocada em intervalos irregulares e realizada na sede de um bispado ou em uma das cidades imperiais (ou cidades livres, que, em 1521, eram 85). A partir de 1663, a Dieta passou a se reunir permanentemente em Regensburg.

O atributo "romano" do império deve-se ao fato de que o império dos alemães se considerava sucessor legítimo do Império Romano da Antiguidade, sendo Carlos Magno o elo entre as duas entidades. Como visto anteriormente, Carlos Magno deu ao reino franco um caráter universal — de aspecto transnacional e cristão —, e sua coroação pelo papa em Roma tornou-se um ato simbólico de grande importância, retomado por Oto, o Grande, e imitado pelos reis da Germânia nos séculos seguintes. Como complemento desse imaginário representativo, o adjetivo "sacro" completou o título dado ao império. Era um modo de demonstrar que o poder imperial não derivava diretamente do papado (embora os imperadores fossem coroados em Roma), mas do próprio sagrado. E foi somente com o Iluminismo, no século XVIII, que o termo desapareceu do título oficial do Estado.

RODOLFO I, UM HABSBURGO NO TRONO DA GERMÂNIA

Nascido em 1º de abril de 1218, no castelo de Limburg, às margens do Reno, junto às montanhas de Kaiserstuhl, Rodolfo tinha 55 anos quando foi eleito para o trono. Era conde de Habsburgo e de Kyburg sob o título de Rodolfo IV. Sua mãe, Hedwig, descendia dos nobres condes de Dillingen. Seu pai, o conde Alberto IV, o Sábio, fora capitão de campo na cidade de Estrasburgo, onde esteve a serviço dos Hohenstaufen. Conde em Aargau e Frickgau, Brugg, Bremgarten e Muri, e landgrave[9] na Alsácia Superior, Alberto descendia do conde Radbot através de Oto II, o primeiro a usar Habsburgo como identificação familiar, no começo do século XII. Depois de Oto, a linha de sucessão passara por Werner II, Alberto III e Rodolfo II, o Velho. Do casamento deste último com Agnes de Staufen nasceu o pai daquele que viria a ser o primeiro governante Habsburgo do Sacro Império.

Os relatos contemporâneos são quase unânimes em exaltar o caráter de Rodolfo. E isso não chega a ser surpresa numa época em que a sobrevivência de muitos dependia do monarca. O arcebispo de Colônia o descreveu ao papa como "um católico crente, amigo da Igreja e defensor das leis", respeitado pelas próprias forças e por sua ligação com os poderosos, "bem-visto por Deus e pelos homens" e "incansável na luta contra os infiéis". Um dominicano — conhecido apenas como Cronista de Colmar — o descreveu assim:

Ele era esguio, com sete pés de altura; elegante, sua cabeça era pequena, seu rosto pálido e seu torso longo; era um homem moderado na comida e na bebida e em muitas outras coisas; era sábio e prudente, e sempre permaneceu pobre, embora tenha desfrutado de grande riqueza.[10]

A religiosidade e a "pobreza" de Rodolfo eram notórias — conta-se que ele mesmo costurava suas vestes. Segundo uma lenda, um certo padre cruzava suas terras a pé para levar a hóstia sagrada a um moribundo e foi avistado por Rodolfo. Vendo a dificuldade do religioso em cruzar a longa distância, o conde emprestou seu cavalo e conduziu o pobre homem até a aldeia. Terminada a jornada, Rodolfo ofereceu o animal à Igreja, afirmando ao viajante que o "cavalo que conduziu Nosso Senhor não deve mais ser montado por mim". Para sorte do conde, o padre viria a ser secretário do arcebispo de Mainz, um dos responsáveis pela eleição dos imperadores do Sacro Império. A história do nobre cavaleiro que cedeu seu animal para ajudar um religioso a entregar a última comunhão a um cristão no leito de morte daria origem a uma versão difundida pelos séculos seguintes: a ligação entre os Habsburgo, a Igreja católica e a Coroa imperial eram parte de um projeto divino. "A veneração à Eucaristia", escreveu o historiador Martyn Rady, "estava no centro da observância religiosa da dinastia Habsburgo."[11]

Rodolfo casou-se por volta de 1254 com Gertrudes, dos condes de Hohenberg, uma linha da casa de Hohenzollern, que séculos mais tarde viria a ser a família imperial prussiana e, por consequência, alemã. Como era tradição escolher um segundo prenome, ao ser coroada rainha, ela acrescentou "Ana" ao nome de batismo, passando a se chamar Gertrudes Ana. Todos os onze filhos de Rodolfo nasceram desse primeiro matrimônio. Ele ficaria viúvo em 1281, casando-se três anos depois com Isabela da Borgonha, que na época tinha catorze anos. A nova rainha passou a se chamar Isabela Agnes e viveria por mais de três décadas após a morte do esposo.

Casar era um negócio político. E casar bem era uma das chaves para qualquer um que quisesse alcançar o poder ou se manter nele. Rodolfo sabia quão precária era sua posição diante de outros príncipes, por isso um de seus primeiros atos como rei foi consolidar seu novo status de realeza casando as filhas com homens em postos-chave na corte imperial. No mesmo dia de sua coroação em Aachen, à noite, Rodolfo celebrou um matrimônio duplo. A filha Matilda casou-se com Luís II, conde palatino, duque da Alta Baviera e um de seus eleitores mais importantes. A filha Agnes casou-se com o duque Alberto II da Saxônia. Em poucos anos, Rodolfo casaria mais duas filhas: Hedwig seria desposada por Oto VI, margrave[12] de Brandemburgo; e Guta por Venceslau II, herdeiro de Otakar, rei da Boêmia. Com isso, ele conseguiu vincular todos os eleitores à família Habsburgo. Também casaria Catarina e Clementina com nobres importantes: Oto III de Wittelsbach, duque da Baixa Baviera e rei da Hungria; e Carlos de Anjou, pretendente ao trono magiar (na área da atual Hungria) e ligado à casa real da França.

No entanto, não foram os casamentos familiares que tornaram Rodolfo poderoso. Embora seus contemporâneos o descrevessem como alguém moderado, ele era ambicioso e corajoso, além de sagaz o suficiente para reconhecer os perigos de governar um território instável e politicamente complexo. Como o bom jogador de xadrez que era, sabia aliar paciência à estratégia e, o mais importante para a época, conhecia — e bem — a arte da guerra. Era um lutador experiente e implacável, como ele mesmo admitiu ao ser coroado. Rodolfo passara a década de 1250 combatendo pagãos na Polônia. De volta à Germânia, nos anos que antecederam sua ascensão ao trono, promovera uma série de conflitos contra seus inimigos, quebrando acordos quanto aos dias de trégua e cuidados com a população indefesa: sitiou a Basileia, queimou mosteiros, tomou aldeias, matou cavaleiros em Estrasburgo, destruiu o castelo de Tiefenstein, arrasou a vila de Klingen e marchou contra Friburgo matando e queimando tudo o que encontrava pelo caminho.

Sua guerra mais importante, porém, foi travada após a coroação, contra um de seus rivais e também candidato à Coroa imperial: o rei da Boêmia Otakar II, da dinastia Premislida. Otakar também era um guerreiro audacioso e obstinado, tendo participado da campanha dos cavaleiros teutônicos contra os prussianos pagãos ao longo do mar Báltico. Königsberg, a "Montanha do Rei", cidade fundada durante as Cruzadas do norte, recebeu esse nome em sua homenagem. Esse vigoroso rei havia tomado a Áustria, a Estíria, a Caríntia e a Carniola (hoje Eslovênia) numa franca expansão de seu reino para o sul, em direção à Itália e ao mar Adriático. Otakar não era apenas um guerreiro poderoso, também era extremamente rico. A fortuna do chamado "Rei Dourado" vinha sobretudo das minas tchecas. Seu tesouro de cerca de duzentos mil marcos em prata e oitocentos marcos em ouro, moedas e joias, era guardado em quatro castelos fortemente guarnecidos. A renda anual do monarca tcheco chegava a cem mil marcos em prata, muito maior do que os ganhos do arcebispo de

Colônia (cinquenta mil) ou do duque da Baviera (vinte mil). A receita do Sacro Império mal chegava a sete mil marcos em prata.[13]

A eleição de Rodolfo em 1273 foi um golpe duro para o orgulhoso Otakar, que não aceitou o resultado e absteve-se de comparecer às Dietas de Würzburg e Augsburgo, sendo por essa insubordinação proscrito do império. Em junho de 1276, Rodolfo iniciou uma ofensiva contra o rebelde Otakar, invadindo a Áustria, e não Praga, a capital tcheca, como seu inimigo imaginava. Ele aguardara o momento certo, havia aumentado seu exército com aliados (incluindo os magiares) e espalhara rumores de que o papa havia excomungado o rei da Boêmia. A campanha foi rápida, os alemães chegaram a Viena em poucos meses, obrigando Otakar a capitular em 21 de novembro. Quatro dias depois, o monarca derrotado prestou juramento de lealdade ao rei da Germânia em um acampamento fora da cidade, "curvando-se e dobrando os joelhos" e abdicando de suas conquistas. No dia 29 (ou 30) de novembro, Rodolfo entrou triunfante em Viena, onde estabeleceria sua residência e a capital.[14] Para selar a paz, vencedor e vencido acertaram casar dois de seus filhos. Hartmann desposaria Cunegunda; e Guta, de apenas oito anos, foi prometida a Venceslau, o herdeiro da coroa boêmia.

O acordo durou pouco: no ano seguinte Otakar tentou sublevar-se. Um repentino ataque húngaro às suas terras na Morávia (hoje Eslováquia), porém, o obrigou a uma reconciliação. Disposto a vingar a humilhação que lhe fora imposta, em 1278 Otakar organizou uma nova revolta, dessa vez com apoio da Polônia, da Silésia e do duque Henrique da Baixa Baviera, que cobiçava o território austríaco. O combate decisivo ocorreu a 26 de agosto, em Dürnkrut, cinquenta quilômetros a nordeste de Viena. Era uma sexta-feira. Em um tempo em que havia códigos de honra e regras de conduta para tudo, Rodolfo tinha por hábito reservar as quartas e quintas-feiras para a preparação de seu exército, e as sextas para as batalhas. O número de soldados envolvidos não é completamente conhecido, talvez fossem mais de sessenta mil homens, embora tenha sido uma quantidade bem menor de cavaleiros e arqueiros que, de fato, entrou em combate. O grosso das tropas permaneceu na retaguarda. Naquele dia quente de verão, homens de quase todos os lugares da Europa Central estavam espremidos entre o rio March e as localidades de Jedenspeigen e Waidendorf. Os soldados Habsburgo portavam flâmulas com uma cruz branca sobre um fundo vermelho e estandartes do Sacro Império. A chamada *Reichssturmfahne*, "bandeira de batalha do Reich", com o desenho de uma águia negra sobre um campo amarelo, era uma referência à propriedade real de Grüningen (hoje Markgröningen) e daria origem ao brasão de armas usado pelo Império Alemão seis séculos mais tarde. Quando os Habsburgo passaram a controlar o Sacro Império no século xv, as cores foram mantidas, mas uma águia bicéfala substituiu o desenho original. Como grito de guerra, os guerreiros de Rodolfo bradavam "Roma, Roma" e "Cristo, Cristo". Os boêmios usavam como símbolo uma cruz verde ou um lenço branco em torno do pescoço, como uma estola. O estandarte continha uma cruz branca em um campo verde. "Praga, Praga" era urrado como incentivo para o ataque.[15]

Iniciada a batalha, a luta foi selvagem, com saxões, poloneses e cumanos decepando cabeças inimigas apenas para erguê-las como troféus. Depois de três horas de combate, quando Rodolfo perdeu seu cavalo e acabou sendo salvo da morte pelo escudo de um cavaleiro, a vitória pareceu estar ao alcance de Otakar. A essa altura do combate, as forças do rei da Boêmia estavam exaustas. Rodolfo lançou mão, então, de uma força reserva, que ocultara proposital e previamente da vista do exército inimigo — uma estratégia considerada vergonhosa para a etiqueta militar do século xiii. Quando percebeu que suas tropas haviam caído em uma emboscada, seriam envolvidas e provavelmente eliminadas, Otakar ordenou a retirada. Era tarde. Com suas forças desorganizadas pelo ataque e atordoado pelo risco iminente de ser capturado e morto, Otakar foi cercado, derrubado do cavalo por um golpe de espada e morto com uma adaga na garganta — muito provavelmente por inimigos dentro de seu próprio exército. Informado da morte do rei, Rodolfo encontrou o corpo do rival mutilado no campo de batalha, já nu e sem a armadura, que fora roubada. Em respeito ao oponente, ordenou que ele fosse vestido adequadamente e levado para Viena.[16] Para retardar a putrefação, o cadáver de Otakar foi eviscerado, preparado e, então, colocado em exibição pública por mais de seis meses. No ano seguinte, seus restos mortais foram transladados para a Boêmia e sepultados na catedral de São Vito, em Praga. Como havia sido acordado com o defunto, Rodolfo entregaria Guta a Venceslau, que ocuparia o trono do pai como rei da Boêmia. O casamento foi realizado em 1285, e o casal só seria oficialmente coroado doze anos mais tarde, depois de uma série de contratempos.

Vencido o grande rival, Rodolfo dedicou-se a estabilizar e a restabelecer a ordem e a autoridade dentro do império. Ele precisou combater grupos de bandoleiros nobres responsáveis por ataques e roubos em todo o território imperial. Somente na floresta da Turíngia, no espaço de um ano, mais de setenta refúgios ou castelos desses grupos armados foram destruídos.[17] Era preciso criar "paz na terra" e combater a "lei da força", criada à revelia do Estado. Dessa forma, são criados *Landvögte*, os "protetores da terra", encarregados de manter a ordem por meios militares em subdivisões territoriais. A divisão do Sacro Império em regiões foi o embrião do sistema de "círculos" administrativos imperiais adotado mais tarde e que se configuraria no modelo usado até hoje na Alemanha e na Áustria. O *Landvogt* era incumbido não apenas da segurança, mas também da recuperação das terras imperiais que haviam sido doadas durante o Grande Interregno — principalmente na Suábia e na Francônia. Essas propriedades resgatadas foram incluídas entre os bens de Rodolfo e dos Habsburgo, e ele mesmo não devolveu os domínios que havia tomado à força antes de sua coroação. E, claro, para manter os "protetores", duas grandes arrecadações de impostos foram realizadas.

Ao contrário da maioria dos reis alemães anteriores, Rodolfo deu pouca importância para a Itália. Ele prometera ao papa visitar Roma para sua coroação como imperador, mas nunca cumpriu com a palavra. No entanto, respeitou os bens e territórios papais e reconheceu a autonomia da Sicília.

Em julho de 1291, Rodolfo estava em Germersheim, às margens do Reno, quando pressentiu que não viveria por muito tempo. O prognóstico foi confirmado pelos médicos: a idade e a gota estavam cobrando seu preço. Como queria ser enterrado em Speyer, para lá se dirigiu no dia 14, com uma comitiva da qual faziam parte dois padres, a esposa e uma das filhas, o conde do Palatinado e um pequeno grupo de cavaleiros. Morreu no dia seguinte, depois de uma curta e rápida viagem. O corpo do primeiro dos Habsburgo a ser coroado rei da Germânia foi colocado em um caixão de madeira e sepultado com grande pompa na cripta dos Imperadores, na catedral de Speyer. Na lápide que guarda a tumba, esculpida em arenito vermelho da Alsácia, um Rodolfo sem barba e de cabelos longos veste um traje real simples, com um brasão do Sacro Império no peito e dois brasões Habsburgo nos ombros (o símbolo da família era um leão rompante de vermelho com uma coroa azul, sobre um escudo amarelo-ouro). Na cabeça, a coroa imperial; na mão direita o cetro, e na esquerda, o orbe, símbolos do poder real e religioso. Debaixo de seus pés repousa um leão, representação do poder e da justiça.

ALBERTO I, O REI ASSASSINADO

As vitórias no campo de batalha e a estabilização do império não foram suficientes para assegurar um dos principais objetivos de Rodolfo: garantir o trono para os Habsburgo e torná-lo hereditário. Três anos após derrotar Otakar, o rei nomeou o filho mais velho governador do antigo território que pertencera aos Babenberg bávaros, fora ocupado pelos boêmios e viria a ser o embrião da Áustria moderna. Em 1282, com o objetivo de engradecer o status familiar, ele elevou os dois filhos à categoria de príncipes do Sacro Império, determinando que o primogênito Alberto V e seu irmão Rodolfo II formassem um governo conjunto para administrar os ducados da Áustria e da Estíria, e as marcas de Carniola e Windisch (na Suíça). O ducado da Caríntia foi entregue ao principal aliado Habsburgo na região, Meinhard II, da casa de Görz (Gorizia) e sogro de Alberto. A administração dos irmãos não funcionou como esperado. Em 1º de junho de 1283, pelo tratado de Rheinfelden, Rodolfo determinou que apenas seu primogênito seria o governante. Rodolfo II seria recompensado com dinheiro e outros territórios, algo que deixaria ressentimentos e culminaria em uma tragédia familiar.

Alberto nascera em julho de 1255, na pequena Rheinfelden, no cantão de Aargau, e casara aos dezenove anos com Elisabeth de Gorizia-Tirol, de doze. O matrimônio seria o mais fecundo da história da dinastia Habsburgo: em 34 anos, o casal gerou 21 filhos, dos quais nove morreram logo após o nascimento e um não sobreviveu ao primeiro ano de vida. Todos os onze filhos receberam boa educação, sabiam ler, escrever e conversar em latim, o que não era comum na nobreza feudal da época. A filha Agnes, que além de rainha da Hungria se destacaria pela inteligência, é considerada uma das primeiras mulheres a possuir uma biblioteca.[18]

Rodolfo esperava que a experiência de Alberto na administração dos territórios do leste servisse de base para sua candidatura à Coroa imperial. Em maio de 1291, o rei tentou garantir o trono para seu primogênito na Dieta de Frankfurt, mas a proposta não foi aceita justamente porque havia receio entre os príncipes-eleitores de que os Habsburgo estivessem voltando sua atenção para a Áustria e governassem o império longe da Germânia. Além do quê, Alberto era conhecido por sua impetuosidade e poderia dar seguimento aos planos de Rodolfo de consolidar uma dinastia hereditária no poder. Quando o pai morreu em julho, Alberto estava em Kyburg, na Suíça, com as insígnias imperiais, que o identificavam como o soberano do império. Ele acreditou que seria eleito, mas foi surpreendido em 1292 com a eleição de Adolfo de Nassau, um conde da região renana. Mais uma vez, os eleitores queriam um rei que pudesse ser controlado. Alberto foi forçado a reconhecer a derrota e, por um tempo, precisou se ocupar com revoltas internas na Áustria e com uma aliança de cidades suíças contra a expansão Habsburgo.

Sua delicada posição política foi abalada por um envenenamento em 1295. Embora o fato nunca tenha sido esclarecido, provavelmente foi uma tentativa de assassinato. Alberto sofreu com desmaios, vômitos e um tratamento inusitado adotado por seus médicos. Supostamente para que o veneno não se espalhasse pelo corpo e fosse expelido, ele foi dependurado pelas pernas de cabeça para baixo. A curiosa terapia pode ter salvado sua vida, mas lhe custou um olho. Ao descrevê-lo, um cronista da época o definiu como "um homem grosseiro" e avarento, "com apenas um olho e olhar repugnante". Em 1298, Alberto estava recuperado e pronto para vencer Adolfo, que a essa altura havia se aliado ao rei inglês Eduardo I em uma guerra contra a França de Filipe, o Belo. Em troca do apoio à Inglaterra, Adolfo recebeu dinheiro estrangeiro e pôde reunir um grande exército, o que gerou desconfiança entre os príncipes alemães. Em maio, durante a coroação do rei da Boêmia, em Praga, uma coligação de descontentes liderada por Alberto se organizou para derrubá-lo. Em junho, o colegiado de príncipes-eleitores destituiu Adolfo em uma assembleia reunida em Mainz. Em 2 de julho, as tropas de Alberto derrotaram as forças imperiais de Adolfo na batalha de Gölheim, próximo a Worms. Com Adolfo morto no combate, Alberto foi eleito rei pelos príncipes-eleitores no final do mês. Em 24 de agosto de 1298, Alberto V de Habsburgo foi solenemente coroado rei em Aachen, adotando o nome de Alberto I.[19] Seu reinado iria durar dez anos.

Durante a luta pelo trono, Alberto fez inimigos poderosos e em um primeiro momento se viu forçado a fazer concessões aos príncipes-eleitores. Porém, como seu pai, ele tinha senso de realidade e habilidades diplomáticas e militares. Em 1301, Alberto deu início à "guerra alfandegária" contra os arcebispos de Mainz, Colônia e Trier, e o conde do Palatinado. Estes se beneficiavam das pesadas taxas cobradas dos mercadores para navegar no Reno, o que prejudicava enormemente o comércio da região. Além do aumento do preço dos produtos, o dinheiro financiava campanhas contra o rei. O arcebispo de Mainz fora um dos principais responsáveis pela eleição de Adolfo de Nassau e pela derrota de Alberto em 1292. Na ocasião, os príncipes-eleitores renanos temiam um aumento considerável do poder Habsburgo se o condado da Holanda, nos Países Baixos, desembocadura do Reno, caísse nas mãos de Alberto. Depois de quase uma década, chegara a hora da vingança. Alberto derrotou seus adversários reunindo um exército com o apoio dos comerciantes e das cidades ao longo do Reno, dos condes de Württemberg, Pfirt e Hohenberg, do margrave de Hochberg e de diversos outros nobres. A guerra foi curta, mas violenta. Muitos castelos foram destruídos e várias cidades da região foram seriamente danificadas. Com a vitória de Alberto, o arcebispo de Mainz foi obrigado a entregar ao rei seus principais castelos pelo período de cinco anos.

Na política externa, Alberto tentou se aproximar da França, chegando a tratar diretamente com o rei Filipe, o Belo, em uma conferência em Quatre-Vaux, próximo de Toul. Questões sobre os direitos de sucessão ao território deixado pelo conde de Holanda e a aliança dos Habsburgo com o papa Bonifácio VIII, no entanto, acabaram por arruinar a relação entre os dois monarcas. No leste, Alberto procurou estreitar e manter laços com as casas reais da Hungria e da Boêmia por meio de uma política bastante conhecida e menos dispendiosa — a de casamentos. A filha Agnes casou-se com o rei magiar e o filho Rodolfo com a viúva de Venceslau II, rei da Boêmia e da Polônia, e madrasta do rei Venceslau III. Este era filho de Venceslau II com Guta de Habsburgo, irmã de Alberto. Em 1306, catorze meses depois da morte do pai, Venceslau III foi assassinado a facadas em Olomouc, na Morávia. Com a morte trágica do jovem monarca de apenas dezesseis anos e a extinção da dinastia Premislida, Alberto conseguiu fazer com que Rodolfo fosse eleito rei em Praga. Pela primeira vez, um vasto território quase que contínuo, de uma ponta a outra do Sacro Império, estava sob o poder da casa reinante. Os Habsburgo eram, então, senhores da Áustria, da Boêmia, da Morávia, de Meissen, da Turíngia e das terras ancestrais na Suíça, na Alsácia e no Reno Superior.[20] Entretanto, ainda havia a Hungria — que não fazia parte do território do império. Como antes de morrer o último rei Premislida fora proclamado monarca dos húngaros, depois que André III (casado com Agnes, filha de Alberto) faleceu sem deixar herdeiros, o governante de Praga também era pretendente à Coroa magiar. As pretensões Habsburgo, porém, falharam com a morte prematura de Rodolfo, em 1307. O trono da Boêmia foi entregue ao duque Henrique da Caríntia, e a disputa pela coroa da Hungria desencadeou uma guerra civil. Para evitar que os tchecos obtivessem também o trono húngaro, Alberto deu apoio a seu sobrinho e aliado Carlos I de Anjou. O próprio Alberto se ocuparia de conquistar o poder

62 *Rodrigo Trespach*

em Praga, porém, nesse ínterim, rebeldes suíços tomaram fortalezas e cidades pertencentes à família na Suíça. É dessa época o episódio do lendário Guilherme Tell, habilidoso besteiro que precisou acertar uma maçã colocada sobre cabeça do próprio filho como punição por desrespeitar a autoridade imperial na cidade de Altdorf, no cantão de Uri. A insurgência e a obstinação suíça alarmaram o rei Alberto, que convocou seus cavaleiros em Aargau e partiu para o castelo Habsburgo com a rainha, o filho mais velho, Leopoldo, e vários de seus filhos menores. Acompanhava a comitiva ainda seu sobrinho de dezenove anos, João da Suábia, único filho de seu irmão Rodolfo II, já falecido. Nos anos anteriores, Alberto recusara-se repetidamente a abrir mão das propriedades que João acreditava serem suas por herdade paterna. No caminho para Brugg, João questionou Alberto novamente, dessa vez com veemência. O rei desdenhou da reivindicação do sobrinho oferecendo-lhe uma coroa de flores silvestres, observando que o jovem faria melhor se cuidasse da própria vida e deixasse para ele os assuntos de governo.

Ofendido e irado, João decidiu vingar o insulto e lavar sua honra com sangue. Em 1º de maio de 1308, quando Alberto e seu séquito chegaram à margem norte do rio Reuss, já com o castelo Habsburgo ao alcance das vistas, o rio estava cheio e um barco foi solicitado para transportar o grupo com maior segurança. João e quatro comparsas seus se ofereceram para seguir na frente e avisar sobre a chegada iminente do rei. Alberto, impaciente, atravessou o rio com um único cavaleiro assistente, deixando o resto da comitiva na outra margem. Era a oportunidade perfeita para uma emboscada. Vulnerável, o rei foi surpreendido por João, que agarrou as rédeas do cavalo e acertou o tio no pescoço. Os outros quatro conspiradores atacaram com golpes de espadas e adagas e Alberto tombou da montaria mortalmente ferido. Do outro lado do Reuss, Leopoldo e o restante do grupo observaram a cena horrorizados, sem poder fazer nada. Quando finalmente conseguiram cruzar o rio, Alberto tinha acabado de dar seu último suspiro nos braços de uma camponesa que o acudira. Aprisionado, o assassino teve as propriedades confiscadas e viveu até a morte encarcerado em um mosteiro em Pisa. Ficaria conhecido como "João, o Parricida", e até o século XV nenhum outro membro da família Habsburgo voltaria a usar o nome próprio João.[21] Alberto foi sepultado na abadia de Wettingen, a poucos quilômetros do local onde fora atacado. No ano seguinte, o imperador Henrique de Luxemburgo ordenou que seus restos mortais fossem transferidos para a catedral de Speyer, o tradicional local de sepultamento dos governantes do Sacro Império.

"O assassinato de Alberto foi uma catástrofe para os Habsburgo", escreveu o historiador Andrew Wheatcroft.[22] O sonho de fundar uma dinastia imperial foi brutalmente interrompido. Seu filho Frederico, o Belo, seria eleito em 1314, mas em uma eleição conturbada e não consensual — a coroação, apressada, foi realizada em Bonn. O outro rei eleito, Luís IV da Baviera, foi coroado em Aachen e acabaria sendo reconhecido por uma Dieta. O "antirrei" Frederico, chamado assim por não ter sido coroado de forma consensual, acabaria derrotado na batalha de Mühldorf, na Baviera, em 1322, morrendo oito anos mais tarde. Depois de Alberto I, os Habsburgo teriam que esperar mais de um século até que voltassem a reinar sobre o império.

RODOLFO IV, "O FUNDADOR"

O duque Rodolfo IV foi o Habsburgo mais influente do século XIV. Apesar de sua curta vida, ele deixou uma marca duradoura em seus domínios em termos de cultura e política, estabelecendo as bases do poder Habsburgo do século seguinte.

Rodolfo nasceu em Viena, em 1º de novembro de 1339. Era filho do duque Alberto II (outro Habsburgo, denominado Sábio) e Joana de Pfirt, uma inteligente e talentosa condessa nascida na Basileia. Depois de quinze anos de matrimônio sem filhos que sobrevivessem ao parto, o nascimento de um menino saudável foi considerado quase que um milagre pelos pais. O povo, porém, acreditava que Alberto não poderia ser o pai de Rodolfo, já que sua mobilidade era bastante limitada por uma doença articular degenerativa temporária — motivo pelo qual o duque também era chamado de o Coxo. Para acabar com os rumores, Alberto precisou ordenar que as fofocas fossem combatidas no púlpito das igrejas. Depois do nascimento de Rodolfo, porém, o casal teria outros cinco filhos nos dez anos seguintes, entre eles Alberto III (futuro avô do duque Alberto V/II, rei da Germânia) e Leopoldo III (avô do imperador Frederico III).

Para um nobre de seu tempo, Rodolfo recebeu uma educação acima da média: era capaz de ler e escrever. Extremamente autoconfiante e de temperamento violento, desde cedo foi envolvido no projeto paterno de aproximação com a casa de Luxemburgo, dona da coroa da Boêmia desde 1311. A relação não era amistosa desde que, em 1335, os Habsburgo haviam herdado por meio de acordos nupciais a Caríntia e a Carniola, territórios considerados estratégicos pelos boêmios, pois permitiam acesso ao porto de Trieste, no mar Adriático, e daí ao Mediterrâneo. Quando Rodolfo completou cinco anos, Alberto começou a preparar o casamento do filho com Catarina de Luxemburgo, de apenas três. Catarina era filha de Carlos, futuro rei da Boêmia e um forte candidato à Coroa imperial. Em 1348, o noivado foi acertado e, cinco anos mais tarde, realizado o casamento, em Praga. Catarina tinha dez anos e Rodolfo, catorze. Dois anos depois, em 1355, o pai de Catarina era sagrado imperador do Sacro Império.[23]

Naquele mesmo ano, Alberto II estabeleceu uma lei sobre a herança Habsburgo. A lei, que ficaria conhecida como Regra da Casa Albertina, tinha como objetivo impedir o fracionamento das terras (a base do poder Habsburgo) e o enfraquecimento da posição da dinastia em relação às demais famílias principescas. O documento estipulava que os quatro filhos de Alberto deveriam governar conjuntamente as terras Habsburgo — Áustria, Estíria, Caríntia, Carniola e as Vorlande, possessões ancestrais em Aargau e na Suábia. Como primogênito de Alberto e genro do imperador Carlos IV, Rodolfo gozava de uma posição especial.

Mas a disputa pelo poder entre os Luxemburgo-Premislida e os Habsburgo não demorou a aparecer. Em 1356, a casa de Habsburgo foi deixada de fora da Bula de Ouro. Carlos IV regulamentou as regras para a eleição do imperador, e os Habsburgo, que já haviam ocupado duas vezes o trono real, com Rodolfo I e Alberto I, esperavam ser elevados à categoria de príncipes-eleitores, mas não foram. Rodolfo sentiu-se traído pelo sogro boêmio, encarando a ação do imperador como uma ofensa pessoal e uma afronta à sua dinastia, que, afinal, já havia se tornado uma das mais poderosas do Sacro Império.

A solução encontrada por Rodolfo, tão logo assumiu o posto de chefe da casa de Habsburgo, em 1358, após a morte do pai, foi ordenar a falsificação de uma série de documentos que deveriam justificar a posição especial da Áustria dentro do Sacro Império e garantir à sua dinastia um estatuto igual ao dos príncipes-eleitores. O documento principal foi denominado *Privilegium maius*, e tinha como base o *Privilegium minus*, de 1156. Segundo o documento mais antigo, a Áustria, ainda governada pela casa de Babenberg, havia sido elevada a ducado e separada da Baviera pelo imperador Frederico I, o Barbarossa. Rodolfo criou a própria versão do *Privilegium minus*, acrescentando ao documento original vantagens para a Áustria. Na versão falsificada (o *Privilegium maius*, ou "privilégio maior"), o chefe da casa de Habsburgo recebeu o título de *palatinatus archidux*, "arquiduque-palatino". Rodolfo anexou o selo imperial genuíno à falsificação e ordenou a destruição do documento original. Os ou-

VERDE E AMARELO 65

tros papéis forjados eram cartas do Barbarossa, dos imperadores Henrique IV e Frederico II, e dos reis Henrique VII e Rodolfo I, datadas dos séculos XI ao XIII, que corroboravam as disposições pleiteadas por Rodolfo. No entanto, o exagero foi tal que, em um dos documentos, uma carta falsa assinada pelo imperador Henrique IV e datada de 1058, confirmava alguns privilégios para a Áustria que haviam sido concedidos pelos imperadores romanos César e Nero, quase mil anos antes, quando a própria Viena mal passava de um acampamento militar.

O imperador Carlos IV fez com que os documentos apresentados pelo genro, supostamente encontrados em 1359, fossem examinados por estudiosos e sábios de sua corte, entre os quais Petrarca, o grande humanista italiano de seu tempo. A falsificação era tão absurda, sobretudo quanto aos supostos privilégios que datavam da Roma antiga, que foi categoricamente rejeitada. Apesar de ter sido desmascarado, Rodolfo passou a usar o título que havia criado para os Habsburgo nos documentos — além de criar outros, como o de duque da Carniola. Carlos IV o proibiu de usá-los, mas não foi obedecido. Rodolfo continuou a usar uma coroa arquiducal e os diversos símbolos que havia inventado para si e sua dinastia. O título de arquiduque acabou por estabelecer status especial à Áustria dentro do Sacro Império, privilégio que seria confirmado um século mais tarde por seu sobrinho-neto, o imperador Frederico III.[24]

No entanto, Rodolfo não queria apenas títulos. Ele sabia que ganhos territoriais traziam dinheiro e poder. Por isso, manteve uma constante política expansionista. Tentou ampliar seus domínios para os Alpes, ao norte da Itália, dando início à conquista do Tirol e almejando ambiciosamente se tornar rei da Lombardia. O Tirol, rico em minas de ouro e prata e ligação entre cidades italianas e alemãs através do passo Brenner, foi obtido após uma negociação difícil com a astuta condessa Margarete, divorciada de um membro da casa de Luxemburgo e viúva de um Wittelsbach, família que governava a Baviera. Apelidada de modo pejorativo de "Boca Grande" (e não exatamente pelo tamanho dos lábios), a condessa havia perdido seus dois herdeiros homens (um deles casara-se com a irmã de Rodolfo) e acabou abdicando às pressões, cedendo o Tirol ao "arquiduque" em 1363. Os dois falsificaram documentos e acordos para beneficiar os Habsburgo, que, como mencionado, anos antes já haviam herdado a Caríntia e a Carniola, territórios governados pelo pai de Margarete. Como recompensa, ela passou seus últimos dias em Viena, protegida e financiada pela dinastia austríaca. Quanto à Lombardia, o plano de Rodolfo nunca passou de um sonho. Ele obteve mais sucesso, ainda que parcial, em territórios da Suábia, onde sua família havia se originado. Com apoio do imperador, Rodolfo autodenominou-se governador-geral da Suábia e da Alsácia, passando a usar o título de duque — uma tentativa frustrada de recriar o antigo ducado dos suábios, desaparecido depois da extinção dos Hohenstaufen; algo que os Habsburgo tentariam infrutiferamente pelos séculos seguintes, em confrontos com a Confederação Suíça e as cidades livres da região.

O ducado da Áustria estava oficialmente nas mãos dos Habsburgo desde 1282 e de Alberto I, avô de Rodolfo e segundo rei dos germanos da família. Viena fora transformada em residência oficial da dinastia e capital do ducado, e Rodolfo tinha planos ambiciosos para ela. A antiga cidade deveria seguir o modelo de Praga, que Carlos IV havia transformado em uma metrópole. Rodolfo desejava transformar sua capital em sede do bispado, por isso deu início à remodelação da igreja de Santo Estevão. Entretanto, nem o bispo de Passau muito menos o arcebispo de Salzburgo aceitaram encolher suas dioceses para dar lugar a um bispado austríaco em Viena. De todo modo, Rodolfo continuou a ampliação do templo, tratando-o como uma catedral e não apenas uma igreja paroquial. Substituiu a nave românica por uma gótica e planejou a construção de duas torres — das quais apenas uma foi concluída. Ele também deu à igreja seu próprio conjunto de cânones (ainda que não fosse bispo) e adornou seus 24 cônegos como se fossem cardeais, dando-lhes barretes escarlates e cruzes peitorais de ouro. Reformada, a igreja pretendia celebrar a dinastia, por isso foram instaladas na cripta estátuas do próprio Rodolfo e de seus ancestrais Habsburgo, convertendo-a em um mausoléu para seus descendentes. Ao lado da igreja, em 1365 ele construiu uma universidade, que deveria rivalizar com a de Praga. O papa, porém, impediu a criação da faculdade de teologia justamente para que não competisse com a da capital boêmia, aprovando, porém, o funcionamento da casa de estudos vienense com todas as ciências permitidas pela Igreja. A Universidade de Viena ficaria conhecida como *Alma Mater Rudolphina*. A magnitude desses projetos renderia a Rodolfo o título de "o Fundador". Na verdade, ele mesmo escolhera a alcunha, ordenando que a esculpissem em runas no seu sarcófago, depositado no lado norte do templo.[25]

Títulos inventados ou falsificados, territórios conquistados e grandes obras não garantiriam a posição dos Habsburgo se a própria família não se mantivesse unida. Rodolfo tinha uma visão muita clara sobre isso e passou a vida tentando solidificar o projeto iniciado pelo pai. Em 1364, ele concluiu um tratado com os irmãos Alberto III e Leopoldo III, estabelecendo que os territórios da dinastia seriam indivisíveis e deveriam ser governados em conjunto, cabendo ao primogênito ou membro masculino mais velho o papel principal no comando. No ano seguinte, porém, enquanto estava em Milão, na Itália, à procura de uma noiva para o irmão (o objetivo dessa união era garantir a posse permanente do Tirol através de um casamento dinástico), Rodolfo morreu aos 26 anos. Como não tinha filhos, os irmãos herdaram os títulos e as propriedades.

O tratado que ele havia firmado no ano anterior, porém, seria desrespeitado em menos de quinze anos, quando os irmãos começaram a dividir entre si os territórios conquistados até então, formando "linhas" distintas da família, enfraquecendo consideravelmente o poder da dinastia — os dois ramos eram chamados de linha Albertina ou Austríaca; e linha Leopoldina ou da Estíria. A própria Áustria seria dividida em Alta e Baixa, separada pelo rio Enns e com duques próprios. Quanto às propriedades ancestrais dos Habsburgo na Suíça, elas se perdiam à medida que os cantões estabeleciam sua independência política ao longo dos séculos XIV e XV. Como protegia o importante passo de são Gotardo, que ligava a Alemanha à Itália, em 1231 Uri recebera do imperador Frederico II de Hohenstaufen os privilégios de uma cidade imperial. Seis décadas mais tarde, logo após a morte do rei Rodolfo I, em 1291, uma confederação foi formada pelos cantões de Uri, Schwyz e Unterwalden. A aliança, um pacto de auxílio mútuo, tinha como objetivo defender as propriedades da região de interesses externos. E os Habsburgo estavam entre os principais interessados no território, já que possuíam propriedades em Aargau e haviam expandido seus domínios adquirindo Friburgo e Lucerna. Em 1315, as forças de Leopoldo de Habsburgo, duque da Áustria e irmão do antirrei Frederico de Habsburgo, foram derrotadas pelo exército reunido dos cantões na batalha de Morgarten.

Era o começo de uma série de combates que seriam travados pelo domínio da região, que acabariam com a derrota definitiva dos Habsburgo. Em 1386, Leopoldo III, duque da Áustria e irmão de Rodolfo, o Fundador, foi derrotado e morto na batalha de Sempach por um exército camponês. Dois anos depois, Alberto III tentou vingar a morte do irmão, mas também foi derrotado pelos suíços em Näfels. Uma trégua foi firmada e prolongada até 1415. A essa altura, a confederação já reunia oito territórios, entre os quais Berna, Lucerna e Zurique. Com o consentimento do imperador, Berna tomou Aargau de Frederico IV do Tirol, filho do duque morto em Sempach e apelidado pejorativamente por seus adversários de "Frederico com os Bolsos Vazios".[26] Frederico havia caído em desgraça diante do imperador desde a fuga do antipapa João XXIII do

Concílio de Constança — João, que havia sido deposto após condenações de estupro, incesto, sodomia, assassinato e pirataria, deixara o congresso disfarçado de escudeiro de Frederico. Com a queda de Aargau, os Habsburgo perderam também o castelo ancestral, localizado às margens do rio Aar. A fortaleza jamais voltaria a ser propriedade da família.

3.

A.E.I.O.U.

DEPOIS DO ASSASSINATO DE ALBERTO I e de uma tentativa frustrada por parte do filho de conseguir o reconhecimento de uma eleição ilegítima, os Habsburgo permaneceram longe do poder por mais de um século. Cento e trinta anos haviam decorrido até que Alberto II fosse eleito rei da Germânia, em março de 1438.

Alberto era sobrinho-neto de Rodolfo, o Fundador. Ficara órfão de pai aos sete anos e até os catorze permanecera sob a tutela dos primos-tios, da linha Albertina. Era duque da Áustria como Alberto V e esposo de Isabel de Luxemburgo, a única filha e herdeira do imperador Sigismundo. Com a morte deste último em 1437, a dinastia Luxemburgo foi extinta, e Alberto herdou os bens do sogro e o título imperial. Foi eleito rei por unanimidade, mas nem sequer foi coroado, morrendo de disenteria no outono de 1439. No ano seguinte, os príncipes-eleitores escolheriam outro Habsburgo para governar o império. A partir de então, com a escolha sucessiva de reis-imperadores Habsburgo, o centro político do Sacro Império deixaria de ser a Alemanha. As próprias eleições se tornariam não mais do que um procedimento figurativo, embora os votos e o resultado continuassem sendo garantidos com vultosas quantias de dinheiro. O poder passaria a ser quase que hereditário. A contar deste século, Viena se tornaria a base sobre a qual os Habsburgo governariam seus vastos domínios e administrariam os territórios do império — com exceção do itinerante imperador Carlos V e do ramo espanhol da família, cuja base ficaria em Madri até o século XVIII. A dinastia se transformara na "casa da Áustria".

FREDERICO III: "DOMINAR O MUNDO"

No inverno de 1440, o duque Frederico v de Habsburgo foi eleito por unanimidade o novo rei da Germânia. Mais tarde, ao ser coroado em 17 de junho de 1442, ele se tornaria Frederico IV. Seu reinado, que durou 53 anos, seria o mais longo da história.

A escolha por Frederico não teve divergências. Ele era o parente masculino mais próximo do rei falecido. Ambos eram bisnetos de Alberto, o Coxo. Porém, como filho mais velho do duque Ernesto I, o de Ferro, o jovem rei pertencia à linha Leopoldina. Nascido em 21 de setembro de 1415, em Innsbruck, no Tirol, Frederico tinha apenas 24 anos. Era duque da Estíria, da Caríntia e da Carniola e, desde um pouco antes de sua eleição, também da Áustria. Seu pai foi o primeiro Habsburgo a usar o título de arquiduque, em 1414 — uma falsificação criada pelo tio-avô Rodolfo, o Fundador, que ele legitimaria ao ser coroado imperador. Frederico herdara a aparência da mãe, a princesa polonesa Cimburga da Mazóvia, famosa tanto por sua beleza quanto por sua habilidade em entortar ferraduras e cravar pregos em tábuas de carvalho apenas com os punhos. Alto e magro, o jovem rei tinha os cabelos compridos e louros, o nariz longo e os "lábios grossos" que marcariam sua descendência.

Como o pai e muitos nobres de seu tempo haviam feito, Frederico empreendeu uma peregrinação à Terra Santa. No verão de 1436, partiu de Trieste acompanhado por cinquenta assistentes. Passou pela ilha de Chipre e chegou a Jerusalém, onde foi investido cavaleiro no Santo Sepulcro.[1] Depois de uma viagem de cinco meses e visitas às cidades de Belém e Betânia, retornou à Áustria passando por Veneza, na Itália. No entanto, viajar não estava entre suas atividades favoritas. De todo seu longo reinado, Frederico passou 44 anos nas terras hereditárias da família. Em Wiener Neustadt, a "nova Viena", sua residência preferida, situada ao sul da capital e então no território da Estíria, ele passaria mais de catorze anos. Cidades como Graz, Viena e Linz também receberam atenção especial. Ele viveu por oito anos em cada uma das duas primeiras e por quatro na última. Entre as cidades do império, localizadas na Alemanha, Nuremberg, Colônia e Augsburgo foram as mais visitadas, já que costumavam sediar as dietas. Na Boêmia, ele esteve uma única vez, na cidade de Brno, a duzentos quilômetros de Praga.

Devido ao modo como tratava os assuntos do Sacro Império, era considerado por muitos um homem egoísta e insensível às emergências de seu tempo. Deu mais atenção aos objetivos dinásticos futuros do que à ameaça otomana nos Bálcãs, por exemplo. Seu próprio secretário, o historiador Enea Silvio Piccolomini, que mais tarde se tornaria o papa Pio II, o chamou de "arquidorminhoco" — um trocadilho com o título de arquiduque, que os Habsburgo almejavam desde um século antes. Ele também foi alcunhado de "touca de dormir" do grande Estado germânico. O embaixador francês o definiu como "indolente, moroso, taciturno, mal-humorado, melancólico, avarento, frugal e problemático". Frederico de fato era introspectivo, irascível e mesquinho a ponto de viajar sempre com galinheiros para economizar na compra de ovos. Para o historiador austríaco Alphons Lhotsky, o imperador era, acima de tudo, um "calculista prático", que se retirava sem lutar quando imaginava que era impossível ganhar, mas inflexível onde enxergava oportunidades para vencer.[2]

Certamente por isso, Frederico não era brilhante nem popular. Sua grande arma era a paciência. Contudo, de certo modo, ele tinha qualificações para governar. Vivia cercado de intelectuais, gostava de estudar e era membro de várias sociedades cavalheirescas. Em uma época em que os livros eram raros, sua biblioteca contava com 150 obras. Mesmo entre a nobreza, saber ler e escrever não era algo comum. Por volta de 1450, entre 10% e 15% da população da Europa Ocidental era alfabetizada, ainda uma parcela pequena, mas em rápida ascensão.

Mudanças vinham ocorrendo desde que o pensador Jan Huss transformara em "cruzada nacional um renascimento religioso" iniciado na Boêmia. As reformas hussitas resultaram na expulsão dos alemães de Praga e na consequente fundação da Universidade de Leipzig por professores refugiados. Huss acabaria morto na fogueira em 1415, mas suas ideias se espalharam pelo Sacro Império, dando impulso a um período de intensa produção e circulação de textos, além de possibilitar o uso da língua vulgar em detrimento do latim. O número de manuscritos na Alemanha saltaria de 163 mil no século XIII para 910 mil no XV. A demanda por papel fez surgir moinhos e pequenas oficinas para produção do material em cidades como Nuremberg, Ravensburg e Estrasburgo, o que deu origem à grande invenção da época de Frederico e uma das maiores da história humana: os livros impressos. Em 1449, o impressor Johann Gensfleisch zur Laden começou a imprimir os primeiros folhetos com a prensa de tipos móveis metálicos. Em 1455, Gutenberg, como ele ficaria conhecido devido à casa onde nasceu em Mainz, imprimiu o primeiro grande livro europeu, a chamada Bíblia de 42 linhas, que tinha 1.280 páginas. A produção disparou. Era possível imprimir muitas cópias da mesma obra em um tempo infinitamente menor. O número de títulos também aumentou consideravelmente em toda a Europa, de 29 mil no século xv para cerca de quatrocentos mil no xvi.[3]

O debate teológico em torno das ideias hussitas reavivou antigas previsões apocalípticas sobre o fim do mundo, baseadas na própria Bíblia ou em textos ocultos. Na Estíria, dentre as muitas profecias populares, uma em especial estava ligada à Coroa imperial. Segundo se acreditava, um poderoso imperador de nome "Frederico" unificaria o mundo em torno da fé cristã após uma viagem a Jerusalém, de onde anunciaria o Dia do Juízo Final. Frederico — o Habsburgo — não proibiu a circulação dessas histórias fantasiosas entre seus súditos, mas, depois de onze anos como rei da Germânia, finalmente iniciou a viagem a Roma, onde seria coroado imperador. O motivo da demora na realização da cerimônia, no entanto, estava de fato ligado à religião. Antes mesmo do aparecimento de Huss na Boêmia, uma crise dentro da Igreja se instaurara em meados do século anterior, opondo papas e "antipapas", com estes últimos instalando sedes administrativas nas cidades de Avignon, na França, e Pisa, na Itália. A normalidade só foi restabelecida no final da década de 1440 com o papa Eugênio iv e o fim do Concílio da Basileia. Após a concordata de Viena, em 1448, Frederico pôde finalmente organizar sua viagem à Cidade Eterna.

Foi acordado com Nicolau v, o sucessor de Eugênio, que, além da coroação, a ocasião seria marcada também pelo casamento do imperador com dona Leonor de Portugal. O matrimônio entre a infanta lusitana e o rei dos germanos é um dos mais bem documentados de toda a Idade Média e o primeiro realizado entre portugueses e a casa da Áustria. A princesa era filha do falecido rei dom Duarte, da dinastia de Avis, chamado de Rei Filósofo devido a seu interesse pela cultura e pelas várias obras que escreveu. Portugal já havia rejeitado alianças com a França, Saboia e Luxemburgo quando Enea Piccolomini conseguiu negociar um acordo por intermédio de Afonso v, o Magnânimo, rei de Aragão e Nápoles e tio de dona Leonor. As discussões sobre o casamento avançaram no verão de 1450, quando o monarca lusitano dom Afonso v, o Africano, irmão da noiva, recebeu os embaixadores de Frederico. O contrato foi firmado e o dote de dona Leonor ficou acertado em sessenta mil florins.[4] Depois de inúmeros contratempos, os esponsais e festejos com "suntuosos banquetes", cerimônias, danças e procissões foram realizados entre agosto e outubro de 1451. As celebrações incluíram atrações populares como cavalhadas, justas, torneios e representações de caçadas com leões, ursos e javalis, assim como uma luta entre pigmeus trazidos da África. Tudo isso foi registrado em detalhes pelos dois embaixadores alemães, os capelães Tiago de Motz e Nicolau de Valckenstein. Em 12 de novembro, dona Leonor deixou Lisboa com destino à Itália, onde se encontraria com o imperador e esposo. A armada era composta de duas carracas (uma embarcação mercante de grande porte muito utilizada pelos portugueses), duas caravelas, oito barcas e seis naus, que transportaram o bispo de Coimbra, três condessas, 24 aias e muitos outros nobres e serviçais que somavam mais de três mil pessoas, além de 580 cavalos. Dona Leonor seguiu a bordo da carraca *Doria*.[5]

Em fevereiro de 1452, a futura imperatriz desembarcou em Livorno e foi levada à presença de Frederico, que a aguardava em Siena, a pouco mais de duzentos quilômetros de Roma. Enea Piccolomini, que além de secretário do imperador era o bispo local, deixou registrado algumas observações sobre seu primeiro contato com dona Leonor. Segundo ele, dona Leonor tinha o comportamento esperado, "emitia opiniões ponderadas" e "respondia com prudência". Quanto à aparência, a princesa portuguesa tinha a "testa grande, olhos muito negros e luminosos, boca pequena, faces harmoniosamente rosadas e pescoço branco; uma figura em tudo formosa e sem qualquer defeito".[6]

Em 9 de março, a comitiva real, composta de cerca de seis mil cavaleiros, fez sua entrada cerimonial em Roma. O número de acompanhantes era bastante expressivo, considerando que a cidade tinha aproximadamente oitenta mil habitantes — e depois das pestes e guerras nem de longe lembrava a majestosa cidade da Antiguidade. O casal foi recebido pelo pontífice e acomodado nas dependências do Vaticano. O casamento aconteceu na quinta-feira da semana seguinte, em 16 de março. A noiva usou um corpete vermelho e uma suntuosa capa de brocado cinza-escura. Durante a cerimônia, Frederico foi coroado rei da Lombardia. Os noivos receberam a eucaristia, trocaram anéis e se beijaram. No entanto, como era a época da Quaresma, não houve festa, nem a união carnal dos cônjuges foi consumada. O ato final de coroação ocorreu três dias depois, no domingo, na antiga basílica de São Pedro. O papa Nicolau v dirigiu a missa e a sagração. Na igreja milenar, onde Carlos Magno fora coroado no Natal de 800, Frederico vestiu as sandálias, a túnica e o pálio; recebeu as insígnias imperiais, o anel, o cetro e o orbe. E foi ungido, assim como a imperatriz. Após receber a coroa dourada e a espada do grande rei franco, o pontífice o fez cavaleiro de São Pedro. O imperador ajoelhou-se e beijou os pés de Nicolau.[7] Só então passou a ser oficialmente Frederico III, sacro imperador romano-germânico.

VERDE E AMARELO 75

Ele foi o primeiro Habsburgo e o último governante do império a ser coroado em Roma. Seu bisneto, Carlos V, de quem falaremos mais no próximo capítulo, seria o último imperador coroado pelo papa.

Encerrados os cerimoniais, o casal imperial percorreu cidades italianas, recebendo homenagens por onde quer que fosse. Em Nápoles, a recepção foi tão luxuosa quanto em Roma. Entretanto, havia se passado um mês e o matrimônio ainda não fora consumado. Somente em 16 de abril, no castelo de Cápua, é que dona Leonor, então com dezessete anos, e Frederico, com 36, deitaram-se na mesma cama. Segundo uma lenda, o imperador germânico teria relutado em manter relações com a esposa na Itália por temer a concepção de um herdeiro que pudesse se parecer com os italianos. No entanto, o verdadeiro motivo era a preocupação que Frederico tinha com o alinhamento das estrelas.[8] Os nascimentos precisavam ocorrer sob signos auspiciosos. Com todo esse cuidado, dona Leonor só engravidaria três anos após o casamento. Em uma década e meia de união, o casal teria apenas seis filhos, dos quais somente dois sobreviveram. Maximiliano, o futuro imperador, nasceu em 1459. Cunegunda veio ao mundo em 1465 e, antes de se casar com Alberto, duque da Baviera, foi oferecida ao sultão Maomé II, o conquistador de Constantinopla — em troca da mão da filha, Frederico esperava ingenuamente que o líder otomano se convertesse ao cristianismo. Para além das obrigações dinásticas e da astrologia, Frederico e dona Leonor eram como água e azeite. A diferença de idade entre os dois era grande. Ela tinha vitalidade, ele era um rabugento. Dona Leonor estava habituada ao clima quente, à alimentação do Mediterrâneo e à vida refinada de uma corte alegre. Frederico era irritadiço e vivia enclausurado em um castelo soturno.

Ao retornar a Viena, um dos primeiros atos do imperador foi confirmar o *Privilegium maius*. A partir de então, os Habsburgo seriam oficialmente arquiduques da Áustria. No entanto, a situação era extremamente delicada e Frederico precisou enfrentar graves problemas internos. O jovem filho do rei Alberto II, Ladislau, nascido quatro meses após a morte do pai — por isso, chamado de "Póstumo" —, fora reconhecido pelos reinos da Boêmia e da Hungria, embora apenas nominalmente. Com a morte de Ladislau, em 1457, os dois reinos escolheram reis nacionais. Os boêmios elegeram Jorge de Poděbrady, um nobre que fora nomeado para governar o país durante a guerra civil — e para muitos o provável assassino de Ladislau. Adepto do utraquismo, uma variante moderada do hussitismo, Jorge foi excomungado pelo papa. Na Hungria, os magiares elegeram Matias Corvino — também pretendente à Coroa da Boêmia. Assim como os Habsburgo, Corvino estava convencido de que era descendente dos antigos romanos, especialmente do cônsul Marcus Valerius Corvinus, e, por meio deles, do próprio Zeus, o deus dos deuses. Como se já não bastasse, alegava que entre seus ancestrais estava também Átila, o rei dos hunos.[9] O orgulhoso Corvino suportou os ataques turcos vindos do sul sem contar com o apoio de Frederico e ampliou seu reino para o norte e o oeste, conquistando metade do território austríaco dos Habsburgo. No verão de 1485, ele tomou Viena, obrigando o imperador a deixar sua capital e a se refugiar em Linz com oitocentos cavaleiros leais. A cidade só voltaria ao poder Habsburgo cinco anos mais tarde, com a morte de Corvino e a reocupação do território pelo exército austríaco. Entretanto, tanto a Boêmia quanto a Hungria passariam ao poder de Ladislau II, rei polonês da dinastia polaco-lituana dos Jaguelão.

A morte de Ladislau, o Póstumo, extinguiu a linha Albertina dos Habsburgo, mas abriu as portas para uma rixa pelos territórios da família entre Frederico e seu irmão Alberto VI. Em 1462, o Hofburg, castelo da família imperial em Viena, foi cercado por quatro meses e a guerra civil atingiu seu clímax. Resgatado pelo rei da Boêmia, Frederico foi obrigado a ceder as terras da Baixa Áustria. O conflito só teve fim com a morte de Alberto no final do ano seguinte. Como este não tinha herdeiros, Frederico ficou com os territórios do irmão.

Frederico travou lutas internas e estava rodeado de inimigos poderosos, mas sua paciência e tenacidade lhe foram favoráveis à medida que todos os seus inimigos morriam. Sua obstinação se mostrou acertada em vários de seus projetos de longo prazo, tirando proveito até mesmo de seus aliados. Ele conseguiu persuadir o primo Sigismundo do Tirol, que não tinha filhos legítimos, a ceder a região a seu filho Maximiliano. O herdeiro de Frederico também obteria Viena e boa parte da Áustria quando Matias Corvino, adversário do imperador, morreu em 1490. Quanto às coroas boêmia e magiar, Frederico conseguiu um acordo com Ladislau II. A aliança estabelecia apoio mútuo em caso de guerra e a devolução da Boêmia e da Hungria aos Habsburgo — o que de fato ocorreria em 1526, durante o governo de Carlos V. Como infortúnio, nesse meio-tempo, dona Leonor morreu de disenteria, em 1467. Mesmo em meio à turbulência, Frederico conseguiu concluir o projeto de Rodolfo, o Fundador. Em 1469, fez uma viagem à Roma e obteve do papa Paulo II a elevação de Viena a sede de bispado. E foi além: convenceu o Santo Padre a fazer da própria Wiener Neustadt sede de uma diocese, embora com jurisdição apenas sobre a cidade.

Como imperador, também se ocupava de assuntos mais prosaicos, muitos deles combatidos pela Igreja. Como dava muita importância ao horóscopo, a adivinhações e magia, Frederico examinava excrementos de ratos ao mesmo tempo que se dedicava a observações astronômicas. Ficou extremamente impressionado com o aparecimento de dois cometas, observados em 1468 e 1471 — a passagem desses corpos celestes era, desde a Antiguidade, vista como um mau presságio. Embora fosse tido como indolente, o imperador fazia questão de frequentar diariamente as reuniões de seu conselho, que sempre duravam a noite toda. Durante seu reinado, a chancelaria emitiu cerca de cinquenta mil cartas e alvarás. Nenhum deles, no entanto, alcançou a dimensão de uma anotação em seu diário, em 1437, quando ainda era apenas duque da Estíria, então com 21 anos: "Qualquer edifício ou peça de prata, manto litúrgico ou outro tesouro que apresente as cinco letras que compõem a divisa A.E.I.O.U. são de minha propriedade, o duque Frederico, o Jovem, ou ordenei que fossem construídos ou fabricados". O significado original da famosa sequência de vogais encontrada em edifícios, monumentos, objetos, moedas e documentos da época nunca foi totalmente esclarecido. Peter Lambeck, bibliotecário da corte de Viena no século XVII, registrou mais de quarenta significados possíveis, desde o engenhoso *Aquila Electa Iovis Omnia Vincit* (A águia escolhida conquistará todas as coisas) até o apocalíptico *Austria Erit In Orbe Ultima* (A Áustria estará no fim do mundo). No começo do século XX, o historiador Alphons Lhotsky compilou mais de oitenta possibilidades. Hoje, a versão mais aceita para o significado do monograma é *Austria Est Imperare Orbi Universo* (A Áustria está destinada a dominar o mundo); ou seu correspondente alemão, *Alles erdreich ist Österreich unterthan* (Tudo na Terra está sujeito à Áustria).[10]

Mesmo que o significado real para a divisa de Frederico tenha se perdido, a versão tida como verdadeira corresponde exatamente às expectativas da dinastia dentro do cenário europeu do final do século XV e do começo do XVI. O Sacro Império deixou de representar a unidade cristã e alemã na Europa, passou a ser um elo frágil entre Estados semi-independentes, uma organização de segurança que atuava como força mediadora. A coroa não era mais do que um adereço de luxo, e o título de imperador, quase que meramente simbólico. Era a Áustria que agora ocupava o lugar mais importante dentro do ideário Habsburgo, algo que pode ser sintetizado em quatro palavras: império, herança, missão e destino. A grande "obra" de Frederico foi dar base à ideia de um império universal liderado pela Áustria, resumida em um monograma. Não era uma novidade que os

Habsburgo se viam como senhores em uma espécie de Terra Prometida. Um século antes, Alberto III, tio-avô de Frederico, ordenara a compilação do que ficaria conhecido como *Crônica dos 95 senhores*, que descrevia a criação da Áustria por um cavaleiro judeu de nome "Abraão de Temonaria", originário de uma terra lendária e que viveu cerca de oitocentos anos após o dilúvio. O texto narra a história do ducado, de Abraão até o avô de Frederico, Leopoldo III.[11] As narrativas genealógicas fantásticas eram um gênero literário comum no final da Idade Média. Como visto nos capítulos anteriores, elas davam respaldo ao poder dos reis, misturando personagens míticos e bíblicos com biografias reais.

Na década de 1470, Frederico ainda estava preocupado em solidificar o poder Habsburgo entre os príncipes do império. Para isso, ele precisava garantir um bom casamento para o único filho homem e assegurar que o mesmo fosse coroado depois de sua morte. Após alguns desentendimentos, o imperador e Carlos, o Temerário, duque da Borgonha, acordaram uma aliança entre as casas da Áustria e de Valois-Borgonha, que viria a ser cimentada pelo casamento dos filhos Maximiliano e Maria.

O duque da Borgonha, também conhecido como "o Audaz" ou "o Terrível", estava envolvido em uma guerra com a França de Luís XI. Suas propriedades estavam em dois territórios distintos, que faziam fronteira com a França e o Sacro Império e eram separados pelo ducado da Lorena. A parte sul consistia no ducado da Borgonha e no condado palatino da Borgonha. A região norte incluía o ducado de Luxemburgo e os Países Baixos, além de um pedaço da França ao sul de Calais, a Picardia. Para unificar as duas partes, Carlos invadiu a Lorena, em 1475, e depois atacou o cantão suíço de Vaud. Os confrontos persistiram e, dois anos depois, ele foi morto em Nancy por um alabardeiro da infantaria suíça. Oito meses mais tarde, como acordado, sua filha se casaria com Maximiliano, tornando as terras da Borgonha possessões da família Habsburgo.[12] O matrimônio se revelaria o maior acerto nupcial da história. Por meio dele, em quatro décadas, a dinastia Habsburgo passaria a reinar também sobre os Países Baixos e a Espanha — e, consequentemente, sobre a América. Em 1486, Frederico conseguiu convencer os príncipes-eleitores, e Maximiliano foi nomeado rei da Germânia. Era primeira vez em três séculos que um filho era declarado rei antes da morte do pai. O título, porém, era nominal e Maximiliano deveria se manter longe dos assuntos imperiais.

O futuro da dinastia estava garantido. Nos anos seguintes, o imperador passaria a maior parte de seu tempo no castelo de Linz, ocupado com seus estudos astrológicos e experimentos alquímicos. Tendo passado dos setenta anos, Frederico tinha os cabelos grisalhos e um corpo obeso. Havia desenvolvido diabetes e chupava melões para saciar a sede persistente. No começo de 1493, um coágulo se formou em seu pé esquerdo, logo se transformando em uma gangrena. Em junho, o pé doente foi amputado em Linz, em público, por cirurgiões orientados pelo médico do imperador, Hans Seyff. O procedimento é um dos mais famosos e bem documentados da era medieval. Segundo esses relatos, a cirurgia foi um sucesso, mas Frederico morreu dez semanas depois, em 19 de agosto. Os médicos culparam a disenteria causada pelos melões.[13] A invasão otomana da Caríntia e da Carniola atrasaram o funeral. O imperador foi sepultado somente em dezembro, em um sarcófago colossal que vinha sendo preparado na catedral de Santo Estêvão havia anos. Nove toneladas de mármore foram utilizadas na construção, que só seria concluída duas décadas mais tarde.

MAXIMILIANO I: "ÁUSTRIA FELIZ, CASA-TE"

Quando Frederico morreu, havia cinco meses que Cristóvão Colombo retornara à Espanha após uma expedição no oceano Atlântico, onde se deparara com algumas ilhas que imaginou serem parte das Índias. O explorador genovês não fazia ideia de que havia encontrado um novo continente, assim como os Habsburgo também não imaginavam que o casamento de Maximiliano com a filha do duque da Borgonha legaria à dinastia a possibilidade concreta do sonhado império universal.

Maximiliano nasceu em Wiener Neustadt em 22 de março de 1459. Era o segundo filho homem entre os três que o imperador Frederico III teria e o único a sobreviver à infância. Eram tempos difíceis. Os Habsburgo estavam divididos. Quando o tio de Maximiliano, Alberto VI, sitiou o Hofburg, ele tinha apenas três anos. Ele se tornou prisioneiro, passou fome e sofreu de uma doença desconhecida que quase o matou.

Como único herdeiro masculino, Maximiliano foi preparado desde a infância para ocupar o lugar do pai e governante. Sua educação foi confiada ao cônego Peter Engelbrecht, mais tarde bispo de Wiener Neustadt e de quem o próprio Maximiliano não teria boas recordações. Com métodos rudes, seu tutor limitou-se ao ensino do latim e da dialética, restringindo o tempo de estudo em outras áreas, como história, que tanto encantava o menino. Ainda jovem, aprendeu sobre a criação de cavalos, jardinagem e artesanato. Teve aulas de marcenaria, equitação, caça, dança e esgrima, mostrando grande interesse por armamentos e torneios — com o tempo, se mostraria um exímio lutador, caçador e cavaleiro. Assim como o pai, dedicou-se às "artes negras" — a astrologia e a alquimia —, influenciado, entre outros, pelo abade alemão Johannes Trithemius. Por meio de seus secretários e serviçais, Maximiliano aprendeu esloveno, flamengo, francês, italiano, espanhol e inglês. Apesar da habilidade com idiomas, quando criança sofria com problemas na fala. Além de um nariz protuberante, ele tinha a mandíbula e o lábio inferior ligeiramente maiores, o que fez com que tivesse dificuldades para se expressar corretamente. Era um dos primeiros sinais de um problema genético que seria conhecido como "lábio Habsburgo". Frederico chegou a temer que o filho fosse um idiota e o ponto-final na história da dinastia.

Maximiliano foi eleito rei em fevereiro de 1486 e coroado em 9 de abril. Tinha então 27 anos. Viena fora ocupada pelos húngaros no ano anterior, e Frederico queria se certificar de que os Habsburgo se manteriam no poder mesmo fora de suas bases. Sete anos depois, com a morte do pai, Maximiliano finalmente pôde tomar as rédeas do poder, mas sua coroação como imperador só ocorreria no inverno de 1508 — e fora de Roma. Como estava em guerra contra Veneza, ele foi impedido pelo exército inimigo de seguir para o Sul. Uma cerimônia foi improvisada, em Trento, a 4 de fevereiro. Sem poder se encontrar com o novo monarca, o papa Júlio II deu sua bênção à distância.

Maximiliano foi reverenciado por contemporâneos e gerações de historiadores como o "último cavaleiro", por suas supostas qualidades físicas, morais e intelectuais — "beleza varonil", "jovialidade esfuziante" e "bom gênio e sensatez modesta". O italiano César Cantú afirmou que o imperador era um amante das artes, "belo de corpo, de maneiras desembaraçadas e graciosas". Para Hans Prutz, com exceção da imperatriz Maria Teresa no século XVIII, "nenhum outro Habsburgo gozou jamais de tanta popularidade e afeto de seus súditos, sobretudo das camadas mais pobres" quanto Maximiliano. Ele tinha "atrativos pessoais irresistíveis" e uma "afabilidade inata", mas seu espírito sofria com algo que lhe fugia do controle. Faltava a Maximiliano o que o pai tinha em excesso. Ele não tinha paciência nem constância. Sua política estava sujeita a rompantes e constantes reviravoltas. Como governante, imaginava grandes projetos, mas tinha dificuldades para operar planos secundários. Era "um projetista que sempre empreendia novas coisas, sem levar nenhuma a cabo", sentenciou Prutz. "Ousado até a temeridade, generoso até a prodigalidade", esquecia do mundo perseguindo as camurças nas montanhas do Tirol, escreveu Cantú.[14]

Essa inconstância pode ser vista em muitas de suas medidas como arquiduque ou imperador. Falou inúmeras vezes sobre a necessidade de uma cruzada e chegou a criar uma nova ordem de cavalaria, a dos Cavaleiros de São Jorge, com a qual pretendia recapturar Jerusalém. No entanto, o projeto em si nunca chegou nem perto de ser efetivado. A relação com os judeus também foi ambígua e repleta de reviravoltas. Ele chegou a estudar a Cabala, mas depois decidiu proibir os livros que tratassem do tema. Arrependido, voltou atrás logo depois. Teve a mesma atitude com a população judia: decretou sua expulsão da Estíria, apenas para lhes oferecer refúgio na Baixa Áustria.

Seu ímpeto irrequieto o levou a viajar pelo Sacro Império bem mais que o pai, mas somente por onde a família Habsburgo sempre esteve presente: a Suábia, a Francônia e a região renana. A exceção foram as viagens aos Países Baixos. Maximiliano jamais visitou a Saxônia, Brandemburgo, Brunswick ou qualquer outro principado do norte da Alemanha. A preocupação de sua vida era com a própria imagem e com o que diriam sobre ele na posteridade. Por isso, para que se tornasse um governante popular — o que, de fato, se tornou —, patrocinou pintores, como o celebrado Albrecht Dürer, para que produzissem uma infinidade de retratos seus. Fez o mesmo com quase quarenta poetas e escritores, entre os quais o humanista Conrad Celtis, que foram pagos para descrever o imperador como um grande caçador e guerreiro, comparando-o a heróis da história alemã e da Antiguidade. Maximiliano também não poupou esforços para engrandecer sua genealogia. Conseguindo retroceder até Noé, obrigou os professores da Universidade de Viena a aceitar que sua ascendência chegava ao Antigo Testamento. Além dos profetas bíblicos, se conectou com divindades egípcias e gregas e com quase duzentos santos — dos quais na época 123 já eram canonizados e 47 beatificados.

Ele mesmo supervisionou a composição de três autobiografias romanceadas, nas quais buscou descrever o homem universal exaltado pela Renascença — o "homem perfeito", que devia conhecer muitas e várias disciplinas. A primeira delas, *Freydal*, é conhecida apenas por sua forma manuscrita e nunca chegou a ser publicada. *Theuerdank* é um relato ficcional de como o herói que dá nome ao título da obra — Theuerdank pode ser traduzido como "magnânimo" — se aventura pelo exterior para se casar com lady Ehrenreich ("honrada"). O texto foi ditado a Marx Treitzsaurwein, seu secretário particular. Melchior Pfintzing, que atuava como seu conselheiro, editou e deu os retorques finais.[15] O livro nada mais é do que a representação da jornada de Maximiliano pela Europa para seu primeiro casamento. No caminho, o herói passa por todo tipo de tribulações causadas por seus adversários até conseguir a mão da donzela. Depois do matrimônio, Theuerdank parte para uma cruzada, algo que Maximiliano desejava, mas, como sabemos, nunca conseguiu concretizar. O livro foi publicado em 1517, com 118 xilogravuras (técnica com a qual se reproduziam imagens com uma ferramenta semelhante ao carimbo). A fonte usada no texto se tornaria a base da escrita gótica alemã — conhecida como *Fraktur*, de "fratura", devido à separação dos traços.

O mais afamado dos romances de Maximiliano, porém, é *Weißkunig* ("Rei Branco"). Publicado postumamente, a obra contava com 251 xilogravuras e descrevia a formação humanista do imperador e muitas de suas campanhas militares sob o nome alegórico de Rei Branco, monarca filho das sete artes liberais, que estudara caligrafia, medicina, genealogia, mineração, música, construção, caça, combate, carpintaria, pintura e até mesmo o canto dos pássaros, além de conhecer onze idiomas. Autorretratado como um amante da paz constantemente assediado pela astúcia de inimigos ao seu redor, Maximiliano deu a cada um de seus antagonistas uma cor: o Rei Verde representava o governante da Hungria; o Rei Azul, o da França; o Rei Vermelho e Branco, a Inglaterra; o Rei das Coroas, o papa; o Rei dos Peixes, o doge de Veneza; o Rei Negro, o monarca de Aragão; o Rei de Ferro, o duque da Borgonha, e assim por diante.[16] As obras faziam parte de um projeto maior, nunca concluído, que pretendia publicar dezenas de títulos sobre as mais diversas áreas do conhecimento humano. Como em uma enciclopédia, os volumes discorreriam sobre falcoaria, culinária, plantação e pesca, assim como castelos, cidades, magia, moralidade e até sobre a arte do amor.

Para muitos, Frederico III e Maximiliano I foram os responsáveis pelo início da lendária política de casamentos políticos dos Habsburgo. Na verdade, era uma prática comum desde muito tempo e a própria dinastia vinha construindo suas bases pelas alianças matrimoniais nos últimos dois séculos — casar era bem menos dispendioso do que guerrear, ainda que também uma tática sujeita a fracassos. Entre 1273 e 1519, mais de cem noivados e casamentos foram planejados, com mais da metade deles realizados com relativo sucesso.[17] Não restam dúvidas, porém, de que Maximiliano foi bem-sucedido de forma incomum nessa questão, sendo um marco na história da família. É por isso que um século e meio após sua morte, com os Habsburgo reinando sobre a maior parte da Europa e da América, popularizou-se um lema que resumia muito bem essa estratégia exitosa: *Bella gerant alii, tu felix Austria nube/ Aliis nam quae Marte, dat tibi diva Venus*, cuja tradução é "Deixe que outros façam guerras, tu, Áustria feliz, casa-te/ O que Marte concede aos demais, Vênus concede a você!". A divisa não surgiu antes de 1654 e teve como origem dois versos de Ovídio, poeta romano do século I, autor de *Heroides*, uma coleção de quinze poemas epistolares em que mulheres mitológicas escrevem a seus maridos ou amantes ausentes. Ambos envolvem os deuses da guerra (Marte) e do amor (Vênus). O primeiro verso foi destinado ao príncipe da Tessália: "Os outros que façam a guerra, Protesilau ama!". O segundo, ao príncipe de Troia: "As guerras são travadas pelos bravos, tu, Páris, ame sempre!".[18]

Em abril de 1477, Maximiliano casou-se por procuração com Maria da Borgonha, a única filha do duque Carlos, o Temerário, e de Isabel de Bourbon. Ele tinha dezoito anos; ela, vinte. O matrimônio foi realizado pelo legado papal quatro meses depois, em 19 agosto, no castelo de Ten Walle, em Gante, nos Flandres. Ainda de luto, ela trajava um vestido negro e simples. A longa viagem feita por Maximiliano de Viena a Gante, entre maio e agosto, é descrita em *Weißkunig*. Ele chegou à cidade um dia antes da cerimônia vestindo uma armadura prateada, com os cabelos presos por um diadema adornado com pérolas e pedras preciosas e montado em um grande cavalo castanho. Pontus Heuterus, historiador holandês contemporâneo, descreveu o filho do imperador como um jovem que "exibia as verdadeiras qualidades de um homem e príncipe". "Era magnânimo, corajoso e liberal", afirmou, tendo no "semblante a dignidade real, e o esplendor da majestade paterna; a antiguidade de sua linhagem e a amplitude de sua herança". A noiva, encantada com a beleza de Maximiliano, teria dito: "Bem-vindo, nobre de sangue alemão, tão aguardado e que agora me alegra ter comigo".[19]

Maria perdera a mãe aos oito anos e fora educada sob os cuidados da madrasta, Margarida de York. Era obstinada, gostava de ler, da falcoaria e de cavalgar — era uma excelente amazona. "Minha esposa se sente totalmente à vontade com falcões e cães de caça; ela tem um galgo de grande porte", confidenciou Maximiliano em carta ao conselheiro Sigismund von Prüschenk. Ele a descreveu como "uma esposa adorável, boa e virtuosa". Também deixou registrado observações quanto à aparência de Maria:

84 Rodrigo Trespach

Ela é pequena de corpo [...] e alva como a neve. Cabelos castanhos, nariz pequeno, cabeça e traços delicados; olhos castanho-acinzentados, claros e bonitos. Sua boca é um tanto alta, mas pura e vermelha.[20]

Herdeira de um território cobiçado, desde cedo Maria atraiu o interesse de homens ambiciosos, como o futuro rei de Aragão, Fernando II; e de Carlos, duque de Berry, Normandia e Aquitânia, filho do rei da França e treze anos mais novo do que ela. O duque da Borgonha, no entanto, desejava um acerto com os Habsburgo, que o ajudariam em uma guerra contra a França. As negociações para a formalização de uma aliança tiveram início em 1473. Em troca da mão da filha, Carlos, o Temerário, exigiu do imperador o título de rei dos romanos ou a elevação do ducado da Borgonha à categoria de reino. Frederico III não aceitou as exigências e o casamento só pôde ser concretizado após a morte de Carlos, que havia deixado instruções para que Maria casasse com o arquiduque Habsburgo, na esperança de que a Borgonha não fosse retalhada pelos franceses. Quando dois dos mais próximos conselheiros da jovem duquesa foram torturados e decapitados por rebeldes aliados da França, ela se apressou em desposar Maximiliano.

No século XV, a Borgonha era um dos países mais ricos e influentes da Europa, com importantes centros comerciais, como Bruges, Antuérpia e Gante, localizados no atual território belga. Um de seus símbolos era a Ordem do Tosão de Ouro, criada em 1430 pelo avô de Maria e até hoje outorgada pelos Habsburgo austríacos e reis da Espanha. O número de membros era restrito a uns poucos escolhidos, que representavam o ideal da nobreza cristã e da cavalaria, sendo a maior honra que se poderia receber. Os duques da Borgonha descendiam da família real francesa e de vassalos do rei da França. Haviam conquistado a independência graças à Guerra dos Cem Anos e às rivalidades entre os Valois. A corte borgonhesa era conhecida pela cultura refinada e pelos cerimoniais elaborados e luxuosos de culto ao soberano. Também eram governantes habilidosos, que administravam vários territórios com origens étnicas e culturais diferentes. O francês era a língua da corte, mas os súditos falavam francês, flamengo, holandês ou alemão, dependendo da região. Comandar o ducado era um constante exercício administrativo. Grande parte do cerimonial de corte e do modo de governar territórios multiétnicos dos Habsburgo foi herdada da experiência na Borgonha.

Em 1482, Maria sofreu um acidente enquanto caçava com seus falcões e o marido em Wijnendale, nos Flandres. Seu cavalo tropeçou e a prensou contra uma árvore. Grávida, ela morreria em Bruges semanas depois, em consequência dos ferimentos.[21] Foi uma tragédia pessoal. Maria era devotada ao marido e ele a amava, algo incomum no mundo dos casamentos arranjados. Em cinco anos de matrimônio, Maximiliano e Maria tiveram três filhos, entre eles, o primogênito, Filipe, o Belo. O monarca se casaria outras duas vezes, mas sem o sucesso do primeiro matrimônio. Em 1490, ele desposou por procuração a duquesa Ana, herdeira da Bretanha. Porém, antes da consumação, Ana se casou com Carlos VIII, rei da França. A situação foi ainda mais embaraçosa porque Margarida, filha de Maximiliano, fora prometida a Carlos e educada na França para ser a futura rainha. Além de lhe devolver a filha, o rei da França ainda roubou a mulher do imperador.

O matrimônio seguinte de Maximiliano ocorreu em novembro de 1493, com Bianca Maria Sforza, sobrinha de Ludovico, "o Mouro", duque de Milão. Os Sforza queriam o reconhecimento imperial de seus títulos e Maximiliano estava interessado no dote. Por trezentos mil ducados de ouro e mais cem mil ducados em joias, o imperador aceitou se casar com uma descendente de camponeses da Romanha. A cerimônia ocorreu em Milão, sem a presença do noivo.[22] A organização do luxuoso espetáculo coube ao gênio florentino Leonardo da Vinci, que trabalhava para Ludovico como animador da corte, produtor de peças teatrais e engenheiro militar. A união foi consumada em Halle, no Tirol, em março do ano seguinte, e o imperador nunca demonstrou qualquer apreço pela esposa. Bianca tinha 21 anos e era tão bonita quanto Maria da Borgonha, mas "extremamente inferior em sabedoria", afirmou o próprio Maximiliano. A imperatriz gastava fortunas em joias, viagens e para manter seu séquito tanto quanto o esposo com guerras. As altas dívidas geradas pelos hábitos perdulários dos monarcas obrigaram que, certa vez, a rainha empenhasse peças íntimas de seu vestuário. O casal nunca teve filhos. Após a morte de Bianca, em 1510, Maximiliano planejou se tornar papa. Convenceu os banqueiros Fugger a patrocinar a compra dos cardeais necessários para eleição e escreveu para a filha Margarida, como "seu bom pai e futuro papa", prometendo "nunca mais dormir com uma mulher nua".[23]

A longo prazo e apesar da tragédia pessoal, o casamento de Maximiliano com Maria da Borgonha foi extremamente proveitoso para os Habsburgo. Seu sucesso matrimonial foi acompanhado de alianças importantes concretizadas nas duas gerações seguintes. Maximiliano alcançou êxito casando seu filho Filipe, o Belo, com Joana, a filha depressiva de Fernando II de Aragão e Isabel de Castela. A filha Margarida casou-se com João, o príncipe das Astúrias, único filho varão dos reis católicos e herdeiro das coroas da Espanha. Eram uniões de alto risco, pois, se o casamento de João e Margarida tivesse gerado um filho, então o príncipe espanhol teria direito a pelo menos uma parte das posses de Maximiliano. No entanto, foi João quem morreu primeiro, apenas seis meses após o matrimônio — segundo crônicas, "de amor", exausto pelo "ardor sexual" da esposa.[24] Em contraste, a união de Filipe com Joana frutificou, apesar das violentas crises de ciúme da princesa. Ela deu à luz seis rebentos antes de Filipe morrer prematuramente em 1506. O filho mais velho do casal, Carlos, herdaria o reino da Espanha, bem como os títulos de Maximiliano.

Quanto aos netos, Maximiliano casou Fernando e Maria com Ana e Luís, filhos do rei Ladislau, monarca da Boêmia e da Hungria. Esse matrimônio duplo também colocou em risco a tomada da Áustria pelos Jaguelão. Mas foram os Habsburgo, mais uma vez, que acabaram absorvendo as terras magiares e tchecas. As outras netas ampliaram as ligações dinásticas da família: Leonor casou-se com o rei de Portugal e, depois de viúva, com o da França; Isabel se tornou rainha da Dinamarca, Noruega e Suécia — teve uma vida infeliz ao lado de um marido que mantinha a amante e a mãe dela como conselheiras e acabou por ser destronado; Catarina também se casaria com um rei português. Apesar da fama de inconstante, pelo menos quanto às relações diplomáticas, Maximiliano pode ser descrito como um político estrategista e calculista.

O famoso ditado "Tu, Áustria feliz, casa-te", porém, por vezes faz parecer que a política de casamentos foi a única arma dos Habsburgo na construção de seu império universal. A despeito de ser uma importante ferramenta, essa simplificação ignora os muitos golpes de sorte que contribuíram para a ascensão da dinastia e o fato de seus ganhos nem sempre terem sido alcançados sem derramamento de sangue. Marte também estava em ação e as guerras foram um elemento igualmente considerável na política Habsburgo. Alianças matrimoniais não impediram a existência de conflitos. Ao longo de quatro décadas, Maximiliano liderou 25 campanhas militares, muitas delas quando ainda não era imperador. Depois do casamento com Maria da Borgonha, ele passaria os quinze anos seguintes em guerra com a França. Primeiro, lutando contra o rei Luís XI, depois contra seu filho e sucessor Carlos VIII. Os franceses se viam como herdeiros dos territórios do antigo ducado de Carlos, o Temerário. Em

1479, Maximiliano derrotou Luís na batalha de Guinegatte lutando à frente de sua infantaria. Mas depois da morte de Maria, em 1482, o conflito se intensificou. Várias cidades nos Países Baixos se rebelaram contra o então arquiduque e a França invadiu a Picardia, Boulonnais e Artois, tomando feudos ao longo da fronteira. Em fevereiro de 1488, os cidadãos de Bruges chegaram a capturar Maximiliano e o mantiveram cativo por catorze semanas. Ele temeu ser envenenado, mas não quis tentar escapar, com receio de que fosse identificado e morto pelos revoltosos. Depois de suplicar ajuda ao pai, o imperador Frederico III finalmente interveio, conseguindo sua libertação. No entanto, os conflitos continuaram até 1493, quando a paz foi assinada. Com exceção dos feudos que a França havia tomado, Maximiliano manteve a maior parte do território da Borgonha, embora tenha cedido às diversas exigências da população de origem francesa.

Nesse ínterim, do outro lado do império, foi a vez de Maximiliano socorrer o pai. Após a morte de Corvino, em 1490, ele retomou o território Habsburgo perdido para os húngaros e entrou em Viena com um grande exército no verão daquele ano — somente a Universidade de Viena conseguiu alistar doze mil voluntários. Foi recebido por uma população em festa, que jurou fidelidade a ele, na época arquiduque, e não a seu pai, o imperador, que havia fugido da cidade cinco anos antes. Em seguida, Maximiliano invadiu a Hungria à frente de dezessete mil homens. Stuhlweissenburg (hoje Székesfehérvár), cidade próxima a Buda, foi bombardeada, e o próprio Maximiliano comandou a artilharia.[25]

Já durante seu império, as campanhas militares foram constantes. Entre 1504 e 1505, Maximiliano se envolveu na Guerra de Sucessão do Landshut, na Baviera, e aproveitando-se da briga entre os Wittelsbach, tomou Kufstein, Kitzbühel, Rattenberg e a região de Mondsee. As conquistas no norte da Itália, no entanto, foram bem menos expressivas; lá, ele precisou combater um velho adversário, o rei da França. Em Gorizia e no Tirol, o imperador encontrou um inimigo igualmente respeitado, a República de Veneza, uma potência mercantil. Em meio à guerra, como já mencionado, os venezianos impediram que a coroação de Maximiliano fosse realizada em Roma.

À experiência militar do imperador é atribuída a criação dos Landsknechte (os lansquenetes), uma organização militar que tinha como base o recrutamento dos "servos do campo", em contraste com os mercenários suíços das montanhas. O regulamento severo desses soldados proibia a blasfêmia e ensinava disciplina e lealdade aos comandantes, às mulheres, aos anciãos e aos religiosos.

A deserção era punida com morte. Os lansquenetes portavam escudos, lanças e espadas. As lanças mediam de cinco a seis metros de comprimento e contavam com uma lâmina em forma de meia-lua de cerca de dezoito centímetros na ponta. As espadas podiam chegar a dois metros de comprimento e pesar quase quatro quilos. Outra arma utilizada era a alabarda, uma espécie de machado com um cabo bem mais longo, cuja haste curva poderia ter sessenta centímetros. O exército de lansquenetes era organizado em regimentos, divididos em dez grupos de quinhentos homens e com uma rígida hierarquia de patentes que mantinha a disciplina e a estrutura tática. A formação de batalha era disposta em três linhas, tendo a força principal de ataque cerca de três mil soldados.[26]

Apesar das inovações táticas e organizacionais, Maximiliano só conseguiu se manter em guerra constante e realizar os casamentos de seus filhos e netos graças aos Fugger e outros financistas. Em troca de vultosos empréstimos, os banqueiros alemães obtiveram permissão para explorar as minas de prata e cobre e as salinas do Tirol.[27] Impostos extraordinariamente altos (em especial sobre os judeus), contratos, penhoras e uma reforma monetária, porém, não cobriam os permanentes gastos militares. Durante a guerra contra Veneza, Maximiliano retirou de seus súditos entre quinhentos mil e um milhão de florins em impostos anuais, dos quais aproximadamente 70% foram canalizados para o conflito. "As folhas de álamo de toda a Itália, transformadas em ouro, não seriam suficientes para Maximiliano", escreveu Nicolau Maquiavel. Na verdade, para os padrões da época, as arrecadações sempre ficaram aquém das expectativas do imperador. Enquanto os reis da França contavam com receitas anuais de vários milhões de ducados, Maximiliano precisava se equilibrar com parcos seiscentos mil — o Sacro Império levantava meros vinte mil ducados por ano. Quando morreu, as dívidas de Maximiliano chegavam a cinco milhões de ducados.[28]

Ele tentou ajustar e organizar a administração e as finanças tomando como exemplo os métodos administrativos transnacionais, simplificados e estritamente hierárquicos e eficientes que encontrou na Borgonha e nos Países Baixos. Na Áustria, na Estíria e no Tirol, o sistema administrativo foi dividido em Governo, Tesouraria e Chancelaria. Bem-sucedido, o esquema viria a ser a base institucional dos domínios Habsburgo até o século XVIII. Um novo serviço público foi criado para substituir os antigos funcionários ligados à nobreza, e o tesouro das terras hereditárias foi concentrado em Innsbruck, no Tirol. No Sacro Império, porém, as reformas não lograram êxito, em especial pela própria natureza do grande Estado, fragmentado e com dispositivos financeiros e judiciais próprios e independentes. Os príncipes não queriam que o imperador recebesse dinheiro de seus territórios nem tivesse o controle absoluto e limitavam seu poder articulando ações restritivas por meio das dietas. Não obstante, Maximiliano conseguiu implementar um sistema imaginado por seu ancestral, o imperador Rodolfo I, que serviria de base para o modelo usado até hoje na Alemanha e na Áustria: os ducados, landgraviados, margraviados, condados, arcebispados, bispados, principados, e os domínios insignificantes pertencentes a cavaleiros imperiais, que formavam o Sacro Império, foram agrupados em "círculos" administrativos — inicialmente seis (Baviera, Francônia, Reno, Suábia, Saxônia e Vestfália), sendo mais tarde criados outros quatro (Áustria, Alta Saxônia, Eleitorado do Reno e Borgonha).

No fim da vida, Maximiliano era um homem desgastado e amargurado. No verão de 1518, participou da Dieta de Augsburgo pela última vez. Seu objetivo principal era a eleição do neto Carlos como seu sucessor e a organização de uma cruzada contra os otomanos. Não recebeu o apoio esperado, deixando a cidade antes da chegada de Lutero, o monge agostiniano de Wittenberg, tratado pela Igreja como o novo Jan Huss. Em Innsbruck, ele foi impedido de entrar e acomodar sua comitiva. O próprio conselho da cidade negou-se a recebê-lo oficialmente: o imperador falido tinha contas antigas a acertar. Tomado pela fúria, ele partiu rumo ao norte, para alcançar o Danúbio e embarcar para Viena. Estava no castelo de Wels, a caminho de Linz, quando pressentiu que não viveria por muito mais tempo. Passou as últimas semanas acamado, junto de seus pássaros e cachorros favoritos, que o acompanhavam por toda parte.[29]

Maximiliano faleceu em 12 de janeiro de 1519, às vésperas de completar sessenta anos, presumivelmente de câncer de cólon ou sífilis. Os relatórios médicos listam um grande número de enfermidades: icterícia, colite ou peritonite, cálculos biliares, pleurisia e disenteria, entre outras. Como muitos outros monarcas medievais, transportava seu próprio caixão em suas viagens havia anos, apresentando-se como um pecador e penitente humilde, carregado de dor e culpa. Depois de receber a extrema-unção, entregou o selo imperial e ordenou que seu corpo não fosse embalsamado, mas açoitado; seu cabelo deveria ser raspado e seus dentes arrancados. Determinou ainda que o vestissem apenas com roupas íntimas e uma mortalha, e assim fosse colocado no caixão.[30]

O coração do imperador foi levado para Bruges e depositado no sarcófago onde repousava sua amada Maria. O corpo foi sepultado em um túmulo de mármore, no altar da capela de São Jorge, no palácio de Wiener Neustadt.

O mausoléu projetado por Maximiliano era grande demais para a pequena capela e precisou ser removido para a Hofkirche, em Innsbruck. A obra permaneceu inacabada, sendo concluída apenas no reinado de seu neto, o imperador Fernando I. Sobre a tumba vazia está uma estátua de Maximiliano, ajoelhado em posição de "adoração eterna". Ao redor, foram dispostos bustos de imperadores romanos, estatuetas de santos e 28 das quarenta estátuas de bronze originais projetadas. Com quase dois metros de altura, foram esculpidas pelos principais artistas da época e representam não apenas os ancestrais Habsburgo, homens e mulheres, mas reis germânicos, o primeiro rei de Jerusalém e até mesmo o rei Arthur, da lenda do Graal. Com a morte do "último cavaleiro", os Habsburgo deixavam para trás o mundo medieval europeu para adentrar em um império universal.

4.

O SENHOR DO MUNDO

O CASAMENTO DE FILIPE, O BELO, com Joana de Castela, assim como o de Margarida de Habsburgo com João, o príncipe das Astúrias, fazia parte da estratégia de Maximiliano de isolar a França por meio de uma aliança com os reinos ibéricos. Mais do que conter o avanço imediato de um inimigo, porém, o imperador Habsburgo estava jogando com o futuro. E a sorte nunca esteve tão ao lado da dinastia quanto no começo do século XVI. Unificadas, as Coroas de Castela e Aragão estavam em vias de se tornarem uma grande potência: a Espanha. Além do território na península Ibérica, esse novo império se estendia pelo sul da Itália (com os reinos de Nápoles, Sardenha e Sicília) e por grande parte da América, onde estava prestes a encontrar o ouro dos astecas e incas no México e no Peru.

Quando os irmãos de Joana morreram (João, o príncipe das Astúrias, em 1497; e Isabel de Aragão, que havia se casado com dois reis portugueses, em 1498), ela se tornou a herdeira do trono castelhano. Com a morte da mãe, Isabel, a Católica, em 1504, Joana se tornou rainha. Contudo, sua posição era delicada e difícil. Ela não passava de um joguete entre seu pai, o rei de Aragão, e seu esposo, o arquiduque Habsburgo, duque da Borgonha e conde dos Flandres. Ambos reivindicavam a regência sobre Castela e queriam Joana fora das decisões políticas. Filipe enfrentava problemas hereditários desde a infância. Como tinha apenas quatro anos quando a mãe morreu, a regência dos territórios do avô foi exercida por um conselho de nobres, e estes tinham interesse em afastar o imperador Maximiliano das decisões políticas. Filipe foi educado em Gante, depois em Bruxelas e finalmente enviado para Mechelen, onde foi posto aos cuidados de Margarida de York, madrasta da falecida mãe. Ele só seria reconhecido soberano em 1493, quando completou quinze anos.

O matrimônio de Filipe e Joana foi realizado em 1496 e, apesar da atração física entre os dois, não foi nenhum mar de rosas. Joana achava Filipe "o mais belo dos maridos", mas ele a chamava de "o terror".[1] Nascida em Toledo, Joana tinha dezessete anos, os cabelos negros e os olhos verdes, era conhecida por sua sensualidade e por ser perdidamente apaixonada pelo esposo. Nascido em Bruges, Filipe era lento ao pensar e expressava-se com notável torpeza, mas tinha dezoito anos, era bonito, elegante e desenvolto, embora, segundo relatos da época, fosse volúvel e tivesse fama de libertino. O casal vivia em lugares diferentes e muito distantes. Enquanto Joana permanecia em Castela, Filipe passava grande parte de seu tempo nos Países Baixos. Assim, os casos extraconjugais do marido desencadeavam ataques de ciúmes e brigas violentas entre os dois. Filipe chegou a encarcerar a esposa no palácio de Bruxelas. Ela sofria de melancolia, e a depressão fazia com que permanecesse imóvel ou não falasse com ninguém durante dias, alternando momentos de neurastenia com crises histéricas. Joana começou a apresentar sintomas de problemas mentais, e o comportamento imprevisível e imprudente da filha abalou a confiança da própria rainha Isabel quanto ao futuro de Castela. Talvez Joana sofresse de esquizofrenia, embora a extensão de seus transtornos mentais estivesse mais ligada à tortura psicológica exercida pelo pai e pelo esposo do que a qualquer outro fator. De toda forma, a união entre o Habsburgo e a herdeira dos reinos da Espanha gerou seis filhos, dois deles homens, Carlos e Fernando. Ambos se tornariam imperadores do Sacro Império Romano-Germânico: um daria origem à dinastia Habsburgo na Espanha, o outro daria seguimento à linhagem na Áustria.

Em 1506, Filipe estava no palácio Casa del Cordón, em Burgos, quando adoeceu de súbito, provavelmente devido a uma insolação. Ele participava de uma partida de um jogo de bola sob o sol escaldante do verão espanhol e, para se refrescar, teria ingerido litros de água gelada. Nos cinco dias seguintes, o rei de Castela desenvolveu um quadro de pneumonia, teve febre alta, passou a expelir sangue pela boca e entrou em coma, morrendo na madrugada do dia 26 de setembro, aos 28 anos. Para alguns, foi vítima do "clima e das damas".[2] Para outros, a causa da morte foi envenenamento. Grávida de cinco meses, Joana não permitiu a imediata liberação do corpo do marido, que foi tirado do caixão e levado para os seus aposentos. Depois que o cadáver foi embalsamado e levado a um mosteiro, ela visitava o esposo morto diariamente, beijando-lhe como se ainda estivesse vivo. Em 1509, ela foi levada para o convento de Tordesilhas, onde permaneceu até morrer em 1555, aos 75 anos. Nunca recuperou a razão. Com o tempo, recusou-se a qualquer higiene pessoal. Tendo passado mais de quatro décadas como prisioneira, foi usada apenas quando politicamente necessária. Ao falecer, foi enterrada ao lado dos pais e do esposo na catedral de Granada. Entrou para a história como Joana, "a Louca".

Com a morte de Filipe e a filha incapacitada, Fernando II de Aragão assumiu também o controle sobre Castela. Viúvo, ele se casou com Germana de Foix, de apenas dezessete anos, na esperança de conseguir um herdeiro masculino. O único filho do casal, porém, morreu uma hora após o nascimento, na primavera de 1509. As tentativas da rainha de gerar um herdeiro foram infrutíferas e, segundo os comentários da época, acabaram por sugar as últimas forças do já idoso monarca. Entre os afrodisíacos que lhe eram servidos estavam uma iguaria, os testículos de touro, e a "mosca espanhola", preparado cujo princípio ativo era a cantaridina, substância perigosa para a saúde. Um cronista escreveu que a "sopa" que Germana servia ao esposo para deixá-lo potente acabou com "a virtude natural" do rei.[3] Quando Fernando morreu, aos 64 anos, em fevereiro de 1516, as coroas ibéricas foram herdadas por seu neto mais velho, então conhecido como Carlos de Gante.

IMPÉRIO UNIVERSAL

Depois do nascimento de uma filha, Joana de Castela deu à luz um varão. Carlos nasceu em Gante, nos Flandres, em 24 de fevereiro de 1500. O nome era uma homenagem a Carlos, o Temerário, avô materno de seu pai. Como ficou órfão de pai aos seis anos e a mãe estava mentalmente incapacitada para criá-lo, Carlos foi posto sob os cuidados de uma tia paterna, Margarida da Áustria. Entre governantas, babás, camareiras, mordomos, médicos, cozinheiros e outros serviçais, a pequena corte que cercava o menino era composta de não menos do que 93 pessoas. Em 1507, um ano após a morte do pai, Carlos foi proclamado duque da Borgonha e conde dos Flandres.

Criado nos Países Baixos, sua educação foi extremamente religiosa. Era "um digno neto de Isabel, a Católica", afirmou o historiador Friedrich von Bezold, "não tendo a mais leve sombra dos caprichos racionalistas de seu avô Maximiliano". Seu preceptor e guia espiritual foi Adriano de Utrecht, ex--membro da comunidade Irmãos em Comunhão, que pregava uma vida de orações e a prática da piedade. Homem rígido, ele se tornaria inquisidor-geral, cardeal e finalmente papa, como Adriano VI. O tutor do jovem, Guilherme de Croÿ, senhor Chièvres, era flamengo, fora cortesão do imperador Maximiliano e do pai de Carlos, cardeal e bispo de Cambrai e mais tarde arcebispo de Toledo. Croÿ dormia no mesmo quarto de Carlos e tal era sua influência sobre o monarca que mais tarde um embaixador veneziano o chamaria de "rei absoluto" — o verdadeiro governante.[4]

Carlos apreciava mais a caça, a equitação e a esgrima do que a leitura e os estudos científicos, não obstante tivesse interesse em história e atividades artísticas, como a música. Tinha aversão aos deveres burocráticos, era pensativo e ponderado, embora muito hesitante e discreto. Quando jovem, apresentava-se nas justas — os torneios de cavalaria realizados pela nobreza — com a modesta divisa *Nondum* ("Ainda não"). Já como rei, mais consciente de sua posição, a máxima seria substituída por *Plus ultra* ("Mais além"), que acabaria se tornando o lema oficial da Espanha — inscrito em pergaminhos que envolvem as colunas de Hércules, faz parte do brasão de armas do país. Louro e com a pele muito clara, Carlos tinha grandes olhos azuis, que alguns diziam ser "cheios de espírito, quase sonhadores". Sua constituição física era frágil — chegou-se a pensar que fosse epiléptico e não chegaria à idade adulta. Era uma figura delgada, de estatura mediana e rosto alongado. Com a idade, deixou crescer a barba, o que havia virado moda no século XVI.[5] Embora fosse tido como glutão (principalmente na velhice), mastigava a comida com morosidade demasiada. Assim como o avô, tinha a mandíbula inferior saliente, o que lhe causava muitos problemas. Além de comer devagar, a boca permanecia sempre semiaberta, o que lhe dava um aspecto de estupidez. A língua curta também prejudicava a locução. Além disso, ele quebrou os dentes em um acidente de carruagem e precisou usar dentes postiços. Expressava-se naturalmente em francês, mas evitava sempre que possível falar alemão ou espanhol, idioma que só aprendeu depois de ser proclamado monarca dos reinos ibéricos. Também conhecia o latim, o flamengo e o italiano.

Quanto à personalidade, é quase unanimidade entre contemporâneos e historiadores modernos que Carlos era alguém dotado de uma elevada consciência moral, senso de responsabilidade e justiça, e coragem no campo de batalha. O embaixador veneziano Gasparo Contarini, que mais tarde se tornaria cardeal, escreveu em 1525 que

> o imperador é um homem profundamente religioso e muito justo. É livre de todos os vícios e de modo algum dado aos prazeres, como as pessoas comuns de seu tempo. Não acha graça de qualquer piada. É um homem de poucas palavras e de natureza humilde. Não se eleva na felicidade, nem se deixa curvar no infortúnio. Reconhecidamente é mais suscetível à tristeza do que à alegria; tem o caráter melancólico por natureza.

Seu biógrafo do século xx, Salvador Madariaga escreveu que ele "sentia profunda e sinceramente as obrigações impostas ao indivíduo pela honra". Era íntegro, sentia-se e comportava-se como "um *senhor natural*", conceito da época sobre o qual se baseava o direito de governar.[6]

Aos quinze anos, Carlos foi emancipado e declarado maior de idade. Com a morte de seu avô materno, o rei Fernando II de Aragão, em fevereiro de 1516, o jovem foi proclamado rei de Castela e Aragão como Carlos I, na catedral de Santa Gudula, em 14 de março. No ano seguinte, partiu para a Espanha acompanhado de um grande séquito de nobres flamengos e borgonheses. A frota de quarenta barcos chegou às Astúrias em setembro de 1517. Ao desembarcar, não havia ninguém para recebê-lo. O monarca não falava uma única palavra em espanhol; era um estrangeiro para seus súditos.[7]

Da avó paterna, ele herdara a Borgonha e os Países Baixos. Da avó materna, Castela e os territórios americanos; do avô materno, Aragão, Sicília, Sardenha e o reino de Nápoles, na metade meridional da Itália. Do avô paterno, as terras da dinastia Habsburgo, com o arquiducado da Áustria e os ducados no entorno. Restava obter a coroa do Sacro Império.

As negociações para a eleição de Carlos para o trono imperial haviam começado ainda com Maximiliano. No entanto, o idoso imperador morreu sem conseguir fazer com que o neto fosse eleito. A votação envolvia somas consideráveis de dinheiro ou alianças diplomáticas favoráveis aos interesses dos príncipes-eleitores. Por isso, os eleitores do Palatinado e de Brandemburgo mudaram de lado nada menos que seis vezes. O agente negociador dos Habsburgo,

Zevenbergen, afirmou que Joaquim de Hohenzollern "era o pai da ambição". Joaquim era margrave de Brandemburgo e cinco anos antes conseguira comprar para o irmão Alberto o arcebispado de Mainz, que havia ficado vago com a morte de Uriel de Gemmingen. Com apenas 23 anos, Alberto não tinha idade canônica nem sequer era padre, mas o papa aceitou conceder o cargo em troca de 29 mil ducados de ouro. Dessa forma, os Hohenzollern passaram a ter dois dos sete príncipes-eleitores. No outono de 1517, para impedir a ascensão de um novo Habsburgo ao trono, eles chegaram a enviar um emissário, o humanista Ulrich von Hutten, para negociar uma aliança com Francisco I, rei da França, o principal inimigo de Carlos e também candidato à Coroa imperial. Com o pretexto de atacar os otomanos, o monarca francês havia armado uma esquadra em Gênova e chegou a reunir um exército de quarenta mil homens para invadir a Alemanha e impedir a eleição do arquiduque austríaco e rei de Castela e Aragão. O único dos eleitores que não aceitou entrar em negociações antes das eleições foi Frederico da Saxônia, o Sábio. O papa e os eleitores de Trier, Palatinado e Brandemburgo tentaram convencer Frederico a concorrer. Em junho de 1519, o próprio Francisco I acabou desistindo da candidatura às vésperas da votação e se dispôs a apoiar o saxão, na esperança de derrotar o Habsburgo. Em meio aos desentendimentos provocados pelas pregações de Lutero, súdito de Frederico da Saxônia, os príncipes alemães estavam novamente se preparando para uma guerra civil. Para garantir que tudo corresse bem com a eleição de Carlos, seus apoiadores na Alemanha reuniram um exército de doze mil homens e acamparam em Mainz e Höchst, nas proximidades de Frankfurt, onde conforme a tradição seria realizado o pleito. O papa Leão X também mudou de lado na última hora, enviando embaixadores a todos os príncipes-eleitores com sua nova posição: como defensor da Santa Sé, Carlos era a melhor opção em nome da paz.[8]

Em 28 de junho de 1519, Carlos foi eleito por unanimidade. Antes de ser proclamado, porém, precisou aceitar a chamada "capitulação da eleição", e jurar que não faria alianças com reis ou líderes estrangeiros, não promulgaria leis, não convocaria parlamentos nem decretaria o aumento de impostos sem a aprovação dos príncipes-eleitores. Também não permitiria que os direitos territoriais dos membros do Sacro Império fossem atacados, nem declararia seus integrantes fora da lei sem as formalidades devidas. Mais do que nunca, os príncipes alemães estavam preocupados em frear os poderes do imperador. A ameaça estrangeira — embora o próprio Carlos fosse considerado "estrangeiro", ainda que um Habsburgo —, o risco de uma guerra civil ou de proporções continentais ajudaram a decidir a eleição do novo imperador. O fator decisivo, no entanto, foi bem menos patriótico e ético. O poder do dinheiro prevaleceu mais uma vez. O título de imperador custou a Carlos 850 mil florins de ouro, dos quais 543 mil foram emprestados pelos Fugger.

Nascido em Augsburgo, na Baviera, Jakob Fugger foi o principal financista da Europa de sua época. Descendia de mercadores de lã e especiarias que haviam feito fortuna como banqueiros. A casa bancária da família emprestava dinheiro a outros mercadores, reis, príncipes e até ao papa. Em troca, recebiam proventos de minas, especulações comerciais, terras da Coroa ou qualquer outro empreendimento que desse lucro. Quando os empréstimos não eram pagos, tomavam aquilo que havia sido dado como garantia. Em meados do século XVI, entre seus devedores estavam o imperador alemão, os reis da Inglaterra e de Portugal, a rainha da Holanda e a cidade de Antuérpia, principal porto da Europa e importante centro de atividade comercial e financeira do continente. O capital dos Fugger em 1546 era de cinco milhões de florins. Com todas as reservas necessárias, um cálculo moderno estima em quatrocentos bilhões de dólares a fortuna do patriarca da família. Rico e ciente de sua importância para Carlos, quando este atrasou o pagamento das parcelas do empréstimo, Jakob Fugger não fez cerimônias e escreveu ao imperador cobrando a dívida: "É bem sabido que Vossa Majestade Imperial não teria obtido a coroa do Império Romano sem minha ajuda, e posso prová-lo com os documentos que me foram entregues". O rico banqueiro lembrou ainda as "graves desvantagens" que a casa da Áustria teria se ele tivesse apoiado a França.[9]

Em maio de 1520, Carlos rumou para La Corunha, onde embarcou em um navio. Passou pela Inglaterra, onde teve uma audiência com o rei Henrique VIII e seu influente chanceler, o cardeal Tomás Wolsey, e seguiu depois para os Países Baixos. Da Antuérpia, se dirigiu a Aachen, para a cerimônia de coroação. Em 22 de outubro, chegou à cidade onde seu ancestral Rodolfo I fora coroado 247 anos antes, em 1273. Por causa da peste que assolava a região, muitos príncipes-eleitores queriam que a coroação fosse realizada em Colônia, mas o jovem imperador fez questão de que o ritual obedecesse à tradição. Os espanhóis se recusaram a pagar os custos do evento e tudo foi patrocinado pela rica Antuérpia. Até mesmo a entrada cerimonial foi realizada com toda pompa que exigia a etiqueta. A procissão levou cinco horas para passar pelos portões da cidade.[10] Carruagens e centenas de criados conduziram a vanguarda da comitiva, que foi seguida por mil nobres cavaleiros, todos ricamente vestidos. Os 24 pajens da corte usavam librés carmesim, com lapela prateada e dourada. Foram seguidos por um grupo de músicos, com tambores e trombetas. Depois deles, meia dúzia de escudeiros reais jogou moedas de prata e ouro para a multidão boquiaberta que apinhava as calçadas ao longo do trajeto. O arauto, vestindo um tabardo ricamente decorado, caminhava solenemente, carregando o bastão no qual a águia imperial dourada estava entronizada — o tabardo era um casaco sem mangas, usado sobre a armadura, e normalmente continha o brasão da casa real ou do imperador. Atrás dele, passaram os príncipes-eleitores, os bispos e depois o marechal do Reich, que carregava a grande espada imperial, apontando-a para cima. Carlos cruzou os portões por último. Ele vestia um manto de brocado dourado sobre a armadura. Sua montaria, uma égua branca, empinava tão nervosamente que seus cascos mal tocavam o chão. Os arqueiros que o seguiam, como uma guarda de elite, traziam seu lema estampado em letras douradas nos gibões.

O imperador, de apenas vinte anos, foi coroado e ungido no dia seguinte, em uma cerimônia dirigida pelos arcebispos de Colônia e Trier. O antigo rito germânico impressionou profundamente o jovem rei. Por duas vezes ele precisou se deitar nos degraus do altar e manter a postura da crucificação, com os braços estendidos. Também foi preciso jurar proteger o Sacro Império e a santa Igreja católica, pondo a mão sobre as relíquias sagradas depositadas na tumba de Carlos Magno, os Evangelhos e um relicário contendo terra encharcada com o sangue de santo Estevão. Então, Hermínio de Wied, o arcebispo de Colônia, voltou-se para os presentes e perguntou: "Vocês querem Carlos como rei e imperador de Roma e querem obedecer a ele de acordo com as palavras dos santos apóstolos?". A multidão gritou "Fiat!", a tradicional expressão latina usada em formalidades para conceder autoridade. Então, os arcebispos ungiram a testa, o peito, as costas e as mãos de Carlos; em seguida, vestiram-no com as vestes imperiais, cingiram-no com a espada de Carlos Magno e lhe entregaram o cetro e o orbe de ouro. A partir daquele momento, Carlos I da Espanha tornou-se oficialmente Carlos V do Sacro Império Romano-Germânico. "Deus colocou você no rumo de uma monarquia universal", disse seu chanceler, o jurista piemontês Mercurino di Gattinara.[11]

Governando tão vasto território — que hoje incluiria Alemanha, Áustria, Hungria, República Tcheca, Eslováquia, Croácia, Eslovênia, Luxemburgo, Bélgica, parte dos Países Baixos, o sudoeste da Polônia e grande parte da Itália —, Carlos não tinha sentimentos nacionais. Seu império era uma construção dinástica. Ele era um "estrangeiro" na Alemanha assim como na Espanha. Os homens a quem dedicava afeto particular não eram alemães, mas borgonheses ou flamengos. Seu idioma era o francês, ainda que a França fosse sua principal inimiga. Friedrich von Bezold, historiador do século XIX, escreveu que Carlos "se acostumou ao modo de pensar e falar inseparavelmente da ideia de uma monarquia universal por vontade de Deus".[12] Isso não era uma novidade. Setecentos anos antes, Carlos Magno tivera a mesma ambição — de um reino de aspecto transnacional e cristão. Frederico III, bisavô de Carlos, também sonhara com um império universal governado pelos Habsburgo. Carlos, no entanto, não estava na mesma posição. Suas dificuldades práticas e complicações diplomáticas e militares eram proporcionais à extensão de seus domínios. Depois da coroação em Aachen, precisou esperar dez anos até que fosse possível um acordo com o Vaticano e ele pudesse ser sagrado pelo papa, como pedia a tradição. Nesse ínterim, Roma chegou a ser saqueada por tropas imperiais, o que causou grande desconforto em um imperador que desejava ser o representante da cristandade. Somente em janeiro de 1530 a paz foi firmada, pelo menos temporariamente, permitindo a realização da cerimônia. Carlos estava na Itália desde agosto do ano anterior e conviveu por meses com o papa Clemente VII, que dormia em um aposento contíguo ao seu. Por melindre, para não causar ainda mais rancor nos súditos protestantes alemães, o imperador não foi coroado em Roma, mas na catedral de Bolonha, no norte da Itália. A celebração foi realizada em 24 de fevereiro de 1530. Carlos V foi o último sacro imperador a ser coroado por um pontífice.

UMA IMPERATRIZ PORTUGUESA

Nesse meio-tempo, em 1526, Carlos desposou dona Isabel de Portugal, a filha mais velha do rei dom Manuel I, o Venturoso. O casamento ocorreu no palácio Alcázar, em Sevilha. Como os noivos eram primos — as mães eram irmãs, filhas de Fernando de Aragão e Isabel de Castela —, a união precisou da anuência do papa, que enviou um prelado do Vaticano até a Espanha para que a permissão fosse formalmente entregue. O consentimento religioso, é claro, custou alguns milhares de ducados aos bolsos do imperador.

Dona Isabel tinha 22 anos e era considerada uma das mulheres mais belas de sua época. Seus contemporâneos não lhe pouparam elogios. De pele clara, olhos azuis e cabelos louro-avermelhados, o poeta e dramaturgo Gil Vicente a chamou de "formosa flor" e "estrela clara da aurora". O bispo Jerônimo Osório viu em dona Isabel uma mulher de "muitas virtudes" e "notável formosura". O humanista Damião de Góis, por sua vez, afirmou que a infanta era "muito formosa".[13]

As tratativas matrimoniais tiveram início logo após Carlos se tornar rei de Castela e Aragão. Ainda muito jovem, ele não deu ouvidos a seus conselheiros, mas a proximidade entre as casas reais de Espanha e Portugal — e a possibilidade de unificar os reinos ibéricos — datava de pelo menos quatro décadas antes. As duas primeiras esposas de dom Manuel eram filhas de Fernando II de Aragão e Isabel, a Católica, avós de Carlos. Em 1518, para reforçar essa afinidade, o imperador enviou a irmã Leonor para se casar com o rei viúvo. Nesse ínterim, por influência de Croÿ, Carlos chegou a ficar noivo de outra prima, Maria I, que na época tinha apenas seis anos, filha de sua tia Catarina de Aragão, a primeira das seis esposas do rei inglês Henrique VIII. A aliança com a Inglaterra, no entanto, se desfez devido às disputas religiosas desencadeadas pela Reforma, e Carlos voltou a negociar com os portugueses. Além de se casar com dona Isabel, acordou o matrimônio de sua irmã mais nova, dona Catarina da Áustria, com o rei dom João III, que havia substituído o pai, dom Manuel, no trono. O dote foi fixado em novecentos mil dobras castelhanas de ouro (ou um milhão de ducados) e o casamento, por procuração, foi celebrado pelo bispo de Lamego em outubro de 1525. Depois das festividades, dona Isabel partiu para a Espanha. A nova imperatriz chegou em Elvas, na fronteira, em janeiro do ano seguinte, acompanhada dos irmãos dom Luís e dom Fernando. Feita a troca protocolar de séquito, de Badajoz ela seguiu para Sevilha, que foi alcançada nos primeiros dias de março. Carlos entrou na cidade na manhã do dia 10 e, segundo as testemunhas, ficou deslumbrado com a beleza da noiva. Após a cerimônia, realizada na madrugada de 11 de março de 1526 pelo cardeal delegado do papa e pelo arcebispo de Toledo, os consortes consumaram a união. As primeiras semanas de casamento foram idílicas. Eles permaneciam na cama até as onze da manhã ou o meio-dia e demonstravam "todos os sinais de contentamento". Depois seguiram para Granada, onde o apaixonado imperador deu à esposa uma escultura das "três graças", as deusas da mitologia grega que simbolizavam a beleza, o amor e a fecundidade. Do antigo bastião mouro, o casal imperial rumou para Valladolid, onde nasceria o primogênito e herdeiro da coroa espanhola, em maio de 1527.[14]

A união era um acordo político, e dona Isabel atuaria como regente da Espanha durante os três longos períodos de ausência de Carlos, enquanto ele percorria seus vastos territórios — ao todo, seriam seis anos de regência. Entretanto, o amor do casal era sincero e profundo, e o casamento gerou sete filhos (dos quais dois morreram no parto e um faleceu aos sete meses). Entre eles estava o primogênito, Filipe II, que sucederia Carlos como rei da Espanha, e Maria, que se casaria com o futuro imperador Maximiliano II, seu primo Habsburgo da linha austríaca. O matrimônio de Maria com Maximiliano seria o primeiro realizado entre os dois ramos da dinastia, numa tentativa de unificação. Vistas pelo viés político e a curto prazo, as relações endogâmicas pareciam fazer algum sentido. Pelo lado biológico, porém, a longo prazo, se mostrariam um desastre.

Depois de treze anos de uma convivência feliz, a imperatriz dona Isabel morreu em Toledo, em maio de 1539, com apenas 35 anos, após dar à luz um natimorto. Seu histórico de febres intermitentes ao longo do casamento levou historiadores modernos a concluir que dona Isabel fora vítima de malária. Seu corpo foi enviado a Granada para ser sepultado na capela Real. Durante dias, cerca de trezentas pessoas, entre elas catorze capelães, trinta moços de capela, oito cantores e diversos nobres, acompanharam o cortejo fúnebre por mais de 360 quilômetros. Depois de uma longa viagem e já fragilizado pela enfermidade e por uma grande hemorragia causada pelo parto difícil, o corpo da imperatriz ficou a tal ponto desfigurado que foi impossível reconhecê-lo. Francisco de Borja e Aragão, duque de Gândia e recém-casado com uma das damas da corte, foi encarregado de atestar a identidade real. Ficou tão horrorizado com o estado de decomposição do cadáver, um "espetáculo que causava espanto, lástima e mau cheiro" que jurou que entraria para uma ordem religiosa e só serviria "a outro Senhor e a outra Majestade que não pereçam". Mais tarde, ele receberia o título de marquês de Lombay e vice-rei da Catalunha. Quando sua esposa faleceu anos depois, Francisco cumpriu a promessa e entrou para a Companhia de Jesus. Seria canonizado no século seguinte como são Francisco de Borja.[15]

Incapaz de acompanhar a despedida da esposa, o imperador recolheu-se em oração no convento Jerônimo de Sisla. Antes do casamento com dona Isabel e após sua morte, Carlos manteve outros relacionamentos amorosos extraoficiais, mas nunca durante o matrimônio. Esses casos geraram pelo menos dois filhos ilegítimos reconhecidos. Margarida de Parma nasceu da relação com Joana Maria van der Gheynst, filha de uma serva do senhor de Montigny, quando Carlos ainda era um imperador solteiro. Margarida se casaria com o duque de Florença, da poderosa família Médici, e depois com o duque de Parma. Por breves períodos, ela governaria os Países Baixos como regente. João da Áustria nasceu do relacionamento de Carlos, já viúvo, com a filha de um comerciante de Regensburg, Barbara Blomberg. João comandaria a frota da Santa Liga, derrotando os otomanos na famosa batalha naval de Lepanto, na costa grega, em 1571. Nomeado governador dos Flandres, ele morreria de tifo em um acampamento militar. Foi oficialmente reconhecido filho do imperador por seu meio-irmão, o rei Filipe II. Carlos teria tido ainda outras duas filhas ilegítimas. Segundo especulações, uma delas foi fruto de um relacionamento com uma viúva italiana que vivia na corte de Flandres e outra com Germana de Foix, a jovem viúva de seu avô.[16]

A EUROPA DA RENASCENÇA

A Europa do final do século XV e começo do século XVI passava por grandes transformações. A população europeia ainda era essencialmente rural — entre 80% e 90% dos aproximadamente oitenta milhões de pessoas viviam no campo. No entanto, o feudalismo cedera espaço para o mercantilismo, e os senhores do campo, para a burguesia comercial — em algumas regiões, como a Alemanha, isso ocorreu de forma bem mais lenta, e a estrutura senhorial permaneceu quase que intacta pelos séculos seguintes. Das grandes cidades, poucas tinham mais de oitenta mil habitantes, mas o desenvolvimento comercial estava conectando os centros urbanos do continente, e em pouco tempo atingiu um alcance global.

No campo, houve melhoria nas máquinas de atividade têxtil e na mineração. A produção de tecidos ganhou em velocidade com o pisão, o fuso da roda com o movimento de pedal e a máquina de malha, o que aumentava a produção e reduzia o tempo gasto na confecção em quinze vezes. Com os altos-fornos, passou-se a produzir quinhentas toneladas de ferro por ano, 25 vezes mais do que se produzia no século anterior. O ferro era essencial na fabricação de ferramentas agrícolas e armas de guerra.

Quanto ao transporte, as estradas continentais ganharam segurança com o estabelecimento de postos alfandegários, o que permitiu a instalação de correios permanentes — mas definitivamente não impediu assaltos e roubos, que eram constantes. Em 1516, um estafeta podia percorrer os trezentos quilômetros entre Bruxelas e Paris em menos de quarenta horas. O percurso entre Bruxelas e Lyon demorava de três a quatro dias, e uma viagem a Roma podia ser realizada em até doze dias numa velocidade de 135 quilômetros diários. As carroças e carroções utilizados no transporte de mercadorias eram mais lentos, alcançando quarenta quilômetros por dia.[17]

Entre a nobreza, a equitação, a esgrima, as caçadas e as cavalgadas continuaram sendo lazeres apreciados. O teatro, os salões literários e as festas na corte passaram a fazer parte do cotidiano. O vestuário europeu também havia mudado. A partir do século xv as roupas largas deram lugar às que se ajustavam ao corpo, e a moda masculina e feminina passaram a seguir rumos distintos. O uso de calças substituiu definitivamente saias ou mantos para os homens, que também aderiram aos gibões para salientar o peito e a cintura, além de calções justos e curtos, associados ao uso da carcela, que escondia os botões. A "braga" (cueca), de pano simples, começou a ser usada como peça íntima. As mulheres passaram a usar corpetes que delineavam o corpo e decotes que deixavam o colo à mostra. O vestuário feminino incluía ainda espartilhos, chemises bordados e peitilhos.[18]

Quanto às artes e ao conhecimento científico, a Europa estava em uma efervescência nunca antes vista. Em parte, devido à invenção de Gutenberg e à multiplicação dos livros impressos — um número catorze vezes maior de obras foi publicado no século xvi em comparação ao xv. O progresso técnico da arte náutica permitiu a navegação por grandes distâncias, a travessia do Atlântico (1492) e a circum-navegação do globo (1519-22), possibilitando a expansão do comércio e a comprovação da teoria de que a Terra era redonda, derrubando a ideia medieval de que o mundo era plano. O Velho Mundo vivia o humanismo e a "Renascença", expressão cunhada pelo florentino Giorgio Vasari (biógrafo de grandes artistas italianos contemporâneos) para designar a retomada da valorização da cultura greco-romana da Antiguidade em detrimento da exacerbada religiosidade cristã medieval. O homem passava a ser a figura central dos estudos e das preocupações espirituais.

Nesse período surgiram nomes como os pintores Rafael Sanzio, Hans Holbein, Jan van Eyck, Albrecht Dürer e Ticiano — responsável por muitas das pinturas do imperador Carlos v e de sua esposa. Michelangelo Buonarroti se destacou em projetos arquitetônicos, esculturas e pinturas, e Leonardo da Vinci, como um dos grandes polímatas da história. Na literatura, ganhavam destaque muitos daqueles que viriam a ser os principais nomes das letras de cada país, como François Rabelais (França), William Shakespeare (Inglaterra), Luís Vaz de Camões (Portugal) e Miguel de Cervantes (Espanha). Entre os principais pensadores da época estavam o inglês Thomas More, autor de *Utopia*, o florentino Nicolau Maquiavel, célebre escritor de *O príncipe*, e o holandês Erasmo de Roterdã, o "príncipe dos humanistas". Na medicina, o espanhol Miguel Servet descreveu pela primeira vez a circulação do sangue nos pulmões; e o flamengo Andreas Vesalius, médico do sacro imperador, destacou-se pelas dissecações e pelo tratado sobre "a estrutura do corpo humano", sendo considerado o pai da anatomia moderna. Doenças como a febre tifoide, a gripe, a coqueluche, a lepra, a varíola, a sífilis e a malária eram comuns e responsáveis por surtos periódicos que atingiam todas as classes sociais. A peste atacava de forma sazonal, sempre no verão, especialmente na França e no sul da Europa. Ela persistiria ao longo do século XVI, mas nem de longe foi tão mortal quanto a Peste Negra de dois séculos antes, responsável por matar um terço da população europeia.

Embora no campo político muitas mulheres tivessem um papel de destaque — como dona Isabel, a esposa de Carlos; Catarina de Médici, rainha da França; Maria I e Elizabeth I, rainhas da Inglaterra —, o feminino era essencialmente doméstico e secundário, mesmo entre a nobreza. A mulher era, antes de tudo, esposa e mãe. Boa reputação, fidelidade e cuidados com os filhos eram exigências primárias. Seu acesso ao conhecimento era quase proibido. Com raras exceções, como em Alcalá, na Espanha, e Avignon, na França, não havia escolas femininas. Bem poucas mulheres ganharam alguma visibilidade. Na Itália, entre 1350 e 1530, apenas três nomes "galgaram fama considerável": Isotta Nogarola, Laura Cereta e Cassandra Fedele, intelectuais e escritoras humanistas, autoras de um grande número de livros nos mais diversos gêneros literários.[19]

UM NOVO MUNDO

Poucos governantes na história mundial viajaram tanto quanto Carlos V. E como tudo o que fazia era registrado em minúcias, sabemos exatamente por onde andou, quais rotas tomou e onde dormiu. O imperador fez nove viagens aos territórios de língua alemã, sete aos estados italianos, quatro à França, duas à Inglaterra e duas à África do Norte — sem contar as várias idas e vindas entre os Países Baixos (onde permaneceu metade de sua vida) e a Espanha (onde passou um terço de seus dias). Foram mais de dez mil dias passados nos Países Baixos e 6.500 na Espanha. Passou mais de três mil dias percorrendo a Alemanha e a Áustria e quase mil viajando pela península Italiana. Carlos permaneceu ainda por 195 dias em território francês, 99 dias na África e 44 dias na Inglaterra. Por apenas 260 dias, sua localização exata não é registrada, todos eles em viagens marítimas, segundo anotações do próprio imperador. Foram "oito viagens pelo Mediterrâneo e três nos mares da Espanha". Ao longo da vida, Carlos teria dormido em 3.200 camas.[20] Ele mesmo reconheceu que sua vida era "uma longa jornada".

Para administrar territórios tão vastos e distantes entre si, idiomas e costumes tão diferentes, primeiro Carlos contou com o auxílio de Mercurino di Gattinara, um experiente estadista de 55 anos. Como "grande chanceler de todos os reinos e terras do rei", ele tentou conferir ao império Habsburgo um executivo compacto e eficaz, criando instituições unitárias, como departamentos — os Conselhos de Finanças, de Guerra e de Estado, este o topo da organização — com responsabilidades globais e caráter transnacional. Eles seriam a base da administração espanhola ao longo do século, com conselhos regionais em Aragão, Castela, Índias, Itália e Flandres — e Portugal, depois de 1580. Quando Gattinara morreu em 1530, Carlos dividiu os negócios de Estado em dois órgãos distintos, um secretariado espanhol e um de língua francesa. À frente do primeiro estava Francisco de los Cobos, que ficou a cargo dos negócios da Espanha, da Itália e do Mediterrâneo. Nicolas Perrenot, senhor de Granvelle, era o responsável pelos Países Baixos e dava assistência aos territórios do Sacro Império, em teoria subordinados à Chancelaria Imperial. Além do secretariado, para acomodar Estados com economias e legislações tão diversas, o imperador precisou contar com vice-reis (em Aragão, na Catalunha, em Valência, na Sicília, em Nápoles, na Sardenha e em Navarra, assim como no Peru, na América do Sul, na Nova Espanha e na América Central e do Norte) e governadores-gerais (nos Países Baixos, primeiro com sua tia, Margarida da Áustria, e depois com sua irmã, Maria da Hungria).[21]

Não é difícil imaginar que, reinando sobre metade da Europa, Carlos tivesse um número grande de inimigos. Seu grande rival no decorrer da vida foi, sem dúvida, Francisco I da França. Os franceses eram os principais adversários da casa da Áustria desde o século anterior, quando os Habsburgo se aliaram aos borgonheses. Durante metade do seu reinado de quarenta anos, Carlos esteve em guerra com a França, lutando na Itália, nos Pirineus e ao longo da fronteira ocidental do Sacro Império. Francisco reinou quase tanto tempo quanto seu rival. Permaneceu no trono francês entre 1515 e 1547 e foi decisivo para a unificação do reino através da sistematização da legislação, deixando para trás um passado feudal fragmentado para dar forma a um Estado moderno. No entanto, ele era bem diferente de Carlos. Ao comparar os dois rivais, o historiador Johann Baptist von Weiss escreveu que "para Francisco, o prazer era o principal; para Carlos, uma coisa secundária. Aquele era um fenômeno brilhante. Este, um ser profundo".

O francês era belo, elegante, alegre, forte e desenvolto, adorava o luxo e o poder absoluto, era ambicioso e sonhava com um reinado de glória. Amava a ciência e a matemática, a história, a poesia, a música e a literatura; aprendera vários idiomas, incluindo o hebraico. O "rei cavaleiro" tinha 1,80 metro e ombros largos, era um grande dançarino, exímio caçador e lutador. Social e lascivo com as mulheres, mantinha ao seu redor uma grande e dispendiosa corte. Patrocinava as artes e os artistas, organizava peças de teatro e espetáculos noturnos. Por sua vez, nunca se aconselhou com os Estados--Gerais — uma assembleia consultiva, como as dietas na Alemanha — e custeava as despesas da alta nobreza e de suas guerras aumentando impostos e empréstimos e vendendo cargos importantes, incluindo os eclesiásticos, ao qual tinha o direito de nomear quem quisesse segundo um acordo realizado com o papa. O rei da França podia nomear dez arcebispos e 82 bispos, prerrogativa que nem o rei inglês nem os príncipes alemães haviam conseguido de Roma. A expressão "dívida pública" surgiu do fato de Francisco tomar dinheiro emprestado de seus súditos parisienses. Paris era então a cidade mais populosa da Europa, com aproximadamente 250 mil habitantes.[22]

Em 1521, Francisco I tentou tomar Navarra de Castela, mas foi derrotado. No ano seguinte, os mercenários imperiais derrotaram os franceses em La Biccoca, entre Milão e Monza. O próprio duque de Bourbon, condestável da França, se aliou a Carlos. Determinado a tomar Milão, Francisco se recompôs do revés e seguiu para a Itália à frente de um grande exército, com quase vinte mil homens. Depois de vários meses sitiando a cidade de Pavia, em fevereiro de 1525 ele cometeu um erro fatal. Acreditando que o exército inimigo fugia, saiu em sua perseguição, em campo aberto. Exposto aos canhões inimigos e à própria artilharia, o rei foi surpreendido por mais de mil arcabuzeiros imperiais escondidos. Depois de ter o cavalo morto, ele seguiu lutando corajosamente, mas, com a mobilidade prejudicada pela armadura pesada, tornou-se prisioneiro. Foi levado a Barcelona, onde foi recebido por uma multidão entusiasmada. Quando saiu da missa, o povo o cercou e o tratou como se fosse um santo. Um diplomata veneziano afirmou que o rei era quase tão adorado ali quanto em seu país. Levado a Madri, porém, sua situação se deteriorou. Carlos não cedeu às suas lamúrias. Tendo caído doente, sua irmã foi chamada da França e até o próprio imperador permaneceu ao seu lado enquanto esteve acamado. Francisco permaneceu cativo até janeiro de 1526, quando aceitou assinar um tratado reconhecendo a soberania Habsburgo sobre a Borgonha e renunciando suas pretensões sobre Milão e Nápoles.[23]

Em liberdade, Francisco negou-se a cumprir o acordo, firmando uma aliança contra os Habsburgo com o papa Clemente VII, a república de Veneza e Milão. Carlos, então, invadiu a Itália. Seu exército era comandado pelo duque de Bourbon, que havia traído o rei da França cinco anos antes. Em maio de 1527, os imperiais tomaram Roma, o papa se refugiou no castelo de Sant'Angelo e a cidade foi saqueada. A luta seguiu por mais dois anos, até que um acordo de paz fosse assinado em Cambrai. Chamado de "Paz das Damas", o tratado só foi possível graças à Margarida da Áustria (tia de Carlos v) e Luísa de Saboia (mãe de Francisco i). Alojada na abadia de Saint-Aubert, Margarida chegou ao lugar das negociações numa magnífica liteira, rodeada de 24 arqueiros montados, no começo de julho de 1529. Luísa era assistida por um cortejo enorme, com membros do Conselho Real, sacerdotes, coristas e um pintor. Sua filha, e irmã de Francisco, a rainha de Navarra, a acompanhava, assim como quatro liteiras com damas da corte. O próprio Francisco permaneceu nas proximidades de Cambrai, caçando enquanto aguardava o desfecho das conversações. Depois de três semanas, em 5 de agosto, um acordo foi firmado. A França recebeu a Borgonha, mas foi obrigada a deixar a Itália e qualquer pretensão aos Flandres. Carlos saiu em vantagem. Para selar o pacto, a política de casamentos Habsburgo entrou no jogo. Leonor da Áustria, irmã mais velha de Carlos e viúva do rei português dom Manuel havia nove anos, se casou com Francisco em 1530. O rei francês perdera sua jovem esposa seis anos antes. Os dois grandes rivais agora eram cunhados. A paz foi assegurada — pelo menos temporariamente.

Sete anos depois, Francisco voltou a tentar tomar o ducado de Milão, ocupando a Saboia e o Piemonte. Em represália, Carlos invadiu a Provença, na costa sudeste da França. Em 1538, um novo acordo de paz foi assinado e o imperador pôde visitar o cunhado e a irmã no castelo de Chambord, a 160 quilômetros de Paris, em dezembro do ano seguinte. Francisco guardava naquela grande propriedade inúmeros tesouros renascentistas, entre eles a *Mona Lisa*, de Leonardo da Vinci, de quem o rei fora o último patrono. Carlos pôde caçar nos bosques enquanto Francisco o seguia em uma liteira — o rei mal conseguia andar por causa das dores causadas por uma fístula no períneo. Os dois seguiram até Paris, onde o imperador, montado em um cavalo negro, foi recebido por uma multidão e oitocentos canhonaços disparados da Bastilha. Francisco não participou da entrada cerimonial na capital, mas recebeu Carlos no palácio da Île de la Cité, onde foi realizado um grande banquete, no inverno de 1540.[24]

A nova paz entre os dois durou até 1542. Emissários franceses enviados ao sultão otomano haviam sido assassinados em Pavia no ano anterior e Francisco acusou os soldados imperiais. Na verdade, o que estava em jogo era o ducado de Gueldres, nos Países Baixos, e o ducado de Milão, que havia sido dado a Filipe, filho do imperador, e não ao filho de Francisco. Os franceses se aliaram aos otomanos, enquanto os espanhóis e a corte de Carlos apoiaram os ingleses. A França invadiu a Itália, enquanto tropas espanholas e inglesas entravam no território francês. Os otomanos, por sua vez, atacaram portos e cidades no Mediterrâneo sob o controle de Carlos. Após dois anos de batalhas, em setembro de 1544 o conflito chegou ao fim. Depois de mais de duas décadas de guerras, finalmente os dois inimigos puseram um ponto-final em sua contenda. O francês viria a falecer três anos mais tarde, sem deixar herdeiros com Leonor da Áustria.

Enquanto lutava na Europa, Carlos mantinha os olhos voltados para o vasto continente onde Colombo havia desembarcado em outubro de 1492, em uma viagem patrocinada pelos avôs do imperador. A partir da segunda metade do século XVI, a Espanha se beneficiaria enormemente das riquezas minerais extraídas do Novo Mundo. O México começou a ser conquistado em 1519 e o Peru a partir de 1532. A população asteca era de quase 25 milhões de pessoas, e a capital dessa civilização, Tenochtitlán, duas vezes maior do que Sevilha, a maior cidade da Espanha. No entanto, Hernán Cortés precisou de apenas onze navios, 508 soldados e 110 marinheiros para destruir o reino mesoamericano. O império inca era composto de nove milhões de habitantes — número semelhante ao de súditos de Carlos na península Ibérica — e o resgate de seu governante feito prisioneiro dos espanhóis, pago ao conquistador Francisco Pizarro, encheu de ouro uma sala de sete metros de comprimento por cinco de largura; outro aposento, com medidas semelhantes, foi preenchido com prata. Uma quantidade monumental de ouro e prata começou a chegar ao Velho Mundo. Até o final do século, o estoque europeu desses metais seria cinco vezes maior do que quando os espanhóis chegaram à América. As naus transportavam aproximadamente duzentas toneladas de carga e os navios de comboio que atravessavam o Atlântico eram, em média, sessenta. Entre 1545 e 1560, a Casa da Moeda espanhola produziu 270 mil quilos de prata, seis vezes mais do que havia produzido na virada do século. O valor total dos tesouros extraídos da América durante o reinado de Carlos foi de 35 milhões de ducados. O problema era que as dívidas do imperador chegavam a 37 milhões de ducados.[25]

A riqueza que desembarcava na Espanha era logo distribuída pela Europa, para pagar credores, mercadores e soldados. Os espanhóis compravam mais do que vendiam e as guerras constantes não permitiram investimentos públicos e o desenvolvimento econômico. O Estado gastava quantias enormes para alimentar sua nobreza parasitária e manter uma burocracia central cada vez maior. Sem indústria ou redes de comércio alternativo, a solução era sempre a mesma: aumentar impostos e taxações e pedir dinheiro emprestado. Só na década de 1530, Carlos aumentou dez vezes os impostos. Os banqueiros, como os Fugger, que emprestavam dinheiro à Coroa, multiplicaram suas fortunas. Munidos de "cartas de majestade", que lhes permitiam grandes monopólios, os Fugger faturaram mais de 1,8 milhão de florins em dezessete anos, um lucro anual de mais de 54%. A população, de modo geral, empobreceu. Em meados da década de 1550, o país estava falido.[26]

PROTESTANTES E OTOMANOS

Em 31 de outubro de 1517, dezenove meses após Carlos ser coroado rei de Castela e Aragão, um monge agostiniano e professor universitário afixou na porta da igreja de Wittenberg, na Saxônia, um documento a respeito da venda de indulgências. Em *Noventa e cinco teses*, ele contestava a moralidade de tal comércio. Seus questionamentos teológicos e o desenrolar do movimento acabariam por destruir a unidade do cristianismo europeu e por modificar as estruturas sociais e políticas do continente.

Martinho Lutero tinha 34 anos. Era oriundo de uma família pobre, o avô e o bisavô haviam sido pequenos agricultores. O pai trabalhava como mineiro e como tal conseguira alcançar certa independência econômica. Ele queria que o filho estudasse direito, mas Lutero preferiu seguir o caminho religioso. Ordenado sacerdote em 1507, passou a lecionar filosofia na Universidade de Wittenberg e, cinco anos mais tarde, obteve o doutorado em teologia. Dedicou os anos seguintes ao estudo e à interpretação dos textos bíblicos.

Em 1517, o pregador dominicano Johannes Tetzel estava na Saxônia como representante do papa Leão x, com a permissão para vender indulgências — ou seja, conceder o perdão pelos pecados cometidos (ou a serem cometidos) pelos crentes mediante uma recompensa financeira entregue à Igreja. "Logo que a moeda cai no cofre, a alma escapa do purgatório", Tetzel afirmava. Havia até mesmo uma tabela, em que o pagamento da dívida era estipulado conforme o status social: príncipes, 25 florins; barões, dez florins; burgueses bem situados, seis florins; pobres, meio ou um quarto de florim.[27] O dinheiro arrecadado em todas as terras alemãs estava sendo usado na construção da nova basílica de São Pedro, em Roma. Em alguns casos, porém, servia para pagar dívidas dos altos dignitários da Igreja. Alberto de Brandemburgo, arcebispo de Mainz, comprou seu cargo junto ao Vaticano por 29 mil ducados. Uma quarta parte desse dinheiro veio de um empréstimo junto aos Fugger. O restante da quantia seria pago a Roma com a venda de indulgências, segundo um direito concedido a Alberto pelo próprio papa.

Lutero escreveu suas teses em latim, em forma de apontamentos, e como era praxe, esperava que fossem lidas e debatidas com algum outro doutor ou acadêmicos. O texto, porém, atingia a autoridade papal e eclesiástica e a própria doutrina pregada pela Igreja católica. Para Lutero, o verdadeiro tesouro dos cristãos era "o Santíssimo Evangelho da glória e da graça de Deus" e não as instituições criadas pelo homem. "Por que é que o papa não limpa o purgatório, por santo amor, e por causa das próprias pobres almas penadas", questionou Lutero, em vez de resgatar "almas incontáveis por mísero dinheiro?". Ao mesmo tempo que tornava público seus questionamentos e preocupações, o monge professor tentou alertar seus superiores e os de Tetzel. Uma de suas cartas foi enviada ao arcebispo de Mainz, que não apenas sabia do que ocorria como estava pagando sua dívida com Leão x com o dinheiro arrecadado. As *Noventa e cinco teses* foram, então, traduzidas para o alemão e impressas nas novas prensas, espalhando-se rapidamente por toda a Europa como um rastilho de pólvora e encontrando eco em uma população cansada das exigências e da extorsão de dinheiro praticadas pelos clérigos sob pretextos duvidosos.

Em junho de 1520, o papa chamou Lutero de "monge bêbado" e afirmou que suas teses eram "heréticas, escandalosas, falsas, ofensivas a ouvidos piedosos, sedutoras para mentes simples e contrárias à doutrina católica", e ameaçou o monge de excomunhão. Em dezembro, Lutero queimou a bula papal em praça pública. Em janeiro de 1521, foi de fato excomungado. O imperador Carlos convocou uma dieta em Worms e Lutero foi instado a comparecer e se retratar. Na ocasião, para espanto geral, ele se manteve firme em suas convicções, garantindo que não agiria contra sua consciência, pois só acreditava nas Escrituras e em "argumentos absolutamente racionais", não confiava no papa e nos concílios, já que constantemente se contradiziam. No dia 26 de maio, o imperador decretou o banimento de Lutero e seus seguidores do Sacro Império. Seus livros foram proibidos e seus direitos políticos cassados. Com a possibilidade real de ser morto, ele foi sequestrado por ordem de Frederico da Saxônia, o Sábio, e levado em segredo para o castelo de Wartburg, em Eisenach, onde viveu disfarçado com o pseudônimo de "Jorge".

Frederico era príncipe-eleitor, um católico fervoroso, influente e respeitado, dono da terceira maior coleção particular de relíquias sagradas do mundo cristão. Em Wartburg, Lutero traduziu o Novo Testamento para o alemão — a primeira versão foi publicada em setembro de 1522. Sentindo-se fortalecido pela aceitação de suas ideias, passou a escrever e publicar livros e artigos tão rapidamente quanto eles podiam ser impressos. Enquanto organizava as bases da nova doutrina, continuou atacando a Igreja e os judeus, o que na época não era exclusividade sua. Passou a tratar de vários aspectos da vida cotidiana cristã, defendeu a vida comunitária e a educação universal, sendo um dos criadores do conceito de "escola pública". Em 1524, Lutero publicou um livreto onde exortava todas as cidades alemãs a abrirem escolas. No ano seguinte, ele se casou — para o horror do clero católico — com a ex-freira Catarina von Bora.

Nesse ínterim, em 1521, Carlos nomeou o irmão Fernando como regente do Sacro Império e lhe cedeu o título de arquiduque da Áustria e a responsabilidade administrativa pelas terras hereditárias dos Habsburgo. Fernando foi incapaz, no entanto, de impedir a propagação do movimento que Lutero havia inspirado. Muitos governantes adotaram uma posição de tolerância, evitando problemas com seus vassalos ou com as muitas cidades importantes onde os luteranos haviam encontrado apoio. Em alguns casos, famílias ficaram divididas. Isabel da Dinamarca, esposa do príncipe-eleitor Joaquim de Brandemburgo e irmão do arcebispo de Mainz, não apenas se converteu como foi até Wittenberg conhecer o ex-monge e agora pastor.

Lutero iniciou o movimento, mas perdeu as rédeas da situação em pouquíssimo tempo. Formas mais radicais de sua doutrina surgiram e se espalharam rapidamente. Numa Alemanha já sem unidade e bastante complexa, não foi difícil para que do campo religioso as agitações alcançassem o meio político. Ideias apocalípticas alimentaram ideias de revolução social e contribuíram para uma grade revolta popular que varreu os territórios alemães entre o verão de 1524 e o outono de 1525, a chamada Guerra dos Camponeses. A condição do campesinato alemão no século XVI era análoga à escravidão. O matemático Sebastian Münster deixou registradas suas observações sobre a estrutura social da época: "Não há nada que esta gente servil e miserável não esteja obrigada a fazer a seus amos e senhores; também não há nada que eles ousem recusar fazer sem grande perigo, pois os que não cumprem seu dever são gravemente punidos". Com base no texto bíblico, o pregador Thomas Müntzer afirmava que os camponeses nasciam livres e por isso não poderiam viver na condição de escravos. Além da abolição da servidão, entre suas reivindicações estavam a diminuição dos impostos sobre as terras e a liberdade para caçar nas florestas pertencentes à nobreza. Liderados por Müntzer, os servos alemães se levantaram contra os senhores feudais. Rapidamente ele conseguiu movimentar uma imensa massa de camponeses esperançosos de se livrar do trabalho servil, pondo em xeque a autoridade de muitos Estados do Sacro Império — do ponto de vista de Lutero, não passavam de "cães raivosos", escravos do demônio. Os camponeses, no entanto, não foram páreos para os exércitos combinados de príncipes alemães que os combateram em Frankenhausen. A força camponesa, composta de maltrapilhos desnutridos e mal armados foi eliminada, Müntzer foi preso e decapitado e sua cabeça dependurada no portão de entrada da cidade. No período de um ano, estima-se que aproximadamente cem mil pessoas tenham sido mortas.[28]

Em 1529, na Dieta de Speyer, o imperador Carlos tentou pôr fim ao avanço da "Reforma", decretando que o luteranismo só seria aceito nos Estados alemães que já haviam aderido ao movimento. O restante deveria permanecer fiel ao catolicismo. O império, porém, não tinha unidade. Era uma colcha de retalhos com interesses políticos diversos. Além das questões teológicas, minar o poder do imperador e se livrar das garras do papa era extremamente oportuno. Os príncipes alemães protestaram contra o édito de Carlos, dando origem à expressão "protestantes" para designar os não católicos.

Cinco anos depois, em Augsburgo, Filipe Melâncton, um dos principais colaboradores de Lutero, apresentou ao imperador uma profissão de fé, a chamada Confissão de Augsburgo. Carlos não visitava a Alemanha fazia quase dez anos. E dada a importância do momento, fez questão de entrar na cidade com uma grande comitiva alguns dias antes da chegada dos representantes luteranos. À sua frente marcharam mil soldados de infantaria, com dois grandes estandartes imperiais. Foram seguidos por "senhores espanhóis, luxuosamente vestidos com casacos de cetim dourado ou preto e com grandes correntes douradas em volta do pescoço". Sobre a ponte Lech, Carlos e o irmão Fernando desmontaram dos cavalos. Estavam acompanhados pelo arcebispo-eleitor de Mainz e o conde Palatino, um legado papal, o cardeal de Salzburgo, dois arcebispos, diversos bispos, embaixadores e muitos outros príncipes e nobres do império, além de trezentos cavaleiros espanhóis. O imperador falou algumas palavras em latim e francês e foi ovacionado nos vários dialetos "das muitas terras de toda a cristandade" — o grupo que o acompanhava era bastante heterogêneo, havia falantes de português, castelhano, catalão, francês, holandês, húngaro, tcheco e croata, além de vários dialetos alemães e italianos, e até mesmo de idiomas externos aos domínios Habsburgo, como o turco-otomano. Carlos subiu na montaria, as trombetas soaram, os tambores ressoaram e a comitiva voltou a andar. Seguiram-se os magistrados da cidade, mil cavaleiros e outros mil milicianos armados com lanças, alabardas e doze canhões leves. O séquito pessoal do imperador era composto de cozinheiros, criados de câmara, guarda-roupas, secretários, armeiros, carroceiros, caçadores, falcoeiros e seus duzentos cães de caça espanhóis.

No dia 25 de junho de 1530, Melâncton leu o texto que delineava as normas e práticas que guiariam os luteranos. A Confissão de Augsburgo foi aceita e assinada por sete príncipes e representantes de duas cidades livres, mas rechaçada pelo grupo católico (nove príncipes e 24 cidades). A esperança de Carlos, de que ainda pudesse haver reconciliação entre os cristãos, falhara completamente. O Sacro Império e a cristandade estavam definitivamente divididos. Como defensor da Igreja, em muitos dos lugares onde o poder do imperador era mais forte do que na Alemanha, como nos Países Baixos ou na Espanha, ler, possuir, imprimir ou vender livros proibidos ou participar de qualquer reunião para tratar de assuntos bíblicos passou a ser considerado heresia e lesa-majestade, e a punição era a morte — os homens seriam executados pela espada, as mulheres na estaca.

Além de João Frederico I, príncipe-eleitor da Saxônia e sobrinho de Frederico, o Sábio, nomes importantes como Filipe I, o Magnânimo, landgrave de Hesse, e Alberto da Prússia, grão-mestre da Ordem Teutônica, também aderiram ao luteranismo. Temendo que Carlos tentasse esmagar o movimento, João Frederico e Filipe criaram a Liga de Schmalkalden, uma aliança protestante defensiva contra o império. Já sem poder para controlar a hidra em que seu movimento se transformara, Lutero faleceu em 1546. Foi sepultado ao lado do púlpito da igreja do castelo de Wittenberg, onde afixara suas famosas teses quase três décadas antes. As disputas teológicas e eclesiológicas deram lugar a um conflito armado. Teve início uma guerra religiosa, com massacres perpetrados por um lado e outro. Em 1547, Carlos conseguiu derrotar e aprisionar João Frederico da Saxônia e Filipe de Hesse. Ao visitar a igreja de Wittenberg, onde tudo havia começado, sugeriu-se ao imperador que desenterrasse e queimasse o corpo de Lutero como herege. Carlos achou o ato excessivo para um governante que desejava a união. Tentou impor um decreto conciliatório até que se pudesse organizar um colóquio para resolver o assunto, mas os confrontos continuaram pelos anos seguintes sem que se chegasse a um termo.

Entre março e setembro de 1555, católicos e protestantes se reuniram em assembleia em Augsburgo, sem a presença do imperador ou representantes do papa, que se recusavam a aceitar qualquer resolução independente de Roma. O resultado da dieta foi a assinatura da Paz de Augsburgo, que estabelecia o direito dos príncipes sobre os assuntos religiosos de seu território — o *cujus regio, ejus religio* (a religião do regente é a religião do reino) —, o direito de emigrar àqueles que estivessem insatisfeitos com o credo adotado, a "reserva eclesiástica", que privava os príncipes ligados à Igreja de manter seus status e bens caso aderissem à Reforma e o direito de governantes seculares de manter as propriedades eclesiásticas tomadas até 1552. Era uma "paz pública", provisória, assinada devido às circunstâncias políticas e sem qualquer senso de tolerância. A essa altura, a Reforma havia se espalhado pelo continente e vários outros reformadores passaram a criar comunidades com base em doutrinas próprias. Calvino e Zwingli tiveram grande influência nos Países Baixos, na França e na Suíça. Na Inglaterra, o próprio rei Henrique VIII tomou as rédeas de uma nova igreja, a Anglicana. O Vaticano passou à repressão religiosa, adotando medidas que ficariam conhecidas como Contrarreforma. Em seis décadas, a Europa estaria mergulhada na sanguinária Guerra dos Trinta Anos, responsável pela morte de 35% dos habitantes do Velho Mundo. Em muitas áreas da Alemanha, metade da população desapareceu.[29]

Com Carlos ocupado com uma guerra na Itália, e Fernando com os distúrbios e revoltas na Alemanha, os otomanos atacaram as fronteiras dos territórios Habsburgo a partir da Hungria. No outono de 1529, Suleiman, o Magnífico, atacou Viena à frente de um exército de cem mil homens e trezentos canhões. A cidade foi sitiada por dezessete dias, mas o sultão acabou por se retirar da Áustria quando o inverno se aproximou e as chuvas ameaçaram atolar suas forças na lama. A ameaça islâmica seria uma constante no século XVI. Os otomanos vinham tomando os Bálcãs de forma gradativa havia quase um século. Em 1456, apenas três anos após a tomada de Constantinopla, os janízaros muçulmanos haviam chegado às cercanias de Belgrado (no território da atual Sérvia). Suleiman deu continuidade à expansão iniciada por seus ancestrais. Além da coragem e da ferocidade no campo militar, ele tinha um talento incomum para a organização e a administração, daí ser conhecido como "o Legislador". Depois de sitiar Viena, ele ocupou a Hungria na década de 1530 (apenas para cedê-la em tratados de paz) e a Transilvânia (hoje parte da Romênia) em 1562. Carlos deu o troco em 1535, ao tomar Túnis (na atual Tunísia) com uma força combinada de quase 27 mil soldados, entre espanhóis, italianos e alemães, 350 navios e 62 galés. Seis anos depois, em 1541, ele tentou repetir a façanha liderando uma expedição conjunta contra Argel, um dos principais portos otomanos no norte da África, responsável por atos de pirataria e ataques à costa do Mediterrâneo europeu e onde havia uma população de escravos brancos superior a 25 mil. Uma esquadra de 65 galés, 450 navios de vários tamanhos e doze mil marinheiros e remadores transportou uma força conjunta de 24 mil soldados de várias nacionalidades. A cidade foi bombardeada, mas a frota imperial Habsburgo decidiu levantar o cerco depois de perder doze mil homens.[30]

O reinado de Suleiman foi o mais longo de todos os sultões: durou 46 anos, e em grande parte desse período houve disputas militares com Carlos V na Europa continental e no Mediterrâneo. Para derrotar o inimigo comum, o sultão chegou a formar uma aliança anti-Habsburgo com o rei francês Francisco I. Ao morrer em 1566, seu império era quase tão vasto quanto o do imperador cristão. Pouco mais de um século depois, os otomanos estariam novamente às portas de Viena.

UM IMPERADOR APOSENTADO

A Reforma destruíra qualquer possibilidade de um império ou de uma monarquia universal baseada na cristandade, como haviam sonhado Carlos Magno e os imperadores Habsburgo antes de Carlos. Uma comunidade de nações ligadas por uma causa única não se adequava mais ao momento. As centenas de unidades políticas separadas variavam amplamente em interesses e no grau de autonomia que tinham conquistado. Os príncipes alemães almejavam tornar seus territórios monarquias fortes, seguindo o modelo de França e Inglaterra, e não permanecerem sujeitos aos caprichos de um "estrangeiro". As várias partes do império Habsburgo não se consideravam províncias de um único Estado e não podiam ser governadas como. Era impossível acomodar costumes e tradições políticas particulares a cada uma. Até mesmo problemas básicos se tornaram impraticáveis. O principal deles era financeiro. Não havia um sistema uniforme de tributação, e territórios distantes uns dos outros relutavam em financiar guerras com as quais não tinham a menor ligação. Para contornar isso, Carlos sempre sustentou a existência de um inimigo externo — fossem franceses ou otomanos — e que suas lutas eram defensivas e não expansivas.

Esgotado e perto de um colapso mental, ele abdicou de sua soberania sobre os Países Baixos em outubro de 1555. Em janeiro do ano seguinte, também abdicou da coroa da Espanha, que foi herdada por seu filho Filipe. O irmão, Fernando, assumiu o título de sacro imperador, sendo proclamado oficialmente em 1558 — os alemães não queriam um espanhol como Filipe ocupando o trono imperial. Fernando já ostentava o título de rei dos romanos desde 1531. Ele também havia recebido de Carlos a incumbência de governar as terras hereditárias Habsburgo como arquiduque da Áustria 35 anos antes.

Em fevereiro de 1557, abalado por décadas de intermináveis campanhas militares e exaustivas disputas religiosas, Carlos se retirou para o monastério de Yuste, a 220 quilômetros de Madri. O espaço, construído pela Ordem de São Jerônimo no começo do século xv, foi ampliado para acomodar um grande número de serviçais. Os aposentos, erguidos conforme recomendações do próprio imperador, ao lado do altar da igreja e bastante simples, eram aquecidos por uma lareira. O quarto era decorado com paredes estofadas, almofadas e tapetes, e abrigava alguns de seus objetos preferidos, como bússolas, astrolábios e relógios, além de uma biblioteca com noventa livros. Carlos mal podia se mover e para tanto usava uma cadeira articulada. Ele sofria com a icterícia e a gota, que o acometia em intervalos regulares e prolongados. Os primeiros sintomas foram sentidos em 1528 e aumentaram nos anos seguintes. Na Páscoa de 1542, a crise atingiu todos os membros pela primeira vez. Até 1548, segundo suas próprias memórias, passaria por catorze crises de gota paralisantes.[31] Em Yuste, passou o restante de seus dias orando ou participando de serviços religiosos. Respondia com frequência à correspondência do filho, e quando era possível, cuidava de uma horta e de um pequeno pomar ou pescava em um lago nos fundos de seu quarto.

Algo que fazia com vontade era comer. E comia tanto que conseguiu do papa uma permissão especial para fazer o desjejum antes da comunhão matinal. O médico que o visitou deixou registrado os gostos gastronômicos do imperador: borrego assado; carne de boi ou de vitelo, ao forno ou cozida; coelhos, lebres e perdizes. Como sobremesa, apreciava ponche quente e melões frescos, além de um produto que começava a ganhar espaço na cozinha europeia, o açúcar. Comia todos os tipos de doces, compotas, geleias e waffles.[32] Carlos também apreciava a cerveja flamenga — escura, aromatizada, caramelizada e de alta graduação alcoólica — e o "vinho de pitarra", produzido em jarras de barro.

Em 21 de setembro de 1558, às duas da madrugada, depois de um mês sofrendo de febres intermitentes, o "Senhor do Mundo", rei de dezessete coroas, morreu em decorrência da malária. "Ai, Jesus", foram suas últimas palavras. Conforme era seu desejo, foi sepultado na igreja do mosteiro e trinta mil missas foram realizadas por sua alma. Quinze anos mais tarde, por ordem do filho, seus restos mortais foram transferidos para o mosteiro do Escorial, próximo de Madri.

O Império Europeu de Carlos V

Os reinos de Castela e Aragão, a Sardenha, a Sicília e o reino de Nápoles foram herança materna. A Borgonha e os Países Baixos, a Áustria e o Sacro Império foram herdados dos avôs paternos. Os territórios de Carlos V incluíam ainda as colônias espanholas na América.

5.

LOS AUSTRIAS

No FINAL DO SÉCULO XV, cinco reinos dividiam o território da península Ibérica. Portugal, na costa Atlântica, havia conquistado sua independência em 1143. Os outros quatro eram Castela, no centro; Aragão, a nordeste, na costa do Mediterrâneo; Navarra, ao norte, fazendo fronteira com a França; e Granada, o último bastião do islã na Europa Ocidental, ao sul. Castela era o maior deles, com cerca de cinco milhões de habitantes, essencialmente camponeses, dispersos num terreno acidentado, com montanhas e planaltos. Sua principal atividade comercial era a agricultura, com plantações de azeitona, aveia, cevada, trigo, arroz, figo, laranja e uva, e o pastoreio de ovinos. As cidades mais importantes estavam localizadas na região central do reino: Valladolid, Toledo, Salamanca e Sevilha, a maior delas, com cerca de setenta mil habitantes. A população de Madri não passava de doze mil. Aragão, por sua vez, tinha uma população diversa e inferior a um milhão — 250 mil aragoneses e trezentos mil catalães, entre outros grupos. Valência, o maior centro urbano, tinha apenas sessenta mil habitantes; Barcelona menos de 35 mil. O minúsculo reino de Navarra contava com 155 mil almas, e o emirado de Granada, setecentos mil.

Os ibéricos eram o resultado de séculos de migrações, invasões e miscigenação étnica e religiosa, incluindo celtiberos, romanos e germânicos, cristãos, árabes e judeus. Havia europeus de pele escura e mouros de cabelos louros. Os idiomas também eram muitos: castelhano, português, galego, basco, catalão, bable ou asturiano e árabe eram as línguas dominantes. Desde o século XIII, com exceção de Portugal, os dois principais reinos cristãos cresciam em extensão territorial, expulsando a população islâmica e absorvendo Estados cristãos menores ou mais frágeis — o reino de Leão, por exemplo, passou aos domínios de Castela. A estrutura política datava dos tempos das invasões germânicas. Era baseada em monarquias hereditárias, que recebiam apoio de uma casta de nobres guerreiros. Entretanto, o feudalismo não era tão enraizado na região quanto na Alemanha, em parte devido à luta contra um inimigo comum: os mouros. As assembleias legislativas, que com o tempo passaram a ser meramente consultivas, eram chamadas de Cortes. Prerrogativa do rei, as Cortes eram convocadas e realizadas de tempos em tempos, a cada dois ou três anos, em cidades diferentes. Em Aragão, as Cortes eram compostas de quatro categorias de representantes: os "rico-homens" (a grande nobreza), os nobres inferiores, o clero e os deputados das cidades — Saragoça, Valência e Barcelona tinham cinco representantes cada, as demais apenas um. Castela operava de forma semelhante, mas somente as dezenove principais cidades participavam da assembleia.[1] Na maioria das vezes, serviam apenas para respaldar a política real. Em meados do século xv, os três grandes reinos cristãos da península — principalmente Castela — estavam ligados por casamentos dinásticos e envolvidos internamente em disputas pela sucessão ao trono.

Em 19 de outubro de 1469, Isabel de Castela, meia-irmã do rei Henrique iv, casou-se em Valladolid com Fernando, o herdeiro do reino de Aragão. A união contrariava os interesses do monarca castelhano, que pretendia casar Isabel com um idoso rei português ou o herdeiro da França. A cerimônia foi realizada em segredo pelo arcebispo de Toledo, Alfonso Carrillo, que falsificara a bula papal com a dispensa de consanguinidade, o que permitiu que os dois jovens, de dezoito e dezessete anos, pudessem se casar mesmo sendo parentes próximos — ambos eram bisnetos de João i de Castela, que reinou no século xiv. Ainda que muito jovem, Fernando chegou ao altar com dois filhos ilegítimos. No entanto, a união foi uma escolha da própria Isabel, decidida a não ser um joguete nas mãos do meio-irmão.[2] Quando Henrique iv morreu, em 1474, teve início uma guerra de sucessão pela coroa castelhana. De um lado estava Isabel, do outro a filha e herdeira pretendida pelo rei, Joana de Trastâmara, chamada por seus inimigos de "a Beltraneja", pois seria fruto de um relacionamento entre a rainha Joana de Avis e seu amante Beltrán de la Cueva. Ao contrário de Isabel, Joana de Trastâmara aceitou se casar com o rei dom Afonso v de Portugal. O matrimônio unificaria as Coroas de Castela e Portugal. Fernando, no entanto, era um habilidoso líder militar e, depois de cinco anos de conflitos, conseguiu derrotar definitivamente dom Afonso v na batalha de Albuera, garantindo o trono castelhano para a esposa. No mesmo ano, o pai de Fernando morreu, o que permitiu a união dinástica das Coroas de Castela e Aragão.

Depois da unificação, teve início a "reconquista" de Granada, a última região ainda em poder muçulmano desde a ocupação árabe da península no século VIII. Era a primeira "cruzada" desde que Sevilha fora tomada dos mouros em 1284. A guerra durou dez anos, culminando com a queda do castelo de Alhambra e a rendição do sultão Abu Abdallah, o Boabdil, em janeiro de 1492. Tanto Fernando quanto Isabel estiveram presentes no cerco e no ataque final à fortaleza moura, que empenhou cinquenta mil soldados e dez mil cavaleiros. O sucesso no empreendimento contra o islã valeu ao casal real o título de "Reis Católicos", dado pelo papa Alexandre VI por meio de uma bula, em dezembro de 1496. O objetivo seguinte era Navarra. No entanto, o pequeno reino só seria anexado ao território espanhol em 1515, preservando a condição de Estado próprio, com suas instituições particulares. Até a queda do Antigo Regime, no século XVIII, os monarcas da França continuariam a usar como prerrogativa o título de "rei de Navarra".[3]

Os reinos de Fernando e Isabel seriam herdados por seu neto Carlos I (o imperador Carlos V), e transmitidos a Filipe II. Porém, a "Espanha", sobre a qual *Los Austrias* (como os Habsburgo eram chamados) reinariam até 1700, não se constituía, naquele momento, como um Estado único. O nome era uma referência à antiga designação da península Ibérica no tempo dos romanos: Hispânia.

FILIPE II, "O PRUDENTE"

Concebido no Alhambra, em Granada, o filho do imperador Carlos V e de dona Isabel de Portugal nasceu em 21 de maio de 1527, às quatro horas da tarde, no palácio de Bernadino Pimentel, em Valladolid. "Filipito" tinha pele clara, olhos azuis, cabelos louros e o queixo proeminente dos Habsburgo. Preparado desde o berço para ser o herdeiro do império paterno, recebeu uma educação bastante formal, embora deficiente em muitos quesitos. Como cresceu na Espanha, o castelhano foi sua primeira língua. Conhecia bem o português e o latim, mas nunca foi fluente em idiomas importantes para a posição que viria a ocupar. Quase não falava alemão, francês ou italiano, e não sabia nada de inglês.

Sua infância e juventude foram extremante dominadas por um pai distante, mas receoso de perder o único filho homem, o futuro da dinastia, e por uma mãe obsessivamente zelosa — dona Isabel perdera dois filhos no parto e outros dois, Fernando e João, antes do primeiro ano de vida. Para o historiador Martin Philippson, professor da Universidade de Bruxelas, Filipe desenvolveu um temperamento "sombrio, silencioso e taciturno".[4] Introversão, frieza emocional e religiosidade acentuada seriam sua marca por toda a vida. Geoffrey Parker, um de seus biógrafos modernos, o definiu como alguém de "personalidade obsessivo-compulsiva". A repulsa que Filipe tinha da sujeira, a mesquinhez, a inflexibilidade e a necessidade de uma rotina rígida vinham da educação extremamente controladora que recebeu na infância. Como seu pai, desde cedo ele foi instado a assumir sua posição de herdeiro do império Habsburgo. Aos dezesseis anos foi encarregado da regência dos reinos espanhóis, enquanto Carlos se ocupava das questões que envolviam o Sacro Império. A solução encontrada diante das dificuldades impostas foi adotar uma rígida rotina diária de trabalho, baseada em uma regularidade ritual quase paranoica. Havia pouco tempo para suas diversões favoritas: a dança, os torneios e as touradas. "Media sua vida, dividindo-a por minutos", conforme os relógios, escreveu um criado. Ele seguia à risca as recomendações que o pai havia deixado em um livro de anotações e que deveriam guiar um rei, e até a morte do imperador em 1558, continuou a pedir conselhos paternos.

Filipe era um colecionador maníaco de livros, obras de arte, instrumentos mecânicos (especialmente relógios) e relíquias sagradas. Seu valete, o flamengo Jehan Lhermite, escreveu que "não havia canto de seu quarto onde não se visse uma imagem piedosa de algum santo ou um crucifixo". A fixação pela higiene também era manifesta. "Era por natureza a pessoa mais limpa e arrumada que já viveu nesta terra", recordou Lhermite em um livro de memórias, "a tal ponto que ele não podia tolerar, sem aborrecimentos, uma mancha minúscula de sujeira nas paredes ou no chão de seus apartamentos."[5] Na velhice, sua introspecção, suas obsessões e sua paranoia o afastaram do convívio público. Passava a maior parte do inverno com a família no palácio Alcázar, em Madri (que seria destruído por um incêndio no século XVIII), e os verões no Escorial, com visitas pontuais, na primavera e no outono, aos palácios de Aranjuez e El Pardo. Com o tempo, ele se distanciaria até mesmo dos mais próximos. Já no fim da vida, apenas a filha Isabel Clara Eugênia tinha maior intimidade com ele.

Como governante, Filipe era aplicado e minucioso, mas extremamente desconfiado. Acreditava que o "diabo" estava nos detalhes, fazendo questão de verificar pessoalmente toda e qualquer documentação gerada pela imensa burocracia estatal. Certa vez, reclamou ter sobre sua mesa cem mil documentos aguardando despacho. Não por acaso, ganhou o apelido de "rei do papel". Depois dos cinquenta anos, o acúmulo e a intensidade de trabalho o obrigaram a fazer uso de óculos, com lentes encomendadas da Inglaterra.

A desconfiança o deixava demasiadamente lento, indeciso e inseguro. Só tomava uma posição após analisar todas as opções e debater muito com todos os seus ministros. Seus contemporâneos passaram a chamá-lo pejorativamente de "Filipe, o Prudente". Entre seus principais conselheiros estava Rui Gomes, príncipe de Éboli. Português de nascimento, Gomes chegara à corte espanhola como pajem de dona Isabel de Portugal. Feito camareiro-mor do rei e com grande influência sobre o monarca, era chamado de "Rei Gomes". Pacifista e conciliador, era rival de Fernando Álvares de Toledo e Pimentel, duque de Alba, notável militar e diplomata que orientava a política externa espanhola.

Em 16 de janeiro de 1556, Carlos v renunciou às coroas da Espanha em favor do filho. O imperador já havia abdicado dos Países Baixos no ano anterior e também cederia a Borgonha alguns meses depois. Na Espanha, a renúncia era apenas mera formalidade. Na prática, Filipe ii, assim denominado para distingui-lo de seu avô, Filipe, o Belo, estava à frente dos assuntos espanhóis desde 1544. Mesmo que a coroa do Sacro Império tivesse permanecido com o tio Fernando, o território a ser governado ainda era gigantesco. Além das terras espanholas (que incluíam o vice-reino do Peru e o da Nova Espanha, na América), Filipe governaria as terras borgonhesas (os Países Baixos e os Flandres, que compreendem as atuais Bélgica, Holanda e Luxemburgo; Artois, ao norte da França moderna; e o Franco-Condado, que correspondia à Borgonha propriamente dita, na região nordeste da França) e os reinos italianos (Milão, Nápoles, Sicília e Sardenha). Durante o seu reinado, em 1581, ele acabaria perdendo as províncias do norte dos Países Baixos, que haviam aderido ao calvinismo e se declarado independentes como República das Sete Províncias Unidas dos Países Baixos, e passariam a ser conhecidas pelo nome de uma delas, Holanda. As dez províncias do sul, católicas, permaneceriam sob o controle Habsburgo como Países Baixos Espanhóis. As perdas, no entanto, foram menores do que

VERDE E AMARELO 125

as conquistas. Ele acabaria por incorporar um arquipélago no Pacífico, que recebeu o nome de Filipinas em sua homenagem; e em 1580 herdou Portugal e suas colônias ultramarinas (o Brasil e enclaves na África e na Ásia).

Mais do que territórios, porém, Filipe herdou do pai a convicção de que os Habsburgo eram defensores da fé católica, sendo uma obrigação da dinastia defender e promover a Santa Igreja. Ele acreditava piamente que sua política e seus posicionamentos estavam de acordo com a vontade de Deus. Diversas vezes explicou a seus ministros que agia conforme a própria vontade e a do Senhor, "que eram a mesma coisa". Acreditava que, por mais difíceis que fossem os obstáculos, Deus iria removê-los ou inspirá-lo e guiá-lo até a vitória. Julgava que muitos papas eram menos fiéis do que ele e chegou a acusar um sumo pontífice de disseminar ideias protestantes. Segundo um historiador do século xx, Filipe "não se contentava em ser filho obediente da Igreja, queria ser seu patrono, seu senhor secular e exercer influência sobre sua política e seus dogmas".[6]

Sua convicção absoluta de que cumpria um plano divino o livrou de escrúpulos, permitindo que praticasse qualquer coisa em nome da fé católica. Durante os quatro anos que reinou sobre a Inglaterra como consorte da rainha Maria I, supervisionou um processo judicial que resultou na execução de quase trezentos protestantes. Após retornar à Espanha, eliminou comunidades que haviam aderido à Reforma em Valladolid e Sevilha, enviando cerca de cem pessoas para a morte na fogueira. Também ordenou o massacre de mais de 140 colonos franceses huguenotes na costa da Flórida. "No lugar de sofrer com qualquer dano à religião e ao serviço de Deus, eu perderia todos os meus Estados e cem vidas se as tivesse, pois não pretendo governar hereges", afirmou.[7]

Na península Ibérica, Filipe intensificou a perseguição a judeus e mouros, algo que ocorria de forma organizada havia mais de cem anos. Desde o século xv, leis obrigavam os não cristãos a identificar sua religião por meio de um sinal afixado em suas roupas. Os seguidores de Maomé eram obrigados a usar uma meia-lua vermelha nos ombros, enquanto os judeus precisavam portar os "sinais vermelhos de seis pernas". Datadas de 1449, as "leis de limpeza de sangue" interditavam o acesso a cargos públicos para todos aqueles que tivessem ancestrais judeus ou muçulmanos em até três gerações.

A conquista de Granada pelos Reis Católicos e o estabelecimento dos Tribunais do Santo Ofício na Espanha (1478) e em Portugal (1536) acabaram com qualquer possibilidade de convivência pacífica entre cristãos e não cristãos. Em meados do século xvi ainda viviam na Espanha cerca de 320 mil seguidores do islã. Filipe proibiu gradativamente o uso de vestimentas típicas, a alimentação tradicional, as casas de banho e a língua árabe, até a ordem de expulsão definitiva da comunidade, em 1569. Os judeus também sofreram com a intolerância religiosa. Isabel, a Católica, e Fernando de Aragão haviam decretado um édito de expulsão em 1492, mas ainda assim aproximadamente trezentos mil judeus viviam no país. Em Portugal, a situação era semelhante. Dom Manuel emitira um decreto em 1496 que ordenava a imediata conversão ou a emigração. Mais de vinte mil pessoas deixaram o país.[8] Os que permaneceram foram forçados a abraçar o catolicismo, e a maioria dos chamados "cristãos-novos" sobreviveu praticando sua antiga crença às escondidas. Ao longo do século seguinte, tanto os governos ibéricos quanto as guildas, as ordens religiosas e de cavalaria passaram a exigir certificados de "pureza de sangue". Para qualquer cargo ou ocupação, o candidato precisava provar que não tinha "infiéis" entre seus ancestrais. Como se isso não bastasse, para justificar a perseguição Filipe forjou uma correspondência secreta, trocada entre anciãos judeus espanhóis e rabinos em Istambul. O documento recomendava aos perseguidos subverter a ordem, infiltrando-se na sociedade cristã, no governo e no judiciário, para então derrubá-la. A falsificação serviu para alimentar o antissemitismo e o sentimento anti-islã e, em último caso, para o confisco de bens e como força motivadora em uma luta contra os otomanos no Mediterrâneo.

O sultão Selim, o Ébrio, havia sucedido Suleiman, o Magnífico, como soberano de Istambul. Disposto a suplantar seu antecessor, o novo líder otomano tomou a ilha de Chipre, importante entreposto comercial veneziano no Oriente Médio. Alarmado com a ameaça do islã, o papa Pio x convenceu Filipe a ajudar Veneza e as cidades da costa leste italiana. Em maio de 1571, o pontífice, a Espanha e Veneza formaram uma aliança contra os turcos, a Santa Liga. Sob o comando de João da Áustria, bastardo de Carlos v e meio-irmão de Filipe, estavam 28,5 mil soldados e quarenta mil remadores, dispostos em seis galeaças e 206 galés. Os otomanos contavam com 208 galés, 56 galeotas, 64 fustas e 27 mil soldados (incluindo dez mil janízaros, uma força de elite). Em outubro, as duas frotas se encontraram em Lepanto, na entrada do golfo de Corinto, na Grécia. O combate ocorreu durante a manhã do dia 7. A bordo da galé *Real*, João da Áustria comandou a vitória cristã sobre Ali Paxá, o comandante da força otomana. Os números foram superlativos: mais de trinta mil turcos morreram ou ficaram feridos, 170 galés afundaram ou foram aprisionadas. Além disso, quinze mil escravos cristãos que estavam presos aos remos das galés foram libertados. Paxá foi morto e dois de seus filhos feitos prisioneiros.[9] Na prática, porém, a vitória de Lepanto não devolveu o Chipre a Veneza nem levou os cristãos ao centro do Império Otomano. Dois anos mais tarde, Pio x morreu e Veneza entrou em acordo com o sultão, que manteve intacto seu império marítimo.

Além dos territórios e da fé católica, Filipe II herdou de Carlos V um Estado falido. Tão logo assumiu o trono, em 1557 ele precisou declarar formalmente a falência da Espanha — e o faria novamente em 1560. A salvação estava no novo continente. A principal potência do Velho Mundo ao longo do século XVI, a primeira de alcance global, seria sustentada pelos tesouros do Novo Mundo. No começo do século XVII, a riqueza extraída da América era três vezes maior do que todo o ouro que havia na Europa antes de 1492. Como o próprio Cortés explicara a Montezuma, ele e seus companheiros sofriam de uma "doença do coração que somente o ouro pode curar". Todo o ouro e toda a prata acumulados pelos indígenas ao longo de séculos foram capturados antes de 1540, mas novas jazidas foram descobertas entre as décadas de 1530 e 1550, incluindo Potosí, uma montanha de prata no atual território boliviano que renderia 45 mil toneladas do metal até 1783. A partir de 1566, dois comboios partiam anualmente da América, com navios abarrotados de tesouros. Uma frota partia do México em abril ou maio, e outra do Panamá, em agosto. Em média, eram sessenta embarcações por viagem. Em 1564, 154 navios chegaram a Sevilha.[10] Entretanto, o ouro e a prata (vital para o comércio com a China, onde tudo era negociado com o metal branco) eram apenas parte do comércio espanhol. As frotas espanholas transportavam também tabaco, peles, índigo, corante de cochonilha, gengibre, pau-brasil e diversos outros produtos.

Filipe orientou o dinheiro das riquezas do México e da América do Sul para o financiamento das guerras dinásticas e da Contrarreforma, mas o "século do ouro" também proporcionou o aparecimento de uma nobreza abastada e, com ela, o mecenato e o florescimento das artes. O modo de vida espanhol passou a servir de modelo para a cultura cortesã do início da Europa moderna. A austeridade formal podia ser notada na moda. Os homens usavam especialmente tecidos de cor preta, gola alta e babados, colete basco, gibão com mangas volumosas, calças largas e chapéu sem plumas. A mulheres trajavam vestidos rígidos com armação, também de gola alta, em tons de verde-escuro, azul-celeste ou púrpura. Na pintura, ganharam destaque as obras de Diego Velázquez, o grande pintor da corte, Bartolomé Murillo e Doménikos Theotokópoulos, conhecido como El Greco. O idioma castelhano sobressaiu como língua franca, sendo adotado pela administração e onde quer que houvesse a presença espanhola. Tornou-se também a língua da literatura, influenciada pela dramaturgia e pela poesia de nomes como Lope de Vega e Calderón de la Barca; e sobretudo por Miguel de Cervantes e o célebre *Dom Quixote de la Mancha*.

Quanto à estrutura da administração, Filipe II aprimorou o sistema de conselhos criados no tempo dos avós e do pai. O rei era a peça-chave na engrenagem da gestão, contando com sete conselhos gerais logo abaixo dele: o Conselho Real ou de Castela era o responsável pelos conselhos de Castela, da Câmara, de Estado, Guerra, Finanças e das Índias, além da Junta de Obras e Bosques. O Conselho de Aragão coordenava as demandas aragonesas e também as dos reinos da Itália. Havia ainda conselhos para a Santa Inquisição, o de Ordens, para as Cruzadas, e os de Portugal e Flandres, criados na década de 1580.[11] Na busca pela centralização da máquina Estatal, Filipe também transferiu a capital do país de Toledo para Madri durante a primavera de 1561. A cidade contava, então, com aproximadamente 85 mil habitantes.

Nem o ouro da América, nem a tentativa de melhorar a gestão governamental, porém, aliviaram a pesada dívida do Estado espanhol. Somente o custo anual da guerra nos Países Baixos era de 14,4 milhões de florins. Em 1572, Filipe só conseguiu reunir metade disso. Quatro anos depois, ele devia 17,5 milhões. Sem recursos, mandou sustar o pagamento aos credores, confiscou dois carregamentos de prata vindos da América e obrigou os banqueiros a converter a dívida em empréstimos de longo prazo. Antes de sua morte, a Espanha entraria em bancarrota novamente — e seus herdeiros passariam por graves crises financeiras em 1604, 1627 e 1647.[12]

OS QUATRO CASAMENTOS DE FILIPE II

Embora fosse um dos homens mais poderosos de seu tempo, Filipe II não teve uma vida familiar feliz. Num espaço de 37 anos, casou-se quatro vezes e teve oito filhos, mas viveu atormentado com a morte de seis crianças e de todas as esposas. Apenas um filho e uma filha sobreviveram ao pai.

O primeiro dos casamentos ocorreu no outono de 1543. Filipe tinha apenas dezesseis anos, a mesma idade da esposa, sua prima-irmã dona Maria Manuela de Portugal, filha do rei dom João III com sua tia Catarina da Áustria. Dessa união nasceu Carlos da Áustria, o príncipe das Astúrias — título pelo qual os herdeiros do trono espanhol são conhecidos. Malformado de corpo, corcunda, manco, gago, epiléptico, violento, sádico e provavelmente homossexual, Carlos tinha sérios problemas de relacionamento com Filipe. Chegou a planejar o assassinato do irmão bastardo de seu pai e uma fuga para a Holanda a fim de se unir aos rivais do rei. Acabou sendo declarado incapaz de governar, morrendo aos 23 anos em circunstâncias misteriosas — teria ingerido dez litros de água para saciar a sede após comer alguns pedaços de torta. Quanto a sua mãe, dona Maria Manuela morreu prematuramente menos de um mês após o nascimento do filho, em 1545. Nem sequer chegou a ser coroada rainha.

Em 1548, o viúvo Filipe deixou a Espanha pela primeira vez. Ele passaria os três anos seguintes visitando os diversos territórios sob o domínio Habsburgo — na Itália, na Alemanha e nos Países Baixos. Depois de uma estadia na Espanha, em 1554 ele desembarcou na Inglaterra para seu casamento com Maria I, filha do rei Henrique VIII e de Catarina de Aragão, irmã de sua avó Joana. Antes, Carlos V precisou resolver um detalhe simples de etiqueta. Como Filipe ainda não era rei, tinha apenas o título de duque, seu pai, o imperador, precisou renunciar ao reino de Nápoles em seu favor. Assim, como rei de Nápoles e duque de Milão, Filipe pôde desposar a rainha Tudor. A monarca, porém, era onze anos mais velha e já havia sido prometida a seu pai três décadas antes. Em carta ao confidente Rui Gomes, um desapontado Filipe escreveu que a inglesa era "mais velha" do que o haviam informado. De acordo com Juan de Barahona, membro da comitiva real, "Sua Alteza foi muito cortês com a rainha por mais de uma hora, falando com ela em espanhol enquanto ela respondia em francês, que era como eles se entendiam". O casamento ocorreu na catedral de Winchester e, conforme o relato de Andrés Muñoz, criado de Filipe, a primeira noite do casal deixou Maria tão exausta que "ela não voltou a aparecer em público por quatro dias".[13]

Fervorosamente católica, Maria tentou impedir o avanço da Reforma na Inglaterra. Restaurando a doutrina de Roma e revogando as leis religiosas implementadas pelo pai, ela perseguiu, prendeu e executou líderes protestantes. Passou a ser chamada de "sanguinária" por seus opositores. Para ela, o casamento com Filipe era um modo de consolidar o catolicismo no país, gerando um herdeiro que reinaria sobre países católicos numa luta contra a heresia protestante. Para Filipe, a aliança com a Inglaterra tinha objetivos semelhantes: reforçar o partido católico e garantir o apoio inglês na luta contra a França e nos Países Baixos, onde o calvinismo se estabelecera com força. Maria, porém, faleceu quatro anos após o casamento, sem deixar herdeiros — o máximo que conseguiu foi uma vexatória falsa gravidez. Para Filipe, foi uma derrota política. Sem filhos, ele não teria direito à coroa inglesa. E, para piorar a situação, Elizabeth, meia-irmã de sua esposa falecida, ascendeu ao trono. Chamada de Rainha Virgem, ela governaria por 44 anos, restabelecendo o protestantismo na Inglaterra e consolidando a Igreja anglicana como igreja do Estado.

O terceiro casamento de Filipe foi realizado em 1559, com Isabel de Valois, filha do rei francês Henrique II e de Catarina de Médici. Era um acerto diplomático, como sempre, resultado da vitória dos espanhóis sobre a França, na batalha de Saint-Quentin dois anos antes. Além do casamento, pelo tratado de Cateau-Cambrésis, a França renunciava suas pretensões ao ducado de Milão e ao Franco-Condado, e retirava-se dos territórios aliados da Espanha: Saboia, Mântua e Gênova. Henrique II, por sua vez, ficou com Calais, o porto inglês encravado em território francês, manteve alguns enclaves imperiais na Lorena e recuperou o território perdido para os Países Baixos.

Isabel fora prometida inicialmente ao filho de Filipe, Carlos da Áustria, mas como o rapaz tinha problemas físicos e mentais, o próprio rei da Espanha resolveu assumir o papel de noivo. Ela tinha catorze anos; ele, 32. O casamento foi realizado por procuração, na catedral de Notre-Dame, em Paris. Após a cerimônia, um ritual antigo foi encenado: Isabel e o duque de Alba, que representava o rei, subiram numa cama e deitaram-se cada um com uma perna desnuda. Quando seus membros se tocaram e eles esfregaram os pés um no outro, o casamento foi declarado "consumado". As bodas, no entanto, ficaram marcadas por uma tragédia. No terceiro dia de festejos, durante uma justa, o pai de Isabel foi atingido pela lasca de uma lança, que lhe perfurou um dos olhos e atingiu o cérebro. Seu rosto inchou, ele perdeu a visão, a fala e a razão, morrendo dez dias depois. Quanto à união de Filipe com Isabel, ela só foi consumada de fato dois anos mais tarde, na Espanha, quando Isabel fez dezesseis anos. Pelos relatos, a adolescente teve dificuldades durante a primeira noite devido à "constituição do rei".[14]

A jovem rainha era um tanto preguiçosa, autoindulgente e extravagante. Levantava-se e vestia-se em horários indeterminados e voltava para a cama ao menor pretexto. Seu orçamento era de oitenta mil ducados anuais, mas ela logo passou os 180 mil, gastando com roupas, instrumentos musicais, patrocínio de peças de teatro e jogos de azar. Em sete anos, ela organizou mais de trinta comédias, sete delas protagonizadas pelo célebre ator Lope de Rueda, que ganhava dez ducados por apresentação.[15] Apesar disso, Isabel cumpriu bem o papel que se esperava dela. Em dias marcados, depois do jantar, por volta das onze horas, o rei visitava os aposentos da rainha, que o aguardava no leito. Ali permaneciam por cerca de duas horas. Depois do encontro, Filipe se retirava da cama e deixava que as damas lavassem a esposa. Em nove anos, a rainha teve cinco gestações, com dois abortos, antes de falecer aos 23 anos após o parto de uma menina, que também morreria horas depois. Uma das duas filhas que sobreviveu foi Isabel Clara Eugênia, a favorita do pai, com quem ele teria um relacionamento próximo e de confiança ao longo de toda a vida. Ela estava prometida ao imperador Rodolfo II de Habsburgo, mas acabou casando com outro parente próximo, seu primo-irmão Alberto da Áustria, filho do imperador Maximiliano II. Com a renúncia do pai e a morte do esposo, Isabel Clara Eugênia seria a governante dos Países Baixos, com exceção das províncias do norte, que se tornaram independentes do poder Habsburgo.

Nesse ínterim, em 1563, Filipe começou a construção do palácio Escorial, numa região árida, sessenta quilômetros a noroeste de Madri. A ideia original era celebrar a vitória sobre Henrique II na batalha de Saint-Quentin, mas, além da residência real, foram construídos um panteão, uma basílica, uma biblioteca, um pequeno colégio e um monastério capaz de alojar cinquenta monges jerônimos. O complexo que deveria ser a "primeira casa de Deus na Terra" foi concluído em 1584, e a igreja, dedicada a são Lourenço, mártir cristão queimado vivo no século III, pois a batalha tinha sido travada no dia de seus festejos. Por isso, segundo se acredita, a planta original teria a forma de uma grelha. Na verdade, o formato e a disposição dos edifícios deviam fazer lembrar o Templo de Salomão e o Hofburg, em Viena. Na cripta, foram depositados os restos mortais de Carlos V e dona Isabel de Portugal, pais do rei. Mais tarde, o lugar foi transformado no mausoléu da família. Como era desejo de Carlos V, os Habsburgo deveriam ter o próprio lugar de culto, separado dos Trastâmara, dinastia que reinou em Castela por quase 150 anos. Filipe também transferiu para o Escorial os restos mortais de sua tia, Maria da Hungria, e de três de suas quatro esposas — o corpo da segunda esposa, Maria I, permaneceu na abadia de Westminster, na Inglaterra. A preocupação do rei com seus parentes era tal que de uma janela de seu quarto Filipe podia observar o altar da basílica, onde missas para a alma de seus ancestrais eram realizadas quase que ininterruptamente.

Apenas um quarto da área total do palácio servia à família real. Para acomodar uma corte de 1.500 nobres, o complexo inteiro era composto de quatro mil cômodos dispostos em torno de dezesseis pátios e interligados por 160 quilômetros de corredores e 86 escadarias. "Uma incrível conjunção de planificação, trabalho, direção, ruído, habilidade, fabulosa riqueza e criatividade universal", escreveu o prior do mosteiro, José de Sigüenza. Uma das alas mais importantes continha uma espécie de museu, onde Filipe guardava nada menos do que 7.422 relíquias sagradas, entre as quais fragmentos da Verdadeira Cruz e da Coroa de Espinhos de Jesus Cristo, além de uma coleção com doze corpos de santos, 144 cabeças e diversas partes de 3.500 mártires. Sua biblioteca continha mais de catorze mil obras, com muitas edições especiais ou proibidas, entre elas três cópias do Alcorão, quinhentos volumes em árabe e cem códices em hebraico.[16]

Em 1570, no entanto, o Escorial ainda estava em construção. Filipe tinha 43 anos e nenhum herdeiro masculino apto. O rei precisava urgentemente de uma esposa. A solução encontrada foi casar-se com a sobrinha Ana da Áustria, uma jovem de 21 anos, filha de seu primo Maximiliano II com sua irmã Maria. O quarto matrimônio do rei foi realizado em Segóvia, em novembro, após a anuência de Pio V. A concordância do Vaticano, necessária para a união entre tio e sobrinha, só foi obtida depois que Filipe ameaçou o papa, garantindo que deixaria a Santa Liga e a luta contra os otomanos caso não lhe fosse dada a permissão. Ana era atraente, tinha olhos azuis, cabelos ruivos e pele clara. Era calma, elegante e discreta. Segundo relatos, a vida sexual do casal era bastante ativa: Filipe "visitava" a esposa até três vezes por dia. Em dez anos de casamento, ela deu à luz cinco filhos, entre eles Filipe III, nascido em 1578, que viria a suceder o pai. A rainha, contudo, morreu em 1580, aos 31 anos, grávida de seis meses, durante uma epidemia de gripe. Filipe nunca mais se casaria.

Apesar de alguns historiadores relatarem que as mulheres eram a única paixão "terrena" de Filipe e de que ele só permaneceu fiel à última esposa, há poucas evidências de casos extraconjugais ou mesmo relacionamentos enquanto o rei permaneceu viúvo. De acordo com os rumores, Filipe teria mantido relações com pelo menos duas senhoras com as quais não era casado: Isabel Osório, dama de companhia da mãe e das irmãs, e Eufrásia de Guzmán, dama de sua irmã Joana. Nenhum desses casos, porém, é confirmado, e apenas a relação com Isabel Osório, que teria ocorrido entre 1545 e 1548, é plausível.[17]

VERDE E AMARELO 133

A UNIÃO IBÉRICA E A "INVENCÍVEL ARMADA"

Enquanto Filipe II construía o Escorial, dom Sebastião, seu sobrinho e rei de Portugal, se preparava para a mais funesta aventura da história lusitana. Dom Sebastião era filho do príncipe dom João Manuel e de dona Joana da Áustria. Sua mãe era uma arquiduquesa, irmã de Filipe e, como ele, filha do imperador Carlos V e de dona Isabel de Portugal. Dom Sebastião havia sucedido ao avô, dom João III, em 1557, aos três anos de idade. Como o monarca era apenas uma criança — e que, ainda por cima, apresentava uma saúde frágil —, Portugal foi governada por regentes até 1568. Aos catorze anos, dom Sebastião assumiu o trono português determinado a levar a conquista do Marrocos a cabo. Após uma década de preparativos, o rei conseguiu organizar um grande exército invasor, composto de dezessete mil homens. No verão de 1578, em Alcácer-Quibir, porém, a força portuguesa foi destroçada por uma tropa quase três vezes maior. Dom Sebastião foi morto, levando consigo grande parte da aristocracia do país.

Como dom Sebastião não teve filhos e não havia herdeiros vivos de dom João III, os pretendentes à Coroa de Portugal eram os descendentes de dom Manuel, morto em 1521. Entre eles, estava o rei Filipe II, neto do monarca pela linha materna. Como Portugal não tinha proteção militar, Filipe armou um exército. Em Madri, ele escreveu um testamento e se dirigiu a Badajoz, na fronteira, acompanhado da esposa e dos três filhos mais velhos. Como comandante em chefe do exército espanhol, nomeou o duque de Alba seu lugar-tenente e preparou a invasão. Em junho de 1580, o duque de Alba entrou em Portugal à frente de 15.500 soldados, 170 cavalos e treze canhões. Cruzaram o país, marchando por duas semanas até Setúbal, onde embarcaram em uma esquadra de sessenta galeras que havia chegado de Cádis. Alba guiou sua força até Cascais, que foi saqueada, e depois até Lisboa. A esquadra portuguesa foi capturada e a cidade pagou seiscentos mil ducados para escapar do saque e da destruição. Dom Antônio, que se fizera aclamar rei, conseguiu fugir. Filipe chegou a Lisboa em dezembro e convocou as cortes. Em abril de 1581, em Tomar, foi aclamado rei de Portugal, passando a ser conhecido como Filipe I.[18] Ele permaneceu no país por quase três anos, quando retornou a Madri.

Com a conquista de Portugal, Filipe passou a ser também senhor do Brasil. A administração do reino, no entanto, seria confiada a governadores nomeados. O primeiro deles foi o arquiduque Alberto Ernesto de Habsburgo, seu sobrinho. Alberto era cardeal desde os dezoito anos, atuara como legado do papa e inquisidor-mor — e, mais tarde, se casaria com a filha do rei, Isabela Clara Eugênia. Apesar da criação do cargo de governador, o restante da estrutura burocrática portuguesa foi mantido. De acordo com o que ficou acertado em Tomar, nenhum espanhol seria nomeado para funções administrativas, eclesiásticas, jurídicas ou militares. O império ultramarino continuou a ser administrado por portugueses e vice-reis ou governadores que só poderiam ser indicados para o cargo se fossem membros da família real. A língua oficial permaneceu sendo o português, as moedas continuavam separadas, assim como as receitas e despesas públicas. Em 1593, o arquiduque Alberto foi substituído por uma junta de regência. Depois de 1600, o governo passaria ora a um vice-rei, ora a um conselho de governadores, escolhidos entre bispos, arcebispos, condes, duques e marqueses. O último governante antes da Restauração seria dona Margarida de Saboia, duquesa de Mântua e neta de Filipe II, que atuaria como vice-rainha por seis anos, de 1634 a 1640.

Antes, porém, Filipe II deu a Portugal um corpo de leis atualizado que ficaria conhecido como Ordenações Filipinas. Embora não fosse original, a nova ferramenta político-administrativa respeitava as tradições lusas. Era uma melhoria do antigo código vigente, as Ordenações Manuelinas, datado de 1521, com o acréscimo de algumas leis suplementares e posteriores, chamadas de Código Sebastiânico, compiladas pelo jurista Duarte Nunes Leão. As novas ordenações foram estruturadas em cinco livros, cada um tratando de uma matéria distinta: o livro I era dedicado ao regimento de magistrados e oficiais de justiça; o livro II definia as relações entre Estado e Igreja, assim como os privilégios da nobreza e os direitos de fisco; o livro III tratava do processo civil; o livro IV, dos contratos, testamentos e tutelas; e o livro V era dedicado às questões penais.[19]

A principal pena era a de morte, e podia ser efetuada de cinco maneiras: cruel, vivicombúrio, atroz, natural e civil. A primeira envolvia dolorosos suplícios. As demais estabeleciam desde morte na fogueira, estando o condenado vivo ou morto, o confisco de bens, o esquartejamento e a proscrição de sua memória além da morte, até degolação ou enforcamento simples — esta última chamada de "morte natural". Além das penas capitais, também era comum o degredo, em que o condenado era enviado ao Brasil ou para as possessões lusas na África. Poucas vezes elas atingiam a "gente de maior qualidade", como nobres e políticos. Sancionadas em 1595, elas só entraram em vigor em 1603, quando Filipe II já havia falecido. Em Portugal, as Ordenações Filipinas permaneceram vigentes mesmo com o fim da União Ibérica, sendo abolidas apenas em 1867, quando foram revogadas pelo Código Civil português. Elas foram mais duradouras no Brasil, embora parte tenha sido suprimida com a Constituição de 1824, abolindo as penas cruéis. Ela passou por cortes em 1830, 1832 e 1850, quando foram suprimidas questões criminais, civis e a legislação sobre as sesmarias. Em 1916, o Código Civil brasileiro deu fim ao que restava do conjunto de leis que tinha mais de 320 anos de história.

Enquanto Filipe II se acertava com os portugueses, entrava em atrito com a Inglaterra. Os desentendimentos tiveram início na década de 1560, quando a Espanha precisou sufocar revoltas nos Países Baixos. Em 1568, cinco navios espanhóis que transportavam dinheiro destinado ao pagamento das tropas do duque de Alba foram parar em Londres após o ataque de corsários. A rainha Elizabeth embargou o dinheiro sob o pretexto de que constituíam propriedade privada. Em represália, Alba embargou bens de negociantes ingleses nos Países Baixos. Contrariada, a rainha fez o mesmo com comerciantes espanhóis e flamengos na Inglaterra. O litígio foi solucionado, mas Elizabeth acabou se aproximando da França. Em 1570, por questões religiosas, foi excomungada pelo papa, e Filipe rompeu relações diplomáticas. Em 1579, o corsário inglês Francis Drake saqueou o porto de Callao, no Peru, e capturou um carregamento de prata, atraindo a fúria de Filipe. Drake havia feito fama no comércio de escravos africanos mais de uma década antes e passara a atacar portos espanhóis e a capturar embarcações na América em 1572. Em 1585, depois de vários anos de atuação de Drake e outros corsários, Filipe advertiu Elizabeth e aprisionou navios ingleses. A rainha considerou o ato uma declaração de guerra, enviou uma força de seis mil homens para auxiliar a Holanda na guerra contra a Espanha e despachou uma frota de 25 navios sob o comando de Drake para a América.[20] O famoso corsário saqueou Vigo, Santo Domingo e Cartagena. Por meio de seu embaixador Bernardino de Mendoza, Filipe entrou em contato com Maria Stuart, rainha da Escócia que Elizabeth mantinha prisioneira. Católica fervorosa como Filipe, Maria era prima da rainha inglesa. De acordo com Mendoza, ela estava disposta a deserdar seu filho Jaime, que havia aderido ao protestantismo, em favor do rei da Espanha. O embaixador espanhol, porém, estava envolvido numa conspiração para assassinar Elizabeth, organizada por Anthony Babington, um nobre católico. Descoberto o plano, Elizabeth ordenou a execução da prima, e Maria foi decapitada em fevereiro de 1587. Quando tomou conhecimento do ocorrido, Filipe começou a preparar um plano de invasão à Inglaterra. Seu objetivo era então derrotar os ingleses protestantes e também vingar a morte da rainha católica.

Na primavera de 1588, Filipe havia reunido, sob o comando do duque de Medina Sidônia, uma frota de cerca de 130 navios, dos quais 64 eram de combate, dez galeões portugueses e dez espanhóis, além de navios mercantes armados, quatro galeaças napolitanas e dezenove mil soldados. O armamento também era grande: 2.431 canhões, 123 mil balas, duzentas toneladas de pólvora, sessenta toneladas de pavios, quarenta furgões puxados a mula, dez mil alabardas, sete mil arcabuzes e 85 cirurgiões. Acompanhavam os militares dezenove juízes e cinco administradores, com o intuito de dar início a um governo de ocupação. Nada foi esquecido. Além de algumas toneladas de ouro, seguiam 147 mil tonéis de vinho e doze mil barricas de água. Em 28 de maio, a esquadra deixou Lisboa para se encontrar com outra frota aliada, que viria dos Flandres. Seriam mais trezentos pequenos navios e mais de trinta mil soldados capitaneados pelo duque de Parma.[21] A essa altura, a força conjunta era chamada de "invencível armada". A frota inglesa era muito menor. Reunida em Plymouth, contava com dez mil homens sob o comando de lorde Howard, tendo Drake como vice-almirante e apenas 69 galeões ou navios de grande porte.

Em julho, a armada espanhola deixou o porto de La Corunha e se dirigiu a Calais, na França, onde o exército do duque de Parma seria embarcado para a invasão. No entanto, não havia navios suficientes e todas as tentativas de embarque fracassaram. No dia 7 de agosto, os ingleses lançaram oito navios em chamas sobre a linha de navios espanhóis e muitos capitães simplesmente cortaram a corda das âncoras para fugir do fogo. Drake surpreendeu e atacou a frota dispersa ao longo da costa de Gravelines. A "invencível" foi duramente bombardeada pelos canhões ingleses e, impedida de aportar na Holanda, seguiu rumo ao norte, empurrada pelos ventos do canal da Mancha. Medina Sidônia deu ordens para que retornassem à Espanha, mas seria preciso contornar as ilhas Britânicas. Apanhados por ventos fortes e uma tempestade na costa noroeste da Irlanda, muitos navios naufragaram. Várias embarcações que permaneceram em Calais foram capturadas. Cerca de quinze mil homens morreram e um terço dos navios espanhóis desapareceu, afundou ou caiu na mão inglesa. O empreendimento fracassado de Filipe custou dez milhões de ducados, além de causar um grande dano moral. "Enviei meus navios para lutar contra homens, não contra tempestades", teria dito o rei. O núncio papal se perguntou se "os impedimentos criados pelo diabo" não poderiam ser um sinal de que Deus não aprovara a guerra. O frei Jerônimo de Sepúlveda escreveu que a catástrofe foi "digna de se chorar para sempre", a Espanha havia perdido o "respeito e a boa fama". José de Sigüenza, por sua vez, afirmou que "foi o maior desastre que atingiu a Espanha em mais de seiscentos anos".[22]

O infortúnio espanhol encorajou os ingleses. Em 1589, Drake liderou um ataque a Portugal com uma frota de 26 grandes navios e 140 embarcações menores, com uma força de desembarque de onze mil soldados liderados por John Norris. Junto estava dom Antônio, o pretendente à Coroa lusitana. Lisboa foi cercada por terra e por mar, mas não se rendeu.[23] Depois de quase um mês, boatos sobre a peste fizeram Drake e Norris levantarem o cerco. Estava claro, porém, que Elizabeth era uma inimiga poderosa. Filipe rearmou sua frota, mas o poderio marítimo espanhol começou a entrar em declínio. Em breve, a Inglaterra seria a maior potência naval do mundo.

No fim de seu reinado, a Espanha de Filipe II estava falida. As guerras constantes não permitiam investimentos. Os camponeses estavam arruinados e as exportações paralisadas. O aumento dos impostos — que a nobreza não pagava — havia elevado os preços dos produtos em 400%. A situação foi agravada por um surto de peste bubônica que chegou ao país por Santander e se alastrou até a Andaluzia, causando aproximadamente quinhentos mil mortes. Em 1599, somente em Sevilha foram oito mil vítimas.[24] Na política exterior, o rei foi obrigado a aceitar a independência das províncias protestantes do norte dos Países Baixos e a conceder um estatuto de autonomia para a região sul, de maioria católica, nomeando sua filha Isabel Clara Eugênia como governadora — e conservando para si o Franco-Condado e o Charolais. Filipe seguia, assim, o conselho de Cristóvão de Moura, que lhe havia dito que "nem todo ouro do Peru, nem soldados da Espanha, Itália e Alemanha" seriam suficientes para derrotar os flamengos, mas que, se os Habsburgo colocassem ali um príncipe local como governante, a Espanha teria enormes benefícios.

A essa altura, Filipe era um homem muito doente, afligido pela gota e com crises de febre frequentes, resquícios da malária. Nos últimos três anos, o rei passou a andar com a ajuda de uma bengala ou permanecia em uma cadeira móvel feita especialmente para ele. Passava semanas de cama e em vários dias as dores nas mãos o impediam de escrever. Sofria com as sangrias e a extração dos dentes inflamados. Em julho de 1598, foi levado para o Escorial, "sua gloriosa tumba". Em agosto, o cardeal Caetani fez uma visita, oferecendo alívio espiritual e as bênçãos do sumo pontífice, desde que o rei concedesse uma jurisdição ao papa sobre alguns de seus domínios. Filipe afirmou que aguardaria o julgamento de Deus pelos seus erros e pecados. No começo de setembro, assinou seu último documento, autorizando o casamento de Isabela Clara Eugênia com o arquiduque Alberto Ernesto de Habsburgo, mas já não conseguia deixar a cama. Seu corpo estava coberto de feridas que exalavam mau cheiro e lhe causavam tanta dor que mal podia ser tocado. No dia 13, às cinco horas da manhã, Filipe morreu. Tinha 71 anos.

DE FILIPE III A CARLOS II, "O ENFEITIÇADO"

Após a morte de Filipe II, seu filho Filipe III subiu ao trono da Espanha (e passou a reinar como Filipe II em Portugal). Fruto da união entre tio e sobrinha, filhos de casamentos entre primos-irmãos, Filipe tinha vinte anos, boa aparência e os cabelos ruivos característicos da família, embora apresentasse uma estatura baixa e propensão à obesidade. Sua criação e educação seguiram o padrão de um herdeiro do trono: foi orientado e acompanhado por tutores eclesiásticos e membros da aristocracia. Seu principal preceptor foi o distribuidor de esmolas real e capelão-mor García de Loaysa y Girón, antigo conselheiro do avô do monarca e arcebispo de Toledo. Filipe III tinha um temperamento muito diferente do pai: era preguiçoso, fraco, tímido por natureza e pouco ou nada se interessava pelos negócios de Estado. O historiador britânico John Lynch escreveu que Filipe era "escassamente dotado de inteligência e personalidade para suas imensas responsabilidades".[25] Das mais de 730 sessões do Conselho de Estado realizadas ao longo de seu reinado, esteve presente apenas em 22.

Ficou conhecido entre os contemporâneos por sua bondade, sua gentileza e seu fervor religioso — daí a alcunha "o Piedoso". Vivendo em uma corte frívola e extravagante, era viciado em jogo de cartas, preferia gastar seu tempo em festas, comilanças, caçadas ou viagens e se ocupar com a criação de cavalos. Logo cedo deixou as rédeas do governo ao *valido*[26] Francisco Gómez de Sandoval y Rojas, duque de Lerma. Por duas décadas esse inescrupuloso e ganancioso favorito do rei controlaria a Espanha e suas possessões, escolhendo parentes para altos cargos, como seu tio, nomeado arcebispo de Toledo e inquisidor-geral, e acumulando uma enorme fortuna. Ao fim do reinado de Filipe III, ele havia comprado inúmeros palácios e propriedades, um patrimônio estimado em mais de três milhões de ducados.

Na primavera de 1599, Filipe III se casou com a prima Margarida da Áustria, de catorze anos, filha do arquiduque Carlos de Habsburgo, neta do imperador Fernando I e sobrinha de Maximiliano II. O casal teria oito filhos antes de Margarida morrer no parto do último, em 1611. Apenas cinco deles sobreviveram à infância, entre os quais o herdeiro do trono Filipe IV, nascido em 1605. Dos outros dois homens, Carlos morreu aos 25 anos sem nunca ter se casado e Fernando foi arcebispo de Toledo, cardeal e comandante militar. Suas filhas, Ana da Áustria e Maria Ana de Habsburgo, se casaram, respectivamente, com Luís XII, rei da França, e Fernando II, futuro imperador do Sacro Império.

Tal como seu ancestral Frederico III, Filipe III também era supersticioso a ponto de tomar decisões baseadas em observações astrológicas, fases da lua e a posição dos astros. Assim como o pai, era dotado de fervor religioso e crente de que sua dinastia era a grande defensora da fé cristã. Influenciado por Lerma e por seu confessor, o frei Luís Aliaga, além de ter o respaldo do Conselho de Estado, decidiu terminar o que Filipe II iniciara quatro décadas antes: o banimento da comunidade muçulmana da península Ibérica. A desculpa era a ameaça de um inimigo interno, com ligações com outras populações islâmicas no norte da África e no Oriente Médio. Em 1609, o rei expediu um édito para expulsão dos mouros da província de Valência. No ano seguinte, decretos estenderam a resolução a outras províncias num processo que se prolongaria até 1614. Os números totais não são precisos, mas seguramente algo em torno de 275 mil pessoas foram expulsas da Espanha. Quanto a Portugal, embora tenha mandado publicar as Ordenações Filipinas, Filipe III contrariou as determinações do pai quando da União Ibérica, nomeando espanhóis para cargos do governo e ordenando o recrutamento de portugueses para o exército que lutava nos Flandres. Em 1609, acordou uma trégua de doze anos com os holandeses, cedendo possessões lusas no ultramar. Oito anos mais tarde, causou ainda mais descontentamento ao nomear o castelhano Diogo da Silva e Mendonça, o conde de Salinas, governante em Lisboa. Tentou se aproximar dos portugueses, permanecendo no país por cinco meses em 1619, porém sua presença só provocou mais desconforto, principalmente porque começava a ganhar força o mito de que dom Sebastião estava vivo e em Portugal, pronto para assumir o trono lusitano. Além do mais, sabia-se que seu interesse era meramente para angariar recursos financeiros.

Em dezembro de 1621, Filipe III morreu prematuramente, deixando no trono o filho de dezesseis anos, Filipe IV (que reinaria em Portugal como Filipe III). O jovem e imaturo rei entregou o comando do reino a Gaspar de Guzmán, conde de Olivares — depois duque de Sanlúcar la Mayor, por isso conhecido como "conde-duque". De origem andaluz, Olivares era orgulhoso, centralizador, dominador e irritadiço, mas também zeloso e honesto, algo raro na corte espanhola. Levava uma vida particular modesta e era um grande apoiador da arte e da literatura. A Europa, porém, estava envolvida com a Guerra dos Trinta Anos, e as agitações e os conflitos no continente iriam fazer com que Filipe IV fosse o último rei Habsburgo a reinar em Portugal. As insatisfações portuguesas datavam de muito tempo e só cresceram com o passar dos anos devido à crise econômica espanhola e às guerras além-mar, quando os flamengos decidiram levar o conflito europeu também para o Brasil. Em 1624, Salvador foi tomada de assalto por uma frota de 26 navios, 450 canhões e 3.300 homens comandados pelo almirante Jacob Willekens. Filipe respondeu imediatamente com o envio de uma força ainda maior, composta de 52 embarcações e mais de 12.500 soldados, que em pouco tempo recuperaram a Bahia. Seis anos mais tarde, em fevereiro de 1630, uma nova investida holandesa tomou Olinda e Recife. A poderosa esquadra do almirante Hendrik Corneliszoon Loncq era composta de 67 navios, 1.170 canhões e sete mil homens.[27] Os portugueses só iriam recuperar Pernambuco 24 anos mais tarde. Nesse ínterim, revoltas significativas contra o aumento de impostos ocorriam em Portugal. Em 1640, finalmente os portugueses conquistaram a independência, colocando no trono o duque de Bragança.

Não obstante os problemas enfrentados, Filipe IV, chamado de "Rei Planeta" devido à vastidão de seus domínios, foi um grande patrocinador da literatura, do teatro e das artes plásticas. Foi o responsável por transformar o barroco espanhol em modelo para a Europa. Sua corte exemplificava o esplendor da monarquia castelhana, sua riqueza e seu poder. O rei tinha consciência política, era menos indolente que o pai, mas não a ponto de se equiparar ao avô. Estava ainda mais interessado em esportes, competições equestres e touradas do que em questões de Estado. Seu amor por cavalos só era superado por sua paixão por mulheres. Teve mais de cinquenta amantes conhecidas e inúmeros encontros sexuais com mulheres casadas, donzelas, viúvas, damas da corte, freiras e artistas. Alguns historiadores acreditam que ele tenha tido mais de sessenta filhos, entre legítimos e ilegítimos. Dos nascidos de relações extraconjugais, alguns foram bem-educados e amparados, serviram ou foram colocados em postos de responsabilidade — dois foram sagrados bispos e uma delas, abadessa; um se tornou mestre da ordem religiosa de Calatrava e outro foi general de artilharia. No entanto, para garantir a continuidade da dinastia era preciso gerar herdeiros legítimos.

Em 1615, casou-se com Isabel da França, de treze anos, filha do rei Luís xiii. Antes de sua morte, em 1644, aos 42 anos, a rainha teve oito filhos, dos quais apenas dois sobreviveram à infância, entre eles o herdeiro Baltasar Carlos, o príncipe das Astúrias. Desde os treze anos o jovem estava a par dos negócios de Estado. Tinha residência própria e despachava com o pai. Embora Filipe iv tenha planejado casar o filho com uma princesa Stuart, acabou acertando o matrimônio com a prima Maria Ana da Áustria, de catorze anos, filha do imperador Fernando iii, do Sacro Império Romano-Germânico. Em 1646, porém, após uma viagem a Navarra, onde as Cortes o reconheceram formalmente como herdeiro, Baltasar Carlos caiu doente, morrendo antes de completar dezessete anos, sem casar e deixar filhos. Três anos depois, viúvo, Filipe iv casou-se com a prometida de seu filho. Ele tinha 44 anos, ela dezessete.

A outra filha de Filipe iv e Isabel da França a sobreviver foi Maria Teresa, que se casaria com Luís xiv, o Bourbon, que passaria à história como "Rei Sol". Do segundo matrimônio, com Maria Ana da Áustria, teve cinco filhos, mas apenas dois chegaram à idade adulta. A mais velha, Margarida Teresa, se casaria com o imperador Leopoldo i. O mais novo, Carlos, era o único herdeiro Habsburgo ao trono espanhol.

Depois de um reinado de mais de quarenta anos, Filipe iv morreu em setembro de 1665. Seu filho ascendeu ao trono como Carlos ii. Para John Lynch, ele foi "a última, a mais degenerada e a mais patética vítima da endogamia dos Habsburgo".[28] Carlos tinha apenas quatro anos, mal se colocava de pé e com muita dificuldade mantinha sua enorme cabeça reta; não comia alimentos sólidos e era amamentado por catorze amas de leite. Era uma aberração da natureza, o resultado de gerações de uniões entre parentes muito próximos — em menos de dois séculos, dos onze casamentos reais, nove foram casamentos consanguíneos. Seus pais eram tio e sobrinha, mas era como se fossem irmãos. Além de pai, Filipe iv era também tio-avô de Carlos. Maria Ana era ao mesmo tempo mãe e prima do rei-menino. Seus avós eram também seus bisavós.

Carlos nasceu em 6 de novembro de 1661, em Madri, no palácio de Alcázar, num quarto coberto de imagens de santos e relíquias sagradas — incluindo três espinhos da coroa de Cristo, um dente de são Pedro, uma pena do arcanjo Gabriel e um pedaço do manto de Maria Madalena. Logo se notou que o herdeiro Habsburgo era doente. Além da cabeça desproporcional, tinha o prognatismo mandibular típico dos Habsburgo, o nariz, os olhos e o rosto muito caídos; sua pele era coberta por crostas e ele sofria de gripes frequentes e catarros que dificultavam a amamentação. As amas de leite foram dispensadas por decoro quando da coroação. Para receber os embaixadores estrangeiros, era preciso que o pequeno rei fosse amarrado a cordas que o deixavam de pé. Tinha dificuldades na fala e a capacidade intelectual limitada. Começou a ler e escrever aos onze anos, mas nunca com habilidade plena. Sua deficiência psicomotora é identificada hoje como oligofrenia. Além dos problemas mentais e físicos, tinha deficiências imunológicas; contraiu sarampo, catapora, rubéola, varíola e outras condições infecciosas. Para não correr riscos, a mãe o impedia de praticar esgrima ou qualquer outro esporte considerado perigoso para um jovem enfermo. Uma de suas façanhas durante a infância foi conseguir montar num cavalo aos nove anos.

Durante toda a vida, Carlos viveria à sombra da morte, padecendo de graves distúrbios psicológicos, melancolia e frequentes ataques epilépticos. Como as sangrias e os medicamentos tradicionais não resolviam os espasmos musculares que o monarca tinha nos braços, nas pernas, na boca e nos olhos, os inquisidores e membros do clero passaram a acreditar que Carlos estava enfeitiçado pelo demônio — por isso recebeu o apelido de "o Enfeitiçado". A solução encontrada foi recorrer a exorcistas. O frei Mauro Tenda realizou várias sessões de exorcismo na esperança de expulsar Lúcifer do corpo do rei. Em uma delas, o casal real permaneceu nu enquanto o religioso entoava suas preces e orações. Em outra oportunidade, os restos mortais dos ancestrais de Carlos, desde o imperador Carlos v, foram exibidos diante dele, numa vã tentativa de expurgar o mal presente.[29]

Em 2009, três geneticistas espanhóis revelaram em uma pesquisa inédita que dois distúrbios genéticos eram os responsáveis pela péssima saúde de Carlos: a deficiência combinada de hormônios da hipófise com a acidose tubular renal distal. Depois de estudar uma árvore genealógica com mais de três mil membros da família e dezesseis gerações de Habsburgo, chegaram à conclusão de que Carlos tinha um coeficiente de consanguinidade de 0,25, o que significa que 25% de seus genes eram repetidos, cópias de pai e mãe. Dez anos depois, uma equipe médica ainda maior, composta de catorze cientistas, ampliou a pesquisa. Com base em mais de sessenta pinturas de monarcas da família, encontraram uma relação entre deformidade facial e endogamia. Além dos problemas mentais e físicos, os casamentos consanguíneos também elevaram substancialmente a taxa de mortalidade entre os herdeiros Habsburgo. Entre 1527 e 1661, a dinastia gerou 34 crianças, das quais dez morreram antes do primeiro ano de vida e dezessete antes dos dez anos.[30]

Carlos estava entre os sobreviventes. No entanto, devido à doença, foi incapaz de exercer efetivamente o comando do governo e acabaria encerrando o longo processo de deterioração administrativa, iniciado ainda no tempo de seu avô. Grande parte de seu reinado foi desperdiçado em guerras contra o expansionismo de Luís xiv. Os franceses chegaram a ocupar diversas cidades da Catalunha, incluindo Barcelona. No final da década de 1660, durante a chamada Guerra de Devolução, a França ocupou os Países Baixos Espanhóis e o Franco-Condado, recuando apenas após o tratado de Aachen. Em 1678, porém, os franceses tomaram definitivamente dos espanhóis o Franco-Condado e Artois, e Luís xiv se consolidou como o grande monarca europeu, o mais rico e poderoso de sua época. A França se tornara uma potência, e o magnífico palácio de Versalhes, construído por 36 mil trabalhadores nos arredores de Paris, passou a ser o centro político do Velho Mundo. O tamanho e o luxo da residência real, com suas enormes galerias públicas, câmaras, bibliotecas e aposentos privados, sem contar os corredores, escadarias, jardins, pátios, fontes e lagos, tornaram-se motivo de inveja e inspiração para outros governantes. Erguido a partir de um castelo de caça, em espaço aberto, Versalhes não tinha muralhas nem fossos de proteção. Além da opulência, o Rei Sol queria demonstrar também que seu poder era tamanho que ele não precisava se esconder dentro de uma fortificação. A Espanha, por sua vez, estava preocupada com a sobrevivência de seu rei e do próprio reino. A regência era exercida por Maria Ana e, por um breve período, o país chegou a ser governado por João José da Áustria, filho bastardo de Filipe iv.

Nesse meio-tempo, Carlos completou catorze anos e sua maioridade foi oficializada. Embora aparentasse ter bem mais idade do que realmente tinha e estivesse sempre doente, ele superou as expectativas médicas e havia esperanças de que pudesse gerar filhos. Em 1679, quando fez dezoito anos, o rei casou-se com Maria Luísa de Orleans, de dezessete anos, filha de Filipe i, duque de Orleans e irmão de Luís xiv, com uma princesa inglesa dos Stuart. O poderoso Luís xiv, primo-irmão de Carlos, agora também era seu tio emprestado. O matrimônio, porém, não gerou filho algum. Entre as anomalias de Carlos estava a síndrome de Klinefelter, que o impedia de produzir espermatozoides e ter um desenvolvimento sexual padrão. O rei culpou o "maligno" e acusou Maria Luísa de ser estéril. Ordenou que exorcistas aspergissem o leito nupcial com água benta e tirassem o feitiço da rainha. A medida não adiantou de nada, além de acabar com os nervos da esposa. Depois de quase uma década de matrimônio, Maria Luísa morreu, provavelmente de apendicite. A Espanha, porém, tinha pressa. O futuro dos *Austrias* no país estava em jogo. Seis meses depois, em agosto de 1689, Carlos casou-se novamente, por procuração, em Ingolstadt. A noiva de 22 anos, Maria Ana de Neuburgo, filha do eleitor palatino e da condessa de Hesse-Darmstadt, chegou a Valladolid em maio do ano seguinte. Mais uma vez, porém, Carlos não conseguiu gerar um herdeiro. Em visita ao rei, o núncio papal Francesco Nicolini afirmou que Carlos carecia de "vontade própria", era raquítico e incapaz de caminhar sem se firmar em algum objeto; tinha "um corpo tão débil quanto sua mente".[31]

Pela década seguinte, a sucessão espanhola seria um assunto europeu. Como ficara evidente que não teria herdeiros, Carlos aceitou deixar a coroa para seu sobrinho-neto José Fernando, príncipe-eleitor da Baviera. O pai de José Fernando era um Wittelsbach, e sua mãe, Maria Antônia da Áustria, a única filha sobrevivente de Margarida Teresa, irmã de Carlos, e de seu esposo o imperador Leopoldo I. O jovem herdeiro, porém, morreu antes de completar sete anos, e um novo acordo foi realizado entre os ramos Habsburgo de Madri e de Viena, garantindo a coroa ao arquiduque Carlos, filho de Leopoldo e sua terceira esposa, Leonor Madalena de Neuburgo.

Luís XIV, no entanto, era filho de Ana da Áustria e marido de Maria Teresa da Espanha, ambas Habsburgo. Uma e outra eram filhas mais velhas dos dois finados reis espanhóis, Filipe III e Filipe IV, razão pela qual o rei da França pretendia o trono de Madri. Contrariando o acordo realizado anteriormente, Carlos consultou o papa Inocêncio XII sobre quem deveria ser seu sucessor. Aliado do Rei Sol, o pontífice tomou o partido francês. No entanto, para impedir o crescimento demasiado da França, o indicado deveria renunciar à Coroa francesa. Assim, em outubro de 1700, pouco antes de morrer, Carlos II nomeou por testamento Filipe, duque de Anjou, como seu legítimo herdeiro. Aquele que viria a ser Filipe V da Espanha era filho do grande delfim Luís de Bourbon, e neto de Luís XIV.

Após um longo, penoso e inacreditável reinado de 35 anos, Carlos morreu pouco depois das duas horas da madrugada do dia 1º de novembro de 1700, no mesmo palácio onde nascera quase 39 anos antes. A retenção de líquidos havia chegado ao limite. Ele passara os 42 dias anteriores evacuando fluidos intestinais até finalmente falecer com um ataque de apoplexia. "Me dói todo o corpo", foram suas últimas palavras. Com seu falecimento, chegava ao fim a era dos *Austrias* na Espanha. Seguiu-se uma guerra de sucessão, que perdurou até 1713. No ano seguinte, foi firmado o tratado de Rastatt. Os espanhóis mantiveram os Bourbon no trono de Madri. Os Habsburgo austríacos ficaram com os Países Baixos Espanhóis (os ducados de Brabante, Flandres e Luxemburgo). Escrito em francês — e não em latim, como mandava a etiqueta —, o acordo de paz consolidou a supremacia da França na Europa. Luís XIV estava chegando ao fim de um reinado de 72 anos, o mais longo da história, e sua corte e seu idioma passaram a significar esplendor, opulência e absolutismo.

6.

Século de sangue

Com a morte de Carlos ii, em 1700, o ramo espanhol da dinastia Habsburgo foi extinto e um reinado de quase dois séculos chegava ao fim. O tronco da família baseado em Viena, no entanto, seguia o próprio destino. Em 1521, o imperador Carlos v havia nomeado seu irmão, o arquiduque Fernando, de dezoito anos, como regente do Sacro Império. Uma década mais tarde, Fernando recebeu o título de rei dos romanos. Em 1556, ele recebeu o título de sacro imperador de Carlos, sendo proclamado dois anos depois.

Nascido em 1503, em Alcalá, na Espanha, desde muito cedo Fernando se ocupou de assuntos alemães. Ainda assim teve dificuldades para ser aceito. Sua comitiva hispano-flamenga era um corpo estranho dentro do ambiente ainda medieval da corte austríaca; o tesoureiro e arquichanceler Gabriel de Salamanca era especialmente odiado. Para piorar, Fernando tentou conciliar católicos e luteranos. Mas acabou por combater os protestantes até a assinatura da Paz de Augsburgo, em 1555. Fomentou o Concílio de Trento (1545-63) e a Contrarreforma, atraindo os jesuítas para a Áustria. Lutou também contra os turco-otomanos por quase uma década, até obter um acordo de paz com o sultão Suleiman, o Magnífico, em 1562. Reorganizou instituições dinásticas e criou outras, na tentativa de centralizar o Estado e diminuir o poder dos príncipes germânicos. Com a Chancelaria da Corte e o Erário sobrecarregados, tentou ressuscitar o Conselho Áulico Imperial e promover uma assembleia que fosse capaz de instituir uma moeda única e fixar impostos uniformes.[1]

Casado desde os treze anos com a princesa Ana Jaguelão, filha do falecido Ladislau II, Fernando foi coroado rei dos magiares e dos tchecos em 1526, após a morte de Luís II, seu cunhado e rei da Hungria e da Boêmia. O jovem monarca, de apenas vinte anos, morreu combatendo o exército de Suleiman durante a batalha de Mohács, duzentos quilômetros ao sul de Buda. Seu cavalo o derrubou num riacho e ele se afogou preso à pesada armadura. A catástrofe que se abateu sobre os Jaguelão foi um grande golpe de sorte para os austríacos. Significou a ampliação dos territórios da dinastia sem derramamento de sangue, fazendo nascer a "monarquia Habsburgo", nome não oficial usado para designar as terras hereditárias e os reinos sob o controle de Viena, um Estado separado da Coroa imperial. O acordo matrimonial datava da época do avô de Fernando, Maximiliano I, e envolveu um casamento duplo, de alto risco para qualquer dos lados, entre herdeiros Habsburgo e Jaguelão. O jovem casal só se conheceu cinco anos depois do contrato, quando Fernando recebeu as terras austríacas do irmão e o matrimônio pôde ser formalizado. Ana deu ao imperador quinze filhos, entre os quais o futuro imperador Maximiliano II. Incrivelmente, apenas duas crianças da enorme prole gerada morreram durante a infância. Quando a imperatriz faleceu no parto do último filho, em 1547, Fernando preferiu permanecer viúvo pelo resto da vida.

Maximiliano II assumiu o trono imperial com a morte do pai, em 1564. Tinha 37 anos e alguma experiência política e militar. Fora eleito rei dos romanos dois anos antes, e lutara contra os franceses e a Liga de Schmalkalden no passado. Mas era tido por muitos de seus súditos e parentes como simpatizante do protestantismo, algo extremamente grave para um Habsburgo. Na verdade, ele se via como cristão no sentido humanista, sem as interpretações dogmáticas da fé católica, por isso relutou em aplicar muitos dos decretos do Concílio de Trento, aproximando-se dos protestantes e sendo extremamente tolerante com os dissidentes. O diplomata Adam von Dietrichstein, que espionava Maximiliano para Filipe II da Espanha, relatou que mesmo depois de um ataque cardíaco, em 1571, o imperador se recusara a receber os sacramentos. Para o horror de seu primo espanhol, Maximiliano mantinha um pastor luterano casado em sua corte e foi para o leito de morte se recusando a participar da missa.[2]

Em 1548, Maximiliano II casou com sua prima, a infanta espanhola Maria, filha do imperador Carlos V e de dona Isabel de Portugal e irmã do rei da Espanha. O casal teve dezesseis filhos. Nove chegaram à idade adulta e seis eram homens, incluindo o futuro imperador, o que parecia assegurar a unificação dos

148 *Rodrigo Trespach*

dois ramos da dinastia. Todos eles, no entanto, morreriam sem deixar herdeiros. Rodolfo II e Ernesto permaneceram solteiros; Maximiliano e Wenceslau, o primeiro grão-mestre da Ordem Teutônica e o segundo grão-prior da Ordem de São João, eram celibatários; Matias e Alberto eram casados, mas não tiveram filhos.

Não obstante tivesse preocupação com a presença turca na bacia do Danúbio, Maximiliano II preferiu se envolver em disputas dinásticas a armar um exército para expulsar os invasores. Tentou em vão obter a coroa da Polônia após a extinção da dinastia dos Jaguelão — os poloneses preferiram o herdeiro do trono sueco para seu lugar. Sem conseguir avançar no leste, voltou as atenções para o oeste, onde conseguiu consolidar o poder da dinastia. Quando morreu em 1576, seu filho Rodolfo II já fora coroado rei da Hungria (1572) e da Boêmia (1575).

Rodolfo nasceu em Viena, mas fora educado na Espanha, onde esperava ocupar o trono caso Filipe II não conseguisse gerar um herdeiro masculino após a morte de Carlos, o príncipe das Astúrias — e ficaria afastado das tendências religiosas do pai. Por isso, preferia falar castelhano ao alemão e vestia-se à moda espanhola. Tinha talento e boa formação, mas era pessimista, instável e desconfiado. Em 1583, usou um tremor de terra como pretexto para transferir a capital de Viena para Praga. Pediu dinheiro emprestado aos Fugger e decorou o castelo de Hradschin com obras renascentistas, de Ticiano, Rafael e Da Vinci, patrocinando pintores como o italiano Giuseppe Arcimboldo, que se tornaria famoso por seus retratos imaginativos, compostos de frutas, verduras e flores, e músicos como o flamengo Felipe de Monte. Embora inicialmente tenha manifestado o fervor do catolicismo espanhol, com o tempo se afastou da Igreja, negando-se a participar das missas. Um de seus sobrinhos escreveu que ele "chegou ao estágio de abandonar totalmente a Deus". Aficionado de cosmologia — seu lema era "a estrela do imperador brilha" — deu respaldo aos estudos dos astrônomos Johannes Kepler e Tycho Brahe. Sofrendo de gota e melancolia, quase não deixava o castelo de Hradschin, cercado por astrólogos, magos, astrônomos e alquimistas, que buscavam o elixir da vida, a pedra filosofal e esperavam transformar qualquer metal em ouro. Tinha coleções de livros raros, manuscritos antigos e instrumentos científicos, medalhas, peixes e pássaros raros.[3]

Em 1604, enquanto Rodolfo se afastava dos assuntos de Estado, os húngaros se rebelaram, entregando o poder a Estêvão Bocskai, um nobre calvinista que se aliara aos otomanos. O sultão declarou o líder rebelde rei da Hungria e da Transilvânia como vassalo de Istambul. Dois anos depois, os Habsburgo consideraram Rodolfo incapaz de governar e fizeram de seu irmão, o arquiduque Matias, o novo líder da dinastia. Matias fez um acordo de paz com Bocskai e os turcos, convocou a dieta imperial sem o consentimento do imperador e tentou derrubar o irmão. Nesse meio-tempo, Rodolfo foi forçado pela aristocracia tcheca, essencialmente protestante, a assinar a Carta de Majestade, que dava direito à liberdade de culto na Boêmia. Desde o século xv e o movimento hussita, Praga era um centro de pluralismo religioso, o que foi reforçado pela Reforma. As disputas religiosas, envolvidas por um forte sentimento nacional tcheco, além dos problemas com seu ambicioso irmão, enfraqueceram ainda mais o poder de Rodolfo dentro dos reinos sob o controle Habsburgo. Em alguns anos, Matias acabou recebendo do irmão a coroa magiar e os governos da Morávia e da Áustria, como regente; e a coroa da Boêmia, de forma efetiva. Rodolfo faleceu de infarto, em 1612, aos sessenta anos. Ele não suportou a morte de duas de suas águias favoritas e de seu velho leão.

Como Rodolfo não deixou herdeiros, seis meses depois Matias foi eleito e coroado rei dos romanos, em Frankfurt. Seu reinado razoavelmente curto seria marcado pela continuidade das disputas religiosas entre os tchecos e também na Hungria. O cardeal Melchior Klest tentou, em vão, conciliar as facções opostas: a Liga Protestante e a União Católica. Como Matias também não tinha herdeiros, sua sucessão passou a ser um dos motivos da discórdia. Os católicos queriam antecipar a escolha e evitar a indicação de um soberano protestante. O nome escolhido foi o de Fernando da Estíria, filho do arquiduque Carlos, sobrinho do imperador Maximiliano ii e primo dos também imperadores Rodolfo e Matias. Coroado rei da Boêmia em junho de 1617, Fernando não estava disposto a aceitar a influência protestante; fora educado pelos jesuítas e estava determinado a manter a dinastia Habsburgo como aliada e protetora da Igreja católica. Ele se negou a dar permissão para que igrejas protestantes fossem construídas e funcionassem em Klostergrab (hoje Hrob, na República Tcheca) e Braunau (Broumov), algo garantido pela Carta de Majestade. Em 23 de maio de 1618, trinta membros da facção protestante, os chamados "defensores", liderados pelo conde Henrique Matias de Thurn se dirigiram até o castelo de Hradschin e atiraram pela janela, de uma altura de 21 metros, dois representantes reais e um secretário.[4] O episódio, conhecido como Defenestração de Praga, deu início ao que ficaria conhecido como Guerra dos Trinta Anos, um dos conflitos mais violentos da história.

UMA GUERRA DE TRINTA ANOS

Os acontecimentos seguintes impediram qualquer possibilidade de acordo entre os divergentes. Em março de 1619, o imperador Matias morreu, e cinco meses depois Fernando foi deposto pelos tchecos, que colocaram em seu lugar Frederico v, príncipe-eleitor do Palatinado, um calvinista. Em agosto, porém, ele foi eleito sacro imperador, sendo coroado em setembro como Fernando ii. Líder do Sacro Império, ele podia agora contar com apoio dos Estados católicos, atacar os protestantes e esmagar a revolta tcheca. Mas o conflito acabaria ultrapassando as fronteiras religiosas e políticas das terras alemãs. Em poucos meses, Fernando já tinha recebido da Espanha de Filipe iii, seu parente Habsburgo, 3.400 táleres como ajuda financeira, além de sete mil soldados experientes que foram deslocados dos Flandres. A guerra que se seguiu foi marcada por fases diversas e lutas separadas, com causas distintas e extremamente complexas.

Em sua fase inicial, o príncipe-eleitor João Jorge da Saxônia, um luterano, combateu ao lado do imperador Fernando ii os calvinistas tchecos. Frederico v, em vão, contou com o apoio do sultão otomano. Derrotado, se refugiou na Inglaterra, tendo que entregar seu título aos Wittelsbach, católicos da Baviera. Em 1620, os bávaros derrotaram os protestantes na batalha da Montanha Branca, próximo de Praga, e o imperador pôde restabelecer o poder Habsburgo, "germanizando" o reino rebelde — o alemão passou a ser a língua oficial e não mais o tcheco; a coroa tornou-se hereditária entre os Habsburgo e a administração do reino passou a Viena.

Nas fases seguintes, quando o conflito se tornou generalizado, potências como a Suécia entraram na luta para dar apoio aos protestantes, mas a França, católica, se opôs aos Habsburgo para impedir a hegemonia austríaca na Europa. A Espanha (governada pelos Habsburgo), bem como o papado e a maioria dos príncipes germânicos se mantiveram ao lado da família imperial, enquanto a Dinamarca do rei Cristiano iv deu apoio aos Estados protestantes. A ordem foi sendo alterada à medida que muitos príncipes trocavam de lado, conforme os próprios interesses. França e Suécia formaram uma aliança e até mesmo o Vaticano se juntou a elas. O papa Urbano viii queria enfraquecer o poder Habsburgo na Itália. No fim, protestantes e católicos alemães estavam lutando lado a lado contra os invasores.

Durante três décadas, a movimentação dos exércitos em luta e os combates de maior monta ocorreram no coração do Sacro Império, principalmente nas áreas que hoje correspondem à Alemanha, à Áustria e à República Tcheca, mas acabaram atingindo países em seu entorno, como Hungria, Transilvânia, Polônia, Países Baixos, Inglaterra, o norte da Itália, Portugal e a distante Rússia. Além, claro, daqueles mais diretamente envolvidos, como a Dinamarca, a França, a Espanha e a Suécia do rei Gustavo Adolfo. O rei sueco invadiu a Alemanha numa campanha que durou dois anos, tendo ocupado a Pomerânia e Brandemburgo, tomado Mainz e alcançado a Baviera, vencendo o exército imperial em todas os combates. Brilhante líder militar, Gustavo Adolfo acabou morrendo na batalha de Lützen, no inverno de 1632, à frente de dezenove mil suecos. Embora o Império Otomano (que englobava os Bálcãs, o Oriente Médio e o norte da África) tenha se posicionado em favor da causa protestante, se manteve distante da luta. A Guerra dos Trinta Anos foi o primeiro conflito a envolver todo o continente, tendo alcance global, já que as potências em luta travaram combates na África, nos oceanos Índico e Pacífico e nas Índias Ocidentais (América). O historiador alemão Johannes Arndt a considerou "uma guerra internacional travada em solo alemão"; mas para o britânico Martyn Rady foi "um conflito alemão que envolveu a maior parte da Europa e acabou se tornando global".[5]

A população civil foi a mais duramente atingida, em especial porque os soldados, em muitos casos camponeses recrutados à força, eram acompanhados por suas mulheres e filhos, que serviam como cozinheiras, enfermeiras e ajudantes. Além disso, o uso de exércitos mercenários, que precisavam se sustentar sozinhos, levou a uma desenfreada violência contra os civis. Fome, peste, destruição, execuções, saques, torturas e estupros se tornaram frequentes. O couro de cavalos e bois passou a fazer parte do cardápio dos famintos e até mesmo casos de canibalismo foram registrados. A maior atrocidade da guerra ocorreu em 20 de maio de 1631, quando um exército imperial invadiu e saqueou a cidade luterana de Magdeburgo, antiga sede do arcebispado, na Saxônia. Aproximadamente vinte mil pessoas morreram, a maioria durante o incêndio que destruiu 1.700 das 1.900 edificações da cidade. A violência e a selvageria, no entanto, continuaram por dias. Um sobrevivente luterano relatou que as tropas invasoras "jogaram crianças pequenas para o fogo como ovelhas, espetando-as com lanças". Monges católicos relataram terem visto seis soldados estuprarem uma menina de doze anos. Os vencedores levaram tudo que podiam carregar em carroções, desde roupas e tapeçarias a correntes de ouro e anéis e joias de todo o tipo, em ouro e prata. Tudo seria vendido mais tarde pelos soldados a um décimo do valor real. Um ano depois, Magdeburgo contava com menos de 450 habitantes dos 35 mil que viviam ali antes do ataque; uma grande parte da cidade permaneceu em escombros até 1720.[6]

Em 1637, Fernando III ascendeu ao trono imperial no lugar do pai. Ele havia assumido o comando nominal do Exército após a morte do general Wallenstein, que o imperador mandara assassinar três anos antes, e também fora escolhido rei dos romanos antes da morte de Fernando II. A França, que já havia declarado guerra à Espanha de Filipe IV, entrou em guerra também contra Fernando III. Os franceses temiam que os Habsburgo conseguissem derrotar seus inimigos e controlassem a Europa. Mas com as finanças esgotadas e seus exércitos combalidos, o Sacro Império precisava encerrar a guerra. As negociações de paz começaram no verão de 1643, e França e Suécia só apresentaram suas exigências dois anos mais tarde. Em setembro de 1646, o imperador Fernando III e o cardeal Mazarino, primeiro-ministro francês, acertaram um acordo preliminar. O tratado, porém, só seria assinado em 24 de outubro de 1648, em Münster e Osnabrück, depois de uma longa conferência que contou com a presença de 130 príncipes alemães e diversos diplomatas de várias potências europeias. "A Europa aprendeu da pior maneira", escreveu a historiadora Karen Armstrong, "que quando um conflito se torna 'santo' [...] é impossível fazer acordos porque todos os combatentes têm certeza de que Deus está do lado deles." O que ficaria conhecido como Paz da Vestfália era, na verdade, um conjunto de documentos e acordos difíceis de serem postos em prática. "Deve haver, num lado e outro, um esquecimento perpétuo", dizia o artigo 2, "anistia ou perdão de tudo o que foi feito desde o início destes problemas [...] tudo o que foi passado de um lado e de outro, bem como antes e durante a guerra, em palavras e ações escritas e brutais, com violência, hostilidades, prejuízos e gastos, sem qualquer respeito por pessoas e bens, será inteiramente absolvido."[7] Em muitos lugares, isso só foi possível depois de décadas. Algumas questões territoriais seriam motivo de discórdia pelos dois séculos seguintes.

Quando a guerra chegou ao fim, a Europa estava exaurida. Os Estados do Sacro Império estavam especialmente destroçados. Jeremias Ullmann, de Seifersdorf, na Silésia, escreveu em seu diário que a guerra "levou milhares de almas, consumiu centenas de milhões de florins, e não produziu nada, senão pessoas em sofrimento e aldeias e cidades devastadas". Cerca de cinco milhões de pessoas morreram, um quinto da população. A Boêmia foi particularmente atingida, em especial as regiões próximas a Praga e no vale do rio Elba. Dos 1,4 milhão de habitantes que viviam na área em 1600, restaram um milhão.

Na Morávia, de uma população de 650 mil, 450 mil sobreviveram — uma redução de 31%. Na Pomerânia, na Baviera e na Francônia, as perdas foram ainda maiores, com estimativas que variam entre 30% e 50%. A população de Munique caiu de 22 mil para catorze mil. A cidade imperial de Augsburgo, de 45 mil para 16.400. Além das mortes em combate ou em decorrência da fome e da peste, outro problema inerente às guerras era assustador: o grande número de migrantes e refugiados famintos que perambulavam de um lado para outro, procurando abrigo. Desde o início do conflito, o preço do pão havia subido mais de 700%. Überlingen, junto ao lago de Constança, tinha 650 habitantes, mas a cidade fora invadida por 652 camponeses refugiados, 592 mulheres e 909 crianças, além de uma guarnição ali instalada de 239 soldados, com 61 esposas e 72 filhos.[8] Por toda parte, números semelhantes foram registrados.

Com o tratado de paz, grande parte da violência foi contida com a criação de um Estado liberal. Os Habsburgo foram obrigados a aceitar os limites do poder imperial em questões religiosas e políticas. A Paz da Vestfália garantia a tolerância religiosa e o direito ao culto. O protestantismo recebeu o direito público como uma religião do Sacro Império, embora nas terras hereditárias Fernando III continuasse a restringir a ação luterana e calvinista, aceitando a pluralidade religiosa apenas na Hungria. Quanto às questões políticas, o Sacro Império agora era formado por quase 350 Estados, em sua maioria médios, pequenos e minúsculos países, incluindo 51 cidades livres, onde o poder imperial fora substancialmente reduzido. Dessa forma, a dinastia passou a trabalhar pelo fortalecimento da monarquia Habsburgo na Áustria e seus Estados-satélites, afastando-se cada vez mais dos Estados alemães e voltando-se para o leste. Na Alemanha, os Wittelsbach da Baviera garantiram o título de eleitor, juntando-se à assembleia do Sacro Império, agora com oito e não mais sete príncipes-eleitores. Brandemburgo recebeu a Pomerânia Oriental e vários territórios eclesiásticos secularizados — os Hohenzollern despontariam como os grandes nomes do protestantismo alemão com o surgimento da Prússia. Os cantões suíços foram separados do Sacro Império, assim como as Províncias Unidas (Holanda). Diversos territórios germânicos, porém, foram ocupados por soberanos estrangeiros. A França recebeu a Alsácia e três bispados. A Suécia ficou com a Pomerânia Ocidental, com os portos de Stettin e Stralsund, e os arcebispados secularizados de Bremen e Verden.

BATALHA PELA "MAÇÃ DOURADA"

Fernando III morreu nove anos após o fim da Guerra dos Trinta Anos. Seu filho Leopoldo I, de apenas dezessete anos, foi eleito imperador depois de um pleito difícil, em que precisou derrotar aquele que seria seu grande rival ao longo da vida, o rei francês Luís XIV. Vencido o obstáculo, Leopoldo foi coroado no verão de 1658.

Quinto filho de Fernando e Maria Ana da Espanha, também uma Habsburgo, filha do rei espanhol Filipe III, Leopoldo estava inicialmente destinado a seguir uma carreira religiosa. Mas o irmão, Fernando IV, já eleito e coroado rei dos romanos, morreu prematuramente aos 21 anos. A rígida educação religiosa foi substituída por uma que o preparasse para assumir o trono imperial. Ainda assim, como era jovem e com pouquíssima experiência política, o governo ficou um longo tempo a cargo de aristocratas, como os príncipes de Auersperg e o de Lobkowicz. Somente em 1674, Leopoldo assumiu, de fato, as rédeas da monarquia Habsburgo.

Seu governo foi um dos mais longos da dinastia; permaneceria no poder por 47 anos. Leopoldo era tímido, hesitante e, segundo relatos da época, extraordinariamente feio — tinha o lábio inferior muito protuberante, bem maior do que os já destacados lábios Habsburgo. Era um entusiasta das artes e amante da música, tendo ele mesmo escrito algumas composições para ópera e oratório. Mas também se considerava defensor do cristianismo e um fiel servo da Igreja católica. Durante seu reinado, os judeus foram expulsos de Viena, e assentamentos judaicos, proibidos na Áustria. No antigo gueto judeu da capital, casas e propriedades foram expropriadas e entregues a católicos. O bairro foi rebatizado de Leopoldstadt, a "cidade de Leopoldo", e a sinagoga destruída para construção da igreja de São Leopoldo. Na política externa, manteve uma guerra quase contínua contra os franceses ao longo do Reno, na fronteira oeste do Sacro Império. Em 1681, o arrojado Luís XIV conseguiu tomar Estrasburgo, na Alsácia, e anexar a região à França. A Alsácia seria motivo de disputas entre alemães e franceses até o fim da Segunda Guerra Mundial, mais de 260 anos depois. No leste, a ameaça otomana era muito mais grave. Grande parte do reino da Hungria estava sob o poder dos otomanos desde a década de 1540, e o paxá de Buda, que governava a região em nome do sultão, fornecia abrigo para os rebeldes e descontentes, patrocinando ataques cada vez mais ousados ao território Habsburgo. Além de ousados, os "cruzados" húngaros, chamados

VERDE E AMARELO 155

de *kurucok*, eram selvagens em seus métodos, usando o empalamento como meio de intimidar a população local. Eram apoiados pelos cossacos e tártaros do Cáucaso e também por oficiais franceses, enviados por Luís XIV.

O sultão Maomé IV, o Caçador, não era um líder militar como Suleiman. Embora fosse um excelente cavaleiro, preferia as grandes caçadas a correr riscos no campo de batalha; era um hedonista perdulário que delegou a liderança nos assuntos de Estado a seus grão-vizires, que atuavam como primeiros-ministros. Desde 1676, o cargo era ocupado por seu genro Kara Mustafá, que casara com a princesa Gülsüm. Mustafá fora adotado e educado pela influente família Köprülü, era famoso por seu desejo de glória e seu apetite sexual — tinha 1.500 concubinas. Soldado experiente, também era conhecido por sua crueldade e pelo hábito de enviar cabeças empalhadas como presente para o sultão.[9]

O ambicioso grão-vizir desejava suplantar a fama de guerreiro de Suleiman e isso só seria possível se ele conseguisse tomar um importante centro cristão, como Viena, a cidade que escapara das mãos do grande sultão do século XVI. Os muçulmanos chamavam a capital austríaca de "Maçã Dourada", expressão provavelmente derivada do orbe de ouro usado pelos imperadores da cristandade. Decidido a destruir o império Habsburgo, Mustafá se negou a qualquer acordo de paz com o imperador Leopoldo, rejeitando a oferta de renovação do tratado firmado em Vasvár, em 1664, depois que tropas imperiais, auxiliadas por forças francesas, haviam impedido o avanço otomano sobre a Europa cristã. Para fomentar a desordem, Mustafá deu ao líder dos *kurucok*, Imre Thököly, o título de rei da Hungria. Thököly foi coroado em Buda com um diadema enviado pelo sultão. A coroação foi prestigiada pelo príncipe da Transilvânia, que também se juntou aos otomanos e magiares na guerra com os Habsburgo. No final de 1682, os *kurucok* tomaram o norte da Hungria (a atual Eslováquia) e deram início à invasão da Morávia (região oriental da República Tcheca) e da Silésia (na Polônia).

Na primavera de 1683, o exército otomano iniciou a longa marcha até seu objetivo, partindo de Edirne, a 260 quilômetros de Istambul. A jornada até Belgrado (hoje na Sérvia) foi registrada por observadores Habsburgo, que descreveram com admiração os milhares de soldados de infantaria que trajavam casacos vermelhos, a enorme linha de carroças puxadas por búfalos transportando o armamento (canhões, pólvora, mosquetes, lanças, arcos e aljavas) e um comboio de abastecimento com milhares de cabeças de gado, e quilos de arroz e farinha. A comitiva do sultão e do grão-vizir era composta de uma companhia de eunucos, guardas que vestiam peles de leões, ursos, tigres e leopardos, e centenas de soldados e arqueiros trajando roupas de cetim nas cores verde, escarlate, azul e amarelo. Um cortejo que se estendia por seis horas. O sultão, coberto de ouro e diamantes, cavalgava um "cavalo branco como o leite", também luxuosamente enfeitado. Dois camelos carregavam as roupas usadas pelo profeta Maomé e o Alcorão original.[10] No início de junho, depois de marchar novecentos quilômetros, o exército liderado por Mustafá alcançou a fronteira húngara, próximo a Osijek (na Croácia). De Belgrado, Maomé regressara à segurança de Edirne. Contando com os aliados locais, a força invasora somava mais de cem mil combatentes.

Nesse ínterim, Leopoldo recorreu ao papa para construir uma "aliança sagrada", obtendo apoio não só da Baviera, mas também da Saxônia protestante. Outro aliado importante foi o rei da Polônia, João III Sobieski, que arregimentou um exército de quase quarenta mil homens. O custo foi elevado: um terço das propriedades eclesiásticas na Áustria foi vendido para financiar as tropas aliadas, e a Silésia foi prometida à Polônia. Em troca do apoio, a França exigiu que os Habsburgo reconhecessem o delfim como herdeiro imperial, o que foi rechaçado por Leopoldo. A dieta do Sacro Império acordou em ceder sessenta mil soldados, mas deixou aos príncipes a decisão final sobre o número que seria fornecido. Os aliados de Luís XIV, como os eleitores do Palatinado e de Brandemburgo e os arcebispos de Mainz e Colônia, preferiram não enviar soldados.[11]

O comandante imperial, duque Carlos de Lorena, era um soldado experiente, mas as tropas de que dispunha para impedir o avanço do inimigo eram insuficientes. Como na época das Cruzadas, os trinta mil combatentes receberam uma indulgência papal — o salário adicional prometido nunca foi pago. Em julho, para não permitir que seu exército fosse cercado no oeste de Viena, Carlos ordenou que recuassem para Linz, onde aguardariam por reforços. Leopoldo, porém, não tinha condições de enviar ajuda. No dia 7, quando Mustafá chegou a Raab (hoje Györ), a cinquenta quilômetros da capital, o imperador deixou Viena com a família real. Com a própria Linz exposta aos ataques inimigos, Leopoldo acabou refugiando-se em Passau, a quase cem quilômetros de distância. Viena, então com 1.228 casas e cinquenta mil habitantes, ficou à mercê da força invasora, dependendo unicamente de uma guarnição de apenas dois mil homens treinados, comandados pelo experiente conde de Starhemberg, de 46 anos.[12] Quando os otomanos chegaram diante dos portões da cidade, o total de defensores beirou quinze mil. Os defensores estavam em

VERDE E AMARELO *157*

desvantagem de dez para um. O único trunfo dos vienenses era um número considerável de peças de artilharia: 317 canhões. Com uma força oponente tão reduzida, em 14 de julho o exército invasor cercou Viena. Acampado entre as muralhas da cidade e os bosques de Wienerwald, onde hoje se encontra o parque Türkenschanze, o "reduto turco", o gigantesco exército otomano se preparou para tomar a Maçã Dourada. Viena parecia prestes a cair nas mãos do grão-vizir Mustafá, descrito por um diplomata veneziano como "o flagelo da humanidade". Mas o cerco se prolongaria por semanas, com os sitiados suportando dezoito assaltos. Nesse meio-tempo, cidades, aldeias e abadias próximas foram saqueadas ou destruídas. Em Perchtoldsdorf, quatrocentos aldeões foram massacrados e a igreja local incendiada. Até Enns, próximo a Linz, cerca de 160 quilômetros Danúbio acima, foi atacada. Poucas abadias, como Melk, construída no topo de um penhasco, escaparam. Em Viena, os combates foram travados no labirinto de trincheiras de ambos os lados, construídas em frente aos doze baluartes e paliçadas defensivas ao longo de seis quilômetros de muros, numa luta corpo a corpo. A fome e a disenteria dizimaram parte da guarnição militar e da população vienense que não havia conseguido fugir. Os gatos e os burros desapareceram das ruas; o ar estava contaminado com a fumaça dos incêndios, o pó dos edifícios destruídos e o cheiro dos cadáveres apodrecendo no calor do verão. Na noite de 7 de setembro, depois de quase dois meses, os defensores avistaram fogueiras nos arredores da montanha Kahlenberg, e sinalizadores de alerta foram disparados do alto da catedral de Santo Estêvão. Como esperado, o duque Carlos de Lorena havia retornado a Viena trazendo consigo um exército aliado de quase oitenta mil combatentes; saxões e tropas imperiais vindos de Praga, bávaros e poloneses, chegados de Linz e Cracóvia. O eleitor da Baviera arregimentara onze mil soldados, o da Saxônia despachara sete mil mosqueteiros e dois mil cavaleiros. A Suábia e a Francônia haviam reunido seis mil soldados de infantaria e dois mil homens de cavalaria. A força principal, porém, vinha da Polônia. À frente de dois mil hussardos e outros dez mil cavaleiros leves e soldados de infantaria poloneses, o rei Sobieski liderou o ataque para romper o cerco e libertar a capital. Os hussardos eram uma força de elite única. Trajavam armaduras com placas de metal e cotas de malha, peles de leopardo e capacetes emplumados. Portavam uma lança de mais de quatro metros, duas espadas e armas de fogo leves. Depois de uma batalha de doze horas, encerrada ao anoitecer do dia 12 de setembro de 1683, o exército otomano foi completamente derrotado nas encostas de Kahlenberg.[13] Viena estava livre.

Na manhã seguinte, entre os despojos do acampamento otomano, o vienense Jorge Francisco Kolschitzky encontrou alguns sacos de café. Segundo uma lenda, ele daria origem à primeira cafeteria da cidade. Os soldados capturados, assim como as acompanhantes que serviam nos alojamentos do exército de Mustafá, foram vendidos em leilões de escravos. O grão-vizir conseguiu se retirar para a fortaleza de Kalemegdan, em Belgrado, onde ordenou que os diversos oficiais sobreviventes fossem executados. As informações sobre a derrota, no entanto, não tardaram a chegar até Maomé IV. Em dezembro, Mustafá foi obrigado a entregar o selo imperial e as chaves para a Caaba, símbolos de seu poder. Foi estrangulado no dia de Natal. O corpo foi decapitado e a cabeça, escalpelada e empalhada, enviada para o sultão.[14] Capturada pelos austríacos em campanhas posteriores, ela ainda estava em exibição no Museu Histórico de Viena, em pleno século XX. O próprio Maomé IV só reinaria por mais quatro anos. Foi derrubado do trono em 1687, morrendo seis anos mais tarde.

Três anos depois da batalha de Kahlenberg, os austríacos capturaram Buda (unida mais tarde a Peste para formar a moderna Budapeste, capital húngara). Com apoio de tropas vindas da Saxônia, Brandemburgo, Baviera, Hanôver e Suécia, a maior parte do reino da Hungria foi libertada do domínio muçulmano. O imperador aproveitou-se da situação para forçar uma intimidada assembleia húngara a reconhecer os Habsburgo como monarcas hereditários do país. Leopoldo continuou avançando sobre o sul dos Bálcãs, ocupando brevemente Skopje (hoje capital da Macedônia do Norte), a apenas 220 quilômetros de Tessalônica, na costa do mar Egeu. A guerra contra a França de Luís XIV, no oeste, porém, o obrigou a abandonar a região e recuar até uma linha mais segura, em Belgrado. A Transilvânia capitulou em troca de garantias de liberdade religiosa, passando a ser administrada por um governo nomeado por Viena. O rebelde Thököly, cujas tropas haviam apoiado o Exército otomano na campanha de 1683, continuou lutando contra os Habsburgo até morrer, em 1705.

7.

A grande imperatriz

O imperador Leopoldo i foi casado três vezes. Nos dois primeiros matrimônios, suas esposas morreram muito novas. O primeiro, com Margarida Teresa da Espanha, ocorreu em 1666 e estava destinado a consolidar as reivindicações dos Habsburgo de Viena ao trono espanhol. A jovem de catorze anos era filha do rei Filipe iv, portanto prima e sobrinha de Leopoldo. A imperatriz, porém, faleceu aos 22 anos, após o parto do quarto filho do casal. Apenas uma filha sobreviveria, Maria Antônia, que viria a se casar com o eleitor da Baviera, uma união infeliz — a arquiduquesa morreu durante o parto do primeiro filho, depois de ter fugido do esposo. A segunda união de Leopoldo, com Cláudia Felicidade, foi realizada imediatamente após a morte de Margarida Teresa, em 1673. A nova imperatriz era filha do arquiduque Fernando Carlos, que pertencia a um ramo lateral dos Habsburgo, de governadores do Tirol. Cláudia morreu aos 23 anos e as duas filhas do casal faleceram durante a infância.

Depois de três anos, Leopoldo voltou a se casar. Tinha então 36 anos e precisava urgentemente gerar um herdeiro para o trono. Em 1676, consumou a união com Leonor Madalena, de 21 anos, da casa principesca de Pfalz-Neuburgo. A terceira imperatriz era poliglota, amante da música e da poesia, virtuosa e de uma religiosidade excessiva até mesmo para os padrões Habsburgo, mas conseguiu finalmente gerar os herdeiros masculinos esperados pelo esposo. Dos dez filhos do casal, dois seriam coroados imperadores: José i e Carlos vi.

O ÚLTIMO HABSBURGO

José tinha apenas cinco anos quando os otomanos chegaram às portas de Viena, em 1683. Leopoldo já passara dos quarenta. O risco de que o reinado Habsburgo sobre a Áustria e o Sacro Império acabasse era real. Assim, desde muito cedo, Leopoldo começou a preparar José para governar. Aos nove anos, ele foi coroado rei da Hungria — território que Leopoldo havia tomado dos otomanos apenas um ano antes. Quase três anos depois, em 1690, José foi eleito rei dos romanos como sucessor do pai. O futuro imperador diferia muito dos demais Habsburgo. Não tinha o maxilar avantajado nem o lábio que marcava a fisionomia de seus ancestrais. Também não era um fanático religioso como a mãe e seus predecessores. Pelo contrário. Considerado bonito, o príncipe era conhecido por suas aventuras sexuais e extravagâncias amorosas com as damas da corte e as mulheres da nobreza. Quando seu pai morreu na primavera de 1705, José assumiu as coroas da dinastia (Áustria, Boêmia, Hungria e Croácia, além do trono imperial). Tentou implementar algumas reformas, mas seu reinado foi consumido pela guerra de sucessão na Espanha, que opôs os Habsburgo e seus aliados (Prússia, Inglaterra, Dinamarca e Portugal) aos Bourbon da França e os Wittelsbach da Baviera. Seu casamento, em 1699, com Amália Guilhermina de Brunswick-Lüneburg também foi um fracasso do ponto de vista dinástico. Embora a duquesa fosse filha de um importante aliado Habsburgo no norte da Alemanha, a união gerou apenas duas filhas e um único filho, que morreu muito jovem. O número pequeno de crianças provavelmente estava associado à promiscuidade do imperador, que sofria de sífilis. Depois de menos de seis anos de reinado, José I morreu em 1711, em consequência de uma epidemia de varíola. Ele havia prometido à esposa que expulsaria as amantes do castelo de caça da família se sobrevivesse. Sua morte precoce — e sem herdeiros — mudou completamente o curso da guerra.[1]

Com a morte de José, o trono imperial foi herdado por seu irmão, Carlos VI, que acabaria se tornando o "último Habsburgo". Carlos ainda tentou obter a coroa da Espanha, em sucessão a Carlos II, mas acabou sendo derrotado pelo duque de Anjou, neto de Luís XIV. Os Habsburgo foram obrigados a desistir da coroa espanhola e se voltaram exclusivamente para os territórios da Europa Central. Carlos VI era bem diferente do irmão. Tímido, reservado e indeciso, se parecia mais com os Habsburgo, principalmente na aparência. Tinha o queixo proeminente, embora com o lábio inferior menor do que o da maioria de seus antecessores. Devido ao caráter retraído, vivia de acordo com o rígido cerimonial da corte, que o afastava do convívio das pessoas. Carlos também era bem menos extravagante do que o irmão quando o assunto era sexo. Pelo menos publicamente observava a moral católica exigida. Seus diários, no entanto, revelam que ele manteve relações extraconjugais com homens e mulheres.

A preocupação em gerar herdeiros masculinos levou a uma busca por mulheres que não apenas tivessem uma boa estirpe, mas também excelente saúde. Uma equipe médica foi chamada para avaliar as candidatas. Depois dos exames ginecológicos, duas foram consideradas adequadas: uma sobrinha do príncipe Eugênio de Saboia e Elisabete Cristina, filha do duque Luís Rodolfo de Braunschweig-Wolfenbüttel. Elisabete pertencia à antiga família Welf, os guelfos, de grande reputação no século XII. Seu pai não era tão importante politicamente e seu avô, o duque de Brunswick-Lüneburg, era um luterano convicto. A conversão da família ao catolicismo e a saúde de Elisabete Cristina pesaram na escolha. Com dezesseis anos, pele clara, olhos azuis e cabelos louros, a jovem era considerada uma das mulheres mais bonitas da Europa. Era chamada de "Liesl Branca" — Liesl é o diminutivo de Elisabete. O matrimônio foi realizado em abril de 1708, em Viena, e Carlos, que estava na Espanha, foi representado por seu irmão. O casal se encontrou em Barcelona, em agosto daquele ano. No entanto, não gerou o número de filhos esperado, nem o tão desejado herdeiro masculino. O único menino a nascer morreu com apenas sete meses de idade, em 1716. Seguiram-se três meninas, as arquiduquesas Maria Teresa (futura imperatriz), Maria Ana e Maria Amália.

O problema sucessório era debatido havia anos, tanto pelo que ocorreu na Espanha quanto pela experiência na própria Áustria. Já em 1703, um pacto familiar assegurava a preferência pela linha feminina do imperador José I. Quando da morte de José, porém, ainda havia um herdeiro masculino do falecido imperador Leopoldo I disponível — o próprio Carlos —, o que não permitiu a ascensão de uma mulher ao trono. Os Habsburgo baseavam seu direito sucessório por hereditariedade na chamada Lei Sálica, um código legal elaborado no reinado de Clóvis I, rei dos francos sálios do século V. Segundo essa tradição, as mulheres eram excluídas da sucessão ao trono, das dívidas e do direito à propriedade. O código herdara muito do direito romano. Havia o entendimento de que ao se casar a esposa deixava a sua família paterna para se juntar à do esposo. Portanto, ela não poderia transmitir um patrimônio que não lhe pertencia mais — fosse a coroa ou um território. Em 1712, antes mesmo de

VERDE E AMARELO 163

Carlos VI ter filhos, o assunto voltou a ser discutido. Mas não ligado à sucessão feminina. Maria Teresa, que viria a ser a imperatriz, nem sequer havia nascido. A preocupação maior dos Habsburgo naquele momento era a possibilidade de perder territórios. A questão central estava na indivisibilidade das propriedades da monarquia, não na linha sucessória.

O império Habsburgo era um conglomerado heterogêneo de territórios e reinos que só eram mantidos unidos graças a um monarca comum. Como chefe da casa de Habsburgo, Carlos mantinha sua base em Viena, a capital do arquiducado da Áustria — que controlava ainda os ducados do Tirol, da Estíria e da Caríntia, e os Países Baixos. Mas ele só era imperador do Sacro Império, rei da Boêmia, da Hungria e de Nápoles e duque de Milão por consentimento dos alemães, tchecos e magiares e por acordos diplomáticos com as demais potências europeias. Se ele morresse sem herdeiros masculinos, nada impediria a total desintegração da monarquia, e a dinastia perderia tanto os territórios austríacos quanto os reinos que havia herdado. Assim, em 19 de abril de 1713, Carlos decretou o que ficaria conhecido como Sanção Pragmática, a lei que garantia que "o reino e os territórios hereditários de Leopoldo I e José I deviam passar a ser indivisíveis a seus descendentes, aos varões preferencialmente e, em caso de eles não existirem, a suas filhas de legítimo matrimônio". Como as unidades que compunham a monarquia tinham leis e tradições distintas, a Sanção Pragmática foi enviada para a aprovação das diversas assembleias. A lei foi aprovada por todas, de Viena, em 1720, aos Países Baixos, em 1724. Nos anos seguintes, também foi reconhecida pelos principais países europeus, incluindo Rússia, Espanha, França e Prússia, e pela Dieta do Sacro Império. De acordo com as disposições emitidas, a monarquia passava a ser um Estado indivisível, regra que permaneceria inalterada, como fundamento constitucional, até 1918.[2]

Educado por jesuítas, Carlos manteve uma postura política bastante conservadora, favorecendo uma série de medidas repressivas contra protestantes e judeus; e, claro, promovendo guerra contra os otomanos. Durante as quase três décadas de seu reinado, a monarquia Habsburgo atingiu sua maior extensão territorial. A década de 1720 é considerada o auge da dinastia — Carlos VI ostentava 63 títulos.[3] Um novo conflito contra o Império Otomano trouxe ganhos significativos. Belgrado, a mais importante fortaleza do islã no Danúbio, foi tomada e grandes regiões foram incorporadas à Áustria, como o Banato de Timişoara, a Pequena Valáquia (hoje na Romênia) e o norte da Sérvia moderna. No Mediterrâneo, numa disputa com os Bourbon da Espanha, a Sardenha foi trocada pela Sicília. Para além da guerra, Carlos incentivou o comércio e fortaleceu a cultura. Viena foi conectada ao vasto império por uma nova e gigantesca rede de estradas, ligando a capital com Praga e Brünn, na Boêmia, e a Trieste, no mar Adriático. As artes receberam patrocínio, especialmente a música e a arquitetura. Grande quantia de dinheiro foi gasta em concertos, balés e óperas, e Viena foi embelezada com obras grandiosas, como a Karlskirche, a "igreja de Carlos" — origem do termo *Kaiserstil*, "estilo imperial". Em menos de duas décadas, porém, o sucesso inicial começou a dar sinais de fadiga. O país se endividou, entrou em estagnação e retrocesso. Os territórios no sul da Itália, Nápoles e a Sicília, foram perdidos — a Lombardia continuou nas mãos dos Habsburgo, e a Toscana, conquistada, foi entregue ao governo do genro de Carlos, Francisco Estêvão de Lorena, o futuro imperador Francisco I. Os turcos reconquistaram Belgrado e boa parte do norte dos Bálcãs.[4]

Quando Carlos faleceu em 20 de outubro de 1740, aos 55 anos, era o último representante masculino da dinastia Habsburgo, o derradeiro de uma linha de sucessão iniciada mais de 520 anos antes. A causa da morte nunca foi esclarecida. Ele sofria de gota e teria contraído um resfriado após uma viagem de caça à fronteira húngara, de onde voltou "encharcado e gelado até os ossos". Relatos da época, no entanto, afirmam que o motivo foi outro: cogumelos envenenados. O imperador comeu a especiaria na noite do dia 10 e passou mal durante a madrugada, com crises de vômito e desmaios. Depois de uma rápida melhora, foi levado para o palácio La Favorita, no subúrbio de Viena, onde os sintomas voltaram e ele não resistiu. Como escreveu o filósofo Voltaire, "um prato de cogumelos que mudou o curso da história".[5] Carlos VI foi enterrado na cripta dos Capuchinhos, onde os Habsburgo eram sepultados desde a primeira metade do século anterior (a partir de 1633), segundo o desejo do imperador Matias, morto em 1619.

MARIA TERESA, "A GRANDE IMPERATRIZ"

Após a morte do pai, Maria Teresa compareceu perante a corte, no palácio Hofburg, em Viena, e debaixo do dossel da Sala de Cavaleiros declarou: "Quero ser vossa abnegada soberana em tudo e vossa mãe até a morte". O fato de ser mulher, porém, não facilitaria as coisas para ela. Nem mesmo com a Sanção Pragmática.

Embora fosse a filha mais velha do imperador, nascida em Viena, a 13 de maio de 1717, Maria Teresa não recebeu uma educação apropriada. Quando nasceu, seu pai tinha apenas 32 anos e ainda esperava gerar um herdeiro masculino. Assim, sua educação como arquiduquesa foi limitada a etiqueta da corte, aulas de canto e dança e de alguns idiomas, como latim, francês, italiano e espanhol. Não aprendeu tcheco nem húngaro, ensino comum aos herdeiros do trono, tampouco tomou contato com questões políticas, diplomáticas ou militares. Educada por jesuítas, sua instrução básica foi extremamente religiosa. No século XVIII, as famílias nobres, mesmo as de menor importância, mantinham um aparato de classe. As crianças tinham amas, tutores, governantas, professores de música, dança, equitação e religião para exercitá-las em protocolos, condutas e crenças comuns às cortes europeias. A etiqueta era fundamental e desde cedo se aprendia e praticava cumprimentos e reverências até a exaustão. Os jovens príncipes precisavam falar e escrever em francês, considerado o idioma culto e universal, o sucessor do latim. De modo geral, entre as famílias aristocráticas alemãs, o idioma alemão era considerado vulgar, pois era a língua do povo.

Somente depois dos quinze anos, quando ficou claro que Carlos não teria um filho varão para ocupar o trono, é que Maria Teresa passou a ter contato com a administração. Não obstante, o embaixador inglês Thomas Robinson, mais tarde lorde Grantham, afirmou que a princesa tinha um "espírito elevado". Quanto à compleição, o conde de Podewils a descreveu como de "aparência simples e porte majestoso". O enviado dos Hohenzollern se encantou com os cabelos louros um tanto ruivos de Maria Teresa, com os grandes olhos azuis, "cheios de vida e doçura". Também escreveu sobre o "nariz regular", nem "curvo nem rombudo", e uma linda boca, cujos dentes brancos se destacavam quando ela ria. O diplomata prussiano teceu elogios ao pescoço, ao peito bem formado e às mãos graciosas de Maria Teresa. Um historiador do século XIX confirmou a opinião geral, de que a arquiduquesa tinha "grande beleza, animação e doçura no semblante, com um tom de voz agradável e maneiras fascinantes; unindo a graça feminina com uma força de compreensão e uma intrepidez acima de seu sexo".[6]

Desde os seis anos, Maria Teresa fora prometida em casamento a Francisco Estevão de Lorena, filho do duque Leopoldo de Lorena e de Isabel Carlota de Orleans, a única filha do irmão mais novo do rei Luís XIV. A escolha do marido seguia os padrões diplomáticos de sempre: o noivo era neto da arquiduquesa Leonor de Habsburgo, irmã do sacro imperador Leopoldo I, avô de Maria Teresa.

Além do mais, a casa de Lorena era uma dinastia antiga e prestigiada, não obstante menos poderosa, com ancestrais entre os príncipes do Sacro Império, e uma aliada tradicional dos Habsburgo. Seu território fazia fronteira com um inimigo antigo, a França. O acordo foi firmado em 1723 e Francisco Estêvão, então com quinze anos, foi enviado para Viena, onde seria preparado para o casamento e para assumir o trono imperial. Alguns anos depois, porém, teve início uma guerra de sucessão pelo trono polonês. França e Áustria estavam, mais uma vez, em lados opostos da contenda. Disputavam o poder na Polônia, o príncipe-eleitor da Saxônia Frederico Augusto, esposo da arquiduquesa Maria Josefa da Áustria — filha do falecido sacro imperador José I, portanto prima de Maria Teresa —, e Estanislau, pai de Maria Leszczyńska, a princesa polonesa que estava casada com o rei francês Luís XV. Como filho legítimo do rei morto e com apoio dos Habsburgo, Frederico Augusto conseguiu a coroa polonesa, mas a França exigiu uma reparação para Estanislau: o ducado de Lorena, que as tropas francesas haviam ocupado durante o conflito. Um acordo de paz foi negociado, e Lorena, entregue ao pai da rainha francesa. Na realidade, Luís XV estava mais interessado em afastar os Habsburgo de sua fronteira do que em agradar o sogro. Em troca, os Habsburgo receberam o grão-ducado da Toscana, um território na Itália que estava em poder dos Médici desde o século XVI e cuja linha fora extinta com a morte do grão-duque Gastone de Médici. A princípio, Francisco Estêvão não aceitou trocar sua terra natal por um território estranho, embora também fosse aparentado dos Médici, mas o pai de Maria Teresa ameaçou desfazer o contrato nupcial se ele não renunciasse a Lorena. "Sem assinatura, sem arquiduquesa." Ao jovem pretendente, coube apenas acatar as determinações do imperador.

Em 12 de fevereiro de 1736, o casamento entre Francisco Estêvão e Maria Teresa foi realizado na igreja dos Agostinianos, junto ao Hofburg, em Viena. Ele tinha 27 anos, ela, dezenove. Apesar da diferença de idade e de personalidade, a união foi harmoniosa. Afeiçoada ao esposo, que ela conhecia desde a infância, Maria Teresa o tratava por *Mäusel* ("ratinho"). Francisco Estêvão, por sua vez, a chamava carinhosamente de *Chère Mitz* ou de *Reserl* ("querida gatinha") e ("Teresinha"). O chanceler prussiano, barão de Fürst e Kupferberg, escreveu que "poucos indivíduos vivem em uma harmonia tão sincera quanto o imperador e a imperatriz". Para o biógrafo Edward Crankshaw, parte disso se devia à crença de Maria Teresa na santidade dos votos matrimoniais: "era parte integrante de sua fé religiosa, de seu respeito pela palavra prometida, de sua insistência na honra entre os príncipes em uma época em que nenhum deles sabia o significado da palavra".[7]

De modo geral, a promiscuidade era desaprovada, mas na época era extremamente comum nas cortes europeias que cada marido tivesse pelo menos duas mulheres, a esposa e uma amante; e cada esposa, dois homens, o marido e uma relação não oficial. Como entre reis e nobres os casamentos eram todos arranjados, parte de acordos que tinham como único objetivo conquistas materiais e tratados políticos, a felicidade conjugal não era regra, mas uma exceção. Tão logo o acordo fosse assegurado, a união consumada e um herdeiro garantido, os parceiros estavam livres para se relacionar sentimentalmente com quem quisessem. E nada era feito de forma clandestina, embora a etiqueta exigisse discrição. Os amantes se comportavam como casais normais, podiam ser vistos juntos nos salões e nas reuniões da corte, e muitas vezes eram fiéis um ao outro por anos. A exceção era a rainha, sobre quem recaía uma responsabilidade bem maior e de quem se exigia um comportamento exemplar. Dela se esperava filhos legítimos e, principalmente, o varão que sucederia ao pai no trono. Enquanto a monarca não gerasse um herdeiro masculino, seria vigiada por uma corte inteira. O que, claro, não impedia que algumas governantes mantivessem amantes e relacionamentos não oficiais, caso da tsarina da Rússia, Catarina II, a Grande, que teve inúmeros casos amorosos com jovens militares de sua guarda pessoal.

A corte austríaca, no entanto, era mais católica e moralista, e tanto as relações privadas quanto as públicas eram mais regradas e severamente vigiadas. Maria Teresa fazia questão de ser vista como esposa e mãe dedicada, que vivia cercada pelo esposo e por um grande número de filhos. E, ao contrário do que ocorria em outros palácios reais, como em Versalhes, o casal imperial dormia no mesmo quarto. Os dois apreciavam ficar sentados de roupão e chinelos em frente à lareira conversando sobre a família. Fazia parte do modo de vida "burguês", em voga no século XVIII. Não obstante o policiamento severo da esposa, o charmoso Francisco Estêvão manteve algumas relações extraconjugais. Entre suas amantes estava a condessa Guilhermina de Auersperg, uma dama de gostos extravagantes que compartilhava a cama também com outros nobres. As maiores paixões do imperador, porém, eram a caça, o laboratório que mantinha no Schönbrunn, onde conduzia experimentos químicos, e os jogos de carta, nos quais era capaz de perder trinta mil ducados numa só noite. Quanto a Maria Teresa, "era mulher de um homem só, ciumenta e apaixonada", resumiu Crankshaw. Ainda assim, não escapou das fofocas que as más-línguas faziam circular na corte. Uma dava conta de seu caso com o português Manuel Telles de Menezes e Castro, conde de Tarouca e depois duque da Silva, que estava a serviço dos Habsburgo, como arquiteto, desde os tempos de Carlos VI. Tarouca era 26 anos mais velho do que a imperatriz e servia como conselheiro particular e confidente de Maria Teresa. O que, claro, despertava inveja entre os demais cortesãos.

De qualquer modo, a julgar pelos relatos da época, o casal imperial era feliz. E a felicidade gerou dezesseis filhos num espaço de dezenove anos. Maria Teresa deu à luz onze meninas e cinco meninos. Mas só dez chegaram à idade adulta. A mortalidade infantil era alta mesmo na família imperial, bem alimentada, protegida e cuidada com o que havia de mais moderno na medicina da época. Duas filhas morreram ao nascer e outra durante a infância; três jovens, um filho e duas filhas, morreram de varíola na adolescência. A mais velha das filhas sobreviventes da imperatriz foi Maria Ana, nascida em 1738. Por sofrer de uma malformação no peito, foi considerada inadequada para o casamento, permanecendo por toda a vida junto da mãe. O quarto filho e o primeiro varão a nascer foi José II, o herdeiro do trono.

Em seguida, em 1742, nasceu Maria Cristina, a Mimi, considerada a filha favorita de Maria Teresa, embora não fosse particularmente popular entre seus irmãos. Casada com o duque Alberto de Saxe-Teschen, foi a única a não contrair matrimônio de acordo com requisitos políticos. Mas não se dedicou ao esposo tanto quanto o imaginado; manteve uma intensa e ardente troca de correspondências com a cunhada (a primeira esposa de seu irmão mais velho). A filha seguinte, Maria Elisabete, era particularmente bonita, mas porque a varíola destruiu sua aparência, permaneceria solteira por toda a vida. Segundo filho homem e o sétimo a nascer, em 1745, Carlos José era o favorito de Maria Teresa. Inteligente e charmoso, morreu de varíola aos dezesseis anos. A filha seguinte, Maria Amália, se casaria, contrariada, com o duque Fernando de Parma, como parte de um projeto de reaproximação com os Bourbon. O nono filho, Leopoldo II, o terceiro homem a nascer, inicialmente tinha poucas chances de ascender ao trono, mas após a morte prematura do irmão Carlos José, ele herdou o direito de suceder ao pai como governante da Toscana. A morte sem filhos de seu irmão José II fez dele o sucessor do trono imperial, título que ocuparia por dois anos.

Maria Carolina foi a décima terceira criança de Maria Teresa a nascer, em 1753. Ela se casaria com Fernando, filho do rei espanhol Carlos III. Seria rainha de Nápoles e da Sicília. Teve dezoito filhos. Décimo quarto filho da imperatriz, o discreto Fernando Carlos Antônio se casaria com a herdeira da casa principesca italiana D'Este, que governava o principado de Módena, no norte da Itália. Duque de Milão e governador da Lombardia, seria o fundador da casa da Áustria-Este.

A criança seguinte, Maria Antonieta, viria a ser a mais famosa das filhas de Maria Teresa. Ela se casaria aos quinze anos com o neto de Luís xv, o futuro rei Luís xvi, tornando-se então rainha consorte da França. O matrimônio realizado em 1770 foi um marco na diplomacia de Maria Teresa. O acordo foi pensado para encerrar a guerra secular entre Habsburgo e Bourbon, mas desde o começo trouxe mais dores de cabeça à imperatriz do que alegrias. O tímido delfim só conseguiu consumar o casamento depois de sete anos. Até mesmo o irmão da rainha, o imperador José ii, precisou visitá-la em Paris para ajudar a contornar o problema. Ela acabaria por gerar os herdeiros reais, mas nenhum dos dois chegaria a ser coroado. Em pouco mais de uma década, a frívola Maria Antonieta seria executada na guilhotina, aos 37 anos, durante a Revolução Francesa.

Último dos filhos da imperatriz, nascido em 1756, Maximiliano Francisco foi destinado à carreira religiosa por causa de sua saúde debilitada. Ele seria nomeado arcebispo e eleitor de Colônia e grão-mestre da Ordem Teutônica.[8]

O país que Maria Teresa herdou do pai aos 23 anos era um império enfraquecido, as finanças enfrentavam sérias dificuldades e o Exército precisava urgentemente de reformas. A jovem reconheceu amargamente que Carlos vi a deixara sem dinheiro, sem soldados e sem conselhos sobre como proceder. De fato, os cofres estavam vazios; o Estado não tinha mais do que 87 mil florins em caixa. E o desprestigiado Exército austríaco tinha apenas 153 mil soldados à disposição. Além disso, seu fleumático e hedonista esposo não tinha espírito de liderança. Embora depois do casamento fosse nomeado governador na Hungria e nos Países Baixos, além de generalíssimo das forças armadas, Francisco Estêvão nunca foi afeito às questões militares ou de Estado. Teve uma atuação desastrosa na guerra contra os turcos e nunca mais se aventurou no campo de batalha. Quanto à política, tinha ideias iluministas e uma visão de mundo mais racional, estava ligado à maçonaria, mantinha uma biblioteca particular e contato com cientistas.

A situação debilitada da Áustria e a possibilidade real da desintegração da monarquia Habsburgo despertaram a cobiça de outros soberanos, em particular a de Frederico ii, recém-coroado rei da Prússia. Ele resumiu o que pensava sobre o império do Danúbio assim: "Seu orgulho fornecia o que lhe faltava em força e sua glória passada filtrava sua humilhação presente".[9] Frederico se transformaria no grande rival de Maria Teresa, assim como a Prússia passaria a ser o da Áustria — um Estado protestante, o outro católico.

Guilherme, o Grande Eleitor, avô de Frederico, dera início à expansão prussiana após a Paz da Vestfália, em 1648, e ao desligamento da Prússia da suserania polonesa, em 1660. Os Hohenzollern eram governantes de um grande território, embora fragmentado e disperso, sem ligação entre si. Três grupos de propriedades se espalhavam pelo norte da Alemanha: Brandemburgo e propriedades anexas, a Pomerânia Oriental e o porto de Stettin; o ducado da Prússia Oriental e Königsberg, encravado em terras polonesas; e os territórios a oeste do rio Elba, os ducados de Cleves, Jülich e Berg e a cidade de Magdeburgo, na Saxônia. Embora com uma população menor do que a do império Habsburgo, a Prússia tinha uma política centralizada e coesão étnica, passava por um pico de desenvolvimento econômico e contava com um exército bem armado e treinado, obra do enérgico Frederico Guilherme, o Rei Soldado, neto do Grande Eleitor e pai do novo monarca. Sob seu comando, o Exército prussiano duplicou de tamanho, chegando a oitenta mil soldados. Sua obsessão pelos exercícios militares era tal que ele foi o primeiro monarca europeu a usar farda. Aos 28 anos, o ambicioso Frederico ii subiu ao trono disposto a fazer da Prússia o país mais poderoso da Europa. Como "déspota esclarecido", era adepto do Iluminismo, amante da filosofia e da música. Era flautista e compositor, comunicava-se com frequência com iluministas, era amigo de Voltaire e atraíra para o palácio de Sanssouci, em Potsdam, um grande número de artistas e pensadores. Embora fosse casado com a duquesa Isabel Cristina de Braunschweig-Wolfenbüttel-Bevern, Frederico era conhecido por suas relações homoeróticas; provavelmente era bissexual, para usarmos uma definição moderna.[10] Mas era um burocrata por excelência e se mostraria um destacado líder militar. Ele receberia o epíteto de "o Grande" e viria a ser considerado o fundador da militarizada sociedade prussiana, o embrião do Império Alemão criado pouco mais de um século depois.

Após a morte de Carlos vi, Frederico ii se recusou a aceitar a Sansão Pragmática. No final de 1740, ele invadiu e ocupou a rica província Habsburgo da Silésia. Em abril do ano seguinte, o exército de Maria Teresa foi derrotado por forças prussianas em Mollwitz. Ao saber do fracasso austríaco, o cardeal André de Fleury, primeiro-ministro do rei Luís xv, afirmou em Paris que "a casa de Habsburgo não existe mais!".[11] Era o início do que ficaria conhecido como Guerra da Sucessão Austríaca. Nesse meio-tempo, Maria Teresa fora coroada rainha da Hungria, em junho de 1741. Ela recebeu a coroa de santo Estêvão das mãos do arcebispo de Esztergom, sendo saudada como *Rex noster*, "nosso rei". Mas a essa altura foi formada uma coalizão sob a liderança da Prússia e da França, a velha inimiga dos Habsburgo. A Áustria foi invadida em 1742 e diversos países europeus se apressaram para garantir anexações: a Saxônia reclamou a Morávia; a Sardenha, o ducado de Milão; e a Espanha, os ducados de Parma e Piacenza. A Baviera foi além: o príncipe-eleitor Carlos Alberto de Wittelsbach foi coroado rei da Boêmia e sacro imperador, o primeiro não Habsburgo a ser eleito desde 1440. Maria Teresa reagiu, conseguiu apoio da Inglaterra e dos magiares, equilibrando as forças em combate. Em janeiro de 1743, durante o inverno, ela apresentou sua corte a Viena com o espetáculo do "Carrossel das Damas". Dezesseis mulheres da alta nobreza, encabeçadas pela própria imperatriz de chapéu tricorne, cavalgaram pela cidade a cavalo e em carruagens disparando tiros para o ar. Ela reconquistou a Boêmia e tomou Munique, a capital dos Wittelsbach. No começo de 1745, o imperador Carlos Alberto morreu e Maria Teresa conseguiu fazer com que seu esposo Francisco Estêvão fosse eleito com sete dos nove votos do colegiado. A eleição foi realizada em setembro, e o novo imperador, coroado no mês seguinte, na catedral imperial de São Bartolomeu, em Frankfurt, como Francisco i. A dinastia voltava ao poder, agora como casa de Habsburgo-Lorena.

Em 1748, o conflito terminou com um tratado de paz assinado em Aachen. Maria Teresa perdeu a Silésia, mas conseguiu garantir a manutenção do restante dos territórios em poder da dinastia. Ela tentaria recuperar a Silésia alguns anos mais tarde, dessa vez tendo a França como aliada contra Frederico ii — a política europeia mudava constantemente. Interessados em derrotar Luís xv, os ingleses se aliaram aos prussianos. A Guerra dos Sete Anos, assim como a Guerra dos Trinta Anos um século antes, acabou por ultrapassar as fronteiras europeias, principalmente pelo envolvimento das grandes potências com domínios globais e relações internacionais, como Portugal e Espanha, além das próprias França e Inglaterra. Com o fim do conflito, em 1763, os acordos remodelaram as fronteiras. Na América, os espanhóis acabariam por ceder a Flórida aos ingleses; e os franceses, a Louisiana à Espanha. Na Europa, a Polônia foi retalhada e dividida entre russos, prussianos e austríacos. Maria Teresa foi obrigada a ceder a Silésia em definitivo para a Prússia, mas recebeu em troca a Galícia (território entre a Polônia e a Ucrânia modernas) e a Bucovina (parte da Ucrânia e da Romênia). Além disso, conseguiu garantir a sucessão imperial para seu filho José ii, eleito rei dos romanos.

A guerra mostrou aos austríacos (e aos europeus) a capacidade administrativa e de liderança de Maria Teresa. Ela se transformara na monarca mais célebre da Europa. Sua feminilidade maternal, sua resiliência e coragem "viril" eram admiradas até por seus inimigos. Em Londres, seu retrato era visto em toda parte, inclusive nos pubs. Na Áustria, a rainha-imperatriz distinguiu-se pelo espírito humano, demonstrando preocupação genuína com o bem-estar de seus súditos. Durante os conflitos pela sucessão, na década de 1740, mesmo grávida, ela não deixou de visitar cidades, montando uma égua branca e saudando os habitantes locais, como uma guerreira amazona, algo incomum para a maioria dos chefes de Estado de então. Seu caráter humanitário podia ser resumido pelo lema que adotou: "Justiça e clemência". A coroa não estava na cabeça de uma "fêmea", mas de uma estadista. Estava claro para os austríacos que Maria Teresa era a *Landesmutter*, "a Mãe do País". Como observou Crankshaw, ainda que não tivesse formação política nem fosse adepta "das luzes", tão comum no século XVIII, ela compreendeu, instintivamente, a "necessidade de um Estado centralizado, saudável e razoavelmente justo, que resultaria nas grandes reformas domésticas" de que a Áustria precisava.[12]

Maria Teresa era muito diferente de "Fritz", o apelido alemão de seu rival, o rei prussiano. Ela tinha horror à filosofia e não gostava da poesia idealista. Não tinha o hábito de ler livros, não obstante se entregasse à leitura das centenas de documentos sobre negócios de Estado e escrevesse muitas cartas, bilhetes e mandatos — a maioria deles em francês. A imperatriz era extremamente devota, cumpria rigorosamente todos os deveres religiosos, assistia a todas as romarias, procissões e peregrinações que seus antepassados haviam instituído e como mandava a etiqueta católica. Tinha bons conhecimentos musicais e costumava entoar canções em italiano, quando em família. Gostava de jogar cartas e ir ao teatro, e era aficionada de roupas. A segunda metade do século XVIII vivia o rococó, período em que tanto a arquitetura quanto a moda foram marcadas pela influência do Iluminismo e pela ascensão da aristocracia. Os vestidos, com corpetes, saias e caldas, eram confeccionados com uma profusão de detalhes, em seda, com estampas e bordados — tal como no barroco —, mas eram mais leves e elegantes ou funcionais. O traje masculino consistia em casaco, colete e calças coladas, decorados com acessórios diversos, de bengalas com ponta de marfim a botões perolados. Embora os homens continuassem a usar perucas, elas eram bem menos espalhafatosas do que no século anterior e incomparavelmente menos chamativas do que as das mulheres.[13] A moda "à la turca" também estava em voga em Viena, e a corte se vestia com "trajes tradicionais" otomanos, ou como imaginava serem, e promovia bailes com roupas orientais. Até mesmo casamentos eram celebrados em ambientes projetados para se parecerem com os costumes turcos; a própria Maria Teresa se fez retratar como dama de um harém turco.

Dois anos depois do fim da Guerra dos Sete Anos, no verão de 1765, o imperador Francisco Estêvão morreu vítima de um derrame ou ataque cardíaco, em Innsbruck, onde estava para o casamento de seu filho Leopoldo II. Tinha 56 anos. Foi um golpe duro para Maria Teresa. Em carta à condessa de Edling, ela escreveu sobre a perda do "mais amável dos esposos", seu consolo durante uma "dura existência". Em um missal, anotou: "Nossa união feliz durou 29 anos, seis meses e seis dias; 1.540 semanas, 10.781 dias ou 258.744 horas".[14] Outro problema surgiu com a morte de Francisco Estêvão. Como José II fora eleito rei dos romanos em 1764, ele deveria assumir a Coroa imperial. Maria Teresa precisaria dividir o poder ou abdicar ao trono. Ela cedeu à pressão. Em 18 de novembro de 1765, o Sacro Império e a monarquia Habsburgo passaram a ser governados por mãe e filho, em um sistema de corregência.

A imperatriz continuou tendo precedência e o poder foi sendo entregue a José II de forma gradual. Pouco a pouco, a influência da religião católica cedeu espaço à razão — e ao que ficaria conhecido como "josefismo". De qualquer modo, era um primeiro-ministro quem se ocupava da parte burocrática e fazia o papel de administrador. O principal chanceler de Maria Teresa foi o príncipe Wenzel von Kaunitz. Diplomata nascido em Viena e adepto do Iluminismo alemão, Kaunitz substituiu o conde de Haugwitz e trabalhou com a imperatriz e os três imperadores seguintes por quase quarenta anos. Inicialmente, imaginou poder submeter a Igreja ao Estado, mas foi contido pela piedosa Habsburgo. Para suprimir as deficiências orgânicas da monarquia, foram realizadas reformas administrativas e financeiras. A carga tributária foi aumentada e as dietas deixaram de se reunir anualmente. Um Conselho de Estado foi criado em 1761; e o banco de Viena, transformado em banco do Estado no ano seguinte. Em 1768, um código penal foi instituído. Conhecido como Theresiana, as novas normas estabeleciam uma lei penal e o processo unificado nos países governados pelos Habsburgo — com exceção da Hungria, dos Países Baixos e da Lombardia. O novo código restringiu substancialmente o uso da tortura, embora a prática só tenha sido totalmente abolida oito anos mais tarde. Em 1773, o ensino primário passou a ser obrigatório e a censura perdeu o cunho religioso.

A própria administração pública precisou ser modificada. Durante a década de 1770, as repartições do governo e o funcionalismo eram desorganizados e ineficientes — e em número reduzido. Apenas mil funcionários trabalhavam na capital para atender à demanda de todo o vasto território. Muitos mantinham horários irregulares, não raro trabalhavam de casa e eram corruptos. Um horário de serviço foi estipulado (das oito da manhã às sete da noite, com um intervalo de almoço de três horas ao meio-dia) e a prática se tornou comum, principalmente durante o governo de José II. O salário era modesto, mas regular. Instituiu-se o uniforme em cor verde-escuro e detalhes dourados, uma pensão de aposentadoria, medalhas ou bonificações por produção para evitar fraudes e subornos. Quanto à economia, o mercantilismo foi estimulado, a entrada de produtos estrangeiros proibida, bem como a saída de matérias-primas e a expatriação de mão de obra, numa tentativa de desenvolver a indústria.[15]

VIENA, O HOFBURG E O SCHÖNBRUNN

Viena, a capital Habsburgo, fora fundada pelos romanos no século I, como um acampamento militar que guarnecia a fronteira ao longo do rio Danúbio. Os romanos a chamavam de Vindobona, a "fortaleza branca". O nome alemão da cidade só apareceu em documentos no século IX e sua origem está ligada ao rio Wien, que os antigos celtas chamavam de Vedunia, "o riacho da floresta". A cidade se tornou capital do ducado governado pelos Babenberg em 1157. E desde 1278, quando Rodolfo I, o primeiro Habsburgo governante da Germânia, derrotou o rei Otakar II da Boêmia, a cidade passou a ser a capital da Áustria e da dinastia. Alguns imperadores, porém, governaram o Sacro Império ou a monarquia de centros distantes, como Linz, Praga e Madri. A partir do século XVII, a corte Habsburgo se fixou em Viena.

Localizada em uma planície em meio a várias colinas pitorescas, a cidade é atravessada e circundada pelo Danúbio em vários braços. A baronesa de Staël-Holstein, que visitou Viena no começo do século XIX, a descreveu como "uma velha cidade bem pequena", cercada de arrabaldes muito extensos e contida por fortificações bastante antigas.[16] Na verdade, a cidade aumentara muito de tamanho. Especialmente durante o reinado de Maria Teresa, quando passou de oitenta mil para 175 mil habitantes. O aumento populacional foi acompanhado por uma época de remodelação do centro urbano — ainda cercado por baluartes e muralhas em forma de estrela —, embelezado com imponentes construções arquitetônicas. A imperatriz gostava de escolher pessoalmente o mobiliário e se envolver com as construções ou remodelações de seus palácios e residências, supervisionando arquitetos e artistas. Mas o luxo nunca foi a primeira opção. Pelo menos não se comparado à corte francesa. Maria Teresa preferia móveis de produção local aos importados da França, país que ditava a moda europeia. A cidade medieval deu lugar a uma Viena barroca e neoclássica. Entre o período da rainha-imperatriz e 1857, quando o imperador Francisco José ordenou a destruição das antigas muralhas da cidade para a abertura da Ringstraße, sem contar com as obras públicas, Viena acompanhou a construção, ampliação ou reestruturação de 27 palácios e mais de 160 *palais*, palacetes que serviam de residência para as famílias nobres, como os Esterházy, Lobkowitz, Schwarzenberg, Colloredo, Kollowrath, Windischgraetz, Harrach, Zichy, Kinsky, Czernin, Pälffy e Lischnowsky.

A velha capital contava com mais de cem igrejas, mas o templo principal era a catedral de Santo Estêvão, cuja construção original datava do século XII e fora remodelada por Rodolfo, o Fundador, no século XIV. Nenhum edifício era mais patriótico do que a catedral, escreveu Madame de Staël. Ali se reuniam governantes e cidadãos e "toda a história dos austríacos está ligada a ela de algum modo".[17] Para a aristocrata francesa, uma emigrante da Revolução de 1789, em toda Viena predominava o "espírito do catolicismo". A capital era apenas um recorte; todo país estava fortemente ligado à Igreja católica. Em 1769, havia 2.163 abadias com 64.890 frades e monjas na Áustria alemã. Na Boêmia, eram 119 mosteiros; na Baixa Áustria, 76; na Hungria, 147; e na Estíria, 51, somando mais de 3.570 religiosos.[18] A Igreja detinha três oitavos de todas as terras da Áustria e, no final do reinado de Maria Teresa, o valor estimado das propriedades era de cerca de trezentos milhões de florins — um quinto desse valor seria confiscado por seu filho e sucessor José II e destinado a escolas, instituições de caridade e sustento de indigentes. Como quadro comparativo, os ricos proprietários de terras na Boêmia tinham um patrimônio estimado em 580 milhões de florins, dos quais 465 milhões estavam nas mãos de 51 famílias principescas. A arrecadação total de impostos de toda a monarquia Habsburgo era de 32,5 milhões de florins na época da morte da imperatriz.

Maria Teresa apreciava a vida familiar, passada em um ambiente de simplicidade se comparado à opulência de outras cortes europeias — a francesa, em especial. A matriarca dos Habsburgo e seus filhos costumavam passar o inverno no Hofburg, o antigo castelo da corte, no coração de Viena, e o verão nas muitas residências da dinastia, especialmente o palácio Schönbrunn, para onde a rainha-imperatriz ia com a corte no final de abril. Sua corte não se comparava à do pai, que chegou a reunir quarenta mil pessoas. Ainda assim, era um número considerável. Cerca de 1.500 serviçais se ocupavam dos vários aspectos da vida cotidiana dos imperadores, desde os mais básicos, como a alimentação, até as atividades de lazer. Além de encarregados dos jardins, da limpeza e da cozinha, inúmeros pintores, músicos e artesãos faziam parte da folha de pagamento dos palácios. Como cada arquiduque e arquiduquesa tinham a própria corte, a cidade toda estava de alguma forma ligada aos palácios ou à família imperial.

A vida em família, porém, não era apreciada por todos. O imperador José II deixou um registro amargurado da vida na corte da mãe:

> Uma reunião de uma dúzia de velhas senhoras casadas, três ou quatro criadas e vinte jovens moças, conhecidas como as Senhoras da Corte, sete arquiduquesas, uma imperatriz, dois príncipes e um imperador corregente, todos embaixo do mesmo teto — e ainda sim sem a formação de uma Sociedade, ou pelo menos nenhuma que seja racional ou aceitável, já que eles se guardavam para si mesmos. As fofocas e brigas entre duas velhas, uma senhora e outra, e entre arquiduquesas, mantinham todas as pessoas em casa e "O que as pessoas dirão?" evitava os mais inocentes ajuntamentos ou festas.[19]

O início da construção do Hofburg é datado da primeira metade do século XIII, durante o reinado do imperador Frederico II de Hohenstaufen.[20] Tendo como base fortificações italianas, o castelo quadrangular com torres de canto flanqueadas, uma ponte levadiça e um fosso começou a ser construído em 1237 pelo duque Leopoldo VI de Babenberg, mas provavelmente só foi terminado no tempo do rei Otakar II, décadas mais tarde. Ainda hoje alguns espaços, como a Ala Suíça, têm aspectos que lembram a fortaleza medieval. O castelo passou a ser a residência oficial da dinastia Habsburgo no tempo do imperador Alberto II, na primeira metade do século XV. A menos de um quilômetro da catedral de Santo Estêvão, o Hofburg ganhou toques renascentistas durante o reinado de Fernando I, após o primeiro cerco otomano, em 1529. Nos dois séculos seguintes, novos espaços foram sendo conectados ao antigo castelo, como o Amalienburg e a Ala Leopoldina, um teatro e uma escola de equitação, uma biblioteca e a Chancelaria Imperial, cuja construção foi ordenada por Carlos VI, o pai de Maria Teresa, em 1723. As grandes transformações do século XVIII foram projetadas pelos arquitetos Johann Bernhard, Lucas von Hildebrandt e Joseph Fischer von Erlach. Depois de inúmeras modificações e acréscimos, para dar uma aparência uniforme ao complexo, uma grande fachada foi construída de frente para o largo Josefsplatz. Mas o Hofburg continuaria a ser modernizado de tempos em tempos e o que se pode visitar hoje é fruto de mais de sete séculos de transformações, levadas a cabo até o início do século XX — quando do casamento do imperador Francisco José com Sissi, em 1854, o palácio ainda não tinha quarto de banho nem toalete. O resultado final é uma área construída de mais de 250 mil metros quadrados, com dezenove pátios, 54 escadarias e 2.600 cômodos.

A seis quilômetros do Hofburg, Maria Teresa ordenou a construção do Schönbrunn, que seria apelidado de "Versalhes austríaco", embora a versão vienense tivesse dimensões muito mais modestas do que o palácio francês. O nome deriva de uma frase atribuída ao imperador Matias, que teria descoberto uma fonte enquanto caçava, no começo do século XVII, exclamando *"Welch' schöner Brunn"*, "Que bela nascente". O palácio original fora construído para ser a residência da imperatriz Leonor Gonzaga, esposa de Fernando II, o sucessor de Matias, mas fora seriamente danificado durante o cerco otomano em 1683, já que na época ficava além das muralhas da cidade. Erlach desenhou um novo projeto e os arquitetos Nicolaus Pacassi e Ferdinand von Hohenberg revitalizaram o palácio e o parque de quase quinhentos acres durante o reinado de Maria Teresa. As obras tiveram início em 1744 e se arrastaram por décadas. As pinturas da Grande Galeria, com 45 metros de comprimento, ainda estavam inacabadas em 1761. Somente em 1775 é que os trabalhos foram terminados, embora muitas melhorias continuassem sendo realizadas ao longo dos anos seguintes.

O Schönbrunn contava com 1.441 cômodos na época de sua conclusão. Fora idealizado para rivalizar com o palácio dos Bourbon, mas diferia de Versalhes em muitos aspectos. O Schönbrunn não servia à nobreza parasitária como local de residência, tampouco era aberto ao público. O palácio foi construído como um retiro de verão para a família imperial e assim permaneceu até a derrocada dos Habsburgo em 1918. Os aposentos privados de Maria Teresa e dos imperadores seguintes eram isolados das alas públicas, de audiência ou recepção, e diferente de Versalhes, inacessíveis até mesmo para as famílias nobres.

Os jardins do palácio visavam alinhar natureza e arte, com canteiros de flores dispostos em correspondência geométrica, intercalados com esculturas e fontes. Em uma colina, além do jardim principal, foi construído o Gloriette, concebido como um terraço panorâmico, com arcos envidraçados, e encimado por uma grande águia. Aos seus pés, de frente para o palácio, encontra-se a Fonte de Netuno, com estátuas em mármore. Elas lembram os ventos do mar pelos quais Netuno empurrou Eneias da destruída Troia até a Itália, onde fundaria Roma, a origem lendária da nobreza dos Habsburgo. Wolfgang Amadeus Mozart se apresentou ali no outono de 1762. Acompanhado do pai e da irmã Nannerl, o músico de apenas seis anos se encontrou com Maria Teresa, Francisco Estêvão e os arquiduques. Depois do prodígio travesso cair no chão encerado do palácio e ser ajudado pela arquiduquesa Maria Antonieta, a futura rainha da França, Mozart teria dito: "Quando for maior, casar-me-ei convosco". Encantado com as habilidades do jovem, que tocou com as teclas do piano cobertas por um pano, o imperador chamou o menino de "pequeno mago".[21]

O duque Tarouca-Silva foi o responsável pela supervisão das obras do Schönbrunn, mas Francisco Estêvão esteve envolvido diretamente em algumas alas, principalmente no complexo exterior do palácio. Desde o casamento, ele havia trazido para Viena muitos estudiosos e artistas de sua corte em Nancy. O imperador organizou os jardins zoológico e botânico do palácio, e fundou o Museu de História Natural, onde matinha um laboratório privado. O zoológico do parque do Schönbrunn foi criado em 1752, a partir da compra da coleção particular de um italiano, mas a cidade contava com outros, organizados de forma itinerante por adestradores, que exibiam animais treinados, como pássaros, macacos e elefantes. Antes da abertura do Prater, em 1766, as famílias vienenses se dirigiam para o palácio aos domingos, carregadas de cestas de piquenique, para passar o dia nos jardins e visitar os pavilhões cheios de animais. Até o final do século XVIII, lutas de touros, cães e galos eram comuns em Viena. Mesmo o gado, "os bois húngaros" como eram chamados, abatidos no subúrbio da cidade, passavam necessariamente pelo centro de Viena para que fossem vistos pela população. E um verdadeiro espetáculo era realizado, com desfile militar, oficiais a cavalo, espadas, trombetas e tambores. A perseguição aos animais desgarrados, abatidos com espadas ou baionetas e depois transportados em charretes, também fazia a alegria dos vienenses. Com o Prater, os vienenses passaram a desfrutar de um imenso espaço a céu aberto. Segundo

Madame de Staël, "famílias inteiras de burgueses e artesãos", com "milhares de homens, trazendo pelas mãos suas mulheres e crianças" se reuniam depois das cinco horas da tarde para fazerem uma merenda "tão substanciosa quanto o jantar de outro país".[22]

Outro palácio apreciado pela família imperial era o de Laxenburg, distante dezesseis quilômetros do centro de Viena e localizado na várzea do rio Schwechat, uma planície arborizada junto a um pequeno lago. A propriedade pertencia aos Habsburgo desde 1333, como campo de caça. Mas o castelo fora seriamente danificado pelos turcos durante o segundo cerco, em 1683. Leopoldo I, o avô de Maria Teresa, reconstruiu e revitalizou a área, e a própria imperatriz ampliou o complexo, ordenando a construção de um novo palácio, o Blauer Hof. Jardins, salões arejados, salas de jantar e um teatro particular davam à corte um refúgio rural durante o verão, longe das agitações da cidade.

Na década de 1770, a imperatriz havia perdido toda a beleza e o vigor que marcaram sua juventude. Era uma mulher obesa, já sem vitalidade — "gorducha e corada", diziam os observadores. Apenas a fé, revigorada, continuava tão firme quanto no passado. O povo, no entanto, ainda a tinha como uma "super-mãe". O poeta alemão Friedrich Klopstock a descreveu como "a maior da sua estirpe, por ser a mais humana". O barão de Fürst e Kupferberg, encarregado da Justiça de Frederico II, comentou que o futuro reconheceria Maria Teresa "como uma das maiores rainhas do mundo; a casa da Áustria não teve outra igual". O tratado assinado em Teschen, na primavera de 1779, e a renovação da aliança com a tsarina russa foram seus últimos atos importantes. No ano seguinte, ela sofreu com ataques de falta de ar, acabando por falecer em 29 de novembro de 1780, aos 64 anos, vítima de pneumonia. Havia reinado por quatro décadas. Em vestes simples, foi velada até o dia 3 de dezembro. O coração foi depositado na capela de Nossa Senhora de Loreto, contígua ao palácio; suas entranhas foram colocadas em uma abóbada sob o altar-mor da catedral de Santo Estêvão; e o cadáver, sepultado numa tumba especialmente construída para ela e o marido, na cripta dos Capuchinhos. Quando soube de sua morte, o rei Frederico II, com quem havia lutado nas primeiras décadas de reinado e nos anos finais havia partilhado territórios, escreveu: "A morte da imperatriz me afligiu muito; ela honrou seu trono e seu sexo. Eu fiz guerra contra ela, mas nunca fui seu inimigo!".[23]

JOSÉ II, "O DÉSPOTA ESCLARECIDO"

Quando Maria Teresa morreu, José II havia retornado recentemente de uma viagem secreta à Rússia, onde visitou Catarina II e o príncipe Potemkin, em São Petersburgo. Tendo viajado incógnito como "conde de Falkenstein", ele consolidara a aliança entre os Habsburgo e a dinastia Románov, que governava o gigante do leste desde 1613 — e assim como os austríacos, seriam destronados na Primeira Guerra Mundial. O título de conde o eximia das maçantes cerimônias e recepções luxuosas que mais atrapalhavam do que ajudavam nas conversações diplomáticas. Falkenstein pertencera a seu pai. O pequeno condado era a única parte das terras ancestrais de Francisco Estêvão que permaneceu sob seu domínio depois que a Lorena foi cedida à França. A viagem de José II à Rússia não foi a única que ele empreendeu. O imperador passou um terço de seu reinado em uma carruagem. Viajou por Itália, França e Suíça, e pelas terras da dinastia nos Países Baixos, na Boêmia, na Hungria e até pelas regiões mais distantes do império, como a Transilvânia, a Galícia e a Silésia. Com as viagens, ele adquiria conhecimento do estrangeiro, se informava sobre a situação de seu país, tratava de acordos comerciais e militares e se livrava da opressão materna. Mãe e filho tinham ideias e visões de mundo completamente diferentes. Em duas oportunidades, em 1773 e 1775, José chegou a pedir publicamente o afastamento do poder. "É certo que tenho vontade e força para obedecer, mas não para mudar meus princípios e convicções", escreveu ele.[24]

José II fora eleito rei dos romanos em 1764, um ano antes da morte do pai, e passou quinze anos governando em parceria com Maria Teresa. Nascido em 13 de março de 1741, tinha 39 anos quando assumiu o trono. Mas já era viúvo duas vezes. O primeiro matrimônio, aos dezenove anos, com a melancólica Isabela de Parma, durou apenas três anos. Isabela provavelmente mantinha um caso secreto de amor lésbico com a cunhada Maria Cristina, a duquesa de Teschen, e sofria de depressão. Morreu de varíola uma semana após o segundo parto. A única filha do casal também faleceu, alguns anos depois, de pleurisia. O segundo casamento, com Josefa da Baviera, em 1765, serviu apenas para reivindicar a coroa em Munique. A herdeira dos Wittelsbach estava longe de ser uma beldade. Era baixinha, atarracada e sem charme. "O rosto é coberto de manchas e espinhas. Os dentes são horríveis", escreveu ele.[25] Josefa morreu dois anos depois, de varíola, e o imperador passou a dividir a cama com princesas e prostitutas e nunca mais se casou.

José II foi um dos três grandes monarcas europeus que ficaram conhecidos pelo "despotismo esclarecido" — os outros dois foram Catarina II da Rússia e Frederico II da Prússia. Herdara os olhos azuis da mãe e o charme do pai — embora seu cabelo castanho cedo tenha dado espaço para a calvície e ele tenha sido obrigado a usar peruca. O filho de Maria Teresa se considerava um gênio militar e um "rei filósofo" como Frederico II. Tinha predileção por usar uniformes militares e adorava caçar. Era arrogante, pomposo, moralista e enérgico, uma mistura de autocrata expansionista e militarista, que desejava libertar o povo do que considerava superstições do passado e impor uma ordem "racional" com base nas ideias do Iluminismo. Evitou o luxo de seus ancestrais, proibiu a concessão de grandes títulos e que se ajoelhassem diante dele, suprimiu o costume de que guardas nobres cavalgassem ao lado do coche da família imperial e limitou a 36 o número de cavalheiros de câmara.[26] Amigo de Voltaire, dos enciclopedistas e dos fisiocratas, ligado à maçonaria e admirador do rei prussiano, ansiava por um modelo de Estado moderno, forte, burocrático e "nacional", e fez todo o possível para levar adiante diversas reformas implementadas na Prússia. Seu lema "Tudo para o povo, nada pelo povo", resume bem seu pensamento. José II renovou o corpo de funcionários com a comissão de graduados das universidades, instituiu o serviço militar obrigatório e o alemão como língua oficial, secularizou o clero e aboliu a censura e a servidão — não obstante o servo devesse comprar a terra ou pagar uma renda a seu senhor; a abolição total do regime feudal só aconteceria em 1848. No campo cultural, utilizou o Burgtheater, quase colado ao Hofburg, como meio de unificação cultural: um "teatro nacional" para reunir os diferentes povos do império; um lugar fixo, apresentações regulares e preços baixos.[27] Viena na época era a cidade de músicos como Antonio Salieri (o compositor da corte), Mozart, Joseph Haydn e Christoph Willibald Gluck, o libretista Emanuel Schikaneder e o jovem estudante Ludwig van Beethoven.

Em 1781, José II outorgou o Édito de Tolerância, que deu liberdade de culto a seus súditos e proibiu as perseguições religiosas. Os protestantes e ortodoxos continuaram sem direitos plenos, mas os judeus foram desobrigados de usar distintivos e puderam ingressar nas universidades. As ordens contemplativas católicas foram suprimidas, assim como muitos dos feriados religiosos. O culto às relíquias e as peregrinações também foram limitadas. A monarquia Habsburgo, porém, não era a Prússia — o império era um caldeirão multiétnico e religioso cujo único elo entre povos e países tão distintos era a dinastia. E ao contrário da mãe, José II tinha desprezo pelo humano, era impaciente e não tinha o senso de realidade da grande imperatriz. A Áustria não estava preparada para as luzes, "nem para o bem nem para o mal que elas podem fazer", observou Madame de Staël. Pressionado, o imperador foi obrigado a revogar diversas de suas leis ainda durante a vida. Depois de sua morte, grande parte de suas reformas desapareceram.

Tal como o rei da Prússia, José II passava as mesmas privações de seus soldados, dormia ao relento durante as manobras militares, escrevia de próprio punho toda a extensa correspondência imperial e dormia menos de cinco horas por dia — "era seu próprio ministro e general", escreveu um historiador contemporâneo.[28] Doente e exausto pela pesada carga de trabalho que exigia de si mesmo, faleceu de tuberculose em 20 de fevereiro de 1790, antes de completar cinquenta anos. Conforme seu desejo, foi sepultado com o traje de marechal de campo e seus órgãos internos não foram separados do corpo, como mandava a tradição Habsburgo.

Com a morte precoce de José II, seu irmão Leopoldo II, de 42 anos, assumiu o trono. Mas ele não reinaria por muito tempo, morrendo apenas dois anos depois. Sentiu-se mal após uma cavalgada no Schönbrunn, com dores no abdome, no baço e no pulmão esquerdo. Alguns dias mais tarde sentiu náuseas e vontade de vomitar, teve sangramentos e acabou por falecer em 1º de março de 1792, provavelmente de neoplasia intestinal. Como a França enfrentava uma convulsão social e a irmã Maria Antonieta estava presa pelos revolucionários em Paris, rumores de morte por envenenamento causada por inimigos da monarquia circularam entre os cortesãos. De todo modo, o trono austríaco e a coroa imperial recaíram sobre o herdeiro de Leopoldo II, Francisco, um dos dezesseis filhos que ele teve com Maria Luísa da Espanha. O jovem de 24 anos seria o último imperador do Sacro Império Romano-Germânico, como Francisco II, e o primeiro da Áustria, onde governaria como Francisco I. Uma de suas filhas seria imperatriz do Brasil.

8.

Uma Habsburgo no trono brasileiro

Paris, 16 de outubro de 1793. Desde as primeiras horas da manhã, uma multidão tomou conta das ruas da capital francesa, ocupando os três quilômetros entre a prisão da Conciergerie, no antigo palácio da Cidade, e a praça da Revolução (a antiga Luís xv, transformada depois em Place de la Concorde). Cerca de trinta mil soldados foram dispostos em torno do local para garantir a segurança. Todos, republicanos e monarquistas, franceses curiosos e estrangeiros estarrecidos, haviam se dirigido ao centro da cidade para assistir à execução da viúva de Luís xvi, a ex-rainha Maria Antonieta. Impedida de vestir seu esfarrapado vestido preto de luto, a filha de Maria Teresa pôs uma anágua limpa e um chemise branco, completando o conjunto com um vestido branco, um lenço de musselina e uma touca de linho.[1] O carrasco cortou seu cabelo até a altura da nuca e amarrou suas mãos às costas. Colocada em uma carroça aberta, como um criminoso comum, ela passou pelo palácio do Louvre e pelos jardins do palácio das Tulherias, às margens do Sena, escoltada por soldados de paletó azul-marinho. Os parisienses acompanharam tudo com expressões de escárnio e silêncio. Pouco depois do meio-dia, a lâmina da guilhotina, que nove meses antes também havia executado seu marido, caiu sobre o pescoço de Maria Antonieta. O carrasco pegou sua cabeça ensanguentada e apresentou-a ao povo de Paris. O horror contido da multidão transformou-se em gritos de "Viva a República!".

A REVOLUÇÃO FRANCESA E NAPOLEÃO

Luís xvi fora coroado rei da França em 1774. O jovem de vinte anos, porém, era inepto e indeciso, preferia ocupar seu tempo com marcenaria a tomar decisões de Estado; herdara um país à beira da falência e contribuiu decididamente para arruiná-lo. No início da década de 1780, em meio a uma crise econômica, se envolveu na guerra da independência americana, financiando os colonos rebeldes contra a Inglaterra. Como se não bastasse, sua esposa Maria Antonieta era uma Habsburgo, irmã do soberano da Áustria, a tradicional rival da França. Alheia ao que ocorria à sua volta, a rainha esbanjava riqueza em festas e recepções particulares — a casa real consumia quase 10% das despesas do país —, tornando-se o centro de mexericos e um dos principais alvos de críticas à corte. Seus inimigos a alcunharam de *l'autre chienne* — um trocadilho entre as palavras francesas para "austríaca" (*austrichien*) e "outra cadela" (*autre chienne*).

Em 1787, o ministro das finanças propôs a Luís xvi um conjunto de reformas como meio para aumentar a arrecadação. Entre elas estava a cobrança de impostos sobre todos os proprietários de terras. Era um sério problema para o rei, pois romperia com os fundamentos da estrutura hierárquica do país. A sociedade francesa estava alicerçada em uma divisão de ordens, os Estados--Gerais, e só o chamado Terceiro Estado, o povo, pagava impostos. O clero e a nobreza eram isentos, além de deterem inúmeros privilégios. O Antigo Regime, como esse sistema ficaria conhecido, tinha como premissa básica que as pessoas eram naturalmente desiguais e que essa desigualdade se expressava perante a lei. O rei era uma escolha divina e cargos e funções civis ou militares eram destinados exclusivamente à nobreza. Ao Terceiro Estado pertenciam àqueles que não eram nobres ou ligados à Igreja: mercadores, artesãos, comerciantes, profissionais liberais, pequenos proprietários de terra e o povo em geral; cerca de 98% da população. A recusa da nobreza em perder vantagens obrigou o rei a convocar os Estados-Gerais para 1789, o que não ocorria havia 175 anos. A vitória da nobreza mostrou o quanto o rei era fraco, e a monarquia, frágil. Se por um lado os nobres se negavam a contribuir com o Estado, por outro, o restante da população era incapaz de suportar mais impostos.

Enquanto se preparava a instalação dos Estados-Gerais, o país foi varrido por uma onda de protestos e uma avalanche de publicações liberais, influenciadas pelas ideias iluministas, que desde o século anterior pregavam por meio de pensadores liberdade, igualdade, progresso científico, governo constitucional, tolerância religiosa e a separação entre Igreja e Estado. A noção de que todos os indivíduos eram iguais e livres e de que um governo legítimo seria aquele que surgisse de uma constituição e de leis que garantissem proteção à vida, à liberdade e à propriedade, ganhou força. O poder deveria emanar do povo, que escolheria seus representantes, e não mais de uma minoria privilegiada escolhida por Deus. Em 14 de julho de 1789, a Bastilha, antiga prisão-fortaleza do governo, foi tomada por populares. O marquês de Launay, comandante da guarnição, foi morto e sua cabeça exibida nas ruas de Paris, na ponta de uma lança. Enquanto a Bastilha era destruída e seus tijolos transformados em souvenires, Luís XVI enfrentava uma dura realidade: o edifício do absolutismo monárquico estabelecido por seu célebre ancestral Luís XIV estava ruindo. O rei capitulou às exigências da assembleia, onde estavam reunidos os representantes dos três estados. Em agosto, a Declaração dos Direitos do Homem e do Cidadão proclamou que "os homens nascem livres e iguais em seus direitos". Os privilégios e distinções seculares entre nobres e cidadãos comuns, que marcaram os mais de oito séculos da monarquia francesa, haviam acabado. "Liberdade, igualdade, fraternidade" tornou-se um lema e também um grito de guerra. Nos dois anos seguintes, Luís XVI seria refém do movimento revolucionário.[2]

Uma nova constituição entrou em debate e a discussão central recaiu em quem deteria a soberania. De um lado, sentados à esquerda da sala legislativa (em relação à mesa do presidente), estavam os defensores de que o rei deveria deter o poder executivo, mas submetido a uma carta constitucional e tendo no máximo o poder de vetar leis aprovadas por uma assembleia de representantes do povo. Do lado direito, mais conservadores, sentaram-se os que acreditavam que o poder deveria se manter com o rei, podendo também ele propor leis. Essa distribuição nos assentos da assembleia deu origem aos termos "esquerda" e "direita" quanto às posições políticas. Em 1790, a ala conservadora foi derrotada; a França seria uma monarquia constitucional e o poder de governar uma concessão da assembleia ao rei, que não poderia mais legislar. Luís XVI será rei dos franceses, não mais da França.

A situação em Paris era observada com preocupação pelas demais monarquias europeias. Até o imperador José II, irmão da rainha e adepto do Iluminismo, se assustou com a violência das manifestações. Leopoldo II, que assumiu a coroa em Viena depois da morte do irmão, inicialmente viu a possibilidade de enfraquecimento dos tradicionais rivais como algo positivo. Mas, com o desenrolar do movimento, também passou a temer que as ideias da revolução se alastrassem pelo continente e mais reis perdessem o poder. Os irmãos de Luís XVI e muitos nobres que haviam fugido do país procuraram secretamente apoio em outras cortes. A própria família real tentou deixar o país, conseguiu escapar de Paris, mas foi reconhecida na fronteira e aprisionada. Trazidos de volta, rei e rainha foram mantidos sob vigilância no palácio das Tulherias. Diante da situação, em 1791, Leopoldo II e Frederico Guilherme II se encontram em Pillnitz, próximo a Dresden, na Saxônia. Áustria e Prússia declaram apoio ao rei prisioneiro e movimentam tropas para invadir a França. A ameaça estrangeira acendeu o fervor nacionalista, a Guarda Nacional recebeu milhares de novos voluntários e a ideia de república ganhou força — não por menos uma das estrofes da Marselhesa, que viria a se tornar o hino da França, conclama: "Às armas cidadãos, formai vossos batalhões, marchemos, marchemos! Que o sangue impuro banhe nosso solo!". Por toda parte ocorrem manifestações contra o rei e em favor da extinção da monarquia. Em agosto de 1792, a assembleia aprova a declaração de guerra e, enquanto forças austro-prussianas se aproximam da capital, revoltas exigem a derrubada imediata da monarquia. O palácio das Tulherias foi invadido e a família real escapou de ser trucidada, refugiando-se na Assembleia Legislativa. Pressionada, em setembro a assembleia suspendeu o rei e convocou uma Convenção Nacional, cujas primeiras ações foram abolir a monarquia e fundar a república. Com o fim da monarquia, Luís XVI transformou-se no cidadão Luís Capeto — referência a Hugo Capeto, primeiro rei do país, no século X. Em novembro, com a descoberta da correspondência pessoal do rei em um armário secreto nas Tulherias, Luís foi acusado de alta traição por manter contato com governantes estrangeiros e tramar a invasão do país. A Convenção o considerou culpado. Em janeiro de 1793, o monarca foi condenado à morte e executado na guilhotina.

Com a execução de Luís XVI, a revolução entrou em sua fase mais radical. Em dois anos, meio milhão de pessoas foram presas sob acusação de conspiração contrarrevolucionária. O Comitê de Salvação Pública, liderado pelo advogado Maximilien Robespierre, enviou para o cadafalso todo e qualquer "inimigo da revolução", real e imaginário. Tudo em nome da liberdade e da igualdade, da ciência e da razão. O período ficaria conhecido como "o Grande Terror" e a política radical do "nós contra eles" fazia com que a simples falta de entusiasmo pela revolução servisse como prova de culpa. Oficialmente, dezessete mil pessoas foram executadas, embora o número real talvez seja superior a 35 mil.[3] A radicalização, no entanto, passou a consumir até mesmo quem a promoveu.

Um a um, seus líderes seguiram o caminho do cadafalso, até que o próprio Robespierre foi executado, em 1794. Com a morte do "ditador sanguinário", o Grande Terror chegou ao fim e a França ganhou uma terceira constituição, passando a ser governada por um diretório composto de um colegiado de cinco nomes de orientação moderada e burguesa. A essa altura, o país não havia apenas expulsado os exércitos enviados por Viena e Berlim, mas também ocupado territórios vizinhos. Os Países Baixos Austríacos e parte do Palatinado, na Alemanha, Saboia, Piemonte e Parma, na Itália, foram anexados à França. Holanda, Suíça, Milão e Gênova tornaram-se repúblicas sob a influência de Paris. Em Roma foi proclamada a República Italiana — ou "satânica", segundo o papa Pio VI, que foi preso e deportado para a França, onde morreu pouco tempo depois. O vitorioso exército republicano francês ganhou proeminência e um militar em especial se destacou entre os demais: Napoleão Bonaparte.

Audacioso, destemido e inteligente, Napoleão nascera em Ajaccio, na ilha de Córsega. Filho de um advogado, recebera uma boa educação. Aos dez anos foi matriculado em uma escola religiosa e aos quinze entrou para a Escola Militar de Paris, onde se formou oficial de artilharia. Tinha apenas 24 anos quando alcançou o generalato, em 1793, após uma campanha de sucesso contra os ingleses em Toulon, importante porto no sul da França. Descrito muitas vezes, de forma contraditória, como tagarela e irrequieto, ou taciturno e reservado, um dos maiores estrategistas da história militar, Napoleão chegou a ser apelidado pela própria esposa de "Gato de Botas". Tinha cerca de 1,60 metro de altura, torso e ombros largos, cabeça mediana, olhos grandes e azul-acinzentados (que sofriam de leve miopia), cabelos castanho-claros e uma pele pálida. Magricela, pelo menos na juventude, seus membros eram bem formados, ainda que não fosse musculoso.[4]

Em 9 de novembro de 1799, aproveitando-se do momento e contando com sua popularidade dentro do Exército, conquistada por sua atuação nas campanhas contrarrevolucionárias dentro do país e no exterior — havia derrotado ingleses, prussianos e austríacos na Alemanha, na Itália e no Egito —, o jovem general liderou um golpe de Estado. O Golpe do Dezoito Brumário, como ficaria conhecido, devido ao calendário da revolução, pôs fim ao período revolucionário e instaurou Napoleão e outros dois cônsules no poder. Em pouco tempo ele se tornaria primeiro-cônsul em caráter vitalício. Em 1804, a coroa imperial foi oferecida ao general. No plebiscito realizado para legitimar o ato, Napoleão recebeu mais de 3,5 milhões de votos favoráveis e apenas pouco mais de 2.500 votos contrários. Em 2 de dezembro daquele ano, ele mesmo coroou-se imperador dos franceses na catedral de Notre-Dame, em Paris. Com o cetro e a mão da justiça que pertenceram a Carlos Magno, Napoleão permaneceu de pé no altar, e não de joelhos, como mandava a tradição. Não houve preces, confissões ou eucaristia, apenas algumas recitações litúrgicas. O papa Pio vii foi um mero espectador. Não fez nada além de ungir o novo imperador e sua esposa Josefina. Foi o próprio Napoleão que colocou a coroa de louros de ouro na cabeça.[5]

FRANCISCO II/I, IMPERADOR DA ÁUSTRIA

Quando seu pai morreu repentinamente em março de 1792, Francisco ii teve que assumir o trono da monarquia Habsburgo muito mais cedo do que esperava (em junho, recebeu a coroa da Hungria; em agosto, a da Boêmia). Eleito, foi coroado imperador do Sacro Império em 15 de junho. Mas, com 24 anos, Francisco não estava preparado para a posição, principalmente porque o momento era um dos mais conturbados da história europeia. Embora seu tio tenha se esforçado para fazer dele alguém com capacidade para substituí-lo, Francisco não era desenvolto. Para José ii, o sobrinho tinha "um temperamento rude e mal-humorado" e era "intelectualmente preguiçoso".[6] Muito magro, era tímido, gago e inseguro. Introspectivo, Francisco gostava de música (tocava violino) e apreciava a leitura (sua biblioteca particular contava com cerca de quarenta mil volumes), mas era atrapalhado com temas políticos complexos, recompensando a falta de iniciativa e tato com diligência, religiosidade e energia para assuntos práticos. E apesar de tudo, conseguiu manter a dinastia no poder, reinando por mais de quatro décadas.

Francisco nasceu em 12 de fevereiro de 1768, em Florença, onde seu pai residia como governante do grão-ducado da Toscana. Era o segundo filho da grande prole de Leopoldo ii e Maria Luísa da Espanha e o primeiro neto homem de Maria Teresa. Quando a imperatriz ficou sabendo de seu nascimento, explodiu em alegria durante uma apresentação no teatro do Hofburg: "Crianças, crianças, Poldl [Leopoldo] tem um menino!". O entusiasmo era justificável. Como o imperador José ii não tinha filhos, o futuro da dinastia recaía nos ombros de seu irmão mais novo. Francisco viveu na Itália até os quinze anos, quando foi enviado para Viena em 1784, a fim de ser preparado para assumir o trono

190 Rodrigo Trespach

no lugar do tio. José II, porém, faleceu seis anos depois, e como Francisco era considerado imaturo para assumir o governo, seu pai ocupou a regência e administrou o Sacro Sacro Império até 1792. Somente com a morte de Leopoldo II é que ele chegou ao poder.

Francisco II teve quatro esposas. A primeira, Isabel Guilhermina de Württemberg, era uma princesa protestante que fora levada a Viena aos quinze anos para ser educada como católica. O casamento foi realizado em 1788, mas a jovem morreu dois anos depois durante um parto prematuro, aos 23 anos. O matrimônio seguinte de Francisco foi realizado seis meses após a morte da primeira esposa. A noiva escolhida foi sua prima-irmã Maria Teresa de Bourbon--Nápoles, filha do rei Fernando I das Duas Sicílias e da arquiduquesa Maria Carolina, uma das filhas da imperatriz Maria Teresa (a avó de Francisco). A união harmoniosa do casal gerou doze filhos. Mas Maria Teresa de Bourbon--Nápoles morreu em 1807, após um aborto espontâneo, antes de completar 35 anos. A terceira esposa do imperador também era sua parente. Maria Luísa Beatriz de Módena, de 21 anos, era a filha mais nova de seu tio, o arquiduque Fernando, e da herdeira do ducado de Módena, Maria Beatriz de Este. Expulsa da Itália pelas tropas de Napoleão, a família de Maria Luísa encontrou refúgio na Áustria, onde ela cresceu e se casou com Francisco, que tinha quase o dobro de sua idade, em 1808. Maria Luísa era jovem, enérgica e abertamente contrária às ideias liberais, mas uma doença pulmonar a impediu de ter filhos. Ela acabaria por falecer aos 29 anos, em um spa na Itália, em 1815. A última esposa de Francisco foi Carolina Augusta, da dinastia Wittelsbach. O casamento foi realizado em 1816. Ela sobreviveria ao esposo, falecendo em 1873, aos 81 anos. A meia-irmã de Carolina Augusta, Sofia, se casaria com seu enteado, o arquiduque Francisco Carlos, pai do futuro imperador Francisco José.

Durante as duas primeiras décadas de seu governo, Francisco II esteve envolvido com as guerras revolucionárias e napoleônicas. A primeira coalizão contra a França, organizada em 1792 e liderada por Áustria, Prússia e Inglaterra, falhou em esmagar os republicanos franceses e se viu obrigada a reconhecer a perda de territórios. Na primavera de 1797, Napoleão não apenas expulsou os Habsburgo da Itália como marchou sobre a Áustria. O imperador foi obrigado a assinar um armistício em Leoben, com o Exército francês a 160 quilômetros de Viena. No outono, o tratado de Campoformio obrigou Francisco II a reconhecer as repúblicas-satélites de Paris na península Italiana, a anexação dos Países Baixos e de diversos territórios do Sacro Império ao longo do Reno.

Uma nova coalizão foi formada em 1798, mas foi igualmente derrotada em 1802. No ano seguinte, o mapa do Sacro Império foi redesenhado por uma delegação imperial sob orientação franco-russa, e mais de três milhões de alemães receberam novas identidades. A reorganização do antigo império germânico foi definida em fevereiro de 1803, na Dieta de Regensburg, quando vários pequenos estados eclesiásticos, laicos e cidades livres ao longo do Reno desapareceram. Baviera, Württemberg e Prússia passaram a ter predominância nos assuntos alemães, deixando a Áustria com poder consideravelmente reduzido. Tendo Napoleão sido proclamado imperador da França em maio de 1804, em Paris, Francisco II previu acertadamente que o novo monarca logo anexaria a Alemanha a seu império e se faria eleger sacro imperador. Para evitar que os Habsburgo perdessem o status imperial e se transformassem em vassalos franceses, Francisco II criou o Império Austríaco em 11 de agosto de 1804. Não houve coroação, apenas um decreto. A partir desse dia, Francisco II passava a ser também Francisco I da Áustria. Em dezembro, Napoleão foi coroado em Paris; em março do ano seguinte "o corso" autoproclamou-se "rei da Itália".

Em outubro de 1805, o exército Habsburgo invadiu a Baviera, apoiado pela terceira coalizão. As forças austríacas foram derrotadas em Ulm, perdendo 33 mil homens. Francisco I pediu um armistício, mas Napoleão não aceitou. Enquanto o Habsburgo recuava, seu aliado, o tsar Alexandre I, pedia auxílio ao rei da Prússia Frederico Guilherme II. Viena foi ocupada em novembro, e Napoleão fez do Schönbrunn seu quartel-general ao mesmo tempo que Francisco I se refugiava em Olmütz, na Morávia (hoje Olomouc, na República Tcheca). Em 2 de dezembro, os três imperadores se enfrentaram em Austerlitz, próximo a Brno. Napoleão comandava 73 mil homens, com 139 canhões; Francisco I e Alexandre dispunham de uma força de 86 mil combatentes e 278 canhões. Depois de nove horas de combates, o imperador Habsburgo e o tsar foram obrigados a bater em retirada daquela que ficaria conhecida como a batalha dos Três Imperadores. As perdas austro-russas foram enormes: cerca de treze mil soldados morreram e onze mil caíram prisioneiros. O exército francês perdeu pouco mais de oito mil homens. Do acampamento militar, o imperador austríaco escreveu à esposa: "Hoje foi travada uma batalha que não teve um rumo favorável. Peço-lhe, portanto, que se retire de Olmütz para Teschen, com tudo o que nos pertence. Estou bem".[7] Dois dias depois, humilhados, Francisco e Alexandre encontraram-se com Napoleão. O tsar retornou para a Rússia, embora acreditasse que ainda poderia continuar lutando. O moral austríaco, no

192 *Rodrigo Trespach*

entanto, era péssimo. Em dezembro, Francisco foi obrigado a assinar o tratado de Pressburg. Pelo acordo, a Áustria entregava Veneza à República Cisalpina (que Napoleão havia transformado em reino da Itália); o território austríaco no Adriático, com a Dalmácia e a Estíria (exceto Trieste), à França; e o Tirol, Trentino, Vorarlberg e a Suábia aos novos reinos da Baviera e Württemberg. Em 12 de julho de 1806, dezesseis príncipes alemães criaram a Confederação do Reno e aliaram-se a Napoleão. Da nova associação faziam parte os reinos da Baviera, Württemberg, Vestfália e Saxônia, além de seis grão-ducados e alguns Estados menores. A confederação passou a ser presidida pelo príncipe-arcebispo de Mainz, Karl Theodor von Dalberg — que os alemães apelidaram de "o traidor do Reno". Em 6 de agosto, Francisco abdicou da coroa do Sacro Império. Depois de 844 anos, a antiga unidade germânica deixava formalmente de existir.

Após a derrota da Áustria em Austerlitz — e a da Prússia em Jena-Auerstedt, em outubro de 1806 —, as únicas forças que resistiam à França eram a Marinha Real Britânica e a Rússia. Com o tsar Alexandre I, Napoleão acertou um acordo de paz, o que manteria os russos temporariamente longe das guerras da Europa Central. Para vencer a Inglaterra, em novembro de 1806 ele decretou um "bloqueio continental", pelo qual os países europeus deveriam fechar seus portos aos navios ingleses, não podendo receber produtos fabricados na Grã--Bretanha ou que viessem de colônias inglesas.

Como parceiro comercial da Inglaterra de longa data, Portugal devia satisfação ao rei Jorge III, mas não tinha forças para se opor ao imperador francês. Até quando foi possível, dom João VI, que governava em Lisboa como regente de sua mãe, fez jogo duplo; nem aderia ao bloqueio nem declarava guerra à França. A indefinição portuguesa acabou por fazer Napoleão ordenar a invasão de Portugal por um pequeno exército. O objetivo era sujeitar o país à política francesa e depor a casa de Bragança. Quando as tropas do general Junot chegaram a Lisboa, no fim de novembro de 1807, porém, toda a corte lusitana havia partido em direção ao Brasil.[8]

DONA LEOPOLDINA DE HABSBURGO-LORENA

Em 22 de janeiro de 1797, a imperatriz Maria Teresa de Bourbon-Nápoles deu à luz uma menina, a arquiduquesa Leopoldina Carolina Josefa de Habsburgo-

-Lorena, quinta criança do sacro imperador Francisco II.[9] Eram sete e meia da manhã de um domingo gelado, e o Hofburg estava coberto de neve. Às seis da tarde, dona Leopoldina foi batizada na antecâmara do palácio pelo príncipe-arcebispo de Viena, cardeal Cristóvão Migazzi. A pequena menina foi carregada pelo príncipe de Starhemberg numa almofada dourada e colocada diante de um altar previamente preparado, debaixo de um baldaquim, onde estavam o núncio papal Luigi Ruffo di Scilla, o imperador, cinco arquiduques e cinco arquiduquesas. A madrinha Maria Clementina era uma das irmãs de Francisco II. Depois da cerimônia e do tradicional *Te Deum* de ação de graças, três salvas de canhões foram disparadas e uma recepção de felicitações foi realizada no palácio.

Os aposentos privados da imperatriz Maria Teresa ficavam no terceiro andar do Alte Burg, o palácio Velho, assim chamado o núcleo de edifícios medievais do Hofburg — o espaço também é conhecido como Ala Suíça. O quarto onde dona Leopoldina nasceu tinha vista para um amplo pátio interior — o Innerer Burghof. Próximo dali ficava a câmara infantil, uma área de convivência para as crianças que consistia em dezessete quartos, local onde dona Leopoldina passou parte da infância. Em 1810, ela se mudou com a irmã Maria Clementina, um ano mais nova do que ela, para um apartamento próprio, no andar superior da Ala Leopoldina (nome dado em homenagem ao tataravô de dona Leopoldina, o imperador Leopoldo I), com vista para os bastiões, onde hoje se encontra a Heldenplatz, a praça dos Heróis. Essa área hoje é ocupada pela Chancelaria da República Federal da Áustria.[10]

Durante a infância, dona Leopoldina passou por momentos difíceis. Napoleão ocupou Viena em duas oportunidades (1805 e 1809), e sua mãe faleceu precocemente aos 35 anos, após um parto difícil, em 1807. Além disso, a irmã mais velha de dona Leopoldina, com quem ela manteria uma intensa correspondência até o fim da vida, foi obrigada a se casar com o imperador francês em 1810. O matrimônio de Maria Luísa com o "anticristo" ou o "grande monstro", como a falecida imperatriz se referia a Napoleão, seria a grande humilhação da vida de Francisco II/I.

Dona Leopoldina herdara os cabelos louros e os olhos azuis da mãe, que era neta da grande Maria Teresa. Era uma Habsburgo e como tal foi preparada para ser rainha ou imperatriz. Francisco seguiu os conselhos do tio e do próprio pai, os imperadores José II e Leopoldo II, para quem herdar o trono não era como receber uma propriedade. Os novos tempos exigiam "reinar tanto quanto possível de acordo com os desejos dos seus súditos". E para isso era necessário estar preparado. Cada um dos arquiduques possuía uma pequena corte, com camareiras, porteiros, criadas e foguistas próprios. Acima dos criados comuns, havia um preceptor superior, que devia orientá-los sobre o cerimonial da corte e questões religiosas. A camareira de dona Leopoldina, responsável por seu guarda-roupa, era Franziska Annony. Sua preceptora superior, a condessa Udalrike von Lazanzky. Depois dos sete anos, teve início uma educação formal e diversificada, com o ensino de idiomas, dança, pintura e música, com aulas de cravo e piano. Assim, a pequena arquiduquesa passava boa parte do dia com mestres particulares, realizando exercícios de leitura, participando de refeições formais, passeios, visitas a museus, teatros, óperas e exposições, treinando recepção a visitantes e diplomatas estrangeiros. Com o tempo, se tornou poliglota, além do alemão materno, era fluente em francês, expressava-se bem em inglês e conhecia várias outras línguas europeias. Ela estudou ainda geometria, física, filologia e numismática, mas amava as ciências naturais, especialmente a botânica e a mineralogia. A botânica também era uma das paixões de seu pai. Na residência de verão dos Habsburgo, o palácio de Laxenburg, cada arquiduque tinha um jardim individual, para que se habituasse a cultivar e aprender sobre as plantas e animais. Como tradição da dinastia, todos precisavam aprender uma profissão. O pai de Leopoldina, por exemplo, aprendeu jardinagem — ficaria conhecido como o "imperador das flores" — e o irmão dele, a impressão de livros.

Como parte de sua instrução, dona Leopoldina acompanhou a corte em viagens por Praga, Pressburg e Karlsbad, onde conheceu Wolfgang von Goethe. O célebre escritor alemão a descreveu como alguém inteligente, capaz de conversar sobre os "assuntos mais diversos", com "opiniões próprias" e "coerentes e perfeitamente de acordo com seus pontos de vista". Anos depois, ao encontrá-la no Rio de Janeiro, a escritora inglesa Maria Graham confidenciou em seu diário o "prazer em encontrar uma mulher tão bem cultivada e bem-educada, sob todos os pontos de vista uma mulher amável e respeitável".[11]

Com a derrota de Napoleão, dona Leopoldina pôde reencontrar a irmã Maria Luísa, que separada do imperador francês voltara a Viena por um breve período. Também na capital ela acompanhou o congresso onde o destino da Europa estava sendo discutido. Nessa época, seu próprio futuro estava em pauta. Inicialmente, dona Leopoldina fora prometida a Frederico Augusto, herdeiro do trono da Saxônia, mas o príncipe Metternich, primeiro-ministro de Francisco I e principal articulador da diplomacia exterior da Áustria, entrou em tratativas com dom João VI, o rei de Portugal, que estava instalado no Brasil desde 1808. Os primeiros contatos foram feitos por intermédio de Rodrigo Navarro de Andrade, encarregado dos negócios portugueses em Viena, mais tarde ministro plenipotenciário e barão de Vila Seca.

No começo de novembro de 1816, dom Pedro José Joaquim Vito de Meneses Coutinho, o marquês de Marialva, chegou incógnito a Viena para formalizar o acordo. No dia 29 daquele mês, às dezenove horas, na casa do príncipe de Trauttmansdorff, o mordomo-mor do imperador, o contrato foi assinado. Dona Leopoldina seria desposada por dom Pedro, príncipe da Beira e herdeiro da coroa portuguesa. O dote da noiva foi estipulado em duzentos mil florins renanos. Dona Leopoldina ainda receberia sessenta mil florins renanos anualmente, em mesadas de cinco mil. A arquiduquesa levaria consigo duzentos mil florins em joias. Em caso de morte do esposo, receberia uma pensão anual de oitenta mil florins.[12] No Brasil, os valores recebidos seriam pagos de forma bastante irregular, e quando a princesa finalmente recebia o que lhe era devido, dom Pedro acabava ficando com todo o dinheiro. Depois de 1822, com o rompimento entre o Rio de Janeiro e Lisboa, a então imperatriz acabou sem receber valor algum. A solução encontrada só seria votada pela Assembleia brasileira em 1827, quando dona Leopoldina já havia falecido.

O marquês de Marialva também foi o encarregado de pedir formalmente a mão da futura imperatriz brasileira. No dia 16 de fevereiro de 1817, ele fez uma pomposa entrada em Viena, pelo portão Caríntia. Estava acompanhado de uma enorme e majestosa comitiva, composta de arqueiros montados e carruagens puxadas por seis cavalos, transportando ministros de Estado, oito príncipes e nove condes. Junto do marquês, cinquenta homens, entre os quais dezesseis criados, vinte guarda-roupas e dez oficiais vestindo fardas e librés com bordas em ouro e prata, barretinhos de veludo e chapéus de pluma. Logo atrás, acompanhavam o séquito do representante lusitano os coches dos embaixadores da Inglaterra, da França e da Espanha. Alojado no palácio do príncipe de Schwarzenberg, na Minoritenplatz, dois dias mais tarde Marialva se dirigiu ao palácio imperial, onde fez o pedido público à dona Leopoldina em nome de dom Pedro. Fardado de marechal de campo, debaixo de um dossel, na sala do trono, o imperador Francisco I ouviu a solicitação e o discurso do diplomata português. Depois do consentimento paterno, dona Leopoldina compareceu para confirmar o aceite, ler seu pronunciamento e assinar a documentação exigida.[13]

Somente em abril ela viria a "conhecer" o noivo. O marquês de Marialva lhe entregou um retrato em miniatura, emoldurado com dezessete diamantes e

196 Rodrigo Trespach

acompanhado de um colar com 82 brilhantes no valor de 68 contos de réis —
para se ter uma ideia do valor da joia, o ordenado do marquês era de dezenove
contos. Mais do que depressa dona Leopoldina escreveu à irmã Maria Luísa,
confidenciando-lhe que

> o retrato do príncipe está me deixando meio transtornada, é tão lindo como
> um Adônis; [...] ele todo atrai e tem a expressão *eu te amo e quero te ver
> feliz*; asseguro-te, já estou completamente apaixonada.[14]

Em 11 de maio, abdicou de seus direitos de arquiduquesa austríaca. Em
ato solene, jurou com a mão sobre os Evangelhos que tanto ela quanto seus
descendentes, masculinos ou femininos, não reivindicariam o trono austríaco.
Assinou o documento de doze páginas com o prenome "Maria", tradicionalmente usado pelas infantas de Portugal, acrescido ao seu nome de batismo,
passando a assinar "Maria Leopoldina". No dia 13, a cerimônia de casamento
foi realizada na igreja Agostiniana, em Viena. A data trazia más recordações à
dona Leopoldina — a morte da mãe, a partida da irmã querida para Paris e
a ocupação da capital por Napoleão. Ela teria preferido casar em outro dia, mas
os sucessivos atrasos deixavam poucas opções. Além do mais, 13 de maio era
o natalício de dom João VI e o marquês de Marialva não faz muito esforço para
mudar o dia da celebração.

Desde o começo do ano, apaixonada pelo reino tropical e exótico que
se oferecera como sua nova pátria, dona Leopoldina aprendia português e se
inteirava da história, da geografia e da economia brasileiras. Para a viagem
transatlântica, reuniu uma enorme bagagem, armazenada em "quarenta e duas
caixas da altura de um homem". Além do enxoval e de três caixões, necessários
caso viesse a morrer durante a travessia oceânica, seguiam com a princesa uma
biblioteca e uma coleção de minerais. Leitora e escritora compulsiva, no Rio de
Janeiro dona Leopoldina manteria uma média anual de quase cinquenta cartas,
tendo enviado junto de sua correspondência para a Áustria todos os tipos de espécies animais, sementes, plantas exóticas e pedras raras do Brasil. Despachou
para Viena tantas caixas com o material coletado que seu pai foi obrigado a criar
um museu especial para as peças enviadas pela filha.

Depois da formalização do casamento entre as casas reais, o governo austríaco preparou uma representação diplomática e uma expedição científica que
seriam enviadas para o Rio de Janeiro. Pouco antes do casamento, a chamada

Missão Austríaca, cuja denominação oficial era Missão Científica de História Natural, organizada por Karl von Schreibers, diretor do gabinete de História Natural de Viena, partiu para o Brasil a bordo das fragatas *Áustria* e *Augusta*. Além de Johann Mikan, chefe da expedição, embarcaram zoólogos, botânicos, litógrafos, taxidermistas e artistas, como Johann Natterer, Johann Pohl, Thomas Ender e Heinrich Wilhelm Schott, entre outros. O governo bávaro, de sua parte, enviou os cientistas Johann Baptist von Spix e Carl Friedrich Philipp von Martius, mais tarde célebres pelas publicações sobre a flora brasileira e pelos relatos de viagem — os dois iriam percorrer dez mil quilômetros pelo interior do Brasil, reunindo amostras de espécies de mamíferos, aves, anfíbios, peixes, insetos, aracnídeos, crustáceos e plantas.[15] O corpo diplomático, com o enviado especial, conde Von Eltz, partiria com a frota que levaria a princesa.

Dona Leopoldina deixou a capital austríaca em 3 de junho de 1817. Seguiu até Livorno, na Itália, onde chegou no dia 9 de agosto. No dia 12, foi formalmente entregue por Metternich ao representante português, o marquês de Castelo-Melhor. Três dias depois, a bordo da nau *Dom João VI*, a princesa zarpou para uma viagem de mais de oito mil quilômetros. O navio português era novo e, medindo sessenta metros de comprimento, podia transportar 680 pessoas, além de um pesado armamento de mais de noventa canhões. Em comboio, seguiram a nau *Dom Sebastião* e uma divisão portuguesa. Após 84 dias de viagem, com passagens por Gibraltar e a ilha da Madeira, dona Leopoldina chegou ao Rio de Janeiro em 5 de novembro.

IMPERATRIZ DO BRASIL

A condessa Maria Ana de Kuenburg, apelidada de "Nanny", governanta de dona Leopoldina, deixou registrado o primeiro encontro dos noivos, ainda na noite da chegada: dom Pedro "estava sentado diante da nossa princesa, com os olhos baixos, levantando-os furtivamente para ela, que de vez em quando fazia o mesmo". O desembarque ocorreu na manhã seguinte, 6 de novembro, no Arsenal Real da Marinha. Dona Leopoldina estava pronta desde as nove horas. Usava o colar com o retrato de dom Pedro e um pássaro de diamantes, joia que recebera no dia anterior. Trajava um vestido de gala, em seda branca, com bordados em prata e ouro. Um penteado com plumas adornava a cabeça, e sobre o rosto usava um fino véu. Às onze horas, a princesa foi levada da nau ao cais por uma galeota, "esculpida e dourada, remada por cem homens". Toda a corte estava presente, devidamente vestida para a ocasião, e uma enorme comitiva de serviçais a aguardava, com reis de armas, arautos, moços de estribeira, guarda--roupas, mordomos e estribeiros-mores, camaristas e veadores.

Do arsenal até a capela Real, o rei, a rainha e o jovem casal foram levados por um coche puxado por "quatro parelhas de cavalos morzelos, de penachos vermelhos e mantas de veludo bordado a ouro". Ao longo do trajeto, dois arcos do triunfo enfeitavam a capital do Império lusitano. Em um deles, o Rio de Janeiro e o Danúbio eram representados pelas armas portuguesas e a águia dos Habsburgo. Pedestais e colunas dóricas foram erguidos e enfeitados com flores, e uma estátua de Himeneu, o deus grego do casamento, carregava os monogramas do príncipe e da princesa. Ao chegarem à igreja, dom Miguel, o irmão de dom Pedro, conduziu o noivo até o altar; a rainha dona Carlota Joaquina guiou dona Leopoldina. Diante do bispo dom José Caetano da Silva Coutinho, o casal ajoelhou-se e recebeu as bênçãos matrimoniais. Um Te Deum foi entoado e as fortalezas e os navios estacionados na baía dispararam salvas de canhão. A família real, então, se dirigiu para o Paço e, mais tarde, à noite, ao palácio de São Cristóvão.[16]

No dia 7, a família real recebeu a corte e os diplomatas estrangeiros na Sala de Audiências do palácio. Além das músicas executadas pelos membros da Real Câmara, o próprio dom Pedro cantou uma ária, acompanhado de suas irmãs. No dia seguinte, dona Leopoldina enviou suas primeiras impressões sobre a América e seu casamento. "Nem pena nem pincel podem descrever a primeira impressão que o paradisíaco Brasil causa a qualquer estrangeiro", escreveu em sua primeira carta ao pai. Ela descreveu a recepção no porto, afirmou que todos na família real portuguesa eram "anjos de bondade" e que dom Pedro era "muito culto". Dona Leopoldina também confidenciou a Francisco I que passara por "dias bem difíceis", devido ao mau humor e ao fato de que "meu muito amado esposo não me deixava dormir, até que lhe disse sinceramente que estava abatida". À irmã Maria Luísa, escreveu que o príncipe era "lindo, mas também bom e compreensivo".[17]

O palácio de São Cristóvão ficava na quinta da Boa Vista, a seis quilômetros do Paço. No lugar, hoje se encontra o Museu Nacional. A construção pertencera aos jesuítas e fora reformada por um comerciante de escravos no começo do século, que doara a propriedade a dom João VI, quando da vinda da corte para o Rio de Janeiro. Cercada por florestas e distante da cidade, a Boa Vista encantou a princesa. Em missiva ao pai, em 1818, ela escreveu sobre as magníficas paisagens, que a permitiam caminhar muito: "Diariamente faço novas descobertas nos reinos animal, vegetal e mineral". Em outra carta, dessa vez à irmã, dona Leopoldina deixou uma descrição detalhada do palácio. "Minha casa tem seis aposentos, com magnífica vista, de um lado para a serra e muitos povoados, do outro para o mar, ilhas e a serra dos Órgãos", começou ela. A área reservada ao casal, no segundo piso, tinha uma sala de bilhar; uma de música, com três pianos, poltronas e mesas de pau-brasil; uma toalete, revestida de musselina branca e tafetá de seda rosa; e uma sala de festas com quatro colunas trabalhadas em bronze, vasos de alabastro e porcelana, poltronas e mesas de madeira com figuras entalhadas, tapeçarias de veludo branco, cortinas de musselina com franjas douradas. O quarto tinha uma cama com cortinado bordado em ouro, e uma colcha de renda de Bruxelas, dois armários com relógios e vasos, escrivaninha e canapé de musselina. Havia ainda oito quartos para criados e damas de companhia, um espaço para os cães de caça e um gabinete "bastante necessário e onde está tudo o que é de prata".[18]

Dezessete meses depois de sua chegada ao Rio de Janeiro, dona Leopoldina deu à luz a primeira das quatro filhas do casal. Dona Maria da Glória nasceu em abril de 1819. Anos mais tarde ela viria a ser coroada rainha de Portugal como dona Maria II e passaria à história como "a Educadora". Nos sete anos seguintes, a imperatriz ficaria grávida sete vezes, tendo sofrido um aborto na última gestação. Dois meninos nasceram e morreram prematuramente: dom Miguel, morto ao nascer em abril de 1820, e dom João Carlos, príncipe da Beira, que faleceu aos onze meses de idade, em fevereiro de 1822. No ano da Independência nasceu dona Januária Maria, que se casaria aos 22 anos com Luís Carlos de Bourbon-Duas Sicílias, conde de Áquila. Rumores de que dona Januária planejava destronar o irmão fizeram com que o casal se mudasse para a Europa em 1844. Ela teve quatro filhos com o conde e morreria em Nice na França, em 1901. A filha seguinte de dona Leopoldina e dom Pedro, dona Paula Mariana, nasceu em 1823 e faleceu antes de completar dez anos, depois de uma vida de enfermidades — era conhecida pelos irmãos como "Santinha". Em 1824 nasceu dona Francisca Carolina, a quarta filha do casal Bragança-Habsburgo. Dona Francisca casou em 1846 com Francisco de Orleans, príncipe de Joinville e terceiro filho do rei Luís Filipe I da França, o Rei Burguês. Por ocasião do casamento, além de um dote de setecentos contos de réis, a jovem princesa recebeu 25 léguas quadradas de terras na província de Santa Catarina. Mais tarde, negociada com uma companhia de colonização europeia, essa propriedade receberia imigrantes alemães. A Colônia Dona Francisca daria origem à cidade de Joinville. "Chica", como era conhecida, faleceu em Paris, aos 74 anos. O tão aguardado herdeiro do trono brasileiro, o filho varão de dona Leopoldina e dom Pedro, nasceu em dezembro de 1825: dom Pedro II seria imperador do Brasil entre 1840 e 1889.

O entusiasmo de dona Leopoldina com a beleza do marido, a felicidade inicial com o matrimônio e o deslumbramento com as riquezas naturais da nova pátria, porém, logo sumiram. Criada e educada dentro de uma tradição conservadora e profundamente católica, dona Leopoldina horrorizou-se com a moralidade da corte portuguesa, principalmente com o comportamento da sogra, que era, segundo ela, "vergonhoso". Sobre as cunhadas, revelou em cartas ao Velho Mundo que tinham "péssima educação e com dez anos já sabem tudo como gente casada". Com as traições e indiscrições do marido e as decepções com muitos costumes nacionais — "um país onde tudo é dirigido pela vilania", escreveria ela em 1819; "uma verdadeira selva", afirmaria em 1824 —, a alegria daria lugar à tristeza e à decepção.[19] A princesa triste preferia os estudos, os livros e sua coleção de minerais a qualquer outra coisa, mas havia casado com um mulherengo incorrigível, homem bem diferente daquele que ela imaginara e encontrara na chegada. Segundo confidenciou em carta à irmã Maria Luísa, dom Pedro revelara-se teimoso e grosseiro. Além disso, o esposo mantinha inúmeros relacionamentos extraconjugais e encontros sexuais, não fazendo distinção entre nobres e plebeias. Para a infelicidade de dona Leopoldina, a julgar pela opinião quase unânime de seus contemporâneos, a imperatriz não era considerada bonita ou elegante.

A baronesa Montet, que a conheceu ainda na corte vienense, escreveu que dona Leopoldina

> definitivamente não era bonita; era baixa, tinha o rosto muito pálido e cabelos louro-claros. Ela não tinha graça e postura; tendo sempre aversão a corpete e cinta, seu torso era roliço, sem curvas. Além disso, tinha os lábios salientes dos austríacos e os olhos azuis muito belos, mas uma fisionomia séria e pouco amável.[20]

A imperatriz era, de fato, um tanto baixa mesmo para os padrões da época. Tinha entre 1,54 metro a 1,60 metro de altura, segundo os estudos antropométricos realizados em seus restos mortais. Além disso, seu modo de vestir não contribuía muito para sua aparência. No Rio de Janeiro, era constantemente vista com polainas, túnicas, um vestido de amazona, botas de montar e esporas de prata, "que lhe tiravam toda graça e atrativos pelos quais uma mulher domina e se torna irresistível", escreveu o mercenário Theodor Bösche, que servia como sargento em um batalhão de granadeiros. O barão Wenzel von Mareschal, representante austríaco no Brasil, falou em "um vestido que nada tem de feminino", e o tenente da Guarda Real de Berlim, Theodor von Leithold, instalado no Rio de Janeiro em 1819, ironizou o fato de a princesa estar "sempre com seu chapéu redondo de homem".[21]

Para os brasileiros, pouco importava a beleza física. O povo a amava. O tenente Julius Mansfeldt, que escreveu sobre sua experiência brasileira, notou que "por toda a parte aonde ela ia, era recebida com júbilo". O amor popular pela pequena mulher de sotaque estrangeiro devia-se a seu caráter voluntarioso e íntegro, a sua preocupação com os pobres e escravizados e com as mazelas do país, em meio a uma corte promíscua, perdulária e corrupta. Em uma carta a Maria Luísa, datada de 1821, dona Leopoldina revelou o quanto acreditava em Deus e o quanto era consciente de sua posição: "O Onipresente conduz tudo para o nosso bem e o bem comum vem antes do desejo individual".[22] Inteligente, culta e observadora, a princesa anteviu o desenlace entre Brasil e Portugal bem antes da maioria dos brasileiros. Em carta ao pai, em junho de 1821, após o juramento da Constituição portuguesa, revelou a preocupação de que dom Pedro fosse liberal em demasia: "Meu amado esposo, infelizmente, ama os novos princípios e não dá exemplo de firmeza, como seria preciso, pois atemorizar é o único meio de pôr termo à rebelião". Daí em diante, provavelmente influenciada por José Bonifácio, ministro do Reino e dos Negócios Estrangeiros, e também pelo barão de Mareschal, legítimo representante da antiga ordem europeia, dona Leopoldina amadureceu a ideia de um rompimento com Portugal, baseado na construção de um novo império na América. Em dezembro daquele ano, escrevendo a seu secretário Georg von Schaeffer, afirmou que dom Pedro estava "mais bem-disposto com relação aos brasileiros do que eu esperava, mas não tão positivamente decidido quanto eu desejaria". Um dia antes do Dia do Fico, em janeiro de 1822, já decidida e completamente envolvida pela causa da independência, ainda temia o despreparo de dom

Pedro para governar e decidir o futuro da nação: "O príncipe está decidido, mas não tanto quanto eu desejaria".[23]

No inverno de 1822, a situação política era delicada. Ou o Brasil acatava as ordens de recolonização do país vindas de Lisboa ou haveria guerra com Portugal. Ciente da gravidade da situação, dona Leopoldina convocou o Conselho de Estado, criado pelo marido em fevereiro daquele ano. Como determinado por dom Pedro, que partira em viagem diplomática para São Paulo, a princesa atuaria como regente e presidiria as reuniões em seu lugar. Dona Leopoldina não era afeita à política. Em uma das cartas enviadas a dom Pedro, ela confidenciou que participava das audiências com "muita vergonha" e, em certa ocasião, achou desgastante despachar por seis horas seguidas — "fiquei mais cansada do que se fosse a São Paulo a cavalo".[24]

As sessões do conselho eram realizadas no palácio de São Cristóvão e a o dia 2 de setembro seria um marco na história brasileira. Sob a presidência de dona Leopoldina, a décima terceira reunião entre os conselheiros teve início por volta das dez da manhã e durou três horas. Além de José Bonifácio, ministro do Reino e dos Negócios Estrangeiros e principal conselheiro de dom Pedro, estavam presentes, entre outros, os ministros da Guerra, da Marinha, da Justiça e da Fazenda, o presidente do Senado da Câmara do Rio de Janeiro, o diplomata Antônio Menezes Vasconcelos de Drummond e Gonçalves Ledo, secretário do conselho e um dos líderes da maçonaria fluminense.

Drummond, que havia recém-chegado de Salvador, estava desde as oito horas da manhã reunido com José Bonifácio, pondo o ministro a par da situação das tropas portuguesas na Bahia. Não houve discussão ou dúvida alguma do caminho a ser tomado. Depois de "ter feito uma exposição verbal do estado em que se achavam os negócios públicos", José Bonifácio concluiu dizendo "ter chegado a hora de acabar com aquele estado de contemporizar com os seus inimigos". A insistência de Portugal em "seus nefastos projetos" de fazer o Brasil voltar à "miserável condição de colônia, sem nexo nem metro de governo" significava que não havia alternativa que não o rompimento, total e imediato. José Bonifácio propôs que se escrevesse a dom Pedro em São Paulo e que o príncipe proclamasse a independência "sem perda de tempo", ao que a princesa, "que se achava muito entusiasmada em favor da causa do Brasil", sancionou com muito prazer as deliberações do conselho. Em comum acordo, o conselho preparou um despacho, José Bonifácio escreveu uma carta e dona Leopoldina preparou outra. Conforme relataria em suas memórias, ao comentar com

José Bonifácio sobre o "espírito e a sagacidade", o "gênio e a experiência" da princesa em uma situação tão delicada e importante, Drummond teria ouvido do sábio ministro: "Meu amigo, ela deveria ser ele!".[25]

A carta de dona Leopoldina não deixava dúvidas quanto à claridade com que via a situação e a posição a ser tomada imediatamente. "Pedro, o Brasil está como um vulcão", começou ela, informando que as cortes portuguesas ordenavam seu retorno a Portugal. E, para que ficasse claro, escreveu que o ameaçavam e o humilhavam; e salientou que o Conselho de Estado aconselhava sua permanência. "Meu coração de mulher e de esposa prevê desgraças", seguia a carta. Então, suplicava: "O Brasil será em vossas mãos um grande país. O Brasil vos quer para seu monarca. Com vosso apoio ou sem o vosso apoio ele fará a sua separação. O pomo está maduro, colhei-o já, senão apodrece". E para reforçar o pedido, demonstrando que sua posição era respaldada por outros, lembrou que aquela também era a opinião de José Bonifácio, "um sábio que conheceu todas as cortes da Europa, que, além de vosso ministro fiel, é o maior de vossos amigos". No trecho final da carta, como se ainda houvesse dúvidas, um último encorajamento: "Pedro, o momento é o mais importante de vossa vida [...]. Terei o apoio do Brasil inteiro e, contra a vontade do povo brasileiro, os soldados portugueses nada podem fazer".[26]

Em 7 de setembro de 1822, dom Pedro recebeu a correspondência às margens do riacho Ipiranga, em São Paulo. Declarando o Brasil separado de Portugal, o príncipe fundou um novo império, criado a partir do ideal monárquico e das novas ideias liberais. O reconhecimento internacional da independência, no entanto, deveu-se muito à influência da imperatriz, a sua clareza política e posição como integrante da dinastia Habsburgo. O conselheiro Drummond escreveu que dona Leopoldina "cooperou vivamente dentro e fora do país para a independência do Brasil", e que, por isso, os brasileiros devem "à sua memória gratidão eterna".[27] Sua contribuição na construção do novo país, porém, não iria muito mais longe. Dois anos após o Sete de Setembro, a situação dela era constrangedora e humilhante. Em carta à irmã, afirmava "não encontrar aqui ninguém em que possa confiar, nem mesmo em meu esposo, porque, para meu grande sofrimento, não me inspira mais respeito".[28] O escandaloso caso extraconjugal de dom Pedro com a paulista Domitila de Castro Canto e Melo, que ele transformara em marquesa de Santos, abalou profundamente dona Leopoldina, que passou a sofrer de melancolia, desgosto, angústia e depressão.

Enquanto a imperatriz pedia empréstimos a amigos para saldar dívidas contraídas no pagamento dos funcionários do palácio de São Cristóvão e donativos aos pobres e escravizados do Rio de Janeiro, o imperador presenteava a amante com joias e distribuía títulos de nobreza, favores e cargos públicos aos seus familiares. Domitila foi trazida de São Paulo para morar em um palacete junto à quinta da Boa Vista, e a filha bastarda do casal transformada em duquesa. Domitila, que dom Pedro chamava de Titília, também recebeu o posto de dama camarista de dona Leopoldina, posição que lhe permitia ter acesso aos aposentos íntimos da imperatriz.

Na primavera de 1826, dona Leopoldina adoeceu gravemente. Em carta ao pai, no dia 20 de novembro, relatou que sofria de febre biliar, que a atormentava havia vários dias. Dom Pedro havia partido para o Sul, para a campanha militar contra a Cisplatina e ela, já doente, presidiu a reunião do Conselho de Ministros no dia 29. Em 2 de dezembro, a imperatriz abortou o feto de um menino e não deixou mais seus aposentos privados. Sofrendo de insônia, inquietações nervosas, febres, "tosse gutural teimosa", convulsões, tremores nas mãos, "suores profusos, incêndio nas faces, esmorecimento de espírito" e "meteorismo" — como então eram chamados os gases —, seu sofrimento foi curto, mas doloroso. O tratamento usado era precário e pouco eficaz: fricções, banhos, aplicação de sanguessugas em várias partes do corpo (incluindo no ânus), cataplasmas, tônicos e antiespasmódicos. Quando se soube, pelos boletins médicos do barão de Inhomirim, do delicado estado de saúde da imperatriz, o povo correu às igrejas da cidade para rezar, realizou procissões e tomou o caminho que conduzia a São Cristóvão. Espetáculos foram cancelados e a imprensa mantinha a população da capital informada do "estado aflitivo" da soberana. Em 4 de dezembro, dona Leopoldina teve pesadelos e "assaltos espasmódicos", já tinha dificuldades para reconhecer quem a cercava. Ela se confessou e recebeu o Sagrado Sacramento. Na madrugada seguinte sofreu treze "evacuações biliosas com mau cheiro" e a situação tornara-se irreversível. A circunstância aflitiva era agravada pela presença de Domitila junto ao leito. Depois de um ataque da imperatriz, que gritava para que o ausente dom Pedro levasse dali a "odiosa criatura", a amante do imperador foi retirada à força do quarto. No dia 11, o barão de Inhomirim divulgou o décimo sétimo e último boletim médico:

> Pela maior das desgraças se faz público que a enfermidade de Sua Majestade a Imperatriz resistiu a todas as diligências médicas, empregadas com

todo o cuidado por todos os médicos da Imperial Câmara. Foi Deus servido chamá-la a Si pelas dez e um quarto.

Segundo o barão de Mareschal, "sem estertor, suas feições de modo algum eram alteradas, e ela parecia ter adormecido pacificamente e na posição mais natural".[29]

Quando a notícia chegou à cidade, "produziu consternação geral". Segundo um observador, o que se viu foi "tristeza e a mais profunda aflição, pois a bondade e a brandura da falecida conquistaram-lhe todos os corações". O cônsul prussiano afirmou que a "defunta imperatriz" deveria receber o título de "anjo tutelar deste nascente império", devido às suas "virtudes domésticas, à pureza e doçura de seus modos, à beleza da alma e à cultura do espírito". Nas palavras do alferes Carl Seidler, que servia em um dos batalhões de caçadores, "caíra o mais lindo diamante da Coroa brasileira". O mercenário alemão também deixou registrado em suas memórias a acusação que recaiu sobre dom Pedro: a de que teria maltratado a imperatriz dando-lhe um pontapé no abdome, o que teria causado o aborto e a enfermidade da monarca. O imperador também foi acusado pela população carioca de ter mandado envenenar a esposa, em conluio com a amante e o médico.

Pesquisas recentes não descartam violência ou maus-tratos, mas deixam claro que a causa mais provável da morte tenha sido uma infecção intestinal — o aborto fora uma consequência, não a causa da enfermidade. Os rumores sobre o comportamento inadequado do monarca, no entanto, quase causaram uma revolta popular e por pouco não sublevaram as tropas mercenárias que faziam a guarnição da família imperial — os soldados eram quase todos imigrantes alemães e por questões culturais tradicionalmente identificados com os Habsburgo. O palacete da marquesa de Santos, causa maior dos sofrimentos e humilhações de dona Leopoldina, foi apedrejado, e gritos de "Quem tomará agora o partido dos negros? Nossa mãe se foi!" foram ouvidos por dias nas ruas do Rio de Janeiro. O velho representante austríaco escreveu que a morte de dona Leopoldina, então com 29 anos, foi "chorada sincera e unanimemente". Na Inglaterra, quando a amiga e confidente Maria Graham soube através do barão de Mareschal e de outras cartas, escreveu que todos lamentaram a perda "da mais gentil das senhoras, a mais benigna e amável das princesas".[30]

O pequeno corpo não foi embalsamado, mas mergulhado em vinho e cal e preparado com aromas. Colocada sobre uma colcha chinesa e duas grandes almofadas de seda, uma verde e outra amarela — as cores brasileiras, dos Bragança e dos Habsburgo —, dona Leopoldina vestia a mesma roupa da coroação; um toucado de plumas, uma faixa peitoral, o vestido de seda verde bordado e um manto, com brincos de ouro e gemas de resina. Suas joias mais valiosas ficaram como herança para os filhos; o retrato de dom Pedro, emoldurado com diamantes, passaria para a segunda imperatriz. Com o imperador fora do Rio, em "cena triste de desespero, desordem, dúvida e medo", depois de três dias de despedidas e cerimônias religiosas, cortejo fúnebre, salvas de tiros de canhão e descargas de infantaria, dona Leopoldina foi sepultada no convento da Ajuda, não muito longe do local onde havia desembarcado quase uma década antes.[31] Quando o convento da Ajuda foi demolido para dar lugar à avenida Central, em 1911, os restos foram transladados para o convento de Santo Antônio, onde foi construído um mausoléu para os membros da família imperial. Em 1954, eles foram transferidos definitivamente para a capela Imperial, sob o Monumento do Ipiranga, na cidade de São Paulo, exato lugar onde dom Pedro havia recebido a correspondência de dona Leopoldina em 1822 e decidido o destino do Brasil.

9.

Declínio e queda da dinastia

Em 1809, Napoleão era o senhor de praticamente toda a Europa. Com exceção da Rússia e da Inglaterra, o Velho Mundo estava nas mãos da família Bonaparte. O imperador instalou seus irmãos José, Luís e Jerônimo como reis na Espanha, na Holanda e na Vestfália. Os demais países eram Estados-satélites da França ou estavam sob seu controle. Em abril daquele ano, uma vez mais, Francisco i levantou-se contra Napoleão. E outra vez, Napoleão ocupou Viena, instalando-se no Schönbrunn. Em maio, o arquiduque Carlos derrotou o exército francês em Aspern-Essling, junto ao Danúbio, a poucos quilômetros da capital. Foi a primeira vitória austríaca em uma década. O triunfo, porém, foi seguido por uma derrota em Wagram, no mês de julho. A batalha foi decisiva. Francisco foi obrigado a assinar um tratado de paz e aceitar mais perdas territoriais: Salzburgo e partes do território austríaco foram cedidas à Baviera, a Gorizia, Trieste, Carniola, e partes da Caríntia foram entregues ao reino da Itália, e a Galícia ocidental para o grão-ducado de Varsóvia. O Exército austríaco ficaria reduzido a meros 150 mil homens.

A situação dos Habsburgo era desesperadora. Com o Sacro Império dissolvido, Francisco corria agora o sério risco de perder também a coroa da Áustria. Depois de Wagram, ele destituiu o conde de Warthausen do ministério das Relações Exteriores nomeando para seu lugar o príncipe Metternich. O novo ministro tinha como objetivo salvar o que restara do império dos Habsburgo e garantir uma paz duradoura com a França. Aos 36 anos, Metternich tinha uma carreira diplomática sólida. Conservador, acreditava na ordem natural das coisas, baseada na religião e na monarquia. Temia a quebra da hierarquia e das instituições, odiava a mudança de regras e as revoluções. "O mundo está perdido", escreveu a um amigo, quando da dissolução do Sacro Império. Natural de Koblenz, estudara em Estrasburgo e Mainz, tinha viajado pela Áustria, conhecia a Inglaterra e fora embaixador em Berlim. Casado com Leonora von Kaunitz, filha do chanceler da grande Maria Teresa, era conhecido por seu egocentrismo e sua vaidade exacerbada. Considerado bonito e elegante, Metternich era um negociante formidável e um sedutor incorrigível. Manteve inúmeros casos amorosos com as principais beldades da época, incluindo a irmã de Napoleão, Caroline Bonaparte, esposa de um dos mais importantes militares franceses, o marechal Murat.[1]

Napoleão desejava fundar a própria dinastia, mas para isso precisava de um filho e herdeiro legítimo. Mais velha do que ele, sua amada esposa Josefina tinha dois filhos de um primeiro casamento com o visconde de Beauharnais, nenhum deles com o imperador. Napoleão sabia que suas vitórias militares só fariam algum sentido se o seu vasto império fosse alicerçado em acordos diplomáticos com casas reais importantes. Primeiro, ele sondou a possibilidade de se casar com uma das irmãs do tsar Alexandre I, a grã-duquesa Ana. As tratativas com o Románov não avançaram e Metternich viu a oportunidade de um acordo diplomático singular: oferecer ao imperador francês a mão de Maria Luísa, filha mais velha de Francisco. Napoleão obteve o divórcio de Josefina e, em fevereiro de 1810, ordenou que seu embaixador em Viena pedisse formalmente a mão da arquiduquesa. Em abril, ele desposou Maria Luísa. Encantada com a performance de Napoleão na noite de núpcias, ela o teria convidado para "fazer de novo".

Então com dezenove anos, a nova imperatriz não apenas era mais jovem e sensual que a primeira, era também mais bem-educada e requintada. O casamento de um filho da Revolução Francesa com a sobrinha-neta da rainha Maria Antonieta, decapitada pelos revolucionários, no entanto, estarreceu a Europa. Especialmente os Habsburgo-Lorena. Para alívio de sua consciência, Francisco argumentou que Napoleão descendia dos duques da Toscana. A arquiduquesa Maria Carolina das Duas Sicílias, rainha de Nápoles destronada por Napoleão, tia e sogra do imperador Francisco, não enxergou dessa forma. Escandalizada, teria afirmado: "Para completar todos os meus infortúnios, só me faltava ser avó do diabo".[2] O único filho do casal, Napoleão Francisco, rei de Roma e depois duque de Reichstadt, seria visto como uma chaga. Mais tarde, após a prisão do pai, ele viveria a maior parte de sua breve existência em Viena, na corte do avô paterno, onde morreu tuberculoso, aos 21 anos.

Os prussianos e os austríacos podiam estar derrotados, mas os ingleses e os russos permaneciam fora do alcance dos franceses. No verão de 1812, não podendo vencer a Inglaterra no mar e querendo obrigar o tsar Alexandre I a se manter dentro dos ditames do Bloqueio Continental, Napoleão apostou todas as suas fichas atacando a Rússia. Em 4 de junho, ele atravessou o rio Niemen, liderando um exército de mais de meio milhão de homens. Somente na Guarda Imperial eram 45 mil soldados de elite. Os granadeiros usavam uniforme azul, culotes brancos e chapéus decorados com um penacho tricolor e uma pluma vermelha; a cavalaria trajava culotes bege e jaquetas verde-escuras decoradas com cinco fileiras de botões de latão. Na retaguarda do grande exército — a Grande Armée — seguiam colunas com quilômetros de suprimentos: gado, trigo, 28 milhões de garrafas de vinho e dois milhões de garrafas de conhaque.[3] A campanha russa foi o mais audacioso intento de Napoleão e também o início de sua ruína. Em setembro, o imperador francês venceu os russos do general Kutuzov na batalha de Borodino e dias depois tomou uma Moscou incendiada pelos próprios moscovitas. O tsar estava em São Petersburgo e se recusou a negociar. Pela primeira vez, Napoleão não pôde dobrar um inimigo. Impaciente, ele deixou a capital russa para retornar a Paris durante o inverno. Kutuzov surpreendeu as forças em retirada no rio Beresina, destroçando o grosso do exército napoleônico. A derrota na Rússia quebrou o mito da invencibilidade do imperador e deu início a movimentos nacionalistas de independência em países até então sob a influência da França.

Em outubro de 1813, Napoleão foi derrotado em Leipzig, na Saxônia, por um exército conjunto formado por russos, prussianos, suecos e austríacos, mais de 257 mil soldados comandados pelo príncipe de Schwarzenberg. O combalido exército francês, composto das tropas originais de Napoleão e de seus aliados alemães remanescentes, tinha 177 mil homens. Depois de quatro dias de luta, os franceses haviam perdido 73 mil soldados. Entre os comandantes aliados vitoriosos, estavam o próprio tsar Alexandre I, o rei da Prússia Frederico Guilherme III e o imperador Francisco I. Derrotado na batalha das Nações, o exército francês se desfez por completo e Napoleão cruzou o rio Reno e deixou definitivamente a Europa Central. As tropas da coalizão, no entanto, continuaram a perseguição. Paris caiu em março de 1814, Napoleão abdicou e, aprisionado, foi enviado para o exílio na ilha de Elba, na costa da Toscana. Luís XVIII, irmão do rei Luís XVI decapitado pela Revolução Francesa, foi posto no trono da França. Um ano depois, Napoleão fugiu da pequena prisão e se dirigiu a Paris, onde reassumiu o governo. Na primavera de 1815, ele invadiu os Países Baixos austríacos à frente de 75 mil homens, decidido a derrotar seus inimigos em separado, antes que eles formassem um grande exército em coalizão novamente. Seu objetivo era vencer os ingleses e prussianos no campo de batalha e negociar um tratado que beneficiasse a França.

O Exército britânico, comandado pelo experiente marechal Arthur Wellesley, duque de Wellington, era composto de mais de setenta mil homens de nacionalidades diferentes — ingleses, holandeses e alemães, contingentes do reino de Hanôver, ducados de Brunswick e Nassau, aliados da Coroa inglesa. Os cinquenta mil prussianos eram comandados pelo marechal Blücher, príncipe de Wahlstatt. Francisco I e Alexandre I ainda esperavam reunir 350 mil soldados austríacos e russos para ir ao encontro dos exércitos que combateriam a França. Quando os combates iniciaram, Napoleão conseguiu isolar Blücher em Ligny, próximo de Bruxelas, e se preparou para atacar as forças inglesas que estavam em Waterloo, julgando erroneamente que os prussianos batiam em retirada para a Alemanha. Na manhã do dia 18 de junho, ele atacou Wellington com sua força principal e esteve perto de romper as linhas inimigas. Mas depois de várias horas de combate, a vanguarda do exército de Blücher chegou ao campo de batalha para socorrer os ingleses. O reforço inesperado foi decisivo para a vitória. Às oito e meia da noite, a batalha de Waterloo chegou ao fim. Napoleão foi definitivamente derrotado. O "deus da guerra" havia lutado em sessenta batalhas, sendo derrotado em apenas sete delas.[4]

DO CONGRESSO DE VIENA À REVOLUÇÃO DE 1848

Derrotado em Waterloo, Napoleão abdicou pela segunda vez. Impossibilitado de fugir devido ao bloqueio inglês do litoral francês, ele acabou por render-se em Rochefort. Em outubro do mesmo ano, foi levado prisioneiro à ilha de Santa Helena, na costa oeste africana, para seu exílio derradeiro.

Mas, antes mesmo da derrocada final de Napoleão, os líderes da coalizão organizaram um congresso cujo objetivo era restaurar a casa de Bourbon na França e reestruturar a Europa nos moldes pré-revolucionários. Sob a coordenação de Metternich, 216 delegações, representantes de Estados, domínios e cidades europeias sentaram-se à mesa de negociações na capital austríaca. O evento teve início em setembro de 1814. Como anfitrião, Francisco I recebeu seus aliados, o tsar Alexandre I e o rei Frederico Guilherme III no lado de fora das muralhas de Viena. Os três entraram na velha cidade saudados por disparos de canhões e escoltados pela guarda de honra húngara, liderada pelo príncipe Esterházy, que usava botas adornadas de pérolas e um chapéu com penacho e pedras preciosas. Eram seguidos por colunas de generais e soldados austríacos brilhantemente uniformizados. Os dois aliados do imperador Habsburgo foram acomodados no palácio Hofburg.

Para além das questões diplomáticas, o que se viu foi um gigantesco evento social que durou meses, com festividades sem fim promovidas pela corte vienense e pela aristocracia e pelos diplomatas que estavam reunidos em Viena. "Seria muito azar não encontrar um imperador, um rei ou governante; não cruzar com um príncipe real, um grande general, um diplomata ou um ministro famoso. Há uma multidão deles em Viena; uma multidão real", escreveu a baronesa de Montet. "Pelas manhãs, os reis, se não estiverem ocupados em seu papel de soldados, fazem passeios a pé; quando não há grandes desfiles ou caçadas, eles fazem visitas; levam a vida de jovens descompromissados", observou a dama francesa.

> À noite, põem seus uniformes completos, brilham nas festas verdadeiramente deslumbrantes realizadas para eles pelo imperador da Áustria; este, tão simples, tão sóbrio, é magnífico e esplêndido em recebê-los. Cada soberano, cada príncipe reinante ou real, tem carruagens da corte, guardas montados, cavalos soberbos; todas essas procissões são lindas, elegantes; tudo é brilhante, tudo é novo.[5]

A baronesa de Montet acreditava que os monarcas agiam "como crianças que precisavam brincar após um período de aplicação", estavam de férias e "aproveitando sua liberdade".

Bailes, apresentações teatrais e musicais, jantares, visitas a vários dos palácios reais e seus jardins, desfiles militares, caçadas, encontros amorosos e orgias. Metternich e o tsar promoviam jantares íntimos no palácio do conde Razumovsky. Talleyrand, o ministro e representante francês, e lady Castlereagh, marquesa de Londonderry e esposa do ministro de Relações Exteriores da Inglaterra, faziam o mesmo. Os mais importantes homens e mulheres da sociedade europeia encontravam amantes, não raro em grupos. Reis, príncipes, grão-duques, duques, condes e barões aparecem nos registros policiais vienenses frequentando casas da aristocracia ou palácios da nobreza em busca de luxúria. O tsar Alexandre, então com 38 anos, podia ser visto publicamente flertando com jovens, como a princesa Gabrielle Auersperg, de vinte anos e já viúva. Aos 45 anos, o rei Frederico Guilherme apaixonou-se pela jovem e pudica condessa Julie Zichy e a seguia por todos os lados. Zichy também despertara o interesse de Metternich e do tsar russo. O imperador Francisco era uma exceção. Amado por seu povo, ele mantinha-se distante das fofocas comportando-se decentemente. Segundo um observador, "o tsar fazia amor por todos eles, o rei da Dinamarca falava por todos, o rei da Prússia pensava por todos, o rei de Württemberg comia por todos e o imperador da Áustria pagava por todos". Conforme Talleyrand, ao custo de 220 mil florins por dia.[6]

Nove dias antes de Napoleão ser derrotado em Waterloo, em 9 de junho de 1815, o Congresso de Viena chegou ao fim. A Inglaterra recebeu bases navais no Mediterrâneo e territórios coloniais franceses na América, na África e na Ásia. Alexandre I recebeu a maior parte da Polônia e teve confirmada a anexação da Finlândia. Frederico Guilherme III recebeu um pedaço da Polônia e territórios ao longo do Reno. A Suíça viu garantida a sua neutralidade. O eleitorado de Hanôver e os Países Baixos foram transformados em reinos. Os reinos da Baviera e de Württemberg foram reorganizados (a Baviera recebeu o Palatinado). Os grão-ducados de Baden e de Hesse-Darmstadt também receberam pequenos territórios no Reno. Metternich encerrou o evento vienense como um dos grandes nomes da diplomacia europeia, tendo garantido para Francisco I e a dinastia Habsburgo o retorno dos territórios de Milão, Veneza e a Ilíria, Salzburgo e o Tirol.

O antigo território do Sacro Império (e a Confederação do Reno, criada por Napoleão) foi substituído pela Confederação Germânica, uma aliança de 39 Estados alemães sob a presidência da Áustria. Com uma população de pouco mais de trinta milhões, o único órgão comum, o Bundestag, uma dieta reunida em Frankfurt, não era formado por um parlamento eleito, mas por delegados dos diversos países membros. Não havia leis e moeda comuns e a Áustria e a Prússia não faziam parte da nova entidade com todos os seus territórios. A Áustria deixava de fora as terras polonesas, húngaras e italianas, e a Prússia excluíra a Prússia Oriental e a Posnânia, habitada por poloneses. O reino de Hanôver estava ligado por questões dinásticas à Inglaterra e à Irlanda; o grão-ducado de Luxemburgo era unido à Coroa dos Países Baixos e o ducado de Holstein à da Dinamarca.[7] Três meses depois das resoluções assinadas em Viena, o tsar russo conseguiu criar a Santa Aliança, um acordo entre Rússia, Áustria e Prússia, com o objetivo de manter relações baseadas na "eterna religião de Deus nosso salvador" e "nas regras da justiça, da caridade cristã e da paz".

Além das disposições do congresso, a situação da França foi definida nos tratados de Paris, assinados em maio de 1814 e novembro de 1815: o país voltava a ter a fronteira de 1791. Quanto à esposa de Napoleão e filha de Francisco I, Maria Luísa foi posta sob os cuidados do general conde de Neipperg, um hussardo que agia conforme orientações de Metternich. Ele havia perdido o olho direito em batalha, usava um tapa-olho de seda preta sobre a cicatriz e era dezesseis anos mais velho que ela. Mas era elegante, desenvolto e dono de uma voz encantadora. A ex-imperatriz da França nunca mais teve contato com o marido. Tornou-se amante do conde de Neipperg, teve dois filhos e escondeu o caso da família até a morte dele em 1829. Quando a irmã e futura imperatriz brasileira ouviu os boatos sobre o relacionamento de Maria Luísa com o conde, tratou-o como um absurdo. Dona Leopoldina nunca foi informada pela irmã a respeito disso.

Depois de 1815, a política exterior austríaca (que incluía assuntos da Confederação Germânica) passou inteiramente para as mãos de Metternich, o "cocheiro da Europa". Francisco I atravessou as duas décadas seguintes tentando se equilibrar num Estado multiétnico, mantido em ordem por seu ministro conservador através da censura, de restrições à liberdade civil e de um sistema de vigilância policial. Para além das fronteiras Habsburgo, os governantes alemães também eram instados a reprimir organizações políticas e manifestações públicas. A confiança do imperador em Metternich era tal que ele deixou ao filho instruções para que nunca tomasse qualquer decisão sem consultar o príncipe. "Não perturbe os fundamentos da estrutura nacional, governe mas não mude nada", escreveu Francisco, "mantenha-se firme e inabalável nos princípios por cuja observância constante eu conduzi a monarquia através das tempestades dos tempos difíceis." Na verdade, parece que o imperador e seu chanceler se completavam. Metternich escreveu que "o imperador faz sempre aquilo que desejo, embora eu só deseje aquilo que ele deveria desejar".[8] Em 2 de março de 1835, depois de reinar por 43 anos, Francisco I faleceu de uma febre repentina. Pela primeira vez, o funeral foi realizado na catedral de Santo

Estevão, com o corpo exposto sobre um grande catafalco, decorado com uma coluna imponente encimada pela águia bicéfala dos Habsburgo. Durante três dias, o povo de Viena prestou as últimas homenagens ao "bom imperador". Após as despedidas, Francisco foi sepultado na cripta dos Capuchinhos.

Fernando I, o filho mais velho de Francisco com sua segunda esposa, Maria Teresa de Bourbon-Nápoles, herdou o trono. Aos 42 anos, o novo imperador era completamente incapaz de governar. Tinha hidrocefalia e problemas neurológicos, falava com dificuldade e era constantemente acometido de ataques epilépticos. Assim como Carlos II, o Enfeitiçado, da Espanha, sua aparência também era o resultado dos casamentos endogâmicos da dinastia. Tinha uma cabeça extraordinariamente grande, cabelos ralos e olhos caídos. Casado desde 1831 com a princesa Maria Ana da Sardenha-Piemonte, da casa de Saboia — neta do arquiduque Fernando Carlos Antônio, filho da imperatriz Maria Teresa —, Fernando nunca conseguiu gerar um herdeiro. Segundo a própria esposa, extremamente piedosa e devota ao catolicismo, ela atuava como enfermeira mais do que como esposa do marido. Embora não tenha sido declarado incapacitado, seu pai havia preparado um conselho de regentes para que Fernando pudesse governar. Além de Metternich, o conde Kolowrat-Liebsteinsky, ministro do Interior, e o arquiduque Luís, irmão de Francisco I, estavam à frente do império.

A debilidade da administração, porém, não suportou o movimento revolucionário que se iniciara em Paris em fevereiro de 1848 e havia destronado o rei Luís Filipe I. Agitações populares se alastraram pela Europa e chegaram a Viena no mês seguinte. Metternich renunciou e pediu exílio em Londres. Fernando teve que aceitar as exigências pelo fim da censura e a elaboração de uma constituição. Um governo provisório redigiu uma carta constitucional, mas sem participação popular. Em maio, depois de novos protestos na capital, Fernando fugiu para Innsbruck. Em julho, o parlamento foi aberto com mais de 380 delegados de origem germânica e eslava. Aboliu-se o sistema feudal e os camponeses foram declarados proprietários de suas terras. Nesse meio-tempo, Lajos Kossuth liderou uma revolta pela independência da Hungria — desde três anos antes, os magiares articulavam um programa liberal em oposição ao absolutismo de Viena. Em outubro, a revolução entrou numa terceira e decisiva fase. Os vienenses apoiaram o levante húngaro e a capital se transformou num campo de batalha. O conde de Latour, ministro da Guerra, foi esquartejado na rua pelos revoltosos e a corte se refugiou na Morávia, onde Fernando acabou renunciando à coroa em 2 de dezembro. Ele mudou-se para Praga com a esposa e ali passaria o resto da vida, dedicando-se a obras de caridade, vindo a falecer em 1875, aos 83 anos.[9]

O KAISER FRANCISCO JOSÉ I

A renúncia de Fernando ocorreu no palácio do arcebispo em Olmütz (hoje Olomouc, na República Tcheca), a duzentos quilômetros de Viena, para onde o príncipe de Schwarzenberg, que fora nomeado chanceler, e os generais Windischgrätz e Jelačić haviam levado a família imperial, esperando salvar o império Habsburgo. O irmão do imperador, o arquiduque Francisco Carlos, deveria assumir o trono, mas era igualmente fraco e pouco decidido. Controlado por uma esposa enérgica, a princesa Sofia da Baviera, ele abdicou de seus direitos dinásticos. Às oito da manhã, um emocionado Fernando leu a ata de abdicação, entregando o império nas mãos de seu sobrinho, o jovem arquiduque Francisco José, de apenas dezoito anos.

Nascido no palácio Schönbrunn em 18 de agosto de 1830, Francisco José era o primogênito de Francisco Carlos e Sofia. Sua ambiciosa mãe pertencia à casa dos Wittelsbach. Era filha de Maximiliano I da Baviera, o antigo eleitor bávaro feito rei por Napoleão. Sofia tinha uma personalidade forte e controladora, e o fato de conviver com homens fracos — tanto o cunhado quanto o esposo — fez com que Talleyrand afirmasse ironicamente que ela era o "único homem" da família. Tendo desempenhado um papel decisivo tanto na ascensão de Francisco José ao trono quanto nos primeiros anos de reinado do filho, ela passaria à história como "a imperatriz secreta". O marido Francisco Carlos, por sua vez, era o primeiro na linha de sucessão, mas não tinha interesse nem aspirações políticas.

Casados desde 1824, Francisco Carlos e Sofia teriam outros três filhos além de Francisco José e de uma menina, que morreu ainda criança. Maximiliano, dois anos mais novo do que o imperador, era o oposto do irmão; tinha encanto pessoal, interesse por arte e ciências, além de ideias políticas liberais. Afastado do trono, "Max" se tornaria comandante em chefe da Marinha austríaca e um viajante inquieto. Visitou diversos países na Europa, na África e no Oriente Médio. Esteve em Portugal e no Brasil. Em Lisboa, apaixonou-se por dona Maria Amélia, única filha do ex-imperador brasileiro dom Pedro I e sua segunda esposa, dona Amélia de Leuchtenberg. Prometida em casamento ao arquiduque Habsburgo, a jovem faleceu de tuberculose aos 21 anos, em 1853. A morte da "Princesa Flor" foi um duro golpe para Maximiliano, que acabaria casando com Carlota da Bélgica, filha do rei Leopoldo e da rainha Luísa Maria de Orleans. Em 1860, Maximiliano visitou a Bahia, onde viu a "exuberância indomável" da natureza brasileira, repetindo em seus relatos o que a tia dona Leopoldina havia escrito mais de quatro décadas antes: "até mesmo o pincel do artista se torna indeciso e impotente quando se trata de criar imagens de tais regiões".[10] Esteve também no Rio de Janeiro, onde conheceu as filhas do primo dom Pedro II. Em 1864, influenciado por sua ambiciosa esposa, Maximiliano embarcou em uma funesta aventura na América Central. Patrocinado pela França de Napoleão III, ele esperava implantar uma monarquia no México. Chegou ao Novo Mundo à frente de 25 mil soldados franceses e divisões belgas, austríacas e húngaras, mas não agradou nem os liberais do país nem seus aliados na Europa. Depois de três anos de reviravoltas, pressionado pela esposa para que evitasse renunciar ao império recém-fundado, Maximiliano decidiu enfrentar pessoalmente o exército revolucionário republicano. Foi derrotado por seus inimigos, capturado e sumariamente condenado e executado em Querétaro, a duzentos quilômetros da capital mexicana, poucos dias antes de completar 35 anos.

O segundo irmão de Francisco José era Carlos Luís. Com as mortes de Maximiliano e do sobrinho, em 1867 e 1889, ele se tornaria o herdeiro presuntivo do trono. Seu neto acabaria sendo o último imperador Habsburgo na Áustria. O terceiro irmão de Francisco José era Luís Vítor, conhecido pela família como "Bubi" ou "Luzivuzi". Declaradamente homossexual, ele tinha aversão à política. Não aceitou se casar com a duquesa Sofia Carlota, cunhada mais nova do imperador, e também rejeitou os planos do irmão Maximiliano de fazê-lo se casar com as primas brasileiras. Seu escandaloso travestismo acabaria por obrigar o irmão a expulsá-lo da corte. Luzivuzi morreria em 1919, exilado no castelo de Klesheim.

Francisco José I assumiu o trono em 1848 disposto a salvar a monarquia da dissolução e a restaurar o esplendor e o poder dos Habsburgo. Inicialmente, "pronto para compartilhar nossos direitos com os representantes de nossos povos", fundindo "todo os territórios e todos os povos da monarquia, com o consenso das populações, num grande Estado orgânico". Não por acaso, escolheu como lema *Viribus unitis* — "Forças unidas". Na prática, tão logo foi possível, teve início a implementação de um neoabsolutismo que suprimia as demandas liberais da chamada Primavera dos Povos. O liberalismo de 1848 foi paulatinamente destruído nos três anos seguintes. O príncipe de Schwarzenberg resumiu a política adotada: "A base do governo é a força, não as ideias".[11] Na Itália, as insurreições foram debeladas pelo marechal boêmio Radetzky, e a rebelião húngara foi sufocada com apoio de soldados russos, enviados pelo tsar Nicolau I. Com as forças rebeldes aniquiladas por seus generais, em 31 de dezembro de 1851, Francisco José aboliu a constituição promulgada pelo movimento revolucionário, restituindo o poder autocrático através da chamada Carta Patente Sylvester. As liberdades civis e de imprensa foram suprimidas, e as aspirações nacionais, refreadas. O parlamento imperial seria eleito de forma indireta e restrita, para garantir a superioridade das províncias de origem germânica sobre os demais povos. O Conselho de Ministros perdeu completamente sua função. Ainda que de forma temporária, a Áustria restaurava a ordem através de um modelo feudal. O controle estatal, porém, não impediu que o alfaiate húngaro János Libényi atentasse contra a vida do jovem imperador. Em 1853, querendo vingar-se da morte de seus compatriotas durante as revoluções, ele feriu Francisco José com um golpe de punhal no pescoço. O monarca foi salvo pela gola do uniforme. Dois anos mais tarde, a lealdade Habsburgo à Igreja católica também foi confirmada por meio de uma concordata, assinada pelo imperador e pelo papa Pio IX.

Desde criança, Francisco José demonstrou entusiasmo por tudo o que era militar. Tinha gosto pelas armas e exércitos, por uma rotina rígida e trabalho intenso. O pensamento marcial marcaria sua vida. Inicialmente, sua educação esteve a cargo da baronesa de Sturmfeder, aristocrata alemã cuja irmã mais nova acompanhara a dona Amélia de Leuchtenberg ao Brasil, quando de seu casamento com dom Pedro I. Depois de 1836, os estudos do arquiduque foram orientados pelo conde de Bombelles. Nascido na França, o novo professor era filho do marquês de Bombelles e, com outros dois irmãos, integrara o Exército austríaco na luta contra Napoleão, antes de servir como agente diplomático de Francisco I em São Petersburgo, Lisboa e no Piemonte. Um de seus irmãos, Charles-René de Bombelles, havia se casado dois anos antes com Maria Luísa, a tia de Francisco José, ex-imperatriz francesa e então viúva de Neipperg.

Aos seis anos, Francisco José tinha dezoito horas-aula por semana. Dois anos depois, esse tempo havia dobrado. Aos quinze anos, eram 55 horas-aula semanais. Como a mãe esperava que ele pudesse chegar ao trono, "Franzl", como Sofia o chamava, foi preparado para reinar. Aprendeu italiano, francês, tcheco e húngaro — também tinha conhecimentos básicos de croata e polonês, teve contato com latim e grego antigo, mas nunca aprendeu inglês. Estudou também matemática, geometria, filosofia e outras matérias de interesse universal, como desenho e música. O ensino religioso foi ministrado primeiramente pelo capelão da corte, Joseph Colombi, e mais tarde pelo confessor da arquiduquesa Sofia, Othmar von Rauscher, que anos depois seria nomeado arcebispo de Viena pelo ex-aluno.[12]

O novo kaiser herdara muitos dos traços físicos marcantes dos Habsburgo. Tinha os cabelos marrom-avermelhados, grandes olhos azuis, o rosto alargado e fino. Embora tivesse os lábios grossos, não possuía a mandíbula proeminente que se manifestara em muitos membros da dinastia. Além da aparência, a personalidade de Francisco José lembrava a de muitos de seus ancestrais. Era apegado às antigas tradições, avesso às mudanças políticas e bastante resiliente, encarando todos os desastres administrativos e infortúnios pessoais com um impressionante fatalismo. Ao longo de quase setenta anos de reinado foi incapaz de encontrar soluções originais para as tensões surgidas da diversidade étnica e religiosa de seu gigantesco império. Para ele, "só existem conceitos primários. Belo, feio, morto, vivo, saudável, jovem, velho, esperto, estúpido", escreveu um cortesão. "Suas ideias não conhecem nuances."[13] Não apreciava a arte moderna e preferia a música romântica, marchas militares ou as valsas de Johann Strauss, o célebre compositor vienense, autor de *Danúbio Azul*. Detestava impontualidade, uniformes desalinhados e gente espalhafatosa, mantinha rotinas previsíveis e as formalidades do protocolo — sua frase usual para todas as cerimônias oficiais, "Foi bom, apreciamos bastante", era conhecida em toda Áustria.

O imperador tinha gosto por comidas simples, costumava jantar sozinho ou acompanhado de uns poucos convidados. Gostava do teatro e adorava caçadas. A caça era uma atividade esportiva bem popular entre os aristocratas, sendo usada tanto para reuniões sociais quanto para atividades políticas. Por isso, o imperador mantinha pavilhões de caça em Eisenerz, Radmer, Langbathsee, Offensee e Mürzsteg e outros lugares. Vestindo o traje típico da Áustria, a Lederhose (uma bermuda de couro) e o chapéu com barba de camurça, ao longo da vida Francisco José abateu 55 mil animais entre tetrazes, camurças, veados e javalis. Quando estava em Viena, acordava pouco depois das quatro horas da madrugada e, se não houvesse recepções ou bailes na corte, deitava-se por volta das oito da noite. Em seus últimos dias, durante a Grande Guerra, vivia em regime espartano, dormindo em uma cama de campanha extremamente rústica — "miserável", na opinião de um de seus assessores.

A IMPERATRIZ SISSI

No verão de 1853, o pior havia passado; a monarquia Habsburgo continuava de pé e o ferimento causado pelo atentado contra sua vida estava cicatrizado. Prestes a completar 23 anos, Francisco José precisava agora deixar de lado as aventuras sexuais com as "condessas higiênicas", encontrar uma esposa e gerar um herdeiro, o que garantiria a continuidade da dinastia e traria estabilidade ao país. A arquiduquesa Sofia, mãe do imperador, escolheu uma mulher que parecia ideal: sua sobrinha Helena. Com dezenove anos, "Nenê" era a mais velha das cinco filhas de Maximiliano, duque em Baviera, e Ludovica, princesa bávara. Maximiliano descendia de um ramo lateral da casa de Wittelsbach, era neto de Guilherme de Birkenfeld-Gelnhausen, que era primo e muito próximo de Maximiliano José, eleitor da Baviera. Quando este subiu ao trono em Munique, concedeu a Guilherme o título de duque bávaro. Mas como ele próprio ostentava o título de duque *da* Baviera, estabeleceu que o parente usaria como distinção duque *em* Baviera — em alemão, *von* e *in Bayern*. A duquesa Ludovica da Baviera, por sua vez, era filha do próprio rei Maximiliano José e, como tal, irmã da arquiduquesa Sofia. Ao planejar o casamento da sobrinha com o filho, a mãe de Francisco José reaproximava os Wittelsbach da Áustria e fazia com que os Habsburgo mantivessem vínculos estreitos com os reinos alemães. Duas de suas irmãs mais velhas, filhas do segundo casamento do rei bávaro, já eram rainhas da Prússia e da Saxônia. Além do mais, desde as filhas de Rodolfo I, rei da Germânia no século XIII, a casa da Áustria se ligava aos Wittelsbach. A união de Francisco José seria o vigésimo primeiro matrimônio entre as dinastias.

A formalização do noivado foi marcada para a festa de aniversário do imperador, dia 18 de agosto de 1853, na cidade termal de Ischl, a meio caminho entre Munique e Viena. Ludovica e Nenê chegaram à cidade no dia 15, acompanhadas da filha e irmã, Elizabeth. "Sissi", como era conhecida na família, tinha apenas dezesseis anos, cabelos castanho-avermelhados compridos quase até os tornozelos, olhos castanhos encantadores e um rosto angelical. Francisco José apaixonou-se arrebatadoramente, esquecendo-se por completo da pretendente original. No baile do dia 17, o imperador não dançou com Nenê como acordado e como determinava a etiqueta, mas com Elizabeth, que trajava um vestido de musselina rosa. Foi Elizabeth também quem recebeu o tradicional ramalhete — e não apenas um, mas os das demais damas. No dia seguinte, natalício do monarca, a jovem foi consultada sobre a possibilidade de casamento. No dia 19, às sete horas da manhã, Francisco José recebeu um bilhete com o aceite e quatro horas depois apresentou a noiva numa missa realizada na igreja local. A duquesa Elizabeth em Baviera seria a nova imperatriz da Áustria.

Como dote paterno, Sissi recebeu cinquenta mil florins e um enxoval adequado para o título. O imperador fixou o dote em cem mil florins, mais doze mil ducados como "doação matutina", uma antiga tradição medieval saxã que era entregue à esposa após a perda da virgindade. Elizabeth teria à sua disposição mais cem mil florins anuais, dinheiro que seria usado com despesas menores, como roupas, adornos e esmolas. Todo os demais gastos seriam custeados pelo erário imperial. Após as festividades de despedida, em 20 de abril de 1854, a noiva imperial deixou o palácio ducal em Munique com destino a Viena. Sua bagagem, dezesseis malas grandes e oito menores, partira dias antes. Uma berlinda puxada por seis cavalos levou Sissi até Straubing, no Danúbio, de onde a lancha imperial a transportou até a fronteira, em Passau, depois a Linz e, finalmente, à capital.[14]

Elizabeth desembarcou no cais de Nussdorf, em Viena, no dia 23, dirigindo-se ao Schönbrunn, onde foi apresentada para sua governanta, a condessa Sofia Esterházy-Liechtenstein, responsável por apresentar à imperatriz a etiqueta da corte. Na manhã seguinte, ela fez a entrada oficial na cidade. Do Schönbrunn, a carruagem imperial foi levada até o Theresianum — o La Favorita. Do velho palácio de Maria Teresa, Sissi percorreu as ruas de Viena numa berlinda de gala, de cristal para que todos pudessem vê-la. A carruagem, decorada com pinturas de Rubens e rodas em ouro, era puxada por oito cavalos brancos que usavam plumas brancas e arreios dourados, borlas vermelhas e douradas nas crinas trançadas. Dois servos caminhavam ao lado de cada cavalo e na porta da berlinda, e atrás seguia uma coluna de carruagens transportando mordomos, camareiras, damas da corte e conselheiros. Depois da chegada ao Hofburg, Sissi recebeu homenagens de representantes de toda a corte, do Exército e do governo, antes de se retirar para os aposentos privados, onde Esterházy a aguardava com mais dois memoriais. No mais extenso, com dezenove páginas, a etiqueta do cerimonial na igreja. No outro, "conselhos humilíssimos" descreviam em minúcias como o casal deveria se portar nas noites de núpcias.

No dia seguinte, 24, às seis e meia da tarde, a cerimônia de casamento foi realizada na igreja Agostiniana. Embora a distância entre o palácio e o templo fosse de apenas cinquenta metros, a procissão nupcial demorou quase uma hora para fazer o percurso. A igreja, cujo interior estava coberto de veludo vermelho, era iluminada por milhares de velas e refratores que pendiam do teto. Havia quase mil pessoas. Francisco José vestia uma farda branca de marechal coberta de condecorações. Elizabeth usou um vestido branco de cauda, bordado de ouro e prata, ricamente enfeitado com flores de murta. No cabelo, um diadema com diamantes; no colo um buquê de rosas brancas. O diadema fora confeccionado por Biedermann, o relojeiro da corte, ao preço de cem mil florins. Quando da chegada de Sissi em Viena, ela fora apresentada à família imperial. A ex-imperatriz Carolina Augusta, quarta e última esposa do falecido Francisco I, se aproximou da joia para apreciá-la e uma renda do seu vestido prendeu-se em um dos diamantes; ao levantar-se, a sexagenária tia do imperador levou consigo a peça. Caindo no chão, o diadema perdeu duas pedras preciosas, o que para a arquiduquesa Sofia foi um mau presságio.

A cerimônia foi celebrada pelo cardeal Rauscher, o arcebispo de Viena, acompanhado de setenta bispos e prelados. Depois do sim e da troca de alianças, salvas de artilharia e o repicar dos sinos de todas as igrejas ecoaram pela capital. No mesmo dia e horário, serviços religiosos foram realizados por todo o país. O dinheiro arrecadado foi usado para comprar presentes para os noivos, roupas para as crianças necessitadas, comida e bebida para os pobres — para a nobreza, a caridade era considerada uma das mais importantes virtudes aristocráticas. O próprio imperador disponibilizou duzentos mil florins "para aliviar a emergência existente" e ordenou que presos políticos fossem libertados. O dia do casamento terminou com um jantar. Às onze horas da noite, Ludovica e Sofia conduziram Sissi até o quarto nupcial, um dos 26 cômodos que o casal imperial ocuparia no Hofburg. O palácio tinha centenas de repartimentos. Doze pajens com castiçais de ouro estavam dispostos em frente à porta. Esterházy e quatro criadas prepararam a imperatriz e o leito, mas a consumação não aconteceu na primeira noite. Segundo a arquiduquesa Sofia deixou registrado, Sissi parecia "um pássaro assustado em seu ninho".[15] O imperador respeitou a esposa, que ainda não completara dezessete anos e estava exausta depois da longa viagem e de tantas recepções e cerimoniais. A aguardada união ocorreria somente três dias depois, no palácio de Laxenburg.

Três meses após o casamento, Sissi ficou grávida. A primeira criança do casal, Sofia Frederica, nasceu na primavera seguinte, mas morreria dois anos depois, durante uma viagem dos pais à Hungria. A filha seguinte, Gisela, veio ao mundo em 1856. Tímida e muito parecida com o pai, ela se casaria com o marechal alemão Leopoldo Maximiliano, um dos netos do rei Luís I da Baviera, com quem teria quatro filhos. O tão esperado herdeiro do trono, Rodolfo, nasceu no verão de 1858, no palácio de Laxenburg. Gisela e Rodolfo foram criados praticamente sem a mãe, que estava envolvida em uma disputa com a sogra pela educação das crianças. Dispersa em suas preocupações e desgostos, ela deu pouco amor e atenção aos filhos. Em 1868, nasceu a última filha do casal, Maria Valéria, que ficaria conhecida como "a criança húngara", por ter nascido em Buda, conforme o desejo de Elizabeth. Mais próxima da mãe, Maria Valéria se casaria com o arquiduque Carlos Salvador, filho do grão-duque Leopoldo II da Toscana e bisneto do imperador Leopoldo II (o nono filho da grande imperatriz Maria Teresa).

No verão de 1860, uma crise no relacionamento levou Elizabeth a deixar Viena e buscar refúgio em Possenhofen, o castelo da família no lago Starnberger, próximo a Munique, onde ela havia passado a infância. No ano seguinte, ela foi diagnosticada com uma doença pulmonar, o que a levou a uma viagem pela ilha da Madeira, a primeira de milhares que ela faria por países europeus nas décadas seguintes, incluindo cruzeiros pelo Mediterrâneo a bordo do *Miramar*. Ela havia cumprido o papel que era esperado para uma imperatriz no século XIX: tinha dado um herdeiro ao império e auxiliado Francisco José em questões diplomáticas. A paixão de Sissi pela cultura, história e terras magiares reconciliou a Hungria com os Habsburgo. A imperatriz aprendeu a falar húngaro, passou a usar os trajes nacionais e apreciava caçar nos campos do país. Ela pediu ao esposo que comprasse o palácio de Gödöllö, próximo a Peste. O imperador recusou, mas depois que a monarquia passou a ser dual, o primeiro-ministro, conde Gyula Andrássy, comprou a construção, datada do século XVIII, e a doou para a imperatriz como um presente pela coroação. Gödöllö seria um dos refúgios prediletos de Sissi. "Aqui me vejo livre das cerimônias", escreveu ela à mãe.

Assim como os austríacos, os húngaros admiravam a beleza da imperatriz, que então tinha ganhado a fama de mulher mais bela da Europa. Em todas as cortes do continente, os encantos de Sissi eram assunto nos salões de baile e relatórios diplomáticos. A rainha Amélia Augusta da Saxônia, irmã da arquiduquesa Sofia, escreveu admirada a uma amiga sobre a passagem de Sissi por Dresden:

> Não podes ter ideia do entusiasmo aqui despertado pela beleza e doçura da imperatriz. Nunca vi nossos pacíficos saxões de tal maneira emocionados: velhos e moços, ilustres e humildes, gente séria e gente alegre, bonachona e carrancuda, todos estavam e ainda estão loucos por ela; ela marcou época por aqui.

Quando a rainha da Itália fez uma visita a Elizabeth, um observador escreveu que "a pobre rainha Margarida parecida uma atriz coadjuvante ao lado de uma semideusa".[16]

Francisco José a chamava de "meu anjo celestial", "minha querida" e "doce alma", e assinava as muitas cartas que enviava à esposa como "seu maridinho" ou "seu pequenino" — Elizabeth tinha 1,72 metro de altura e era um pouco mais alta do que o marido. Mas a relação era tempestuosa e funcionava melhor à distância. Para um dos criados do imperador, a imperatriz sempre esteve "a um mundo de distância de ser a esposa ideal". Uma biógrafa de Elizabeth afirmou que entre os dois "havia um abismo".[17] Sissi era muito diferente do esposo. Hipersensível e culta, ela herdara o temperamento irrequieto do pai, o prazer por liberdade, aventuras e viagens, adorava poesia (especialmente a do romântico Heinrich Heine) e a natureza. Mantinha papagaios em gaiolas dentro do palácio e criava cães de raças grandes com um único critério de seleção: o tamanho — quanto maior, melhor. Também amava cavalos. Cavalgava horas a fio, não raro um dia inteiro.

As normas para a vida na corte eram rígidas, apenas 23 fidalgos pertencentes às mais ilustres famílias e 229 damas tinham acesso ao casal imperial com menos formalidades. Elizabeth detestava essa etiqueta e a corte vienense, acreditava que vivia numa "masmorra" e preferia refugiar-se na Hungria ou no Achilleion, o palácio que mandara construir na ilha grega de Corfu, e conversar com pessoas comuns sem ser reconhecida. Pouco feliz no casamento, insatisfeita e desocupada, a tímida imperatriz costumava viajar incógnita e evitava participar de encontros formais. A princesa Vitória da Prússia achava que Sissi era "linda", mas "muito especial" com suas particularidades e hábitos estranhos. Segundo a filha da rainha Vitória, ela ficava furiosa quando qualquer coisa fugia ao planejado: "Ela não quer ver ninguém ou ser vista em qualquer lugar".

Sissi era obcecada pela própria beleza e saúde. No verão, costumava acordar às cinco horas da madrugada, no inverno às seis. Então tomava um banho gelado, fazia uma sessão de massagem, exercícios de ginástica e um rápido desjejum. Sentava-se então para que seu cabelo fosse penteado, enquanto lia ou escrevia cartas. Vestia-se com roupas adequadas para a esgrima ou a equitação. Almoçava rapidamente e passava as tardes em caminhadas longas, retornando ao anoitecer para uma nova rodada de penteado e troca de roupas. Só então, por volta das dezenove horas, tinha contato com Francisco José.

Usando apertados espartilhos de couro, Elizabeth manteve sempre uma cintura de 53 centímetros, não passando nunca dos cinquenta quilos ao longo da vida. Visitava constantemente spas, procurando por novas terapias e adotando regimes singulares, se não excêntricos. Às vezes, alimentava-se por dias apenas com laranja e leite, o que não raro lhe causava distúrbios gastroentéricos e provavelmente levou ao desenvolvimento de uma anorexia nervosa. "Esses perpétuos tratamentos são realmente detestáveis", escreveu certa vez Francisco José à filha mais nova sobre o comportamento da esposa. Sissi fumava exageradamente, mas mantinha a rotina diária de exercícios físicos mesmo durante suas viagens, fazendo caminhadas e excursões tão longas e exaustivas que poucos de seus acompanhantes conseguiam resistir. Com a idade, passou a recusar ser fotografada, usando um véu que lhe cobria o rosto. Suas pinturas e fotografias existentes são quase todas das décadas de 1860 e 1870.[18] Sua imagem mais popular até hoje continua sendo a de uma tela a óleo pintada pelo célebre Franz Xaver Winterhalter em 1865, quando tinha 28 anos.

Quando a imperatriz partia para suas intermináveis viagens, Francisco José encontrava consolo com outras mulheres. Embora nunca tenha deixado de amar Elizabeth, em meados dos anos 1870 ele iniciou um romance com Ana Nowak, de apenas dezesseis anos, recém-casada com um fabricante de seda. Ele a conheceu durante uma caminhada matinal no parque do Schönbrunn. O relacionamento durou mais de uma década. Nesse meio-tempo, Nowak divorciou-se e casou novamente, dessa vez com um funcionário ferroviário. Os encontros com o imperador, no entanto, continuaram. O casal de amantes se encontrava regularmente durante as manhãs numa residência próxima ao Schönbrunn, onde Francisco José entrava por uma passagem secreta.

A partir de 1886, ele passou a manter intimidades com Katharina Schratt, atriz de trinta anos, estrela do Burgtheater, casada com um barão húngaro endividado. A própria Sissi não viu problemas, presenteou o marido com uma pintura de Schratt e até incentivou a relação, chegando mesmo a conduzir pela primeira vez a "amiga" aos aposentos do imperador — como filha de um padeiro e sem ascendentes nobres, Schratt não tinha permissão para se aproximar do círculo familiar do imperador dentro do protocolo da corte. Talvez Sissi tenha permitido a relação por acreditar que a atriz era uma companhia melhor do que as mulheres de classe média com quem o marido costumava se relacionar. Ou porque a própria imperatriz desenvolvera aversão às relações sexuais e Schratt poderia oferecer algo que Sissi já não estava mais disposta a dar. A amiga confidente do monarca se instalou próximo ao Schönbrunn e também comprou uma residência em Ischl, ao lado da vila imperial, permanecendo próxima de Francisco José até o fim da vida dele.[19]

No verão de 1886, o rei Luís II da Baviera, primo de Elizabeth, foi encontrado morto no lago Starnberger três dias depois de ser deposto. Tão excêntrico quanto Sissi e com tendências homossexuais, o construtor do castelo de Neuschwanstein provavelmente havia tirado a própria vida. Três anos mais tarde, uma tragédia atingiu também os Habsburgo. Em 30 de janeiro de 1889, o arquiduque Rodolfo, príncipe herdeiro do trono, foi encontrado morto no castelo de caça de Mayerling. Com ele estava a amante, condessa Maria de Vetsera, de apenas dezessete anos. O filho de Francisco José e Sissi havia casado oito anos antes com a princesa Estefânia, filha do rei belga, mas era infeliz. Aos 31 anos, o elegante e idealista Rodolfo desenvolvera melancolia e depressão, tornara-se viciado em álcool, morfina e sexo. O caso nunca foi completamente esclarecido. Embora Rodolfo tenha deixado cartas de despedida, o incidente está recheado de teorias conspiratórias. Mais tarde, a versão oficial — e a que parece de fato mais crível, de que Rodolfo tenha atirado na condessa e depois cometido suicídio por estar em "desordem mental" — foi contestada pela própria imperatriz Zita, esposa de Carlos, que sucederia Francisco José.[20]

A morte do filho abalou profundamente Elizabeth. Ela passaria os anos seguintes vestindo luto, viajando de um lugar para outro. Em 1897, uma nova tragédia familiar: a irmã mais nova da imperatriz morreu num incêndio em Paris. Em 10 de setembro de 1898, uma melancólica Sissi estava em Genebra, na Suíça. Ao deixar o hotel Beau Rivage e atravessar o Quai du Mont-Blanc para chegar ao cais, onde tomaria uma lancha para atravessar o lago Léman e chegar a Caux, Elizabeth foi atacada pelo jovem anarquista italiano Luigi Lucheni. Tendo se desvencilhado da condessa Sztáray, que fazia companhia à imperatriz, Lucheni conseguiu golpear Elizabeth com um punhal improvisado, uma lima de carpinteiro.

Inicialmente, Sztáray supôs que Elizabeth tivesse sofrido apenas um soco. A própria Sissi não percebeu a gravidade da situação. Usando um espartilho apertado, não notou que a arma perfurara seu peito, causando uma hemorragia interna. Recuperadas do susto, as duas seguiram para a barca, enquanto Lucheni era perseguido e preso. Somente quando Sissi desmaiou na embarcação é que Sztáray encontrou a pequena ferida. Levada de volta ao hotel, pouco pôde ser feito. Elizabeth morreu à uma e quarenta da tarde. Os médicos constataram que a lima havia penetrado quase oito centímetros, entrando um pouco acima do mamilo esquerdo da imperatriz, quebrando uma costela e perfurando o coração e o pulmão.[21] Embalsamado, o corpo foi levado a Viena para um grande funeral, que seria acompanhado por 82 príncipes e uma multidão de súditos e admiradores. A morte trágica de Sissi aos sessenta anos aumentaria sua notoriedade e a dimensão do mito criado em torno de sua vida. Quanto a Lucheni, foi condenado e acabou cometendo suicídio na prisão em 1910. Ele confessou não ter se arrependido do feito, admitindo que se pudesse voltaria a cometê-lo. Abandonado pela mãe durante a infância, ele buscava glória e reconhecimento matando algum membro da "ralé de assassinos de cabeças coroadas". Seu plano inicial era assassinar Henrique de Orleans, pretendente ao trono da França. Sissi estava no lugar errado, na hora errada. Ainda no tribunal gritou: "Morte à aristocracia!".

O IMPÉRIO AUSTRO-HÚNGARO

Quando Francisco José subiu ao trono em 1848, os domínios imperiais incluíam a Áustria (com os arquiducados da Baixa e Alta Áustria; os ducados da Carniola, Caríntia e Estíria, os condados do Tirol e de Voralberg, Gorizia e Gradisca, o margraviado da Ístria e a cidade de Trieste); as terras húngaras (com o reino da Hungria, Croácia e Eslovênia; o grão-ducado da Transilvânia); as terras da Coroa boêmia (com o reino da Boêmia, o margraviado da Morávia e o ducado da Baixa e Alta Silésia); os reinos da Dalmácia, da Lombardia-Vêneto e da Galícia; o grão-ducado da Cracóvia; e os ducados da Bucovina e de Salzburgo. O imperador também "reinava" sobre territórios que não se encontravam mais sob seu domínio ou nem sequer existiam, como a Lusácia (hoje na fronteira entre Alemanha e Polônia), a Lorena (na França), Kyburg e Habsburgo (na Suíça) e o reino de Jerusalém, extinto em 1291. Francisco José ostentava 47 denominações honoríficas listadas no "Grande Título", nome oficial dado à relação de coroas, títulos e dignidades dos imperadores austríacos. Elas incluíam os títulos de imperador, rei, arquiduque, grão-duque, grão-príncipe, margrave, duque, conde, príncipe e senhor. Ele era o chefe supremo das forças armadas e governava a Áustria sem parlamento ou constituição; em síntese, um moncara absolutista.

O kaiser austríaco também era o presidente da Confederação Germânica, formada pelos diversos Estados alemães em substituição ao antigo Sacro Império no Congresso de Viena. Mas embora a Áustria fosse o maior país da liga e o segundo maior da Europa, a influência de Viena sobre a confederação declinara enormemente desde 1834, com o Zollverein, uma união aduaneira, elaborada pela Prússia com a ideia de criar um mercado comum entre os Estados integrantes. Contando com populações não alemãs em seu território, a Áustria ficou de fora do acordo — a Prússia temia ser controlada por um Estado que tinha mais de 37 milhões de habitantes, dos quais apenas oito milhões tinham origem germânica. Na década de 1840, porém, o bloco já era formado por 28 das 39 unidades da confederação. O Zollverein fortaleceu enormemente a posição da Prússia na Alemanha e as revoluções de 1848 marcaram o fim da cooperação entre Viena e Berlim.

A década seguinte foi marcada por uma série de complicações políticas e militares na Europa. Para os Habsburgo, significou o fim de sua influência na Itália. Derrotado pelas tropas francesas de Napoleão III e pelo revolucionário Giuseppe Garibaldi, Francisco José foi obrigado a aceitar a perda da Lombardia em 1859 — o Vêneto seria perdido sete anos mais tarde. Na Prússia, o rei Guilherme I nomeou Otto von Bismarck seu ministro-presidente em 1862. Nascido em Schönhausen, junto ao Elba, na marca de Brandemburgo, filho de um senhor de terras (um *junker*), aos 47 anos Bismarck era independente, extravagante e um jogador político implacável. "As grandes questões atuais não serão resolvidas com discursos e decisões majoritárias", afirmou ele, "mas com ferro e sangue."[22] A concepção de "ferro e sangue" ou "força e luta" marcaria sua política. Assim que assumiu a chancelaria, ele ampliou a influência de Berlim sobre os demais Estados da Confederação Germânica, isolando Francisco José. No verão de 1863, o imperador austríaco convocou uma assembleia para Frankfurt, mas Bismarck convenceu o rei Guilherme a não comparecer. No ano seguinte, os dois países envolveram-se em um conflito contra a Dinamarca. Após uma vitória rápida, Prússia e Áustria receberam os ducados de Schleswig e Holstein, e Francisco José até condecorou Bismarck com a Ordem de Santo

Estêvão. Em 1866, porém, a disputa pela liderança na liga germânica desencadeou uma luta aberta entre Hohenzollern e Habsburgo, as duas principais dinastias alemãs da Europa. A guerra austro-prussiana foi breve e quase destruiu a monarquia Habsburgo.

Em menos de três semanas, o despreparado e antiquado exército de Francisco José foi destroçado pelas forças do marechal Helmuth von Moltke, um destacado estrategista, estudioso, poliglota e virtuoso amante das artes. Em 3 de julho, na batalha de Königgrätz, na Boêmia (hoje Hradec Králové, na República Tcheca), a Áustria perdeu 45 mil de seus homens, enquanto as perdas prussianas foram cinco vezes menores. Os soldados de Moltke estavam equipados com uma nova arma, o fuzil de agulha, capaz de disparar sete rodadas de tiros por minuto. O exército austríaco, em desvantagem tecnológica, ainda usava o lento rifle de carregamento pela boca, de dois disparos por minuto. Incapaz de enfrentar o moderno e disciplinado exército de Guilherme I, Francisco José foi obrigado a desistir da luta, negociando um tratado de paz que foi assinado em Praga, a 23 de agosto. A Áustria foi excluída da Alemanha, da qual havia sido parte vital durante quase seis séculos, e obrigada a pagar uma vultosa indenização por danos de guerra. Bismarck continuou sua política de anexação dos Estados alemães até a criação do Império Alemão, em 1871. Alcunhado de "Chanceler de Ferro", ele permaneceu à frente dos negócios da Alemanha por mais dezenove anos, servindo a três monarcas alemães, até 1890.

Francisco José mal pôde se recuperar do golpe na Alemanha. Agora era a própria Áustria que mais uma vez corria o risco de se desagregar. Os húngaros, que só por força das armas se mantiveram unidos a Viena durante as revoluções de 1848-9, viram na derrota de seu imperador a oportunidade para reivindicar antigos desejos nacionalistas. A Hungria fora incorporada aos domínios Habsburgo em 1526 e desde o final do século XVII o título de rei da Hungria era um dos vários títulos usados pelos imperadores da Áustria. Com a derrota de Francisco José em 1866, parlamento e governo precisaram negociar. Em fevereiro de 1867, o imperador cedeu às pressões e nomeou o príncipe húngaro Gyula Andrássy seu primeiro-ministro. A imperatriz Elizabeth nutria um amor platônico por Andrássy e teve influência considerável nas articulações que levaram à aproximação com os magiares. O Império Austríaco deixava de existir. Em seu lugar, de acordo com o *Compromise* (que a Áustria chamou de *Ausgleich*, e a Hungria de *Kiegyezés*), nasceu o Império Austro-Húngaro. O novo Estado era uma monarquia dual, aliança entre o reino da Hungria, incluindo a Transilvânia, a Croácia e a Eslovênia, que passou a ser chamado oficialmente de Transleitânia, e o restante dos territórios Habsburgo, então denominado Cisleitânia. Os dois nomes tinham origem no rio Leitha, que servia de fronteira. Francisco José manteve as duas coroas, mas cada reino administraria seus assuntos internos, com parlamento, ministros e tribunais próprios. Em comum, eram tratados apenas assuntos de relações exteriores, defesa e finanças — anualmente, cada parlamento escolhia uma delegação para que questões importantes fossem tratadas em conjunto. Em 8 de junho, vestindo seu uniforme de marechal húngaro, Francisco José foi coroado rei da Hungria em Buda. O próprio Andrássy colocou a coroa sobre a cabeça do rei-imperador. Conforme a tradição, a coroa de santo Estêvão foi segurada no ombro direito da rainha Elizabeth, que estava vestindo um traje tradicional. O casal real recebeu cem mil ducados em ouro numa suntuosa caixinha de prata. Por insistência da rainha, o dinheiro foi doado a viúvas, órfãos e inválidos do país que haviam lutado contra a Áustria.[23]

O historiador britânico David Stevenson afirmou que a Áustria-Hungria não era uma nação, mas a "antítese do princípio nacional". "Um pesadelo crescente de animosidade racial", observou outro historiador, Paul Johnson. Em 1910, de seus mais de cinquenta milhões de habitantes, menos da metade eram alemães (doze milhões) ou magiares (10,1 milhões). A maioria da população pertencia a nove etnias, quase todas eslavas: tchecos (somando 6,6 milhões de pessoas), poloneses (cinco milhões), rutenos (quatro milhões), croatas (3,2 milhões), romenos (2,9 milhões), eslovacos (dois milhões), sérvios (dois milhões), eslovenos (1,3 milhão) e italianos (setecentos mil). Para além das questões étnicas havia ainda diferenças religiosas. Os alemães eram cristãos, católicos em sua maioria, mas muitos eslavos eram ortodoxos, e uma parte considerável, principalmente nas províncias do sul, professava a fé islâmica — herança da presença otomana. Ainda havia 1,5 milhão de judeus espalhados por muitos lugares do império, sobretudo na Boêmia e na Galícia, região entre as atuais Polônia e Ucrânia.

Os dois parlamentos eram palco de brigas constantes e não raro os parlamentares impediam seus colegas de se pronunciarem valendo-se de discursos prolongados, usando sinos e cornetas ou até mesmo arremessando objetos. Os partidos, em geral, estavam divididos segundo questões étnicas e religiosas, e o parlamento austríaco de 1907 era uma amostragem do país: 241 deputados alemães, 97 tchecos, oitenta poloneses, 34 rutenos, 23 eslovenos, dezenove italianos, treze croatas, cinco romenos, cinco judeus e três sérvios. Lutas nacionalistas localizadas ocorriam com frequência entre poloneses e rutenos na Galícia;

alemães contra tchecos na Boêmia e na Morávia, ou contra italianos no Tirol. Muitas estações ferroviárias na Áustria-Hungria não tinham nome porque nunca se chegou a um acordo quanto ao idioma a ser usado. A língua a ser adotada nas escolas, nas universidades e na sinalização das ruas era um problema sério, motivo de brigas intermináveis e insolúveis, causa constante de manifestações públicas, protestos e greves. A origem étnica de cantores de ópera, atores de teatro ou escritores era motivo de disputas e mexericos de jornais. "Um ar de irrealidade impregnava tudo", observou um jornalista inglês contemporâneo. Em 1903, uma crise militar quase dissolveu o país — as forças armadas eram chamadas de *Landwehr* na metade austríaca e de *Honvéd* na húngara: os húngaros queriam maior participação nas questões militares, o direito de manter regimentos exclusivamente magiares, oficiais que dessem ordens em húngaro e pudessem usar a bandeira do país. Na Alemanha, o império Habsburgo era chamado pejorativamente de "cadáver do Danúbio".[24]

O ARQUIDUQUE FRANCISCO FERDINANDO

Como o príncipe herdeiro Rodolfo, filho de Francisco José, havia morrido em 1889, o próximo na linha sucessória passou a ser o arquiduque Carlos Luís, irmão do imperador. Em 1896, porém, Carlos Luís morreu aos 62 anos, de febre tifoide, contraída depois de beber a água do rio Jordão, em uma viagem à Palestina. As esperanças da dinastia repousaram, então, sobre seu filho mais velho, o arquiduque Francisco Ferdinando, fruto do segundo casamento, com a princesa Maria Anunciata, filha do rei Fernando II das Duas Sicílias. O herdeiro presuntivo do trono nasceu em 18 de dezembro de 1863, em Graz, duzentos quilômetros ao sul de Viena.

Ao contrário do suicida Rodolfo, "Franzi", como era chamado na intimidade, era impopular, avesso às badalações e pouco atraente. Para se curar de uma doença pulmonar que quase o matou, viajou pelo mundo durante dez meses, percorrendo oitenta mil quilômetros. Conheceu Egito, Índia, Austrália, Hong Kong, Japão e Estados Unidos. Por onde andou, caçou tigres, ursos, cangurus e avestruzes. Ao voltar para a Áustria trouxe 37 baús de quinquilharias. Francisco Ferdinando era intelectualmente curioso, gostava de arquitetura e de história, mas tinha dificuldade com línguas. Falava francês, mas seu inglês era sofrível;

estudou a vida inteira e nunca aprendeu húngaro. Na aparência, lembrava os Habsburgo. Era alto e tinha os olhos azuis. "Olhos grandes e brilhantes, azuis como a água sob as resolutas sobrancelhas escuras", descreveu o ministro austro-húngaro de Relações Exteriores Leopold von Berchtold, seu amigo de infância. Quanto à personalidade, era conhecido por seu antissemitismo e pelo ódio que nutria por maçons e por qualquer possível inimigo da Igreja católica. Segundo Stefan Zweig, seu contemporâneo, faltava ao arquiduque "amabilidade no trato pessoal, charme humano e sociabilidade". "Jamais era visto sorrindo, nenhuma fotografia o mostrava numa atitude mais descontraída", escreveu o escritor austríaco.[25] Para Zweig, o arquiduque tinha uma "nuca de buldogue e os olhos frios e rígidos".

A opinião pública europeia fazia coro a essa imagem. De modo geral, era tido como arrogante e mal-humorado, de "visão estreita", natureza desconfiada, impaciente e caprichosa. Uma vez no trono, é o que se imaginava, instalaria um governo inflexível, retrógrado e tirânico. O fato de ser um exímio caçador — durante toda a vida abateu 274.889 animais — respaldava a ideia que muitos faziam dele: de que tinha caráter sanguinário. Na verdade, seus planos para salvar a monarquia dual incluíam descartar o *Compromise*, centralizar o poder e criar uma federação. E, ao contrário do que desejava a maioria dos militares, era radicalmente contra a guerra, que ele considerava uma insanidade. Certa vez, escreveu que "jamais entraria em guerra contra a Rússia". "Farei sacrifícios para evitá-la", afirmou. "Um confronto entre a Áustria e a Rússia terminaria com a queda dos Románov ou com a dos Habsburgo, ou talvez de ambos."[26]

Como membro da família imperial, qualquer defeito no caráter ou em suas capacidades intelectuais seria aceitável, menos uma coisa: desposar alguém que não estivesse à altura da realeza dos Habsburgo, uma "não igual". Pois foi por uma mulher assim, uma aristocrata, que o herdeiro do império se apaixonou. Sofia, condessa Chotek de Chotkowa e Wognin, tinha os dezesseis parentes nobres necessários para a admissão na corte. Os Chotek eram barões da Boêmia desde o século XVI e condes desde 1723, tinham uma vasta folha de serviços prestados ao império, mas ainda assim, para questões de casamento imperial, não eram considerados à altura. E não importava à etiqueta que ela fosse bela e inteligente. Depois de anos sem obter autorização para o casamento, um apaixonado e desesperado Francisco Ferdinando escreveu uma derradeira solicitação ao tio:

Reitero que o desejo de desposar a condessa não é um capricho, mas sim o transbordamento de um enorme afeto [...]. Não posso me casar com nenhuma outra e nunca o farei; essa ideia me repugna, pois sou incapaz de me ligar a uma mulher sem amor.[27]

Em 1900, o imperador consentiu sob uma condição: o sobrinho precisava jurar solenemente que tanto Sofia quanto seus filhos jamais se tornariam herdeiros do trono da Áustria-Hungria.

A condição era humilhante. A esposa e os rebentos do arquiduque nunca seriam dignos e não estariam à altura de outros membros da família, não poderiam participar das cerimônias oficiais e das recepções da família imperial, não teriam direito a propriedades do Estado nem mesmo a serem sepultados na cripta da família Habsburgo, em Viena. Francisco Ferdinando aceitou. Depois do juramento, em 28 de junho, o casamento morganático ocorreu no dia 1º de julho. Não na capital, como era costume entre os herdeiros ao trono, mas no distante castelo boêmio de Reichstadt (hoje Zákupy, República Tcheca). O imperador não participou do ato, impediu que o arcebispo realizasse a cerimônia e vetou a presença de membros da família imperial. A celebração foi realizada por um deão do castelo e apenas a madrasta do noivo e duas meias-irmãs tiveram coragem de contrariar as ordens de Francisco José.

Enquanto esperava para assumir o trono, Francisco Ferdinando passou boa parte dos anos seguintes no castelo de Konopischt (hoje Konopiště, na República Tcheca) cercado por pouco mais de cinquenta serviçais, pela esposa e pelos três filhos do casal. Longe da corte e na intimidade da família, o arquiduque cultivava rosas, mostrava-se um pai atencioso e amoroso e um marido fiel. A despeito de todas as humilhações impostas por sua condição de "não igual", a duquesa de Hohenberg, seu título depois de casada, se revelou uma mulher paciente, profundamente religiosa, dedicada e comprometida com o casamento e os filhos — o esposo a chamava sempre de "minha amada Soph".

SARAJEVO, 1914

No começo da década de 1910, motivadas por uma desenfreada corrida imperialista e armamentista, as principais potências do Velho Mundo haviam formado dois blocos de alianças rivais. De um lado, a Tríplice Entente era formada por Inglaterra, Rússia e França. Do outro, encontrava-se a Tríplice Aliança, em que estavam alinhadas inicialmente Alemanha, Áustria-Hungria e Itália — mais tarde, os italianos trocariam de lado, cedendo espaço para a entrada do Império Otomano na aliança com as chamadas Potências Centrais. A Alemanha e a Áustria-Hungria tinham muito em comum e haviam se reaproximado durante a década de 1880. Mas a Tríplice Entente deixava ambas em situação delicada, cercando-as tanto a leste quanto a oeste. Ainda pesava contra os Habsburgo o fato de que a maior parte de seu império sofria influência da Rússia, interessada nos povos de origem eslava da região. Os russos lideravam uma liga pan-eslávica que tinha como objetivo libertar os povos do Leste Europeu da influência germânica e otomana, reunindo-os sob a proteção da Coroa dos Románov.

Para a Rússia era importante afastar dos Bálcãs a influência da Áustria-Hungria e da Alemanha, que, sem colônias na América, na África ou na Ásia, como França e Inglaterra, estavam ansiosas por se apoderarem dos restos do decadente Império Otomano. A região era considerada de importância vital para os russos. Pelo estreito de Dardanelos passavam quase 40% de todas as exportações do país. A Alemanha, por sua vez, se aproximava cada vez mais dos turcos, ameaçando as relações econômicas que franceses e ingleses tinham com os otomanos. Em 1888, os alemães iniciaram a construção de uma ferrovia com mais de três mil quilômetros que ligava o país a Bagdá, no Iraque, passando pelo império de Francisco José, pela Sérvia e Constantinopla. Depois de 1911, uma série de conflitos locais no norte da África e nos Bálcãs tomou proporções continentais, envolvendo as principais potências europeias. A Itália invadiu a Cirenaica e expulsou os turco-otomanos da Líbia. Aproveitando-se da situação, uma coalizão de países balcânicos composta de Sérvia, Bulgária, Montenegro e Grécia atacou o Império Otomano em várias frentes em duas guerras-relâmpago, entre outubro de 1912 e julho de 1913. Derrotados, os turcos foram expulsos da Albânia, da Macedônia e da Trácia.

Foi nesse contexto geopolítico complexo e delicado que Francisco Ferdinando e a esposa Sofia chegaram a Sarajevo em 28 de junho de 1914. A capital da Bósnia-Herzegovina, que fizera parte do Império Otomano, estava sob controle de Viena desde 1878 e fora anexada pela Áustria-Hungria em 1908. O arquiduque e herdeiro do trono Habsburgo passara os dias anteriores inspecionando manobras do exército, e sua presença na região era vista como uma afronta aos ultranacionalistas servo-bósnios. Era dia de são Vito, o patrono nacional dos sérvios. Como o roteiro de Francisco Ferdinando pela capital naquele domingo de verão fora antecipadamente divulgado, um pequeno grupo formado por membros da organização Jovens Bósnios, vinculada à sociedade secreta Mão Negra, sabia exatamente por onde o arquiduque passaria naquela manhã e o que deviam fazer quando ele se aproximasse da população que o saudava pelas ruas. Os sete estavam armados com bombas, revólveres e cianureto, para dar fim à própria vida tão logo cumprissem sua missão.

Depois de deixar a estação de trens, a comitiva oficial seguiu pelo Appel Quay, um bulevar às margens do rio Miljacka. Os visitantes haviam sido acomodados em um carro de passeio cinza-escuro, da Gräf & Stift, modelo 1910, que estava com a capota reclinada para que o povo pudesse saudar o visitante imperial. Pouco depois da ponte Ćumurija, um dos terroristas jogou uma bomba no carro do casal arquiducal, mas errou o alvo e acabou atingindo o veículo que vinha logo atrás. A explosão feriu alguns oficiais e fez um buraco na rua, mas Francisco Ferdinando não se intimidou com o atentado, ordenou que os feridos fossem levados ao hospital e o comboio seguisse até a prefeitura, como previsto. Depois de cumprir o protocolo, o arquiduque quis visitar os feridos, mas seu motorista não foi avisado da mudança de planos. No caminho de volta, o condutor seguiu o caminho como programado originalmente, até que o governador da Bósnia, que estava junto com o casal, alertou do equívoco. O motor foi desligado em frente à delicatéssen de Moritz Schiller. Como não tinha marcha a ré, o carro foi sendo lentamente empurrado para trás, a fim de seguir pelo Appel Quay, até que Gavrilo Princip se aproximou e disparou dois tiros certeiros com uma pistola calibre 380. O primeiro tiro atravessou a porta do carro e atingiu o abdome de Sofia, perfurando a artéria gástrica. O segundo disparo acertou o pescoço de Francisco Ferdinando, rompendo a veia jugular. Princip foi imediatamente capturado e quase linchado por populares. O carro com o casal mortalmente alvejado saiu em disparada para a residência do governador; a duquesa pereceu durante o curto trajeto e o arquiduque chegou inconsciente ao palácio Konak. Seu ajudante pessoal ainda cortou o uniforme na esperança de ajudá-lo a respirar, mas não pôde fazer muito mais. Por volta das onze horas, Francisco Ferdinando estava morto.[28]

Em 1914, o casamento do herdeiro presuntivo ainda era malvisto pela dinastia. Quando as notícias do assassinato do casal na capital bósnia chegaram a Viena, muitos Habsburgo pensaram que o destino corrigira a afronta. Os ritos fúnebres foram breves, em uma pequena capela no palácio de Hofburg, e tanto o arquiduque quanto a esposa foram sepultados no castelo de Artstetten, a mais de cem quilômetros da capital. Nenhum monarca europeu foi convidado para a cerimônia, e o próprio imperador Francisco José fez uma aparição bem rápida.

O autor dos disparos em Sarajevo fazia parte de uma das muitas organizações ultranacionalistas financiadas pelo governo sérvio para promover atentados e conspirações na Áustria-Hungria e no Império Otomano. A Mão Negra era comandada pelo chefe de inteligência militar da Sérvia, o coronel Dragutin Dimitrijević. Foi por meio dele que os Jovens Bósnios receberam treinamento em Belgrado, conseguiram pistolas e bombas e meios para cruzar a fronteira. Gavrilo Princip era um jovem franzino e pálido, de apenas dezenove anos. Filho de um lavrador sérvio da Bósnia, ele tentara ser poeta e se apresentara como voluntário para lutar pela Sérvia em 1912. Princip refletia o perfil dos Jovens Bósnios: estudantes idealistas, sem emprego regular e financiados de alguma forma pela família, que acreditavam que os Habsburgo deviam ser destruídos. Depois de 1914, foi levado a julgamento, mas como era considerado menor de idade para a lei austríaca, escapou da execução, sendo condenado a vinte anos de prisão. Morreu tuberculoso em 1918, no hospital-prisão de Theresienstadt — tinha 22 anos e pesava cerca de quarenta quilos.

Quando a notícia do assassinato do arquiduque austro-húngaro chegou a Kiel, na Alemanha, uma lancha foi enviada até o iate onde estava o imperador Guilherme II. Aliado de Francisco José, ele retornou imediatamente para Berlim na tentativa de evitar a guerra, mas sua decisão de dar apoio à Áustria-Hungria em uma ação punitiva contra a Sérvia acirrou os ânimos já exaltados. No dia 23 de julho, Viena enviou um ultimato a Belgrado. Os termos eram inaceitáveis, mas os sérvios se sentiram compelidos a resistir depois que a Rússia garantiu apoio à causa de sua protegida. Enquanto as chances de paz se esvaíam, Theobald Bethmann-Hollweg, o chanceler alemão, pressentiu o pior: "Vejo uma ruína que a força humana não é capaz de deter pendendo sobre a Europa e sobre o nosso próprio povo". O general Hötzendorf, chefe do Estado-Maior do Exército austríaco, também tinha uma visão pessimista quanto à paz. Ardoroso defensor da guerra, no ano anterior ele clamara pelo conflito mais de vinte vezes. "O destino das nações e das dinastias", escreveu ele, "é decidido nos campos de batalha e não na mesa de negociações."[29] Com o assassinato de Francisco Ferdinando, Hötzendorf tinha em mãos uma boa desculpa. A morte do arquiduque não foi a causa autêntica da guerra, mas serviu de pretexto para justificá-la.

CARLOS, O ÚLTIMO IMPERADOR

Em 28 de julho de 1914, o imperador Francisco José I declarou guerra à Sérvia, acionando a intrincada engrenagem política de alianças europeias. Três dias depois, o tsar Nicolau II ordenou a mobilização de seus exércitos, enquanto o imperador Guilherme II enviava ultimatos a São Petersburgo e Paris. Em 1º de agosto, franceses e alemães deram início à mobilização militar, ao passo que Berlim declarava guerra à Rússia. Dois dias mais tarde, a Alemanha declarou guerra à França dando início à invasão da Bélgica, no mesmo momento em que os ingleses declaravam guerra à Alemanha.

Quando as declarações de guerra correram a Europa, uma onda de entusiasmo e furor patriótico tomou conta do continente. Manifestações de júbilo, como visto poucas vezes antes, aconteceram nas principais capitais do Velho Mundo. Milhões foram às ruas entoar hinos nacionais e saudar líderes políticos e militares, muitos deles entusiastas da guerra. O psicanalista Sigmund Freud não pensava diferente da maioria. Ele acreditava que a guerra teria um "efeito libertador" e serviria para afastar "os piores miasmas" humanos. Escrevendo a um amigo, afirmou que "pela primeira vez em trinta anos, sinto-me um austríaco e sinto como se estivesse dando a este império não muito promissor uma nova oportunidade". O primeiro lorde do Almirantado, e mais tarde primeiro-ministro britânico, Winston Churchill escreveu à esposa: "Minha querida, tudo indica que haverá catástrofe e destruição. Estou animado, cheio de energia e feliz. Não é terrível ser assim?". Na Alemanha, o diretor do Instituto de Física de Berlim, Albert Einstein, escrevendo a um amigo afirmou que "a Europa, em sua insanidade, deu início a uma coisa inacreditável". Poucos se opuseram firmemente à guerra; além de Einstein, entre alguns poucos nomes estavam a socialista polaco-alemã Rosa Luxemburgo e o romancista Romain Rolland. Até mesmo o escritor e mais tarde ardoroso pacifista Stefan Zweig não se manifestou publicamente contrário à guerra antes de 1915 — em larga medida porque acreditava, como quase todo o mundo, que o conflito se resolveria rapidamente, com acordos diplomáticos.[30] Havia um consenso de que a guerra terminaria antes do Natal de 1914. Mas a guerra não acabou em dezembro. Logo os soldados se viram "atolados" em trincheiras, sem poder seguir adiante — e havia trincheiras do canal da Mancha até os Alpes suíços, do Báltico aos Cárpatos; mais de 2.100 quilômetros de buracos e túneis. Para avançar e conquistar poucos metros de terreno era preciso meses de batalhas sangrentas. Ficou claro que a vitória em uma guerra moderna não dependia mais apenas de soldados. O resultado foi um impasse insolúvel e uma carnificina sem igual na história.

Em 21 de novembro de 1916, Francisco José faleceu em decorrência de uma pneumonia, no Schönbrunn, o mesmo palácio em que nascera 86 anos antes. Ele havia acordado durante a madrugada como fazia habitualmente e trabalhara durante o dia esperançoso de que se pudesse dar início às conversações de paz. Nove dias depois, seu caixão foi transportado do Hofburg para a catedral de Santo Estêvão e de lá levado até a cripta dos Capuchinhos, onde estavam sepultados Sissi e Rodolfo. Conforme a tradição, seu mordomo-chefe, o príncipe de Montenuovo, bateu à porta declarando que "Francisco José, um pobre pecador, implorava a misericórdia divina". Então, o caixão foi carregado e depositado entre as tumbas da imperatriz e do príncipe herdeiro.[31] O reinado de Francisco José foi o mais longo da história da dinastia Habsburgo e um dos três mais longevos na Europa. Foram quase 68 anos, atrás apenas dos governos de Luís xiv da França e da Elizabeth ii da Inglaterra.

Com a morte do idoso imperador, seu sobrinho-neto Carlos ascendeu ao trono. Filho de Oto Francisco José — conhecido por uma vida de escândalos amorosos, por ter se afastado da esposa e morrido de sífilis — e da devota e retraída Maria Josefa da Saxônia, Carlos era neto de Carlos Luís, o segundo irmão do monarca falecido. Nascido distante da corte, no palácio de Persenbeug, às margens do Danúbio, aos 29 anos o novo imperador era casado desde 1911 com a princesa Zita de Bourbon-Parma, filha do duque Roberto i de Parma (o último governante do pequeno ducado) e da infanta dona Maria Antônia, a filha mais nova de dom Miguel. O avô materno de Zita era filho do rei português dom João vi e irmão de dom Pedro i, o primeiro imperador brasileiro.

Não houve coroação em Viena, mas, mesmo em meio à guerra, os húngaros queriam que uma cerimônia fosse realizada em Budapeste. Em 30 de dezembro, Carlos e Zita entraram na capital magiar numa berlinda puxada por oito cavalos brancos, a mesma que fora usada por Francisco José e Elizabeth quase cinquenta anos antes. Foram saudados por trinta salvas de canhão. A cerimônia foi realizada na igreja de São Matias e o imperador Carlos i da Áustria passou a ser rei Carlos iv da Hungria. Poliglota, hábil cavaleiro, com boa formação e alguma experiência militar, Carlos era bem-intencionado — criou o primeiro ministério de Saúde e Assistência Social da Europa —, mas foi engolido por um turbilhão incontrolável de eventos catastróficos. Diferentemente do que ocorrera outras vezes na história dos Habsburgo, a entrega de territórios não podia salvar o império da destruição. Além disso, o destino da Áustria-Hungria estava ligado ao da Alemanha. Em 1917, Carlos esperava encerrar uma guerra inútil e que não podia ser vencida. Em desespero (e despreparo), tentou uma paz em separado, oferecendo a Alsácia-Lorena, então parte da Alemanha, ao presidente francês Raymond Poincaré, e Istambul, a capital otomana, aos russos. Poincaré entregou a carta-proposta a Georges Clemenceau, seu primeiro-ministro e um radical inimigo das monarquias. Clemenceau tornou público o contato de Carlos e indispôs os Habsburgo com seus aliados Hohenzollern. Nesse ínterim, os Estados Unidos haviam entrado na guerra. Alheio às antigas disputas europeias, o presidente norte-americano Woodrow Wilson propôs algo totalmente novo: a "autodeterminação dos povos" deveria nortear uma nova política mundial. "Povos e províncias não devem ser trocados e destrocados de uma soberania a outra como permuta de mobiliário ou de peões num jogo de xadrez", escreveu o presidente no segundo "princípio", que deveria reger as nações modernas.[32] A proposta atingia especialmente a Áustria-Hungria, um país com quinze etnias e cinco religiões diferentes, construída com base em guerras, anexações e acordos hereditários seculares.

Em outubro de 1918, Carlos declarou-se disposto a criar um Estado federal, que atendesse as demandas nacionais dos povos do império. Era tarde demais. No dia 28, a Boêmia e a Morávia declararam independência, criando um novo Estado, a Tchecoslováquia. Mais tarde, a Eslovênia, a Carniola, a Dalmácia, a Croácia e a Bósnia-Herzegovina se juntariam a Sérvia, Macedônia e Montenegro para criar a Iugoslávia. Em 1º de novembro, os republicanos tomaram o poder na Hungria e negociaram uma paz em separado, que foi assinada dez dias depois. No dia 3, os austríacos firmaram um armistício em Villa Giusti, próximo a Pádua, na Itália. No dia 9, o imperador alemão Guilherme II abdicou em Berlim. No dia 11, enquanto os alemães assinavam a rendição em Compiègne, Carlos assinou sua renúncia no Schönbrunn. Depois de 645 anos desde que Rodolfo I havia subido ao trono do Sacro Império, os Habsburgo não tinham mais coroa alguma. Com os sociais-democratas e socialistas à frente do parlamento, a Áustria agora era uma república liderada pelo chanceler Karl Renner, um jurista nascido na Morávia. Durante a Grande Guerra, em pouco mais de quatro anos, mais de 1,2 milhão de pessoas do império Habsburgo desmembrado haviam perecido.

Carlos se instalou no castelo de Eckartsau com a família. Em 23 de março de 1919, a família deixou a Áustria para o exílio. O escritor Stefan Zweig recordaria do dia em sua autobiografia:

> A locomotiva parou [...]. Foi quando reconheci atrás da vidraça espelhada do vagão, ereto, o imperador Carlos, último imperador da Áustria, e sua esposa trajada de negro, a imperatriz Zita. Estremeci: o último imperador da Áustria, herdeiro da dinastia dos Habsburgo, que durante setecentos anos havia governado o país, abandonava seu reino.[33]

A família imperial partiu para o castelo de Wartegg, na Suíça, e depois para ilha da Madeira, onde chegaram no inverno de 1921. Em 1º de abril do ano seguinte, Carlos morreu de pneumonia. Tinha apenas 35 anos. O governo republicano austríaco impediu seu sepultamento em Viena, então seu coração foi colocado numa urna e depositado na abadia de Muri, na Suíça. No mesmo lugar, repousa o coração de Ita, a esposa de Radbot, o cavaleiro que saíra para caçar com seu açor e encontrou um lugar para construir o castelo de Habsburgo, mais de novecentos anos antes. Em 2004, Carlos foi beatificado pelo papa João Paulo II. A imperatriz Zita faleceu aos 97 anos, em 1989.

O arquiduque Otto, o primeiro dos oitos filhos do casal imperial, renunciou formalmente às reivindicações da dinastia ao governo da Áustria em 1962, obteve a nacionalidade alemã e elegeu-se deputado do parlamento europeu em 1979. Ele morreu em 2011. Seu filho Carlos, nascido na Alemanha, em 1961, é o atual chefe da casa de Habsburgo-Lorena. O herdeiro aparente de Carlos é seu filho Ferdinando, piloto de corridas natural de Salzburgo.

O Império Austro-Húngaro

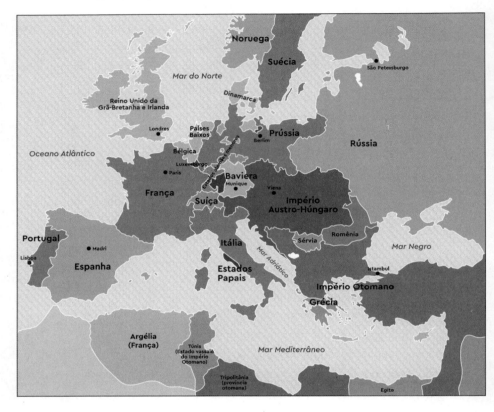

A Europa e o império de Francisco José I, em 1867.

PARTE II

O verde

Os Bragança

NENHUMA OUTRA FAMÍLIA REAL PORTUGUESA permaneceu mais tempo no poder do que os Bragança. Foram 270 anos em Portugal e quase sete décadas no Brasil. Na Europa, de dom João IV (o vigésimo segundo monarca português e primeiro Bragança a reinar, tendo assumido o trono com a Restauração, em 1640) até dom Manuel II (o trigésimo quinto e último rei de Portugal, deposto em 1910), foram doze reis e duas rainhas. No Brasil, onde os Bragança fundaram a única monarquia permanente do continente americano em 1822, seriam dois governantes; tendo o segundo deles reinado por incríveis cinco décadas.

Dinastias reinantes em Portugal:
- Afonsina ou de Borgonha (1143-1383), 240 anos
- Avis ou Joanina (1385-1580), 195 anos
- Filipina ou de Habsburgo (1581-1640), 59 anos
- Bragança (1640-1910), 270 anos

Dinastia reinante no Brasil:
- Bragança (1822-89), 67 anos

A história dos Bragança é a história comum de florescimento, apogeu, declínio e queda de muitas monarquias europeias. De dom Afonso, o primeiro duque de Bragança, em 1442, até o rei dom João IV, o Restaurador, que assumiu o trono no século XVII, se passaram quase dois séculos, período em que a família se firmou como a mais rica e influente de Portugal. De Guimarães, no norte de Portugal, a sede do ducado passou a Vila Viçosa, no Alentejo, onde atingiu o esplendor com dom Teodósio I, no século XVI. Entre 1640 e 1750, a dinastia consolidou o absolutismo e viveu seu apogeu. Ao contrário do projeto de expansão territorial e da ideia de um império universal acalentados pelos Habsburgo, que tinham como base alianças matrimoniais e campanhas militares no território europeu, os Bragança nunca empreenderam uma política fora de Portugal ou de seus domínios no ultramar, conquistados até o século XVI.

Ao longo dos séculos, a sorte dos Bragança esteve intrinsecamente ligada ao Brasil, sua principal colônia e fonte quase inesgotável de riquezas. O Brasil garantiu a sobrevivência de Portugal como Estado independente após a Restauração e a sua própria existência como país durante a Era Napoleônica, no começo do século XIX. Foi o ouro brasileiro que permitiu aos Bragança manter uma corte luxuosa e levar a cabo obras grandiosas — palácios e igrejas, principalmente. O esplendor do reinado de dom João V, o "Rei Sol português", foi o auge da dinastia e do reino. Quando ele faleceu, porém, Portugal entrou em lento declínio. O país foi abalado pela escassez do ouro e pela incapacidade dos governantes seguintes de competir no mercado internacional, de promover a industrialização do país e investir na infraestrutura mais elementar. A dinastia suportou as agitações dos movimentos liberais, sendo a única casa real europeia a se estabelecer numa colônia e a reinar a partir dela. O rei dom João VI permaneceu treze anos do Rio de Janeiro, de 1808 a 1821. Vivendo um período político turbulento, foi incapaz de encontrar soluções para os problemas de Portugal e seu império ultramarino.

No começo do século XIX, uma guerra civil dividiu os Bragança entre liberais constitucionais e absolutistas, e quase destruiu o país. Uma monarquia constitucional foi finalmente consolidada pela rainha dona Maria II, nascida no Brasil e uma das duas únicas monarcas lusitanas ao longo de uma história de oitocentos anos. Quando a Educadora morreu em 1853, a dinastia iniciou o agonizante caminho que levaria à derrubada de dom Manuel II, no começo do século XX. No Brasil, os Bragança sempre foram constitucionais, embora a única Carta Magna do período imperial, a de 1824, tenha sido outorgada por dom Pedro I e não por uma Assembleia Constituinte. O exercício parlamentar no Brasil só seria consolidado no Segundo Reinado, com dom Pedro II, um dos mais ilustrados monarcas do século XIX. O imperador, que preferia ter sido professor a governar um vasto império, era filho de uma Habsburgo.

A Casa da Áustria já havia se ligado a outras famílias reais portuguesas no passado. Os dois grandes imperadores Habsburgo do Sacro Império, Maximiliano I e Carlos V, por exemplo, eram muito próximos da dinastia de Avis, que governou Portugal durante a Era das Navegações. Maximiliano era filho de dona Leonor de Portugal e neto do rei dom Duarte I (do século XV). Já Carlos V casou-se com dona Isabel de Portugal, filha de dom Manuel I, o Venturoso (do século XVI).

A primeira união dos Bragança com os Habsburgo aconteceu em 1708, com o casamento entre dom João V e dona Maria Ana da Áustria, filha de Leopoldo I, imperador do Sacro Império. Mais tarde, em 1817, o filho do rei dom João VI, então príncipe dom Pedro, depois imperador do Brasil dom Pedro I (e rei dom Pedro IV de Portugal), desposaria a arquiduquesa dona Leopoldina da Áustria, que viria a ser a primeira imperatriz brasileira. Desse casal surgiram os ramos da dinastia que governariam em Lisboa e no Rio de Janeiro até o fim da monarquia nos dois países: dona Maria II, em Portugal; e dom Pedro II, no Brasil. Como na Europa, o ramo brasileiro dos Bragança não sobreviveu a um movimento militar e republicano, caindo em 1889.

Os sete duques de Bragança, do século XV ao XVII:
- Dom Afonso I (duque 1442-61)
- Dom Fernando I (duque 1461-78)
- Dom Fernando II (duque 1478-83)
- Dom Jaime I (duque 1498-1532)
- Dom Teodósio I (duque 1532-63)
- Dom João I (duque 1563-83)
- Dom Teodósio II (duque 1583-1630)

Os catorze monarcas portugueses da casa de Bragança, do século XVII ao XX:
- Dom João IV, o Restaurador (oitavo duque de Bragança 1630-56, rei 1640-56)
- Dom Afonso VI, o Vitorioso (como regente 1656-62; como rei 1662-7)
- Dom Pedro II, o Pacífico (como regente 1668-83; como rei 1683-1706)
- Dom João V, o Magnânimo (rei 1706-50)
- Dom José I, o Reformador (rei 1750-77)

- Dona Maria I, a Piedosa (rainha 1777-92)
- Dom João VI, o Clemente (como regente 1792-1816; como rei 1816-26)
- Dom Pedro IV, o Libertador (rei 1826, regente 1831-4) — dom Pedro I do Brasil (1822-31)
- Dona Maria II, a Educadora (como regente 1826-8; como rainha 1834-53)
- Dom Miguel I, o Absolutista (como regente e rei 1828-34)
- Dom Pedro V, o Esperançoso (rei 1853-61)
- Dom Luís I, o Popular (rei 1861-89)
- Dom Carlos I, o Diplomata (rei 1889-1908)
- Dom Manuel II, o Patriota (rei 1908-10)

Os dois imperadores brasileiros da casa de Bragança, no século XIX:
- Dom Pedro I (imperador 1822-31) — dom Pedro IV de Portugal (1826)
- Dom Pedro II (imperador 1840-89)

Os Bragança, reis de Portugal

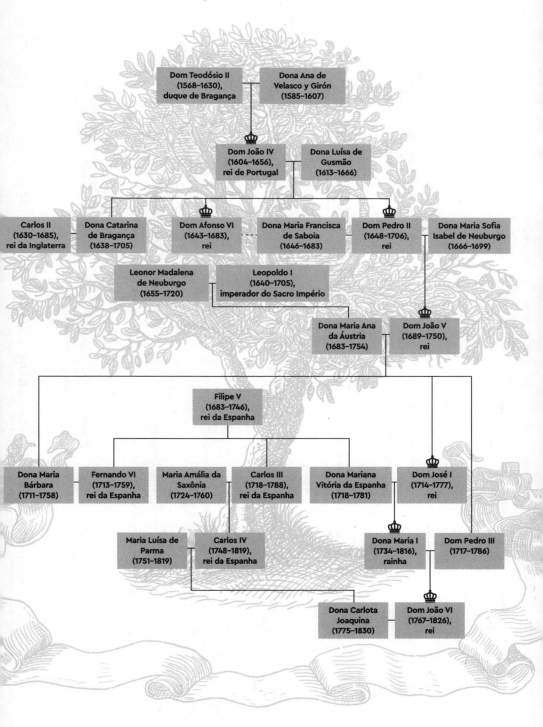

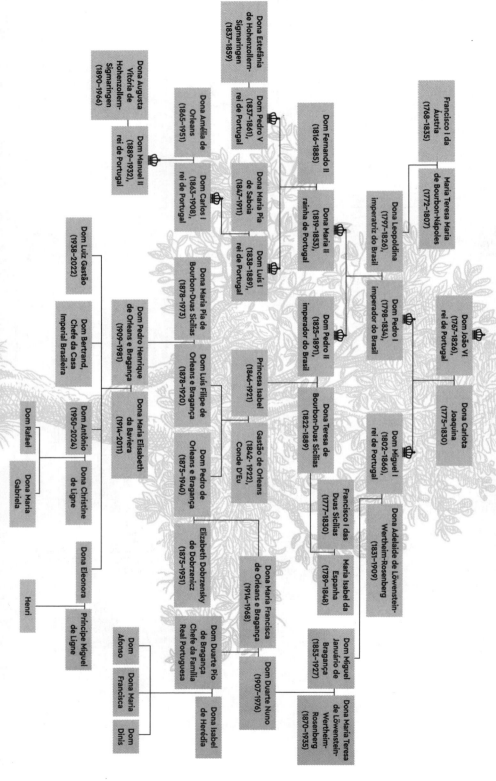

Os Bragança, em Portugal e no Brasil

10.

Casa ducal

A EXPANSÃO ISLÂMICA FOI RÁPIDA. Oitenta anos após a morte de Maomé, seus seguidores haviam tomado todo o norte da África e alcançado o estreito de Gibraltar. No começo do século VIII, uma força invasora desembarcou na península Ibérica, avançando sobre o reino dos visigodos cristãos, tomando vilarejo após vilarejo. Em pouco tempo, Córdoba, Toledo e Lisboa estavam nas mãos dos sarracenos — nome que os cristãos medievais davam aos muçulmanos. O avanço para o norte, em direção a Paris, foi impedido pelos francos às portas de Poitiers, em 732. A batalha foi decisiva, e a fronteira entre o cristianismo e o islã passou a ser os Pirineus. A região ao sul da cordilheira estabeleceu uma administração baseada na religião islâmica e na cultura árabe, recebendo um novo nome, *al-Andalus* — a Andaluzia. Lisboa, que desde os antigos romanos era conhecida como Olisippo, passou a se chamar al-Usbuna. Inicialmente, o governo estava sujeito ao califa de Damasco, na Síria, mas logo um califado próprio foi estabelecido, tendo Córdoba como capital.

CONDADO PORTUCALENSE

Na virada do primeiro milênio, o califado começou a se fragmentar em reinos menores, e príncipes militares cristãos retomaram áreas ao norte da península, em uma guerra de "reconquista". Muitos desses guerreiros cristãos adotaram o título de "imperador", tomando muitos "reis" como vassalos. Entre esses imperadores estava Afonso VI, governante de Castela e Leão. Em 1086, Afonso foi derrotado pelo exército almorávida na batalha de Zalaca, próximo a Badajoz, na Espanha moderna. Temendo o avanço do inimigo, o rei cristão procurou novos aliados. Como era casado com uma borgonhesa, ele recorreu à influência da esposa e convocou nobres franceses para a luta contra os infiéis. Nos anos seguintes, chegaram à península vários contingentes de cavaleiros. Entre eles, estavam o duque Eudes da Borgonha, o conde Raimundo de Amous e seu primo Henrique da Borgonha. Os dois últimos acabaram por se casar com as filhas do rei. O primeiro com Urraca, que viria a se tornar rainha; e o segundo, com Teresa de Leão, filha bastarda de Afonso VI com uma de suas amantes. Do matrimônio de Henrique e Teresa nasceria dom Afonso Henriques, depois chamado de "o Conquistador", que viria a ser o primeiro rei português.

Henrique foi feito conde pelo sogro, tendo recebido como feudo para governar o território que ia da margem sul do rio Minho até a linha do rio Tejo, desmembrando essa região da Galiza, ao norte, administrada por Raimundo da Borgonha. Ao sul, Lisboa permanecia nas mãos do islã. O novo condado entregue a Henrique passou a ter sede na cidade do Porto, então chamada de *Portucale* — o "porto de Cale" —, daí que as terras de Henrique passaram a se chamar condado Portucalense. O título de conde vinha do latim *comes*, "aquele que vai com alguém", e estava associado a um duque (de *dux*, "quem conduz", "o chefe"). Um e outro eram títulos dados ao administrador ou governador de uma determinada área, ambos vassalos de um rei. Um conde administrava um número menor de propriedades ou pequenas extensões de terra, enquanto o duque era o responsável por um território maior — Portugal, enquanto reino independente, não fez duques antes do século XV. Esses títulos de nobreza eram herança de Roma, que havia ocupado o atual território português no século I a.C., e da posterior ocupação visigoda. Data do período da ocupação romana também o nome das províncias originais do país, Gallaecia (a Galícia ou Galiza) e Lusitania, nomes derivados das tribos que habitavam a região, os galegos e lusitanos. Da relação entre os legionários romanos e os povos locais surgiu o idioma galaico-português, embrião da língua portuguesa.[1]

Quando Afonso VI de Castela e Leão morreu, em 1109, a coroa passou à sua filha Urraca. Mas o segundo casamento da rainha, com o governante de Aragão, deu início a uma guerra civil entre aragoneses, leoneses, castelhanos e galegos. Henrique se manteve neutro até sua morte, em 1112 ou 1114, não se comprometendo com nenhum dos partidos, mas deixando de cumprir os deveres feudais. Sua viúva manteve o mesmo posicionamento. Em 1126, porém, a rainha Urraca morreu e subiu ao trono seu filho Afonso VII. O novo monarca cobrou vassalagem de Teresa de Leão e a submeteu após uma rápida campanha. Dentro do próprio condado, no entanto, Teresa e Afonso Henriques, mãe e filho, disputavam o poder. Por fim, dom Afonso Henriques derrotou a mãe na batalha de São Mamede, em Guimarães, em 1128, obrigando Teresa de Leão a fugir para a Galiza. Durante a década seguinte, o novo conde iria lutar pela expansão do território e pelo direito de usar o título de rei. Em 1139, ele derrotou os muçulmanos em Ourique, sua primeira grande vitória, com um exército muito inferior numericamente. Segundo a tradição, antes da batalha, que ocorreu no dia de são Tiago, enquanto fazia uma prece, dom Afonso Henriques teria se deparado com Jesus Cristo em um raio "mais resplandecente que o Sol". Ajoelhado, ouviu Jesus afirmar que ele venceria os infiéis: "Eu sou o fundador e destruidor dos reinos e impérios, e quero em ti e teus descendentes fundar para mim um império, por cujo meio seja meu Nome publicado entre as nações mais estranhas". Em 1143, em um acordo de paz definitivo, Afonso VII concedeu ao primo o desejado título, ainda que dom Afonso Henriques tenha jurado se manter como vassal.

Quatro anos mais tarde, apoiado por uma frota de cruzados que se dirigia à Palestina para tentar conquistar Jerusalém, o rei português tomou al-Usbuna dos mouros almóadas após um cerco de três meses. Em 1157, com a morte de Afonso VII e o fim das pretensões imperiais, Portugal já se encontrava em pé de igualdade com os reinos de Castela e Leão. O reconhecimento formal por parte da Igreja, porém, só veio em 1179, com a bula do papa Alexandre III, que reconhecia tanto a independência do país quanto o título de rei pretendido pelo conde. Posteriormente, os governantes portugueses passaram a usar o termo "El-Rei" antes do pronome de tratamento "dom", do latim *dominus*, "senhor", indicativo de nobreza, usual entre monarcas, príncipes e infantes ibéricos a partir do século XIII (e que aqui usaremos apenas para indicar os de origem portuguesa, como temos feito desde a primeira parte do livro). Nas décadas seguintes, os sucessores de dom Afonso Henriques iriam avançar em direção ao *al-Garb* — o Algarve, na região sudoeste da península. Em 1249, a "reconquista" foi concluída.[2] Pelo menos quanto ao que se conhece hoje por Portugal. No restante da Ibéria, a luta só acabaria dois séculos e meio mais tarde.

A EXPANSÃO ULTRAMARINA PORTUGUESA

Ao contrário dos domínios Habsburgo na Áustria e na Alemanha (no complexo Sacro Império Romano-Germânico), que muitas vezes reuniam Estados rivais, Portugal desenvolveu-se como um Estado consideravelmente coeso. As fronteiras mantiveram-se praticamente inalteradas depois do século XIII. Nem mesmo a Espanha, sua grande rival a partir do século XV, se constituiu como uma nação homogênea. Pelo contrário, foi formada e se manteve ao longo de séculos como uma monarquia composta de reinos distintos, com idiomas e costumes diversos.

De dom Afonso Henriques a dom Fernando I, nove reis da dinastia Afonsina (também conhecida como de Borgonha) reinaram sobre Portugal. Foram 240 anos. A morte de dom Fernando I, em 1383, a impopularidade da rainha viúva — que mantinha um caso amoroso com um estrangeiro — e a falta de um herdeiro masculino possibilitaram que dom João, mestre da Ordem de Avis, conquistasse o trono depois de dois anos de guerra civil. Apoiado pelo jurista João das Regras, ele conseguiu se fazer proclamar rei pelas Cortes de Coimbra em 1385, dando início a uma nova dinastia, a de Avis (ou Joanina). Dom João, conhecido como "o de Boa Memória", era meio-irmão do último monarca afonsino, fruto de uma relação ilegítima do rei dom Pedro I, o Justiceiro, com Teresa de Lourenço. Mesmo não sendo legitimado por seu pai, ele foi armado cavaleiro e educado dentro da Ordem de Avis, comunidade religiosa responsável pela educação dos membros da alta nobreza.[3]

Nove reis da dinastia de Avis reinariam até a morte de dom Sebastião na desastrosa batalha de Alcácer-Quibir, o que permitiria que os Habsburgo espanhóis tomassem o poder. O período de 195 anos — de 1385 a 1580 — foi um dos mais prósperos da história de Portugal e intrínseco à nascente história brasileira. Nesses quase dois séculos, os portugueses deram início à expansão ultramarina, povoaram as ilhas atlânticas, tomaram cidades e vilas, estabeleceram entrepostos comerciais ao longo da costa africana e asiática, encontraram o caminho marítimo para as Índias, chegaram ao Brasil e constituíram um império de alcance global.

O início das conquistas lusitanas foi marcado pela tomada de Ceuta, junto do estreito de Gibraltar, no extremo norte da África, em 1415. Um investimento que contou com cerca de cinquenta mil soldados e mais de 240 navios. Uma mistura de bravura medieval e paixão religiosa. O objetivo inicial era conter a ameaça islâmica e proteger o reino dos ataques piratas e das incursões que os mouros promoviam a partir de cidades africanas costeiras no Mediterrâneo (na Argélia atual e também na parte sul da Espanha, então ocupada pelo islã) e no Atlântico (no atual Marrocos). Somente em Argel, durante os dois séculos seguintes, os muçulmanos manteriam uma média de 27 mil escravos brancos capturados na Europa, tráfico que só acabaria no começo do século XIX.

Com a tomada de Ceuta, porém, os portugueses alcançaram mais do que glória em campo de batalha. Descobriram que o ouro, o marfim, a pimenta, a canela e o cravo dos ricos comerciantes muçulmanos vinham principalmente de uma região para além do Saara e do Sahel, onde existiria um "rio de ouro". O primeiro sucesso militar permitiu novas empreitadas; seguiram-se viagens marítimas de exploração e empreendimentos comerciais. Os arquipélagos da Madeira e dos Açores começaram a ser explorados e povoados nas décadas seguintes. Em 1434, o navegador Gil Eanes ultrapassou o cabo Bojador, na costa noroeste africana, e quase uma década depois os portugueses chegaram à foz do rio Senegal, sobre o qual os comerciantes muçulmanos do Mediterrâneo tanto haviam falado. Nessa época, os portugueses começaram a explorar outra "mercadoria" que seria vital para a economia do reino nos séculos seguintes: as populações locais. Durante a década de 1450, uma média de oitocentas "peças" trazidas da África eram vendidas em Portugal anualmente.

Por um tempo, porém, os investimentos na exploração marítima e o avanço para o sul do continente diminuíram. O rei dom Afonso V não tinha os mesmos interesses de seus antecessores, o rei dom João I e o regente dom Pedro, além do próprio infante dom Henrique. Dom Afonso envolveu-se numa guerra pela coroa castelhana, herança da esposa, e concentrou esforços na conquista das praças islâmicas do Magrebe — e por isso receberia o cognome "Africano". Quando dom João II subiu ao trono em 1481, a procura por uma rota marítima que levasse às Índias pela África foi retomada. O novo rei tinha uma visão renascentista do mundo, pretendia fortalecer o poder da Coroa em detrimento da nobreza e isso significava abandonar as dispendiosas guerras religiosas regionais e patrocinar o comércio exterior.

A conquista de Constantinopla pelos turco-otomanos em 1453 havia colocado todo o lucrativo comércio de tecidos e especiarias nas mãos de mercadores muçulmanos e de seus intermediários genoveses e venezianos. O monopólio do comércio no Mediterrâneo elevava o valor original das mercadorias em cerca de trinta vezes. A alternativa era encontrar uma nova rota, que, acreditava-se, poderia ser alcançada fazendo o périplo africano, e negociar diretamente com as Índias. As especiarias não eram usadas na conservação de alimentos, muito menos para mascarar o gosto de comidas estragadas. Havia muito tempo, o sal, o vinagre e o óleo eram os principais responsáveis por manter a comida conservada. As especiarias valiam tanto quanto o ouro, principalmente porque eram utilizadas em uma culinária cada vez mais requintada e também por suas funções medicinais e terapêuticas. A pimenta-do-reino e o cravo-da-índia, por exemplo, não eram apenas condimentos, eram empregados também no tratamento de diversas doenças, prescritos como remédio para os olhos, o fígado, o coração e o estômago, na cura de gases e picadas de cobra, além de provocar "o aborto de fetos mortos".[4]

Tão logo foi coroado, o rei dom João II, que os portugueses chamariam de "Príncipe Perfeito", criou um comitê científico, composto entre outros de nomes como José Vizinho, discípulo do celebrado matemático e astrônomo judeu Abraão Zacuto, e o alemão Martin Behaim, que mais tarde confeccionaria o primeiro globo terrestre. Com cientistas renomados, novas tecnologias — as caravelas de velas triangulares, o astrolábio e a bússola —, navegadores hábeis e experientes e o apoio da Coroa, o ambicioso projeto lusitano recebeu novo estímulo. Em 1483, Diogo Cão encontrou o estuário do rio Congo. Em 1488, Bartolomeu Dias alcançou o extremo sul do continente africano, que ele chamaria de cabo das Tormentas, e o rei, de cabo da Boa Esperança. A rota para o Oriente estava traçada. Dez anos mais tarde, Vasco da Gama aportou em Calicute, nas Índias, estabelecendo o primeiro contato europeu com o país das especiarias através do oceano Índico.

A essa altura, a Espanha tinha chegado à América. Cristóvão Colombo havia retornado das "Índias" — na verdade, as atuais Bahamas, Cuba, Haiti e República Dominicana, na América Central — em março de 1493, após uma viagem de sete meses que partira de Palos, no verão de 1492. Sentindo-se lesado depois de décadas de investimento, Portugal não aceitou repartir com a Espanha o domínio do Atlântico. A disputa pelo direito de posse das terras "descobertas" precisou da mediação da Igreja. O ambicioso e mundano papa Alexandre VI favoreceu os Reis Católicos, Fernando e Isabel da Espanha. O pontífice, conhecido tanto pelas orgias promovidas com prostitutas no Vaticano como pelo grande número de filhos ilegítimos que tinha, era membro da família espanhola dos Bórgia. A posse castelhana sobre o território reivindicado por Colombo foi garantida por uma bula: todas as terras encontradas cem léguas a oeste das ilhas de Cabo Verde pertenceriam à Coroa espanhola; as que estivessem a leste, ficariam com Portugal. Os portugueses sentiram-se prejudicados. No ano seguinte, em 7 de junho de 1494, depois de negociações realizadas em Tordesilhas, um novo tratado foi firmado. A linha divisória do mundo foi aumentada em 170 léguas para o oeste, aproximadamente a 46 graus de latitude, o que deixava aos portugueses a costa brasileira, pelo menos oficialmente ainda não encontrada.[5]

Ao retornar para Lisboa em 1498, Vasco da Gama tinha viajado por um ano, percorrido 39 mil quilômetros e perdido dois terços de sua tripulação. Mas os ganhos foram enormes: mais de seis vezes o valor investido, um lucro de um milhão de cruzados.[6] A perigosa viagem valia a pena. Poucos meses após o retorno do navegador, o rei dom Manuel I, o Venturoso, despachou uma nova expedição, muito maior do que a primeira. Dessa vez a frota não seria capitaneada por um experiente homem do mar, mas por um fidalgo — alguém importante na corte, o "filho de algo". Aos 33 anos, Pedro Álvares Cabral, amigo de infância do rei, foi o escolhido. A esquadra com treze navios deixou Lisboa em março de 1500, com 1.200 homens a bordo, destinada a estabelecer o domínio português na Ásia. Cabral seguiu as orientações das expedições anteriores, fazendo um "arco", afastando-se da costa africana para evitar ventos desfavoráveis antes de seguir em direção ao cabo das Tormentas. Propositalmente ou não, ele se distanciou da costa mais do que deveria. Em 22 de abril, avistou uma montanha "muito alta e redonda". No dia seguinte, desembarcou em Porto Seguro, no sul da Bahia, e tomou posse da terra.

O Brasil passava oficialmente a pertencer à Coroa lusitana. A "descoberta" de Cabral é um dos temas mais debatidos da história brasileira, mas é provável que o rei dom João II, falecido em 1495, já soubesse — ou no mínimo suspeitasse — da existência do Brasil. A insistência pela ampliação da linha de demarcação em Tordesilhas é um forte indicativo dessa teoria.[7] De todo modo, o novo território foi pouco explorado pelos portugueses nas décadas seguintes. Como aparentemente o Brasil não tinha metais preciosos, a Coroa continuou apostando no comércio com as Índias, muito mais lucrativo. Dos treze navios que haviam deixado Lisboa sob o comando de Cabral, somente cinco voltaram carregados de especiarias, o suficiente para garantir um lucro fabuloso. Dom Manuel I acrescentou ao título existente de "rei de Portugal e Algarves d'aquém e d'além-mar em África e senhor da Guiné" o de "senhor da Conquista da Navegação e Comércio da Etiópia, Arábia, Pérsia e Índia", título que seria mantido até o fim da monarquia portuguesa em 1910.

DOM AFONSO, O PRIMEIRO DUQUE DE BRAGANÇA

Ao longo de oito séculos, 33 homens e duas mulheres sentaram no trono português. Entre os homens, seis não tiveram filhos (dom Sancho ii, dom Sebastião, dom Henrique, dom Afonso vi, dom Pedro v e dom Manuel ii). Dos outros 27, apenas dois (dom Manuel i e dom José i) não tiveram filhos ilegítimos conhecidos. Todos os outros foram pais de filhos bastardos, nascidos fora do casamento na Igreja, em relacionamentos extraconjugais. Muitos desses filhos ilegítimos desempenharam funções importantes no reino ou dentro da Igreja, como as de mordomos-mores, alferes-mores, bispos ou arcebispos. A partir do século xiv, muitos monarcas casaram seus bastardos com famílias poderosas, ganhando apoio em uma política centralizadora e que ajudaria na destruição do sistema feudal.

A dinastia de Bragança — os reis de Portugal a partir de 1640 — também tem origem em um bastardo real: dom Afonso, filho do rei dom João i de Avis, este igualmente filho ilegítimo de outro monarca, dom Pedro i, o Justiceiro, como mencionamos antes. Nascido entre 1370 e 1377, provavelmente no castelo de Veiros, dom Afonso era filho de dona Inês Pires, com quem o monarca mantivera um relacionamento enquanto mestre da Ordem de Avis, o que, em teoria, como cavaleiro-monge, o obrigava à castidade. Dom João tinha a estatura mediana, o rosto largo, a testa pequena e cabelos e olhos negros. De "notável viveza, o semblante agradável, o corpo robusto, e de forças grandes", escreveu no século xviii o clérigo e genealogista António Caetano de Sousa, autor de uma obra monumental sobre a história das famílias reais portuguesas. Tinha a personalidade forte, era teimoso e violento, gostava de caçar e fazer exercícios físicos, apreciava a música, a dança e o jogo de xadrez.[8] Em 1391, já rei e casado com dona Filipa de Lencastre, dom João conseguiu do papa Bonifácio ix a dispensa dos votos religiosos que havia feito e a legitimação de seu nascimento, que o livrava do estigma da bastardia. Com a esposa inglesa, dom João teria oito filhos, entre eles dom Duarte, o futuro rei; dom Pedro, o primeiro duque de Coimbra, regente do trono por onze anos e uma das forças por trás da expansão ultramarina portuguesa; dom Fernando, o Santo, morto na prisão de Fez, depois de uma das três tentativas portuguesas fracassadas de tomar Tânger, no Marrocos; e o infante dom Henrique, o Navegador, célebre pela religiosidade casta, pelo empenho na luta contra os muçulmanos e pelo apoio às explorações marítimas.

Quanto a dona Inês Pires, do seu relacionamento com dom João sabe-se quê, além de dom Afonso, teve também dona Brites, mais tarde casada com um nobre inglês, o conde de Arundel. Sobre sua origem, no entanto, sobram mal-entendidos. Alguns nobiliários e crônicas portuguesas afirmam que ela seria filha de Fernão Esteves, um sapateiro natural de Veiros conhecido por "Barbadão". Há quem afirme que ele seria um judeu converso, enquanto outros dizem que a barba grande era um sinal do desgosto pelo caso da filha. Escrevendo séculos mais tarde, em 1730, José Soares Silva, impressor da Academia Real e autor de um livro de memórias sobre o rei dom João, afirmou por outro lado que os pais de dona Inês seriam Pedro Esteves e Maria Annes, "pessoas de conhecida nobreza", e que de modo algum ela poderia ser filha do Barbadão, como se dizia. Já naquela época, Soares Silva afirmava que a história não passava de uma sucessão de equívocos, que os Esteves estavam trocados, e "como de um erro se seguem infinitos, do primeiro escritor que caiu neste (por engano ou malícia) se seguiram, sem mais averiguação, todos os demais". Como provas, ele enumerou uma série de documentos e relatos contemporâneos, do século xv, sobre a família da "nobre donzela", que depois da relação com o rei se tornaria comendadeira no convento de Santos, em Lisboa, lugar de "mulheres de grande virtude, sangue e prudência".[9] O fato de dona Inês Pires ter uma comenda religiosa parece confirmar que ela não tinha ancestrais judeus, pelo menos não em um grau próximo. Ter o "sangue" limpo de parentesco com infiéis era uma exigência das ordens medievais.

Seja como for, em 1400 o rei dom João I legitimou o filho que tivera antes do casamento e que nessa época vivia em Leiria, tendo por volta de 23 anos. A legitimação envolvia um acordo diplomático importante. Em 8 de novembro de 1401, com toda a pompa de um matrimônio real, dom Afonso se casou com dona Beatriz Pereira de Alvim. As bodas foram realizadas com muitos festejos e jogos, como mandava a tradição. A jovem tinha cerca de vinte anos, sendo a única filha de dom Nuno Álvares Pereira, neto do arcebispo de Braga. O pai de dom Nuno fora prior do Crato e se destacara menos pela religião do que pela numerosa prole — teria tido mais de trinta filhos, com diversas mulheres. O importante apoio militar dispensado ao então mestre de Avis na luta pelo trono dera a Álvares Pereira o título de condestável, líder supremo dos exércitos do reino, aos 24 anos. Algo impressionante para o filho de um pároco. Em 14 de agosto de 1385, na batalha de Aljubarrota, dom Nuno comandara um exército de apenas sete mil homens — incluindo 1.700 cavaleiros e oitocentos besteiros portugueses, auxiliados por setecentos arqueiros ingleses — contra uma força inimiga muito maior, com cerca de dezenove mil soldados castelhanos. Depois da vitória, o monarca cobriu o jovem com títulos de nobreza, fazendo de seu guerreiro conde de Barcelos (o mais antigo título nobiliárquico do reino), de Ourém, de Arraiolos e de Neiva. Prestigiado, Álvares Pereira juntou enorme fortuna e a maior riqueza fundiária de Portugal fora da casa real — quase 5% das terras do país.

A reputação e o poder de Álvares Pereira eram tais que ele passou a ser uma ameaça à recém-criada dinastia de Avis. Por desentendimentos com o rei, ele ameaçou deixar o reino e se aliar a Castela. Também rejeitou a proposta de casamento da filha com o herdeiro do trono, dom Duarte, filho legítimo do rei dom João I. Depois de muitas negociações, o condestável aceitou casar sua herdeira dona Beatriz com dom Afonso, o filho bastardo de dom João. Antes de morrer em 1409, durante o parto de um filho, dona Beatriz teve três filhos: dom Afonso, o primogênito, conde de Ourém e marquês de Valença; dona Isabel, que seria avó materna do rei dom Manuel I de Portugal e de Isabel I de Castela, a Católica; e dom Fernando, que herdaria a casa paterna com a morte prematura do irmão mais velho. O objetivo principal de Álvares Pereira, de construir uma casa senhorial poderosa, que perpetuasse sua linhagem e sua memória, deu certo. Em dois séculos e meio, seus descendentes seriam reis de Portugal.[10]

Segundo o padre Joaquim Espanca, que viveu na segunda metade do século XIX, o conde dom Afonso tinha o "espírito nobre", era generoso e magnânimo, de "trato agradável", ainda que com "certa elevação de coração". O historiador Oliveira Martins, contemporâneo do padre Espanca, por outro lado, o descreveu como alguém insaciável na luta por poder e riqueza. Mesmo não estando na linha de sucessão ao trono, dom Afonso esteve envolvido com a política e os assuntos do reino e da cristandade da época. Acompanhou a irmã à Inglaterra, em sua viagem de casamento, percorreu outras cortes europeias e chegou a Jerusalém em 1410, acompanhado de uma enorme comitiva, com cerca de 150 pessoas, entre fidalgos e criados. Também tomou parte na campanha pela tomada de Ceuta dos muçulmanos, em 1415, e na primeira tentativa de conquistar Tânger, em 1437, ocasião em que seu meio-irmão, o infante dom Fernando, foi capturado.

A essa altura, sua posição como nobre estava consolidada, mas não completa. Em 1420, o viúvo dom Afonso se casou com dona Constança de Noronha, de outra família poderosa, mas permanecia ainda apenas conde de Barcelos e de Neiva. A oportunidade de subir ainda mais na escala social apareceu alguns anos mais tarde, quando dom Duarte, o senhor de Bragança, morreu sem deixar herdeiros em 1442. O castelo e as propriedades do falecido foram prometidos pelo regente dom Pedro, seu meio-irmão, ao conde de Ourém (o primogênito homônimo de dom Afonso). Não há registros de como o acordo foi realizado, mas o pai convenceu o filho, com quem não tinha uma boa relação, a desistir de Bragança, provavelmente alegando que de qualquer forma ele herdaria o título e a propriedade após sua morte — o que acabou não ocorrendo, pois o conde de Ourém morreu antes do pai. Assim, em 30 de dezembro de 1442, dom Afonso, conde de Barcelos, recebeu do regente dom Pedro o senhorio de Bragança e o título de duque. O documento que concedia o direito de posse e rendas em Bragança foi assinado em Évora. A concessão foi confirmada sete anos mais tarde pelo rei dom Afonso v, em 28 de junho de 1449. Para o padre Joaquim Espanca, estaria aí a origem de um antigo costume local, o de acender três grandes fogueiras com pinheiros no terreiro do paço na véspera do dia de são Pedro, com o objetivo de celebrar a elevação à casa ducal.[11]

Bragança foi o terceiro ducado criado em Portugal, o primeiro a ser concedido fora da família real. Os dois primeiros, Coimbra e Viseu, haviam sido conferidos pelo rei dom João I a seus dois filhos legítimos, os infantes dom Pedro e dom Henrique, o Navegador — este último recebeu ainda a administração da prestigiosa Ordem de Cristo. O título de "infante" era atribuído a todas as crianças reais, com exceção do filho mais velho, herdeiro do trono. Por ser o segundo na linha de sucessão, o infante dom Pedro recebeu o ducado de Coimbra do pai e assumiu a regência de Portugal em nome do sobrinho dom Afonso v após a morte de seu irmão, o rei dom Duarte, em 1438. O conde dom Afonso era um feroz opositor ao governo de dom Pedro, o que não impediu que o regente o fizesse duque. Na verdade, dom Pedro já havia concedido privilégios a outros inimigos, como dom Vasco Fernandes Coutinho, primeiro conde de Marialva. Além de títulos de nobreza, agraciou os desafetos com doações patrimoniais. O objetivo era claro, mantê-los sob controle ou pelo menos amenizar descontentamentos e assegurar o poder. A rivalidade, porém, não acabou quando dom Pedro deixou a regência para que dom Afonso v assumisse o trono. Quando o novo rei convocou dom Afonso a Lisboa, o duque de Bragança precisaria necessariamente atravessar as terras do Mondego, que pertenciam ao duque de Coimbra. Dom Afonso atendeu ao chamado e marchou para a capital à frente de um exército de três mil homens, durante a Semana Santa de 1449. Mas dom

Pedro não deu permissão, contrariando o código de honra medieval. O duque de Bragança contornou as terras do antigo regente, mas buscou apoio junto ao rei para punir a afronta. Em maio daquele ano, o infante dom Pedro foi derrotado e morto pela seta de um besteiro na batalha de Alfarrobeira.

Situada junto ao rio Fervença, 480 quilômetros ao norte de Lisboa, Bragança fora construída sobre o assentamento pré-romano de Brigancia. O nome viria dos antigos celtas que habitavam a região. Para alguns, viria de *briganti*, termo para designar uma elevação, sendo a provável origem do nome da divindade galo-romana Brigantia, associada pelos romanos à Minerva, deusa das artes, do comércio e da sabedoria. Para outros, *briga* significaria "povoação", ou ainda "fortaleza" ou "castelo". Há ainda quem associe a origem da cidade a um antigo rei local de nome Brigo. De toda forma, a Bragança original foi destruída ao longo das guerras de Reconquista. Em 1130, dom Fernão Mendes, o Bravo, senhor de Trás-os-Montes e cunhado do conde dom Afonso Henriques, a teria encontrado abandonada. Ele deu início à reconstrução, mas deslocou o núcleo central para o outeiro de Benquerença, nome pelo qual o sítio era conhecido então. Contudo, a cidade foi novamente arrasada pelos mouros. Em 1185, o rei dom Sancho I ordenou sua reedificação e mandou que fosse povoada de novo. O castelo foi provavelmente construído pelo rei dom Dinis, no final do século XIII, sendo ampliado (se não inteiramente reedificado) pelo rei dom João I na década de 1390. A muralha original do castelo e o forte que defendia a praça foram arruinados pelos espanhóis em 1762, quando a família Bragança já não residia na região havia quase três séculos.[12]

VILA VIÇOSA E OS DUQUES GUERREIROS: DOM FERNANDO I E DOM FERNANDO II

Dom Afonso, o primeiro duque de Bragança, morreu em dezembro de 1461, com quase noventa anos, em Chaves, a meio caminho entre Bragança e Guimarães, onde se instalara depois da morte da primeira esposa. Foi sepultado no convento de São Francisco. Por volta de 1420, ele dera início à construção do paço dos Duques, em Guimarães. O termo *paço* tem origem no latim *palatium*, nome dado à colina palatina, em Roma, onde Augusto, o primeiro imperador romano, estabeleceu residência. Depois de Augusto, convencionou-se chamar de "paço" o que a partir do século xvii ficaria conhecido como "palácio", a moradia do rei ou de um nobre importante. A viúva de dom Afonso viveu no paço dos Duques até sua morte em 1480. Aos poucos, porém, o antigo castelo foi sendo abandonado e já estava em ruínas em meados do século xvii.

Aos 58 anos (se considerarmos 1403 o ano de seu nascimento), dom Fernando i herdou o ducado do pai, mas como era conde de Arraiolos, título que herdara do avô materno, vivia no Alentejo. Não querendo deixar a região, se fixou em Vila Viçosa, a mais de 430 quilômetros de Bragança e de Guimarães. Ele estava casado com dona Joana de Castro, filha do senhor de Cadaval e Peral, havia mais de três décadas. O matrimônio foi realizado em 28 de dezembro de 1429. A família da noiva não era tão rica, mas o dote envolveu diversas propriedades, direitos sobre impostos e pensões de dezoito tabeliães no valor de mais de cinco mil coroas; terras, moinhos e herdades avaliadas em milhares de libras; e joias e pedras preciosas no valor de mil dobras.[13] O casal teve oito filhos, entre eles, dom Fernando ii, o primogênito e herdeiro; dom João, mais tarde marquês de Montemor-o-Novo; e dom Álvaro, futuro chanceler-mor do reino.

Localizada na fronteira, próxima à cidade espanhola de Badajoz, Vila Viçosa passara aos domínios de dom Afonso Henriques, o primeiro rei português, no século xii. Mas foi somente no século seguinte que a região começou a ser ocupada. Durante uma viagem ao reino vizinho, o rei dom Afonso iii deu permissão para que os monges agostinianos construíssem um convento no sítio então conhecido como "Val Viçoso", assim denominado devido à exuberância da vegetação. As obras tiveram início em 5 de maio de 1267.[14]

Em Vila Viçosa, dom Fernando i mandou construir um castelo e fez da cidade a sede do ducado de Bragança. A pequena Vila Viçosa tinha então não mais do que quinze ruas e três travessas. O cronista Rui de Pina, em uma obra do final do século xv, afirmou que o duque "era homem muito experimentado, sisudo e prudente, amigo e temeroso de Deus" e "justificado e muito direito em todas as suas obras". Escrevendo dois séculos e meio depois de Pina, Caetano de Sousa assegurou que dom Fernando era prudente e valoroso, "prático no exercício da guerra, experimentado nos negócios". Já o genealogista Manuel Felgueiras Gaio, do começo do século xix, o apontou como alguém "quase parvo", hipocondríaco e dado a galanterias.[15] Além dos condados do avô e do ducado paterno, dom Fernando recebeu do rei dom Afonso v o título de marquês de Vila Viçosa. Nesse meio-tempo, foi nomeado governador de Ceuta, permanecendo na África por mais de três anos durante a década de 1440. Tomou parte das duas expedições contra Tânger, no Marrocos, em 1437 e 1463. Depois da segunda, o rei retribuiu sua valorosa contribuição para o empreendimento — o recrutamento de setecentos lanceiros e dois mil soldados de infantaria —, elevando a então vila de Bragança à categoria de cidade. Quando dom Afonso v finalmente tomou Tânger em 1471, o duque de Bragança ocupava a regência de Portugal em nome do rei, que estava ocupado com a campanha militar. Ele voltaria a ocupar a regência entre 1476-7, pouco antes de morrer, em abril de 1478.

Assim como seu pai, dom Fernando ii foi um líder militar de destaque. Nascido em 1430, era o típico produto da nobreza lusitana do século xv. Aos 27 anos, participara da conquista de Alcácer-Ceguer, estando mais tarde à frente dos exércitos do rei dom Afonso v em outras expedições na África e também em lutas contra os castelhanos. No Marrocos, em apenas uma das incursões, arrasou quatro localidades, apreendeu gado e cativos e degolou seiscentos mouros. Colaborou com a tomada de Arzila em 1471 e, tal como seu rei, recebeu a alcunha de "Africano". No reino, foi nomeado fronteiro-mor — posto correspondente ao de general — das províncias de Entre-Douro-e-Minho e Trás-os--Montes, ao norte de Portugal. Pelos serviços prestados à Coroa, o monarca lhe concedeu o título de duque de Guimarães em 23 de agosto de 1476.

O primeiro casamento de dom Fernando ii foi realizado em 1447, quando ele tinha por volta de dezessete anos. A esposa, dona Leonor de Meneses, era filha do conde de Vila Real, mas morreu cinco anos depois, sem deixar filhos. Envolvido com expedições militares, o duque só voltaria a se casar duas décadas e meia mais tarde, em 19 de setembro de 1472, com dona Isabel de Viseu, que viria a ser mãe de seus quatro filhos. A esposa, então com treze anos, era sobrinha do rei dom Afonso v e irmã do rei dom Manuel i. Segundo as crônicas da época, era indulgente, devota e com "excelentes virtudes". Quando dom Fernando ii herdou o ducado, seis anos mais tarde, o poder dos Bragança era visível pelos títulos de nobreza acumulados e pelo tamanho de suas propriedades, que chegavam a mais de 17% das terras do reino (governavam dezessete dos 89 concelhos do país). O duque precedia em hierarquia todos os demais nobres do reino, com exceção dos infantes. Era o mais poderoso senhor de Portugal e um dos mais importantes entre os demais reinos ibéricos — Castela, Aragão e Navarra.

A casa de Bragança detinha doze títulos: dois ducados (Bragança e Guimarães), dois marquesados (Vila Viçosa e Montemor-o-Novo) e oito condados (Barcelos, Ourém, Arraiolos, Neiva, Guimarães, Penafiel, Faro e Odemira), além de manter a jurisdição sobre dezenas de vilas, dezoito alcaidarias, 41 comendas da Ordem de Cristo e mais de oitenta mil vassalos.[16] Tamanha concentração de poder preocupava o novo monarca, dom João II, coroado em 1481. Ao contrário dos reis anteriores, dom João II não estava disposto a dividir sua autoridade com a nobreza guerreira, conceder privilégios e regalias aos grandes senhores feudais e permitir que estes continuassem mantendo leis e arrecadações próprias em seus domínios. Somente a chamada "grande nobreza" era composta de cerca de quinhentas pessoas, com quatro duques, dois marqueses, 21 condes, um visconde e um barão.

Em 1483, cartas trocadas entre o duque e os reis castelhanos foram encontradas em Vila Viçosa após uma denúncia, e dom Fernando II acabou envolvido em uma trama para derrubá-lo. Os documentos foram apresentados ao rei. O terceiro duque de Bragança foi julgado em Évora e condenado por alta traição, ainda que sem especificação de crime algum, e degolado em praça pública em 21 de junho. Seu algoz vestia preto e lhe cortou a cabeça com um cutelo. O corpo permaneceu exposto no patíbulo por uma hora antes de ser sepultado na igreja do convento de São Domingos, sendo mais tarde enviado a Vila Viçosa. Os filhos e os irmãos do duque fugiram para Castela, e Vila Viçosa foi doada ao duque de Beja, irmão da ex-duquesa dona Isabel, o que permitiu que a viúva não precisasse deixar o paço ducal. Outro poderoso senhor, o duque de Viseu, primo e cunhado de dom João II, foi morto pelo próprio rei no ano seguinte. O filósofo e financista judeu Isaac Abravanel, que era tesoureiro e conselheiro da Coroa portuguesa, além de amigo do duque, foi acusado de financiar a conjura e precisou fugir para Toledo, deixando para trás uma enorme riqueza e uma biblioteca colossal. O ducado de Bragança foi abolido e restaurado somente em 1497 com dom Jaime, filho do executado, reabilitado pelo rei dom Manuel I. O processo criminal foi anulado três anos depois.[17]

DOM JAIME: TRAGÉDIA NO PAÇO, GLÓRIA NO MARROCOS

Nascido em 1479, o novo duque não era o primogênito, mas como este morrera ainda na infância, sob suspeitas de envenenamento, coube ao jovem de dezoito anos a direção da casa ducal. Ele passara quinze anos exilado na corte da rainha Isabel, a Católica, tendo uma educação humanista e muito religiosa. Apreciava a música e se vestia com "polimento", ainda que fosse "curioso dos exercícios militares, no jogo das armas e no manejo dos cavalos", segundo António Caetano de Sousa.[18]

Como sobrinho do rei dom Manuel I, dom Jaime estava entre os possíveis herdeiros ao trono antes do nascimento do herdeiro real, o futuro monarca dom João III. O duque chegou a alterar o brasão de armas dos Bragança, juntando as insígnias reais e acrescentando a divisa "Depois de vós, nós", sinalizando a precedência de sua casa na linha de sucessão ao trono, abaixo apenas da própria casa real. Talvez para evitar qualquer ligação com o infortúnio que pesara sobre o pai, dom Jaime ordenou a construção de um novo palácio ducal no sítio então chamado de Reguengo, em Vila Viçosa. O lugar era afastado da vila, tinha extensos olivais, abundância de água e lembrava o paço da Ribeira, nas margens do Tejo, em Lisboa, onde o rei havia estabelecido o seu palácio. As obras tiveram início em 1501, mas ampliações e reformas continuaram ao longo dos séculos XVI e XVII, conferindo ao edifício a dimensão e as características atuais, com uma fachada de 110 metros de comprimento. Além do palácio, no complexo do paço ducal de Vila Viçosa, em torno do terreiro do paço, hoje se podem ver a igreja dos Agostinhos (com o panteão dos duques), a igreja das Chagas (com o panteão das duquesas), o convento das Chagas e o paço do Bispo.

Os primeiros anos do século XVI foram extremamente difíceis para Portugal. Ainda que navios lusitanos estivessem percorrendo o oceano, comerciando em todo o globo, a população do país enfrentava sérios problemas. No campo, chuvas em excesso prejudicaram as plantações; nas cidades, sucessivos terremotos destruíram casas e edificações. Anos de colheitas ruins trouxeram escassez de comida, e a falta de pão promoveu fome generalizada. Foi preciso encomendar trigo da França e da Inglaterra. Para agravar a situação, Lisboa e Santarém sofriam com a peste.

Nesse período, em 1502, dom Jaime consumou a união com dona Leonor de Gusmão, nobre castelhana, filha do duque de Medina Sidônia, com quem teria dois filhos: dom Teodósio, seu sucessor, e dona Isabel, que se casaria com o infante dom Duarte, duque de Guimarães. O contrato que uniu as duas poderosas casas ibéricas foi firmado em Lisboa, em setembro de 1500, e estipulava um dote de 26 contos. Damião de Góis, cronista contemporâneo, escreveu que dona Leonor de Gusmão era "moça" e não tinha idade para "consumar o matrimônio". Um memorialista posterior afirmou que ela não era "mulher perfeita", pois não havia menstruado ainda, e que por isso os noivos permaneceram separados, "como no estado celibatário". Extremamente devoto e disciplinado, enquanto esperava o casamento dom Jaime permanecia por longos períodos junto aos monges, seguindo regras rígidas, participando das refeições e das práticas de penitência e mortificação. Com propensão à melancolia e à depressão, atormentado pela insônia e por comportamentos impulsivos, ele tentou fugir para Castela e se tornar frade capuchinho.

Na madrugada de 2 de novembro de 1512, depois de uma década aparentemente feliz no matrimônio, o duque assassinou a esposa a punhaladas durante um ataque de ciúmes, por suspeitar que ela mantinha encontros sexuais com um pajem de dezesseis anos que servia no paço ducal.[19] Foi a "ama dos cueiros", babá dos filhos do duque, a escrava Francisca da Silva, "uma pessoa preta e virtuosa", que sabia ler, a responsável por revelar ao superior do paço, o vedor Fernão Velho, a existência de um conjunto de cartas trocadas entre os supostos amantes. O jovem fidalgo Antônio Alcoforado foi executado no mesmo dia a mando de dom Jaime. Segundo uma lenda, tomado pelo remorso, ele encerrou-se numa cisterna do palácio ducal. Um processo de devassa foi instaurado, mas, como a legislação vigente permitia que marido traído limpasse a honra com sangue, mesmo sem flagrante delito, o duque foi inocentado. Nem mesmo a família da esposa protestou.

Disposto a recuperar a reputação, no verão do ano seguinte dom Jaime obteve permissão real para uma expedição na África. Em agosto de 1513, o duque de Bragança deixou Lisboa à frente de um exército de dezoito mil homens, transportados por aproximadamente quatrocentas embarcações. Cerca de quinze mil soldados eram pagos pela tesouraria do reino. O duque, por sua conta, armou quatro mil soldados de infantaria, quinhentos lanceiros e 550 cavaleiros e vassalos, todos vestidos como os cruzados de três séculos antes: um manto branco, com uma cruz vermelha no peito e outra nas costas. A grande força desembarcou em Mazagão e tomou Azamor, no Marrocos, no começo de setembro. A vitória foi celebrada pelo rei português e pelo papa em Roma. Dom Jaime recuperou o prestígio, criou uma guarda pessoal com cem alabardeiros e recebeu permissão de Leão x para erigir quinze igrejas em comendas, com objetivo de gratificar os fidalgos de sua comitiva. O rei dom Manuel, por sua vez, concedeu à casa de Bragança novos privilégios e mercês, como uma dotação anual de trinta arrobas (cerca de 440 quilos) de açúcar; trezentos quintais (dezoito toneladas) de especiarias das Índias e um quinto dos "percalços", os lucros obtidos pelos navios corsários que atacavam as embarcações dos mouros. O duque também não precisaria pagar impostos pelas mercadorias importadas, nem solicitar autorização real para exportar o que produzia. Os almoxarifes ducais ganharam poder semelhante ao dos almoxarifes reais.[20]

Depois do sucesso militar na África, dom Jaime continuou servindo ao rei como o mais alto dignitário. Foi o encarregado de receber a nova rainha, dona Leonor da Áustria, irmã do sacro imperador Carlos V, em 1519, assim como incumbido de levá-la de volta à Espanha três anos mais tarde, quando viúva de dom Manuel. Para a recepção, uma comitiva de trezentos cavaleiros e cem alabardeiros foi organizada em Vila Viçosa. Em 1524, o duque também foi designado para receber a esposa de dom João III, dona Catarina da Áustria, arquiduquesa Habsburgo e filha de Filipe I de Castela. Dois anos depois, foi o responsável por levar até a fronteira a infanta dona Isabel de Portugal, para o casamento com Carlos V.

Nesse meio-tempo, em 1520, dom Jaime se casou com dona Joana de Mendonça, que fora dama da rainha dona Leonor da Áustria e era filha de um conselheiro real. Segundo o cronista Damião de Góis, a duquesa era "formosa, discreta e prudente".[21] Desse matrimônio, o duque teria outros dez filhos, dos quais um deles seria vice-rei nas Índias e outro arcebispo de Évora. Dom Jaime morreu em 20 de setembro de 1532, aos 53 anos, em Vila Viçosa, depois de 35 anos à frente da casa ducal. O ducado passou, então, a seu filho dom Teodósio I, o quinto duque de Bragança e o terceiro de Guimarães.

DOM TEODÓSIO I, O DUQUE DA RENASCENÇA

Ao contrário de seus antecessores, dom Teodósio não se envolveu em guerras — ainda que tenha servido como condestável do reino. Nascido por volta de 1505, recebeu uma educação esmerada e universal, típica do humanismo, numa época em que Portugal ainda estava empenhado em campanhas militares e pouco despertara para a Renascença. O número de livros impressos no país não chegava a mil, sendo que a metade deles estava ligada à religião. Seu professor foi Diego Sigeo, um humanista espanhol de origem francesa que também educara as filhas dos reis dom Manuel I e dom João III. No século XVI, os Sigeo se destacavam pela erudição. A irmã de Diego, a musicista Ângela Sigea, o auxiliara na educação das crianças reais; e sua filha, Luísa Sigea, seria uma celebrada intelectual e poeta.

Desde cedo dom Teodósio conviveu com os livros e exercícios militares, de equitação e caça. Quando saía para caçar, era acompanhado por um exército vestido de verde: 116 pessoas, incluindo 24 caçadores com espingardas e bestas, 24 cavaleiros, doze guardas, pajens, falcoeiros e diversos criados, todos com vestimentas verdes. O duque amava pintura, escultura, alveitaria e o que hoje conhecemos por arqueologia. Tinha o espírito curioso e passara a vida coletando material da Antiguidade, obras de arte e informações sobre o que acontecia nas demais cortes europeias. O genealogista Caetano de Sousa afirmou que ele era "inclinado às letras", estimando os livros como "as peças mais preciosas de seu tesouro".[22] Por meio de agentes no exterior, comprava peças e recebia notícias do estrangeiro, coligindo tudo em cadernos de anotação que ficariam conhecidos como "Os livros das muitas coisas". Deu continuidade à construção do palácio ducal, realizando ampliações e uma primorosa decoração, acolhendo o arquiteto francês Francisco de Loreto, os azulejistas Frans Andries e Jan Floris, e o decorador flamengo Francisco de Campos, entre diversos outros artistas renomados da época. Promoveu a expansão de Vila Viçosa, que na época tinha pouco mais de oitocentos habitantes, com reformas no castelo e na fortaleza, e a construção dos mosteiros de Chagas, Esperança, Piedade, Santa Cruz e Santo Agostinho. Também criou escolas de alfabetização, gramática, música, dança, jogos de armas e de cavalaria para seus criados. Segundo uma observação moderna, tendo "herdado uma vila em tijolo", deixou "uma cidade de mármore".[23]

No paço, dom Teodósio mantinha uma corte própria, com 324 pessoas, formada por dezesseis fidalgos, dezesseis cavaleiros, doze escudeiros, nove moços-fidalgos, 61 cavaleiros-fidalgos, catorze escudeiros-fidalgos, 54 moços de câmara, vedores, monteiros, secretários, um capelão e grande número de serviçais e criados, como copeiros, porteiros, cozinheiras, camareiras e arrumadeiras. Os fidalgos mais distintos serviam diretamente ao duque, que também era proprietário de 48 escravos "mouriscos", dos quais onze trabalhavam na cozinha e na limpeza, nove na estrebaria, sete em atividades artesanais, três na tecelagem, dois na botica e dois nas obras de construção. Onze eram charameleiros, integrados à capela ducal — a charamela era um instrumento de sopro muito usado na Idade Moderna, considerado o precursor do oboé e do clarinete. O número de escravizados era pequeno tendo em vista que os Bragança eram a família mais importante em Portugal, com exceção da casa real. Ou se comparado ao número de cativos do duque de Medina Sidônia, na Espanha. O pai da duquesa dona Leonor de Gusmão, mãe de dom Teodósio, era proprietário de 248 escravizados.

Em 25 de junho de 1542, dom Teodósio desposou dona Isabel de Lencastre, sua prima, filha de seu tio dom Dinis e neta de dom Fernando II, o terceiro duque de Bragança. O casamento foi realizado em Lisboa. Ele tinha por volta de 37 anos; ela, 29. Dona Isabel era muito doente e a relação de dezesseis anos gerou um único herdeiro, dom João I, nascido no ano seguinte, época em que os Bragança viviam um período de grande poder, esplendor e representatividade. Alguns anos antes, em 1537, a irmã do duque se casara com o infante dom Duarte, filho do rei dom Manuel I e irmão do rei dom João III. A cerimônia foi realizada em Vila Viçosa e a casa real luxuosamente recebida pelos Bragança. Os registros da época não deixam dúvidas. Dom Teodósio aguardou o rei a dois quilômetros do paço, montando um cavalo avermelhado, com sela, estribos e esporas de prata, e acompanhado de uma enorme comitiva, com fidalgos e músicos. Como traje, o duque vestia um gibão roxo, com calças da mesma cor, botões de ouro esmaltados de branco; gorro de veludo preto, guarnecido de cravos de ouro e pluma preta; talabarte de veludo vermelho, com espada dourada, bainha de veludo azul e adaga. Depois da pomposa recepção, o rei visitou a capela e foi instalado num grande quarto, todo coberto de cetim carmesim, tapeçarias, almofadas, bordados, muito ouro e muita prataria. Mais três gabinetes ficaram à disposição do monarca, todos decorados com pinturas de batalhas e aquecidos com braseiros. Cada um dos infantes foi igualmente acomodado em uma parte especial do palácio. O casamento foi celebrado pelo bispo de Lamego e os convidados recebidos com "delicadas iguarias", uma "variedade de manjares" e música apropriada. Nos dias seguintes, ocorreram as tradicionais justas e touradas.

Em 1543, dom Teodósio I foi o encarregado de acompanhar dona Maria Manuela, filha do rei dom João III, até a fronteira. A infanta seguia para a Espanha, onde se casaria com Filipe II da Espanha, o filho e herdeiro do sacro imperador Carlos V. Dom Teodósio organizou uma enorme comitiva, com 350 cavaleiros, dos quais quase trezentos serviam a casa de Bragança. Entre eles estavam vinte moços de estribeira, envergando roupas amarelas, com barras de veludo azul, gorros roxos e espadas prateadas; cem alabardeiros vestidos à moda tedesca, de azul e amarelo (as cores do duque), com alabardas douradas; sessenta moços de câmara, trajando veludo azul e amarelo; seis fidalgos vestindo veludo preto com grossas cadeias de ouro, capas e gorros de veludo adamascado com pedraria. Seguiam o elegante grupo oitenta mulas de carga, guarnecidas de bordados de ouro e seda amarela. À frente da comitiva marchavam os arautos, com trombetas, pequenos sinos e tambores, e bandeiras de damasco ostentando as armas ducais.[24]

Na primeira metade do século XVI, Portugal era uma das nações mais poderosas do mundo, o primeiro império verdadeiramente global da história. Suas posses ultramarinas incluíam a costa atlântica brasileira, diversas possessões e fortalezas na África (nos atuais Marrocos, Cabo Verde, Gana, Angola, Moçambique, Quênia e Tanzânia), Índia (Diu, Goa, Calicute, Cochim e Ceilão, entre outras cidades), Omã, Pérsia, Malásia, Timor e China (Macau). O comércio ultramarino representava 68% de todas as receitas estatais. Até a década de 1530, cerca de cem navios chegavam anualmente a Lisboa trazendo dois mil quintais (117,6 toneladas) de pimenta da Guiné e cinquenta mil quintais (2,9 mil toneladas) de especiarias da Ásia, um monopólio que rendia à Coroa um lucro de 89%. Da África, as embarcações portuguesas transportavam cerca de 840 quilos de ouro por ano, além de uma média anual de quase mil escravizados. Quase inexplorado, o Brasil ainda rendia pouco para os cofres lusitanos. O principal produto extraído na nova terra era o pau-brasil, abatido em grandes quantidades na costa e origem do nome da colônia. Na língua dos investidores germânicos, os termos *bras* ou *brasen* significam "queimar" ou "ficar vermelho", alusão à cor vermelha da madeira que era usada no tingimento de roupas. Em 1511, no primeiro registro conhecido do transporte da árvore, a nau *Bretoa* levou cinco mil toras da madeira para Lisboa, além de macacos, saguis, papagaios e quarenta indígenas.

Portugal criara um império global, mas o país era pobre se comparado com outras nações. Os reis portugueses pouco investiram em infraestrutura ou estimularam a produção econômica interna. A base da economia eram a pesca e a agricultura de subsistência. Além da produção de vinho e azeite, Portugal tinha apenas duas "indústrias", a de construção naval e a de fabricação de biscoitos. A população também era incrivelmente pequena para um povo que havia singrado os mares e chegado a continentes distantes. Segundo o censo realizado no tempo do rei dom João III, entre 1527-32, o primeiro da história portuguesa, o país tinha 282.734 "fogos" — como eram chamadas as residências ou o lugar de moradia de uma família —, com algo em torno de um milhão de pessoas. Lisboa, a capital e maior centro urbano, contava com pouco mais de treze mil casas e aproximadamente 65 mil moradores. A cidade tinha oitocentos comerciantes portugueses e cerca de três mil estrangeiros estabelecidos.[25] O dinheiro estava nas mãos de comerciantes e investidores franceses, italianos, alemães e ingleses, além de judeus e dos chamados "cristãos-novos", os judeus convertidos ao cristianismo que haviam decidido permanecer no país após a política de expulsão promovida pelo rei dom Manuel I em 1496. Cerca de sessenta mil cristãos-novos ainda viviam em Portugal em meados do século XVI, número que foi reduzido quase à metade até o começo do século seguinte, à medida que a Inquisição promovia perseguições e incentivava pogroms. A população de origem islâmica, por sua vez, era muito menor do que a que vivia na vizinha Espanha.

Com as navegações e o comércio exterior, outros povos começaram a fazer parte da sociedade lusitana, em sua maioria escravizados, provenientes da África, da Ásia e da América. O humanista Nicolau Clenardo, de Brabante, nos Países Baixos, que viveu por alguns anos em Portugal, durante o reinado de dom João III, deixou como registro de sua estadia e suas viagens uma série de cartas escritas em latim. De modo geral, ele reclamou muito do mau humor e da preguiça do povo, além da decadência da economia. Entre as muitas observações que fez, mencionou mais de uma vez a grande quantidade de escravizados no país. "Os escravos pulam por toda parte", escreveu ele. "Todo o serviço é feito por negros e mouros cativos. Portugal está a abarrotar com essa raça de gente. Estou a crer que em Lisboa os escravos e as escravas são mais que os portugueses livres."[26] O número era realmente elevado. Estimativas modernas acreditam que o número de escravizados na metrópole lusa possa ter chegado a dez mil no começo do século XVII. O próprio Clenardo acabou comprando três cativos. Nem todos, porém, eram africanos negros. Havia escravizados de todas as partes do mundo, do norte da África, da Turquia, da Índia, da Malásia e da China — o comércio de escravizados chineses só seria proibido em 1595 e o de mouros e turcos em 1621. Em Évora, uma família mantinha dez cativos, grupo cujas origens representavam muito bem quão desenvolvido era o tráfico no século XVI: três ameríndios, dois mouros, um eslavo, um negro, um pardo, um mestiço e um chinês.

Tendo ficado viúvo no verão de 1558, o duque dom Teodósio se casou novamente no ano seguinte. Em 4 de setembro, ele tomou como esposa dona Beatriz de Lencastre, de dezessete anos, filha do comendador-mor da Ordem de Avis e bisneta do rei dom João II. Como o casamento era "clandestino", sem o consentimento real, a rainha regente, dona Catarina da Áustria, viúva de dom João III, ordenou que o duque deixasse a corte e vivesse a pelo menos trinta quilômetros de Lisboa. Com o fim da regência, no entanto, dom Teodósio pôde voltar a frequentar a corte. De seus dois filhos com dona Beatriz, o varão morreu na batalha de Alcácer-Quibir, aos dezenove anos; a filha se casaria mais tarde com o duque de Caminha.

O quinto duque de Bragança faleceu em 20 de setembro de 1563, aos 58 anos. A pouca idade da viúva, que não podia assumir o papel legal de "cabeça do casal", e a situação dos filhos pequenos criaram problemas significativos para a resolução da divisão do patrimônio. O inventário de bens efetuado no ano seguinte listou nada menos do que 6.303 objetos, o maior do século XVI em Portugal — o catálogo reuniu 657 fólios, cerca de 1.300 páginas. O levantamento realizado revelou o tamanho da riqueza, a opulência e a erudição da casa de Bragança: os duques haviam reunido em torno de si grandes coleções de ourivesaria e joalheria (colares, braceletes e cintos, todos em ouro e cravejados de diamantes, safiras, esmeraldas e rubis), têxteis e vestuário (colchas da Índia, vestidos de cetim, damasco e veludo), armaria (espadas e adagas de ouro com rubis e esmeraldas), instrumentos musicais, astrolábios, relógios, compassos e mapas, mobiliários e diversos artigos religiosos, desde imagens em prata dourada de Nossa Senhora e santos a retábulos de alabastro e relicários de ouro. As peças eram originárias das mais diversas partes do mundo, de países como Alemanha, Espanha, Flandres, Holanda, França, Inglaterra, Itália, Rússia, Turquia, Pérsia, Índia, Ceilão, China, Guiné e Brasil. A biblioteca continha volumes em hebraico e grego, e obras de retórica e teologia, bem como livros dos grandes nomes do humanismo renascentista, como o italiano Giovanni Pico della Mirandola, o inglês Thomas More e o português Jerônimo Osório, entre outros.[27]

O DUQUE DOM JOÃO I E O DESASTRE DE ALCÁCER-QUIBIR

Quando dom Teodósio faleceu, seu filho dom João I, de 23 anos, se tornou o sexto duque de Bragança. Ele permaneceria à frente da casa ducal por duas décadas. Em 8 de dezembro de 1563, apenas três meses após a morte do pai, ele casou com dona Catarina de Guimarães. A nova duquesa, de 22 anos, era filha do infante dom Duarte, duque de Guimarães, e de dona Isabel de Bragança, tia de dom João. Além de neta do rei dom Manuel I, dona Catarina também era neta de dom Jaime I, o quarto duque de Bragança e bisavô de seu esposo. O casamento fora negociado pelo próprio rei dom João III, de quem dona Catarina era prima-irmã. Dom João ainda não havia herdado o ducado de Bragança, sendo apenas conde, então o monarca planejou fazer dele duque de Barcelos. Como o rei faleceu antes do casamento, a mercê foi formalizada pelo regente e depois pelo rei dom Sebastião.

Dom Sebastião havia sucedido ao avô, o rei dom João III, em 1557, aos três anos de idade. Seu pai, dom João Manuel, o único herdeiro da coroa, morrera prematuramente em 1554, aos dezessete anos, provavelmente de tuberculose, quando sua mãe estava no último mês de gravidez. Como o menino tinha pouca idade e a saúde frágil, Portugal foi governado por regentes até 1568. Primeiro, pela avó de dom Sebastião, dona Catarina da Áustria; e depois por seu tio-avô, o cardeal arcebispo de Lisboa e inquisidor-mor dom Henrique, o Casto.

Aos catorze anos, dom Sebastião assumiu o trono português. "Enfermo no corpo e no espírito", escreveu o historiador Oliveira Marques, "importava-se menos com o ofício de governação, e mais com os sonhos de conquista e expansão da fé." Levar a cabo a ocupação do Marrocos era sua maior ambição. Os portugueses haviam tomado Ceuta em 1415, e Arzila e Tânger foram ocupadas em 1471. Tânger só caiu depois de três custosas expedições, e Arzila acabou por ser abandonada em 1550. "Ousado até o limite da loucura", sentenciou Oliveira Marques, o jovem rei desprezou todos os conselhos sobre os perigos de um ataque à África do Norte. Negou-se mesmo a casar, gerar um herdeiro e garantir o futuro do reino.[28]

Leal à casa real, o duque dom João I de Bragança sempre esteve muito próximo de dom Sebastião. Em 1571, quando o papa enviou o cardeal Alexandrino Bonello a Lisboa para negociar a mão da princesa francesa Margarida de Valois como esposa do jovem monarca, o legado de Pio V passou por Vila Viçosa. O acordo nupcial não se concretizou, mas João Batista Venturino, o cronista da viagem, deixou um relato sobre a corte dos Bragança. Segundo ele, a comitiva papal foi recebida pelo duque dom João e por um grupo de "pretos", que tocavam atabales, pífaros, trombetas, tambores e sinos, mostrando "extraordinária alegria".[29] O cardeal Alexandrino e sua delegação, composta de monsenhores, bispos e abades, foram hospedados em vinte tendas armadas no terreiro do paço e ricamente decoradas com móveis e tecidos de luxo e objetos de ouro e prata. O espaço destinado ao cardeal contava com um dossel em tela de ouro e um leito paramentado em carmesim, madeira dourada, balaústres forrados de veludo e franjas douradas.

Em 1574, quando dom Sebastião resolveu partir para África, numa primeira expedição preparatória para o empreendimento maior que planejava pôr em execução, convocou dom João I para acompanhá-lo. O duque de Bragança reuniu seiscentos cavaleiros e dois mil soldados. E, conforme determinação real, Portugal ficou sob a regência da duquesa dona Catarina de Bragança. O rei visitou o Marrocos e aliou-se aos inimigos do sultão Mulai Abd al-Malik. Três anos depois, desembarcou em Arzila, onde o governador da cidade lhe abriu as portas, rendendo-se sem oferecer resistência. No verão de 1578, dom Sebastião conseguiu aprontar um grande exército invasor. Junto com as forças portuguesas estavam mercenários alemães, espanhóis e italianos, somando 15.500 soldados, 1.500 cavaleiros e mais algumas centenas de encarregados pelo abastecimento da tropa, criados, mulheres e escravos. Mais uma vez a casa de Bragança foi chamada a lutar. Doente e com febre, o duque dom João não pôde acompanhar o rei aventureiro, mas enviou seu filho dom Teodósio II, de apenas dez anos, acompanhado de seu irmão, dom Jaime, que serviria o menino como pajem. Dom Teodósio era então duque de Barcelos, título que o próprio dom Sebastião concedera ao primogênito dos Bragança.

Desembarcado em Arzila, dom Sebastião rumou para o sul. Depois de marchar por setenta quilômetros deserto adentro, ele encontrou o exército muçulmano nas proximidades de Alcácer-Quibir, no dia 4 de agosto. A esgotada e faminta força portuguesa não foi páreo para os oito mil soldados e 41 mil cavaleiros do sultão. Depois de quatro horas de batalha, o rei português foi morto e com ele a nata da aristocracia e o exército do país, mais de sete mil homens.[30] Dom Sebastião tinha apenas 24 anos. Os sobreviventes caíram prisioneiros e seriam vendidos como escravos; menos de cem pessoas conseguiram escapar. Dom Teodósio II de Bragança estava entre os poucos que escaparam da morte, mas foi mantido encarcerado, como peça valiosa que era. Seu tio e pajem, assim como seu aio e estribeiro-mor, morreram. Da guarda ducal, composta de duzentos soldados, apenas oito regressaram a Vila Viçosa.

A batalha mais desastrosa da história portuguesa havia custado a metade das receitas do Estado e deixado o país sem governo. Como não tinha herdeiros, a morte do rei pôs fim à dinastia de Avis e colocou Portugal em uma grave crise sucessória. O imbróglio político abriu caminho para que Filipe II da Espanha, neto por linha materna de dom Manuel I, rei de Portugal no tempo da chegada dos lusos ao Brasil, invadisse o reino e reivindicasse a coroa.

A península Ibérica

Em Portugal, as fronteiras mantiveram-se praticamente inalteradas depois do século XIII. A Espanha só tomou a forma atual no século XVI.

© UNIVERSITÄTSBIBLIOTHEK FREIBURG/DOMÍNIO PÚBLICO.

HERALDRY GUIDE OF HANS ULRICH FISCH, AARAU/STAATSARCHIV AARGAU.

Radbot (c. 985-c. 1045), conde de Klettgau: o cavaleiro que encontrou seu açor pousado no topo da montanha de Wülpelsberg. Mais tarde, ele construiria o castelo de Habsburgo no mesmo lugar. Ilustração de um livro de crônicas da dinastia, publicado em 1799.

Habsburgo, "o castelo do açor", no vale do Aar, na Suíça, em um livro de brasões de 1627.

Rodolfo I (1218-91), o primeiro Habsburgo coroado rei dos romanos, em 1273.

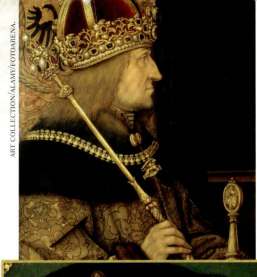

Frederico III (1415-93), o primeiro Habsburgo sagrado imperador, em Roma, 1452.

O imperador Maximiliano I (1459-1519), governante que consolidou a política de alianças matrimoniais dos Habsburgo.

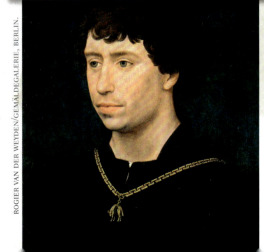

Carlos, o Temerário (1433-77), duque da Borgonha. Carlos era o pai de Maria (1457-82), a amada esposa do imperador Maximiliano I. Carlos está usando o medalhão da Ordem do Tosão de Ouro, criada por seu pai. Símbolo da nobreza cristã e dos ideais da cavalaria, a condecoração seria adotada pelos Habsburgo e usada pelos reis espanhóis e portugueses, além dos dois imperadores do Brasil.

Página com xilogravura de *Weißkunig*, uma autobiografia romanceada do imperador Maximiliano I (1459-1519).

O reformador Martinho Lutero diante do imperador Carlos V (1500-58), na Dieta de Worms, em 1521. A Reforma Protestante dividiu o império.

Joana, a Louca, (1473-1555), rainha de Castela e esposa de Filipe, o Belo, (1478-1506), duque da Borgonha. O filho do casal, o rei Carlos I, herdaria o império Habsburgo como imperador Carlos V (1500-58).

O imperador Carlos V, governante europeu mais poderoso do século XVI: a dinastia Habsburgo reinava sobre a Europa Central, Península Ibérica, sul da Itália e América Espanhola.

Carlos v e Isabel de Portugal (1503-39). Nascida em Lisboa, a imperatriz era considerada uma das mulheres mais belas de sua época.

Navios ingleses e a Invencível Armada, em 1588. Ventos fortes e uma tempestade decretaram a derrota de Filipe II (1527-98) nos mares.

ofonisba anguissola/museu el prado/domínio público.

smudge whisker/alamy/fotoarena.

luca giordano/museo del prado/domínio público.

O rei Filipe II da Espanha (1527-98). O monarca era aplicado e minucioso, mas extremamente desconfiado. Acreditava que o "diabo" estava nos detalhes.

O rei Filipe IV (1605-65), último rei dos Habsburgo espanhóis a governar Portugal. Durante seu reinado, os holandeses ocuparam o Nordeste brasileiro.

Carlos II, o Enfeitiçado (1661-1700), último monarca Habsburgo da Espanha: problemas mentais e físicos causados pela política de casamentos consanguíneos da dinastia.

Mapa de Madri confeccionado por Pedro Teixeira Albernaz, em 1656.
Filipe II transferiu a capital do país de Toledo para Madri em 1561.

Um auto de fé realizado na Plaza Mayor, Madri, em 1680. O enfermo rei Carlos II (1661-1700) está presente. Ele aparece no alto da imagem, na tribuna real, com sua esposa e a mãe.

A cidade de Magdeburgo é incendiada pelo exército imperial Habsburgo, em 1631, durante a Guerra dos Trinta Anos. Aproximadamente 20 mil pessoas morreram e 1.700 edificações foram destruídas.

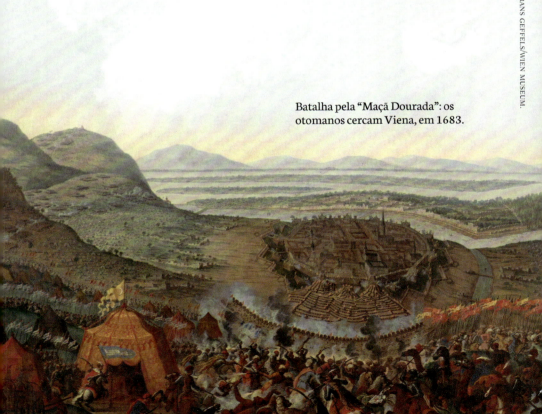

Batalha pela "Maçã Dourada": os otomanos cercam Viena, em 1683.

O imperador Leopoldo I (1640-1705), em trajes teatrais.

A jovem arquiduquesa Maria Teresa (1717-80): um "espírito elevado", com "aparência simples e porte majestoso".

Maria Teresa, o esposo Francisco Estevão (1708-65) e os onze filhos. Para a imperatriz, os casamentos dos arquiduques eram parte importante da política exterior. Sua filha mais famosa, Maria Antonieta, viria a ser rainha da França, executada durante a Revolução.

A coroação do imperador José II (1741-90) na catedral de São Bartolomeu, em Frankfurt, 1764.

Viena no século XVIII.
A cidade do Danúbio se tornou
capital dos Habsburgo em 1278.

O imperador Francisco II/I (1768-1835), pai da imperatriz brasileira dona Leopoldina (1797-1826). Muito magro, era tímido, gago e inseguro. Viveu em uma época turbulenta, que quase marcou o fim do império Habsburgo.

A imperatriz Elisabeth, a Sissi (1837-98). Famosa pela beleza, Sissi era obcecada por sua aparência; nunca passou dos cinquenta quilos ao longo da vida, mantendo sempre uma cintura de 53 centímetros.

A princesa Sofia da Baviera (1805-72), em 1866. Segundo o ministro francês Talleyrand, Sofia era o "único homem" da família Habsburgo.

Desembarque de dona Leopoldina (1797-1826), no Rio de Janeiro, em 1817.

O imperador Francisco José (1830-1916), em 1914. Uma rotina rígida, trabalho intenso e pensamento marcial marcariam sua vida.

O imperador Francisco José e sua família, em 1860. Da esquerda para a direita, de pé: Francisco José, o arquiduque Maximiliano e sua esposa Carlota da Bélgica, o arquiduque Luís Vitor e o arquiduque Carlos Luís. Sentados: a imperatriz Elisabeth, a Sissi, e os filhos, o príncipe Rodolfo e a arquiduquesa Gisela; e os pais do imperador, a princesa Sofia e o arquiduque Francisco Carlos.

CARLOS ANTONIO LEONI; MICHEL AUBERT/
BIBLIOTECA NACIONAL DE PORTUGAL/DOMÍNIO PÚBLICO.

CARLOS ANTONIO LEONI; ROBERT GAILLARD/
BIBLIOTECA NACIONAL DE PORTUGAL/DOMÍNIO PÚBLICO.

O primeiro duque de Bragança (1442), dom Afonso (1380-1461), era filho bastardo do rei dom João I, da dinastia de Avis.

Dom Teodósio I (1505-63), quinto duque de Bragança. Ilustrado, amava pintura, escultura e arqueologia.

O aventureiro rei dom Sebastião (1557-78). O duque de Bragança dom João I (1544-83) enviou o filho, dom Teodósio II (1568-1630), de apenas dez anos, para lutar na África ao lado do monarca. Dom Teodósio sobreviveu ao desastre português em Alcácer-Quibir, mas o rei desapareceu na batalha.

O navegador Vasco da Gama estabeleceu a rota marítima para as Índias em 1498. Dois anos depois, Pedro Álvares Cabral desembarcava no Brasil. Portugal despontava como a nação mais poderosa na Era das Navegações.

Dom João IV (1604-56), oitavo duque de Bragança e primeiro rei português da dinastia. Amante da música, o monarca é o autor do famoso hino natalino "Adeste Fideles".

Dom Pedro II (1648-1706). Filho de dom João IV, ele destronou o irmão dom Afonso VI, consolidou a dinastia no poder em Portugal e intensificou a exploração e o povoamento do Brasil. No seu reinado foram descobertas jazidas de ouro em Minas Gerais.

Retrato de dom João V (1689-1750), o "Rei Sol português". Com o ouro brasileiro, o monarca viveu o apogeu da dinastia Bragança.

Dona Maria Ana de Áustria (1683-1754), arquiduquesa Habsburgo e rainha de Portugal como esposa de dom João V (1689-1750). Suportou os inúmeros casos amorosos do rei.

Viatura de aparado do rei dom João V, de 1723. A obra é atribuída ao escultor José de Almeida e ao seu irmão Félix Vicente de Almeida, entalhador da Casa Real.

Lisboa antes do terremoto de 1º novembro de 1755. A cidade foi quase inteiramente destruída. Quase todos os grandes edifícios ruíram. Das quarenta igrejas paroquiais, 35 desmoronaram ou foram castigadas pelo fogo.

J. COUSE/BIBLIOTECA NACIONAL DE PORTUGAL/DOMÍNIO PÚBLICO.

O marquês de Pombal (1699-1782), verdadeiro governante de Portugal durante o reinado de dom José I (1714-77). Adepto do Iluminismo, Pombal foi o responsável pela expulsão dos jesuítas do Brasil.

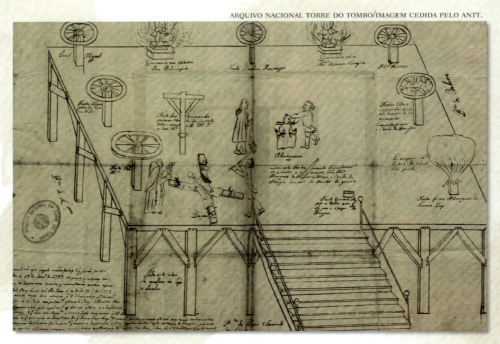

Mapa do cadafalso em que os Távora foram supliciados e executados, em 1759. Aproximadamente 70 mil pessoas se reuniram para assistir à morte dos condenados pelo atentado contra o rei dom José I.

Dom José I (1714-77): sem aptidão para governar, o rei entregou a administração ao ministro Sebastião José de Carvalho e Melo, depois marquês de Pombal.

Dona Maria I (1734-1816): uma série de desgraças pessoais e políticas enlouqueceram a piedosa rainha.

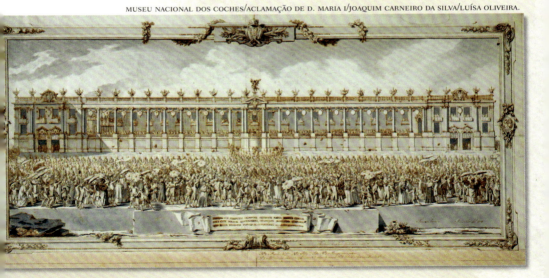

Varanda onde aconteceu a aclamação de dona Maria I, em 1777. Ela foi o 26º monarca de Portugal e a primeira mulher a comandar o reino como titular em mais de seis séculos de história.

Dom João VI (1767-1826), o rei português que enganou Napoleão e estabeleceu a corte portuguesa no Rio de Janeiro.

Dom João VI em revista às tropas. Ele era um monarca melancólico, dado a hesitações e procrastinações.

A corte portuguesa parte para o Brasil, em novembro de 1807.

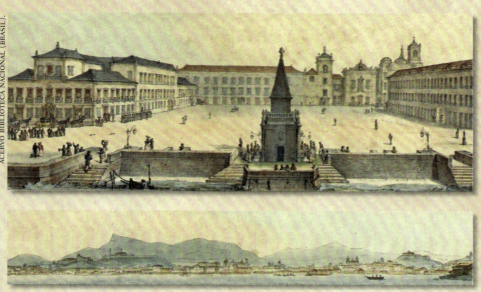

O Rio de Janeiro no começo do século XIX: à esquerda, o Paço Real, depois Paço Imperial; ao centro, o chafariz do mestre Valentim e a Praça do Carmo (atual XV de Novembro); à direita, a Capela Real, depois Capela Imperial.

A aclamação do rei dom João VI (1767-1826), no Rio de Janeiro.

O trabalho escravo era o sustentáculo da economia brasileira. Na década de 1820, cerca de trinta mil africanos escravizados entravam anualmente no país.

Johann Moritz Rugendas (del.); Engelmann & Cia (lit.)/Acervo Biblioteca Nacional (Brasil).

Dom Pedro I (1798-1834) entra em São Paulo, após proclamar a Independência próximo do riacho Ipiranga, em setembro de 1822. A cidade tinha 6.920 habitantes.

Coroação de dom Pedro I em 1º dezembro de 1822.
A data lembrava a ascensão dos Bragança ao trono português em 1640.

Dom Pedro I (1798-1834), imperador do Brasil. Entre as condecorações, o Tosão de Ouro (pendendo no pescoço). Criada na Borgonha em 1430, a condecoração foi adotada pelos Habsburgo e mais tarde pelas monarquias ibéricas. O "rei soldado" passou os últimos anos da vida lutando contra o irmão dom Miguel I (1802-66).

Fotografia do imperador dom Pedro II (1825-91), em 1876.

Dom Pedro II, dona Teresa Cristina (1822-89) e as duas filhas do casal, dona Isabel (1846-1921) e dona Leopoldina (1847-71).

A família imperial na varanda da casa da princesa Isabel, em Petrópolis, em maio de 1889.

A Batalha do Avaí, em 1868. A Guerra do Paraguai foi o maior conflito bélico da América do Sul.

O palácio de Petrópolis, na Serra Fluminense, residência de verão da família imperial na década de 1850.

O casamento da princesa Isabel (1846-1921) e do conde d'Eu (1842-1922), em 1865.

A princesa Isabel sanciona a Lei Áurea, em 1888. No ano seguinte, teria afirmado que se o motivo da expulsão dos Bragança do Brasil era a abolição, "tornaria a escrever meu nome sem vacilação".

A rainha dona Maria II (1819-1853). Filha de dom Pedro I e dona Leopoldina, ela nasceu no Rio de Janeiro e reinou em Portugal.

O jovem rei dom Manuel II (1889-1932), em 1909: último monarca português.

O batizado de dom Carlos I (1863-1908), o rei Diplomata.

II.

Reis de Portugal

Como o rei dom Sebastião não teve filhos e não havia herdeiros vivos de dom João III, os pretendentes à coroa de Portugal estavam entre os descendentes de dom Manuel I, morto em 1521. A descendência masculina com sucessão desse monarca resumia-se a duas pessoas: o infante dom Luís, que não se casara, mas deixara um filho ilegítimo, dom Antônio; e o infante dom Duarte, de cujo casamento nasceram duas filhas, entre elas dona Catarina, casada com o duque de Bragança (a outra, dona Maria, morrera em 1577). Dom Antônio, prior do Crato, fora governador de Tânger e havia tomado parte na batalha de Alcácer-Quibir, mas o fato de sua mãe ser plebeia não o ajudava muito. Por linhagem e posição, a pretendente mais forte ao trono era mesmo dona Catarina de Bragança. Com ela concorria seu primo Filipe II, rei espanhol, neto de dom Manuel por linha materna.

Para resolver a contenda, o cardeal dom Henrique, que assumira o governo de forma provisória, convocou as Cortes. A assembleia se reuniu em duas oportunidades. A primeira, realizada em Lisboa, entre abril e junho de 1579, elegeu quinze fidalgos e 24 letrados a fim de que fossem selecionados cinco governadores para administrar o país até a definição de quem seria rei, e onze juízes do tribunal que escolheria o novo monarca. A segunda reunião, em Almeirim-Santarém, entre janeiro e março de 1580, debateu o problema da sucessão.[1] Filipe II despontou como favorito, mas o idoso "cardeal-rei" morreu tuberculoso antes do final das sessões, o que interrompeu as discussões sem se chegar a um termo. Dom Antônio era português e tinha apoio popular. Os Bragança contavam com o respaldo de parte da nobreza e do clero, mas temiam se envolver em uma aventura política contra um inimigo poderoso. O duque dom João, esposo de dona Catarina, a pretendente legítima, não tinha o gênio da guerra como seus ancestrais do século XV.

Como Portugal estava falido e sem proteção militar, Filipe II comprou o apoio de intelectuais, comerciantes e burocratas, e armou um exército para impor sua posição. Em junho de 1580, uma poderosa força espanhola composta de 15.500 soldados comandados pelo duque de Alba invadiu Portugal. Seis meses depois, um vitorioso Filipe entrou em Lisboa. No caminho, se encontrou com o duque e a duquesa de Bragança em Vila Boim, próximo de Vila Viçosa. Dona Catarina não renunciou formalmente ao trono, mas aceitou se submeter ao primo e rei da Espanha. Em 16 de abril de 1581, as Cortes se reuniram em Tomar, 130 quilômetros ao norte da capital. O Habsburgo foi aclamado rei de Portugal como Filipe I. Como condestável do reino, dom João de Bragança foi o último a prestar o juramento de fidelidade. Estava chancelada a União Ibérica — ou, como os portugueses preferem se referir à unificação das duas coroas, a Dominação Filipina. Os duques de Bragança passaram a ser tratados por "Excelência", distinção hierarquicamente acima dos "grandes do reino", prerrogativa que seria formalizada pelo rei espanhol, agora senhor de uma península Ibérica inteiramente sob o controle da casa da Áustria. O duque também foi agraciado com o Tosão de Ouro, a ordem borgonhesa que os Habsburgo haviam adotado como a mais alta condecoração, concedida a uns poucos escolhidos.

As Cortes se reuniram novamente em janeiro de 1583, em Lisboa. Mas, próximo dos quarenta anos, o duque dom João era um homem doente.[2] A prisão do filho, os infortúnios e a destruição da independência portuguesa cobraram seu preço. Ao retornar para Vila Viçosa, ele preparou o testamento, deixando a esposa à frente do ducado até que o duque de Barcelos completasse dezoito anos e pudesse assumir o controle. Dom João morreu no mês seguinte, em 22 de fevereiro de 1583, às sete da noite, sendo sepultado no mosteiro de Santo Agostinho, na capela do Claustro. Dona Catarina faleceria mais de três décadas depois do marido, em 1614, aos 73 anos. O casal tivera dez filhos, entre eles dom Teodósio II, o herdeiro do ducado, e dom Alexandre, futuro arcebispo de Évora e inquisidor-geral.

O DUQUE DOM TEODÓSIO II E A DOMINAÇÃO FILIPINA

Dom Teodósio II nasceu em Vila Viçosa a 28 de abril de 1568, às cinco horas da tarde. Depois do "felicíssimo parto", o pequeno foi batizado pelo deão da capela do palácio ducal. Segundo os astrólogos consultados, o horóscopo previa um futuro de sucesso, um "príncipe ornado de prudência, amizade, juízo, piedade, brando nas palavras e remisso nas ações".[3] Dom Teodósio era o terceiro filho de dom João a nascer e o primeiro varão. E como tal recebeu o título de duque de Barcelos.

Segundo o clérigo António Caetano de Sousa, o duque era baixo, tinha os cabelos louros e os "olhos azuis e vivos". Parecia-se com a mãe e lembrava muito o bisavô, o rei dom Manuel. Por influência materna, muito cedo iniciou os estudos. A duquesa providenciou que letrados, como Fernão Soares Homem e Antônio de Castro, o assistissem em matérias como gramática, retórica e aritmética. Além da língua materna, aprendeu latim e castelhano, tendo mais tarde contato com o árabe, o toscano e o inglês. Era apaixonado por música e também demonstrou interesse na fabricação de vidro, que era realizada nos fornos de Vila Viçosa. Aprendeu a caçar correndo atrás de porcos-monteses e outros animais criados na tapada da família — "tapada" era o nome dado ao campo de caça na propriedade de um nobre, cercado por um muro. No campo militar, dom Luís de Noronha, que trabalhava na manutenção das cavalariças de seu pai, foi colocado a seu serviço ainda na infância, mas teve pouco tempo para exercícios. Em 1578, aos dez anos, dom Teodósio foi enviado à África para acompanhar o rei dom Sebastião. Junto dele seguiam mais de oitocentas pessoas, entre soldados da guarda ducal, fidalgos e criados.

Nos primeiros confrontos com os mouros, o jovem foi mantido à distância da linha de frente, mas em Alcácer-Quibir ele acabou envolvido pelas circunstâncias. Mesmo proibido de se aproximar do campo de batalha, montou em um cavalo e se juntou a dom Antônio, o prior do Crato, tomando parte na luta corpo a corpo que se desenrolava. Ferido na cabeça, dom Teodósio caiu prisioneiro do sultão. Muitos de seus homens foram aprisionados ou perderam a vida. Seu tio dom Jaime, que o servia como pajem, assim como dom Luís de Noronha, seu estribeiro-mor, morreram. Quando o duque dom João de Bragança soube da prisão do filho, enviou o fidalgo Jorge de Queirós para negociar o resgate. Queirós levou junto uma carta que o rei Filipe II da Espanha escrevera para o sultão marroquino e presentes no valor de cem mil cruzados. Depois de um ano como prisioneiro, dom Teodósio foi posto em liberdade sem que o resgate fosse pago — no século XVI, acordos entre nobres cavaleiros e favores diplomáticos valiam tanto quanto ouro. De toda forma, o duque dom João precisou reunir grande quantidade de joias e objetos de valor para pagar o resgate de outros sobreviventes e remunerar as viúvas e filhos dos que haviam morrido em batalha. O duque dom Teodósio deixou o cativeiro em agosto de 1579, lamentando apenas o roubo de um colar de ouro e pedras preciosas que guardava uma relíquia sagrada, um fragmento da Coroa de Espinhos de Cristo.

Como os Bragança eram a família mais poderosa de Portugal e a principal concorrente de Filipe II à Coroa portuguesa, os espanhóis mantiveram o jovem duque afastado de Lisboa. Ao chegar a Gibraltar, dom Teodósio foi levado à presença do duque de Medina Sidônia, em Sanlúcar, e envolvido em pomposas e prolongadas festividades que o impediam de deixar a Espanha. O duque dom João queixou-se das maquinações do rei espanhol nas Cortes de Almeirim-Santarém, onde se tentava encontrar um termo para a sucessão da Coroa portuguesa. Pressionado e já convicto da vitória, Filipe II permitiu que o jovem fosse liberado. O próprio monarca espanhol se preparava para invadir Portugal. Em março de 1580, dom Teodósio pôde finalmente reencontrar os familiares. Assim como seu pai, ele também jurou fidelidade a Filipe II nas Cortes de Tomar, no ano seguinte. Mais tarde, o novo governante concedeu à casa de Bragança duzentos mil cruzados para o pagamento das dívidas contraídas durante a aventura africana.

Após a morte de dom Sebastião, em Alcácer-Quibir, raros foram os reis europeus que se aventuraram em campo de batalha. O ideário medieval de um rei guerreiro sendo guiado por Deus foi suprimido pelo avanço tecnológico das armas de fogo. As armaduras já não eram mais seguras, e os arqueiros foram substituídos por soldados que portavam arcabuzes e mosquetes e manejavam canhões mais leves e eficientes. Enviar um general ou nobre para combater no lugar do rei não só garantia a vida do monarca e a continuidade da estrutura administrativa de um país como permitia que o governante encontrasse um bode expiatório para um eventual insucesso. Segundo se acreditava então, Deus poderia não permanecer junto de um líder militar, mas jamais deixaria de estar ao lado do rei. Como aliado do rei Filipe II, durante os anos seguintes dom Teodósio prestou grande auxiliou ao exército espanhol. Primeiro, na defesa de Lisboa contra a expedição militar de dom Antônio, o prior do Crato que tentava tomar a coroa a partir de uma base nos Açores. Depois, contra os ataques ingleses ao longo da costa portuguesa.

A disputa entre Espanha e Inglaterra também trouxera a guerra para o território lusitano. Em 1589, uma força inglesa liderada por Francis Drake e John Norris conseguiu cercar Lisboa por terra e mar, mas a capital resistiu por quase um mês e não se rendeu. Sete anos mais tarde, rumores de uma nova invasão fizeram com que dom Teodósio fosse obrigado a arregimentar um exército de treze mil soldados e marchasse para capital a fim de impedir o desembarque inimigo. Ele chegou a Lisboa no auge do verão, sendo saudado por dom Miguel de Castro, arcebispo da cidade e presidente do Conselho Administrativo. E foi ainda mais ovacionado pelo povo, que via nele o legítimo herdeiro do trono. A ameaça de ataque se desfez e o duque retornou para a comodidade do paço ducal.

Apesar da colaboração, a casa de Bragança jamais ocuparia o governo de Portugal em nome dos Habsburgo. O país continuou a ser administrado por portugueses (principalmente bispos e condes) ou vice-reis e governadores ligados de alguma forma à família real espanhola. O duque de Bragança foi mantido afastado das decisões políticas do rei da Espanha, e mesmo sendo condestável, não se envolveu na guerra contra Elizabeth I da Inglaterra nem no conflito contra os Países Baixos, eventos que atingiram diretamente os interesses portugueses no reino e nos territórios ultramar. No Brasil, Santos e Recife foram saqueadas pelos corsários ingleses Thomas Cavendish e James Lancaster.

Em 1593, depois que o arquiduque Alberto de Habsburgo, cardeal e vice-rei de Portugal, deixou o governo, a duquesa viúva dona Catarina escreveu ao rei Filipe II questionando os motivos pelos quais dom Teodósio não era indicado para governar o reino. As razões eram evidentes. Para os espanhóis, se o duque de Bragança fosse colocado na administração, ele seria aclamado monarca e Portugal conseguiria a independência. A situação era delicada. Em 1619, quando o rei Filipe III chegou a Elvas para que as Cortes jurassem fidelidade a seu filho, o futuro Filipe IV, o duque de Bragança se fez acompanhar de dom João II, seu primogênito e duque de Barcelos, então com quinze anos. O povo nas ruas saudou tão entusiasticamente os Bragança que a alegria incontida causou desconforto entre os fidalgos castelhanos. Parece que somente o rei, conhecido como Piedoso, não viu problemas, substituindo o tradicional beija-mão por um abraço. Em Lisboa, após o encerramento da assembleia, dom Teodósio foi novamente ovacionado, motivo pelo qual se registraram desentendimentos entre sua guarda pessoal e a do rei — segundo relatos, a guarda real chegou a apontar mosquetes contra o duque.[4]

Enquanto a guerra prosseguia na Europa, os holandeses atacaram posições portuguesas na Bahia e em Pernambuco. Salvador foi sitiada e tomada em 1624, sendo recuperada dez meses mais tarde. Em 1630, Olinda e Recife caíram em poder da Companhia Holandesa das Índias Ocidentais, a WIC (na sigla em neerlandês). Em pouco tempo, grande parte do Nordeste brasileiro estava nas mãos dos batavos — principalmente a região costeira, em Sergipe, Alagoas, Pernambuco, Paraíba, Rio Grande do Norte, Ceará, Piauí e Maranhão. Em 1637, a WIC convidou um coronel do Exército, o conde alemão Maurício de Nassau, então com 32 anos, para governar o Brasil holandês. Calvinista, o nobre concedeu liberdade religiosa a católicos e judeus, e promoveu não apenas a economia açucareira e o comércio como também patrocinou artistas e cientistas. Sete anos depois de sua chegada e apesar do sucesso administrativo, "o Brasileiro", como ficaria conhecido, desentendeu-se com a companhia e retornou para a Europa. O fim do governo de Nassau, em 1644, coincidiria com a retomada das ações portuguesas para recuperar o território brasileiro.

Alijado do poder, deixado de fora da administração e de questões militares importantes, o duque dom Teodósio passava a maior parte do tempo em Vila Viçosa. No verão de 1584, ele recebeu uma delegação japonesa que se dirigia para Roma. Desde que o Japão começara a manter contato com os portugueses no começo do século XVI, a Igreja havia enviado diversos missionários para a Ásia. Os representantes do país asiático chegaram a Vila Viçosa após uma longa viagem via Macau, Goa, cabo da Boa Esperança, Lisboa e Évora. Depois de uma acolhida de quatro dias no paço ducal, a comitiva visitante seguiu para Madri e Roma. Era em Vila Viçosa também que dom Teodósio exibia anualmente sua corte particular, participando de pelo menos quatro cavalgadas, durante as festas de santo Antônio, são Tiago, são João Batista e Nossa Senhora da Conceição. A pequena povoação tinha, então, sete conventos, três de freiras e quatro de padres. Segundo relato do frei Manuel Calado, um contemporâneo, dom Teodósio era "varão de santos e louváveis costumes, e sua vida mais parecia com a de um perfeito religioso do que com a de duque e príncipe secular": vivia a rezar e jejuar, e fazia orações diárias nas horas canônicas, conforme os preceitos litúrgicos. Durante a Semana Santa vestia-se de luto e fazia com que as relíquias e os tesouros de sua capela saíssem em procissão pela cidade, acompanhando religiosos e os cavaleiros das quatro ordens que serviam aos Bragança — a de Cristo, de São Tiago, São Bento de Avis e São João de Malta.[5]

Tendo perdido a relíquia que carregava durante a campanha africana no período em que esteve cativo no Marrocos, dom Teodósio conseguira outra, de maior importância: um pequeno pedaço do Sagrado Lenho, o fragmento da Verdadeira Cruz. O objeto sagrado pertencera ao papa Clemente VII e fora dado ao monsenhor Honorato de Cais, embaixador do rei dom João III. Depois que uma junta composta de religiosos e doutores universitários certificou a veracidade da relíquia, o duque fez com que ela fosse colocada numa cruz de ouro, protegida por uma redoma de cristal e guarnecida por diamantes rosa, rubis, esmeraldas e pérolas, e depositada na capela ducal. Em 1593, dom Teodósio instituiu um novo morgado — bem que deveria ser transmitido apenas ao primogênito, sem que este pudesse se desfazer dele ou vendê-lo: o Morgado da Cruz. Além da relíquia, o morgadio foi dotado de outros bens, como a Tapada de Vila Viçosa, construída por seu pai. A relíquia foi levada para Lisboa em 1640 pelo duque dom João II (rei dom João IV), mas seu neto dom João V mandou que ela fosse devolvida a Vila Viçosa. Em 1807, o Sagrado Lenho partiu para o Brasil junto com a corte, retornando para Portugal com o rei dom João VI em 1821.[6]

A casa de Bragança passara por um dos piores momentos da história portuguesa: sobreviveram ao desastre de Alcácer-Quibir e à instalação de um governo estrangeiro. Ao aceitar o domínio espanhol, evitou uma guerra que poderia ter sido catastrófica para o reino — e provavelmente teria significado o fim de Portugal como país independente. A aliança com a Espanha favoreceu os Bragança e permitiu a manutenção do status da casa ducal. No começo do século XVII, se mantinha como a família mais rica de Portugal e a quinta entre os duques da península Ibérica. O rendimento anual do duque de Bragança era de 120 mil ducados, atrás apenas dos castelhanos de Medina Sidônia (160 mil), Medina de Rioseco (150 mil), Lerma (150 mil) e Osuna (140 mil).[7]

Aos 32 anos, porém, o duque dom Teodósio não tinha herdeiros. Era necessário encontrar uma noiva que estivesse à altura da dinastia e atendesse aos interesses não apenas de Portugal, mas à estratégia política dos Habsburgo espanhóis, a quem o reino luso estava unido. Em 1600, a duquesa viúva dona Catarina e o rei Filipe III da Espanha deram início às negociações, e dona Ana de Velasco y Girón foi a escolhida para nova duquesa de Bragança. Como costume das cortes europeias de então, uma relação endogâmica — o casamento entre parentes próximos. Nascida em Nápoles, a jovem de dezoito anos era filha

VERDE E AMARELO 283

de João Fernandes de Velasco, duque de Frías, condestável de Castela e Leão e governador de Milão. Um dos oito homens mais ricos da Espanha, o duque de Frías também era camareiro-mor, copeiro e conselheiro do rei Filipe III. A mãe de dona Ana de Velasco era a duquesa Maria de Girón, filha do duque de Osuna e bisneta do quarto duque de Medina Sidônia, irmão de dona Leonor de Gusmão, esposa do duque dom Jaime de Bragança, o bisavô de dom Teodósio.

O casamento foi acertado em Valladolid, em janeiro de 1602. Como os noivos eram primos-terceiros, o papa precisou conceder uma permissão especial — nada que o dinheiro não pudesse comprar. O dote foi estipulado em cem mil cruzados, mais joias, vestidos e outras peças. Além disso, a casa de Bragança recebeu uma licença real para mandar vir anualmente das Índias trezentos quintais (cerca de dezoito toneladas) de especiarias — cem quintais (seis toneladas) de canela, cem de cravo e outros cem de nozes ou qualquer outro produto valioso — por 26 anos. Todas as mercadorias seriam isentas de impostos. A bênção nupcial só foi realizada em 17 de junho de 1603, às três horas da tarde, na capela da quinta de Ubeda, próximo a Elvas. O próprio duque fora buscar a noiva na fronteira naquela manhã, acompanhado de quase dois mil cavaleiros. Dona Ana de Velasco estava vestida de cetim azul e ouro, com saia e capote comprido, com detalhes em fitas e fios em ouro, prata e azul. O duque trajava um gorgorão roxo, com detalhes e bordados dourados e prateados. Depois de uma rápida cerimônia, realizada pelo irmão do noivo, dom Alexandre, arcebispo de Évora, os noivos seguiram para Vila Viçosa, onde aconteceram as tradicionais touradas e torneios de justas, jogos de canas, caçadas, mascaradas, apresentações de teatro e música. As festividades só se encerraram no começo de julho, depois de 21 dias.[8]

O casamento do duque de Bragança com dona Ana de Velasco parece ter sido feliz, mas durou apenas quatros anos. A duquesa faleceu prematuramente em 1607, aos 22 anos. Ela havia garantido, no entanto, a sobrevivência da dinastia. Dos quatro filhos, dois eram homens, sendo o primogênito dom João II, aquele que viria a ser o oitavo duque e o primeiro rei português da casa de Bragança. Quanto a dom Teodósio, ele não voltou a se casar nem teve contato com outra mulher. Segundo frei Calado, por ser "tão amigo da castidade". Em 29 de novembro de 1630, o duque faleceu vítima de um câncer no baço. Vestindo um hábito dos Capuchinhos e cercado por religiosos de todas as ordens instaladas no paço, suas últimas palavras foram trechos do Salmo 31. Dom Teodósio II foi

284 *Rodrigo Trespach*

o Bragança que mais tempo permaneceu à frente do ducado. Foram 47 anos — ou 44, se considerarmos apenas os anos após sua maioridade.

DOM JOÃO IV, O RESTAURADOR

Com a morte de dom Teodósio, seu filho dom João II, de 26 anos, assumiu o ducado. Nascido em 18 de março de 1604, em Vila Viçosa, o jovem passara a vida no paço ducal, um palácio magnífico e suntuoso, cercado e assistido por quase quinhentos fidalgos e serviçais. Segundo relatos contemporâneos, dom João tinha a estatura mediana, o cabelo louro e os olhos azuis, "alegres e agradáveis". Um agente francês o descreveu como "extremamente forte e de constituição robusta". O rosto era marcado por bexigas, causadas pela varíola que o afligira quando tinha quinze anos. A pouca barba era de uma cor mais clara do que a do cabelo. António Caetano de Sousa, autor de *História genealógica da casa real portuguesa*, de 1735, afirmou que dom João falava com discrição, mas era rápido nas respostas, escrevia com maestria e "com tal arte e galanteria que ainda hoje se aplaudem em muitos despachos".[9]

Como ficou órfão de mãe antes de completar quatro anos, o futuro rei de Portugal recebeu uma rígida orientação paterna, com horários de estudo e recreação que deveriam ser cumpridos à risca. Como diversão, dedicava o pouco tempo livre que tinha a visitas à avó dona Catarina, a jogos de xadrez e cartas. As lições e os estudos ocupavam grande parte do seu dia, tendo estudado tudo o que era exigido e necessário para os jovens de famílias nobres. De seu aio, dom Diogo de Melo, recebeu as primeiras lições de montaria. Estudou os clássicos e teologia com o prior Jerônimo Soares, capelão do ducado, homem de "grande prudência, letras e virtudes" — e provavelmente cristão-novo. Com Roberto Tornar, compositor inglês que o duque havia contratado para atuar na capela do paço ducal, teve as primeiras lições musicais. A música seria uma das paixões de dom João por toda a vida.

Mais tarde, já ocupado com os negócios de Estado, levantava-se às cinco horas da madrugada e se dedicava aos estudos e à composição até as sete. Depois do almoço, evitava a sesta para poder voltar à música. É reconhecida como de sua autoria o famoso hino natalino *Adeste Fideles*, "Venham fiéis" ("Ó, vinde, adoremos/ Ó, vinde, adoremos/ Ó, vinde, adoremos o Salvador"), que segundo a tradição, foi composto pouco antes do Natal de 1640. Uma cópia dos manuscritos originais foi levada para a corte inglesa, onde o "hino português" foi publicado pela primeira vez por John Wade, em meados do século XVIII. O padre e aventureiro inglês Richard Flecknoe, que esteve em Lisboa em 1648, notou o gosto pela música e a simplicidade de dom João, vendo nele "um homem honesto e simples, que não mudou nada do duque de Bragança sendo rei de Portugal; tão caseiro quanto qualquer outro fazendeiro, e tão malvestido quanto qualquer cidadão comum".[10]

A música religiosa era um importante instrumento de fé em um país onde a Igreja católica reinava soberana desde o rei dom Afonso Henriques, no século XII. O movimento protestante do século XVI quase não encontrara adeptos na península Ibérica e os poucos luteranos que ousaram pregar em público foram presos e executados por Filipe II. No final dos anos 1620, Portugal contava com 450 conventos e 7.400 religiosos (dos quais 4.200 eram homens). Somente em Lisboa havia mais de três mil pessoas ligadas à Igreja. As ordens religiosas prosperavam, sendo os franciscanos e jesuítas em maior número, não descartando os dominicanos, carmelitas, cartuxos e arrábidos, entre outros. Em pouco mais de cem anos, 166 novas casas religiosas haviam sido instituídas. Por essa época, a Inquisição operava como um Estado dentro do Estado. Instalado em Portugal pelo rei dom João III em 1521, o tribunal do Santo Ofício atuou como subordinado do reino durante muito tempo — no decorrer do domínio espanhol, até 1615, o vice-rei também era o inquisidor-geral do país. Só depois da morte de dom Pedro de Castilho, bispo de Leiria, é que a instituição foi separada do Estado, ampliando sua rede de influência e o alcance de sua jurisdição. Embora um tribunal nunca tenha sido instalado no Brasil, a colônia foi visitada por inquisidores em várias oportunidades: na Bahia, em 1591, 1618 e 1646; em Pernambuco, em 1593; e no Sudeste, em 1627.

Desde 1540, todas as livrarias do reino e navios vindos do estrangeiro que chegassem aos portos do país precisavam passar por inspeção. O *Index Librorum Prohibitorum*, a lista de obras proibidas estabelecida pelo Vaticano, incluía os livros considerados heréticos, "de coisas lascivas e desonestas", feitiçaria, astrologia e de autores protestantes. A censura atingiu nomes como Luís de Camões, Gil Vicente e João de Barros. Durante a década de 1630, a atuação inquisitorial foi especialmente intensa. Em Lisboa, em apenas nove anos, foram 814 condenações e 42 execuções; uma média de duas execuções por mês. Entre 1543 e 1684, pelo menos 1.379 pessoas foram queimadas nos autos de fé, os rituais de penitência pública, onde os condenados eram garroteados ou queimados vivos em fogueiras; aproximadamente dez por ano. Quase vinte mil pessoas foram condenadas e um número desconhecido perdeu a vida em prisões, onde com frequência permaneciam por anos sem julgamento.[11]

Três anos após a morte de seu pai, o duque dom João II se casou com a ambiciosa dona Luísa Francisca de Gusmão, de dezenove anos, filha do oitavo duque de Medina Sidônia, a casa ducal mais rica da península Ibérica. Segundo uma tradição, quando dona Luísa nasceu, um astrólogo mouro, escravo do duque espanhol, previu pela conjunção dos astros que a filha de Medina Sidônia seria rainha. Talvez isso explique, em parte, as grandes aspirações da esposa de dom João. O contrato foi firmado em Madri, em novembro de 1632, e confirmado pelo rei Filipe IV, que concedia aos Bragança jurisdição sobre seis concelhos, quatro hábitos da Ordem de Avis e vários outros da ordem de Santiago. O pai da noiva garantia um dote de 120 mil ducados e mais vinte mil ducados em joias e enxoval. O casamento foi celebrado em 12 de janeiro de 1633, em Elvas, junto à fronteira. Ali também foi servido um grande jantar. Depois, o casal seguiu para Vila Viçosa, tendo viajado 32 quilômetros durante a noite, até chegar ao paço ducal às duas horas da madrugada. Para a ocasião, o duque vestiu um traje de tafetá, com meias brancas, roupeta e calções marrom-escuros, passamanes de ouro bordado e pérolas, e uma casaca forrada de tafetá com flores de lis, com 120 botões de ouro incrustados de rubis e diamantes. A magnífica peça tinha dezoito mil pérolas, muitas valendo "mais de vinte cruzados, muitas quinze e nenhuma menos de dois". Sobre a cabeça, dom João usava um chapéu negro de plumas brancas. Na cintura, cinto, espada e uma adaga ricamente decorada. O duque usava ainda um colar com "grossas pérolas e rubis", avaliado em oitenta mil escudos, joia que pertencera ao duque dom Jaime, presente do rei dom Manuel. Dona Luísa de Gusmão usava uma cota verde de quatro mangas, forrada de tafetá com desenhos bordados de flores e ramos em prata e ouro. Do pescoço, pendia uma banda verde, com os mesmos detalhes, e sobre o tecido um colar de diamantes. O cabelo fora decorado com toucados de rosas verdes e um chapéu branco.[12]

Pelo menos do ponto de vista dinástico, o casamento foi feliz. Dona Luísa de Gusmão teve sete filhos, dos quais apenas três sobreviveram aos pais. Mas os três seriam monarcas: os futuros reis portugueses dom Afonso VI e dom Pedro II, e dona Catarina de Bragança, rainha da Inglaterra. O duque, porém, dispensava atenção a diversas outras mulheres. Dom João ficaria conhecido por manter relações extraconjugais com nobres senhoras, artistas do teatro e também mulheres do povo. Enquanto esteve em Vila Viçosa, manteve um romance com Leonor Silveira, ama de leite de seu primogênito, dom Teodósio, e esposa de um lavrador de Borba. O marido traído enriqueceu concedendo permissão para as escapadas noturnas do duque, e alguns genealogistas atribuem a dom João dois dos filhos da criada. Já como rei de Portugal, dom João se envolveu em um duelo com o poeta e historiador Francisco Manuel e Melo. Ambos disputavam a duquesa de Vila Nova de Portimão.[13]

Enquanto o duque de Bragança passava o tempo em Vila Viçosa, Portugal enfrentava uma de suas piores crises em décadas. Desde que o rei Filipe IV ascendera ao trono, em 1621, a administração espanhola começara a se tornar impopular. A política de reformas do conde-duque de Olivares, primeiro-ministro de Filipe, visava fortalecer a posição da Espanha no exterior e centralizar o poder da Coroa internamente. Portugal corria o risco de desaparecer como país, sendo não mais do que uma província espanhola. A Guerra dos Trinta Anos, no entanto, exauria a economia e punha em xeque o poderio castelhano. No território ultramar, ingleses e holandeses atacaram sistematicamente os principais centros do império Habsburgo hispânico, e os portugueses responsabilizaram os espanhóis pela ineficácia na defesa do território colonial — o Nordeste brasileiro foi ocupado pelos holandeses da WIC. Em Portugal, surgiu um movimento de resistência à ocupação estrangeira, o Sebastianismo. Inicialmente uma crença religiosa messiânica, que acreditava que o rei dom Sebastião havia sobrevivido a Alcácer-Quibir e estava prestes a reaparecer para reclamar o trono, o Sebastianismo logo se tornou uma expressão de patriotismo. Já antes mesmo da morte do último monarca de Avis, houve quem profetizasse a vinda de um "rei encoberto", entre eles o sapateiro e vidente judeu Gonçalo Bandarra, morto na fogueira pela Inquisição em 1541.[14] Com as previsões, surgiram vários impostores que se fizeram passar por dom Sebastião, mas na década de 1630 o surgimento do rei desaparecido no Marrocos começou a dar lugar a algo mais real. O povo começou a ver no duque de Bragança o herdeiro legítimo do trono. A ideia de nacionalidade estava por trás de um movimento de restauração da independência. Para a maioria dos portugueses, os Habsburgo não eram mais do que usurpadores, e os espanhóis antigos rivais e inimigos.

Em meio a isso, revoltas populares contra o aumento de impostos do conde-duque de Olivares aconteceram em 1628 (no Porto), 1635 (Elvas), 1636 (Viana do Castelo e Vila Real) e 1637 (Lisboa e Elvas). O dinheiro arrecadado com os impostos servia para financiar o exército espanhol em campanhas na Europa e na América, especialmente na América espanhola, onde se localizavam as minas de ouro e prata. Reformas militares realizadas em 1638 e 1639 elevaram o recrutamento até o limite da capacidade do país. Com uma população de cerca de 1,2 milhão, Portugal contava com duzentos mil homens considerados aptos para a guerra.[15]

Em julho de 1640, Filipe IV ordenou que o duque de Bragança reunisse soldados e corresse em auxílio aos espanhóis para suprimir uma revolta de cunho nacionalista na Catalunha — a Espanha levaria doze anos para debelar a rebelião catalã. Portugal chegara ao limite do aceitável, em um momento decisivo. Uma conspiração de nobres já planejara tomar o poder dois anos antes, mas o duque se esquivara de assumir qualquer posição que pudesse comprometê-lo. Os patriotas portugueses chegaram mesmo a pensar em um governo alternativo, um modelo republicano, como adotado pela Holanda. Em 1638, o conde-duque de Olivares tentou indicar o duque dom João para assumir o cargo de vice-rei de Milão, o que foi logo rechaçado. No ano seguinte, dom João foi nomeado governador militar de Portugal, com a responsabilidade de recrutar tropas. O objetivo político era neutralizar o prestígio dos Bragança, tornando o duque impopular. Os espanhóis subestimaram, porém, o tamanho da reputação do duque e o respeito que os portugueses tinham por dom João. Mais tarde, o historiador luso-brasileiro Rocha Pita, descrevendo o sentimento nacional, um misto de fé e patriotismo, afirmou que ele havia nascido "rei por direito" e "vassalo por tirania", mas que o "descuido da natureza" seria corrigido pela "providência divina". A "coroa que estava violentada em outra cabeça" seria restituída.

Em 1640, o trono foi mais uma vez oferecido ao Bragança. Em Lisboa, um grupo de quarenta nobres, quase todos jovens e de média fidalguia, começou a tramar a restauração. Entre eles, estavam João Pinto Ribeiro, conselheiro e agente administrativo dos Bragança, e Antônio Pais Viegas, secretário pessoal do duque, além de Antônio de Oliveira Cadornega, cristão-novo nascido em Vila Viçosa e que servia a casa ducal como monteiro (o responsável por organizar as caçadas de um nobre). A propósito, os judeus e os chamados criptojudeus ("cristãos-novos" que praticavam o judaísmo em segredo) eram comuns não apenas em Vila Viçosa como em Bragança, cidade nessa época habitada quase que exclusivamente por famílias de origem judaica. Como os revoltosos precisavam da anuência do duque para dar andamento à revolta, em setembro o grupo enviou Pedro de Mendonça Furtado, alcaide-mor e senhor de Mourão, a Vila Viçosa. O duque foi alcançado na tapada, enquanto caçava. Exitoso, antes do "sim", ouviu a esposa. "Era homem de bem, mais político do que guerreiro", definiu o médico e historiador brasileiro Alexandre José de Melo Moraes.[16] Vendo concretizar-se a previsão feita em seu nascimento 27 anos antes, dona Luísa de Gusmão encorajou o marido. Só então, dom João consentiu o andamento da conspiração. O mensageiro retornou para casa e despachou para Lisboa, acertando os últimos detalhes.

Às nove horas da manhã de sábado, 1º de dezembro de 1640, um grupo de cerca de 120 revolucionários invadiu o paço da Ribeira, em Lisboa, apoderando-se da sede da administração, ferindo e matando alguns militares e servidores, entre eles Miguel de Vasconcelos, o secretário de Estado. A duquesa de Mântua, dona Margarida de Saboia, que atuava como vice-rainha, foi presa e enviada ao convento de Santos. O governo espanhol foi derrubado em menos de três horas. Três "governadores" assumiram o controle: dom Lourenço de Lima, visconde de Vila Nova de Cerveira; dom Rodrigo da Cunha e dom Sebastião de Matos de Noronha, arcebispos de Lisboa e de Braga. O duque dom João II foi aclamado rei como dom João IV. O governo provisório enviou Pedro Mendonça e Jorge Melo até Vila Viçosa para avisar o novo monarca, alcançando o duque no momento em que ele entrava na capela, na manhã do dia 3. O marquês de Ferreira e o conde de Vimioso tinham chegado pouco tempo antes. A par do sucesso do levante, o duque partiu para Lisboa, onde chegou no dia 6, sendo recebido com três descargas de artilharia pelas fortalezas da cidade. Ao chegar ao paço, foi aclamado da janela do palácio pelo povo que se aglomerava nas ruas. À tarde houve beija-mão, e à noite novas descargas de artilharia e repique de sinos celebraram o novo rei. No dia 12, a última praça em poder dos castelhanos rendeu-se. No dia 15, enfim a aclamação formal pôde ser realizada no terreiro do paço, em um teatro especialmente preparado para a ocasião.

Em 1557, mais de oito décadas antes, dom Sebastião fora coroado rei em Lisboa — um ritual de quase quatro séculos que tinha como ponto mais importante o ato de se colocar uma coroa sobre a cabeça do governante. Ele não sabia, mas acabaria sendo o último governante português a receber a investidura nesse formato. Com a Restauração, nenhum outro monarca luso voltaria a ser coroado. Todos os dezesseis reis seguintes, da dinastia de Bragança, seriam aclamados. Na cerimônia de 15 de dezembro de 1640, dom João IV estava acompanhado dos principais nomes do reino. Vestia um traje marrom bordado em ouro e uma espada dourada na cintura. Usava um colar de diamantes, a

Ordem de Cristo e todas as demais insígnias reais. O desembargador leu, então, as justificativas e apontou a linhagem real que tornava legítimo o governo de dom João, a quem todos juraram obediência e fidelidade. Cercado pelo arcebispo primaz, o arcebispo de Lisboa, pelo bispo da Guarda e inquisidor-geral, tendo o cetro na mão esquerda e a mão direita sobre a cruz, o monarca jurou "reger e governar bem", administrar com justiça tanto quanto a "fraqueza humana" permitisse, garantindo os "costumes, privilégios, graças, mercês e liberdades". Após o juramento, o novo rei se dirigiu para a catedral montando um cavalo castanho. Ao passar pelo Pelourinho, ouviu uma oração da vereança. Já na igreja, se pôs de joelhos diante do altar-mor e recebeu a bênção do arcebispo. Encerrada a cerimônia religiosa, retornou ao paço e se pôs a trabalhar. A rainha dona Luísa de Gusmão só chegaria à capital dez dias mais tarde, no Natal.[17]

A Restauração quase não sofreu oposição, embora o desejo de independência não fosse unanimidade entre os portugueses. A população de modo geral apoiou o novo rei, mas entre a nobreza e o clero havia sérias divergências. Muitos nobres ou mercadores estavam ligados por casamento com famílias espanholas e tinham interesses financeiros no país vizinho, bem mais poderoso do que o frágil e pequeno Portugal, cujas glórias e conquistas haviam ficado no passado. A rebelião mais forte de oposição a dom João IV ocorreu na primavera de 1641 e contou com nomes importantes, como o duque de Caminha, o marquês de Vila Real, o arcebispo de Braga, o inquisidor-geral, o guarda-mor da Torre do Tombo, o comendador da Ordem de Avis e vários outros condes e bispos. Mas foi sufocada depressa e seus participantes severamente castigados. Durante as Cortes daquele ano, os Três Estados — membros da nobreza secular e eclesiástica e representantes do povo — reafirmaram que o poder divino emanava do povo e que este transferia a autoridade ao rei. Mas, principalmente, a assembleia confirmava o direito dos duques de Bragança à coroa. Os deputados se basearam nas decisões das Cortes de Lamego, de 1143 — na verdade, os documentos foram forjados no mosteiro de Alcobaça e publicados em 1632 com objetivo de deslegitimar as pretensões espanholas ao trono. Por elas, mulheres não poderiam assumir a coroa nem transmitir direitos sucessórios, a menos que tivessem se casado com nobres portugueses. Esse detalhe automaticamente excluía Filipe II da linha de sucessão, deixando dona Catarina de Bragança como a única herdeira. As Cortes também garantiram decisões tomadas em 1580, como a de que o rei se obrigava a não aumentar impostos sem o consentimento da assembleia.[18]

Tão logo sentou no trono, o novo rei despachou emissários para todos os lugares ultramar onde Portugal tinha representantes. No Brasil, a notícia foi recebida em Salvador, em fevereiro de 1641, por dom Jorge de Mascarenhas, marquês de Montalvão, o primeiro vice-rei estabelecido na colônia. O marquês avisou as demais províncias brasileiras, incluindo as que estavam ocupadas pelo inimigo holandês e sob o controle do conde Maurício de Nassau. Durante uma trégua, os representantes da república holandesa saudaram o novo rei português, segundo Rocha Pita, com "todas as demonstrações de alegria", celebrando em Pernambuco com "custosas festas de cavalo". O marquês de Montalvão seria logo designado para a presidência do Conselho Ultramarino, o novo órgão da administração colonial portuguesa, criado em substituição ao das Índias em 14 de julho de 1642. O conselho funcionava como uma espécie de grande ministério, reunindo a Mesa da Consciência (que tratava de assuntos eclesiásticos), o Conselho da Fazenda (para a contabilidade), o de Guerra e o de Estado (que seria criado em 1645 e era responsável pelos negócios gerais do reino).[19]

A situação de dom João IV era, de fato, mais problemática fora do que dentro do país. O monarca passaria os dezesseis anos de seu reinado lutando para garantir a independência. Algo que só seria concluído por seus herdeiros, quase trinta anos após a Restauração. Na década de 1650, a situação era de tal modo preocupante que o rei pensou em levar a corte portuguesa para abrigar-se no Brasil. O padre Antônio Vieira, confidente e confessor de dom João, lembraria mais tarde que o documento em que o monarca esboçava o plano fora encontrado guardado numa "gaveta secreta".[20]

A Espanha não aceitou perder pacificamente parte de seu império e tudo que ele representava, ainda que pouco pudesse fazer, envolvida que estava em guerras em quase todos os continentes. O momento europeu era extremamente complicado. Se por um lado a Guerra dos Trinta Anos permitira o levante de 1640, ela também minava a diplomacia da política externa portuguesa. A paz esperada com os Países Baixos não era possível. Para os holandeses, um acordo significaria a perda dos territórios portugueses tomados a duras penas. Sem um exército moderno e com escassas fortificações, Portugal não tinha forças para se opor ao inimigo em vários teatros de operações e acabou perdendo mais territórios na Ásia. Málaca caiu em 1641, e Ceilão, em 1644. No Atlântico, porém, conseguiu recuperar Angola e São Tomé, em 1648. A essa altura, a Coroa começou a perceber que para salvar a América portuguesa era preciso abandonar suas pretensões nas Índias. No Nordeste brasileiro, os próprios colonos haviam iniciado uma revolta contra a dominação holandesa com uma campanha de guerrilhas, a chamada "guerra brasílica". As batalhas dos Guararapes, travadas em 1648 e 1649, foram decisivas para a vitória luso-brasileira. A partir dessa data, os navios mercantes que partiam do Brasil, menores e mais pesados, passaram a ser escoltados por galeões, mais leves, rápidos e bem armados, o que evitava que piratas e embarcações inimigas roubassem as mercadorias e sufocassem a economia portuguesa. Cinco anos mais tarde, em 26 de janeiro de 1654, cercados pelo mar por uma frota lusitana, os holandeses capitularam em Campina da Taborda, próximo ao Forte das Cinco Pontas, no Recife.

Na Europa, a Paz da Vestfália havia posto um fim na Guerra dos Trinta Anos em 1648, pelo menos na Europa Central. Na Espanha, o conflito se prologaria ainda por onze anos. Nesse meio-tempo, além da guerra contra Portugal, os espanhóis estavam envolvidos com uma guerra de secessão na Catalunha e uma rebelião liderada pelo duque de Medina Sidônia, cunhado do rei dom João IV, que visava à independência da Andaluzia. Dessa forma, não podiam enfrentar Portugal com a intensidade necessária. As forças enviadas raras vezes foram superiores a vinte mil homens, em sua maioria com contingentes de alemães, valões e italianos. Os portugueses se aproveitaram da situação. A guerra pela Restauração foi travada quase que inteiramente nas regiões de fronteira, no Alentejo, Minho, Beira e Trás-os-Montes. Em meio às vitórias portuguesas e às Cortes reunidas em Lisboa, em 1646 dom João ofereceu a coroa de Portugal à Virgem Maria da Imaculada Conceição. Por decreto de 25 de março, coroada como "rainha", Nossa Senhora da Conceição passou a ser a padroeira do reino. O Vaticano, porém, se recusou terminantemente a aceitar a independência portuguesa, negando as súplicas de confirmação de bispos para as dioceses que iam vagando. Somente em 1668, um tratado de paz foi assinado e a Espanha reconheceu Portugal como país soberano. Só então o papa cedeu à pressão. Todas as 25 dioceses portuguesas, no reino e no território ultramar estavam vagas — no Brasil, a única diocese, a da Bahia, estava vaga desde 1649.

Mas a essa altura, dom João IV havia falecido. O rei Restaurador morreu em Lisboa, aos 52 anos, em 6 de novembro de 1656. Sofria havia muito tempo com uma doença renal, gota e prisão de ventre. Sentiu-se mal durante uma caçada e nos dias seguintes teve tremores e febre, até a "convulsão de nervos" que o matou. Segundo o conde da Ericeira, por toda parte se ouviu "mais do que o clamor dos sinos, o rumor das lágrimas e suspiros de todos os seus vassalos". Em seu testamento, reconheceu uma única filha bastarda, dona Maria, filha de uma "criada de varrer". Como último desejo, pediu que fosse sepultado no altar da igreja do mosteiro de São Vicente de Fora, construída no século XII, do "lado de fora" das muralhas de Lisboa, por ordem do rei dom Afonso Henriques, após a tomada da cidade dos mouros. O coração de dom João IV foi colocado numa urna.[21] Mais tarde, o antigo refeitório do mosteiro foi transformado no Panteão dos Bragança, onde seriam sepultados todos os monarcas de Portugal até dom Manuel II, o último rei português. Ali estão também as tumbas de dom João VI e dona Carlota Joaquina, que reinaram a partir do Brasil, de 1808 a 1821.

No ano seguinte a sua morte, o corpo de dom João IV foi exumado, despojado das vestes reais e exposto diante do Conselho Geral do Santo Ofício. Os inquisidores leram o processo diante da rainha e de familiares e só então o rei foi absolvido — a absolvição, claro, só ocorreu após a rainha regente ter anulado as decisões do esposo, beneficiando os inquisidores. A contenda entre o monarca e a Inquisição vinha desde os tempos da Restauração. Na época, dom Francisco de Castro, bispo da Guarda e inquisidor-geral, participou da coroação, mas logo depois se envolveu com a conspiração que desejava destronar e assassinar dom João, e acabou preso. Em 1647, quando o monarca mandou proibir o confisco de bens dos julgados pelo tribunal do Santo Ofício, o inquisidor-geral excomungou o rei alegando que o Santo Ofício não estava subordinado ao Estado. Em 1649, dom João viu-se novamente envolvido em uma disputa com dom Francisco de Castro. O rei era muito próximo do padre Antônio Vieira, missionário jesuíta que servira no Brasil, era defensor dos indígenas e dos judeus. Foi dele a ideia da criação da Companhia de Comércio-Geral do Brasil, onde os cristãos-novos que investissem na associação permaneceriam isentos do confisco de bens. Ardoroso defensor da Restauração, Vieira atuara como embaixador de dom João IV em Paris e como defensor do caráter profético das *Trovas*, atribuídas ao judeu Bandarra, base para o Sebastianismo. Ele mesmo escreveu um texto messiânico em que previa o estabelecimento de um "quinto império", com sede em Portugal, e a ressurreição de dom João IV como imperador. Mais tarde, Vieira seria processado e encarcerado pela Inquisição, o que não o impediu de defender os judeus diante do rei dom Pedro II. O inquisidor-geral dom Francisco de Castro morreu três anos antes de dom João IV, em 1653, mas o Santo Ofício não esqueceu a afronta, levando até as últimas consequências o julgamento real e popularizando a história de que o monarca fora excomungado após a morte.[22]

DOM AFONSO VI: DISPUTAS FAMILIARES

Cinco anos após a Restauração, dom João IV fez de seu primogênito, dom Teodósio, nono duque de Bragança e o primeiro príncipe do Brasil. A carta patente, datada de 27 de outubro de 1645, determinava que o título pertenceria a todos os herdeiros presuntivos da coroa. Separada da casa real, a casa ducal passava a ser de responsabilidade do príncipe, como todos os benefícios que ela tinha, jurisdição, rendas, padroados e propriedades da dinastia. Nove anos mais tarde, por ordem real, também seria criada a Casa do Infantado, com o objetivo de assegurar o futuro econômico dos demais filhos do monarca e evitar conflitos ou disputas entre os primogênitos e os segundos filhos.[23]

Culto, o jovem dom Teodósio conhecia vários idiomas, incluindo o grego e o hebraico, apreciava música e filosofia, estudara matemática, história, medicina, química e direito. Aos treze anos, começou a participar das reuniões do Conselho de Estado. Extremamente religioso, costumava castigar o corpo com cilícios e jejuns. Mas, para infelicidade da dinastia e do reino, o herdeiro promissor morreu de tuberculose na primavera de 1653, aos dezenove anos.

Segundo uma tradição, a morte do primogênito era uma maldição. Quando dom João ainda era duque de Bragança, ele teria se impacientado com um irmão leigo franciscano que fora lhe pedir esmola. Irritado, o duque teria dado um pontapé na canela do religioso e a lesão se transformou numa ferida em forma de escama de peixe. Ressentido com o nobre, o franciscano lhe rogou uma praga: "Sua descendência nunca passará pelo primogênito, e os que lhe sucederem, Deus permita, tenham o mesmo sinal na perna que o senhor me produziu". Por medo e arrependimento, depois da Restauração dom João criou a tradição de apresentar os membros recém-nascidos e herdeiros da casa de Bragança aos altares da Ordem de São Francisco e de assistir às festas do santo.[24]

Maldição ou não, a dinastia teve uma longa história de morte entre primogênitos, mesmo antes do filho de dom João IV. Já o primeiro duque, dom Afonso, no século XV, também não conseguira transmitir a linhagem através de seu primeiro filho. Depois de assumir o trono português, porém, quase todos os Bragança repassariam a coroa a secundogênitos. As exceções seriam dom José I e dom Pedro IV, que deixariam a coroa para suas primogênitas (nos séculos XVIII e XIX); e dom Luís I, o Popular, que legaria o trono a dom Carlos I, no final do século XIX. Quando os Bragança passaram a governar o Brasil como país independente, a partir de 1822, a história se repetiu, tanto o filho mais velho de dom Pedro I quanto o primogênito de dom Pedro II morreram com pouca idade.

Com a morte de dom João IV em 1656, a rainha viúva dona Luísa de Gusmão assumiu o trono como regente, já que o filho seguinte na linha de sucessão, dom Afonso, tinha apenas treze anos. O governo deveria ser entregue em 1657, mas foi continuamente adiado. Segundo o historiador Oliveira Marques, dom Afonso era "física e mentalmente incapaz". Nascido em Lisboa, em 21 de agosto de 1643, o jovem sofrera com uma "febre maligna" na infância, o que afetou o lado esquerdo do corpo e teria deixado também sequelas psicológicas. Inculto, mal sabia ler e escrever. Como se não bastasse, tinha o comportamento pouco decoroso para um futuro governante. O conde de Ericeira, cronista contemporâneo, escreveu que dom Afonso costumava sair à noite para conquistar tanto as mulheres "mais expostas" quanto as "mais recatadas", não perdoando nem o "sagrado das igrejas" — o que à luz dos acontecimentos posteriores parece duvidoso. Entre essas mulheres estariam duas freiras do convento de Odivelas.

As noitadas envolviam ainda visitas a bordéis e arruaças pelas vielas da capital. Acompanhado de alguns jovens de reputação duvidosa, os chamados "Valentes d'El-Rei", o príncipe herdeiro participava de todos os tipos de distúrbios. O grupo apedrejava janelas, surrava transeuntes e profanava conventos. Para piorar a situação, dom Afonso se envolveu com o genovês Antônio Conti de Ventimiglia, comerciante de artigos femininos junto à capela Real. O "preferido" foi nomeado moço do guarda-roupa, o que permitia que ele acompanhasse o vestir e o despir do rei, além de ser alojado num quarto anexo ao de dom Afonso, com uma porta para a câmara real. O caso escandalizou a corte. Rocha Pita escreveu que o herdeiro real não fazia questão de esconder "seus ilícitos divertimentos, e das pessoas vis que neles o acompanham".[25]

A Holanda se aproveitou da situação e atacou Portugal em 1657. Lisboa foi cercada por três meses. Dois anos depois, para tentar fazer frente aos graves problemas administrativos do país, a rainha fez de dom Nuno Álvares Pereira de Melo, o jovem duque de Cadaval, conselheiro de Estado e ministro da "Junta Noturna", uma espécie de conselho que reunia os principais nomes do reino. A situação, porém, era delicada. Posto de lado durante as negociações de paz entre Espanha e França, que resultaria no tratado dos Pirineus, Portugal foi obrigado a aceitar um acordo de paz com os Países Baixos e a negociar o casamento da infanta dona Catarina de Bragança com a Inglaterra em busca de aliados.

Em agosto de 1661, o tratado de Haia — a chamada "Paz de Haia" — formalizou o fim das hostilidades entre os Países Baixos e Portugal, que já duravam mais de meio século. O acordo estabelecia a devolução da Nova Holanda (no Nordeste brasileiro, de onde os holandeses já haviam sido expulsos havia doze anos) em troca de uma indenização de oito milhões de florins (ou quatro milhões de cruzados), o equivalente a 63 toneladas de ouro, que deveriam ser pagos em parcelas anuais de 250 mil cruzados (dos quais cabia ao Brasil pagar 120 mil). Como Lisboa não podia pagar integralmente a quantia, acabou cedendo mais territórios coloniais (Ceilão, no oceano Índico, e as ilhas Molucas, na Indonésia), além de conceder privilégios no comércio do açúcar.

Quanto à Inglaterra, a aliança foi selada pelo duque de Cadaval, que negociou o casamento de dona Catarina, filha do falecido rei dom João IV, com Carlos II, o rei inglês que havia restaurado a monarquia inglesa depois da ditadura puritana de Oliver Cromwell. Ela tinha 24 anos; ele, 32. O acordo foi acertado em junho de 1661 e anunciado ao parlamento britânico dois meses depois. O dote português envolvia dois milhões de cruzados e a entrega de Tânger, na África, e Bombaim, na Índia. A Inglaterra, por sua vez, garantia aos portugueses que jamais faria alianças com a Espanha, e o rei inglês renunciava a todos os direitos de herança em Portugal. Também concedia à rainha o direito de conservar o catolicismo, afiançando que Carlos "não persuadiria nem constrangeria" a esposa por causa da religião.[26] Dona Catarina deixou Lisboa em abril do ano seguinte. Uma cerimônia dupla de casamento foi realizada em 31 de maio de 1662, em Portsmouth, no condado de Hampshire; a bênção católica foi realizada em segredo, a anglicana, em público. Como dona Catarina estava indisposta depois de quase um mês viajando, durante a noite de núpcias o rei ceou com ela na cama, o que foi visto como um gesto de carinho e compreensão. Carlos tinha como amante a duquesa de Cleveland, e dona Catarina não falava inglês; a comunicação do casal real era feita em espanhol. Ela permaneceria casada por 23 anos, mas não gerou herdeiros para Carlos. O rei, porém, teve uma série de filhos bastardos com diversas amantes, antes de morrer em 1685 e deixar o trono para o irmão. Depois de sete anos viúva, dona Catarina retornou a Lisboa, onde morreria em 1705. Como herança, porém, deixou aos ingleses a geleia de laranja, a marmelada, o hábito de beber chá e o uso de facas à mesa — no século XVII, a aristocracia inglesa ainda estava habituada a comer com as mãos.

Em junho de 1662, um golpe de Estado palaciano obrigou a rainha dona Luísa de Gusmão a entregar o governo de Portugal ao filho, que reinaria como dom Afonso VI. A disputa pelo poder envolvia dois nobres jovens que competiam pela atenção real, o duque de Cadaval e dom Luís de Vasconcelos e Souza, conde de Castelo Melhor, então com 26 anos. Por sugestão do duque de Cadaval, a rainha regente havia ordenado a prisão de Antônio Conti e seu irmão, que foram deportados para o Brasil, mas foi Castelo Melhor quem se aproveitou com mais perspicácia da situação. O conde era inteligente, astuto e ambicioso — estivera envolvido no assassinato do conde Vimioso e vivera alguns anos exilado na França. Indicado para a administração da casa de dom Afonso, primeiro como reposteiro e depois camareiro, ele se tornou valido do rei, conseguiu a nomeação como primeiro-ministro e assumiu o comando do país. No ano seguinte, portando o antigo título de "escrivão da puridade", Castelo Melhor elaborou um "regimento" em que estabelecia a centralização do poder nas mãos do próprio ministério, que passava a ter o "absoluto domínio da monarquia".[27] Nesse ínterim, a rainha viúva recolheu-se ao mosteiro de Xabregas, morrendo três anos mais tarde, ao 53 anos.

O conde de Castelo Melhor podia tomar todas as decisões políticas importantes, mas Portugal ainda era uma monarquia, e dom Afonso VI, o rei. Para garantir a continuidade da dinastia e a estabilidade do reino, o monarca precisava se casar e gerar herdeiros. Se o rei tivesse filhos, o conde de Castelo Melhor neutralizaria um de seus maiores inimigos na corte, o infante dom Pedro, a quem muitos queriam no lugar de dom Afonso. A diplomacia do conde encontrou a noiva ideal. Nascida em Paris, dona Maria Francisca de Saboia, mademoiselle de Aumale, era filha do duque de Némours e sobrinha do rei Luís XIV da França, o monarca mais poderoso da Europa. Além disso, era dotada de "singulares virtudes". O acordo foi firmado em fevereiro de 1666 e o dote estabelecido em seiscentos mil escudos franceses. Em 2 de agosto, dona Maria Francisca chegou a Lisboa com uma armada de dez navios de guerra — a nau capitânia tinha oitenta peças de bronze, sendo guarnecida por setecentos homens. Assim que desembarcou, ela se dirigiu à igreja das Flamengas, no convento de Santa Clara, onde o bispo abençoou o casal real. Tudo parecia correr bem, até a consumação do casamento. A noite de núpcias foi um fracasso. Dom Afonso se negou a comparecer ao quarto da rainha e a manter relações com a esposa, dando início a uma crise diplomática e sucessória.[28]

298 Rodrigo Trespach

Nesse ínterim, o conde do Prado (mais tarde marquês da Minas) invadiu a Galícia, e o conde de Schomberg, militar alemão que servia como general das forças portuguesas, combatia o inimigo no Alentejo. Os sucessos do exército lusitano obrigaram os espanhóis a um termo. Depois da vitória na batalha de Montes Claros, próximo à Vila Viçosa, dom Afonso recebeu o título de "o Vitorioso". O conde de Castelo Melhor também conseguiu um tratado de aliança com a França. Os problemas íntimos do casal real, porém, acabariam por derrubar o conde e seu ministério. Em setembro de 1667, Castelo Melhor foi deposto por uma conspiração organizada pelo infante dom Pedro e pela rainha dona Maria Francisca. Passados doze meses do casamento, a nobre francesa ainda não tinha tido relações com o esposo, mas provavelmente se tornara amante do cunhado. O próprio dom Afonso VI foi obrigado a abdicar, sendo preso em 21 novembro. A rainha se refugiou no convento franciscano da Esperança e deu entrada no processo de anulação do matrimônio. O julgamento teve início no mês seguinte, sendo concluído em março de 1668. A rainha não foi examinada, mas 47 pessoas serviram de testemunhas, entre elas catorze mulheres.

O conde do Prado relatou que o rei lhe dissera chorando, quando a rainha chegara a Portugal, que não podia "dormir na cama" com dona Maria Francisca pois "não podia obrar". Médicos testemunharam que dom Afonso tivera problemas de saúde na infância, o que resultara em uma hérnia aquosa no testículo direito. Diversas mulheres relataram a impotência real, fossem donzelas, casadas, freiras ou prostitutas. Uma delas havia passado "três dias e três noites" no paço, deitada na cama do rei, sem que ele "por mais diligências que fez nunca a pôde penetrar". Uma mulher casada afirmou que dom Afonso tinha "os grãos muito disformes". Outros dois relatos detalham que o "membro viril" do rei era diferente do de outros homens, era como "de uma criança, e muito desigual"; e a "semente" derramada era tão líquida quanto água e de "diferente cheiro". Por fim, o próprio monarca teria confessado não ter condições de manter relações sexuais normais. A sentença concluiu que dom Afonso era impotente, e dona Maria Francisca, ainda virgem.[29] O casamento foi anulado e dom Afonso desterrado para Angra do Heroísmo, na ilha Terceira, Açores, onde permaneceu por cinco anos. Quando se descobriu que uma conspiração visava assassinar a família real e reconduzi-lo ao trono, dom Pedro ordenou que o irmão fosse trazido para o continente. De volta a Portugal, foi mantido prisioneiro no palácio de Vila, em Sintra, até a morte, em setembro de 1683.

DOM PEDRO II: A DINASTIA CONSOLIDADA

É bem provável que o julgamento tenha sido orquestrado para legitimar a anulação do casamento e a ascensão ao trono de dom Pedro. Embora, de fato, dom Afonso tivesse "inabilidade" e provavelmente fosse homossexual, a rainha não fora examinada pelos médicos, presumivelmente por manter um romance com o cunhado. Além disso, muitas das testemunhas mulheres não tinham boa condição social e poderiam ser influenciadas com facilidade pela facção que desejava derrubar o rei.

De todo modo, o movimento de novembro de 1667 afastou dom Afonso VI do trono e abriu caminho para que seu irmão assumisse o governo como regente. Com o rei preso, dom Pedro II foi jurado príncipe herdeiro e regente do reino em 27 de janeiro do ano seguinte — e só assumiria o trono legalmente com a morte de dom Afonso, quinze anos mais tarde. Pouco mais de dois meses após o juramento, em 2 de abril de 1668, o novo rei se casou com a esposa do irmão. Mais do que depressa, dom Pedro tratou de gerar um herdeiro. Se é que já não havia providenciado um antes mesmo do casamento. Dona Maria Francisca deu à luz dona Isabel Luísa, princesa da Beira, a única filha do casal, menos de nove meses depois.

Com a morte do rei Filipe IV da Espanha e as vitórias militares portuguesas nos anos de 1665 e 1666, dom Pedro conseguiu dos castelhanos o reconhecimento formal da independência de Portugal. Com mediação de seu cunhado, o rei Carlos II da Inglaterra, o tratado de Lisboa foi assinado em fevereiro de 1668, pondo fim à guerra pela Restauração. O sucesso diplomático valeu a ele o título de "Pacífico".

Nascido em Lisboa, em 26 de abril de 1648, dom Pedro era o sétimo e último filho do rei dom João IV e da rainha dona Luísa de Gusmão. De grande estatura e "bem-proporcionado" de corpo, tinha os olhos grandes e pretos, o nariz aquilino e os cabelos negros. Como ditava a moda da época, usava uma grande peruca negra, muito alta e bastante comprida, que descia até o meio do tronco. Catorze anos o separavam de dom Teodósio, o primeiro na linha de sucessão. Como não era o herdeiro imediato, sua educação foi bem menos esmerada do que a do irmão mais velho. Mas era, sem sombra de dúvida, mais capaz do que seu irmão dom Afonso, de quem tomou o poder. Teve como professor Francisco Correia de Lacerda, inquisidor e depois bispo do Porto, aliado que seria fundamental na deposição do rei impotente. Dom Pedro estudou história

300 Rodrigo Trespach

e gostava de caçar, tinha conhecimentos práticos sobre fortificações, era bom cavaleiro e no manejo de armas, como a espingarda.

Depois que assumiu o trono se mostrou um bom administrador, ainda que de comportamento moral um tanto duvidoso. Era devoto da Virgem Maria e de são Francisco da Ordem Terceira, e passava vários dias durante o ano jejuando e dormindo sobre uma tábua, como penitência. O que não o impedia de frequentar assiduamente casas de prostituição, onde era famoso por ser mal pagador. Ao longo da vida, teve pelo menos sete amantes conhecidas, além de um número grande de relações extraconjugais. Nunca se importou com a classe social ou a origem, mantendo casos com mulheres dos mais variados estratos sociais, desde donas de bordel, como a "rameira" conhecida como "Schomberg" (por ter mantido um caso com o general alemão), a serviçais do paço, como "moças de varrer" e lavadeiras. Envolveu-se com as freiras de Odivelas e com aristocratas, como dona Ana Armanda du Vergé, filha de um capitão francês, dama da rainha e espiã do rei Luís xiv; e dona Isabel Francisca da Silva, irmã de dom Lourenço de Almada, conde de Avranches e governador-geral do Brasil. De sua relação com dona Francisca Botelha sobreviveram detalhes, pois a "mulher dama", uma prostituta, não querendo perder a "amizade" real, recorreu a uma feiticeira, fato que chamou a atenção do tribunal do Santo Ofício. Segundo relatou para os inquisidores, depois de um "ajuntamento", ela limpou com tafetá suas partes íntimas e entregou a peça para que a bruxa realizasse um encantamento. Para seus contemporâneos, o rei tinha predileção por "mulheres pretas" ou mestiças. Segundo o conde de Povolide, dom Pedro teve um filho de "cor parda" que se tornou frade. O número de filhos ilegítimos é desconhecido. Em vida, ele só reconheceu três. Aqueles que eram inoportunos, foram enviados para as Índias. Alguns foram acolhidos em conventos ou pelos cortesãos, caso de dom José, fruto da relação com a "formosa" Francisca Clara da Silva, filha de um tanoeiro. O bastardo, que mais tarde seria arcebispo de Braga, foi criado na família de Bartolomeu de Sousa Mexia, secretário de Estado e de Mercês.[30]

Desde a Restauração, ainda no tempo de dom João iv, a administração colonial começara a apostar no Brasil em detrimento das possessões asiáticas. Criada em 1649, a Companhia de Comércio-Geral do Brasil passou a controlar todo o intercâmbio comercial entre colônia e metrópole, sendo responsável pela venda dos produtos no reino. Parte das rendas do pau-brasil, por exemplo, eram revertidas para a Coroa. A receita dos infantes e das rainhas provinha desse comércio — cerca de dezessete mil cruzados eram destinados anualmente a cada um.

A partir do governo de dom Pedro II, Portugal intensificou a exploração e o povoamento do Brasil, então com trezentos mil habitantes, boa parte concentrada no Nordeste. Dom Pedro II escreveu diversas cartas a bandeirantes vicentinos, como Fernão Dias Paes Leme, incentivando-os a buscar jazidas de metais preciosos no Sudeste. Em 1694, numa mensagem curta e direta, o rei prometeu títulos de nobreza e outros benefícios aos que descobrissem ouro e prata. E o mais importante, ao contrário do que ocorria no passado, quando qualquer mina era considerada propriedade da Coroa, dom Pedro garantiu que uma mina rica pertenceria àquele que a descobrisse. O ouro, de fato, pelo menos oficialmente, seria descoberto em 1693 pelo genro de Paes Leme, Manuel de Borba Gato, na serra de Sabarabuçu, hoje município mineiro de Sabará. As lavras ali eram riquíssimas. O mineral não era brilhoso e tinha uma cor escura, por isso os bandeirantes o chamavam de "ouro preto", resultado da alta concentração de paládio, o que tornava o composto bem mais valioso do que o que se misturava ao níquel, o ouro branco. As jazidas auríferas brasileiras eram basicamente de duas categorias: o minério era encontrado em veios ou nos rios, nas chamadas minas de aluvião. É bem provável que Borba Gato tenha escondido a informação por quase uma década e a divulgado somente após a mudança de posição da Coroa e o fato de que outros bandeirantes também estavam encontrando o valioso minério. De toda forma, o primeiro carregamento de ouro brasileiro chegou a Lisboa em 1697 — eram mais de quinhentos quilos do precioso metal. Os diamantes seriam descobertos pouco mais de três décadas depois.

O governo português havia fundado uma casa da moeda na Bahia, em 1694, mas com a descoberta das jazidas no Sudeste, e com o intuito de facilitar o transporte do ouro, a estrutura seria transferida para o Rio de Janeiro quatro anos mais tarde. Quanto à organização religiosa, dom Pedro obteve autorização do Vaticano para elevar à categoria de arcebispado o bispado da Bahia, e para criar bispados em Olinda e no Rio de Janeiro, em 1676. No ano seguinte, foi criado o bispado do Maranhão, subordinado diretamente ao arcebispado de Lisboa.

Com o Nordeste recuperado dos holandeses e o Sudeste sendo ocupado a partir de estabelecimentos litorâneos, Portugal voltou os olhos também para a região oriental do rio da Prata, no extremo sul. Os espanhóis haviam ocupado a costa ocidental, a atual Argentina, e os jesuítas estavam estabelecendo aldeamentos ou "reduções" nas proximidades dos rios Paraná e Uruguai, nos atuais estados do Paraná, Santa Catarina e Rio Grande do Sul, na fronteira com Argentina e Paraguai — que formariam as Missões Jesuíticas. O território só poderia ser reivindicado pela Coroa portuguesa se estivesse povoado e militarmente defendido. Em 1676, dom Pedro conseguiu do papa Inocêncio XI a confirmação da jurisdição do bispado do Rio de Janeiro sobre a região. Dois anos depois, o rei determinou que dom Manuel de Lobo, governador do Rio de Janeiro, estabelecesse uma "nova colônia" às margens do Prata. Lobo reuniu algumas famílias, duzentos soldados e sessenta escravos, dois jesuítas e um padre capelão, pediu auxílio e recursos para São Paulo e Minas, e partiu para o que hoje é o Uruguai. Em 1º de janeiro de 1680, deu início à fundação da Colônia do Sacramento, a fortificação lusa mais meridional da América portuguesa, de frente para a cidade castelhana de Buenos Aires. Os espanhóis, porém, tomaram a praça sete meses depois com uma força composta de 480 soldados e três mil indígenas guaranis. Como a Espanha estava em guerra com os Países Baixos, por um acordo Sacramento foi devolvida a Portugal no ano seguinte. Era o início de uma série de confrontos pela posse da terra e o estabelecimento de uma fronteira que iria se arrastar pelo século seguinte.[31]

Na segunda metade do século XVII, os portugueses travavam outra significativa guerra colonial, mas dessa vez sem envolver europeus. A luta era contra o quilombo de Palmares, a maior comunidade de escravos africanos e indígenas fugitivos dentro do território administrado por Portugal. O termo quilombo vinha de *kilombo*, "acampamento fortificado" no idioma banto, falado na África Central — antes, esses ajuntamentos também recebiam o nome de *mocambo*, "esconderijo". O maior dos quilombos era o de Palmares, localizado na região da serra da Barriga, no sertão alagoano, a cerca de noventa quilômetros de Maceió. Os primeiros documentos referentes ao local datam de 1584. Na verdade, Palmares era o nome genérico dado a uma reunião de doze acampamentos ou comunidades interdependentes. O mais conhecido foi o de Macaco, com uma população estimada em seis mil quilombolas. Seus líderes mais destacados foram Ganga Zumba, que chegou a celebrar um acordo de paz com os portugueses, em 1678, e depois foi assassinado por traição; e seu semilendário sobrinho Zumbi, morto em novembro de 1695. Em seu auge, a população total estimada de Palmares era de vinte mil, número superior ao de Salvador, que tinha então menos de quinze mil moradores. A primeira expedição portuguesa contra o quilombo ocorreu em 1612; a última, quando Zumbi foi derrotado pela ação do bandeirante Domingos Jorge Velho, em 1694.[32]

Palmares era a expressão da resistência dos povos africanos ao tráfico atlântico que tinha se intensificado desde o começo do século XVII. Em 1700, mais

VERDE E AMARELO 303

de 45 mil escravizados desembarcaram no Brasil. Era um número considerável. Apenas duas décadas antes, eles não chegavam a vinte mil por ano. Sessenta anos mais tarde, o número havia dobrado. A crescente demanda da produção de açúcar na América Latina e o lucro obtido com esse comércio foram duas das razões para a explosão do tráfico negreiro. O consumo humano de açúcar saltou de 1,8 quilo para seis quilos na segunda metade do século XVIII. As outras razões envolviam questões religiosas e culturais, além de genética e tecnologia. Os povos africanos eram imunes a uma série de doenças, como a febre amarela e a malária (originárias da África), conheciam a agricultura e haviam domesticado o gado bovino e o cavalo — o que era desconhecido pelas populações indígenas.

Do ponto de vista da Igreja cristã, religiosos como são Tomás de Aquino se baseavam na Antiguidade Clássica e acreditavam na utilidade da escravidão como meio de salvação espiritual. No século XV, tendo como base o texto bíblico, construiu-se a ideia de que os negros, como descendentes de Cam, o filho amaldiçoado de Noé, eram destinados à servidão. Por isso, os cristãos teriam o direito de escravizar as populações não cristãs do continente africano. O padre Antônio Vieira chegou a ser expulso do Brasil por pregar contra a escravização dos indígenas, mas nunca se posicionou contrário à dos negros. Antes do surgimento das ideias iluministas no século XVIII, com os pensadores sociais e os conceitos de igualdade e liberdade, a preocupação, de modo geral, era com os excessos cometidos. Em carta régia escrita ao governador-geral do Brasil dom João de Lencastre, o rei dom Pedro condenou a falta de roupas, os maus-tratos, os açoites, as marcações por ferro quente, as mutilações e a falta de alimentos adequados aos escravizados, mas continuou a permitir o tráfico como motor da economia colonial.[33]

No final do século XVII, dom Pedro tinha muitas preocupações, mas a maior delas não estava ligada à administração, fosse no reino ou nas colônias. A inquietação vinha do fato de que ele não tinha herdeiros masculinos. A rainha dona Maria Francisca de Saboia morrera de hidropisia, em 1683. E como o casal só tivera uma filha, dom Pedro não tinha garantias de que a casa de Bragança permaneceria no poder. Embora dona Isabel Luísa tenha sido jurada herdeira do trono, a forma mais desejável de sucessão para uma dinastia era através de um homem. Era preciso encontrar uma segunda esposa. Depois de muitas tratativas, chegou a um acordo com Filipe Guilherme, príncipe eleitor do Palatinado e membro da família bávara dos Wittelsbach: dona Maria Sofia Isabel de Neuburgo, de 21 anos, seria a nova rainha portuguesa. Nascida no palácio de Benrath, em Düsseldorf, era "uma das mais virtuosas e excelentes princesas que naquele século se achavam na Europa". O contrato matrimonial foi assinado em maio de 1687, em Mannheim, e dona Maria de Neuburgo chegou a Lisboa quatro meses mais tarde. Em doze anos de matrimônio, ela daria a dom Pedro sete filhos, entre eles o futuro rei dom João v, nascido em 1689.

Como teve outros três filhos homens, a sucessão estaria garantida, não fosse um detalhe jurídico. Segundo as Cortes de Lamego, caso um rei morresse sem filhos, o trono passaria ao irmão do soberano (caso existisse um), mas, falecendo este, não seria rei seu filho sem que uma assembleia de bispos e nobres o elegessem. O caso se aplicava ao próprio dom Pedro, que era irmão de um rei morto sem filhos. Ou seja, seus filhos não poderiam reinar sem anuência das Cortes — o que significava a dependência de articulações políticas, nem sempre facilmente contornáveis. Então, em 1697, ele convocou as Cortes. Reunidos em Lisboa, os deputados dos Três Estados trataram diretamente do assunto. Na primavera do ano seguinte uma nova lei alterou o modo sucessório, permitindo que os filhos de dom Pedro herdassem a coroa.[34] A casa de Bragança havia garantido sua legítima posição. Depois de 1697, as Cortes só seriam convocadas novamente em 1820, por ocasião da Revolução Liberal do Porto, que acabaria desencadeando o processo de independência do Brasil. Por 123 anos, Portugal não teria atividade parlamentar.

O último grande feito do governo de dom Pedro II foi a assinatura de um pacto econômico e militar com a Inglaterra, o tratado de Methuen, popularmente chamado de "dos Panos e Vinhos", assinado em Lisboa, em dezembro de 1703. O acordo foi negociado pelo embaixador inglês John Methuen e por dom Manuel Teles da Silva, marquês de Alegrete. Do ponto de vista militar, Lisboa reforçava a aliança com a Grã-Bretanha e o Sacro Império, mantendo a inimizade com a Espanha e afastando-se da França. Quanto à economia, Portugal se obrigava "para sempre" a admitir tecidos e outras manufaturas de lã de origem britânica, o que estava proibido desde os anos 1670. Londres, por sua vez, se comprometia a receber os vinhos portugueses e a abater em seu favor um terço dos direitos alfandegários exigidos até então e que recaíam sobre os vinhos franceses.

A rainha dona Maria de Neuburgo morreu no verão de 1699. Segundo relatos franceses, de sífilis, transmitida pelo marido promíscuo. Dom Pedro II faleceu sete anos mais tarde, em 9 de dezembro de 1706, em uma quinta em Alcântara, para onde se mudara. Nos últimos anos, sofria de cansaço e sonolência e só raramente visitava o paço. A autópsia revelou um fígado inchado e um pulmão escuro; a pleura esquerda estava esfacelada. Na vesícula os médicos encontraram 35 pedras de vários tamanhos. O corpo foi embalsamado, vestido com um hábito de são Francisco e o manto de cavaleiro da Ordem de Cristo. Puseram-lhe ainda uma "cabeleira" (uma peruca), um barrete vermelho e uma espada. O caixão foi colocado no Panteão dos Bragança. O coração foi depositado na igreja do convento de Nossa Senhora da Quietação. Os intestinos foram sepultados na igreja das Flamengas. Oito dias depois do falecimento, ocorreu a cerimônia de quebra dos escudos reais, uma tradição portuguesa que datava do século xv que consistia na destruição pública dos selos e escudos em que estava gravado o brasão de armas real, e que seriam substituídos pelo do rei sucessor. O ritual era realizado nas ruas de Lisboa por cavaleiros, fidalgos, juízes e vereadores, como sinal de luto e pranto pelo monarca morto. Antes de arremessar os escudos ao chão, um fidalgo ou importante autoridade pronunciava a oração "Chorai nobres, chorai portugueses, que morreu vosso rei".[35]

Se contarmos o período regencial, o governo de dom Pedro foi o segundo mais longo da história da dinastia Bragança e o terceiro mais longevo entre as dinastias reinantes. Ele permaneceu no poder por 38 anos, sendo superado apenas por seu filho, o rei Magnânimo, que ocupou o trono português por quase 44 anos, e por dom João i, seu ancestral e primeiro rei da dinastia de Avis, que governou por 48 anos. Apesar de tudo, dom Pedro conseguiu assegurar a independência de Portugal e manter o país afastado das guerras europeias, o que permitiu estabilidade econômica e algumas reformas, ainda que isso tenha aberto caminho para o absolutismo.

12.

ERA DE OURO

PARA PORTUGAL, a descoberta das minas de ouro no Brasil chegou com um atraso de quase dois séculos. Desde a chegada de Cabral, os portugueses sonhavam com seu Eldorado, um lendário reino de ouro encravado no coração da colônia. Narrativas fantásticas transmitidas por viajantes e exploradores a partir de relatos indígenas davam conta da existência de uma serra de ouro resplandecente chamada Sabarabuçu, localizada no interior do continente. A mítica cidade dourada, porém, nunca foi encontrada. E para aumentar o infortúnio de Portugal, sua grande rival, a Espanha, havia se deparado com enormes quantidades de ouro e prata armazenadas durante séculos por astecas e incas apenas algumas décadas após a chegada de Colombo à América.

Os primeiros insucessos portugueses na procura pelo precioso mineral retardaram a ocupação do interior da colônia. Sem ouro, poucos foram os investidores que apostaram no Brasil, e o sistema de capitanias hereditárias, a primeira tentativa de ocupação do território, fracassou. Relegada a segundo plano por um longo tempo, a colônia permaneceu quase que completamente sem europeus e cidades. Os dois grandes focos de povoamento concentraram-se no Nordeste (Salvador e Recife) e no litoral do Sudeste (em São Vicente e no Rio de Janeiro). Foi através de São Vicente, primeira cidade criada no modelo de administração lusa, em 1532, que se abriram as portas para o interior paulista, para a fundação de São Paulo, no planalto, e finalmente para as "minas de São Paulo", depois chamadas de "Minas Gerais", no atual território mineiro, no final do século XVII.

O ouro brasileiro consolidaria o absolutismo português, financiando todo o esplendor da corte de Lisboa durante o século XVIII e submetendo a nobreza aos caprichos reais. Nenhum dos três reis seguintes a dom Pedro II convocariam as Cortes. Especialmente durante o reinado de dom João V, Portugal viveria seu período de maior opulência.

DOM JOÃO V, O MAGNÂNIMO

Filho do rei dom Pedro II e dona Maria Sofia Isabel de Neuburgo, dom João V nasceu no paço Real da Ribeira, em Lisboa, em 22 de outubro de 1689, numa manhã de sábado. Para dom Pedro II era uma dádiva, já que seu filho homem mais velho, dom João de Bragança, havia morrido no ano anterior, antes de completar um mês de idade. O novo herdeiro foi batizado na capela Real do palácio como João Francisco Antônio José Bento Bernardo pelo capelão-mor e bispo de Lisboa dom Luís de Sousa e mais quatro bispos assistentes (o de Coimbra, da Guarda, do Algarve e do Porto). Uma importante figura do reino, dom Nuno Álvares Pereira de Melo, duque de Cadaval, levou a criança até a pia batismal. Além de mordomo-mor da rainha, o duque de Cadaval era aparentado com o rei por linha masculina, estando sua família ligada à casa de Bragança desde o século XV. Como padrinhos do príncipe herdeiro foram escolhidos sua irmã paterna, a infanta dona Isabel Luísa Josefa, então com vinte anos, filha de dona Maria Francisca de Saboia, a primeira esposa do rei dom Pedro II; e seu avô materno, o príncipe eleitor do Palatinado, que não estava presente, mas enviou uma procuração. Toda corte foi convocada para a cerimônia: duques, marqueses e condes, o presidente do paço e o do Conselho Ultramarino. Quem não esteve presente, enviou regalos e congratulações. Como exigia a tradição, o papa Inocêncio XII enviou faixas bentas, especialmente abençoadas para o príncipe herdeiro, através de seu núncio em Portugal, o arcebispo de Damasco e depois cardeal Sebastião Antônio Tanara. O presente papal, porém, só chegou a Lisboa dois anos depois do batismo.

António Caetano de Sousa, autor de uma obra sobre a casa real portuguesa, escreveu que já na primeira infância e muito antecipadamente "a luz da razão" tinha brilhado no futuro monarca. Como o livro de Caetano de Sousa foi patrocinando pelo próprio rei anos mais tarde, não é difícil imaginar quanto pode haver de exagero. Mas mesmo se desconsiderarmos a opinião descomedida de seu súdito, parece ser consenso que dom João v era inteligente e com boa formação. Um embaixador britânico, que viveu em Lisboa e conhecia bem o rei, o descreveu como alguém de "uma inteligência penetrante" e "extremamente rápido e vivaz". Seu primeiro professor foi o padre jesuíta Francisco da Cruz. Aprendeu a escrever e teve os primeiros ensinamentos de latim com os padres Caetano Lopes, da igreja da Madalena, em Lisboa, e João Seco, da Companhia de Jesus. Também estudou italiano, francês e espanhol, falando todos esses idiomas perfeitamente. O padre Luiz Gonzaga lhe deu as primeiras instruções em matemática, ciência que dom João jamais deixaria de apreciar. Para o historiador Veríssimo Serrão, que viveu no século XIX, o quarto rei português da dinastia Bragança — que passaria à história como o Magnânimo — era, de fato, dotado de "vasta cultura". Por estar familiarizado com vários idiomas, "conhecia os autores clássicos e modernos, tinha boa cultura literária e científica e amava a música".[1]

Em 1697, o príncipe foi jurado herdeiro do trono nas Cortes de Lisboa. O menino, então com nove anos, foi levado à presença dos deputados e representantes do reino vestindo um hábito com abotoadura de diamantes, uma capa de seda preta com ramos em carmesim e outra em seda branca forrada. Calções em seda branca, chapéu de plumas brancas e um broche de diamante completavam a indumentária. Uma criança vestida de adulto e com grandes responsabilidades. Dois anos mais tarde, atingido pela varíola, ele escapou da morte, mas ficou com marcas no rosto. Segundo seus contemporâneos, o jovem foi salvo pela relíquia da freira Maria do Lado, falecida em 1632 e tida como santa. O confessor de dom Pedro II era meio-irmão da milagreira e influenciou o monarca a fazer uma promessa. Então, o rei fez voto de que se o herdeiro do trono se recuperasse da enfermidade, uma igreja seria edificada em homenagem à Maria do Lado. Depois de "beber uma porção de terra" da sepultura da freira, o príncipe dom João teria sido curado. A promessa foi paga, e a igreja do mosteiro do Santíssimo Sacramento das Religiosas do Louriçal foi construída em 1702 — sete anos depois, o convento passou à Ordem de Santa Clara.

Com a morte de dom Pedro II em 1706, dom João v assumiu o trono aos dezessete anos e ainda solteiro. A aclamação e o juramento foram realizados no paço e na capela Real em 1º de janeiro de 1707. Apenas três meses antes, seu pai tinha despachado o conde de Vilar Maior a Viena. O objetivo do diplomata português era felicitar o novo imperador José I, filho do falecido Leopoldo I, por sua coroação; tratar da aliança militar acordada para a Guerra de Sucessão Espanhola (que atingia Portugal e envolvia diretamente os Habsburgo); e acertar o casamento do então príncipe herdeiro dom João com a arquiduquesa dona Maria Ana da Áustria. Assim como José I, dona Maria Ana era filha de Leonor Madalena de Neuburgo, a terceira esposa do imperador Leopoldo I. Dom Pedro II pretendia casar seu outro filho, o infante dom Francisco, duque de Beja, com a arquiduquesa Maria Madalena, também filha do casal imperial, mas a corte austríaca não aceitou a proposta. Como justificativa, a poderosa dinastia Habsburgo alegou que casava as arquiduquesas somente com herdeiros reais. Na verdade, a reputação do infante dom Francisco não era das melhores. Além do rosto marcado pela varíola (o que muitas vezes, dependendo da gravidade com que a doença atingira o infectado, causava repulsão nas pessoas), tinha fama de violento e mulherengo. Entre suas amantes conhecidas estavam uma certa Isabel "Mulata" e uma freira do convento de Santa Ana.

Acertados todos os detalhes, o casamento entre dom João V e a arquiduquesa de Habsburgo foi celebrado, por procuração, em Klosterneuburg, em 9 de julho de 1708. A viagem da Áustria até Roterdã foi realizada por terra, e a nova rainha levou uma comitiva de trezentas pessoas. Na Holanda ela tomou um navio até Portsmouth, na Inglaterra, onde embarcaria no *Royal Anne*, sendo acompanhada por uma esquadra de dezoito naus e 150 navios comerciais, comandada pelo almirante George Byng, visconde de Torrington. Dona Maria Ana chegou a Lisboa em 26 de outubro. Segundo cartas do magistrado e diplomata José da Cunha Brochado, dom João V foi ao porto receber a esposa no dia seguinte, vestindo seda parda e com uma profusão de diamantes. Todo o paço se "encheu de capas negras forradas de ló que pareciam as estolas dos nossos reverendos cônegos", escreveu Brochado. No terreiro do paço, houve queima de fogos de artifício e durante três dias foram realizadas corridas de touros. O atento observador não deixou de alfinetar a etiqueta da corte lusitana: "Tudo se fez como se costuma fazer, sempre correndo, e sempre com pressa como quem não sabe o que faz".

Além da pressa, outro problema foi a precedência da duquesa de Cadaval sobre a marquesa de Unhão, camareira-mor. A duquesa de Cadaval era sogra (por duas oportunidades) de dona Luísa, bastarda do rei dom Pedro II e meia-irmã de dom João V. Muita gente na corte acreditava que a proximidade da duquesa com o monarca, não sendo por linha legítima, não assegurava a ela o direito de estar à frente de uma dama da rainha. "Uma tempestade de etiqueta dentro de um copo de água", observou Alberto Pimentel.[2] A entrada oficial da nova rainha, porém, só ocorreu em 22 de dezembro. Antes foi preciso limpar e embelezar as ruas da capital por onde passaria o cortejo real e preparar uma cerimônia de recepção à altura de uma Habsburgo. Na verdade, desde o início, dona Maria Ana estava disposta a mudar completamente certos costumes portugueses; para ela, havia muito desperdício e pouca devoção.

O casamento de dom João v e dona Maria Ana foi a primeira união entre as dinastias Bragança e Habsburgo. Mas dois reis portugueses da casa de Avis já haviam celebrado matrimônios com a casa da Áustria antes: Dom Manuel i, em 1518, com dona Eleonora, filha de Filipe, o Belo, e Joana, a Louca; e dom João iii, em 1524, com dona Catarina, também filha de Filipe e Joana. Além deles, dona Leonor, uma das filhas do rei dom Duarte, também da dinastia de Avis, havia casado, em 1452, com o sacro imperador Frederico iii.

Nascida em Linz, dona Maria Ana tinha 25 anos. Era esbelta, loura de pele branca, pescoço comprido, rosto redondo, testa espaçosa e olhos expressivos. O cronista francês Casimir Freschot, estando em Viena em 1705, escreveu que, entre as três filhas do imperador, dona Maria Ana era a mais "agraciada de beleza e atrativos fisionômicos". Segundo esse "viajante curioso", a jovem tinha o "ar de doçura que parece ser a característica particular das princesas da casa da Áustria". Freschot observou ainda um aspecto importante da educação das arquiduquesas Habsburgo: todas eram "criadas fora dos prazeres de uma corte ruidosa, mas numa sólida piedade e afastamento do grande mundo". O jesuíta Francisco da Fonseca, também cronista contemporâneo, afirmou que dona Maria Ana era a mais bela das três irmãs, como "o sol excede às estrelas". Para o religioso, a filha de Leopoldo i tinha "virtude, capacidade, modéstia e formosura". Caetano de Sousa, por sua vez, escreveu que a rainha possuía "esclarecidas virtudes". Era religiosa e talentosa, e além do alemão nativo, falava latim, italiano, francês, espanhol e português — idioma que ela aprendeu quando casou. Já como rainha de Portugal, levava uma vida regulada pelo relógio, ocupando-se, "sem lugar para o ócio", com leituras, orações e ofícios religiosos. Fazia visitas frequentes às igrejas da cidade, especialmente quando do Sagrado Lausperene, tradição católica do século xvi que consistia na exposição continuada de uma hóstia consagrada por quarenta horas em louvor ao tempo em que o corpo de Jesus Cristo permaneceu no sepulcro — o termo teve origem no latim *laus perene*, "louvor permanente". Apreciava ainda a dança e a música, tocava vários instrumentos e passava horas ocupada com bordados e pinturas. Também era exímia caçadora.[3]

Quanto a dom João V, o escritor Alberto Pimentel descreveu o monarca como "esbelto mancebo, de estatura proporcionada e elegante, olhos grandes e pardos, nariz quase aquilino, lábios grossos, de um forte relevo sensual". A sensualidade, sua obsessão pela galanteria e "toureadas" foram uma das características do rei português, que ficaria marcado pelo grande número de relações extraconjugais. Frei João do Espírito Santo, o franciscano que serviu como capelão dos marqueses de Marialva, escreveu em suas memórias que "as mulheres eram seu contínuo pensamento: ciganas, fidalgas, mulheres mecânicas [domésticas] e outras", motivo pelo qual o rei haveria de "esperar muitos séculos no Purgatório pela sua remissão".[4] As aventuras reais começaram ainda na adolescência, aos quinze anos, quando o então príncipe enamorou-se de dona Filipa de Noronha, irmã do marquês de Cascais e sete anos mais velha. Dessa relação, que dom João V manteve mesmo depois do casamento, nasceu uma filha. A rainha afastou dona Filipa da corte, mas o rei continuou a manter casos amorosos com outras mulheres. O romance com dona Luísa Clara de Portugal, filha do governador da torre de Outão, em Setúbal, dama da rainha, casada e mãe de três filhos, é um dos mais famosos. Não apenas pelo caso com a nobre loura, mas também porque manteve uma relação em paralelo com uma de suas criadas. Diz a tradição que dona Luísa Clara foi seduzida por um cumprimento: "Flor da murta, raminho de freixo; deixar de amar-te é que eu não deixo". Apesar da intensidade da paixão e do nascimento de um filho, o convívio durou pouco tempo. O marido traído e a rainha descobriram; ele se retirou de Lisboa, a rainha proibiu a entrada de dona Luísa Clara na corte, e a filha (que não foi reconhecida nem pelo esposo nem pelo rei) foi enviada para um convento. A Flor da Murta, como dona Luísa Clara ficaria conhecida, se tornou amante do duque de Lafões, neto do filho bastardo do rei dom Pedro II com dona Ana Armanda du Vergé — e, portanto, sobrinho do rei.

Segundo um relato da época, dom João V costumava "agarrar" as damas e açafatas no paço, durante a noite. Poucas resistiram. Tornar-se amante do rei muitas vezes significava ter acesso a uma série de benefícios — títulos, pensões, joias etc. Apenas uma vez, o rei teve frustrado seu intento. Ao tentar abordar dona Maria Sofia de Lencastre, condessa de Vila Nova de Portimão, que se dirigia para a casa de uma prima, a dama, mulher "forte, guapa e desembaraçada", deu-lhe um tapa na cara, exclamando: "Que é isto! À condessa de Vila Nova ninguém se atreve! Pouca vergonha!".[5]

Os amores ilícitos do rei, porém, não se limitavam ao paço. As relações mais conhecidas do monarca ocorreram dentro dos muros do convento de Odivelas — motivo pelo qual dom João v também ficaria conhecido como "o Freirático". O abrigo fora fundado pelo rei dom Dinis, no final do século XIII, na quinta de Vale de Flores — segundo uma lenda, após sobreviver ao ataque de um urso. Doado às monjas Bernardas da Ordem de Cister, o mosteiro foi reformado após a Restauração e, embora uma casa religiosa, as freiras eram frequentemente visitadas por nobres, fidalgos, padres, freis, poetas e músicos. Distante quinze quilômetros do paço da Ribeira, o convento de Odivelas se transformou no lugar onde homens à procura de prazer podiam se satisfazer ocultados pelo sagrado. Em suas memórias, o soldado e naturalista franco-suíço Charles Fréderic de Merveilleux escreveu que "o rei estava acostumado a ir todas as tardes para Odivelas acompanhado pelo seu confessor, um médico, um mordomo e mais um criado, além do seu cocheiro".[6]

Pelo menos três freiras tiveram relacionamentos e filhos com dom João v: Luísa Inês Antônia Machado Monteiro, dona Madalena Máxima de Miranda e Paula Teresa da Silva, a mais famosa delas. Dom Antônio, dom Gaspar e dom José ficariam conhecidos como os "Meninos de Palhavã", nome do palácio onde foram criados. Educados sob a responsabilidade do frei Gaspar da Encarnação, reitor da Universidade de Coimbra e confessor real, dom Antônio formou-se doutor em teologia em Coimbra; dom Gaspar seria nomeado arcebispo em Braga; e dom José, indicado para o cargo de inquisidor-mor. O caso com madre Paula, que antes mantivera um romance com o conde de Vimioso, foi o mais longo e também o mais faustoso. O pai da religiosa recebeu comendas e muito dinheiro; e depois do término da relação da filha com o monarca, também uma pensão.

Para os encontros sexuais, que eram sempre acompanhados pelo médico da corte, dom João v ordenou a construção de uma casa próxima do convento. Teto em talha dourada, portas e piso em madeira do Brasil, vidros da Boêmia, cama em dossel forrada em lâmina de prata, veludo vermelho e dourado, jarros de urinar de prata, um piano e uma banheira de prata que pesava trezentos quilos fabricada pelo ourives huguenote Paul Crespin, faziam parte da luxuosa residência. As freiras eram atendidas ainda por nove criadas. O filósofo francês Voltaire escreveu com sarcasmo sobre o envolvimento do rei com as religiosas: "Quando queria uma festa, ordenava um desfile religioso; quando queria uma amante, arrumava uma freira". O rei da Prússia, Frederico, o Grande, fazia ideia semelhante do monarca português. Para ele,

> dom João era conhecido apenas por sua estranha paixão pelas cerimônias da Igreja [...]. Seus prazeres eram funções sacerdotais e seus edifícios os conventos; seus exércitos eram monges, e suas amantes, as freiras.[7]

A última amante de dom João v foi uma atriz italiana, Petronilla Trabó Basilii, que se apresentava no Teatro Novo, na rua dos Condes. O caso duraria três anos. Mas a essa altura, início da década de 1740, já circulavam rumores sobre a impotência sexual do Bragança. Tendo passado dos cinquenta anos, o monarca recorria a afrodisíacos contra a orientação dos médicos da corte. A essência de âmbar era obtida em boticas da capital e contrabandeada até o palácio por intermédio de um amigo.

A pudica rainha dona Maria Ana muito cedo surpreendeu-se com a promiscuidade do marido. Segundo o relato de um agente secreto da França na corte portuguesa, "havia descontentamento no palácio, principalmente por parte da rainha, que dizia ultimamente que por uma ou duas amantes passa, mas quatro, cinco e seis era demais". A união entre duas personalidades tão distintas não poderia ser feliz. O primeiro filho, uma menina, dona Maria Bárbara (que se casaria com o rei Fernando vi da Espanha), nasceu três anos depois do casamento, gerando preocupação quanto à sucessão. "Queira Deus que a rainha cuspa para o chão, para que o rei possa cuspir para o ar e nos vejamos com nova sucessão, que é a maior fortuna que podemos esperar", escreveu José da Cunha Brochado. Em outro registro, o diplomata nos dá uma ideia sobre o relacionamento do casal: "Esta princesa vive no seu quarto conversando com as suas damas alemãs, e brincando com seus cães, vem fazer a visita do El-Rei seu marido e volta para a Alemanha, que é o mesmo que para seu quarto".[8] Não obstante, dona Maria Ana teria outros cinco filhos, entre eles o príncipe herdeiro dom José, nascido em 1714.

A lascívia não era exclusividade do rei dom João v. Como acontecia nas demais cortes europeias, casamentos arranjados resultavam frequentemente em relações extraconjugais. O infante dom Francisco, irmão do rei, também tinha amantes em Odivelas. E muitos eram os conventos frequentados pela nobreza. O padre Manuel Velho, sacerdote algarbiense contemporâneo, escreveu que as representações teatrais nesses lugares eram comuns e bastante vulgares.

As freiras usavam "sapatos picados, rocados de seda, de tesum, fivelas de ouro, de prata e de pedras preciosas". Quando o número de coches, seges e liteiras "povoava a estrada", lembraria ele mais tarde, logo se sabia a causa: "Eram fidalgos que iam ver uma comédia em certo convento". Outro observador, o general francês Demaurier, notou que as freiras moravam em celas luxuosas, com paredes cobertas de seda, cortinados nas janelas e lençóis de cetim, usavam camisas de renda, luvas, toalhas açafroadas, leques, tomavam chá em xícaras de porcelana e chamavam a si mesmas de "Pimentinha" e "Caçarola".[9]

Alguns nobres recorriam à criadagem ou a mulheres do povo. Dom Estevão de Meneses, conde de Tarouca, se apaixonou por uma, de "baixa estofa", que acabou se casando com um de seus criados. Mais tarde, ela fugiu do conde e do esposo para se juntar ao padre Domingos de Araújo Soares, capelão de Tarouca. O marquês de Minas, militar que liderava os exércitos do país, por sua vez, andava sempre acompanhado de uma mulher, uma amazona que se "vestia de homem" para ocultar sua presença entre os militares. O comportamento promíscuo da corte portuguesa, assim como a corrupção e a imoralidade do clero, contrastavam com a religiosidade extrema exigida do povo pela Igreja e pela etiqueta oficial. Um reverendo britânico que visitou Lisboa durante a Quaresma, em meados do século XVIII, ficou horrorizado com "pessoas batendo no peito, estapeando as próprias faces e chorando sentidamente". Segundo suas observações, o que se via nas procissões era um espetáculo de autoflagelação, com pessoas carregando pesadas cruzes nas costas, andando descalças e com correntes presas aos tornozelos. Os pobres faziam penitência; os ricos pagavam pelas faltas. Para a remissão dos pecados, dava-se esmolas aos frades e às festas religiosas. Somente em dois anos, os 29 conventos da Ordem de São Francisco na capital receberam a importância de quinhentos mil cruzados em dinheiro, além de doações de pão, azeite, vinho e outras mercadorias.[10]

A influência da religião e a força com que a Inquisição perseguia judeus, bígamos, feiticeiras e homossexuais, entre outros, criaram uma atmosfera de medo e a necessidade constante de demonstrações de fé e comportamento moral. Os autos de fé eram organizados como grandes espetáculos teatrais, de modo a chocar e incutir pavor entre os crentes, desencorajando qualquer deslize. O próprio dom João V externava seu antissemitismo fazendo questão de estar presente. Quando dona Maria Ana chegou em Portugal, em 1708, homens e mulheres não frequentavam o mesmo espaço, fosse na igreja ou nos salões dos palácios. Charles de Merveilleux descreveu, com certo espanto, o comportamento nas residências da nobreza: "Os homens estão numa sala e as senhoras noutra e como ambos os sexos são dados à dança, as senhoras dançam umas com as outras na sua sala e os homens uns com os outros na sala contígua".[11] Até mesmo a rainha, nascida e criada numa corte de forte tradição católica, não via sentido nessa separação. Aos poucos, ela conseguiu mudar a etiqueta nos salões de festas, incentivando o convívio entre os dois gêneros, que passaram, então, a conversar e dançar publicamente. Também modificou como as refeições eram servidas e quem poderia ter acesso ao quarto real, que passou a ser limitado apenas aos que fossem convidados por ela. Foram adotadas etiquetas sociais mais modernas, à semelhança de Viena, como a divulgação de música erudita em forma de bailes e de poesia nos saraus e a ritualização dos atos solenes.

"REI SOL PORTUGUÊS"

Enquanto dona Maria Ana tentava modernizar a corte lusitana, a Europa estava em guerra. A morte sem herdeiros do último Habsburgo espanhol, em 1700, deflagara uma disputa pelo trono de Madri. De um lado, os Bourbon (com França e Espanha); de outro, os Habsburgo austríacos e seus aliados, a Inglaterra, os Países Baixos, a Prússia, Saboia e Portugal. O conflito na península Ibérica foi desgastante para portugueses e espanhóis. Em 1704, forças franco-espanholas invadiram Portugal, tomando cidades na Beira e no Alentejo. No ano seguinte, os lusitanos deram o troco, expulsando o inimigo e invadindo a Andaluzia. Em 1706, o marquês de Minas tomou as principais cidades no caminho até a capital. Em 28 de junho, a própria Madri caiu em poder do nobre português. Nos cinco anos seguintes, Portugal sofreu diversos revezes, assim como obrigou a Espanha a recuar outras tantas vezes.

Em 1711, o sistema de alianças se desfez. Um ano depois, um acordo começou a ser costurado no Congresso de Utrecht. Pela primeira vez, Portugal participava de uma rodada de negociações com as potências europeias. Em abril de 1713, pelo tratado de Utrecht, a independência portuguesa foi reconhecida internacionalmente. Os ingleses reconheceram o neto do rei da França como rei da Espanha. Os espanhóis, por sua vez, cederam Menorca e Gibraltar à Inglaterra. Na América, o tratado de Tordesilhas foi invalidado. Os dois países ibéricos redefiniram a fronteira meridional do Brasil (o rio da Prata) e os limites no extremo norte, fronteira com a Guiana Francesa (a Coroa portuguesa garantiu a soberania sobre os territórios entre os rios Amazonas e Oiapoque). Dois anos mais tarde, um segundo tratado assinado em Utrecht pelos reis dom João v e Filipe v da Espanha, o de Paz e Amizade, garantiu a troca de prisioneiros e o pagamento de dívidas antigas, regulando as relações bilaterais e normalizando as relações diplomáticas. O acordo de fevereiro de 1715 garantiu também a devolução da Colônia do Sacramento (no atual Uruguai) a Lisboa. Portugal ordenou seu povoamento, e o novo governador Manuel Gomes Barbosa levou para a fortaleza do Prata mais de cem famílias lusas da região do Trás-os-Montes. Era o início da ocupação europeia do atual território uruguaio e também do Rio Grande do Sul. A fronteira, no entanto, iria mudar ao longo do século, conforme os confrontos entre europeus, indígenas e jesuítas se desenrolavam. Outros dois tratados, o de Madri, em 1750, e o de Santo Ildefonso, em 1777, seriam necessários para que a região Sul ganhasse contornos definitivos.[12]

O fim da Guerra de Sucessão Espanhola deu início a um longo período de relativa paz. Pelo menos no reino. A aliança com a Inglaterra e o casamento de seus filhos com a casa real espanhola permitiu o relaxamento gradual das convocações para o Exército. O começo do reinado de dom João v coincidiu ainda com a chegada dos primeiros carregamentos de ouro vindos do Brasil. A quantia total do minério extraído da colônia é estimada, de forma conservadora, em cerca de cinquenta mil arrobas (ou 735 toneladas). Como uma boa parte era desviada do fisco, alguns historiadores acreditam que a quantia possa ter chegado a cem mil arrobas. De toda forma, Portugal recebeu no mínimo 147 toneladas de ouro durante o século XVIII. Durante o reinado de dom João v, o valor arrecadado pode ter alcançado cem milhões de libras esterlinas. Somente em 1720, no auge da extração, foram retirados nada menos do que 25 mil quilos de ouro. Mas o precioso mineral era apenas parte das riquezas brasileiras. Em 1729, enquanto trabalhavam na extração do ouro, os portugueses descobriram diamantes no distrito de Tijuco, mais tarde Diamantina, em Minas Gerais. Até a primeira metade do século, cerca de três toneladas do cristal haviam sido retiradas das jazidas.[13] Logo a corrida pelo ouro e pelos diamantes mudou o eixo econômico da colônia; os engenhos de açúcar do Nordeste perderam espaço para as jazidas auríferas do Sudeste. Como forma de manter sua principal fonte de riquezas longe dos olhares de cobiça dos estrangeiros e isolada do resto do mundo, a Coroa portuguesa manteve os portos fechados ao comércio exterior e proibiu a impressão de qualquer "escrito" na colônia. Com a Revolução Francesa, no final do século, nenhum livro ou jornal podia ser despachado para o Rio de Janeiro, a nova capital, que substituíra Salvador em 1769. Mesmo em Portugal, a impressão de folhetins ou noticiários não era regular. Somente em 1715, depois de algumas tentativas efêmeras, é que a *Gazeta de Lisboa*, o primeiro jornal com continuidade, começou a circular.

À medida que o ouro e os diamantes brasileiros desembarcavam em Lisboa, dom João v foi transformando sua corte em uma das mais luxuosas da Europa. O rei que se vestia à moda francesa, usando uma peruca empoada, passou a copiar também o fausto de Versalhes e do rei Luís xiv, o Rei Sol. "Meu avô temeu e deveu; meu pai deveu; eu não temo nem devo", costumava gabar--se.[14] Numa única transação, comprou mais de cem volumes de gravuras e 75 obras de arte para decorar o paço da Ribeira. As pinturas incluíam três obras de Peter Rubens, três de Antoon van Dyck e uma de Rembrandt. Para modernizar a Biblioteca Real, mandou comprar vinte mil livros na Alemanha, na França e na Inglaterra. O acervo seria parcialmente perdido no terremoto de 1755. Mais tarde, em 1810, os livros seriam transferidos para o Brasil. Alguns manuscritos retornariam a Portugal para compor o acervo da biblioteca do palácio Nacional da Ajuda. Nos banquetes do palácio, as refeições eram servidas em baixelas de prata confeccionadas pelo célebre ourives parisiense François--Thomas Germain — o conjunto pesava uma tonelada e meia. Um dos momentos de grande ostentação ocorreu no final dos anos 1720, quando do casamento duplo do príncipe herdeiro dom José, com a infanta espanhola, e da infanta dona Maria Bárbara, com o príncipe das Astúrias. O rei mandou fazer um coche especial para a viagem e o encontro com o monarca espanhol. A carruagem, toda em talha dourada, era decorada com painéis em caixa, forrados de brocados de seda verde e ouro, teto dourado e peças marchetadas de tartaruga e metal. No ano seguinte, quando sua filha escreveu para Lisboa informando ao pai que corriam boatos na corte espanhola de que Portugal estava falido, dom João v enviou como presente barras de ouro no valor de sessenta mil cruzados.

No começo da década de 1730, Portugal tinha quase 460 mil residências e 1,7 milhão de habitantes. Lisboa se transformou num gigantesco canteiro de obras, com engenheiros militares e arquitetos de todo o mundo trabalhando em projetos suntuosos.[15] A capela Real foi ampliada e luxuosamente decorada. Entre os adornos, uma cruz de prata desenhada pelo ourives italiano Antonio Arrigli a trezentos mil cruzados, e uma grande coleção de relíquias sagradas compradas em toda Europa. A capela de São João Batista na igreja de São Roque, no bairro Alto, foi construída em Roma, segundo projeto de Luigi Vanvitelli, arquiteto da basílica de São Pedro, no Vaticano, e Nicola Salvi, arquiteto da Fontana di Trevi, e transportada para Lisboa, onde foi remontada. A capela tinha dois candelabros em bronze dourado de quatro metros de altura, cada um pesando 330 quilos, dezoito tipos de mármore, desenhos de lápis-lazúli, ametistas e jades. Custou 1,75 milhão de cruzados e foi abençoada pelo papa Bento XIV antes de ele deixar a Itália.

Ainda na capital, dom João V começou a construção do palácio das Necessidades. O de Belém foi comprado do conde Aveiras e restaurado. Lisboa também ganhou uma nova Casa da Moeda. Outra obra grandiosa foi o aqueduto das Águas Livres, que custou treze milhões de cruzados e foi uma das poucas grandes obras sem finalidade religiosa. O dinheiro não veio do ouro brasileiro, mas dos impostos sobre o sal, o vinho e outras mercadorias. As obras do aqueduto começaram sob a supervisão do arquiteto italiano Antonio Canevari e continuaram com Manuel da Maia e José Custódio Vieira. A primeira etapa, entre as fontes de Caneças e Amoreiras, ao norte de Lisboa, tinha quase dezoito quilômetros de extensão e 35 arcos, o mais alto deles com mais de sessenta metros de altura. O projeto final tinha cinquenta quilômetros de extensão. Fora dos limites da capital, foram construídos o palácio das Vendas Novas, o hospital das Caldas da Rainha e a biblioteca da Universidade de Coimbra, além de diversas instalações militares.

Nenhuma obra, porém, foi mais dispendiosa do que o palácio-convento de Mafra, nos arredores da capital. A construção teve início em 1717, sob a supervisão do arquiteto suábio Johann Friedrich Ludwig, o Ludovice, mas levaria quase três décadas para ser concluída. A fachada principal tinha mais de trezentos metros, grandes torres e duas divisões; o lado norte servia de residência do rei, o sul abrigava os aposentos da rainha. Entre eles, uma igreja que pretendia ser uma réplica da basílica de São Pedro. Na fachada do templo, foram instaladas 58 estátuas encomendadas em Roma. Ao todo, o palácio tinha 870 cômodos — 1.200 divisões, mais de 4.700 portas e janelas, 156 escadarias e 29 pátios e saguões. O complexo todo cobria mais de 46 quilômetros quadrados. A tapada era cercada por um muro de 14,5 quilômetros de comprimento e 3,5 metros de altura, sendo abastecida de veados, javalis, lebres e perdizes. Quando a igreja foi consagrada à santa Virgem e a santo Antônio, em 1730, nove mil fiéis foram alimentados e as celebrações duraram uma semana. Para concluir a obra, segundo um observador inglês, 45 mil homens trabalhavam sob a vigilância de seis mil soldados. Charles de Merveilleux, que trabalhava na Casa da Moeda em Lisboa, afirmou que "três quartos dos tesouros do rei e do ouro trazidos do Brasil pelas frotas de navios foram metamorfoseados em pedras". O historiador Oliveira Lima não perdoou: "Mafra devorou em dinheiro e gente mais do que Portugal valia". O barão de Eschwege, mineralogista alemão contratado para avaliar as minas do reino no começo do século XIX, calculou que a construção do palácio-convento teria custado um terço das rendas do rei.[16]

Dom João V também se ocupou de assuntos que estavam além dos muros do convento de Odivelas ou dos canteiros de obras sacras. Foi o responsável pela fundação da Real Academia Portuguesa de História, do Museu de História Natural e do Observatório Astronômico do colégio de Santo Antão. Embora tivessem aparente cunho científico, essas instituições estavam subordinadas ao rei e à Igreja. Os cinquenta membros da Real Academia, criada em 1720, eram livres da censura, mas além de terem elaborado materiais geográficos, etnográficos e históricos sobre Portugal e suas colônias, produziram um grande número de obras panegíricas sobre a família real, como a obra de Caetano de Sousa. Assim como seu avô, dom João V foi um notável músico e grande mecenas da quarta arte. Patrocinou a música italiana, trouxe Domenico Scarlatti de Roma e uma companhia de cantores para atuar na nova igreja patriarcal de Lisboa.

O ouro não serviu apenas para construção de palácios e igrejas em Portugal ou para o financiamento de sociedades culturais e científicas lusitanas, também foi utilizado para controlar a nobreza, que foi obrigada a aceitar a concorrência de burocratas, letrados e burgueses ricos. Em meados do século XVIII, a complexidade dos negócios de Estado passou a exigir um tipo de especialização para a qual os nobres não tinham preparo. Ao longo de mais de quatro décadas de governo, dom João V não convocou as Cortes, mas serviu-se de habilidosos ministros e diplomatas, como dom Luís da Cunha, Diogo de Mendonça Corte Real e de Alexandre de Gusmão. Nascido no Brasil, Gusmão serviu ao rei como secretário particular e membro do Conselho Ultramarino por vinte anos, sendo responsável pela condução da política externa de Portugal e de suas colônias — incluindo as negociações do tratado de Madri, em 1750. Considerado "avô dos diplomatas brasileiros", alguns historiadores consideram Gusmão o primeiro a conceber o princípio de direito internacional, segundo o qual tem direito à posse de determinado território aqueles que de fato o ocupam — o *uti possidetis*. Seu irmão, o padre Bartolomeu, ficaria conhecido como "padre voador" devido à invenção do primeiro aeróstato operacional, que ele denominou de "passarola".

Até a primeira metade do século XVIII, a administração portuguesa fora toda reorganizada, com estruturação das secretarias de Estado de acordo com suas responsabilidades, que substituíram aos poucos os conselhos — foram criadas as secretarias de Negócios do Reino, Marinha e Domínios Ultramarinos, e Negócios Estrangeiros e da Guerra. No Brasil, a corrida pelo ouro criou uma nova sociedade. Até por volta de 1695, a região das Minas era escassamente povoada; apenas alguns bandeirantes e fazendeiros de gado, um punhado de missionários, especuladores e indígenas. Em duas décadas, no entanto, pequenas povoações surgiram, municípios foram instalados e a máquina burocrática estatal começou a operar. A metrópole passou a conceder sesmarias, e o fluxo de garimpeiros e exploradores fez algumas vilas passarem de dois mil para quarenta mil habitantes em pouquíssimo tempo.

A economia e a sociedade mineiras nasceram e cresceram tendo como base o latifúndio agrícola, a mineração e o trabalho escravo. O número de africanos passou de alguns poucos para trinta mil. Entre 1735 e 1739, a extração do ouro atingiu seu ápice. Mais de dez toneladas de ouro saíram de Minas Gerais com destino à metrópole; aproximadamente 74% do ouro brasileiro foi enviado para a Europa. Uma parte do ouro, porém, permaneceu no Brasil através da sonegação dos tributos e do contrabando. O pagamento do quinto, os 20% em impostos que eram destinados à Coroa, foi um problema insolúvel. Lisboa trabalhava para fiscalizar, os mineiros para burlar o governo. Com tamanha quantidade de ouro disponível, pouco se investiu em novas formas de extração ou no desenvolvimento de outras atividades produtivas. A partir da década de 1750 já não se conseguia extrair das minas a mesma quantidade obtida com o ouro em aluvião, a fonte inicial que enriquecera a capitania e enchera os cofres de dom João V. Assim como aconteceu em Portugal, no Brasil grande parte do dinheiro foi investido na construção de igrejas e na vida luxuosa de uns poucos, uma elite que correspondia a menos de 5% da população. Distúrbios, motins e conflitos entre a administração, os colonos e grupos rivais ocorreram por toda parte e frequentemente. Entre 1708 e 1709, os paulistas, que haviam descoberto as minas, e os emboabas ou forasteiros, que haviam chegado até elas em busca de riqueza, promoveram uma série de confrontos que ficariam conhecidos como Guerra dos Emboabas. Em junho de 1720, uma revolta popular contra a cobrança do quinto explodiu em Vila Rica (hoje Ouro Preto) aos gritos de "Viva o povo e morte aos enviados d'el-rei". O ouvidor quase foi linchado e fugiu para o Rio de Janeiro. Depois de três dias, o governador derrotou os revoltosos. Ao explicar ao rei sobre o ocorrido, o conde de Assumar escreveu que a capitania era "habitada por gente intratável" e que "a terra parece que evapora tumultos; a água exala motins; o ouro toca desaforos". A Sedição de Vila Rica foi a revolta mais importante ocorrida nas Minas até a Inconfidência, sete décadas mais tarde.[17]

Enquanto seus súditos brasileiros se insubordinavam, dom João V mantinha uma intensa atividade diplomática com o Vaticano. Em 1717, a pedido do papa, o rei enviou uma esquadra com onze navios para lutar na costa grega contra os otomanos. No cabo de Matapão, uma frota combinada, com embarcações portuguesas, venezianas, florentinas, maltesas e papais, obrigou os otomanos a fugirem. Quando a capela de São João Batista, destinada à igreja de São Roque, chegou a Lisboa, dom João V doou ao papa cem mil cruzados — apenas uma parte do dinheiro que era doado de várias formas à Igreja católica. Por uma imagem benzida pelo pontífice, de prata dourada, doou outros 120 mil cruzados. Entre indulgências e canonizações, dom João V enviou para Roma mais de 1,3 milhão de cruzados. Ao despachar uma missão diplomática para o Vaticano, quando do conclave papal, gastou outros dois milhões de cruzados. Distribuiu dinheiro e presentes luxuosos aos bispos, cardeais e outras autoridades eclesiásticas. Em 1748, o papa Bento XIV o recompensou com o título honorífico de "Fidelíssimo". A essa altura da vida, dom João V estava gravemente doente. Seis anos antes ele sofrera um derrame, que lhe paralisara o lado esquerdo. E a religiosidade do rei aumentava consideravelmente à medida que ele piorava. Mandou rezar mais de setecentos mil missas em nome de sua saúde e passou a frequentar as águas das Caldas da Rainha, a fazer exercícios físicos e orações, sempre acompanhado de padres e freiras.

Em 7 de julho de 1750, a situação se agravou. Dom João V recebeu a extrema-unção e passou os seus dias finais em oração. Tendo ao seu lado a rainha, o príncipe herdeiro dom José, os infantes, o cardeal dom João da Cunha e os médicos da corte, o rei morreu em 31 de julho, três meses antes de completar 61 anos. A autópsia revelou "grande quantidade de água na cabeça e no peito", provavelmente devido às intervenções médicas da época, como as sangrias. O corpo foi sepultado no Panteão dos Bragança, distante quase dois quilômetros do paço. O cortejo foi acompanhado pelos filhos somente até a porta do palácio. Como era costume, os familiares do rei permaneceriam em reclusão por oito dias.[18] A rainha dona Maria Ana morreria quatro anos depois, aos setenta anos.

322 *Rodrigo Trespach*

Havia dedicado boa parte de sua vida às crianças órfãs, a construção de igrejas e fundação de conventos.

A morte de dom João V marcou o fim de uma era de ouro. Ele esperava transformar Portugal em uma potência novamente, mas, ao contrário de outros monarcas europeus, não investiu em poderio militar ou expansão territorial, nem apostou em novas tecnologias. Em vez disso, dom João V procurou transformar Lisboa em uma nova Roma, e Portugal, no centro da Igreja cristã. O poder estava alicerçado nas riquezas minerais de suas colônias ultramarinas e na força da religião. Os Bragança, assim como os Habsburgo, atuavam como guardiões do cristianismo católico. Durante algum tempo, esse projeto pareceu viável. Mas, quando o ouro do Brasil começou a ficar escasso e dom José I, seu filho e sucessor, entregou o governo a um ministro de ideias iluministas, Portugal entrou num período de decadência econômica, reformas e turbulência política. A aliança com a Inglaterra transformou o país em refém dos interesses estrangeiros. No final do século XVIII, a própria ideia de monarquia passaria a ser contestada.

13.

Despotismo esclarecido

Quando o século xviii chegou, Portugal em quase nada se assemelhava ao que fora na Era das Grandes Navegações. O espírito empreendedor, a capacidade de mobilizar pessoas e de desenvolver e experimentar novas tecnologias desapareceram. Com a expulsão dos judeus, o país perdera grande parte de seus cientistas e investidores. A Inquisição sufocara os movimentos da Reforma e eliminara qualquer voz contrária à doutrina da Igreja. A ausência de opiniões divergentes permitiu a consolidação de uma visão única de mundo, alicerçada na fé cristã católica. Um Estado parasitário mantinha o país aferrado a um passado agrário, rejeitando ideias modernas e retardando o desenvolvimento do reino.

O diplomata português dom Luís da Cunha, cujo pai havia apoiado a Restauração, em 1640, lamentou que Portugal tivesse mergulhado no "sórdido" obscurantismo religioso. Um dos mais destacados homens públicos de seu tempo, Cunha afirmou que o número de festas e feriados religiosos era tão grande que, em 1736, havia apenas 122 dias úteis no calendário português. Alexandre de Gusmão, secretário de dom João v, condenava o modo como a Igreja extorquia dinheiro da Coroa: "A fradaria absorve-nos, a fradaria suga tudo, a fradaria arruína-nos". Opinião que era compartilhada pelos estrangeiros. A viajante inglesa Mary Brearley escreveu que "a maioria das pessoas era pouco disposta à independência de pensamento e, com raras exceções, demasiado avessa à atividade intelectual para questionar aquilo que tinha aprendido". Antes dela, um diplomata francês já havia observado que "nenhum homem conhece mais do que lhe é estritamente necessário". Aliado da Inglaterra desde o tratado dos Panos e Vinhos, em 1703, em meados do século XVIII Portugal se tornara dependente do rei inglês — para dom Luís da Cunha, "a melhor e mais lucrativa colônia da Inglaterra".[1]

SÉCULO XVIII: UMA ERA DE "REVOLUÇÕES"

Enquanto Lisboa assistia à chegada de toneladas de ouro e diamantes brasileiros, a Europa presenciava o nascimento de ideias políticas e econômicas e avanços tecnológicos sem precedentes. O século XVIII foi transformador e revolucionário em muitos aspectos. Havia pelo menos duzentos anos, pensadores e intelectuais começaram a perceber que o mundo não era exatamente como os escritores da Antiguidade ou os pais da Igreja afirmavam. As viagens de exploração e o aperfeiçoamento de alguns equipamentos tornavam evidentes os equívocos. A partir do século XVII, o método de avaliação científica criado pelo filósofo e matemático francês René Descartes — autor da fórmula dedutiva "penso, logo existo" — mudaria a visão do homem sobre o mundo. Galileu Galilei, Johannes Kepler, Francis Bacon, Isaac Newton e Gottfried Wilhelm Leibniz descortinariam um mundo completamente novo; eles mudaram a percepção do universo, formularam as leis da física e desenvolveram novos cálculos matemáticos. Embora muitos desses grandes pensadores fossem devotos religiosos, como Bacon, Leibniz e Newton — que passou a vida procurando verdades científicas na Bíblia —, com o tempo, o empirismo e o racionalismo suplantariam a ciência baseada na teologia. A Revolução Científica abriu o caminho para o Iluminismo do século XVIII — o Século das Luzes.

O conceito de Iluminismo foi definido pelo filósofo alemão Immanuel Kant a partir da ideia de "esclarecimento"; a capacidade de pensar por si mesmo, livre de convenções e dogmas. O elemento central do movimento foi a *Enciclopédia*, editada em 28 volumes, organizada por Denis Diderot e Jean le Rond d'Alembert e publicada em Paris entre 1752 e 1771. A obra reunia os mais diversos ramos do conhecimento humano. Foi a primeira tentativa de explicar e compreender o mundo através de meios científicos. Para o historiador Ian Mortimer, era "uma eterna luz ao redor da qual voavam as mariposas da genialidade", como Montesquieu, Voltaire, Jean-Jacques Rousseau, Turgot e Louis de Jaucourt. O Iluminismo partia de um ponto de vista deísta e do conceito criado por são Tomás de Aquino no século XIII: Deus era o "principal agente de movimento" do universo. Após a criação do universo, Deus o deixara entregue a si, e a humanidade progrediu e continuaria a progredir lentamente. O progresso também era aplicado à política. Após a publicação dos primeiros volumes da *Enciclopédia*, Rousseau escreveu dois livros de grande impacto nesse campo: *Discurso sobre a origem e os fundamentos da desigualdade entre os homens* (1754) e *O contrato social* (1762), célebre pela frase inicial "O homem nasce livre e em toda parte encontra-se a ferros". As ideias iluministas de busca pelo "progresso social" (conhecimento científico, igualdade e liberdade) serviriam de base para a Declaração de Independência dos Estados Unidos (1776), a Revolução Francesa (1789) e os movimentos liberais do século seguinte.[2]

Desde pelo menos o século XV, a economia europeia era baseada no mercantilismo. A ideia fundamental era de que havia uma quantidade limitada de riqueza no mundo. Assim, quanto maior fosse a parcela acumulada por um país ou governo, menos haveria para os rivais. A limitação do dinheiro disponível para o estrangeiro e a taxação dos lucros obtidos pela atividade comercial eram meios de manter a balança comercial favorável. O Estado criava monopólios comerciais (como a produção do açúcar e a extração do pau-brasil ou do ouro) e os vendia a companhias. Quem obtinha esses direitos, passava a explorar e lucrar com as receitas. No comércio interno, a arrecadação vinha da cobrança de taxas alfandegárias e pedágios. Ou seja, a economia era toda dirigida pelos governos.

Na década de 1690, Charles-Paul Hurault de l'Hospital, conde de Beu e senhor de Belesbat, propôs que, em vez de o governo francês gastar valiosos recursos financeiros na guerra contra a Holanda pela obtenção de monopólios comerciais, ele deveria competir comercialmente com os holandeses. A proposta era revolucionária: liberdade e investimento privado em vez de controle do Estado. Seu conterrâneo, Pierre de Pesnat, senhor de Boisguilbert, seguiu a mesma linha de raciocínio, apresentando argumentos em favor do livre comércio e da limitação da interferência governamental. A ideia não foi aceita, mas seria aproveitada mais tarde por outros pensadores. Entre eles, estava o irlandês Richard Cantillon, autor do considerado primeiro tratado de economia, *Ensaio sobre a natureza do comercio geral*, que circulou em versão manuscrita até ser publicado em 1755. A obra serviu de base para os teóricos "fisiocratas" franceses, a primeira escola de economia, liderada pelo médico François Quesnay, e para a doutrina do livre-comércio laissez-faire, "deixe fazer". Mas foi, sem dúvida, o escocês Adam Smith o mais influente pensador do liberalismo do século XVIII. Em 1776, Smith publicou *Investigação sobre a natureza e as causas da riqueza das nações* — o livro ficaria famoso simplesmente como *A riqueza das nações*. Smith discorreu sobre as formas de trabalho e mão de obra, a natureza do progresso econômico, o emprego do dinheiro, taxas de juro, as implicações econômicas das colônias do Novo Mundo e os vários sistemas de economia política. Argumentou que a divisão do trabalho e a ampliação do mercado estimulam a inovação tecnológica e a prosperidade coletiva; e que os interesses particulares dos comerciantes eram algo em que o Estado não deveria se intrometer. Advertiu que as altas tarifas de importação incentivavam o contrabando; e que o acúmulo de metais preciosos não gerava riqueza se as grandes quantidades de ouro e prata não tivessem uma finalidade. As teorias de Smith norteariam a economia dos séculos seguintes, com a consolidação do que se convencionaria chamar de capitalismo industrial — em substituição ao mercantilismo ou capitalismo comercial pós-feudalismo.[3]

O novo pensamento econômico estava atrelado às novas formas de obtenção de lucro, e isso estava ligado à tecnologia e aos novos sistemas de produção; produzir mais e perder menos significava ter mais retorno financeiro. No século XVIII, a produção agrícola passou por grandes transformações — na forma de plantio, de adoção do sistema de "rotação de culturas" (com nabo, trevo, trigo e cevada) e também de aperfeiçoamento ou invenção de algumas máquinas, como a semeadeira, criada por Jethor Tull, em 1733. Esses avanços permitiram uma produção maior de grãos e consequentemente também da pecuária. Desde a Idade Média, os europeus haviam desenvolvido um grande número de "máquinas" — do latim *machina*, nome dado a uma série de "aparelhos" ou "artifícios" —, que iam desde aparelhos para triturar milho até os que teciam fios. Mas quase todos dependiam do esforço humano. Dois terços da energia usada em máquinas do século XVIII provinham da força muscular — fossem do homem (60%) ou por tração animal, principalmente do cavalo — ou de alternativas naturais, como a água e o vento.

Enquanto a geração de Belesbat e Pesnat trabalhava no conceito de uma nova teoria econômica na França, os ingleses do final do século XVII começaram a pôr em marcha o que se transformaria em uma das maiores revoluções da história. Em 1705, o ferreiro Thomas Savery instalou uma máquina a vapor, com pistão, para esgotar água de uma mina em Staffordshire, na Inglaterra. O vapor era produzido com a queima do carvão, transformando energia térmica em mecânica. A invenção tinha problemas, dependia das condições atmosféricas e desperdiçava energia com o resfriamento do cilindro. Mas era algo muito diferente do que se conhecia até então.[4] Em 1765, James Watt aumentou a eficiência da máquina de Savery com a invenção do condensador. O novo engenho possibilitou a geração de três vezes mais energia com a mesma quantidade de carvão. Foi um sucesso. O uso do carvão mineral (a hulha, com alto índice de carbono) na fundição do minério de ferro permitiu a abundância do metal e possibilitou a substituição da madeira nas peças moventes de muitas máquinas. Alguns anos mais tarde, Edmund Cartwright patenteou o primeiro tear utilizando a nova tecnologia. Pela primeira vez na história, um equipamento era capaz de produzir uma quantidade muito superior de um único produto do que a produzida artesanalmente. O vapor com fonte de energia foi a mola propulsora do que ficaria conhecida como Revolução Industrial.

O sucesso inglês com o progresso tecnológico e com novas formas de exploração da terra estava atrelado a outra "revolução" do século XVIII: o aumento das atividades bancárias. O crescimento econômico permitiu reinvestir os ganhos na ampliação dos negócios e aplicar o capital em empréstimos. A Inglaterra tinha doze bancos privados em 1750. Pouco mais de quatro décadas depois eram 280. Portugal, por sua vez, não teria nenhuma instituição dedicada exclusivamente à atividade bancária até 1821, quando foi criado o Banco de Lisboa — o Banco do Brasil, fundado enquanto a corte esteve no Rio de Janeiro, não tinha atividades em Portugal. Depósitos e concessões de empréstimos eram realizados por organizações religiosas (como conventos e casas de misericórdia) ou particulares não especializados. A incapacidade portuguesa de criar instituições bancárias independentes ou estatais ao longo dos séculos, mesmo nos períodos de grande atividade comercial, como na Era dos Descobrimentos e na Era do Ouro, explica, em parte, a dependência histórica que o país tinha de banqueiros ou investidores judeus e estrangeiros, e a inépcia no desenvolvimento industrial, apesar de tanta riqueza.[5]

DOM JOSÉ I, O REI DAS DIVERSÕES

Quando dom João V morreu no verão de 1750, seu filho, o príncipe do Brasil, assumiu o trono como dom José I. A aclamação foi realizada em 7 de setembro.

Como acontecia desde dom João IV, um pavilhão foi construído no terreiro do paço para a celebração. A praça estava lotada de gente, assim como o rio Tejo estava cheio de embarcações. A corte vestia trajes de gala e o rei uma capa branca, encimada com sua gola encarnada toda lavrada de ouro. Dom José I usava um cocar de plumas na cabeça, tendo o cetro de ouro numa das mãos. Após o juramento, soaram trombetas e sinos e a tradicional salva de 21 tiros de canhão. A multidão gritou "Viva o rei" e, segundo um observador, "houve muitas festas neste dia".

Nascido em 6 de junho de 1714, no palácio da Ribeira, em Lisboa, o novo rei tinha 36 anos. Era o terceiro filho de dom João V e da rainha dona Maria Ana da Áustria. Seus irmãos mais velhos eram dona Maria Bárbara, princesa da Beira, e dom Pedro, que morreu antes de completar dois anos, motivo pelo qual dom José passara a ser o primeiro na linha de sucessão. Batizado com o pomposo nome de José Francisco Antônio Ignácio Norberto Agostinho, teve como padrinhos o rei Luís XIV da França e a imperatriz Elisabete Cristina, esposa do sacro imperador Carlos VI. O idoso monarca francês foi representado na cerimônia por Reinaldo de Mornay, abade de Orleans e seu embaixador na corte de Lisboa.[6] Os padrinhos escolhidos para o batismo de dom José faziam parte da política de neutralidade adotada pelo rei dom João V. O tratado de Utrecht, que pôs um ponto-final na guerra entre franceses e austríacos pelo trono espanhol, fora assinado no ano anterior.

Segundo a descrição do viajante inglês Nathaniel Wraxall, dom José I tinha "boa estatura", embora fosse corpulento, tivesse "traços regulares", um "olhar impaciente e vivo" e "o hábito de manter a boca aberta". Já para o biógrafo da família real, o monarca era "desembaraçado, robusto, valoroso". Seu primeiro professor foi o padre Antônio Stieff, confessor da rainha, com quem aprendeu os rudimentos da língua latina. Começou a estudar geografia e náutica aos cinco anos, orientado pelo cosmógrafo do reino, Manuel Pimentel, e mais tarde pelo brigadeiro Manuel da Maia. Durante a juventude teve aulas de história, matemática, estatística, mecânica e gnomônica (relativa ao cálculo ou à construção do gnômon, objeto utilizado para calcular as horas do dia); aprendeu italiano, espanhol e francês, e estudou fortificações, artilharia, batalhas e manobras militares. O embaixador inglês em Portugal, no entanto, o achava "indeciso, extremamente inseguro de si próprio e com a consciência de que a sua educação fora bastante negligenciada".[7]

Dom José não tinha concluído os estudos e mal havia deixado a infância quando os diplomatas do rei dom João v começaram a negociar seu casamento. Dona Mariana Vitória de Bourbon, filha do rei Filipe v da Espanha, foi a escolhida para futura rainha de Portugal. Nascida em 1718, a infanta era filha de Isabel Farnésio, segunda esposa do monarca espanhol. Antes de se casar com dom José, a pequena "Marianina" fora prometida em casamento a Luís xv, rei da França, para selar a aliança entre os Bourbon da França e os da Espanha. Aos quatro anos, ela foi enviada a Paris para aguardar a maioridade e o matrimônio. O jovem monarca, porém, tinha quinze anos, a saúde frágil e não podia esperar. Em 1725, sem condições de gerar filhos, dona Mariana Vitória foi devolvida a Madri e seu noivo se casou com uma princesa polonesa, arruinando as relações franco-espanholas e aproximando Filipe v do rei de Portugal.

Depois de algumas tratativas, um acordo foi firmado em setembro de 1727. Haveria um casamento duplo: dom José, então príncipe do Brasil, desposaria dona Mariana Vitória; e a infanta dona Maria Bárbara contrairia matrimônio com Fernando, príncipe das Astúrias e futuro rei da Espanha. Três meses depois, em Madri, o marquês de Abrantes formalizou o pedido em nome do monarca português. O rei da Espanha deu como dote da filha quinhentos mil escudos. No dia 27 de dezembro, o tratado foi oficialmente assinado. A notícia chegou em Lisboa no dia 4 de janeiro de 1728, e começaram os preparativos para os festejos. O encontro entre os Bragança e os Bourbon ocorreria na fronteira, no começo do ano seguinte. O episódio passaria à história portuguesa como a "Troca das Princesas".

A viagem da família real portuguesa até o local onde a cerimônia seria realizada teve início no dia 8 de janeiro de 1729. O rei dom João v deixou o palácio da Ribeira e atravessou o rio Tejo no bergantim real, acompanhado de quinze escaleres. Depois, passou por Montijo, Atalaia, Vendas Novas, Montemor-o-Novo, Évora, Vila Viçosa e Elvas. Em Vendas Novas, o rei havia ordenado a construção de um novo palácio, que foi concluído em poucos meses ao custo de um milhão de cruzados. A residência acolheu os Bragança e a comitiva que acompanhava o monarca por uma única noite. O séquito era gigantesco: 130 seges foram disponibilizadas para os membros da casa real, mais de 970 criados e 1.640 animais. O rei seguiu viagem num coche, a rainha em outro, e cada um deles era acompanhado por três outros carros, que levavam todo o aparato necessário. Dom José, o noivo e então príncipe do Brasil, tinha o próprio coche, assim como os outros dois infantes. Junto seguiam diversos nobres das mais importantes famílias de Portugal, o patriarca, doze cônegos e muitos eclesiásticos. Toda essa gente foi transportada em 49 coches e berlindas, 141 seges, duas caleças e várias liteiras. Mais de 350 cavalos e mulas eram destinados aos coches; 468 às seges e aos criados de cavalariça. Completavam a tropa 673 cavalos arreados e cobertos com veludo bordado de ouro, seguidos de 316 muares puxando liteiras, galeras e outros carros menores.[8]

A comitiva chegou a Elvas no dia 17 e um mensageiro foi enviado a Badajoz para dar início às conversações. Diplomatas e ministros acertaram os últimos detalhes sobre o protocolo do encontro entre os dois monarcas e como seria realizada a cerimônia de troca das princesas. Para a ocasião, um magnífico pavilhão em madeira foi erguido sobre o rio Caia, que servia de divisa entre os dois países. A construção era dividida em três partes, com recintos nos dois lados da fronteira conectados por uma ponte, onde se daria o encontro das duas casas reais. Todo os espaços foram decorados com tapeçarias e obras de arte. No dia 19, os reis dom João v e Filipe v encontraram-se exatamente no meio do rio. Trocaram cumprimentos e sentaram-se em luxuosas cadeiras, um de frente para o outro. Seus secretários trouxeram a documentação e ambos assinaram.

Depois, as camareiras-mores dona Maria de Lencastre, marquesa de Unhão, por Portugal, e Ana de Lorena, pela Espanha, deram início ao beija-mão e às despedidas das princesas da Beira e das Astúrias. Enquanto a troca era realizada, as artilharias das cidades de Elvas e Badajoz deram salvas de canhão. As infantarias, por sua vez, disparavam seus mosquetes. Feita a troca, dona Mariana Vitória seguiu com dom José e sua nova família para a catedral de Elvas, onde o casamento foi realizado. A infanta dona Maria Bárbara seguiu em cortejo até Badajoz. Os festejos duraram seis dias de um lado e outro da fronteira, e as duas cortes se encontraram outras duas vezes antes que cada uma seguisse para sua capital. A princesa das Astúrias e futura rainha da Espanha foi acompanhada até Madri por Pedro Álvares Cabral, senhor de Azurara e alcaide-mor de Belmonte, descendente do almirante homônimo que chegara ao Brasil em 1500.

Dom José I tinha então catorze anos; dona Mariana Vitória, apenas onze. Segundo o biógrafo da corte, apesar da pouca idade a princesa era cheia de "perfeições" físicas e "de alma": graça natural, vivacidade, discrição, benignidade, generosidade e aplicação nos estudos. Além disso, tocava alguns instrumentos musicais, gostava de dança e sabia manejar armas de fogo. Durante os primeiros anos, o jovem casal manteve contato próximo, mas longe do leito conjugal. Dividia o tempo entre passeios e caçadas em Alcântara ou Belém. No inverno de 1730, porém, dom José começou a se mostrar impaciente. Em carta à mãe, dona Mariana Vitória escreveu:

> O meu querido príncipe disse que vem dormir aqui no dia 23 de janeiro, mesmo que seus pais não queiram. Creia-me, minha querida mãe, que o rei quer, mas a rainha diz sempre que não, que eu ainda não sou mulher e que na Alemanha faz muito mal.

Um impaciente dom José precisou esperar mais de um ano. Finalmente, depois da primeira menstruação da princesa, o casal teve permissão para consumar o matrimônio, o que ocorreu no aniversário de catorze anos de dona Mariana Vitória, em 31 de março. Mais uma vez, ela deu notícias à mãe:

> Na primeira noite, a rainha me penteou e me colocou no leito. Pouco tempo depois chegou o rei com meu querido príncipe e meteu-o na cama comigo; e os dois nos cobriram de bênçãos e disseram-nos coisas espirituais muito boas e depois foram-se embora. Depois o meu príncipe começou a fazer o seu dever muito bem.[9]

Na manhã seguinte, ao acordar por volta das dez horas, dom José presenteou a esposa com um colar de diamantes.

O casal foi razoavelmente feliz até pelo menos dom José I assumir o trono. Não obstante os atritos com a sogra e o ambiente restritivo que marcaram os últimos anos do reinado de dom João V — que, à beira da morte e tomado por uma religiosidade extrema, passara a proibir jogos, danças e divertimentos —, dona Mariana Vitória deu à luz quatro infantas: dona Maria, a futura rainha, em 1734; dona Maria Ana, dois anos mais tarde; dona Maria Francisca Doroteia, em 1739; e dona Maria Francisca Benedita, em 1746. A infanta dona Maria Ana faleceu no Brasil, aos 76 anos, sem nunca ter casado. Dona Maria Francisca Doroteia teve vários pretendentes, mas igualmente nunca contraiu matrimônio. Morreu em 1771. Dona Maria Benedita se casaria com o sobrinho dom José Francisco, primogênito da irmã e futura rainha dona Maria. O príncipe herdeiro, no entanto, morreu aos 27 anos, e dona Maria Benedita nunca mais casou, morrendo aos 83 anos.

Baixinha e "grossa", a rainha dona Mariana Vitória tinha o nariz largo e os olhos negros, "vivos e penetrantes". Há quem tenha afirmado que fosse destituída de graça e elegância, exagerando na quantidade de rouge que usava no rosto e nos vestidos que deixavam à mostra o colo e os ombros, fosse na ópera, nas corridas de touro ou na igreja — o que em Portugal era incondizente com a etiqueta feminina. Outros relatos, no entanto, dão conta de que era "uma pessoa muito agradável", com "olhos escuros, perspicazes e penetrantes". O embaixador Abraham Castres achava-a "expedita e afável" nas audiências oficiais. O diplomata britânico considerava a rainha inteligente, espirituosa e muito alegre, embora sempre se queixasse do marasmo e da monotonia da corte portuguesa.[10] Além da adaptação a uma corte estranha, questões íntimas incomodavam a rainha.

Como seu pai e a maioria dos reis portugueses, dom José I teve várias amantes. Para Nathaniel Wraxall, "suas ligações ou amores eram sempre secretos, decentes e conduzidos com precauções convenientes para a opinião pública, como também com a necessária atenção para sua felicidade doméstica e conjugal".[11] A discrição real era tal que o monarca escapava do falatório popular e também da ciumenta rainha. Ele nunca reconheceu uma favorita, nem legitimou um filho fora do casamento — uma rara exceção na história de Portugal; somente dois dos 26 reis que deixaram geração não tiveram filhos bastardos.

Em 1753, no entanto, rumores sobre um caso extraconjugal começaram a circular na corte. O almirante inglês Augustus Hervey, conde de Bristol, foi convidado para uma ópera nos aposentos reais e notou a ausência de homens e poucas damas presentes, entre as quais a marquesa de Távora, com quem o rei trocava olhares. Pela primeira vez, um caso de dom José I começava a se tornar público. Dona Teresa de Távora e Lorena tinha 32 anos, era a irmã mais nova de dom Francisco de Assis, o terceiro marquês de Távora, e esposa de seu sobrinho, dom Luís Bernardo, o herdeiro da família. Os Távora tinham dinheiro e poder. Dom Francisco era general e diretor-geral da cavalaria, e servia a dom José I como vice-rei nas Índias. A própria marquesa mãe, dona Leonor Tomásia, era dama da rainha. Um cronista francês observou que dona Mariana Vitória tinha conhecimento do caso, mas pouco podia fazer além de demonstrar insatisfação. Certa vez, ao elogiar a desenvoltura de dom José I no cavalo, o pai de dona Teresa de Távora teria ouvido da rainha a seguinte resposta: "É verdade que o rei monta bem; mas creia que monta ainda melhor quando está com vossa filha".[12]

O caso permaneceria reservado por alguns anos, até o dia 3 de setembro de 1758, quando dom José I sofreu um atentado. A sege em que seguia em companhia de seu fiel criado Pedro Teixeira foi alvejada por disparos. Uma das balas atingiu o braço do rei, mas o ocorrido foi ocultado. Há várias teorias sobre o que ocorreu naquele dia — nem mesmo a rainha teria ficado ciente da gravidade, acreditando que o rei caíra de uma escada. O mais provável é que dom José retornava da quinta de Belém, onde estivera com a amante. Havia quem dissesse que a própria rainha tramara o atentado, tencionando matar dona Teresa de Távora. Certo apenas é que o monarca foi atingido e precisou ser operado. A rainha ocupou a regência, e seu principal ministro, Sebastião José de Carvalho e Melo, deu início a uma devassa que acabaria com a execução de quase todos os membros da família Távora, do duque de Aveiro e do conde de Atouguia, que era o responsável pela guarda real, e com a expulsão dos jesuítas de Portugal.

Somente três meses após o atentado os portugueses foram informados de que um ataque contra o rei ocorrera e que os autores seriam devidamente julgados e condenados. Os marqueses de Távora, os dois filhos e os quatro irmãos de dom Francisco foram presos no Pátio dos Bichos, na quinta de Belém, assim como o duque de Aveiro e seu filho (conde Óbidos), o conde da Ribeira Grande e o procurador da Fazenda. As mulheres foram enviadas para conventos. A amante real, dona Teresa de Távora, e a filha de onze anos foram enclausuradas no mosteiro das Comendadeiras de Santos. Todas as crianças foram separadas das famílias e enviadas a diversos estabelecimentos religiosos. Sob tortura, alguns acusados assumiram que o atentado visava matar dom José I e colocar o infante dom Pedro, irmão mais novo do rei, no trono. Em 13 de janeiro de 1759, as sentenças foram executadas num andaime construído às margens do Tejo, no cais de Belém. Aproximadamente setenta mil pessoas se reuniram numa manhã fria de inverno para assistir aos condenados por alta traição serem supliciados em público. Num espetáculo de crueldade, o marquês de Távora e o duque de Aveiro foram "rodados em vida": os ossos do tórax e dos membros foram quebrados a golpes de marretas e maças (instrumento medieval semelhante a um martelo) e os corpos foram presos a rodas de madeira gigantes e girados. Os dois filhos do marquês (incluindo o esposo da amante real), três criados do duque e o conde de Atouguia sofreram uma pena menor: foram garroteados e girados na roda. A marquesa dona Leonor Tomásia, esposa de dom Francisco, poupada da tortura por ser mulher, foi decapitada. Os corpos dilacerados foram queimados, e as cinzas jogadas ao vento. As propriedades e os bens foram expropriados, as casas arrasadas, os brasões apagados e o sobrenome Távora proibido em Portugal. Depois da execução do marido, dona Teresa de Távora passaria o resto da vida no convento, com uma pensão real. Os outros envolvidos foram condenados ao degredo ou à prisão perpétua.[13]

Passado o processo dos Távora e com dom José I recuperado dos ferimentos, a corte retomou a rotina. Geralmente após o Natal, o rei passava três meses em Salvaterra dos Magos, situada no caminho entre Lisboa e Santarém, onde os reis de Portugal mantinham um pavilhão de caça desde o século XVI. Depois do terremoto de 1755, dom José mandara ampliar a antiga residência real, a capela e o espaço para a ópera. Segundo o general francês Charles François Dumouriez, uma vez instalado em Salvaterra, o rei era "o mais magnífico soberano na Europa", recebendo os nobres portugueses e os visitantes estrangeiros, disponibilizando mesas de jogos e cavalos e oferecendo espetáculos de ópera para todos. Durante a temporada, uma multidão de servos e cavalariços, músicos, dançarinos e cantores era enviada para Salvaterra a fim de divertir a corte.[14]

O rei continuou a manter relacionamentos discretos, embora a rainha tenha redobrado os cuidados. Na ópera, ela proibiu que papéis femininos fossem representados por atrizes para evitar a cobiça do esposo. Na verdade, desde que fora aclamado em 1750, dom José I pouco se dedicara à governança, devotando mais tempo ao lazer do que aos negócios do Estado. O historiador brasileiro Rocha Pombo, escrevendo no século XIX, afirmou que o rei "era uma criatura perfeitamente medíocre, de todo incapaz de ação, e só tendo gostos para os regalos e as aventuras escusas".[15] Irresoluto e mal preparado, aceitou os conselhos da mãe e indicou seus ministros conforme orientação da rainha viúva dona Maria Ana da Áustria. As opiniões do cardeal dom João da Mota e Silva, de dom Luís da Cunha e do padre José Moreira, confessor do monarca, também pesaram em favor de um nome que se transformaria no governante efetivo de Portugal. Em 5 de agosto de 1750, Sebastião José de Carvalho e Melo foi nomeado para o ministério dos Negócios Estrangeiros e da Guerra.

O MARQUÊS DE POMBAL, "SENHOR DO PODER"

Para o historiador britânico Chales Boxer, Carvalho e Melo é um dos poucos nomes portugueses ilustres fora do mundo lusitano — os outros seriam dom Henrique, o Navegador, Vasco da Gama e António de Oliveira Salazar, o ditador nacionalista do século XX. O ministro de dom José I, no entanto, é mais conhecido pelo seu título de nobreza: marquês de Pombal.

Segundo um de seus biógrafos, Carvalho e Melo vinha de uma família de "fidalgotes de mediana fortuna". Seu pai fora capitão de cavalaria e comendador da Ordem de Cristo. Nascido em Lisboa, em 1699, Carvalho e Melo pouco se destacara na vida até ser nomeado embaixador de Portugal em Londres, aos quarenta anos. Em 1743, foi mandado como enviado especial à corte de Viena, posição que manteve até o seu regresso a Lisboa, às vésperas da morte do rei dom João V, seis anos mais tarde. A carreira diplomática foi patrocinada por um tio, professor universitário de quem herdou um morgado constituído por bens em Oeiras e Sintra, rendas em Lisboa e a quantia de 504 mil cruzados.[16] Os títulos de nobreza só viriam muitos anos mais tarde, quando já era o homem mais poderoso de Portugal. O de conde de Oeiras, em julho 1759; e o de marquês de Pombal, em setembro de 1769.

Pombal era um homem imponente, de 1,80 metro de altura, com uma cara comprida e traços elegantes. Segundo descrição do escritor Manuel Pinheiro Chagas, tinha o perfil "enérgico, decidido e brioso", sendo muito "bem-visto pelas damas da capital".[17] Sua primeira esposa, sobrinha do conde de Arcos e dama da rainha dona Maria Ana da Áustria (consorte de dom João V), era onze anos mais velha. Viúva desde 1718, segundo uma lenda dona Teresa Luísa de Mendonça e Almada fugiu com seu amado Pombal saltando de uma janela. Como a família se opôs ao romance, os dois casaram em 1723 e viveram isolados numa quinta até Carvalho e Melo conseguir o cargo de embaixador na Inglaterra. Dona Teresa morreu em Londres, e Pombal voltou a se casar dois anos após chegar a Viena, em 1745. A segunda esposa, dona Leonor, condessa de Daun, tinha quase metade da sua idade. Era camareira de dona Maria Ana da Áustria e vienense como a rainha — o que contribuiu muito para a indicação do marido a um dos ministérios de dom José I. Pombal era um homem de família, com profundo afeto pela esposa e pelos sete filhos.

Após a indicação ao ministério, dom José I deu instruções para que Pombal focasse a administração do governo na navegação e no comércio, com "princípios geométricos" e como "sólidos infalíveis". Mas com o tempo e a complacência real, Pombal extrapolou os assuntos de sua pasta e atribuições, assumindo inteiramente o controle do Estado. O conde de Starhemberg, representante austríaco em Lisboa, afirmou em correspondência a Viena que o rei "gasta a maior parte do tempo na caça, em cavalgadas, jogos, concertos e outras diversões, deixando Carvalho, em quem põe absoluta confiança, inteiramente senhor do poder". Em outra carta, descreveu como "fora do comum e cega" a confiança do soberano em Pombal, a ponto de que o favorito do rei "governa tal qual um déspota ao sabor de seu capricho". Mais tarde, o sucessor de Starhemberg, o príncipe de Khevenhüller, constatou o mesmo: "Carvalho é quem exclusivamente governa". Mais de duas décadas depois, o barão de Lebzeltern repetia o que era consenso: "Pombal procura resolver todos os negócios, tanto internos como externos, sem exceção dos de ínfimo valor".[18]

O embaixador britânico achava o temperamento do ministro "difícil e chicaneiro". Já antes de voltar a Lisboa, o falecido rei dom João v chamava Pombal de "homem com um coração peludo". E não foram poucos os embaixadores ou enviados estrangeiros que reclamavam da lentidão do marquês no trato diplomático. O ministro tinha amor à papelada e à burocracia e certo desleixo para responder as questões mais simples. A carta pessoal do rei Jorge da Inglaterra, informando o falecimento do príncipe de Gales, ficou sem resposta por pelo menos dois meses. O ministro espanhol e o embaixador francês, conde de Baschi, queixavam-se igualmente da morosidade com que as coisas andavam em Portugal. "É sempre assim", relatou Starhemberg ao imperador do Sacro Império, "e com todos os negócios, sejam os mais importantes e complicados, ou os de menor peso e dificuldades."[19] O acúmulo de trabalho era gigantesco. Sem delegar poder a ninguém e querendo manter o mecanismo de Estado todo em suas mãos, o ministro levava muito trabalho para casa. Segundo o agente francês em Lisboa, quando Pombal deixou o governo, seus secretários queimaram nada menos do que dez mil cartas fechadas.

Quando dom José i assumiu o trono e Pombal recebeu o ministério, havia pouco tempo que Portugal assinara o tratado de Madri com a Espanha — o documento foi assinado em 13 de janeiro de 1750. Com o novo acordo, esperava-se resolver as questões territoriais no Prata, principalmente no que se referia a Colônia do Sacramento, um entrave ao monopólio espanhol na região. Como plenipotenciário português nas negociações, Alexandre de Gusmão, o ministro de dom João v, enviara Tomás da Silva Teles, visconde de Vila Nova de Cerveira. Porque a ideia era acabar com as contendas, Portugal aceitou trocar sua fortaleza na embocadura do rio da Prata pela região das Missões, no rio Uruguai, dando à região Sul do Brasil uma forma muito próxima da atual. Mas tão logo começaram as demarcações, teve início a chamada Guerra Guaranítica, liderada pelo indígena Sepé Tiaraju. Os confrontos entre indígenas e europeus acabariam na destruição das missões Jesuíticas dos Sete Povos e na expulsão e extermínio da população missioneira. Enquanto isso, no inverno de 1752, chegavam ao Rio Grande do Sul as primeiras 278 famílias açorianas (com 798 pessoas), enviadas pelo governo português com o objetivo de povoar a região das Missões. Enquanto aguardavam as definições, os recém-chegados fundaram a cidade de Porto Alegre, futura capital gaúcha, nos campos de Viamão.

A ocupação do Sul fazia parte de um projeto maior. A Coroa portuguesa tinha como principais preocupações ocupar o território brasileiro, defender seus limites e aproveitar as riquezas existentes e as que pudessem ser descobertas. Em cartas aos governadores das capitanias do Rio de Janeiro e São Paulo, Pombal externava a necessidade de "povoar, guarnecer e sustentar a fronteira". As resoluções de Madri e a paz, porém, durariam pouco tempo. Em 1762, o governador de Buenos Aires, Pedro Cevallos, tomou Colônia do Sacramento e invadiu o Rio Grande do Sul, ocupando Rio Grande e boa parte do território luso. Os espanhóis só seriam expulsos em 1776. No ano seguinte, o tratado de Santo Ildefonso definiu a linha divisória entre Espanha e Portugal, tendo Colônia do Sacramento ficado do lado castelhano, e os territórios do rio Jacuí e Camaquã do lado português.[20]

A posição dos jesuítas nas questões de demarcações de terras na bacia Platina — assim como na Amazônica, que ocorria na mesma época — despertou a ira do marquês. A administração pombalina baseava-se nas ideias iluministas e no "despotismo esclarecido", que tinha como objetivo a modernização da ordem econômica e cultural, mas com a manutenção de um governo monárquico. Reis filósofos surgiram em Viena (o imperador José II de Habsburgo), Berlim e São Petersburgo. Pombal não era rei, mas como dom José I não era filósofo e pouco capaz de levar adiante qualquer reforma efetiva, o ministro foi o responsável pela implementação de uma série de modernizações. Não está claro se Pombal fora iniciado na maçonaria. Há quem afirme que ele entrou para a organização em Londres, onde em 1717 foi fundada a primeira loja; enquanto outros afirmam que foi em Viena. Embora a princípio os maçons tenham se dedicado à solidariedade e à ajuda mútua, rapidamente as lojas passaram a servir de base para estudos filosóficos e organizações políticas. Em um século de efervescência intelectual, em que as bases do absolutismo começavam a ser contestadas e uma concepção de liberdade e igualdade ganhava força, mesmo que Pombal não tenha entrado oficialmente para a maçonaria é certo que manteve contato com as principais mentes da época, conhecia bem os líderes maçons e suas ideias. A casa de sua família, na rua do Século, servia de local de reunião da Academia dos Ilustrados, um grupo de intelectuais esclarecidos e patriotas patrocinado por seu tio. Não tendo concluído a faculdade de estudos jurídicos em Coimbra, na Inglaterra teve contato com as obras dos principais nomes do pensamento político, econômico e científico da época, como Jean--Baptiste Colbert, Thomas Hobbes, John Locke e Newton.

Para o ministro de dom José I, a Companhia de Jesus estava na contramão do que os iluministas pregavam. Em muitos países, clero e religião cederam espaço às ideias de cientistas e às novas tecnologias. Em Portugal, esse processo era impedido pela força da Igreja. Os jesuítas eram acusados de manter um sistema de ensino retrógrado e atravancar o progresso da ciência. Tinham o direito exclusivo para ensinar no Colégio de Artes, que servia de preparação obrigatória para o ingresso nas faculdades de Teologia, Leis Canônicas e Civis, e Medicina da Universidade de Coimbra. A outra universidade portuguesa, em Évora, pertencia aos jesuítas. Ao todo, eram 34 faculdades e dezessete colégios. Além do mais, haviam alcançado uma posição superior às demais ordens religiosas. No Brasil, haviam se dedicado à catequese dos indígenas e ao ensino dos colonos — tinham 25 colégios, 36 missões, dezessete seminários e diversos hospitais. Mas também se envolveram na economia. Detinham extensas propriedades, dezessete plantações de açúcar e sete fazendas, com mais de cem mil cabeças de gado. Também se utilizavam do trabalho de escravizados africanos. Para o historiador português Oliveira Marques, "desafiavam a autoridade da Coroa, tendo edificado um Estado próprio que se opunha aos interesses do Estado".[21]

Depois dos problemas enfrentados na América com a Companhia de Jesus no começo dos anos 1750, Pombal passou a ver a mão oculta dos jesuítas em todas as dificuldades encontradas pela administração em qualquer lugar, fosse em Portugal ou no território ultramar. Ele se referia constantemente à ordem como uma "venenosa hidra". O atentado contra o rei dom José I, em 1758, deu ao ministro a oportunidade de que ele precisava para eliminar a Companhia de Jesus. Pombal convenceu o monarca de que os jesuítas estavam envolvidos até o pescoço na conspiração — o que nunca ficou devidamente esclarecido. Oito meses após a execução dos Távora, em 3 de setembro de 1759, um decreto determinou a expulsão dos jesuítas dos domínios portugueses. No Brasil, mais de seiscentos padres foram expulsos, o que acarretou o fechamento de diversas escolas e a dispersão dos indígenas. Dois anos mais tarde, o padre jesuíta Gabriel Malagrida foi garroteado e queimado na fogueira num auto de fé realizado no

Rossio. O religioso fora denunciado pela Inquisição por ter afirmado poder falar com Deus e a Virgem Maria. Também estava preso sob acusação de instigar o atentado contra o rei. A essa altura, Pombal subordinara o tribunal do Santo Ofício ao reino — e não mais à Igreja. Ironicamente, o jesuíta Malagrida foi o último réu da Inquisição condenado à pena de morte em Portugal.

O exemplo dado por Portugal com a expulsão dos jesuítas serviu para que França e Espanha fizessem o mesmo alguns anos mais tarde. Finalmente, em 1773, uma bula do papa Clemente XIV extinguiu a Companhia de Jesus. Em agosto, uma minuta havia circulado entre as cortes de Lisboa, Paris, Madri e Viena antes da aprovação final dos termos. Em setembro, os portugueses tomaram conhecimento da resolução do pontífice. Dom José I escreveu ao papa e Pombal organizou manifestações de júbilo por toda a capital. Nesse mesmo ano, o marquês conseguiu a aprovação de uma lei que pôs fim à "sediciosa distinção" entre cristãos-novos (os judeus convertidos) e cristãos-velhos, mandando retirar das instituições governamentais qualquer referência à "impureza de sangue", abolindo uma lei que datava de meados do século xv.

Com a nobreza subjugada, os jesuítas derrotados, a Inquisição sob seu controle e o escasso talento governamental de dom José I, Pombal tratou de concretizar amplas reformas. A educação foi secularizada em todos os níveis — primário, secundário e universitário, o que a curto e médio prazo acabou se mostrando um grave problema; o Estado não tinha orçamento para o custeio de escolas e o pagamento de professores. Coimbra passou a ter um novo regimento; os livros de Voltaire, Montesquieu, Kant e Locke passaram a fazer parte do programa de estudos. As faculdades existentes foram reformadas e criadas as de Matemática e Filosofia Natural, dotadas de laboratórios de astronomia, física e química, um laboratório médico, uma farmácia, um museu de história natural e um jardim botânico. O marquês também criou a Imprensa Régia. Embora mais flexível, a censura deixou de ter viés religioso para ganhar caráter político. Não restam dúvidas de que Pombal perseguiu inimigos e opositores. Quando ele deixou o governo, cerca de oitocentas pessoas foram soltas. Algumas centenas morreram no cárcere; a quantidade de presos políticos pode ter chegado a quatro mil durante todo o período pombalino.[22]

No campo econômico e social, o marquês proibiu a entrada de escravizados em Portugal e deu liberdade aos que entrassem no país, conforme o alvará de 19 de setembro de 1761. Doze anos mais tarde, outra licença declarou livre o ventre de mães escravizadas.[23] Pombal não era abolicionista, pelo menos não do modo que o termo seria entendido no século seguinte. A ideia de liberdade ficaria restrita ao reino. A abolição dos escravizados nos territórios ultramarinos significaria a derrocada da economia portuguesa. Na administração, Pombal reorganizou a estrutura das colônias. No Brasil, transferiu a capital do vice-reino — de Salvador, na Bahia, para o Rio de Janeiro —, em 1763. A proximidade com as minas de ouro e diamante foi o fator decisivo. O ministro enviou o conde dom Antônio Álvares da Cunha, sobrinho do diplomata dom Luís da Cunha, para instalar a nova sede de governança, melhorar as condições da cidade, as instalações e fortificações militares. O conde governaria até 1767, quando foi substituído pelo conde de Azambuja e depois pelo marquês de Lavradio, o último vice-rei do Brasil durante o reinado de dom José I.

Na tentativa de reforçar a economia, restringiu o livre comércio, criando uma série de companhias que detinham o monopólio da exploração de determinados produtos (pesca, uvas, vinho etc.). O resultado foi infeliz: concentrou dinheiro nas mãos de uns poucos escolhidos, desagradando tanto as colônias quanto a metrópole. O comércio estagnou e a maioria das companhias faliu. Antes delas, porém, estavam arruinados os pequenos produtores. O representante austríaco em Lisboa escreveu ao imperador, em 1774: "Nunca o comércio se viu no estado de abatimento em que se encontra agora".[24] Lebzeltern tinha razão. Entre 1775 e 1779, a extração do ouro brasileiro havia atingido os números mais baixos desde 1720 — menos de seis toneladas. Com a drástica diminuição de sua principal fonte de riquezas, Portugal começou a definhar. Na década seguinte, já durante o reinado de dona Maria I, um grupo da elite colonial mineira, descontente com a arrecadação de impostos, tentou separar a região Sudeste do Brasil de Portugal.

A "IRA DE DEUS": O TERREMOTO DE 1755

A cidade de Lisboa era conhecida desde a Antiguidade. Fora erguida pelos fenícios sobre sete colinas, em uma pequena baía no estuário do Tejo. Próxima do Atlântico, mas protegida do mar aberto por um estreitamento da embocadura do rio, uma antiga lenda afirma que a cidade fora fundada pelo herói grego Ulisses, depois da destruição de Troia. Daí viria seu nome antigo, usado pelos romanos, Olisippo. É mais provável, no entanto, que a etimologia tenha raízes toponímicas; no fenício *Alis Ubbo*, "enseada amena". De qualquer forma, quando o islã ocupou a região no século VIII, a cidade passou a se chamar al-Usbuna. Quando dom Afonso Henriques tomou Lisboa dos mouros em 1147 com um exército de quinze mil homens, a cidade resistiu por dezessete semanas antes de cair. Apoiado por cruzados anglo-normandos, alemães e flamengos, o exército do rei cristão promoveu uma verdadeira carnificina. O crescente, símbolo do islamismo, foi substituído pela cruz. Mais tarde, o bisneto do Conquistador, dom Afonso III, quinto rei de Portugal, transferiu a residência da família real de Coimbra para Lisboa, que se tornou, então, a capital do reino.

A migração da família real para Lisboa, em 1255, estava diretamente ligada à prosperidade que a cidade alcançara devido à intensa atividade portuária. O que só aumentou com a expansão ultramarina a partir do século XV, quando o centro administrativo do reino passou às margens do rio Tejo, no bairro da Baixa. Ali estava localizado o paço da Ribeira, o palácio real que o rei dom Manuel I mandara construir em 1498, para substituir o antigo paço da Alcáçova (ou castelo de São Jorge, que datava do século XIV). A edificação foi melhorada e ampliada ao longo das décadas seguintes, com a construção da Casa da Índia e a Real Casa da Ópera, obra do arquiteto italiano Giovanni Carlo Galli da Bibbiena, inaugurada em março de 1755. Além do paço da Ribeira, os reis portugueses da casa de Bragança mantinham ainda as quintas de Belém e Alcântara, os paços da Bemposta e da já mencionada Alcáçova, e os palácios Corte-Real e das Necessidades. Ainda próximo do Tejo estavam a imponente Casa da Moeda e a sede da Sé.

Em meados do século XVIII, Portugal era um dos pilares da cristandade católica. Com uma população de três milhões, pelo menos duzentos mil eram clérigos. Lisboa tinha 250 mil habitantes, dos quais 10% eram membros de alguma ordem religiosa. A cidade estava cheia de templos e edifícios da Igreja, sendo o principal deles o da catedral Patriarcal, que datava do século XII. Havia ainda mais de quarenta igrejas paroquiais, noventa conventos, 121 oratórios e quase 150 irmandades ou sociedades religiosas. A antiga cidade não era conhecida apenas por sua geografia eclesiástica. Não foram poucos os comerciantes e viajantes, especialmente protestantes, que, surpresos com a religiosidade portuguesa, descreviam Lisboa como uma cidade com ruas "coalhadas de padres" ou "infestadas de frades", especialmente em dias santos.[25]

O ano de 1755 deveria ser lembrado como o aniversário de quinhentos anos da elevação de Lisboa ao status de capital portuguesa, mas acabou marcado pela maior tragédia natural da história do país — e provavelmente uma das maiores catástrofes da Europa moderna até o advento das grandes guerras do século xx, superando o Grande Incêndio de Londres, em 1666.

Em 1º de novembro, às nove e quinze da manhã de um sábado de "céu puríssimo e ar tépido", enquanto milhares de fiéis portugueses apinhavam as igrejas para celebrar o Dia de Todos os Santos, a cidade foi atingida por um grande terremoto. Lisboa sofrera com tremores de terra em 1531, 1724 e 1750. Nenhum, porém, se equiparou ao de 1755. O abalo sísmico — cujos três tremores duraram no total menos de quinze minutos — foi o maior registrado na história da Europa Ocidental, tendo alcançado uma magnitude estimada de nove graus na escala Richter. O epicentro estava localizado a quase setenta quilômetros da costa, a sudoeste de Lisboa. O terremoto foi seguido de um incêndio gigantesco e de três tsunamis pouco mais de uma hora e meia depois. A altura das ondas pode ter chegado a trinta metros. O porto, que raramente tinha menos de 150 embarcações de todos os lugares do mundo, foi duramente atingido; todos os navios de pequeno porte foram destruídos e os maiores sofreram avarias. O maremoto também atingiu com força a costa marroquina, na África; e até mesmo o Brasil, no outro lado do Atlântico. Em algumas regiões brasileiras, o oceano invadiu até quatro quilômetros litoral adentro. Os estragos materiais foram poucos, mas quem estava no Brasil também precisou contribuir com a reconstrução de Lisboa. A colônia precisaria enviar enormes quantias do chamado "donativo voluntário", que era, na verdade, mais um imposto cobrado das câmaras coloniais pela Coroa. Pagamentos anuais relativos ao terremoto de 1755 ainda eram efetuados em 1822, quando o Brasil declarou a independência.

Parte de Lisboa foi arrasada pelos tremores e pela força do maremoto; o restante foi consumido pelas chamas do incêndio, que durou quase uma semana até ser controlado. A principal área atingida ficava próximo ao Tejo, na parte mais baixa da cidade. Além do paço da Ribeira e das repartições do governo (Alfândega, Casa da Índia, Casa da Moeda e outros), ali ficavam também o estaleiro da Ribeira das Naus, o hospital de Todos os Santos, a sede da Inquisição, a praça do Rossio, várias igrejas paroquiais e a maioria do comércio lisboeta.

Dona Mariana Vitória, escrevendo à mãe, três dias depois da catástrofe, para dar testemunho de que ela, o rei e as filhas estavam bem, relatou que haviam sentido "o mais terrível tremor de terra", tinham escapado da morte, mas que existiam "casos de tragédia e desolação universal". Entre as mortes sentidas pela rainha estava a do diplomata espanhol, conde de Peralada, que morreu esmagado pelo brasão da Espanha pendurado no pórtico de entrada da embaixada, também destruída.[26] A família real escapou sem ferimentos. O casal e as quatro filhas, com idades entre nove e 21 anos, haviam assistido à missa no amanhecer do dia, na capela Real do paço Ribeira, e se retirado para a quinta de Belém, a seis quilômetros do centro da cidade. A área em que estavam não foi atingida pelo maremoto nem pelo incêndio.

Apenas três mil das vinte mil residências existentes na capital resistiram ao incêndio. Dois terços das ruas de Lisboa ficaram bloqueadas pelos entulhos. Das quarenta igrejas paroquiais, 35 desmoronaram ou foram castigadas pelo fogo; só onze conventos dos 65 ficaram habitáveis. Todos os seis hospitais foram consumidos pelo fogo e 33 residências das principais famílias da corte ficaram destruídas. Cálculos iniciais apontaram noventa mil mortos, mas as estimativas de "pessoas prudentes e entendidas" da época eram bem mais modestas, algo entre doze mil e quinze mil. Pombal, que logo tomou a frente das ações de socorro e reconstrução, estimou entre seis mil e oito mil pessoas mortas. Estudos posteriores estimam em trinta mil ou quarenta mil o número de mortos em Lisboa e outros dez mil no restante de Portugal.[27]

Entre a comunidade religiosa, 204 membros morreram; incluindo as 63 freiras da Ordem de Santa Clara, mortas com a destruição da igreja e do convento. Como era um dia santo, as igrejas estavam lotadas. Seiscentas pessoas morreram soterradas nas ruínas do convento de São Francisco; quatrocentas na igreja da Santa Trindade; trezentas esmagadas no convento de Nossa Senhora da Penha de França; e 137 queimadas na catedral da Sé. A igreja de São Nicolau, uma das mais suntuosas da capital, com duas imponentes torres e onze capelas, datada do século XIII, ficou em ruínas. No Rossio, o palácio da Inquisição foi destruído, assim como a igreja e o convento de São Domingos. O grande edifício do hospital de Todos os Santos foi seriamente danificado. No palácio do marquês de Louriçal, o incêndio destruiu uma coleção de mais de duzentos quadros, incluindo obras de Ticiano e Rubens. O marquês da Fronteira perdeu 86 painéis de tapeçaria flamenga. A biblioteca com oitenta mil livros, mil manuscritos (incluindo uma autobiografia do sacro imperador Carlos V) e diversos mapas e cartas do tempo da Era dos Descobrimentos, foi reduzida a cinzas. A biblioteca Real, no paço da Ribeira, com seus setenta mil livros, também foi consumida pelo fogo, assim como os quatro mil itens do arquivo musical do rei dom João IV. Dos grandes edifícios da capital, somente a Casa da Moeda resistiu, milagrosamente. O prédio, que contava com dois milhões de moedas de ouro em seu interior, foi salvo pela solidez de suas paredes. Quando começaram os tremores, os soldados que faziam a segurança deixaram o local, que era um possível alvo de saques. Qualquer ação, porém, foi evitada devido a um único guarda presente, o jovem tenente Bartolomeu de Souza Mixia, mais tarde condecorado pelo rei.

Para muitos padres e fiéis católicos portugueses, o cataclismo era um castigo divino, a "ira de Deus" pelos pecados do povo e do país; o anúncio do fim do mundo. Para o rei dom José I, o fato de ele estar vivo era um sinal de que Deus estava ao seu lado e da Coroa. Ainda assim, durante o resto da vida, ele se negaria a voltar a dormir em um palácio de pedras. Nos dias que se seguiram ao terremoto, ele ordenou a instalação de tendas nos jardins da quinta de Belém (o atual palácio Nacional de Belém). Dois anos mais tarde, mandou que um edifício em madeira fosse construído no bairro da Ajuda. A "real barraca" serviria de residência real até novembro de 1794, quando foi inteiramente destruída por um incêndio, e teve início a construção do atual palácio Nacional da Ajuda.

Perguntado por dom José I o que deveria ser feito após constatada a amplitude da destruição, Pombal teria dito: "Enterre os mortos e cuide dos vivos". Com o rei em estado de choque, o marquês tomou a frente. Liderou os movimentos para auxiliar os feridos e desabrigados, assim como deu início aos projetos de reconstrução. Pouco mais de um mês após a catástrofe, o engenheiro militar Manuel da Maia já tinha esboçado cinco opções, incluindo a de abandonar a região da capital. Com a decisão de permanecer no mesmo local, vários projetos foram desenhados pelos arquitetos Carlos Mardel, Eugênio dos Santos, Elias Poppe e Pedro Gualter da Fonseca, e rapidamente aprovados. As obras começaram em seguida. Mas a reconstrução da capital levaria décadas para ser concluída. Vinte anos depois do terremoto, o bairro da Baixa foi inaugurado sem estar completamente concluído. A praça do Comércio, onde ficava localizado o paço da Ribeira, não estava pronta, mas o ministro fez questão de inaugurar a estátua equestre de dom José I no aniversário do rei, em junho de 1775. No monumento, feito de bronze, pesando 35 toneladas e com catorze metros de altura, obra do escultor Joaquim Machado de Castro e do engenheiro militar Bartolomeu da Costa, o monarca aparece vestindo uma armadura romana, uma capa da Ordem de Cristo e um capacete emplumado. Na mão direita, o cetro, símbolo do poder. O cavalo do rei pisa com a pata direita em serpentes, representando a vitória sobre o pecado. No pedestal, duas figuras alegóricas menores, o Triunfo e a Fama (representados por um cavalo e um elefante), que

346 *Rodrigo Trespach*

simbolizavam o Ocidente e o Oriente. A obra, posta no centro de uma ampla praça, guarnecida por dois torreões e pelo arco da rua Augusta, foi a primeira escultura pública de Lisboa e ainda embeleza o centro da cidade — é um de seus cartões-postais mais conhecidos.[28] As celebrações duraram três dias, com espetáculos teatrais e pirotécnicos, apresentações de ópera e recitais de poesia em diversos idiomas europeus. A reconstrução de Lisboa se transformou no símbolo indelével das ideias reformistas de Pombal: arquitetura racional, ruas espaçosas, avenidas com vinte metros de largura e bem iluminadas e modernas instalações sanitárias.

Menos de dois anos após a celebração, dom José I, o rei que passaria à história como Reformador, faleceu de um ataque apoplético. Aos 62 anos, sua situação era delicada. Um acidente vascular cerebral o havia deixado parcialmente paralisado, com dificuldades para se movimentar, falar e comer. A morte do monarca em 24 de fevereiro de 1777 significou também que o poder de Pombal chegara ao fim. Quando soube da enfermidade de dom José I, o marquês correu ao palácio, mas foi impedido de entrar no quarto real para ver seu protetor. O ministro foi destituído do cargo e depois exilado em Coimbra. A rainha dona Maria I deu início a um programa reacionário que ficaria conhecido como Viradeira. Muitos prisioneiros políticos foram soltos ou puderam voltar do exílio. Os Távora foram reabilitados postumamente.

Embora acusado de ter roubado o tesouro da Coroa e se beneficiado das riquezas do país durante seu regime, nada foi comprovado contra Pombal — ele não tinha dinheiro guardado nos bancos holandeses, como afirmavam seus opositores. Morreu atormentado pela lepra, no verão de 1782. Sofria havia anos com diarreias, hemorroidas e com furúnculos e coceiras que não o deixavam em paz, dificultando a ele andar e deitar. "Coberto de pústulas nos pés, pernas e corpo, que não me deixam sossegar, com dores e comichões", escreveu ele em uma carta. "Poucas vezes tem mais de duas horas de descanso", escreveu uma testemunha.[29] Antes de falecer, Carvalho e Melo viu muitas de suas reformas serem revogadas. Sua imagem ainda é contraditória e enigmática. Para uns, o marquês de Pombal foi uma das grandes figuras do absolutismo esclarecido europeu; para outros, não passou de um filósofo fracassado e tirano.

14.

A rainha louca

Praça do Comércio, Lisboa, 13 de maio de 1777. Eram dez horas da manhã quando os sinos da capital anunciaram o início da cerimônia de aclamação de dona Maria I, vigésimo sexto monarca de Portugal e a primeira mulher a comandar o reino como titular em mais de seis séculos. Mais de quinze mil pessoas se acotovelavam no antigo terreiro do paço. Para a realização do evento, uma varanda provisória com 28 arcos e duas escadarias foi construída na ala ocidental da praça onde outrora se erguia o palácio da Ribeira; e uma igreja em madeira, com teto decorado em gesso, foi erguida para a missa que seria dirigida pelo patriarca dom Fernando de Sousa e Silva. Para receber e divertir o povo durante três dias de festa, palanques, camarotes e três teatros de madeira foram construídos; coretos e coros revestidos de seda vermelha e assentos em verde e carmesim foram preparados para as autoridades.

Depois de quase três décadas, o ritual da aclamação se repetia. A família real chegou ao local por volta das onze horas, entrando pela porta da Ribeira das Naus. Além da rainha e do rei dom Pedro III, estavam presentes os príncipes do Brasil dom José Francisco e dona Maria Benedita, as infantas e o infante dom João, o futuro dom João VI, então com dez anos. O desembargador do paço e conselheiro do Santo Ofício deu as boas-vindas e discursou lembrando aos presentes a legitimidade da sucessão, o direito real divino e a obrigatoriedade de obediência à nova monarca. Em seguida, a rainha levantou-se do trono e se ajoelhou em uma almofada, pôs a mão direita sobre uma cruz e jurou "reger e governar bem". O gesto foi repetido por seu esposo. Depois, o alferes-mor do reino desenrolou a bandeira real e proclamou a "muito alta, muito poderosa, a fidelíssima senhora rainha dona Maria I, nossa senhora!". O povo reunido repetiu a saudação e a capital ouviu o repicar dos sinos das igrejas e as salvas dos canhões do castelo de São Jorge e da armada fundeada no rio Tejo. O delírio popular foi tão grande que a multidão rompeu o cordão das tropas e invadiu o espaço onde acontecia a cerimônia. Segundo o relato do marquês de Châtelet, todos queriam tocar a rainha, "uns se jogavam, de joelhos, a seus pés, outros beijavam as fímbrias do vestido". Aos 42 anos, dona Maria I "estava enternecida às lágrimas".[1]

DONA MARIA I, A PIEDOSA RAINHA DE PORTUGAL

Filha primogênita de dom José I, então príncipe do Brasil, e de dona Mariana Vitória, dona Maria I nasceu no paço da Ribeira, em 17 de dezembro de 1734. Durante o batismo, deram-lhe o nome de Maria Francisca Isabel Josefa Antônia Gertrudes Rita Joana de Bragança e Bourbon. Do avô e padrinho, o rei dom João V, recebeu o título de princesa da Beira. Desde 1645, as primogênitas dos governantes de Portugal recebiam o título de princesas da Beira, homenagem dos Bragança à maior das províncias portuguesas. O título de príncipe do Brasil — a maior colônia lusa — era reservado aos primogênitos varões e herdeiros da coroa. Com o nascimento de dona Maria, o rei-avô modificou essa tradição. O título de príncipe do Brasil passou a ser usado por todos os primogênitos e herdeiros presuntivos da coroa, fossem eles homens ou mulheres. O da Beira seria usado pelos filhos do príncipe do Brasil, passando a ser o título do segundo filho na linha de sucessão.

Logo após o batizado, dona Maria foi entregue aos cuidados de uma ama de leite da Casa das Rainhas, que seria responsável pela alimentação e pelos cuidados da princesa nos próximos dois anos, um costume comum a todas as casas reais. A lactação impedia com certa eficácia uma nova gravidez, e as mães e rainhas precisavam gerar novos herdeiros para seus reinos. Além disso, acreditava-se que as relações sexuais contaminavam o leite materno e prejudicavam a saúde do recém-nascido. Na época, acreditavam que o leite materno era sangue cozido pelo calor do coração, por isso teria a cor branca. Segundo os genealogistas da corte, dona Maria começou a falar aos dezessete meses, e com três anos conhecia toda a doutrina católica, recitando orações inteiras em latim. Lia perfeitamente em português e castelhano aos quatro anos, e latim aos cinco. Desde cedo foi educada na etiqueta da corte, estudou francês, a história de Portugal e a Antiguidade Clássica e treinou caligrafia. Sua aia foi dona Ana Catarina Henriqueta de Lorena, filha do marquês de Abrantes e antiga camareira-mor da rainha. Uma sólida formação religiosa foi dada pela mãe e pelo seu confessor e orientador espiritual, o padre jesuíta Timóteo de Oliveira.

Como até o começo da década de 1740 dom José I não tinha filhos homens (e nem os teria), dom João V, seu pai, começou a articular o casamento de dona Maria, que seria a segunda na linha de sucessão. Para que o poder continuasse nas mãos da dinastia de Bragança, em maio de 1743 o rei solicitou permissão ao papa para um casamento entre primos. Dom João V pretendia casar a neta com seu filho predileto, dom Pedro, dezoito anos mais velho que a sobrinha. Nascido em 5 de julho de 1717, dom Pedro era irmão de dom José, o pai de dona Maria. A união entre parentes tão próximos (tio e sobrinha) não era bem-vista e o projeto de dom João V foi deixado de lado. Com a morte do rei em 1750, porém, arranjar um casamento para a herdeira do trono se tornou um assunto urgente. Com o pai no trono, dona Maria agora era a primeira na linha de sucessão. Um dos pretendentes aventados foi o cardeal infante da Espanha, filho do rei Filipe V e irmão da nova rainha, dona Mariana Vitória, esposa de dom José I — e, portanto, tio materno de dona Maria. Mas, como as leis do reino, confirmadas pelas Cortes de 1641, só permitiriam que uma mulher assumisse o trono caso fosse casada com um nobre português, a ideia de um marido espanhol precisou ser descartada. A casa de Bragança rejeitou também a possibilidade de realizar o casamento com alguma outra casa ducal portuguesa. A solução encontrada foi mesmo casar dona Maria com o antigo pretendente: seu tio paterno, dom Pedro.

Dom Pedro era grão-prior do Crato e senhor da Casa do Infantado, o que significava que possuía vários bens, muitas receitas e uma rede de servidores importantes. Mas era um tanto indolente e pouco afeito às questões de governança. Além disso, as más-línguas colocavam em dúvida sua masculinidade, devido ao fato de que, já com idade avançada, não se conheciam dele "amores com mulher alguma". Muitos afirmavam que era impotente. De toda forma, segundo uma de suas biógrafas, Mary del Priore, dona Maria "acolheu o pedido de casamento com entusiasmo", acreditando nos "desígnios da providência". Dom Pedro tinha um pré-requisito importante para um rei português: era muito religioso. Por isso era considerado pela noiva e pela sogra um "jovem muito amável". E, assim como dona Maria e a rainha dona Mariana Vitória, dom Pedro tinha verdadeiro ódio ao marquês de Pombal. A catástrofe que se abateu sobre Lisboa em 1755, no entanto, postergou por muitos anos o matrimônio. Finalmente, em 6 de junho de 1760, o casamento foi realizado na Real Barraca, o palácio de madeira da família real, no bairro da Ajuda. Dona Maria i tinha 26 anos; dom Pedro iii, 43.[2]

Embora fosse jovem, dona Maria não se destacava pela beleza; tinha os olhos e o rosto pequenos e um nariz grande. Mas impressionava pela discrição, sobriedade, amabilidade e cortesia. "Ninguém poderia ser mais amável, mais caridosa ou mais sensível, embora essas qualidades sejam diminuídas por uma excessiva devoção religiosa", escreveu o marquês de Châtelet.[3] Vestia-se com simplicidade, deixando o luxo apenas para os atos solenes. Dom Pedro, por sua vez, tinha o gosto refinado. Passara a maior parte da vida em companhia da família real, fazendo peregrinações em igrejas, participando de procissões solenes e dos grandes eventos da luxuosa corte de dom João v. Mas tinha ligações com a maçonaria e se manteve longe da promiscuidade que marcara a vida de seu pai. Não por acaso recebeu o apelido de "sacristão". Outro apelido pelo qual ficaria conhecido foi o de "capacidônio", pois, quando perguntado sobre determinada pessoa, costumava responder: "é capazeidôneo" — a junção dos qualificativos "capaz" e "idôneo".

Após a cerimônia, o reino celebrou o casamento por dias. No Brasil, quando a notícia chegou ao Rio de Janeiro, a capital da colônia festejou por seis dias, com missa solene, fogos de artifício, ópera pública e espetáculos de touros e cavalhadas. Encerrados os festejos, o casal foi morar na quinta de Queluz, nos arredores de Lisboa, uma propriedade de quinze hectares pertencente à Casa do Infantado. O palácio começou a ser construído em 1747, para servir de residência de verão a dom Pedro. A casa de campo original pertencera ao marquês de Castelo Rodrigo e datava do século anterior. O encarregado das obras foi o sargento-mor e arquiteto Mateus de Vicente de Oliveira, que imaginou um amplo palácio com jardins e canais. Centenas de pedreiros, carpinteiros e canteiros trabalharam em fornos improvisados de tijolo e cal, em materiais vindos de Sintra, Cascais e das pedreiras reais em Mafra e da Itália. Na decoração, foram usadas dezenas de obras de artistas e pintores portugueses como João Berardi, Bruno José do Vale e Francisco Melo. Com a proximidade do casamento real, a edificação foi ampliada sob coordenação do arquiteto e ourives francês Jean-Baptiste Robillion, que trouxe elegância, brilho e grandiosidade a ela, criando salas em madeira dourada e decorando os jardins com esculturas de chumbo e estátuas e fontes em pedra.

Nos anos seguintes, dom Pedro III dedicou especial atenção ao palácio, decorando os espaços com mobílias e mármores importados da França, Flandres e Itália, inúmeras obras de arte, lustres monumentais, cristais e louças luxuosos. O modelo seguido não poderia ser outro senão Versalhes. Espaços para entreter a corte incluíam um canal decorado com cinquenta mil azulejos e gaiolas com animais, onde eram exibidos tigres, leões, pássaros da Índia e do Brasil. Além disso, espaços para jogos, caçadas, touradas e cavalhadas. Nos jardins, circulavam pavões, macacos, gamos, veados e búfalos. Na década de 1780, uma terceira etapa de ampliações continuou sob a coordenação de Manuel Caetano de Sousa. Queluz seria o lugar preferido de veraneio da família real até 1794, quando passou a ser residência permanente dos Bragança até a migração da corte para o Rio de Janeiro treze anos mais tarde.[4]

Dona Maria I e dom Pedro III eram muito devotos um ao outro. Segundo o viajante Nathaniel Wraxall, um "modelo de felicidade nupcial". Ele nunca teve amantes e provavelmente nunca traiu a esposa. Visitavam igrejas e seguiam procissões, participavam dos ofícios religiosos na capela Real ou nos palácios da família. Caçavam juntos e recebiam visitas, onde proporcionavam saraus musicais. A orquestra de dona Maria era uma das mais famosas da Europa. Para o novelista inglês William Beckford, nada se comparava aos músicos da casa de Bragança, "em excelência de vozes e instrumentos". A feliz união resultaria em seis filhos, entre eles dom José Francisco, príncipe da Beira, duque de Bragança e herdeiro do trono, que nasceu no ano seguinte ao do casamento, em 1761. Antes da morte do rei dom José I, o marquês de Pombal esperava convencer a então princesa dona Maria a renunciar a seus direitos em favor desse filho, tido como discípulo do ministro. Dona Maria nunca aceitou e, após a morte de seu pai, destituiu Pombal. Para sua infelicidade, o príncipe herdeiro morreria de varíola em 1788, aos 27 anos, sem deixar herdeiros. Dom José Francisco havia se casado aos quinze anos de idade, pouco antes da morte do avô, em 1777, com a irmã de dona Maria, sua tia dona Maria Benedita, quinze anos mais velha. A repetição de um matrimônio endogâmico chocou o povo, muitos diplomatas e observadores estrangeiros. O comportamento dos Bragança reproduzia a política dos Habsburgo espanhóis, de consequências nefastas. Para Portugal, a preocupação imediata era a possível falta de herdeiros para a coroa — o que acabou ocorrendo nesse casamento entre parentes muito próximos. Wraxall escreveu que a união impressionava "com certo grau de horror, ou pelo menos de repugnância".[5]

O segundo filho homem de dona Maria I e dom Pedro III a sobreviver ao nascimento foi dom João, nascido em 1767. Mais tarde, ele assumiria o reino no lugar da mãe como dom João VI. As outras três filhas do casal real eram dona Maria Clementina, dona Maria Isabel e dona Mariana Vitória, que morreram aos dois, onze e vinte anos, sucessivamente. A última, já casada com um infante espanhol.

Durante os primeiros anos de reinado, dona Maria I se dedicou a destruir a obra do marquês de Pombal, restabelecer a influência da Igreja e tentar refrear a ascensão do liberalismo. Essa política antipombalina ficaria conhecida como Viradeira. A Coroa voltou a promover projetos de educação católica, a construir igrejas e basílicas e dar impulso a obras assistenciais. Dona Maria também subvencionou os quase 1.500 jesuítas expulsos de Portugal e das colônias. A influência da religiosidade no governo pode ser exemplificada com um fato ocorrido em Lisboa. Quando assaltantes saquearam uma igreja, deixaram hóstias espalhas pelo chão. Como pela tradição católica hóstias consagradas são o verdadeiro Corpo de Cristo, a rainha cancelou todos os compromissos públicos e decretou nove dias de luto, tendo acompanhado a pé, de vela na mão, a procissão de penitência pelas ruas da capital.

O pensamento religioso extremado impedia o avanço de novas tecnologias na área industrial, atrapalhava o desenvolvimento econômico e também atingia a medicina. Um exemplo disso é o caso da varíola. As cortes europeias estavam sendo imunizadas contra o vírus desde o começo do século através de um método ainda rudimentar: uma gota do líquido retirado das pústulas de um doente de varíola era colocada sobre um pequeno corte na pele do braço de uma pessoa sadia. O resultado era uma infecção menos violenta da doença. Os Habsburgo já haviam adotado a técnica, e a imperatriz Maria Teresa havia estimulado sua adoção na Áustria. Mais tarde, em 1796, isso levaria o médico inglês Edward Janner a inocular o pus extraído de uma vaca infectada em James Phipps, um menino saudável de apenas oito anos. A experiência resultaria na descoberta da vacina contra a varíola. Em Portugal, dona Maria desconfiava dos resultados e acreditava que o procedimento era contrário à vontade de Deus. Então não permitiu que nenhum de seus filhos fossem vacinados — pagando um preço bastante caro pela decisão.

Não obstante, ela precisou encarar muitas das transformações que ocorriam mundo afora. Algumas academias científicas surgiram durante o seu reinado, entre elas a Academia Real de Ciências de Lisboa, criada em 1779. Entre seus membros, estava um brasileiro de 26 anos que se destacara com uma dissertação sobre a pesca da baleia. José Bonifácio recebeu uma bolsa de estudos e patrocínio para a realização de uma viagem cujo fim era adquirir "por meio de viagens literárias e explorações filosóficas os conhecimentos mais perfeitos da Mineralogia e mais partes da Filosofia e História Natural".[6] Décadas mais tarde, já renomado internacionalmente como cientista, José Bonifácio iria se transformar em um dos principais líderes políticos do Brasil, um dos responsáveis pela separação da colônia de Portugal.

No campo político, dona Maria I reconheceu a independência dos Estados Unidos, em 1783, e teve que lidar com um movimento separatista no Brasil, em 1789. Um grupo de conjurados mineiros esperava promover um levante, executar o governador da província e proclamar uma república quando o governo declarasse a Derrama, o confisco dos bens dos devedores do quinto daquele ano. Os inconfidentes, porém, foram denunciados por um traidor e presos antes mesmo de poderem agir. Em outubro de 1790, os juízes receberam instruções especiais da rainha. Ela queria evitar execuções. Os religiosos envolvidos deveriam ser enviados a Portugal, onde receberiam penas conforme julgamento real. Os principais líderes deveriam ter suas penas comutadas por degredo para a África. Só não receberiam o perdão real os réus que tivessem pregado em público contra a Coroa, usando de "declamações sediciosas" e espalhando o "veneno de sua perfídia". Quando as sentenças foram anunciadas em 1792, apenas um rebelde foi condenado à forca e esquartejado: Joaquim José da Silva Xavier, o Tiradentes. Ele foi executado no Rio de Janeiro, em 21 de abril.[7]

"A LOUCA"

A Inconfidência Mineira, no entanto, foi insignificante se comparada a outro evento desencadeado em 1789: a Revolução Francesa. Em julho, populares tomaram a Bastilha, em Paris. Nos meses seguintes, o rei Luís XVI perdeu o controle sobre o Estado, e a França foi transformada em uma monarquia constitucional. Agitadores e violentas manifestações populares entraram na ordem do dia. A situação em Paris foi mais um duro golpe na saúde frágil de dona Maria I. Havia anos, ela enfrentava uma sucessão de tragédias pessoais. Em 25 de maio de 1786, o marido dom Pedro III morreu aos 68 anos. O rei consorte passara os últimos dias com dificuldades para andar e suores noturnos. Foi sangrado, tratado com sanguessugas e medicado com leite materno, o que obviamente não teve efeito algum. A sangria, naquela época um tratamento comum, consistia em infligir pequenos cortes com lancetas ou agulhas nas veias a fim de fazer o sangue "circular melhor". O procedimento causava mais desconforto do que melhora e só seria abandonado pela medicina em meados do século XIX. O corpo de dom Pedro III foi embalsamado, exposto numa sala do palácio e levado dois dias depois ao Panteão dos Bragança. Abalada, dona Maria escondeu a notícia da filha, dona Mariana Vitória. A infanta estava na Espanha, grávida do primeiro filho de Gabriel, um dos herdeiros do rei Carlos III — irmão da falecida rainha dona Mariana Vitória, esposa de dom José I, o monarca espanhol era tio da rainha portuguesa. Esse neto de dona Maria I, o infante dom Pedro Carlos, acompanharia a avó e o tio ao Brasil, em 1807.

Em setembro de 1788, nova tragédia. O jovem herdeiro do trono de Portugal, dom José Francisco, o príncipe do Brasil, faleceu após sofrer com os terríveis sintomas da varíola. No mês seguinte, em Madri, dona Mariana Vitória deu à luz um terceiro filho. Mas mãe e criança sucumbiram à varíola dias depois, em novembro. O esposo e pai, o infante Gabriel, faleceria vinte dias mais tarde. Em dezembro, o próprio rei Carlos III morreria.

Agitações políticas, muitas perdas e tormentos. A morte do primogênito foi cercada de fofocas sobre a falta de habilidade médica e especulações de assassinato — dom José Francisco era conhecido por sua afinidade com o marquês de Pombal. Como se isso por si só não bastasse, o único filho da rainha sobrevivente, o futuro dom João VI, ainda não tinha herdeiros e havia sérias dúvidas sobre a capacidade de a princesa Carlota Joaquina gerar filhos. A sobrevivência da casa de Bragança e o trono de Portugal estavam em risco. Dona Maria I não suportou. Apatia, tristeza, insônia, falta de apetite e melancolia — a rainha sofria do que hoje seria diagnosticado como depressão.[8] Banhos e recreações não surtiram efeito e a situação política na Europa não ajudava. Em junho de 1791, chegaram ao palácio de Queluz notícias sobre a prisão do rei francês Luís XVI, que tentara escapar dos revolucionários. Dona Maria I ordenou que dois milhões de cruzados fossem destinados à causa da monarquia na França. Em dezembro, a rainha estava com o "espírito muito em baixo". Os médicos recomendaram sangrias, dietas e que fosse evitado banho quente. Como remédio, prescreveram quina e valeriana. Para dona Maria, o procedimento de sangria era a confirmação de que estava sendo atormentada pelo demônio. Começavam a surgir rumores de que a rainha estava ficando louca, o que acabou se confirmando no começo de fevereiro de 1792, quando dona Maria teve um ataque durante um espetáculo no palácio de Salvaterra, puxando os cabelos e rasgando as roupas. Diante da delicada situação, os quatro ministros de Estado — José de Seabra e Silva (secretário de Estado), dom Francisco Xavier de Lima, marquês de Ponte de Lima (Fazenda e Real Erário), Martinho de Melo Castro e Mendonça (Marinha e Ultramar) e dom Luís Pinto de Sousa Coutinho, visconde de Balsemão (Negócios Estrangeiros e Guerra) — decidiram convocar uma junta para avaliar as condições da governante. Treze médicos foram solicitados a responder um questionário. A conclusão era de que, apesar do tratamento, a soberana não dava sinais de melhora; a condição não era compatível com os assuntos de governo e havia o risco de que o envolvimento da rainha em assuntos políticos agravasse sua saúde.

Em 10 de fevereiro de 1792, o príncipe dom João — depois rei dom João vi — foi chamado a assumir a administração do reino. Muito se falou em um golpe de Estado. Certo é que, a contragosto e sem usar o título de rei, dom João passou a assinar embaixo do nome da mãe todos os despachos administrativos e documentos estatais. Assumia o governo "pelo notório impedimento da moléstia da rainha", esperando o restabelecimento da saúde da soberana. Mas dona Maria i jamais voltaria a governar.

O pastor Francis Willis, com experiência médica e o responsável pela recuperação do rei Jorge iii da Inglaterra, foi chamado a Portugal. Ele chegou em Lisboa após acertar o pagamento de honorários no valor de vinte mil libras, uma pequena fortuna. Willis tentou quase tudo, incluindo a proibição de que se falasse com dona Maria sobre temas relacionados à Igreja; visitas a capelas e procissões a deixavam aflita. A rainha foi amarrada a uma camisa de força, mergulhada em banhos de água gelada e recebeu aplicações com clisteres, tratamento que consistia na injeção de líquidos nos intestinos através do ânus, o que causava mal-estar e a obrigava a vomitar. Nada funcionou. O médico retornou à Inglaterra, e dona Maria regrediu ainda mais, para um "estado de infantilidade". Em 1794, quando um incêndio consumiu a Real Barraca, a rainha afirmou ver o pai, dom José i, morto em 1777, como "uma massa calcinada de cinzas, sobre um pedestal de ferro derretido, negro e horrível que uma le-

VERDE E AMARELO 357

gião fantasmagórica tentava derrubar". Na noite do sinistro, William Beckford testemunhou o sofrimento da monarca. Para ele, era algo "assustadoramente grave".[9] Ajoelhada diante do filho, dona Maria gritava pedindo perdão divino. Para ela, seu pai ardia no fogo do inferno. Dom João afastou a mãe de tudo e de todos, e a primeira rainha de Portugal passaria à história como "a Louca".

15.

A corte no Rio

ENQUANTO DONA MARIA I era mantida afastada do público e do poder, seu filho dom João VI era manipulado por um círculo de ministros e nobres que o mantinham na ilusão de que governava. Com apenas 25 anos, o jovem príncipe não tinha experiência política nem sequer fazia ideia do que ocorria à sua volta. Segundo anotações do médico francês Joseph-Barthélemy-François Carrère em um livro sobre sua estadia em Lisboa no final do século XVIII,

> a maior parte das vezes nem sequer o informam de procedimentos que a rainha, sua mãe, cuja bondade, justiça e benignidade são conhecidas, lhes proibiria se estivesse no uso da razão.[1]

Desde a eclosão da Revolução Francesa, a situação europeia era caótica. Portugal adotou uma constrangedora política de imparcialidade, em que tentava manter a aliança com a Inglaterra sem desagradar os interesses da França e da Espanha. O ministério português estava dividido. Ponte de Lima e Balsemão mantinham uma posição tradicional, ligada aos ingleses, enquanto Seabra — mais tarde despedido e exilado — se inclinara a uma aproximação com a França. Com os desdobramentos políticos em Paris, porém, o país foi impelido a apoiar a Inglaterra. Portugal deu apoio à esquadra britânica que lutava contra os espanhóis no Atlântico e contra os franceses no Mediterrâneo. Em troca, os ingleses enviaram seis mil soldados para a defesa do território luso.

Durante sete anos, dom João assinou documentos em nome da mãe sem que fosse formalmente declarado regente do reino. Somente em 14 de julho de 1799, sem que houvesse indício algum de que dona Maria recuperaria a saúde, o príncipe foi declarado oficialmente regente de Portugal. Quatro meses depois, Napoleão Bonaparte deu um golpe de Estado e assumiu o controle da França com outros dois cônsules. Em quatro anos, ele seria coroado imperador, influindo diretamente no destino da casa de Bragança, de Portugal e do Brasil.

O PRÍNCIPE REGENTE DOM JOÃO E DONA CARLOTA JOAQUINA

Dom João vi nasceu no palácio de Queluz, em Lisboa, em 13 de maio de 1767. Era o terceiro filho de dona Maria i e de dom Pedro iii, o segundo a sobreviver ao parto. Como no dia do batismo a dinastia Bragança costumava homenagear os pais e avós da criança, os santos do dia do nascimento, do batizado e os de devoção da família, o futuro rei recebeu o extenso nome de João Maria José Francisco Xavier de Paula Luís Antônio Domingos Rafael de Bragança. Como não era o primeiro na linha sucessória, dom João não recebeu uma educação esmerada, como a dispensada ao irmão mais velho, dom José Francisco, o primogênito e herdeiro do trono. Embora não fosse de todo ignorante, nunca se aprofundou em área alguma, dedicando-se a coisas mais triviais, como a música, a caça e a montaria. Aos quinze anos, contraiu uma forma benigna e atenuada da varíola, o alastrim, caracterizada por lesões cutâneas superficiais que evoluem sem deixar cicatrizes. Ao longo da vida, porém, enfrentaria diversos problemas de saúde — a maior parte de origem nervosa: hemorroidas, gota, úlceras e problemas de pele, especialmente feridas nas pernas.

O susto causado pelo alastrim, associado ao fato de que o príncipe dom José Francisco já estava casado havia seis anos e não conseguia ter filhos, acendeu um sinal de alerta na família real. A casa de Bragança não tinha herdeiros para ocupar o trono caso algo acontecesse aos dois irmãos. Assim, em 1783, iniciaram-se as buscas por uma esposa para o príncipe dom João, então com dezesseis anos. A escolhida foi a infanta dona Carlota Joaquina Teresa Caetana de Bourbon e Bourbon, primogênita do príncipe das Astúrias e futuro rei Carlos iv da Espanha, e de sua esposa Maria Luísa de Parma. Mais uma vez, um acordo diplomático formalizava um casamento duplo entre as casas reais ibéricas. Dom João se casaria com dona Carlota Joaquina, enquanto sua irmã dona Mariana Vitória desposaria o infante Gabriel, irmão de Carlos IV e, como ele, filho do rei Carlos III — e, portanto, tio de dona Carlota Joaquina.

Nascida no palácio real de Aranjuez, a vinte quilômetros de Madri, em 1775, dona Carlota Joaquina tinha apenas oito anos, mas tivera uma boa formação. Vivendo seus primeiros anos em uma corte bem mais ilustrada do que a portuguesa, a pequena princesa havia estudado história, geografia, espanhol, português e francês. Sabia dançar bem, cantava, tocava viola e harpa, praticava equitação e pintura. Além disso, o marquês de Louriçal, embaixador português em Madri, com pressa para assegurar o casamento, garantiu a Lisboa que a infanta era

> muito magra, muito bem-feita de corpo, todas as feições são perfeitas, dentes muito brancos e, como não há muito tempo teve bexigas, ainda não se desvaneceram de todo as covas dela; é branca, corada, muito viva, atinada, tem havido muito cuidado na sua educação.

O tempo confirmaria que o marquês de Louriçal estava correto quanto à vivacidade da princesa. Mas o diplomata sonegou verdades sobre a aparência física da infanta. O marquês de Bombelles, embaixador da França em Portugal, não perdeu a oportunidade de fazer chacota: "Tão grande lisonja era embaraçosa de sustentar". "Diz-se em tom de brincadeira sobre esse assunto", escreveu ele, "que é preciso ter fé, esperança e caridade para que esse casamento ridículo possa ser consumado: fé para acreditar que a infanta é uma mulher, esperança para acreditar que ela possa ter filhos e caridade cristã para que ela resolva tê-los."[2]

Em 8 de maio de 1785, às vésperas de dom João completar dezoito anos, o matrimônio foi oficializado. E mais uma vez, como em 1729, a troca de princesas foi realizada na fronteira, no rio Caia. Os Bragança aguardaram pela chegada da comitiva dos Bourbon em Vila Viçosa, a tradicional sede da dinastia. Ali, dona Carlota Joaquina foi recebida pelos sogros e pelo esposo. A rainha dona Maria I escreveu ao tio sobre a felicidade de encontrar a "amada Carlota", que ela afirmou ser "tão bonita e viva e crescida para a idade". Na realidade, aos dez anos, dona Carlota Joaquina não era bela e tinha um gênio péssimo. Dias mais tarde, durante uma recepção, a birrenta princesa mordeu a orelha de dom João e lhe atirou um castiçal na testa. Quando a futura rainha chegou a Lisboa, o comentário popular se espalhou: "Nós enviamos a eles um peixe e eles nos enviaram uma sardinha".

Por causa da pouca idade da noiva, a união só foi consumada cinco anos mais tarde, em 5 de abril de 1790, dias após a primeira menstruação da princesa. A essa altura, gerar um herdeiro tornara-se fundamental. Com a morte do irmão dom José Francisco em 1788, dom João herdara o título de príncipe do Brasil, passando a ser o primeiro na linha de sucessão ao trono. Assim como o avô, mesmo oficialmente casado ele precisou aguardar pacientemente o momento de legitimar o matrimônio. Em carta à irmã, na Espanha, escreveu: "Por enquanto não podemos ter prazer por ela ser tão nova e o seu corpo tão pequeno, mas virá o tempo em que brincaremos. Então serei feliz!". Quando a "tortura" da espera acabou, as cortes trocaram confidências e o próprio dom João escreveu à sogra dando notícias sobre a noite de núpcias.[3] E apesar das previsões em contrário, o casamento gerou herdeiros. O casal teria nove filhos, dentre os quais, os futuros dom Pedro I, imperador do Brasil e rei de Portugal como dom Pedro IV.

Os outros filhos foram dona Maria Teresa, a primogênita, que nasceu em 1793 e morreu aos 81 anos. Foi casada duas vezes. A primeira com seu primo dom Pedro Carlos, filho de dona Mariana Vitória (tia de dom João VI); e a segunda com o infante Carlos de Bourbon, filho do rei Carlos IV da Espanha. O segundo filho de dom João e dona Carlota Joaquina, dom Antônio, morreu aos seis anos, em 1801 — a triste e inexplicável maldição de morte dos primeiros filhos homens da dinastia. A filha seguinte, dona Maria Isabel, nasceu em 1797. Casou aos dezenove anos com seu tio, o rei Fernando VII da Espanha, e morreu pouco depois, em 1818. A quinta criança, dona Maria Francisca, nasceu em 1800 e se casou com o infante espanhol Carlos, irmão de Fernando VII. Morreu em 1834. Dona Isabel Maria nasceu em 1801 e nunca se casou. Foi regente de Portugal por dois anos, entre 1826 e 1828. Faleceu em 1875. Dom Miguel foi o sétimo filho de dom João VI e dona Carlota Joaquina. Nasceu em 1802. Foi rei de Portugal entre 1828 e 1834. Destronado pelo irmão dom Pedro, fugiu para a Alemanha, onde morreu em 1866, aos 64 anos. Dona Maria da Assunção nasceu em 1805 e morreu aos 29 anos. Manteve-se ao lado do irmão dom Miguel na disputa pelo trono português. A última a nascer foi dona Ana de Jesus Maria, em 1806. Ela casou com o general dom Nuno José Severo de Mendonça Rolim de Moura Barreto, conde de Vale de Reis e marquês, depois duque, de Loulé. Morreu em 1857, aos cinquenta anos.

Dom João VI tinha uma personalidade frágil. Era melancólico e dado a hesitações e procrastinações. O general Jean Andoche Junot, experiente militar, ex-governador de Paris e embaixador em Lisboa, antes de comandar as tropas que invadiram Portugal a mando de Napoleão, em 1807, escrevendo ao ministro Talleyrand, descreveu o príncipe regente dessa forma: "É um homem fraco, que suspeita de tudo e de todos, cioso de sua autoridade, mas incapaz de fazer-se respeitar. É dominado pelos padres e só consegue agir sob a coação do medo". O viajante e comerciante John Luccock, que conheceu dom João no Brasil, tinha opinião diferente. O inglês afirmou que "o príncipe regente tem sido várias vezes acusado de apatia; a mim, pareceu-me ele possuir maior sensibilidade e energia de caráter do que em geral tanto amigos como adversários costumam atribuir-lhe". William Beresford, oficial britânico que serviu como marechal do Exército português durante as campanhas napoleônicas e mais tarde foi ordenança do duque de Wellington, descreveu dom João como alguém muito tímido, curioso, muito influenciável, suscetível a bajulações, preocupado em ser popular e amado pelo povo, "gentil e de bom coração, com uma extrema disposição a perdoar". Para Beresford,

> ele é extremamente astuto, beirando a malícia. Ele se orgulha de ser franco e sincero, um tanto a mais do que ele realmente pratica. Seu julgamento está longe de ser ruim, na verdade, eu o acho excelente em todos os assuntos, mas ele nunca se mantém firme, devido a timidez e completa falta de resolução. [...] Ele tem muitas fraquezas, mas poucos, se é que tem algum, vícios pessoais.[4]

Devido a sua lentidão e clemência — o ar bonachão —, suspeitava-se que dom João VI poderia ter a mesma doença da rainha sua mãe. Sua aparência física e falta de asseio ajudaram gerações de historiadores a construir uma imagem grotesca do monarca. De estatura mediana e acima do peso, ele tinha as pernas grossas e as mãos pequenas, a cabeça grande, papada e bochechas caídas, a boca entreaberta e sem vários dentes, e o lábio inferior espesso e pendente dos Habsburgo — herança da bisavó materna, dona Maria Ana da Áustria, esposa de dom João V. Era um tanto desleixado, apreciava pouco a higiene pessoal e raramente se banhava, motivo pelo qual sempre foi objeto de escárnio e ridículo. A francesa Laure Permon, casada com o general Junot, e mais conhecida como duquesa de Abrantes, afirmou em seu livro de memórias que dom João VI tinha o "aspecto físico repulsivo".[5] Ele também tinha fama de glutão. Suas refeições eram compostas de até doze pratos, que incluíam guisados, assados, massas, sopa, arroz, pães, queijos, muitas frutas e frangos, a comida predileta do rei. Raramente tomava vinho, dando preferência à água.

Quanto a dona Carlota Joaquina, as impressões não eram melhores. O historiador Oliveira Lima, escrevendo sobre ela no começo do século xx, afirmou que se tratava de uma "megera horrenda e desdentada". A duquesa de Abrantes também não poupou adjetivos depreciativos. Afirmou que dona Carlota Joaquina tinha a cabeça "feia", a pele áspera e escura, um "rosto repulsivo" e "cheio de espinhas quase sempre purulentas" — sinais da varíola. Completavam a aparência "horrenda" olhos pequenos, nariz vermelho, lábios muito finos e adornados com um buço espesso e cabelos castanhos encaracolados, "o tipo de cabelo que a escova, o pente e a pomada não conseguem reduzir ao estado de cabelo e que permanece sempre como crina de cavalo", escreveu a francesa. Como não bastasse, medindo apenas 1,47 metro de altura, era muito ossuda e com uma espádua mais alta do que a outra, "mancava horrivelmente" devido a uma queda de cavalo.[6] No tocante à personalidade, dona Carlota Joaquina era bem diferente do marido. Dotada de uma memória prodigiosa, era inteligente e ambiciosa, herdeira e defensora ardorosa do absolutismo. Muito falante, impulsiva e vivaz, era uma excelente amazona e hábil no manejo de armas de fogo. John Luccock afirmou que ela tinha energia, azáfama e soberba, sendo "portadora de um número de sentimentos masculinos" maior do que o comum.[7]

Com naturezas tão distintas, dom João vi e dona Carlota Joaquina nunca foram felizes. O marquês de Bombelles observou que desde muito cedo dom João parecia aborrecido por ter se resignado a casar com uma princesa enfezada, uma "pequena macaco-aranha". De toda forma, durante uma década, o casal cumpriu com os deveres conjugais, necessários à manutenção da dinastia, e os filhos nasceram em intervalos regulares. Quando o palácio da Ajuda começou a ser construído no final da década de 1790, a situação já era insustentável. A partir de 1801, os dois passaram a viver em palácios separados, o que põe em dúvida a paternidade dos últimos três filhos da princesa, incluindo o infante dom Miguel, mais tarde pretendente à coroa. Dom João passou a viver isolado no palácio-convento de Mafra, enquanto dona Carlota Joaquina permaneceu no palácio de Queluz. Ela também passava temporadas na quinta do Ramalhão, em Sintra. Mais tarde, um dos seus insultos preferidos contra o marido era afirmar que os filhos mais novos do casal não eram dele. O próprio dom João, a se confiar nos relatos de diplomatas estrangeiros que circulavam na corte, não se considerava pai de dom Miguel, que seria filho do marquês de Marialva ou do jardineiro da quinta do Ramalhão, fofoca que resultou em um verso popular na época: "Dom Miguel não é filho/ d'El Rei dom João/ É filho do João dos Santos/ Da quinta do Ramalhão".

Apesar da feiura, dona Carlota Joaquina manteve inúmeros casos amorosos, conquistando a fama de promíscua e depravada, uma mulher devassa que "não tinha amante fixo" — conforme descrição da duquesa de Abrantes. Já sua mãe, a duquesa de Parma, bisneta de Luís XIV, o Rei Sol, era chamada na corte castelhana de "prostituta", devido às aventuras extraconjugais. No Rio de Janeiro, os romances de dona Carlota Joaquina eram motivo de mexericos em toda a corte. Em um deles, ela se envolveu no assassinato da mulher do amante, Fernando Carneiro Leão, diretor do Banco do Brasil e mais tarde conde de Vila Nova de São José. Ocorrido em outubro de 1820, o caso nunca foi esclarecido, mas a esposa traída morreu com um tiro de bacamarte, possivelmente disparado por encomenda da rainha.[8]

Efetivamente separado da esposa, em 1802 dom João VI teve um breve caso com dona Eugênia de Menezes, filha solteira de dom Rodrigo José Antônio de Menezes, conde de Cavaleiros e mordomo de dona Carlota Joaquina. Dom João encontrava a moça com ajuda de um padre da corte e do médico João Francisco de Oliveira, este casado e com filhos. À noite, dona Eugênia recebia a batina do religioso e seguia até o quarto real acompanhada do médico. Quando a condessa engravidou, o doutor Oliveira fugiu com ela para a Espanha, provavelmente patrocinado por dom João, preocupado em ocultar a relação. Acolhida no convento da Conceição, dona Eugênia deu à luz uma menina. O médico, por sua vez, seguiu para os Estados Unidos. Pelo "torpíssimo e abominável atentado com que prevaricou no exercício do emprego", ele foi condenado à forca, mas como não estava no reino foi dado como banido. Mais tarde, o doutor Oliveira reencontrou a família na Inglaterra. Em 1820, o próprio rei dom João o agraciou com a comenda da Ordem de Cristo. Provavelmente foi a única relação extraconjugal do monarca.

Historiadores modernos especulam sobre uma possível relação homossexual com Francisco José Rufino de Sousa Lobato, o guarda-roupas real. O relato chegou até nós através do padre Miguel da Luz Martins, que teria assistido, sem querer, de um canto onde rezava, a cenas de intimidade entre dom João e Lobato na fazenda de Santa Cruz, no Rio de Janeiro: o guarda-roupas masturbava o rei. Mais tarde, padre Miguel foi feito bispo e enviado a Angola, enquanto Lobato recebeu o título de visconde de Vila Nova da Rainha. Mas não há nenhuma outra prova de um relacionamento ativo com homens — embora o historiador Tobias Monteiro afirme que dom João teria começado por "iniciativa própria ou exemplos nefastos, hábitos mórbidos que supriam a ausência de mulher" durante sua estadia em Mafra.[9]

Nesse meio-tempo, enquanto o casamento real se deteriorava, impelida pela França, a Espanha invadiu Portugal, em 1801. A Inglaterra havia retirado suas tropas do território peninsular e prestou pouco auxílio a seu aliado, além de trezentas mil libras e quatro regimentos de infantaria. Portugal estava em situação delicada, seis anos antes havia enviado cinco mil soldados para a Espanha, durante a campanha do Rossilhão, nos Pirineus, para auxiliar no combate aos revolucionários franceses que haviam executado o rei Luís XVI e a rainha Maria Antonieta, e transformado a França numa república. A Espanha, derrotada, foi obrigada a se aliar a Napoleão. Para os portugueses, o resultado foi desastroso. A Inglaterra também chegou a um acordo de paz com os franceses, em 1802. Dom João VI não podia contar com seu aliado histórico, o rei Jorge III, nem enfrentar Napoleão. Além disso, foi coagido a assinar tratados que o obrigavam a pagar uma indenização de 25 milhões de francos, ceder parte da costa da Guiana, na América do Sul, à França, e conceder aos franceses o mesmo tratamento alfandegário que dispensava aos britânicos. Um quinto do dinheiro da reparação iria diretamente para os bolsos do irmão de Napoleão, Luciano.[10]

Pressionado, deprimido e com crises nervosas periódicas, dom João VI se afastou da corte. Deixando o palácio de Queluz, refugiou-se primeiro em Mafra, em companhia dos religiosos, e em seguida isolou-se no paço de Vila Viçosa. Em 1805, apostando na fraqueza do marido e acreditando que ele estivesse enlouquecendo como mãe, dona Carlota Joaquina arquitetou um plano para afastá-lo do poder. O príncipe regente, isolado em Vila Viçosa, foi avisado pelo seu médico Domingos Vandelli e conseguiu voltar a Lisboa a tempo de impedir o golpe. Dona Carlota Joaquina tentaria outras vezes derrubar o marido do trono. Já no Brasil, tramou para assumir a regência da Espanha, ocupada por Napoleão, e ser nomeada regente do vice-reino do Prata, o que não agradava nem espanhóis nem portugueses.

Quanto a dom João, agitações e desassossegos o acompanhariam pelo resto da vida. No Rio de Janeiro, precisava de ajuda para dormir em noites de relâmpagos e trovoadas. Matias Antônio, agraciado com o título de barão e, mais tarde, visconde de Magé, morava no paço, ao lado do quarto real. Além de ajudar o rei a se despir e ler o breviário antes de dormir, era o responsável por manter dom João calmo durante as tempestades. O viajante prussiano Theodor von Leithold, que passou uma temporada no Brasil, escreveu que "se o rei não se sente bem, se adormece ou sobrevém uma tempestade, o que produz sobre ele forte impressão, encerra-se em seus aposentos e não recebe ninguém".[11]

Na Europa continental, depois de derrotar a Prússia e os Habsburgo e acertar um tratado de paz com os russos, Napoleão não tinha mais inimigos. Ele passou a governar um vasto território, criando novos países e redefinindo as fronteiras políticas. Os países derrotados foram obrigados a formar uma aliança ou manter a neutralidade. As regiões próximas da França foram transformadas em Estados-satélites, com reis, príncipes e duques nomeados pelo próprio Napoleão. Seu irmão mais novo, Jerônimo, foi instalado no trono da Vestfália, e o irmão mais velho, José, feito rei de Nápoles — mais tarde, com a invasão da península Ibérica, José seria colocado no trono da Espanha. A Holanda passou a ser governada por outro irmão do imperador, Luís. Somente a Inglaterra, em guerra quase permanente com os franceses desde 1792, ainda resistia. Em novembro de 1806, numa cartada para derrotar o rei Jorge III, Napoleão decretou o Bloqueio Continental, obrigando todos os países europeus a fecharem seus portos aos navios ingleses, impedindo o comércio britânico.

Aliado de Londres, Lisboa devia satisfação à Inglaterra, mas não tinha forças para se opor ao poderio francês. Até quando foi possível, dom João VI fez jogo duplo, nem aderia ao bloqueio nem declarava guerra a Paris. A indefinição portuguesa acabou fazendo Napoleão ordenar a invasão de Portugal por um pequeno exército. O objetivo era sujeitar o país à política francesa e depor a casa de Bragança. Em 1807, quando as tropas do general Junot, embaixador no país dois anos antes, chegaram a Lisboa, porém, toda a corte lusitana havia partido em direção ao Brasil.

Dom João VI pôs em prática um projeto antigo e várias vezes cogitado desde o século XVI. Em 1533, após regressar da primeira expedição no Brasil, questionado pelo rei dom João III sobre a possibilidade de a corte vir a se fixar na colônia, o capitão e donatário da capitania de São Vicente, Martim Afonso de Sousa, afirmou que "doidice seria um rei viver na dependência de seus vizinhos, podendo ser monarca de outro mundo maior". Em 1580, durante os problemas de sucessão que levariam Portugal a ser dominado pelos Habsburgo espanhóis, dom Antônio, prior do Crato e pretendente ao trono, aventou a ideia de mudar a corte para a América. Na década de 1650, dom João IV guardava um plano secreto com a mesma finalidade. Em 1736, o embaixador português em Paris dom Luís da Cunha escreveu um memorando secreto a dom João V, sugerindo ao rei mudar a corte para a América do Sul. Portugal seria governado por um vice-rei, e o Brasil, o ponto de partida para a tomada das colônias espanholas. Em 1755, a mudança foi novamente cogitada quando da destruição de Lisboa pelo terremoto. Em 1762, diante de mais uma ameaça de invasão espanhola, o marquês de Pombal propôs ao rei dom José I que tomasse as medidas necessárias para a viagem. Em 1801, durante a guerra franco-espanhola, dom Pedro José de Almeida Portugal, marquês de Aloma e conde de Assumar, escreveu a dom João VI sobre as vantagens de ter "um grande império no Brasil", território que seria ponto de partida para a tomada das colônias espanholas. "É preciso que Vossa Alteza Real mande armar com toda pressa todos os seus navios de guerra, e todos os de transporte, que se acharem na praça de Lisboa; que meta neles a princesa, os seus filhos, e os seus tesouros, e que ponha tudo isso pronto a partir." Dois anos mais tarde, dom Rodrigo de Sousa Coutinho, futuro conde de Linhares e então secretário de Estado da Fazenda, fez semelhante proposta, "criar um poderoso império no Brasil". Qualquer que fosse o risco, alertou Sousa Coutinho, seria menos danoso do que ver os franceses tomarem as ruas de Lisboa, obrigarem a casa de Bragança a abdicar e abolirem a monarquia.[12]

Em agosto de 1807, após duas reuniões do Conselho de Estado, realizadas no palácio de Mafra, dom João VI acatou o ultimato de Napoleão. Portugal aceitava aderir ao bloqueio, declarar guerra à Inglaterra, expulsar o embaixador inglês de Lisboa e retirar o diplomata português de Londres. Os portugueses só não aceitaram prender os súditos de Jorge III nem confiscar suas propriedades. Correspondências foram trocadas entre uma capital e outra. O diplomata inglês em Lisboa, Percy Clinton Sydney, visconde de Strangford, estava a par do jogo de faz de conta de dom João. Em outubro, em Londres, um convênio secreto foi assinado entre Inglaterra e Portugal, garantindo apoio da armada britânica para a transferência da corte ao Brasil. Quase ao mesmo tempo, pelo tratado de Fontainebleau, os franceses acordaram com os espanhóis o desmembramento de Portugal.

A essa altura, o general Junot se dirigia a Portugal, atravessando os Pirineus à frente de um exército de quinze mil soldados. Em 16 de novembro, a esquadra inglesa chegou à foz do rio Tejo com uma força de sete mil homens, sob o comando do almirante sir Sidney Smith, e bloqueou o porto. Lorde Strangford apresentou um ultimato a dom João VI. A frota lusa deveria ser entregue à Inglaterra ou usada para o transporte da família real. Em último caso, Lisboa seria bombardeada. Alguns dias depois, por meio de Strangford o príncipe regente tomou conhecimento de que Napoleão anunciava à Europa que a casa de Bragança não reinava mais sobre Portugal. O diplomata mostrou ao ainda indeciso dom João um exemplar do jornal *Le Moniteur*, órgão oficial do imperador francês, com notícias sobre o tratado de Fontainebleau. No dia 24, o Conselho de Estado foi reunido e o príncipe regente finalmente decidiu levar a corte para o Rio de Janeiro. Dom Joaquim José de Azevedo, oficial da corte e futuro visconde de Rio Seco, foi chamado no meio da noite e recebeu ordens de preparar a viagem, marcada para dali a três dias. Junot já se aproximava da capital.

Os palácios de Mafra e Queluz foram esvaziados às pressas. Tapetes, quadros, obras de arte, louças, joias e roupas foram despachados para o cais em uma caravana de mais de setecentas carroças. A prataria das igrejas e os mais de sessenta mil volumes da biblioteca Real foram embalados e acomodados em catorze carroções. O Tesouro Real, todo o ouro e diamantes da cidade, foi retirado em caixotes e levados até os navios sob escolta de soldados. Eusébio Gomes, almoxarife do palácio de Mafra, confidenciou no seu diário que era impossível descrever a desordem e a confusão no porto de Belém. "Todos querem embarcar; o cais amontoado de caixas, caixotes, baús, malas, malotões e trinta mil coisas, que muitas ficaram no cais tendo os seus donos embarcado, outras foram para bordo e seus donos não puderam ir", registrou. "Embarcou quem pôde, e como pôde", escreveu o historiador Pedro Calmon. "O espetáculo tanto teve de grotesco como de admirável." Mesmo aqueles a quem fora prometido que embarcariam não tinham garantias de que o fariam, tal era a confusão. Foi o caso do núncio apostólico do palácio da Ajuda, dom Lourenço Caleppi. Ficaria célebre a frase dita pela rainha dona Maria I ao cocheiro que depressa conduzia a carruagem real: "Não tão depressa, que pensarão que vamos fugindo". Já a bordo do navio que levaria a família real, ancorado nas docas, lorde Strangford precisou encorajar dom João VI a não desistir. O príncipe regente temia escapar das garras de Napoleão e cair prisioneiro dos ingleses.[13]

A estimativa é de que pelo menos dez mil pessoas tenham acompanhado dom João VI ao Brasil — a duquesa de Abrantes afirmou ser 13.800 o número total, enquanto alguns historiadores estimam em quinze mil. Somente a nau *Príncipe Real*, que transportou o príncipe regente, a rainha dona Maria I, então com 73 anos, o príncipe dom Pedro, de nove anos, e o infante dom Miguel, de cinco, contava com mais de mil pessoas a bordo. Segundo um registro da época, provavelmente bastante exagerado, eram 1.600. A *Príncipe Real* era a embarcação de maior tonelagem. Tinha 67 metros de comprimento, contava com três conveses e 84 canhões. A frota real era composta de quinze navios (oito naus, quatro fragatas e três brigues), além de uma escuna, várias charruas e outros navios mercantes, "36 velas, ao todo". Oficialmente, eram 536 nobres, ministros de Estado, conselheiros, desembargadores, padres e médicos, número que deve ser multiplicado algumas vezes, já que a nobreza carregou junto seus criados e serviçais. Só o marquês de Belas trouxe mais de vinte pessoas com ele, além da própria família.[14]

Com dois dias de atraso, devido ao mau tempo, à chuva e aos ventos fortes, às sete horas da manhã de domingo, 29 de novembro de 1807, os Bragança finalmente começaram a deixar a Europa com destino ao Rio de Janeiro. Nas primeiras horas da tarde, os navios portugueses foram saudados pela esquadra inglesa na barra do Tejo com 21 tiros de canhão. Quando os franceses entraram em Lisboa, o general Junot ainda pôde ver no horizonte os navios que levavam a corte. A tropa invasora chegara às ruas da capital com um efetivo de cerca de seis mil homens, mal armados, estropiados e famintos, menos da metade do contingente original. Muitos haviam morrido de fome, devido à epidemia de febre ou à disenteria. Na pressa da partida, os portugueses deixaram para trás, espalhados pelo cais, centenas de bagagens, o acervo da biblioteca Real e a prataria das igrejas. Os livros seriam despachados para o Brasil três anos mais tarde em 317 caixotes. A prata foi confiscada e derretida pelas tropas de ocupação.

DOM JOÃO VI, UM REI NOS TRÓPICOS

Em 14 de janeiro de 1808, o brigue *Voador* chegou ao Rio de Janeiro trazendo a notícia de que a família real estava a caminho do Brasil. Três dias depois, sete naus portuguesas e três barcos ingleses entraram na baía de Guanabara. Mas apenas as irmãs da rainha, a viúva dona Maria Benedita e dona Maria Ana, além das infantas dona Maria Francisca de Assis e dona Isabel Maria, estavam a bordo. Durante uma tempestade em alto-mar, a frota se dividiu. A nau que levava dom João VI chegou em Salvador, no dia 22, após 54 dias de viagem.

Durante a estadia na Bahia, no dia 28, o regente assinou um dos mais importantes documentos da história brasileira: a carta régia que decretava a abertura dos portos da colônia ao comércio de todas as "nações amigas". A par-

370 *Rodrigo Trespach*

tir de então, o Brasil deixava o isolamento imposto pela metrópole e o monopólio português. Parte da decisão foi influenciada pelo baiano José da Silva Lisboa, o futuro visconde de Cairu, adepto das ideias liberais de Adam Smith, que apresentou ao rei um estudo sobre as vantagens da liberação do comércio para o desenvolvimento econômico. Mas o que realmente pesou para a decisão de dom João foram as negociações iniciadas ainda na Europa. A abertura beneficiava a Inglaterra, a principal parceira comercial e militar de Portugal.

Depois de um mês na Bahia, dom João VI seguiu viagem para o Rio de Janeiro. Na tarde de 7 de março de 1808, finalmente a esquadra real ancorou na baía de Guanabara. No dia seguinte, às quatro da tarde, os Bragança foram levados por um bergantim escarlate e dourado, coberto por um dossel púrpura, até o cais, na atual praça Quinze de Novembro. O príncipe regente trajava uma casaca comprida de gola alta, colete branco bordado, calções de cetim, botas curtas, dragonas e um chapéu armado com enfeite de arminho. Na cintura, uma espada, borlas e cordões de fios de ouro. Dona Carlota Joaquina vestia seda preta e não trazia adereço algum. Tinha os cabelos cortados muito curtos, devido a um surto de piolhos. Conforme uma testemunha, chorava muito.

Segundo o relato do padre Luiz Gonçalves dos Santos, o padre Perereca, assim chamado devido aos olhos esbugalhados e ao físico franzino, testemunha ocular, toda a cidade havia se reunido no porto e nas proximidades para ver o desembarque. Quando pisaram em terra, os Bragança foram recebidos pelo Senado, pelo clero e pelos ricos da colônia, todos vestindo seus melhores trajes e perucas empoadas. Num altar improvisado foram aspergidos com água benta, acendeu-se incenso, e a Santa Cruz foi oferecida a dom João VI para que ele a beijasse. Depois da bênção do bispo, a família real seguiu em cortejo, protegida por um pálio e acompanhada por fidalgos, magistrados, oficiais e religiosos, em direção à igreja do Rosário, então catedral da cidade. No largo do paço, luminárias foram erguidas com alegorias cenográficas feitas em madeira e milhares de lumes, encimadas por uma balaustrada com versos de Virgílio. No centro, as armas de Portugal unidas às do Senado. Dentro do arco central, um medalhão com a imagem de dom João adornado com uma grinalda de rosas. Em torno, símbolos com as virtudes atribuídas ao rei: religião, justiça, prudência, força e magnanimidade. Outras imagens representavam Portugal, o Brasil e a África. Ajoelhado e coberto por um manto, um indígena tinha um coração na mão direita e ofertava ao soberano as riquezas da terra.

As ruas estavam cobertas de areia branca, ervas aromáticas e flores, relatou um emocionado padre Perereca. Saudado por tiros de canhão, pelo repique dos sinos das igrejas da cidade e pelas descargas dos regimentos de infantaria estacionados na praça, o cortejo passou por arcos do triunfo. Nas casas, as portas haviam sido decoradas com cortinados de damasco carmesim. Das varandas pendiam tapeçarias de cores variadas, de damasco e cetim, e das janelas eram lançadas flores. Na catedral, a família real assistiu a um missa e cantou o *Te Deum*. Depois se dirigiu até o palácio dos Vice-Reis, que passou a ser o paço Real. Durante nove dias a cidade permaneceu iluminada. A rainha dona Maria ı só desembarcou dois dias depois, em 10 de março, e a cerimônia de recepção foi repetida.[15]

Cercado por altas montanhas, mar e brejos alagadiços, o Rio de Janeiro era uma cidade quente, úmida e insalubre. O lugar era conhecido dos portugueses desde janeiro de 1502, quando a expedição de Gaspar Lemos avistou a baía de Guanabara — que na língua dos indígenas locais significava "braço do mar" — e a confundiu com a foz de um grande rio. Mais tarde, em 1º de março de 1565, o capitão Estácio de Sá lançou os fundamentos da cidade de São Sebastião do Rio de Janeiro, homenagem ao jovem rei de Portugal, dom Sebastião, e ao "rio" descoberto por Lemos mais de seis décadas antes. Na verdade, a "cidade" não era mais do que um arraial protegido por uma paliçada, localizado entre o morro Cara de Cão e o Pão de Açúcar, na entrada da baía. Dois anos depois, com a expulsão dos franceses e a morte de Estácio, o governador-geral Mem de Sá mudou a cidade para o morro do Castelo, lugar mais elevado e melhor protegido. A partir dali o Rio de Janeiro se desenvolveria ao longo dos séculos seguintes, ocupando a várzea entre o morro do Castelo e os de São Bento, Santo Antônio e da Conceição — o histórico morro do Castelo seria arrasado em 1922, em um projeto de reurbanização. Ao longo do século XVIII, durante a administração do governador Gomes Freire de Andrade, a cidade passou por transformações, como a construção da Casa dos Governadores (o palácio dos Vice-Reis), o Aqueduto da Carioca (os Arcos da Lapa), o chafariz do mestre Valentim, na praça do Carmo (ou do Paço) e o convento de Santa Tereza. Em 1763, o marquês de Pombal elevou o Rio à categoria de capital do vice-reino do Brasil. Apesar das melhorias, no começo do século XIX o Rio estava longe de ser uma cidade moderna. A falta de higiene e muitos hábitos da população carioca eram considerados não civilizados pelos europeus. Talheres à mesa eram raros e a comida geralmente era consumida com as mãos, "à moda asiática". A carne era exposta na porta dos açougues, com pouco asseio. A carne fresca,

372 *Rodrigo Trespach*

a propósito, era um artigo de luxo. A base da alimentação consistia em farinha de mandioca, feijão e carne-seca, aliados ao consumo de peixe, aves, legumes, verduras e frutas tropicais, como abóbora, laranja, banana, abacaxi, goiaba e melancia. A população pobre consumia frequentemente farinha de trigo com caldo de laranja. Só os mais abastados e nobres faziam três refeições diárias. Pela manhã, era servido o "almoço"; a principal refeição do dia, por volta do meio-dia, era chamada de "jantar"; e à noite comia-se a "ceia".[16]

Com a chegada da corte portuguesa em 1808, o Rio de Janeiro passou a ser a capital do império lusitano, e dom João VI precisou construir ou improvisar na América tudo o que era necessário para a instalação do aparato burocrático administrativo e uma vida social condizente com a da Europa. O Rio de Janeiro tinha então cerca de sessenta mil habitantes, 75 logradouros públicos, 46 ruas, quatro travessas e dezenove largos. John Luccock calculou que havia dezesseis mil estrangeiros, dois mil pessoas ligadas à corte ou à administração, setecentos padres, quinhentos advogados, duzentas pessoas ligadas à medicina, quarenta negociantes, quatro mil caixeiros ou aprendizes de loja, dois mil "retalhistas" (assim chamados os atacadistas), 1.250 "mecânicos" (os ofícios manuais, como carpinteiros, pedreiros, cuteleiros, ferreiros etc.), trezentos pescadores e cem taberneiros.[17]

Inicialmente instalado no paço Real, mais tarde dom João VI transferiu residência para o palácio de São Cristóvão. O paço continuou sendo, no entanto, a sede do governo, em volta do qual transitavam nobres, funcionários públicos e todos aqueles ligados à administração. Ali estava localizada a sala do trono e os salões de recepção e do conselho, onde eram realizadas as cerimônias oficiais. Era dali, na maioria das vezes, que dom João se ocupava dos papéis das mais diversas repartições e despachava todas as decisões do reino, por mais insignificantes que fossem. Dona Carlota Joaquina, por sua vez, instalou-se em um palacete na enseada de Botafogo, distante da residência do esposo. A rainha dona Maria I foi alojada no convento das carmelitas, ligado ao paço Real por um passadiço improvisado. Para acomodar os demais integrantes da corte, foi preciso improvisar. Quase não havia residências de qualidade disponíveis; a maioria das casas era de um só pavimento, dotadas de apenas uma janela. Instituiu-se, então, um sistema de "aposentadorias". Os principais membros da nobreza escolhiam as melhores e os magistrados responsáveis escreviam na porta da moradia cobiçada as iniciais "P. R.", ou seja, requisitadas pelo príncipe regente. Os brasileiros logo deram outro significado: "Ponha-se na rua".

O palácio de São Cristóvão foi construído na quinta da Boa Vista, assim chamada devido à visão que se tinha da baía de Guanabara. A propriedade pertencera aos jesuítas, mas no século XVIII, com a expulsão da ordem do Brasil, o terreno fora arrematado para servir de plantação de cana-de-açúcar. Em 1803, o comerciante e traficante de escravizados Elias Antônio Lopes comprou a área e reformou o antigo prédio dos religiosos. Quando a família real chegou ao Brasil, Lopes presenteou dom João VI com o imóvel e a Chácara do Elias passou a ser residência do rei e de seus filhos. O comerciante, claro, recebeu o título de fidalgo da casa real e a comenda da Ordem de Cristo, além de outros benefícios. A edificação foi melhorada e ampliada entre 1816 e 1821 sob a coordenação do engenheiro inglês John Johnston. O antigo terreno alagadiço foi aterrado, ganhando pavimentação e um portão monumental na entrada, presente do duque de Northumberland. Luccock assegurou que o palácio era bastante confortável, embora "acanhado e pretensioso, mal construído e pessimamente mobiliado". A viajante Maria Graham afirmou que o prédio tinha "estilo mourisco", pintado de amarelo, com molduras brancas. No pátio em torno, plantações de salgueiros-chorões.[18]

Dois dias após desembarcar, dom João VI criou o primeiro gabinete no Brasil. Dom Rodrigo de Sousa Coutinho assumiu o ministério de Negócios Estrangeiros e da Guerra; dom Fernando José de Portugal, futuro marquês de Aguiar, o de Negócios do Reino; e dom João Rodrigues de Sá e Menezes, visconde de Anadia, o da Marinha e Ultramar. Coutinho, que dom João fez conde de Linhares, foi um dos mais importantes homens públicos durante o período joanino. Era afilhado do marquês de Pombal, líder do alinhamento com os ingleses e o responsável pela transferência da corte para o Brasil. Foi influente na criação do Banco do Brasil, em 1808, e por viabilizar, dois anos mais tarde, a assinatura do tratado de Aliança e Comércio com a Inglaterra. Depois da morte do conde de Linhares, em 1812, dom Antônio de Araújo de Azevedo, conde da Barca, passou a ser o homem forte de dom João. Intelectual, foi um dos responsáveis pela vinda da chamada Missão Francesa, liderada por Joachim Lebreton, do Instituto Real da França, que trouxe para o Brasil nomes como o pintor Nicolas-Antoine Taunay, o escultor Auguste-Marie Taunay, o gravador Simon Pradier, o arquiteto Grandjean de Montigny e o pintor Jean-Bastiste Debret, provavelmente o mais importante artista do século XIX no país. O conde da Barca também foi o responsável por trazer da Inglaterra as máquinas impressoras que possibilitaram a criação da imprensa nacional, com a fundação, em

1808, da *Gazeta do Rio de Janeiro*, jornal oficial do governo redigido pelo frade Tibúrcio José da Rocha. A primeira edição saiu em 10 de setembro de 1808 e inicialmente tinha circulação semanal. Araújo de Azevedo faleceu em 1817, sendo substituído por Tomás Antônio Vilanova Portugal, absolutista, inimigo da maçonaria e dos liberais.

Em 1808, o Brasil tinha uma elite abastada, mas sem o prestígio e o refinamento da corte. Dom João VI trouxe para os trópicos seis séculos de tradição monárquica, as grandes cerimônias da corte e as construções — dos prédios públicos às instituições científicas e artísticas — e as embaixadas estrangeiras. Em troca de apoio financeiro, o rei concedeu um grande número de honrarias e títulos de nobreza aos ricos brasileiros ou a portugueses que haviam migrado com a corte. Em toda a sua história, Portugal havia concedido títulos a dezesseis marqueses, 26 condes, oito viscondes, oito condes e quatro barões. Até 1821, dom João VI faria 38 marqueses, 64 condes, 91 viscondes e 31 barões. Além dos títulos, fez mais de 2.630 de cavaleiros, comendadores e grã-cruzes da Ordem de Cristo, 1.422 comendas da Ordem de São Bento de Avis e 590 da Ordem de São Tiago. "Indivíduos que nunca usaram esporas foram crismados cavaleiros, enquanto outros que ignoravam as doutrinas triviais do Evangelho foram transformados em comendadores da Ordem de Cristo", escreveu o inglês John Armitage, autor de um dos primeiros livros sobre a independência brasileira, publicado em 1835.[19]

O ritual do beija-mão foi mantido. Solenidade de tradição medieval, consistia em fazer o súdito ajoelhar-se e beijar a mão do monarca e de membros da família real em sinal de respeito e subserviência. Era quase que diário, com exceção de feriados e domingos. Realizado sempre à noite, no andar superior do palácio de São Cristóvão ou nas grandes solenidades de gala, no paço, depois da missa na capela Real. No lado esquerdo da sala de audiências, enfileiravam-se os generais, ministros, conselheiros, sacerdotes e gente de todas as classes. No lado direito, ficavam os grandes do reino. O prussiano Leithold contou certa vez trezentas pessoas, "de modo que o rei teve a mão beijada seiscentas vezes". "Se o número dos postulantes é grande", escreveu Leithold,

> a cerimônia pode durar horas. A primeira vez que compareci, um sacerdote português falou com o soberano bem um quarto de hora. A maioria limita-se a beijar a mão, retirando-se sem dizer uma palavra. Senhoras também comparecem vestidas de preto e são introduzidas depois dos homens.[20]

Dom João vi trouxe ao Brasil mais do que antigas tradições. O estabelecimento da corte no Rio de Janeiro acabaria sendo fator determinante no processo de independência brasileira. Ao longo de treze anos foram lançadas as bases de um novo país. A abertura dos portos tornou internacional um comércio antes restrito. Em 1808, entraram na colônia 765 navios lusos e noventa estrangeiros. Oito anos mais tarde, eram 1.460 embarcações, das quais 217 eram estrangeiras; 113 delas britânicas. Da Inglaterra chegavam fazendas, gêneros alimentícios e metais; do império Habsburgo, relógios, pianos, linho, seda, veludo, ferragens, produtos químicos e vidros; da França, artigos de luxo, joias, sapatos, leques, móveis, licores, perfumes, manteiga e livros; da Holanda, cerveja; da Rússia, ferro, cobre, couro e alcatrão; da costa da África, ouro em pó, marfim, pimenta, ébano, cera, azeite de dendê e escravos.

Em 1810, dom Rodrigo de Souza Coutinho e lorde Strangford assinaram o tratado de Comércio e Navegação, seguido do tratado de Aliança e Amizade. Strangford escreveria mais tarde: "Eu garanti que a Inglaterra estabelecesse com o Brasil a relação de soberano e súdito, e exigisse obediência em troca de proteção". O primeiro acordo garantia direitos aos súditos ingleses no Brasil, liberdade religiosa, permissões para o comércio e o varejo e valorização dos produtos britânicos. Os negociantes ingleses tinham privilégios, pagavam apenas 15% de impostos, menos do que Portugal (16%) e outras nações (24%). O segundo tratado determinava a extinção gradual do tráfico negreiro até a proibição. O artigo 10 do acordo afirmava que dom João vi, "convencido da injustiça e má política do comércio de escravos", comprometia-se a acompanhar os esforços ingleses no sentido de combater a exploração africana. Durante o Congresso de Viena, cinco anos mais tarde, em troca de uma ajuda financeira, Portugal concordou em abolir o comércio de escravizados em todo o hemisfério Norte. Mas dom João assinou um acordo que não podia cumprir: a liberação dos escravizados seria a ruína completa da já combalida economia portuguesa. Na prática, pouco ou nada foi feito para que o acordo fosse cumprido. No começo da década de 1820, cerca de trinta mil africanos escravizados chegavam ao país anualmente.[21] Além do serviço doméstico e do trabalho na lavoura de pequenos e grandes comerciantes e fazendeiros, os africanos e seus descendentes se ocupavam de quase todo o trabalho manual, atuando como sapateiros, fazedores de cestas, vendedores, carregadores de mercadoria e no transporte de pessoas. Assim como ocorria em Vila Viçosa, em Portugal, na fazenda de Santa Cruz, transformada em residência de verão da família real no Rio, os escravizados eram iniciados na música sacra e orientados por músicos como José Maurício, brasileiro mestiço que ficaria conhecido como "Mozart brasileiro". Os escravizados músicos tocavam violoncelo, rabeca, clarineta, flauta, fagote, trombone, pistom, trompa e flautim de ébano, executavam valsas, quadrilhas, modinhas e marchas militares, e eram convocados a tocar na orquestra ou no coral do paço de São Cristóvão ou da capela Real.

Libertando a colônia das amarras do comércio metropolitano, o governo permitiu a abertura de empresas e o estabelecimento de manufaturas e fábricas, algo que era proibido desde 1785. Dom João VI também fundou o Banco do Brasil, a primeira instituição financeira do mundo lusitano, em outubro de 1808 — Portugal teria seu primeiro banco somente em 1821. O capital inicial do banco era de 1.200 contos de réis, divididos em ações impenhoráveis. O banco detinha o monopólio do pau-brasil e dos diamantes, realizava operações financeiras do governo, descontava notas de efeito comercial, fazia empréstimos, recebia depósitos e efetuava câmbio de moedas. Em 1821, porém, as dívidas somavam mais de dez mil contos. Quando o rei voltou para Portugal, trocou suas letras de câmbio por metais: duzentos contos em moedas. Catorze anos mais tarde a instituição seria liquidada. Ainda na ordem econômica, dom João criou fundições de ferro em Minas Gerais e São Paulo. Em 1819, patrocinou a primeira colônia não lusa no país, Nova Friburgo, na serra fluminense, com a vinda de colonos suíços, numa tentativa de substituir a mão de obra escrava. Em carta ao imperador austríaco, sogro de seu filho, expôs seu objetivo quanto ao projeto de imigração no Brasil:

> Decidi substituir por colonos brancos os escravos negros. Nessa emergência, preferi os métodos indiretos. O tráfico negro já diminuiu muito, e espero que, em pouco tempo, Vossa Majestade Imperial ficará satisfeito quando vir seus desejos realizados.[22]

No campo militar, criou a Fábrica de Pólvora, a Academia Militar, o Real Arquivo Militar (atual Arquivo Histórico do Exército) e a Real Academia dos Guardas Marinhos (Escola Naval). Surgiram ainda a Escola de Cirurgia, em Salvador; e a Escola Anatômica Cirúrgica e Médica (Faculdade de Medicina), a Escola Real de Ciências, Artes e Ofícios (Escola de Belas-Artes), o Jardim Botânico, o Observatório Astronômico e o Museu Real (Museu Nacional), no Rio de Janeiro. A capital também ganhou seu primeiro teatro, o São João, inaugurado em 1813. A criação da Imprensa Régia possibilitou, pela primeira vez na história brasileira, a publicação de jornais, sermões, opúsculos, obras científicas e literárias. Até 1822, foram publicados 1.427 documentos oficiais e 720 títulos. Por fim, o acervo de sessenta mil livros da Real Biblioteca daria origem à Biblioteca Nacional.

Na Europa, após duas décadas de guerras e sete coalizões, representantes da Áustria, da Inglaterra, da Rússia e da Prússia reuniram-se na capital dos Habsburgo para decidir o futuro do Velho Mundo. Em 1815, uma nova Europa foi desenhada na mesa de negociações. Derrotado em Waterloo e prisioneiro dos ingleses, Napoleão foi enviado para o exílio. Enquanto isso, Robert Stewart, visconde de Castlereagh, secretário de Relações Exteriores da Inglaterra, despachou para o Rio de Janeiro uma pequena frota com a missão de conduzir a família real portuguesa de volta a Lisboa. Contrariando as expectativas, dom João VI decidiu permanecer na América e consolidar a colônia como centro do império português. Em 16 de dezembro de 1815, elevou o Brasil à categoria de reino: Reino Unido de Portugal, Brasil e Algarves.

A ideia de fazer do Brasil um reino surgira durante o Congresso de Viena, entre o círculo de enviados de Portugal e Talleyrand, o ministro e representante francês. A delegação portuguesa era formada por dom Joaquim Lobo da Silva, conde de Oriola; dom Antônio Saldanha da Gama, conde de Porto Santo; e dom Pedro de Souza, conde de Palmela. Talleyrand articulara nos bastidores diplomáticos um projeto que servia bem aos interesses políticos dos envolvidos. O objetivo era garantir a lealdade do Brasil à Coroa portuguesa, destruir a "ideia de colônia", que tanto desagradava aos brasileiros, e manter na América um baluarte monarquista diante da ameaça liberal vinda da América inglesa e das ex-colônias espanholas. Para muitos historiadores, a elevação do Brasil à categoria de reino marcou o início do processo que levaria ao Sete de Setembro. Para Manuel de Oliveira Lima, dom João VI foi o "fundador da nacionalidade brasileira".[23]

VENTOS REVOLUCIONÁRIOS

Em 20 de março de 1816, três meses após a elevação do Brasil à categoria de reino, dona Maria I faleceu. Tinha 81 anos e passara as duas décadas anteriores vivendo num mundo à parte. Morando em um quarto no andar superior do antigo convento do Carmo, ela passeava diariamente pela cidade, levada pelas damas de companhia. Do fato de ela não ter consciência do que se passava, teria surgido a expressão popular "Maria vai com as outras". Além dos passeios, recebia visitas frequentes da família e era pacientemente cuidada por dona Joana de Lacerda, que dom João fez baronesa e, mais tarde, viscondessa do Real Agrado. Acometida de surtos, não raro xingava e esbofeteava as empregadas. Quando morreu, seu corpo, exposto durante três dias na Sala de Despachos do paço, foi vestido com um manto de veludo carmesim forrado de uma túnica branca bordada com estrelas de ouro. No peito, a grã-cruz de são Tiago e a banda da Ordem de Cristo e de Avis. Na noite do dia 23, um cortejo fúnebre depositou o cadáver no convento de Nossa Senhora da Ajuda.[24]

Com a morte da mãe, dom João VI passava a ser oficialmente rei de Portugal, Brasil e Algarves, d'aquém e d'além-mar em África e senhor da Guiné, senhor da Conquista da Navegação e Comércio da Etiópia, Arábia, Pérsia e Índia, o extenso título criado no século XVI pelo rei dom Manuel I. Mas a aclamação só seria realizada dois anos mais tarde. Segundo o padre Perereca, dom João havia decidido adiar a "augusta cerimônia para uma época mais longínqua" a fim de evitar "misturar com lágrimas" um momento de júbilo. Mas além do luto pelo falecimento da rainha, a Coroa enfrentava uma guerra externa e uma insurreição republicana no Nordeste.

Tanto o novo monarca quanto sua esposa tinham os olhos voltados para a região do rio da Prata. Dona Carlota Joaquina se achava herdeira do rei Carlos IV da Espanha, destituído por Napoleão. Como seu irmão Fernando VII também fora despojado de seus direitos pelo imperador francês, a rainha portuguesa julgava-se no direito de ocupar seu lugar, pelo menos no que dizia respeito às colônias espanholas. Desde 1811, quando a Banda Oriental (atual Uruguai) proclamara a independência, dom João VI observava a situação com cautela, já que o vice-reino do Rio da Prata (a atual Argentina) também se agitava contra o governo espanhol. Em março de 1816, uma divisão de voluntários portugueses chegou ao Rio de Janeiro para reforçar as tropas reunidas no Brasil. Quando os argentinos se declararam independentes da Espanha em julho, dom João deu início à ocupação da Banda Oriental com o pretexto de evitar invasões ao território brasileiro. No começo de 1817, o general Carlos Lecor, mais tarde barão de Laguna, tomou Montevidéu. A região foi anexada ao reino como província Cisplatina e só conquistaria a independência do Brasil em 1828.

Dois meses depois de conquistar a Cisplatina, dom João VI precisou enfrentar um movimento separatista interno iniciado na província de Pernambuco. Em 6 de março, Recife se levantou contra o governo. Influenciados pelo Iluminismo e pela maçonaria, comerciantes, magistrados, militares e clérigos proclamaram uma república independente, criaram uma bandeira e enviaram emissários para os Estados Unidos, a Inglaterra e a Argentina. Rapidamente a revolta alcançou as províncias vizinhas, embora com menor impacto — no Ceará, a revolta durou apenas oito dias. A repressão oficial foi rápida. Em 20 de maio de 1817, o movimento foi debelado. Quase 250 indivíduos foram presos, mas muitos conseguiram fugir, como Manoel de Carvalho Paes de Andrade, que se refugiou nos Estados Unidos, de onde mais tarde voltaria para liderar a Confederação do Equador, outro movimento de caráter republicano, já durante o governo imperial brasileiro. Alguns líderes foram presos, julgados e executados, entre eles o comerciante Domingos José Martins, o advogado José Luís Mendonça e Miguel Joaquim de Almeida e Castro, o padre Miguelino, autor da proclamação.

Depois dos contratempos políticos, dom João VI ainda precisou dar atenção a um evento diplomático e dinástico de máxima importância, as bodas do herdeiro do trono. A arquiduquesa dona Leopoldina de Habsburgo, casada por procuração com o príncipe dom Pedro desde maio, chegou ao Rio de Janeiro no começo de novembro. Somente depois do matrimônio real é que começaram os preparativos para a aclamação.

Em 6 de fevereiro de 1818, a formalidade finalmente pôde ser realizada. A data escolhida era simbólica. A primeira sexta-feira da Quaresma era dedicada às Sacrossantas Chagas do Divino Redentor, as Chagas de Cristo, que figuravam no escudo do reino como símbolo da nação portuguesa desde dom Afonso Henriques, primeiro monarca lusitano, no século XII. Em suas memórias, o padre Perereca anotou todos os detalhes da cerimônia — "a mais magnífica e brilhante que se pode imaginar".[25] Na baía de Guanabara, as embarcações portuguesas estavam embandeiradas, assim como os navios estrangeiros. Desde o meio-dia milhares de pessoas se aglomeravam no centro do Rio de Janeiro, vindas dos arredores, de São Paulo e de Minas Gerais. A brasileiros e portugueses se misturavam também ingleses, franceses, alemães, italianos, espanhóis e até chineses. A cidade fora embelezada pelos artistas franceses que haviam chegado ao Brasil poucos anos antes. Junto ao chafariz do mestre Valentim foi erguido um arco do triunfo com cenas alusivas ao desembarque da família real, obra de Debret. No centro do largo do paço, foi construído um obelisco, "à imitação das agulhetas do Egito, que estão erectos hoje nas principais praças de Roma", obra de Taunay, observou o religioso que servia de repórter. A praça foi toda enfeitada de cortinados de damasco carmesim, assim como os edifícios em seu entorno. Uma varanda provisória com cerca de 55 metros de comprimento por nove de largura foi erguida junto à rua Direita (a atual Primeiro de Março). O pavilhão de dezoito arcos era encimado por uma cornija decorada com figuras alegóricas que representavam justiça, fortaleza, temperança e glória. Sobre o arco principal, mais elevado, foram afixadas as armas do reino. No alto da cúpula, uma estátua da Fama, a divindade grega que anunciava a presença dos deuses com uma trombeta. Na nave principal foi instalado o trono. A seu lado, uma mesa, onde foram depositados a coroa, o cetro, o crucifixo e o missal, tudo coberto com um véu de seda e ouro. Na base da varanda, um recinto semicircular cercado por uma balaustrada, se instalaram os músicos, vestidos com fardas de veludo vermelho e galões de ouro.

Quando dom João VI apareceu no balcão, foi ovacionado pela multidão que o aguardava. O rei vestia um manto real de veludo carmesim, bordado com as armas reais em ouro, preso por um magnífico broche de diamantes. A cauda era sustentada pelo conde Parati, o camareiro-mor. Na cabeça, dom João usava um chapéu escuro de plumas brancas ornado com presilha e laço de brilhantes. Pendendo do pescoço e sobre o peito, a Ordem do Tosão de Ouro, honraria criada pelos governantes da Borgonha no século XV, e as insígnias máximas de todas as ordens portuguesas de cavalaria. Após a saudação da multidão, o monarca sentou-se e recebeu, com a mão direita, o cetro de ouro das mãos do bispo dom José Caetano da Silva Coutinho, capelão-mor da Casa Real. Em seguida, ajoelhou-se e colocou a mão sobre a cruz e o missal, jurando respeitar as liberdades e os direitos de seus súditos. Os filhos dom Pedro e dom Miguel fizeram o mesmo, atestando fidelidade ao pai. Ambos beijaram a mão de dom João, como símbolo de obediência e lealdade. Por fim, a bandeira real foi desfraldada pelo alferes-mor enquanto o rei de armas convidava os altos funcionários do governo e a nobreza a jurarem fidelidade ao soberano. O alferes-mor se dirigiu, então, à sacada e bradou ao povo a tradicional proclamação de saudação ao novo rei. Seguiram-se vivas e aplausos, repicar de sinos, barulho de fogos de artifício e o estrondo das salvas da esquadra e das fortalezas da cidade. O padre Perereca afirmou ter visto o monarca "com lágrimas nos olhos". Encerrado o ritual público na varanda, dom João e a família real seguiram até a capela Real, ricamente decorada e iluminada, onde entoaram um *Te Deum* e o rei foi benzido pelo bispo com a relíquia do Santo Lenho. Por volta das oito horas da noite, a cerimônia estava encerrada. A cidade, porém, continuaria iluminada com lanternas, e as comemorações prosseguiriam por três dias.[26] No dia 13 de maio, aniversário do rei, foi encenada a obra dramática *Himeneu*, elogiosa à monarquia lusitana, e apresentado o quadro *Bailado histórico*, obra em que Debret unia deuses da mitologia clássica a personagens portugueses históricos.

O tempo de dom João VI no Brasil, no entanto, estava chegando ao fim. Em agosto de 1820, uma revolução eclodiu na cidade do Porto. O movimento rapidamente tomou conta de Portugal e assumiu as rédeas do poder. Governando em nome do rei, os revolucionários criaram uma junta governativa, que convocou as Cortes e, entre outras coisas, exigiu o retorno do monarca à Europa. Em virtude do sistema absolutista lusitano, as Cortes, que deveriam funcionar como uma assembleia consultiva e deliberativa, não eram convocadas desde dom Pedro II, em 1697, havia mais de 120 anos. Em 1820, sob influência do Iluminismo e das ideias propagadas pela Revolução Francesa, o chamado Soberano Congresso defendia a limitação do poder do rei, que deveria governar segundo uma constituição elaborada em assembleia conforme o desejo dos representantes do povo.

As notícias da Revolução Liberal cruzaram o Atlântico e chegaram ao Rio de Janeiro em outubro, trazidas pelo brigue *Providência*. Como era próprio de seu temperamento e de sua administração, um surpreso e assustado dom João VI retardou o quanto pôde qualquer ação mais decisiva, sempre tomando posições ambíguas. Quatro meses depois, porém, em fevereiro de 1821, o rei foi forçado pelas circunstâncias — a pressão dos líderes políticos, um motim promovido por soldados portugueses no Rio e revoltas que começaram a estourar no Norte e no Nordeste — a jurar uma constituição que viria a ser elaborada em Lisboa. Pela primeira vez em setecentos anos, um monarca português aceitava diminuir sua autoridade diante de um congresso convocado sem o seu consentimento.

O retorno da família real foi amplamente debatido entre conselheiros e ministros. Havia quem defendesse a partida imediata do soberano, ou do príncipe dom Pedro, enquanto outros apoiavam a permanência do rei no Rio de Janeiro. Em março, quando recebeu das Cortes um ofício solicitando seu imediato retorno à Europa, dom João VI foi obrigado a desistir da ideia de continuar no Brasil. No dia 24 de abril deu-se o beija-mão de despedidas e o corpo de dona Maria I, falecida cinco anos antes, foi desenterrado e transportado para uma fragata ancorada no cais. Os restos mortais do infante da Espanha dom

Pedro Carlos, vítima de tuberculose em 1812, foram depositados no mesmo navio. Dois dias mais tarde, na manhã de 26 de abril de 1821, um choroso dom João partia para Lisboa a bordo da nau *Dom João* VI. O navio real era acompanhado de duas fragatas e nove embarcações de transporte. Junto seguiam quatro mil pessoas. "A maré carregava o que a maré trouxera", escreveu o historiador Oliveira Lima. "Ele próprio regressava menos rei do que chegara [...] deixava, contudo, o Brasil maior do que o encontrara."[27] Dona Carlota Joaquina, por sua vez, partia feliz e radiante: "Afinal vou para terra de gente!".

Dom João VI chegou a Lisboa em 3 de julho, após 68 dias de viagem. As fortalezas dispararam salvas e os sinos das igrejas anunciaram à população a chegada do rei, mas a situação em Portugal não lhe era favorável. Foi preciso prometer jurar a nova Constituição ainda a bordo do navio, assumir que o país seria uma monarquia constitucional e nomear um novo ministério. Chamada de "novo pacto social", a Carta limitava as ações reais e distribuía os três poderes conforme as ideias liberais. Seria aprovada em setembro e jurada pelo rei em 1º de outubro de 1822. Além disso, onze de seus mais fiéis colaboradores, ministros e conselheiros, foram proibidos de pisar em terra, acusados de corrupção e de serem "perigosos", entre eles o conde de Palmela, visconde de Rio Seco e Lobato, o guarda-roupa real. Um humilhado e resiliente dom João se estabeleceu no palácio da Bemposta, onde os antigos costumes da corte foram reintroduzidos. Desembarcado, o caixão de dona Maria I foi levado de um convento a outro. Nove meses depois da chegada a Lisboa, o corpo foi finalmente depositado no convento da igreja do Sagrado Coração de Jesus, na Estrela, cuja construção fora ordenada pela rainha em 1779. O ataúde foi aberto para que cortesãos e nobres pudessem beijar a mão enluvada da soberana havia muito falecida. O cadáver estava preservado, intacto e flexível. Apenas as roupas estavam desfeitas. Foi preciso cobrir a defunta: vestido preto, luvas, touca, meias e sapatos. Durante dois dias o corpo foi velado. Depois, foi colocado num suntuoso túmulo de mármore.[28]

Dois anos mais tarde, um movimento militar iniciado por dom Miguel, então com 21 anos, se levantou contra o governo liberal com o objetivo de restaurar a ordem absolutista. Como partiu de Vila Franca de Xira, a insurreição ficaria conhecida como "Vilafrancada". Dom João VI evitou aderir ao levante, mas quando viu que perderia a coroa para o filho, que agia em conluio com dona Carlota Joaquina, assumiu a liderança da revolta e restituiu o antigo regime português. Para apagar a imagem do juramento constitucional que fora obrigado a fazer, o rei promoveu uma nova aclamação, sendo o único monarca português a ser aclamado duas vezes — a primeira no Rio, a segunda em Lisboa. Em 1824, dom Miguel tentou um novo golpe, a "Abrilada". Tendo assumido a liderança do Exército, exigiu a revogação da Constituição. Mais uma vez, dom João foi salvo pelos ingleses. O marechal Beresford acolheu o rei no navio de guerra britânico *Windsor Castle*, de onde ele conseguiu restaurar a ordem. Derrotado pelo pai uma segunda vez, dom Miguel foi exilado, enquanto dona Carlota Joaquina foi mantida prisioneira no palácio de Queluz. Tendo vencido a batalha familiar, dom João pôde voltar ao palácio-convento de Mafra. Em 1825, ele reconheceu a independência brasileira, permitindo a manutenção da casa de Bragança também na América por meio de seu filho dom Pedro I. Mas continuou acreditando que era possível o restabelecimento do reino, como em 1815, reservando para si o título de "Imperador do Brasil e Rei de Portugal e Algarves".[29]

Em 2 de março de 1826, dom João VI passou mal após ingerir laranja durante um passeio. Nos dias seguintes foi acometido de desmaios, náuseas e convulsões, vômitos e diarreia. Recolhido ao palácio da Bemposta, recebeu a extrema-unção no dia 5. Teve uma leve melhora nos dias seguintes, mas acabou por falecer em 10 de março de 1826, dois meses antes de completar 59 anos. Considerando o período de regência, seu reinado foi o quarto mais longo da história. O coração de dom João foi retirado do corpo e depositado na capela dos Meninos de Palhavã, no mosteiro de São Vicente de Fora — assim como um pote de porcelana contendo as vísceras. O corpo, embalsamado, foi colocado numa tumba no Panteão dos Bragança. Segundo o embaixador francês, a rainha dona Carlota Joaquina acusou os liberais de terem envenenado o esposo com "doses sucessivas de água tofana", um composto de arsênico.[30] Os liberais, por sua vez, acusaram os absolutistas miguelistas. Em 2000, testes de laboratório realizados nas vísceras preservadas do rei comprovaram que dom João fora mesmo assassinado. Quem teria mandado matar o monarca parece ser um mistério insolúvel, embora do ponto de vista político os partidários de dom Miguel e da rainha dona Carlota Joaquina tivessem razões de sobra.

A morte de dom João VI, o rei Clemente, desencadeou uma complicada disputa familiar pela coroa, transformada depois em guerra civil e só encerrada em 1834, com a ascensão ao trono de dona Maria II, filha de dom Pedro IV, imperador do Brasil como dom Pedro I. Dona Carlota Joaquina havia falecido quatro anos antes, em 1830, aos 55 anos, isolada no palácio de Queluz.

O Império Português
no começo do século XIX

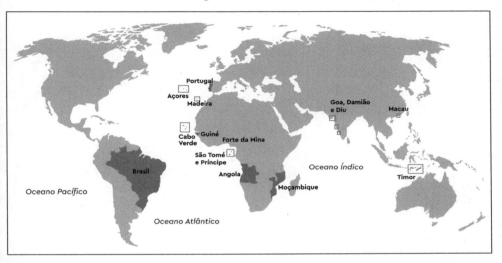

Além de Portugal e Brasil, também faziam parte do Império ilhas no Atlântico, colônias na África e possessões na Ásia e na Oceania.

16.

"Independência ou morte!"

Em 22 de abril de 1821, o rei dom João VI nomeou dom Pedro regente do Brasil. Forçado a regressar à Europa por convocação das Cortes, o rei de Portugal deixava ao filho de 22 anos o "governo-geral e inteira administração de todo o reino do Brasil", incluindo o poder de declarar guerra a qualquer inimigo que ameaçasse o território português na América. Na prática, tanto o rei quanto o príncipe regente estavam sujeitos aos interesses do congresso reunido em Lisboa. Antes de deixar o Rio de Janeiro, e ciente de que a independência brasileira era uma questão de tempo, dom João aconselhou o filho: "Pedro, se o Brasil se separar, antes seja para ti, que me hás de respeitar, do que para algum desses aventureiros".[1]

Nesse meio-tempo, eleições foram realizadas em todo o Brasil definindo os 72 representantes do reino nas Cortes de Lisboa. A população brasileira era inferior a quatro milhões. O Rio de Janeiro, a maior cidade, tinha pouco mais de 79 mil habitantes. Segundo o censo realizado pelo ouvidor Joaquim José de Queiroz em abril de 1821, eram 36.182 escravizados e 43.139 pessoas livres, distribuídos em 10.151 residências.[2]

Os deputados eleitos começaram a chegar em Lisboa em agosto de 1821. Até o fim daquele ano, porém, apenas 26 comissários brasileiros haviam chegado a Portugal — outros vinte tomariam assento até outubro de 1822; o restante jamais chegou a embarcar. Entre os principais nomes do grupo estavam homens como o médico Cipriano Barata, o padre Diogo Antônio Feijó e o advogado

Joaquim Gonçalves Ledo. Não havia consenso na delegação brasileira. Alguns deputados eram republicanos radicais, haviam participado da Inconfidência Mineira (1789) e da Revolução Pernambucana (1817). Outros, ligados ao ideal monárquico, desejavam a manutenção do status de reino, alcançado em 1815. Mas, de modo geral, não havia ideia de separação. Num primeiro momento, os esforços brasileiros eram pela manutenção da união entre duas entidades irmãs. É o que pode ser extraído das instruções dadas aos deputados representantes de São Paulo, preparadas por José Bonifácio: era necessário garantir a elaboração de uma Constituição que permitisse o equilíbrio entre Brasil e Portugal. Entre os portugueses, embora fossem bem poucos, houve mesmo quem propusesse que a sede da monarquia lusitana permanecesse no Rio de Janeiro, com um regente na Europa. Quando as delegações começaram a chegar a Lisboa, no entanto, as Cortes já haviam deliberado sobre vários projetos e muitas decisões foram tomadas sem consulta aos representantes das províncias brasileiras. Quase todas as medidas eram contrárias aos interesses nacionais. Com o intuito de "recolonizar" o Brasil, o território luso na América seria dividido em províncias ultramarinas autônomas. Não haveria mais um governo central no Rio de Janeiro, e cada uma das unidades administrativas responderia diretamente a Lisboa. Em outubro de 1821, as Cortes anularam tribunais de justiça, ordenaram o fechamento das repartições governamentais no Brasil e exigiram o retorno imediato de dom Pedro a Portugal.

Quando as ordens chegaram ao Rio de Janeiro, a ideia de independência, até então imaginada por poucos, ganhou força. Escrevendo ao pai, dom Pedro afirmou que a publicação dos decretos causou um choque muito grande entre os brasileiros, a ponto de dizerem pelas ruas: "Se a constituição é fazerem-nos mal, leve ao diabo tal coisa". A maçonaria, bem articulada, redigiu uma representação por meio do frei Francisco de Sampaio, da loja Comércio e Artes, e coletou oito mil assinaturas. O documento foi entregue ao príncipe regente, pedindo sua permanência no Brasil. No dia 9 de janeiro de 1822, dom Pedro tornou pública sua posição: "Como é para o bem de todos e felicidade geral da nação, estou pronto; diga ao povo que fico". Provavelmente não foram essas as palavras exatas proferidas. Em uma primeira publicação oficial distribuída na imprensa, dom Pedro teria falado sobre o "bem de toda a nação portuguesa". De todo modo, a versão final do chamado Dia do Fico agradou aos brasileiros e à princesa dona Leopoldina, já inclinada à causa da separação. No mês seguinte, ao noticiar Lisboa, o governo no Rio de Janeiro insistiu na permanência de dom Pedro, declarando que o Brasil "queria ser tratado como irmão, não filho; soberano com Portugal, e nunca como súdito; independente como ele, e nada menos".[3] Na ocasião, o regente decretou a criação de um Conselho de Estado, com procuradores provinciais e ministros, que tinha como finalidade aconselhar, examinar e propor projetos.

Aos poucos, o Brasil começou a romper com as amarras que o prendiam à metrópole. O rompimento formal era apenas uma questão de tempo. O que ainda não estava claro é como se daria a separação e qual sistema de governo seria adotado. Dois grupos políticos se estabeleceram. Em torno de José Bonifácio, ministro do Reino e dos Negócios Estrangeiros, estavam os conservadores, que advogavam uma monarquia constitucional centrada no Rio de Janeiro e um desligamento gradual e seguro. Em oposição, liderados por Gonçalves Ledo, um dos fundadores da loja maçônica Comércio e Artes, em 1815, estavam os que pretendiam a instauração de uma república.

José Bonifácio de Andrada e Silva nasceu em 1763, em Santos. O pai, coronel do Estado-Maior dos Dragões Auxiliares, era um próspero mercador, a segunda fortuna de Santos. Os tios paternos eram homens de ciência ou ligados à Igreja, que haviam estudado na Europa e tiveram grande influência sobre José Bonifácio e seus dois irmãos, Martim Francisco Ribeiro de Andrada (mais tarde ministro da Fazenda de dom Pedro e deputado da Constituinte de 1823) e Antônio Carlos Ribeiro de Andrada Machado e Silva (envolvido com a Revolução Pernambucana e também deputado constituinte). Depois de estudar em São Paulo, José Bonifácio concluiu os estudos em Coimbra. Aceito como membro da Academia de Ciências de Lisboa, obteve patrocínio da rainha dona Maria I para uma viagem de mais de dez anos de estudos e pesquisas, jornada que lhe proporcionou conhecer muitos países europeus e manter contato com personalidades ilustres da ciência da época, escrever artigos para vários jornais e associações científicas. Retornou ao Brasil em 1819.

Segundo o relato do barão Wilhelm von Eschwege, José Bonifácio tinha "algo de aristocrático", salvo por suas vestes, muito modestas — uma jaqueta marrom bastante surrada, na qual prendia a Ordem de Cristo, calças compridas e um chapéu redondo com um laço vermelho-azul. Eschwege o descreveu como um sujeito de baixa estatura, rosto pequeno e redondo, de nariz curvo, olhos pretos mas brilhantes, cabelos negros, finos e lisos, presos numa trança escondida na gola da jaqueta. A inglesa Maria Graham viu um "homem pequeno, de rosto magro e pálido". A fisionomia acanhada e o modo de vestir simples contrastavam com a personalidade vaidosa, orgulhosa e até petulante, assim como o gosto pela literatura clássica e pela poesia se misturavam ao prazer pela boemia e por aventuras amorosas. Saint-Hilaire o definiu como um homem notável por seu talento e patriotismo; e o mercenário alemão Carl Schlichthorst, que serviu durante um ano no Rio de Janeiro, já com o Brasil separado de Portugal, afirmou que o santista era "cientificamente culto e extraordinariamente talentoso". "Doutíssimo cidadão" de "atividade mental incansável", registrou Maria Graham. "Havia estudado todas as ciências que imaginou poderiam ser vantajosas aos interesses locais e comerciais do Brasil", observou ela.[4]

Além das capacidades científicas e literárias, José Bonifácio revelou-se um excelente estadista. Seus escritos de 1821 expõem ideias e projetos à frente de seu tempo: desejava incorporar os indígenas à sociedade, abolir a escravidão no prazo de cinco anos e extinguir os latifúndios. Defendeu a criação de uma universidade e de escolas em todas as cidades e vilas brasileiras, a fundação de uma capital no interior do país e o fomento à imigração. Ainda sobre a "o comércio de carne humana", que segundo ele era um câncer que corroía as entranhas do Brasil, escreveu que já era tempo de acabar

> com os últimos vestígios da escravidão entre nós, para que venhamos a formar em poucas gerações uma nação homogênea, sem o que nunca seremos verdadeiramente livres, responsáveis e felizes.[5]

O PRÍNCIPE REGENTE

Dom Pedro, então príncipe da Beira, chegou ao Rio de Janeiro com a família real em 1808. Tinha nove anos e mal havia começado os estudos. Quarto filho de dom João VI e de dona Carlota Joaquina de Bourbon, nasceu às seis e meia da manhã do dia 12 de outubro de 1798, na sala Dom Quixote, palácio de Queluz. Como mandava a tradição, recebeu um nome extenso: Pedro de Alcântara Francisco Antônio João Carlos Xavier de Paula Miguel Rafael Joaquim José Gonzaga Pascoal Cipriano Serafim de Bragança e Bourbon. Foi batizado uma semana mais tarde pelos padrinhos dom Antônio, infante da Espanha, representado pelo sobrinho dom Pedro Carlos, e a infanta Maria Ana, irmã da rainha dona Maria I e tia-avó do menino.

390 Rodrigo Trespach

Em 1798, o filho homem mais velho de dom João vi, dom Antônio Pio, herdeiro do trono, tinha apenas três anos. A maldição que acompanhava a dinastia desde dom João iv, porém, levaria dom Antônio em 1801, fazendo de dom Pedro herdeiro de dom João, então príncipe do Brasil, e o segundo na linha de sucessão. Quando dona Maria i morreu em 1816 e dom João assumiu oficialmente a coroa, dom Pedro passou a ser príncipe do Brasil.

De modo geral a educação de dom Pedro foi precária. Em questões políticas e diplomáticas, inexistente. Ao contrário dos Habsburgo, que davam uma educação esmerada aos membros da família imperial, os príncipes da casa de Bragança, com algumas exceções, pouco tinham contato com assuntos de Estado. Dom Pedro estudou latim, francês e inglês, mas nunca escreveu bem na própria língua. Seu português continha erros graves de ortografia e a linguagem usada muitas vezes era vulgar e obscena. Frequentou aulas de desenho e pintura, mas tinha maior interesse e aptidão para a música, uma tradição entre os Bragança. Aprendeu a tocar violino, cravo, flauta e fagote, entre outros instrumentos, tendo ainda uma excelente voz para o canto. "É certo que sua educação foi muito descurada e lhe faltam conhecimentos científicos", escreveu o viajante Ernst Ebel.[6] Apesar do esforço de seus preceptores, a educação de dom Pedro não foi sistematizada. O príncipe era indisciplinado e indomável, e a corte de dom João vi não servia de exemplo. Segundo a escritora inglesa Maria Graham, era "ignorante, grosseira e mais do que corrompida".[7] Não havia na família real alguém que pudesse lhe inspirar gosto pela leitura, pelo saber ou pela cultura.

O fato de ter sido educado no Brasil talvez explique, em parte, a falta de polidez de seus modos e de sua personalidade. O país tinha pouco ou nada a oferecer culturalmente — e o que tinha fora trazido por dom João vi. Mas, é bom que se diga, dom Pedro supria a falta dos estudos formais com curiosidade, inteligência e perspicácia. Apreciava a escultura, a marcenaria, a equitação e os exercícios físicos — adorava nadar nas praias cariocas, percorrer as matas e escalar os morros do Rio. Desde menino frequentou cocheiras e cavalariças, aprendendo a montar e lidar com cavalos, o que incluía ferrar os próprios animais. Gostava de domar potros chucros, cavalgava com elegância e velocidade ímpar — muitas vezes de forma temerária, sobretudo quando usava uma carruagem de quatro cavalos e com ela percorria velozmente, de chicote em mãos, as ruas e os arrabaldes cariocas. Apesar da agilidade, sofreu quase quarenta acidentes equestres ao longo da vida, alguns bem sérios. Devoto de Nossa Senhora da Glória, costumava sair a cavalo da quinta da Boa Vista pela manhã, atravessar a cidade, assistir à missa no Outeiro e retornar a tempo de almoçar.

Contrariando a etiqueta da corte, dom Pedro demonstrou interesse maior por noitadas, farras e mulheres — "numa insaciável fome de mulher, numa exaltação lúbrica, numa lascívia quase sem pausa", escreveu um de seus biógrafos do século xx, Otávio Tarquínio de Sousa.[8] Sua primeira experiência sexual, provavelmente com uma escravizada, foi aos catorze anos. Muito cedo passou a conviver com a criadagem e com eles frequentar tavernas e casas noturnas. Foi nesse meio boêmio, num botequim do largo do paço, que conheceu Francisco Gomes da Silva, cujo apelido, Chalaça, denunciava seus modos e seu comportamento: folião, janota ou galhofeiro. Filho biológico de Francisco Rufino de Sousa Lobato, o roupeiro de dom João VI, Chalaça viria a ser o grande amigo, secretário particular e alcoviteiro de dom Pedro. "O príncipe vive rodeado de aventureiros", observou o barão de Mareschal, oficial da legação austríaca. Opinião compartilhada pelo prussiano conde Von Flemming. O diplomata escreveu que o filho de dom João era constantemente visto com "lacaios e criados", tendo, por isso, adotado a "gíria grosseira e obscena" das cavalariças e dos bordéis, sendo levado totalmente por seus "desejos libertinos".[9] Schlichthorst, autor de um livro de memórias sobre seu tempo de serviço no Brasil, descreveu assim a fama do imperador:

> As mais lindas mulheres aspiram ao seu afeto e dizem que raramente ele deixa alguma padecer sem ser atendida. A verdade é que dom Pedro não é muito delicado em sua escolha, nem pródigo em recompensar o gozo recebido. Várias francesas da rua do Ouvidor […] têm essa experiência.

O observador alemão fazia referência às comerciantes e cortesãs da rua do Ouvidor. "Como as borboletas de seu império, o monarca esvoaça de flor em flor."[10]

Não à toa, dom Pedro teve um número extremamente grande de filhos bastardos, além dos oito filhos nascidos de seus dois casamentos reais. Entre os conhecidos estão os cinco com Domitila de Castro do Canto e Melo, depois marquesa de Santos, sua mais popular e influente amante; um com a baronesa de Sorocaba, irmã de Domitila; um com a bailarina Noemy Thierry, seu primeiro amor; um com madame Clémence Saisset, casada com um comerciante da rua do Ouvidor; um com Ana Steinhausen, esposa do bibliotecário da imperatriz dona Leopoldina; um com Andreza dos Santos, escravizada do convento de

Ajuda; e um com a freira Ana Augusta Peregrino Faleiro Toste, tocadora de sino no convento da Esperança, na ilha Terceira, nos Açores. A lista é bem maior e inclui filhos com atrizes estrangeiras, a esposa de um ministro e a criada da avó dona Maria I. A julgar pelos relatos da época, a conta pode passar facilmente de quarenta — "na cidade e nas províncias, muitas crianças reclamam a honra de ter sangue real", escreveu Schlichthorst. Entre as amantes, estavam as esposas dos generais Jorge de Avilez e Antônio Corrêa Seabra, a filha do marquês de Inhambupe, madame Adèle Bonpland, e Régine de Saturville, esposa de um joalheiro da rua do Ouvidor.

Domitila tinha pouca cultura e educação, mas compensava a falta de instrução com um elevado poder de sedução. De rosto regular, pele alva e olhos e cabelos negros, ela foi descrita pelo visconde de Barbacena como medianamente bonita. Dom Pedro a conheceu em 1822, durante a viagem a São Paulo, poucos dias antes do Grito do Ipiranga. Segundo ele relataria mais tarde, o primeiro encontro deles ocorreu em 29 de agosto de 1822. Em cartas íntimas, os amantes assinavam como "Titília" e "Demonão", entre muitos outros apelidos românticos e picantes. Dom Pedro chegou a enviar pelos pubianos junto das cartas, além de escrever sobre a "incalculável disposição física e moral" para "ir aos cofres". Mas o relacionamento foi muito além da alcova. Domitila era chamada pelo barão de Mareschal de "canal de promoções" de quem pretendia favores na corte. Sua influência foi tal que dom Pedro concedeu o título de duquesa de Goiás a uma das filhas do casal e nomeou a amante camarista de dona Leopoldina, o que permitia a Domitila acompanhar a imperatriz, entrar em seus aposentos particulares e ocupar um lugar privilegiado junto da família imperial.[11]

O sucesso com as mulheres devia-se mais por sua fogosidade e posição do que por sua formosura. Segundo relatos contemporâneos, dom Pedro não era considerado um homem bonito, embora fosse "simpático e bem-feito de corpo". De estatura mediana — 1,73 metro de altura, segundo o levantamento antropométrico realizado em seus restos mortais em 2012 —,[12] tinha cabelos pretos e anelados a cobrir-lhe a fronte. Os olhos eram pretos e brilhantes, o nariz aquilino, a boca regular e os dentes muito brancos. Segundo o mercenário Theodor Bösche, as marcas da varíola, ocultadas por bastas suíças, "não eram repugnantes como acontece com outras pessoas". A esposa dona Leopoldina o achava "tão lindo como um Adônis", o jovem da mitologia grega que despertara o amor de Afrodite. Quando ela recebeu o retrato de dom Pedro, em Viena, teve a impressão de que a fisionomia do noivo era "agradável" e exprimia "muita bondade e bom humor". Em carta à irmã, confidenciou que o retrato do príncipe a estava "deixando meio transtornada". "Ele todo atrai", escreveu ela em abril de 1817, um mês antes do casamento por procuração.[13]

Sobre o comportamento e a postura, Ebel achava que dom Pedro tinha "um ar sobranceiro sem ser sombrio", e John Armitage, comerciante inglês que viveu sete anos no Brasil, afirmou que ele tinha "muitas qualificações" que o tornaram popular; "era gentil, suas maneiras afáveis e a sua índole, ainda que caprichosa, era entusiasmada". O reverendo Robert Walsh, capelão da embaixada britânica no Rio de Janeiro, por sua vez, após um encontro com ele, descreveu dom Pedro do seguinte modo: "Seu semblante era bastante grosseiro e intimidante. Seus modos, porém, mesmo sem refino, eram afáveis e corteses".[14] Dom Pedro realmente tinha pouca etiqueta para alguém de sua posição. "Era destituído de maneiras, sem sentimento algum das conveniências" e dotado de um "espírito inculto e grosseiro", escreveu Bösche.[15] De modo geral, causava espanto aos diplomatas e viajantes estrangeiros a falta de formalidade e o modo vulgar com que tratava qualquer pessoa, fossem do povo ou nobreza. Quase que diariamente frequentava as reuniões ministeriais vestindo simples calças brancas e casaca verde-escura, fazendo a viagem entre São Cristóvão e o paço acompanhado apenas de um criado, quando não sozinho. Certa vez, recebeu Maria Graham de chinelos sem meias e um chapéu de palha na cabeça. Em uma oportunidade, segundo Bösche, teria escalado um muro para satisfazer as necessidades fisiológicas diante de um batalhão de soldados. Não raro, explodia quando contrariado, ofendendo empregados, ministros e delegados europeus.

Pouco polido e de temperamento difícil, dom Pedro era frequentemente descrito por seus contemporâneos como impulsivo, impaciente, volúvel, enérgico, soberbo e contraditório. Tinha por hábito iniciar suas missivas com o possessivo "meu", não importando se o destinatário fosse parente, amante, amigo ou ministro. Sempre intempestivo, "um escravo cego de suas paixões", definiu o mercenário alemão Carl Seidler.[16] Era capaz de gestos de generosidade e de atitudes truculentas ou despóticas quase ao mesmo tempo. Há quem atribua esse temperamento à epilepsia, da qual sofria desde a infância — ele e os irmãos, especialmente dona Maria Isabel. Os ataques iam desde súbitos e violentos, com perda de consciência, queda e contorções, até rápidas vertigens. Talvez por isso também tivesse o dom de enfrentar perigos, afrontas e toda sorte de privações, sem desanimar ou demonstrar cansaço. "A natureza dotou dom Pedro de fortes paixões e grandes qualidades", definiu Graham.[17] Era hiperativo e co-

394 Rodrigo Trespach

rajoso, tinha senso de liderança e talento para comandar — o que iria demonstrar na política e no campo de batalha, no Brasil e em Portugal. Durante a infância, organizou um regimento com escravizados mirins, com o qual combatia o irmão dom Miguel e, certa vez, atacou até mesmo um posto da guarda palaciana. Acordava por volta das seis horas da manhã, retirava-se para seus aposentos particulares por voltas das nove da noite e só dormia duas ou três horas depois. Tinha por hábito aparecer sem avisar e inspecionar repartições públicas, fortalezas e as cavalariças do palácio.

O GRITO DO IPIRANGA

Desdenhado pelas Cortes em Portugal, que o achavam incapaz, sem os estudos e a experiência política necessários para governar, dom Pedro ganhou importância no Brasil aproximando-se das elites locais. Em março de 1822, em visita a Vila Rica (hoje Ouro Preto), conquistou o apoio dos mineiros, ampliando os adeptos de um governo central no Rio de Janeiro. Ao retornar à capital, foi recebido como herói, despontando como pedra angular do movimento que se articulava e trabalhava pela ruptura definitiva da pátria mãe.

Em 30 de abril, por meio do jornal *Revérbero Constitucional Fluminense*, pela primeira vez, Gonçalves Ledo e frei Januário escreveram abertamente sobre separação, apontando a dom Pedro o caminho a seguir: "Não desprezes a glória de ser o fundador de um novo império", declararam, "o Brasil de joelhos te mostra o peito, e nele gravado em letras de diamante [está] o teu nome".[18] O regente, porém, preferiu seguir o conselho do pai — "guia-te pelas circunstâncias e pela cautela". Poucos dias depois, em 4 maio, por meio do ministério de José Bonifácio, determinou que nenhuma ordem vinda de Lisboa fosse executada no Brasil sem consulta ao Conselho de Estado e o "cumpra-se" assinado por ele. Para consolidar a união entre dom Pedro e os brasileiros, o brigadeiro Domingos Alves Branco Muniz, membro da loja Comércio e Artes, propôs aos irmãos maçons que o príncipe recebesse o título de "Defensor Perpétuo do Brasil". A petição foi aceita e levada ao Senado da Câmara. Dom Pedro também recebeu um abaixo-assinado com seis mil assinaturas que clamava por uma Assembleia Constituinte. Em missiva ao pai dom João, informou que o Brasil precisava de Cortes próprias: "É um adolescente que diariamente adquire forças". Mantinha cautela, mas deixava claro ao rei português e às Cortes que "sem igualdade de direito, em tudo e por tudo não há união". Em 3 de junho, finalmente uma Constituinte brasileira foi convocada. Os grupos rivais uniram--se em torno de uma "independência moderada" e de uma "união nacional", enquanto os jornais do país passaram a exaltar a data como o dia em que o Brasil se libertou das "cadeias da escravidão". Em carta a dom João VI, dom Pedro declarou que a separação do Brasil era inevitável.[19]

Nesse ínterim, temendo que a força da maçonaria tradicional e da facção republicana atrapalhasse os destinos políticos da nação, José Bonifácio criou a própria sociedade secreta, o Apostolado da Nobre Ordem dos Cavaleiros de Santa Cruz, que jurou "defender por todos os meios" a integridade e a independência do Brasil, assim como uma Constituição legítima. O próprio dom Pedro participou da reunião inaugural, sendo elevado à dignidade de "arconte-rei" com o pseudônimo Rômulo. Pouco depois, dom Pedro foi iniciado na maçonaria com o nome simbólico de "Irmão Guatimozin", o último imperador asteca.

Em 1º de agosto de 1822, Gonçalves Ledo lançou uma declaração em que dava a separação do Brasil como um fato. Cinco dias mais tarde, dom Pedro ordenou a publicação do Manifesto do Príncipe Regente aos Governos e às Nações Amigas. Escrito por José Bonifácio, o documento também indicava o rompimento, embora deixasse abertura para uma reconciliação cada vez menos provável. Com a ausência de José Bonifácio e sem convocar a assembleia geral, Gonçalves Ledo elevou dom Pedro ao grau de mestre maçom. O príncipe regente também foi eleito grão-mestre do Grande Oriente do Brasil, a união das três lojas maçônicas do Rio de Janeiro, em substituição ao próprio ministro.

Em 14 de agosto, dom Pedro partiu em excursão a São Paulo a fim de acalmar os ânimos na província e obter o apoio dos paulistas, assim como fizera meses antes com os mineiros. Depois de visitar Santos, no litoral, na viagem de retorno à capital, na tarde de sábado, 7 de setembro de 1822, foi alcançado por dois cavaleiros que traziam o correio oficial vindo da capital. Ele não se sentia bem. Vinha sofrendo de cólicas intestinais desde a subida da serra e era obrigado a constantemente saltar da montaria para se aliviar na mata próxima. Paulo Bregaro e Antônio Ramos Cordeiro entregaram ao debilitado dom Pedro cartas de Lisboa e do Rio de Janeiro.

De Portugal, chegavam notícias alarmantes: as Cortes haviam determinado o retorno imediato do príncipe regente e da família à Europa e a prisão de membros do ministério brasileiro, incluindo José Bonifácio, seu principal mentor. Além disso, vinham informações sobre o desembarque de tropas portuguesas na Bahia e sobre o envio de reforço com o intuito de acabar com as agitações e recolonizar o país. Do Rio de Janeiro, recebeu cartas de José Bonifácio e dona Leopoldina, que havia presidido o Conselho de Estado e propunha a declaração de independência. A esposa era clara e firme: "O pomo está maduro, colhei-o já, senão apodrece". A do conselheiro e ministro dava anuência: "O momento não comporta mais delongas ou condescendências".

Depois de ler as cartas, dom Pedro perguntou ao religioso mineiro que o acompanhava: "E agora, padre Belchior?". Ao que ouviu como resposta: "Se Vossa Alteza não se faz rei do Brasil, será prisioneiro das Cortes e talvez deserdado por elas. Não há outro caminho senão a independência e a separação". Aconselhado por dona Leopoldina e José Bonifácio e instigado pelo padre, dom Pedro optou por proclamar a independência ali mesmo.

> As Cortes me perseguem, chamam-me com desprezo de *Rapazinho* e *Brasileiro*. Pois verão agora quanto vale o *Rapazinho*. De hoje em diante estão quebradas as nossas relações; nada mais quero do governo português e proclamo o Brasil para sempre separado de Portugal!

Por volta das quatro e meia da tarde, às margens do riacho Ipiranga, sem pompa alguma, vestindo uma simples fardeta azul e um chapéu armado, montando uma mula, dom Pedro se dirigiu à guarda de honra que o acompanhava e ordenou que os militares arrancassem do chapéu o laço azul e branco, as novas cores da nação portuguesa, como determinavam as Cortes, dizendo: "Laços fora, soldados! Vivam a Independência, a liberdade e a separação do Brasil". Depois, em pé nos estribos, veio o brado: "Brasileiros, a nossa divisa de hoje em diante será 'Independência ou morte'!". Daí em diante, não haveria mais volta. À noite, no teatro da Ópera, já em São Paulo, o padre Ildefonso Xavier Ferreira deu vivas ao "primeiro rei brasileiro". Ainda no teatro, dom Pedro teria executado os primeiros acordes do *Hino da Independência*, que, dias mais tarde, ganharia letra de Evaristo da Veiga.[20]

Ao retornar ao Rio de Janeiro, dom Pedro abandonou a ideia de ser rei, adotando o título de imperador. A mudança teria ocorrido por influência de José Bonifácio, embora na maçonaria a aclamação do imperador seja atribuída ao militar e naturalista Domingos Muniz, o mesmo que propusera o título de Defensor Perpétuo do Brasil. A troca sutil tinha um motivo político claro: para os liberais, "imperador" estava ligado à ideia de aclamação popular, enquanto "rei" remetia à teoria de origem divina, segundo os preceitos do absolutismo.

Aceito imperador, dom Pedro precisava ser um monarca constitucional. O grupo de Gonçalves Ledo pressionou dom Pedro para que ele jurasse antecipadamente a elaboração de uma Constituição por uma assembleia. José Bonifácio achou a ideia absurda e conseguiu a garantia de que nada seria definido antes da aclamação. A data escolhida para a cerimônia foi 12 de outubro de 1822, dia do aniversário de 24 anos do imperador. Apesar da chuva que caía no dia, o povo se reuniu em grande número em torno do que viria a ser chamado de campo da Aclamação (hoje praça da República). Janelas e varandas das casas em volta e por toda a cidade foram enfeitadas com sedas e colchas verdes e amarelas, cor que estava nos vestidos e nas plumas dos toucados das senhoras. No centro da praça, o palacete do conde dos Arcos foi preparado exclusivamente para a ocasião (no mesmo local hoje está localizada a Faculdade de Direito da UFRJ). As varandas, as grades das janelas e os arcos inferiores foram decorados com cortinas de damasco e veludo carmesim.

Por volta das dez horas da manhã, dom Pedro, dona Leopoldina e a filha dona Maria da Glória deixaram o palácio de São Cristóvão em direção ao centro do Rio. A carruagem era acompanhada por uma guarda de oficiais paulistas e fluminenses, moços de estribeira brancos e três moços de estribeira que representavam os outros povos do Brasil: um indígena, um mestiço e um negro. Quando chegou à praça, a família imperial foi recebida com as tradicionais manifestações de entusiasmo, o agitar de lenços e flores que eram atiradas das janelas próximas. Recebido pelos vereadores e acompanhado dos ministros e secretários de Estado, dom Pedro se dirigiu à varanda do palacete onde se daria a aclamação. Como presidente da casa, Clemente Pereira discursou, afirmando o que fora previamente acertado. O Brasil desejava defender sua independência — "e antes morrer, do que perdê-la" —, queria como forma de governo um império constitucional e hereditário, em que dom Pedro e seus descendentes fossem reconhecidos com o título de Defensor Perpétuo do Brasil. O jovem imperador respondeu que aceitava a responsabilidade e a honraria por ter ouvido o Conselho de Estado e as representações das câmaras de diversas províncias. Lenços brancos se agitaram e uma explosão de vivas, abraços e lágrimas percorreu a capital. Para marcar o momento, a artilharia disparou uma salva de 101 tiros, seguida de três descargas da infantaria. Encerrado o primeiro ato, a família imperial seguiu até a capela Real, rebatizada de capela Imperial. Ao chegar à igreja, dom Pedro foi recebido pelo bispo do Rio de Janeiro dom José Caetano da Silva Coutinho. De joelhos, o imperador beijou o Santo Lenho e recebeu aspersão de água benta. Acompanhado do cabido, dom José Coutinho entoou o *Te Deum* e as orações apropriadas. Encerrada a missa, dom Pedro seguiu até o paço para o beija-mão. Os festejos seguiriam por seis dias.[21]

DOM PEDRO I, IMPERADOR DO BRASIL

Concluída a primeira etapa e declarado governante do novo país, dom Pedro I ordenou, porém, o encerramento das atividades da maçonaria e a prisão de Gonçalves Ledo, que conseguiu fugir para a Argentina. Livre da oposição, o passo seguinte foi organizar a coroação. O dia escolhido foi 1º de dezembro, data em que os Bragança comemoravam a chegada ao trono português com dom João IV, em 1640. O ritual fora elaborado por uma comissão composta do bispo do Rio, de José Bonifácio, do frei Arrábida, do barão de Santo Amaro e do monsenhor Sampaio Fidalgo, cônego da Sé do Rio e reitor do Seminário da Lapa. A sagração não era uma tradição lusa. Em Portugal, os Bragança eram aclamados e não coroados. A cerimônia carioca foi resgatada do Pontifical Romano do século XVI, embora o barão de Mareschal tenha afirmado e popularizado que o ato fosse cópia da coroação de Napoleão, realizada na Notre-Dame quase duas décadas antes.[22]

Por volta das nove e meia da manhã, dom Pedro I e dona Leopoldina deixaram o palácio de São Cristóvão em direção ao paço. Outras quatro carruagens conduziam autoridades, camaristas e veadores. A passagem do casal imperial pelas ruas cariocas causou alvoroço entre os populares, que ocupavam quase todo o centro da cidade. Das janelas das casas enfeitadas, senhoras acenavam com lenços brancos e os gritos e vivas da multidão se misturavam ao som dos fogos de artifício, dos repiques dos sinos e da música dos batalhões militares. Ao chegar ao paço, na Sala do Trono, uma coroa de ouro 22 quilates e 217 brilhantes aguardava dom Pedro, pousada em uma mesa de veludo verde. Pesando pouco mais de 2,5 quilos, era uma obra-prima da ourivesaria nacional, confeccionada pelo ourives fluminense Manuel Inácio de Loiola em apenas 34 dias. Além da coroa, as insígnias nacionais, uma espada com brilhantes, as luvas, o manto, um bastão e o cetro — de ouro maciço, a peça tinha 2,5 metros de altura e uma serpente alada na ponta, a serpe, símbolo da casa de Bragança.

Do paço, dom Pedro I seguiu o caminho da capela Imperial debaixo de um pálio, acompanhado por uma longa fila de fidalgos e autoridades, que carregavam os objetos cerimoniais. O trajeto fora coberto por tapeçarias e ladeado por uma longa teia forrada de seda vermelha e ouro. À frente de dom Pedro seguia o condestável, conde de Palma, e um passo atrás do imperador, José Bonifácio, o ministro e mordomo-mor. Na igreja, ricamente decorada com sedas, prataria e ouro, o corpo diplomático estrangeiro, com representantes dos Estados Unidos, da Inglaterra, da França, da Rússia e da Prússia, aguardava o imperador. O astuto representante austríaco não compareceu, alegando problemas de saúde. Na verdade, o cerimonial de consagração não caía bem aos olhos do imperador Francisco I de Habsburgo, pai de dona Leopoldina. A separação do Brasil não fora aprovada por Metternich, o chanceler da Áustria e defensor da Santa Aliança, para quem o barão de Mareschal trabalhava.

O ato religioso foi extremamente longo, com rituais elaborados, orações e cantos e a participação de diversos religiosos e autoridades civis. A missa foi celebrada pelo bispo e capelão-mor dom José Coutinho. O trono de dom Pedro I foi montado sobre o altar, ao lado da Bíblia; era de veludo com franjas de ouro, assim como o espaldar e o dossel, coberto com galões dourados. Como mandava a tradição portuguesa, as consortes não eram coroadas. Assim, dona Leopoldina acompanhou o ato de uma tribuna situada em frente ao trono, junto com a pequena princesa dona Maria da Glória. Depois de se ajoelhar e ser ungido, dom Pedro retirou-se ao camarim, para trocar a vestimenta usada durante a bênção. Só então tomou o manto imperial, a espada e o cetro, recebendo a coroa das mãos do bispo. Depois do *Te Deum* e encerrada a missa, dom Pedro jurou defender a religião católica e as leis do império, sendo oficialmente entronizado Imperador Constitucional e Perpétuo Defensor do Brasil. O cerimonial foi encerrado ao som de salvas de artilharia, das fortalezas da cidade e da esquadra estacionada na baía de Guanabara.

Além de datas, cores e símbolos foram criados a partir da história portuguesa. Em 18 de setembro de 1822, José Bonifácio emitiu três decretos que determinavam as cores a serem usadas no novo tope nacional, a criação do brasão de armas e da bandeira brasileira. Com a legenda "Independência ou morte", as cores do tope seriam o "verde de primavera e o amarelo de ouro", o que daria origem ao mito propagado muito tempo depois, durante a República, sobre o "verde das matas" e o "amarelo do ouro brasileiro" usados na bandeira. Em verdade, a escolha das cores coube a dom Pedro, e elas representavam mais do que a fauna e a riqueza mineral do país: o verde era a cor tradicional da dinastia Bragança e o amarelo dos Habsburgo-Lorena, da imperatriz dona Leopoldina. O fundo verde também fizera parte da bandeira portuguesa durante o reinado de dom Pedro II de Portugal, no final do século XVII. O desenho de um losango amarelo sobre um campo verde foi concebido por Jean-Baptiste Debret e teve como inspiração as bandeiras militares francesas do período napoleônico.[23]

No centro da bandeira, foi colocado o brasão imperial, com uma esfera armilar de ouro atravessada por uma cruz da Ordem de Cristo. A esfera era circundada por dezenove estrelas de prata, que simbolizavam as províncias do país e o município neutro, e uma orla azul. Sobre o escudo, uma coroa real (depois substituída pela imperial); nos lados, ramos de café e tabaco. A esfera armilar — um instrumento astronômico típico da Era das Navegações — estava no brasão de armas do Brasil desde 1816, quando dom João VI decretou a criação de um símbolo para o Reino Unido. Quanto à serpe alada, usada no cetro e também no brasão de armas do império, sua origem é controversa. Para alguns, remontaria ao tempo de dom Afonso Henriques, primeiro rei português, no século XII. Para outros, a origem está no rei dom João I, devoto de são Jorge, a quem ele atribuía a vitória portuguesa na batalha de Aljubarrota, em 1385. Dom João I fez do santo o padroeiro de Portugal e o personificou em forma de serpe. Mais tarde, no reinado de dom Pedro II de Portugal, no século XVII, o animal mitológico passou a ser usado no brasão da dinastia Bragança.[24]

Coroado monarca, restava uma última etapa: o país precisava formular uma Constituição. Em 3 de maio de 1823, a Assembleia Geral Constituinte e Legislativa foi instalada. A data foi escolhida porque, na época, era o dia em que se acreditava que Pedro Álvares Cabral teria chegado ao Brasil. Reunida em uma antiga cadeia pública, a abertura não foi promissora. Para assombro dos presentes, depois de discorrer sobre como os deputados constituintes deveriam trabalhar, elaborando uma Carta que "afugente a anarquia e plante a árvore daquela liberdade à cuja sombra deve crescer a união", dom Pedro declarou que a Assembleia deveria fazer uma constituição que fosse "digna do Brasil e de mim".[25]

Com uma população de 2,5 milhões de habitantes livres e outros 1,1 milhão de escravizados, os brasileiros seriam representados por noventa deputados, de catorze das dezenove províncias. Dos deputados eleitos, seis não chegaram a assumir. Mesmo alguns líderes do movimento de independência ficaram de fora. Clemente Pereira, Gonçalves Ledo e o cônego Januário estavam presos ou no exílio por ordem do imperador, e Cipriano Barata, agitador envolvido nos movimentos separatistas do Nordeste, negou-se a participar. Dos presentes, 55 deputados tinham formação superior, 34 em ciências naturais e 21 em direito; havia sete militares e dezenove sacerdotes, sendo um deles o bispo dom José Coutinho, eleito presidente da Assembleia.

Quando as sessões começaram, os deputados estavam divididos em quatro grupos. O de liberais moderados, composto de proprietários rurais, burguesia e militares, era, de longe, o mais numeroso. Desejavam consolidar a emancipação política sem comprometer a ordem social e esperavam restringir o poder do imperador. A facção de liberais exaltados pretendia transformações estruturais na política e na sociedade, com a implementação de um sistema federalista — em último caso, de uma república. Circulavam entre os dois grupos maiores, os "bonifácios", liderados pelo ministro José Bonifácio, e o "partido português", que reivindicava poderes absolutos para o imperador — composto de comerciantes e militares portugueses que viviam no Brasil desde a chegada da família real.

O esboço da Constituição ficou a cargo de uma comissão composta de sete deputados, entre eles José Bonifácio e seu irmão Antônio Carlos, que era o presidente da casa e mais liberal. Depois de quatro meses, um anteprojeto com 272 artigos ficou pronto. Havia sido previamente apresentado e discutido durante as reuniões do Apostolado, controlado pelos irmãos Andrada e, às vezes, com a presença do próprio imperador dom Pedro I. Não obstante tivesse influência de constituições modernas e das ideias do pensador franco--suíço Benjamin Constant, continha algumas excentricidades. Em vez de calcular a capacidade eleitoral e a elegibilidade dos cidadãos conforme a renda em dinheiro, o projeto estabelecia como critério censitário o preço da farinha de mandioca. Seriam eleitores ou candidatos somente aqueles que tivessem renda anual acima de 150 alqueires do produto. Para dom Pedro, porém, a chamada "Constituição da Mandioca" tinha um dispositivo que contrariava sua posição: fortalecia o poder Legislativo. O imperador não era de todo contrário ao projeto apresentado, mas não iria tolerar ser colocado em posição subalterna ou alçado a mera figura decorativa. Os deputados, em sua maioria, aceitavam como forma de governo a monarquia constitucional hereditária, mas não abriam mão de uma administração representativa e liberal.

O ambiente conturbado das sessões emperrava o andamento dos trabalhos. Depois de três meses, em meio a acusações e provocações inflamadas, demonstrações de xenofobia, atentados e prisões, os deputados ainda discutiam o artigo 24. Temendo ver seu poder diminuído, dom Pedro decidiu pôr um ponto-final em tudo. No dia 10 de novembro de 1823, a sessão foi suspensa. Na manhã seguinte, em revista às tropas e ao som da saudação de "Viva o Imperador liberal e constitucional!", dom Pedro ordenou que os soldados cercassem o prédio da Assembleia. Acuados e na esperança de resistir, os deputados constituintes declararam-se em sessão permanente. Passaram por uma "noite de agonia" em vão. Quando o coronel Francisco Vilela Barbosa, recém-nomeado ministro-chefe, entrou no recinto de farda e espada na cintura, na manhã do dia 12, a Assembleia Constituinte foi dissolvida. Catorze deputados foram presos, alguns fugiram e outros foram enviados para o exílio, incluindo José Bonifácio. Um dia "nefasto para a liberdade do Brasil", escreveu frei Caneca.

Dissolvida a Constituinte, o imperador prometeu convocar outra, que deveria trabalhar sobre um anteprojeto apresentado por ele, "duplicadamente mais liberal do que a extinta". Afirmou ainda que, "para fazer semelhante projeto com sabedoria, e apropriação às luzes, civilização e localidade do Império, se faz indispensável que eu convoque homens probos, e amantes da dignidade imperial, e da liberdade dos povos". O imperador reuniu, então, dez conselheiros (entre eles, Chalaça, seu amigo e secretário particular), dos quais seis eram também ministros seus, e um mês depois apresentou a nova Constituição, mais bem redigida e sucinta, contendo 179 artigos. O Brasil seria uma monarquia constitucional, hereditária e representativa. Ao imperador cabia o Poder Moderador, segundo o próprio documento, "a chave de toda organização política", o "equilíbrio e a harmonia dos demais poderes". Assim, dom Pedro I seria o fiel da balança, podendo nomear e demitir ministros, aprovar e suspender as resoluções das Assembleias Legislativas Provinciais, dissolver a Câmara dos Deputados e convocar eleições. Tornado inimputável, teria ainda o direito de conceder anistia e perdoar penas impostas.

Apesar de tudo, a Constituição era liberal e uma das mais avançadas da época. Garantia direitos individuais, dava liberdade à imprensa e liberdade de culto (embora com restrições, dando privilégio à Igreja católica), mas não abolia a escravidão. O direito ao voto, indireto e censitário, foi concedido a homens com 25 anos ou mais — 21 anos, se casados; oficiais militares, clérigos ou bacharéis — e uma renda mínima baixa para os padrões da época. Os deputados eram eleitos indiretamente e os senadores escolhidos pelo imperador com base em listas tríplices de eleitos nas províncias. Embora não explicitado, mulheres não tinham direito ao voto. O projeto constitucional foi enviado às câmaras municipais do país e aprovado pela maioria delas. Sancionada pelos ministros e pelo Conselho de Estado, em abril de 1824, Luís Joaquim dos Santos Marrocos, oficial da Secretaria de Estado dos Negócios do Império e bibliotecário na biblioteca Imperial, escreveu a versão que seria solenemente jurada por dom Pedro na catedral da Sé, no Rio de Janeiro, em 25 de março de 1824 — a data lembrava da "coroação" de Nossa Senhora da Conceição como "rainha" e padroeira de Portugal em 1646. A chamada Constituição Outorgada foi a mais duradoura da história brasileira, caindo com a monarquia, em 1889, depois de 65 anos.[26]

DOM PEDRO IV, "O REI SOLDADO"

Depois de dar uma Constituição ao país, ter expulsado as tropas portuguesas do Brasil e sufocado violentamente as insurreições no Nordeste — como a Confederação do Equador, em 1824 —, que se negavam a prestar obediência ao governo estabelecido no Rio de Janeiro e pretendiam instalar uma república federativa independente, restava ao imperador brasileiro obter o reconhecimento internacional do Sete de Setembro e um acordo com Portugal. Em agosto de 1825, dom Pedro I concordou em pagar uma compensação de cerca de dois milhões de libras esterlinas para que Lisboa reconhecesse a independência brasileira — com ela, Lisboa saldaria uma dívida antiga com a Inglaterra, no valor de 1,4 milhão de libras esterlinas. O tratado de Aliança e Paz assegurava que, além de uma reparação de seiscentos mil libras em indenizações de propriedades, dom João VI reservava para si e os seus o título de imperador do Brasil e rei de Portugal e Algarves, cedendo a seu sucessor direto, dom Pedro, pleno exercício da soberania sobre o Império do Brasil.

Para José Bonifácio, exilado na França, a soberania nacional sofreu "um coice na boca do estômago". De fato, durante todo o Primeiro Reinado, Brasil e Portugal viveriam os problemas da sucessão dinástica, desencadeada com a morte de dom João VI em 1826. Dom Pedro entregou uma Constituição aos portugueses e abdicou do trono em favor da filha mais velha, dona Maria da Glória — a dona Maria II de Portugal. Derrotado militarmente em uma guerra dispendiosa e impopular no sul do Brasil, o que significou a separação da Cisplatina em 1828, dom Pedro I perdeu o apoio dos militares. Não contava mais com os conselhos de José Bonifácio e da imperatriz dona Leopoldina, falecida prematuramente aos 29 anos. Os escândalos provocados por sua amante, a fama de mulherengo e as más companhias impediam que os agentes brasileiros na Europa lhe encontrassem uma segunda esposa. Somente em 2 de agosto de 1829, afastado da marquesa de Santos e de Chalaça, o imperador casou, por procuração, com dona Amélia de Leuchtenberg, de dezoito anos, filha do general francês Eugênio de Beauharnais, duque de Leuchtenberg, e da princesa Augusta da Baviera. Dona Amélia era, portanto, neta paterna da primeira esposa de Napoleão, Josefina. A nova imperatriz chegou ao Brasil somente em outubro.

Em crise política e financeira, envolvido com os negócios de Portugal tanto quanto com os do Brasil, o imperador passou a ser duramente atacado pelos jornais. Havia muito tempo que os escândalos da sua vida pessoal e sua índole autoritária tinham apagado a imagem de herói nacional de dom Pedro. Em novembro de 1830, o assassinato do jornalista Líbero Badaró, em São Paulo, acirrou o confronto entre a oposição liberal, os absolutistas e o governo, que atingiu seu clímax em 13 de março de 1831, na chamada Noite das Garrafadas. Os portugueses planejavam uma festa pelo retorno do imperador, que havia feito uma viagem a Minas Gerais, mas um grupo de liberais brasileiros atacou suas casas com pedras, quebrando vidraças e destruindo luminárias. Os lusitanos contra-atacaram atirando paus, pedras e garrafas das janelas, ferindo várias pessoas. Houve diversos focos de enfrentamento e três dias de desordem.[27]

No começo de abril, a população saiu às ruas da capital. Forçado pelas circunstâncias, em 7 de abril de 1831, dom Pedro I abdicou: "Usando do direito que a Constituição me concede, declaro que hei mui voluntariamente abdicado na pessoa do meu muito amado e prezado filho o senhor dom Pedro de Alcântara".[28] O futuro dom Pedro II tinha apenas cinco anos. A bordo do navio *Warspite*, dom Pedro I preparou-se para voltar à Europa. Mais uma vez, um navio inglês aguardava um membro da família Bragança no porto. No dia 13, já a bordo do *Volage*, partiu para a França acompanhado da esposa dona Amélia. Uma semana mais tarde, dona Maria da Glória seguia o mesmo destino, acompanhada da irmã e do marquês de Loulé no navio francês *La Seine*. O ex-imperador chegou a Cherbourg em 10 de junho.

Depois de chegar em Paris, dom Pedro I se dirigiu a Londres, para organizar a oposição ao irmão, que havia tomado a coroa da sobrinha em 1828. De volta à capital francesa, a convite de Luís Filipe I, rei da França, a família imperial se estabeleceu no castelo de Meudon, uma suntuosa habitação que servira de residência a Maria Luísa, a irmã de dona Leopoldina. Serviam a família cerca de vinte pessoas, incluindo dois camareiros, dois secretários, um médico e um capitão brasileiro. À disposição da família estavam ainda seis carruagens e 25 cavalos. Em Paris, nasceu a única filha de dom Pedro e dona Amélia, dona Maria Amélia de Bragança, a Princesa Flor. O ex-imperador brasileiro — como décimo sexto duque de Bragança, aclamado como dom Pedro iv em Portugal — passou quase um ano preparando um exército de sete mil soldados para invadir o país e destronar o irmão. Dom Miguel usurpara a coroa de dona Maria da Glória e assumira o trono lusitano, restaurando o absolutismo. As forças de dom Pedro eram compostas em sua maioria de mercenários, entre eles o comandante da esquadra invasora, o almirante inglês Charles Napier. O exército absolutista era muito superior, com cerca de oitenta mil homens.

Em janeiro de 1832, ao deixar a França e despedir-se da filha dona Maria da Glória, dom Pedro declarou: "Minha senhora, aqui está um general português que vai defender os seus direitos e restituir-lhe a coroa". Em 8 de julho, a esquadra liberal desembarcou no Mindelo, próximo do Porto. Apanhadas de surpresa, as forças absolutistas bateram em retirada e o Porto foi ocupado quatro dias depois. Reorganizadas, as tropas de dom Miguel cercaram a cidade. O cerco durou mais de um ano. A fim de aliviar a pressão sobre os sitiados, em junho de 1833 os liberais desembarcaram no Algarve. Naipe derrotou a frota miguelista, e o general António José de Sousa Manoel de Menezes Severim de Noronha, marquês de Vila Flor e duque da Terceira, pôs-se em marcha, atingindo o Tejo. Com pesadas perdas, o exército absolutista deixou a capital e Lisboa foi ocupada pelas forças de dom Pedro, cerca de 2.600 soldados, em 24 de julho de 1833.[29]

Depois de dois anos de luta, "o rei soldado" venceu a guerra civil. A paz foi formalizada em Évora Monte, perto de Estremoz, em 26 de maio de 1834. Os duques da Terceira e de Saldanha assinaram a convenção por dom Pedro iv, enquanto o general Azevedo Lemos assinou pelos miguelistas. Derrotados, os absolutistas depuseram armas e dom Miguel partiu para o exílio. No dia 15 de agosto, dom Pedro abriu a sessão de convocação das Cortes, mas já se mostrava doente, bastante cansado e com crises de falta de ar. Tinha contraído tuberculose durante a campanha militar e o cerco do Porto. Ao reencontrarem dom Pedro, sua filha dona Maria e sua esposa dona Amélia assustaram-se. Ele usava barba longa, estava magro e pálido. No dia 10 de setembro, dom Pedro caiu de cama. Sete dias mais tarde, recebeu a extrema-unção. No dia 18, emancipou dona Maria da Glória, então com quinze anos. A nova rainha, filha de dona Leopoldina, reinaria por quase duas décadas até sua morte em 1853.

Dom Pedro I/ IV morreu às duas e meia da madrugada do dia 24 de setembro de 1834, no palácio de Queluz, no mesmo quarto onde nascera quase 36 anos antes. Segundo dona Amélia, ao escrever para dona Januária e dom Pedro II, no Rio, "depois de longos e cruéis sofrimentos, que suportou com uma resignação e piedade edificantes". Preparado, "morreu como um santo mártir e filósofo cristão". A autópsia revelou um corpo doente. O coração, o fígado, os pulmões, os rins e o baço apresentavam lesões ou problemas. Por vontade testamentária, seu coração foi doado à Venerável Irmandade de Nossa Senhora da Lapa, no Porto, onde é mantido até hoje, conservado como relíquia. Embalsamado e vestido de general, o corpo foi sepultado no Panteão dos Bragança, em Lisboa, no dia 27. A cerimônia foi acompanhada por uma multidão e mil tochas acesas.[30] Em 1972, durante o sesquicentenário da Independência, os despojos do imperador foram trazidos para o Brasil e depositados no Monumento à Independência, no Museu do Ipiranga, em São Paulo, a poucos metros do lugar onde dom Pedro gritara "Independência ou morte" em 1822.

17.

O IMPERADOR FILÓSOFO

DOM PEDRO II NASCEU NA MADRUGADA do dia 2 de dezembro de 1825, no palácio de São Cristóvão. Era o sétimo filho de dom Pedro I e da imperatriz dona Leopoldina, neto paterno de dom João VI, rei de Portugal, e neto materno de Francisco I de Habsburgo, imperador da Áustria. Antes de seu nascimento, sua mãe dera à luz quatro meninas: dona Maria da Glória, dona Januária, dona Paula Mariana e dona Francisca Carolina. Dois meninos haviam nascido e falecido prematuramente: dom Miguel, ao nascer, e dom João Carlos, príncipe da Beira, aos onze meses.

De pele clara, louro e olhos azuis — "menino muito grande e forte" nas palavras da mãe, em carta enviada ao avô, em Viena —, dom Pedro II foi apresentado à corte pelo brigadeiro Francisco de Lima e Silva, pai do futuro duque de Caxias.[1] A apresentação oficial aos deputados da Câmara e membros do Senado foi feita pelo visconde de Castro, pai de Domitila de Castro, a amante do imperador dom Pedro I. Como mandava a tradição, dom Pedro II recebeu um nome extenso e pomposo no dia do batizado, realizado uma semana após o nascimento na capela Imperial, a atual igreja Nossa Senhora do Carmo da Antiga Sé: Pedro de Alcântara João Carlos Leopoldo Salvador Bibiano Francisco Xavier de Paula Leocádio Miguel Gabriel Rafael Gonzaga. Pedro de Alcântara era uma homenagem ao pai e também ao santo padroeiro da família real portuguesa — e do Brasil a partir de 1826. Seu padrinho foi o próprio pai, dom Pedro I. Sua irmã mais velha, a princesa imperial dona Maria da Glória, foi a madrinha.

Em agosto de 1826, dom Pedro II foi reconhecido formalmente como herdeiro da coroa do império brasileiro. Quatro meses mais tarde, ao completar um ano, ficou órfão de mãe. Dona Leopoldina faleceu aos 29 anos, em 11 de dezembro. Aos cinco anos, o pai deixou o Brasil após abdicar do trono, em abril de 1831. Os dois nunca mais se veriam, embora tenham trocado correspondências até a morte de dom Pedro I três anos mais tarde. Durante os dois primeiros anos de vida, dom Pedro II teve como ama de leite a suíça Maria Catarina Equey, de Nova Friburgo. Equey já havia amamentado a princesa dona Paula Mariana. Com uma pensão da Casa Imperial, ela viveria no paço até morrer em 1878. O futuro monarca cresceu aos cuidados da camareira-mor dona Mariana Carlota de Verna Magalhães Coutinho, mais tarde condessa de Belmonte, a quem ele chamava de "Dadama". Dom Pedro II a considerava sua mãe de criação e, por afeto, jamais deixou de chamá-la pelo apelido de infância. Dona Mariana veio para o Brasil com a comitiva de dom João VI. Seu marido, Joaquim José de Magalhães Coutinho, servira fielmente a dom Pedro I até morrer em 1823. Aos 46 anos, era uma mulher respeitadíssima, de grande energia, piedosa e de inabalável caráter.

Enquanto a maioridade não chegava, o "órfão da nação" foi esmeradamente preparado para exercer o cargo de chefe de Estado. Querendo evitar o mesmo desleixo com que o pai havia sido educado, seus tutores lhe impuseram desde cedo disciplina e orientação adequada. O primeiro tutor, indicado pelo pai após a abdicação, foi José Bonifácio. Acusado de conspiração e de tramar a restauração de dom Pedro I, o velho Andrada seria destituído dois anos mais tarde, em 1833, e substituído por Manuel Inácio de Andrade Souto Maior Pinto Coelho, o marquês de Itanhaém. Ao assumir o cargo, o marquês de Itanhaém preparou um regulamento rígido, que deveria ser seguido por todos que conviviam com o príncipe. Dom Pedro deveria levantar-se todos os dias às sete horas da manhã. Às oito, seria servido o café, com a presença de um médico. Das nove às onze e meia deveria estudar. Depois, poderia brincar até a uma e meia da tarde. O almoço seria servido às duas horas, acompanhando-o um médico, a camarista e a camareira-mor. A conversa deveria ser restrita a assuntos científicos e de beneficência. Às quatro e meia da tarde, passeio pelos jardins e leituras. Às oito da noite, oração; às nove, ceia. Às nove e meia, dom Pedro deveria estar na cama.[2] Pontualidade, moderação e disciplina que ele levaria para o resto da vida.

O frei Pedro de Santa Mariana foi nomeado aio e primeiro preceptor. Carmelita, formado no Seminário de Olinda, atuava como professor de matemática e geometria na Academia Militar. Era o responsável por ler textos de história e

410 *Rodrigo Trespach*

literatura e exigir que o aluno imperial fizesse o mesmo, o que desenvolveu o hábito da leitura no jovem. O frei também era encarregado de fazer relatórios sobre o desenvolvimento intelectual do pupilo e entregá-los aos deputados. O historiador José Murilo de Carvalho escreveu que "seus educadores procuraram fazer dele um chefe de Estado perfeito, sem paixões, escravos das leis e do dever, quase uma máquina de governar".[3]

Aos treze anos, dom Pedro II era um estudante dedicado. Conversava, escrevia e lia em francês e inglês. Também era versado em latim. Mais tarde, passou a estudar diversos outros idiomas: grego, alemão, italiano, espanhol e provençal; hebraico, russo, árabe, sânscrito e tupi-guarani. Teve lições de moral e política, estudou ainda caligrafia, literatura, geografia, ciências naturais, astronomia, desenho, pintura, música, dança, esgrima e equitação. Acordava cedo e dormia tarde, tendo poucas horas diárias de lazer. Em agosto de 1840, o encarregado de negócios da Áustria no Brasil, o barão Leopoldo von Daiser zu Sylbach, escreveu que aos dezesseis anos

> sua majestade continua estudando ativamente e está sempre ocupado com negócios de governo. Seu coração é excelente, seu espírito vivo e pesquisador, e tem um sentimento religioso decidido. Não é comunicativo, mas é um observador.[4]

Criado entre as irmãs, entre adultos, políticos e religiosos, desde cedo mostrou uma personalidade tímida e reservada, muito diferente da do pai, impulsivo e temperamental. O diplomata francês no Rio, Léonce de Saint-Georges, chegou mesmo a dizer que o menino manifestava "desprezo e um indiferentismo singular pelas mulheres". O conde de Suzannet, por sua vez, afirmou que o imperador nunca falava. Tinha "um olhar fixo e sem expressão", observou. "Parece tão triste e tão infeliz".[5] Mais tarde, quando adulto, manteve o mesmo comportamento sereno, avesso a festas, bailes, eventos sociais e cerimônias públicas.

A MAIORIDADE E A COROAÇÃO

Como determinava a Constituição de 1824, até que dom Pedro II atingisse a maioridade, a partir de 1831 o país seria governado por uma regência. O governo provisório foi composto de três nomes indicados pelo Senado: o político moderado Nicolau Pereira de Campos Vergueiro, o conservador José Joaquim Carneiro de Camposo e o líder militar Francisco de Lima e Silva. Em seguida, a Regência Trina passou a ser permanente e o Ato Adicional de 1834 implantou a Regência Una, além de criar as Assembleias Legislativas Provinciais e abolir o Conselho de Estado, o que deu mais autonomia às províncias. As eleições de 1835 elegeram o padre paulista Diogo Antônio Feijó regente do Brasil. O primeiro chefe do Executivo brasileiro eleito recebeu 2.826 votos dos quase seis mil eleitores — o que correspondia a menos de 2% da população.[6]

A vitória liberal representou a derrota da política de centralização do poder adotada durante o Primeiro Reinado. A descentralização era uma reivindicação antiga, mas o advento das Assembleias Provinciais acabou acirrando as disputas pelo controle do poder entre elites regionais, o que acarretou um grande número de rebeliões com reivindicações econômicas, políticas ou sociais nas províncias. Explodiram revoltas no Norte, no Nordeste e no Sul. Enquanto as revoltas agitavam o país, surgiram os dois grandes partidos do período monárquico brasileiro: o Partido Liberal e o Partido Conservador.

A solução imaginada para dar fim à instabilidade política seria o retorno da concentração de poder em torno da pessoa do imperador, o Poder Moderador. Mas havia um problema quase insolúvel: dom Pedro ainda era uma criança de dez anos. O primeiro projeto que visava conceder maioridade ao jovem foi apresentado em 1835, mas não avançou. No ano seguinte, um novo elemento surgiu. A princesa dona Januária, segunda filha de dom Pedro I, completou catorze anos, idade em que foi reconhecida herdeira legítima ao trono brasileiro. Dona Januária poderia ser imperatriz, caso seu irmão mais novo morresse, mas não poderia ser regente, pois a idade exigida para esse caso era 25 anos. Quando o regente Feijó renunciou em 1837 e Pedro de Araújo Lima foi eleito, a situação era delicada. As revoltas ameaçavam destruir a unidade nacional. Das quatro províncias em guerra civil, pelo menos duas tinham caráter republicano e separatista: a Revolução Farroupilha, no Rio Grande do Sul, e a Sabinada, na Bahia. Maranhão e Pará também estavam em violentas convulsões sociais. Em 1838, o projeto da maioridade e a coroação do imperador passaram a ser peça fundamental no jogo de xadrez político, mas não havia consenso entre liberais e conservadores. Apenas os palacianos do Clube da Joana — alusão à casa do mordomo imperial, perto do rio da Joana, onde o grupo se reunia — mantinham a firme posição de coroar dom Pedro antes da data determinada pela

Constituição. Enquanto isso, o jovem dom Pedro II continuava a estudar. Em carta à irmã, a rainha dona Maria II de Portugal, escreveu que fazia "constantes esforços para adquirir conhecimento".[7]

Em abril de 1840, por iniciativa do senador cearense José Martiniano de Alencar foi fundada a Sociedade Promotora da Maioridade, cuja finalidade era trabalhar e divulgar a ideia de antecipação da maioridade de dom Pedro II. Como presidente da sociedade foi escolhido o deputado Antônio Carlos Ribeiro de Andrada Machado e Silva, político liberal e irmão de José Bonifácio. Instados a encontrar adeptos entre deputados e senadores, os membros assediaram Manuel Paes de Andrade. O senador pernambucano não perdeu a chance de ironizar: "Senhores, muitas revoluções contra os reis o povo tem feito; mas a favor dos reis só vocês querem fazer". A sociedade se tornou pública e popular com o nome de Clube da Maioridade, ganhando a simpatia das ruas através da publicidade que exaltava a "fina inteligência" e a "maturidade precoce" do ainda imberbe monarca. "Queremos Pedro II/ Embora não tenha idade/ A Nação dispensa a lei/ E viva a Maioridade!", dizia um verso popular.[8]

Em julho, os parlamentares chegaram a um acordo e uma comissão foi enviada ao paço para formalizar a proposta. Com apenas catorze anos, inquirido sobre a possibilidade de assumir o poder, o jovem dom Pedro teria dito "Quero já!". Versões posteriores alegam, no entanto, que o príncipe era alheio às maquinações políticas do país. "Não tenho pensado nisso", teria retrucado ao ser perguntado sobre o assunto pelo regente Araújo Lima. Interessado ou não, o que passaria à história como Golpe da Maioridade já estava definido. Em 23 de julho de 1840, por volta das dez e meia da manhã, o senador Francisco Vilela Barbosa declarou a maioridade de dom Pedro II, "no pleno exercício dos seus direitos constitucionais". Em seguida, com "lágrimas nos olhos e na voz", o jovem monarca, com quinze anos incompletos, jurou a Constituição. Era o fim do período regencial.

A coroação e a sagração foram programadas para o ano seguinte. Os preparativos foram longos e nenhum detalhe escapou à organização do cerimonial. Um folhetim de dez páginas, contendo três programas, as regras e as disposições gerais para a ocasião, foi distribuído na corte. Como determinava a elaborada cartilha, dom Pedro II entrou na capital do império vindo do palácio de São Cristóvão, no dia 16 de julho de 1841. Uma enorme comitiva, composta de cortesãos, alas de coches, carruagens, arqueiros e toda a pompa possível, o acompanhava. Tiros e salvas de canhão marcaram determinados pontos do trajeto, que terminou no paço Imperial, no centro do Rio de Janeiro. Para a ocasião, o governo havia encomendado uma berlinda de aparato, popularmente chamada de "carro cor de cana", devido à sua coloração amarelo-ouro. O veículo fora fabricado em Londres, em 1835, pela Pearce & Countz, a mesma fornecedora da família real britânica.

A sagração ocorreu no dia 18 de julho de 1841, na capela Imperial, hoje igreja de Nossa Senhora do Carmo. O local havia sido ligado ao paço por um edifício provisório, com mais de trinta metros de comprimento, construído especialmente para o evento. O arquiteto gaúcho Manuel de Araújo Porto-Alegre, mais tarde barão de Santo Ângelo, foi o responsável pela construção e ornamentação da varanda, ricamente decorada com símbolos e alegorias representativas. Dividido em três partes, o edifício era formado por dois pavilhões (o Amazonas e o Prata, que representavam os dois grandes rios nos extremos do país) e um "templo" na parte central, onde dom Pedro II seria apresentado ao povo depois de coroado. No pavilhão do Prata, dois leões guarneciam o pé da escadaria que o ligava à capela Imperial; representavam a força e o poder. No Amazonas, um jacaré e uma cornucópia cheia de frutos do Brasil. No pé da escadaria do templo, que dava na praça pública, estavam duas estátuas representando a justiça e a sabedoria, e a inscrição "Deus protege o Imperador e o Brasil". Dentro, diversas figuras alegóricas e pinturas de grandes imperadores do passado, entre elas a de dom Pedro I entregando as coroas de Portugal e do Brasil a seus dois filhos e diversos símbolos representativos. Os signos do zodíaco, que regiam as datas de nascimento e coroação do novo monarca (sagitário e câncer), também estavam presentes. Entre as datas históricas havia ainda a do Dia do Fico e o da Independência. Entre os personagens, além de Carlos Magno e Napoleão, apareciam escritos em colunas também nomes como o do Caramuru e o cacique Tibiriçá, os "heróis nacionais". A sala do trono continha as armas de Portugal e da Áustria (das dinastias Bragança e Habsburgo). O trono foi confeccionado a partir de um desenho de Araújo Porto-Alegre.[9]

A cerimônia de coroação propriamente dita também reuniu costumes de longa data, bem como símbolos antigos e novos: o manto usado por dom Pedro I, a espada da proclamação da Independência no Ipiranga, a Constituição do Império, o globo imperial, o anel, as luvas, a mão da Justiça, o cetro e a coroa. Tudo foi pensado nos mínimos detalhes, tal qual as antigas coroações das grandes monarquias europeias. A espada do fundador do Império Brasileiro era de prata dourada e tinha nas lâminas as armas portuguesas. Na bandeja em que foi carregada estava também a Constituição de 1824. O globo imperial era composto de uma esfera armilar de prata, tendo na eclíptica dezenove estrelas de ouro representando as províncias do país, cortadas pela cruz da Ordem de Cristo — um símbolo português adornado com o céu do Brasil. O anel, usado no dedo anular da mão direita do imperador, tinha dois dragões entrelaçados na cauda e brilhantes incrustados. As luvas foram confeccionadas em seda e bordadas com as armas do império. O cetro, de ouro maciço, media 2,5 metros de altura, e a serpe, a serpente alada símbolo da Casa de Bragança, tinha como olhos dois grandes brilhantes. A coroa, que pesava 1,9 quilo, tinha por base uma cinta de ouro, fechada por oito cintas do mesmo metal; no remate, uma esfera também em ouro sustentando uma cruz. Os 639 brilhantes foram retirados da coroa de dom Pedro I; as 77 pérolas pertenciam à falecida imperatriz dona Leopoldina. Apesar do luxo, as vestimentas do imperador apresentavam elementos típicos dos indígenas brasileiros, como a murça de papo de tucano, a obreia ruiva de penas de galo-da-serra e o manto de veludo verde com ramos de cacau e tabaco.

Estandartes, bandeiras, armas, entoações em latim e os hinos da Independência e do imperador também fizeram parte da encenação. Na capela Imperial, o arcebispo dom Romualdo Antônio de Seixas iniciou o ato solene às onze e meia da manhã e só o encerrou duas horas e meia mais tarde, depois de uma missa, da unção do imperador e do *Te Deum*. Após o ato religioso, o monarca seguiu para a varanda, onde ocorreu a cerimônia pública e dom Pedro de Alcântara passou a ser oficialmente dom Pedro II, "imperador constitucional do Brasil, por graça de Deus e unânime aclamação dos povos". Terminado o cerimonial, foi oferecido o banquete. Antes, porém, o imperador teve as mãos purificadas, como mandava a tradição ritualística portuguesa. A mão da Justiça, baseada na mão direita de dom Pedro II, foi modelada em gesso e distribuída entre as famílias mais importantes da corte. Durante nove dias o Rio de Janeiro viveu o esplendor de ser a única monarquia do continente americano. As festas se encerraram com um baile de gala para 1.200 convidados, no dia 24 de julho.[10]

Como determinava a Carta Magna do país, dom Pedro II era o Poder Moderador. Cabia a ele a indicação do presidente do Conselho de Ministros, órgão criado em 1847 com função executiva. O "primeiro-ministro" era escolhido entre os membros do partido em maioria no parlamento. Competia a ele formar um ministério cujo gabinete era encarregado de governar. Para manter-se no poder, o gabinete precisava da confiança tanto do parlamento quanto do imperador. Dom Pedro II podia nomear o presidente do Conselho de Ministros, assim como dissolver a Câmara quando bem entendesse, convocando novas eleições.

Essa era "a chave de toda organização política" que constava na singular Constituição de 1824. Um sistema flexível, que permitia o rodízio dos dois principais partidos no governo, sem maiores traumas, embora os governos tivessem sempre curta duração. Em quase cinco décadas, foram 36 gabinetes e trinta primeiros-ministros — onze baianos, cinco mineiros, cinco pernambucanos, quatro do Rio de Janeiro, dois paulistas, dois do Piauí e um alagoano. José Maria da Silva Paranhos, o visconde do Rio Branco, foi quem mais tempo permaneceu no poder (quatro anos e três meses, entre 1871 e 1875) e Zacarias de Góis teve o governo mais curto (menos de uma semana, em 1862).[11]

A IMPERATRIZ TERESA CRISTINA

Coroado o imperador, faltava encontrar uma imperatriz. O jovem dom Pedro II preferia uma pretendente proveniente da Áustria ou de algum Estado alemão, mas foi na corte napolitana que Bento da Silva Lisboa, o barão de Cairu, encarregado brasileiro pelas negociações na Europa, encontrou a futura esposa do monarca. Em Viena, ele se encontrou com Vincenzo Ramirez, representante do reino das Duas Sicílias. Em 1842, após sondagens iniciais, das três irmãs solteiras do rei Fernando II, duas recusaram a oferta brasileira. O noivo não era rico e o Brasil não era um país atraente, principalmente depois dos problemas enfrentados por dona Leopoldina e amplamente divulgados. A mais nova, não obstante, aceitou. Assim como o rei, Teresa Cristina de Bourbon-Duas Sicílias, de 21 anos, era filha do falecido Francisco I e da infanta Maria Isabel da Espanha. O pai era filho da arquiduquesa Maria Carolina da Áustria, filha da imperatriz Maria Teresa. Por parte de mãe, era sobrinha do rei Fernando VII da Espanha e de dona Carlota Joaquina, a avó de seu noivo. Por isso, para a concretização da união, foi necessária uma licença do papa Gregório XVI.

Nascida em Nápoles, em 1822, a aparência de Teresa Cristina contrastava com a de dom Pedro II. Ela era baixinha, morena, de cabelos negros e lisos. Possuía os olhos claros e um sorriso generoso. Era saudável, religiosa e muito afável — o modelo de esposa esperado para uma soberana. Além disso, tinha boa instrução, cantava e tocava instrumentos musicais. Exibia "um ar de candura e bondade", escreveu o escritor Pedro Calmon. Seu jeito modesto e tímido de cumprimentar as pessoas, "suavemente feminino", dava-lhe um "tom sedutor de meiguice e simpatia".[12] Mas, apesar das qualidades morais e além da baixa estatura, dona Teresa Cristina sofria com um pequeno problema físico que, se não a impedia de ter filhos, lhe tirava toda a graça: mancava levemente de uma perna, algo que o agente brasileiro escondera do Rio de Janeiro. A pintura de José Correia de Lima enviada a dom Pedro também não era fiel à realidade. Embora não fosse feia, dona Teresa Cristina não tinha muita semelhança com a modelo de busto firme e a silhueta esguia da tela que tinha ao fundo o vulcão Vesúvio.

Ludibriado pelo retrato, o jovem imperador aceitou a noiva, e a fragata *Constituição*, com 64 canhões, foi enviada à Itália para buscar a nova imperatriz. Em comboio seguiriam duas corvetas; José Alexandre Carneiro de Campos, visconde de São Salvador de Campos e representante do imperador; a marquesa de Maceió, camareira-mor; a açafata dona Isabel de Beaurepaire e outras senhoras da corte faziam parte da comitiva. A frota partiu do Rio de Janeiro em março, aportando em Nápoles em 21 de maio, alguns dias antes da cerimônia religiosa. Com a anuência do pontífice, o casamento, por procuração, foi realizado na capela Palatina, no Castel Nuovo, Nápoles, em 30 de maio de 1843. O imperador foi representado por Leopoldo, conde de Siracusa, irmão da noiva. Depois da missa, realizada no dia de são Bernardo, e das formalidades de praxe, começaram os preparativos para a viagem. No dia 1º de julho, às seis horas da tarde, dona Teresa Cristina embarcou. Era noite quando a frota brasileira, acompanhada de outras três embarcações sardas, deixou o porto sob a salva de 21 tiros de canhão. A *Constituição* fora preparada para a viagem. Cortinas de damasco enfeitavam a câmara real, espelhos enormes, altar portátil, bordados com as armas do Brasil e de Nápoles, móveis estofados com as iniciais P e T (de Pedro e Teresa), lavatório de prata dourada, leito de jacarandá com cortinado de musselina e o símbolo da casa de Bragança. Junto da irmã, na fragata *Amélia*, seguia Luís Carlos, o conde Áquila, que viria a se casar com a irmã de dom Pedro II, dona Januária.[13]

Quando dona Teresa Cristina chegou ao Rio de Janeiro, em 3 de setembro de 1843, o jovem imperador ficou decepcionado. Diante da noiva, dom Pedro II manteve a postura, mas depois desandou a chorar nos braços da condessa de Belmonte: "Enganaram-me, Dadama". Guy Gauthier, biógrafo moderno do imperador, escreveu que, se a imperatriz não tinha uma beleza arrebatadora, pelo menos não se parecia com a mãe ou com a avó materna, "que competiam entre si pela feiura e vulgaridade".[14]

No dia seguinte à chegada, dona Teresa Cristina foi levada ao porto por um barco com sessenta remadores, desembarcando no Rio pelo remodelado cais do Valongo, antiga porta de entrada dos escravizados africanos na capital, especialmente preparado para a ocasião. Daí em diante o local seria conhecido como cais da Imperatriz. Acompanhada do irmão, a nova soberana do Brasil pisou em terra às onze horas. Apesar da chuva, as ruas estavam apinhadas e o porto lotado com membros da corte, todo o ministério, juízes, piquetes de cavalaria e bandas marciais. Um enorme cortejo com treze coches se dirigiu até a capela Imperial, passando por ruas cobertas de flores e folhas de cravo e canela. Na igreja, o casal recebeu a bênção nupcial. Em seguida, seguiram para o paço, para o beija-mão. Mais tarde, dom Pedro II e dona Teresa Cristina rumaram para o palácio de São Cristóvão. Seguiram-se nove dias de festa na corte. Na intimidade matrimonial, porém, as coisas não saíram como o esperado. Segundo o historiador inglês Roderick Barman, dom Pedro "passou várias semanas recusando-se a ter relações sexuais com a esposa e tratando-a com glacial indiferença".[15] O embaixador austríaco, em despacho diplomático a Viena, chegou a especular que o imperador fosse impotente. O mordomo Paulo Barbosa, entretanto, lembrou o garoto do compromisso e o encorajou: "Cumpra seu dever, meu filho!". Próximo do final do ano, a relação melhorou e o casal se aproximou. Manteriam uma relação de amizade para o resto da vida. Quando ela morreu, quase cinquenta anos mais tarde, ele a chamou de "minha santa".

Como cumpria ao casal imperial, deixaram herdeiros. Dona Teresa Cristina teve quatro filhos, dos quais dois meninos morreram com pouca idade. Dom Afonso, o primogênito, nasceu em 1845, falecendo com dois anos e quatro meses, após um ataque de epilepsia. Dom Pedro Afonso, o mais novo, nasceu em 1848, vindo a falecer em 1850, com um ano e seis meses. Dona Isabel, uma das duas meninas sobreviventes, nasceu em 1846. Era a herdeira presuntiva ao trono. Casada com Gastão de Orleans, o conde d'Eu, ela assumiria a regência durante as três viagens que o pai fez para o exterior. Seu esposo era filho do duque de Némours e neto do rei Luís Filipe I da França, o "Rei Burguês". A segunda filha de dom Pedro II e dona Teresa Cristina, dona Leopoldina, nasceu em julho de 1847. Casou-se com o príncipe alemão Luís Augusto de Saxe-Coburgo-Gota em dezembro de 1864, aos dezessete anos. Luís Augusto tinha dezenove, era oficial da Marinha austro-húngara e duque de Saxe. Dona Leopoldina teve quatro filhos antes de falecer de febre tifoide, em fevereiro de 1871, em Viena, aos 23 anos.

Vivendo um relacionamento oficial protocolar, dom Pedro II manteve alguns casos extraconjugais, nada comparado às aventuras e escândalos do pai. Foram pelo menos catorze romances, alguns apenas platônicos, com mulheres que ele podia conversar sobre assuntos que não conseguia falar com a esposa. Entre eles, são conhecidos o caso com a esposa do embaixador uruguaio, André Lamas, e o romance com Ana Maria Cavalcanti de Albuquerque, treze anos mais jovem, condessa de Villeneuve e mulher de Júlio Constâncio de Villeneuve, um dos proprietários do *Jornal do Comércio*, diplomata e ministro plenipotenciário em Bruxelas. Dom Pedro e a condessa mantiveram encontros secretos no Rio de Janeiro e na Europa, trocando cartas ardentes, com detalhes eróticos sobre seios, lábios, carícias, suspiros e delírios. Em uma correspondência de 1884, um apaixonado imperador de 59 anos confidencia à amante: "Que loucuras cometemos na cama de dois travesseiros". Na mesma carta, escreve em seguida: "Não consigo mais segurar a pena, ardo de desejo de te cobrir de carícias". Com Clair d'Azy, o imperador trocou cartas sobre política e livros. A condessa Matilde de La Tour era amante do conde de Gobineau e servia de intermediária entre o diplomata francês e dom Pedro. Já Eponine Otaviano, filha do dono do jornal *Correio Mercantil* e esposa de Francisco Otaviano, jornalista e político do Partido Liberal, escreveu certa vez que esperava ver o imperador recuperado de uma doença, "bom e forte para o meu prazer". Nenhum caso, no entanto, foi mais duradouro e profundo do que o que manteve com dona Luísa Margarida Portugal de Barros, a condessa de Barral.

Nove anos mais velha do que dom Pedro II, dona Luísa era filha única do visconde de Pedra Branca, um rico senhor de engenho na Bahia, e esposa de Eugène de Barral, primo de Eugênio de Beauharnais, pai de dona Amélia Leuchtenberg, a segunda imperatriz brasileira. A condessa passara boa parte da vida na Europa, falava inglês e francês. Defendia abertamente a abolição dos escravizados. Era desenvolta, espirituosa, elegante e bonita, com a pele morena, nariz bem desenhado, grandes olhos negros e cabelos lisos. Em 1856, aos quarenta anos, foi contratada para tutora das princesas Isabel e Leopoldina, com um salário anual de doze contos, o rendimento de um ministro de Estado, e pensão vitalícia de seis mil francos. O convívio durou nove anos e, segundo o historiador José Murilo de Carvalho, "despertou a paixão de dom Pedro, a amizade das princesas e o ódio da imperatriz". Após o retorno de Barral à França, os dois trocariam correspondências até a morte da condessa, em 1891, aos 74 anos. Cerca de quatrocentas cartas trocadas entre os dois, cobrindo um período de mais de 25 anos, sobreviveram até nós. Centenas de outras foram destruídas por segurança. A relação com a condessa de Barral foi muito além de paixão e sexo: dom Pedro se envolveu intelectualmente com ela.[16]

A GUERRA DA TRÍPLICE ALIANÇA

Desde o reinado de dom João VI, o Brasil enfrentava problemas na região do Prata. Em 1817, o rei português havia anexado o Uruguai, ainda durante o período dos movimentos de independência das colônias espanholas. Mais tarde, porém, seu filho dom Pedro I, já imperador, foi obrigado a aceitar a independência uruguaia, em 1828. A região permaneceu sendo foco de conflitos, principalmente durante a revolta dos farrapos, no Rio Grande do Sul, entre 1835 e 1845. Em maio de 1851, Justo José de Urquiza, governador da província argentina de Entre Ríos, declarou guerra a Juan Manuel de Rosas, ditador que governava o país a partir de Buenos Aires. Na época, a Argentina era uma federação de estados semiautônomos chamada Províncias Unidas do Rio da Prata. Rosas era aliado de outro ditador, o uruguaio Manuel Oribe. Os dois esperavam criar um grande Estado, como o antigo vice-reino do Prata. Mas o Brasil interveio, enviando um exército para a região. Em outubro, as forças brasileiras derrotaram Oribe. Quatro meses depois, venceram os argentinos em Monte Caseros. Entre as tropas imperiais, estava uma legião alemã, os Brummers, com mais de 1.700 soldados, que, desmobilizados, seriam enviados para colônias gaúchas. Em 20 de fevereiro de 1852, o Exército imperial entrou triunfante em Buenos Aires. Restabelecida a ordem, as tropas brasileiras se retiraram. As disputas regionais, no entanto, não tinham terminado.

O Brasil não tinha problemas de fronteira com o Paraguai, o foco de desentendimentos era a navegação pelos rios Uruguai e Paraná e a posição brasileira nas questões platinas. De toda forma, a diplomacia imperial nunca levou em consideração que os paraguaios pudessem recorrer a meios bélicos. No entanto, as coisas mudaram em 1862, quando Francisco Solano López assumiu a presidência do Paraguai no lugar do pai. Filho mais velho do presidente Carlos López, Solano tinha 35 anos e passara alguns anos na Europa em missão diplomática, como ministro da Guerra e Marinha, buscando se aproximar de Inglaterra, França e Espanha. Sua missão incluía contratar engenheiros, comprar armas e equipamentos ferroviários. Os López haviam enriquecido às custas de recursos públicos e se transformado na maior riqueza do país. Solano chegou ao Velho Mundo com uma comitiva enorme e muito dinheiro. Era um homem baixo, mas altivo e garboso, que gostava de fumar, beber, comer e se vestir bem. Sob a proteção do pai, tornara-se general do Exército aos dezenove anos e estava disposto a transformar o país em uma potência sul-americana. Ao assumir o governo do Paraguai, Solano adotou uma política agressiva tanto em relação ao Rio de Janeiro quanto a Buenos Aires. Ele se referia a dom Pedro II como "Rei dos Macacos".

Os desentendimentos começaram, mais uma vez, no Uruguai. Em 1864, o presidente Bernardo Berro se indispusera com o Brasil e a Argentina, que haviam apoiado o partido rival e seu concorrente durante as eleições uruguaias. Com a Argentina, entrou em conflito ao se aliar ao rival do presidente Bartolomé Mitre, o governador Urquiza, que estivera envolvido no conflito anterior. Com o Brasil, os problemas surgiram com a cobrança de impostos dos estancieiros gaúchos que tinham propriedades no país — quarenta mil brasileiros viviam no Uruguai, donos de dezenas de fazendas e centenas de milhares de cabeças de gado. A posição do governo uruguaio aproximou dois velhos inimigos. A aliança foi facilitada porque o general Mitre, que governava em Buenos Aires, era simpático ao Brasil. Foi ele quem cunhou a expressão "democracia coroada" para se referir ao país vizinho. Mas Mitre tinha oposição interna. Além de Entre Ríos, a província de Corrientes também era hostil ao Brasil. Pressionado, Berro se aproximou do Paraguai. Em seguida, o general Venancio Flores invadiu o Uruguai para derrubar o sucessor de Berro, Atanasio Aguirre. Foi apoiado por dom Pedro II e Mitre. O imperador despachou um emissário para Montevidéu na tentativa de um acordo sobre a situação dos brasileiros no Uruguai. Aguirre assinou um acordo, mas não o cumpriu. O representante brasileiro deu um ultimato, não respondido pelo governo uruguaio. Depois do embaraço inicial, o problema foi contornado e os gaúchos indenizados.[17]

A situação parecia solucionada, mas López protestou contra a constante intervenção da Argentina e do Brasil no Uruguai. E, sem declarar guerra, em 12 de novembro de 1864, aprisionou o vapor brasileiro *Marquês de Olinda*, que passava por Assunção via rio Paraná. A bordo do paquete estava o governador da província do Mato Grosso, coronel Frederico Carneiro de Campos. Feito prisioneiro, Campos morreria três anos mais tarde, em um acampamento próximo a Humaitá. López anunciou que estava em guerra com o Brasil e invadiu o Mato Grosso no final de dezembro, tomando o forte de Coimbra com uma força de cinco vapores, três galeotas, duas canhoneiras e doze canhões. Em abril de 1865, o Exército paraguaio entrou no território argentino. Ao cruzar pela província de Entre Ríos, López perdeu o apoio do governador Urquiza. E com a subida de Flores ao poder em Montevidéu, estava formada a Tríplice Aliança entre Brasil, Argentina e Uruguai. O tratado secreto foi assinado em 1º de maio de 1865. Segundo acordado, a paz só seria negociada com a deposição de Solano López.

A população brasileira era de 9,1 milhões, mas o Exército imperial era pequeno, tinha apenas dezoito mil soldados. A Marinha, não melhor, contava com 45 navios armados. Os dois aliados de dom Pedro II também possuíam forças inexpressivas. A Argentina contava com oito mil soldados; o Uruguai, mil. O Exército paraguaio de Solano López, por sua vez, possuía mais de 64 mil soldados e cerca de 28 mil reservistas. Uma força militar extraordinária para um país com apenas 406 mil habitantes.

Os efetivos brasileiros iniciais eram pequenos, e a Guarda Nacional, criada em 1831 e reorganizada em 1850, mal armada e sem experiência de campo, pouco contribuiu. Mas o decreto de 7 de janeiro de 1865, que convocou a população ao alistamento fez o Exército crescer mais de cinco vezes em poucos anos. Até o fim da guerra, é estimado que pelo menos 135 mil homens tenham sido mobilizados, sendo quase 38 mil o número de integrantes dos 57 corpos de Voluntários da Pátria. Esses "voluntários" eram muitas vezes homens recrutados compulsoriamente. Mais de 7.900 eram escravizados libertos.[18]

Em 10 de junho de 1865, o Exército paraguaio cruzou o rio Uruguai e ocupou São Borja, no Rio Grande do Sul. Em menos de dois meses, tomou Uruguaiana. A fim de mobilizar o Exército imperial e dar exemplo, o próprio dom Pedro II, "o voluntário número um", se dirigiu para o teatro de operações, acompanhado pelo genro, o duque de Saxe, o ministro da Guerra, Ângelo Ferraz, mais tarde barão de Uruguaiana, e o marechal Luís Alves de Lima e Silva, marquês depois duque de Caxias, como ajudante de ordens. Vestindo o uniforme imperial e a indumentária gaúcha, dom Pedro II marchou pela campanha rio--grandense, visitou hospitais e instalações militares. Depois de quatro meses, o imperador regressou ao Rio.

Em setembro de 1865, um exército de vinte mil soldados recuperou Uruguaiana. No mês seguinte, em retirada, os paraguaios deixaram a Argentina. Após o ímpeto inicial, Solano López foi obrigado a recuar para o território paraguaio e promover uma guerra de desgaste. Em 16 de abril de 1866, o marechal Manuel Luís Osorio, mais tarde marquês do Herval, comandante das forças brasileiras, entrou no Paraguai à frente de 48 mil soldados e treze generais. Seguiram-se vitórias aliadas em Tuiuti e Curuzu, em maio e setembro. Nesse meio-tempo, em junho, a batalha naval de Riachuelo destruiu a esquadra paraguaia. Sob o comando do almirante Barroso, a Marinha brasileira contava com nove embarcações (uma fragata, quatro corvetas e quatro canhoneiras) e quase três mil homens. Em novembro, o comando do Exército passou a Caxias. Nos dois anos seguintes, o avanço sobre o Paraguai continuou, com batalhas em Humaitá, entre fevereiro e julho de 1868, e Itororó, Avaí e Lomas Valentinas, em dezembro — a chamada "Dezembrada". Quando os brasileiros se aproximaram de Assunção, López ordenou a execução de seu irmão e de um cunhado, além de um ministro, um bispo e do cônsul português, acusados de conspiração. Em Itá-Ibaté (Ciudad del Este), último bastião de defesa da capital, o combate dispôs frente a frente 15.984 brasileiros e 7.600 paraguaios. Derrotado, *el Mariscal* — como López era chamado — fugiu. Em 5 de janeiro de 1869, Assunção foi ocupada. Três meses depois, em abril, o conde d'Eu, genro do imperador, recebeu o comando do Exército. Em fuga, Solano López iniciou a Campanha da Cordilheira. Em 1º de março do ano seguinte, acabou morto em Cerro Corá, "lanceado na barriga" pelo cabo brasileiro José Francisco Lacerda, o Chico Diabo — ou com um tiro nas costas, segundo algumas versões. O fato de López ter sido morto e não preso, como era de esperar, não agradou nem o conde d'Eu nem dom Pedro II. O tratado de paz foi assinado dois anos depois. No Paraguai, a guerra reduziu a população a quase metade: 231 mil habitantes. No Brasil, fez surgir uma nova força política: o Exército.[19]

PETRÓPOLIS, VIAGENS E APONTAMENTOS

A família imperial possuía três palácios no Rio de Janeiro: o paço, no centro da cidade, o de São Cristóvão, na quinta da Boa Vista, e o de Petrópolis, na serra fluminense. Só mais tarde, na década de 1860, a princesa Isabel ganharia o que ficaria conhecido como paço Isabel, o atual palácio Guanabara, sede do governo do Rio. Comprado em 1865, ele foi tomado pelo governo republicano em 1889. A família nunca foi indenizada. A residência de dona Leopoldina, próxima do paço de São Cristóvão, foi destruída nos anos 1930.

O palácio de São Cristóvão, onde dom Pedro II havia nascido, era, segundo um almirante finlandês que o visitou em 1872, "mobiliado pobremente e malconservado". Também era mal iluminado, quase não tinha funcionários e a mais elementar etiqueta, se comparado às cortes europeias. Certa vez o escritor francês Gustave Aimard entrou no palácio sem ser incomodado. Ao perguntar pelo imperador, recebeu como resposta: "Em frente, na segunda porta à esquerda". Dom Pedro, de fato, costumava andar pelas ruas do Rio acompanhado de amigos, sem seguranças ou pompa alguma, como qualquer cidadão do império. Quanto à residência imperial, a educadora norte-americana Elizabeth Agassiz registrou em seu livro de memórias a "simplicidade e franqueza republicanas do casal imperial". O pintor francês Édouard Manet, em visita ao Rio, achou que o palácio do imperador era um "casebre". O escritor brasileiro Alfredo Maria Adriano d'Escragnolle, visconde de Taunay, considerava a residência da família Bragança no Brasil triste e severa. De fato, em São Cristóvão não se davam festas e poucas eram as festividades. A única cerimônia regular ocorria no primeiro sábado de cada mês, às oito da noite, quando dom Pedro II recebia o corpo diplomático, sempre vestindo o uniforme de marechal ou de almirante. Recepções de grande gala ou bailes ocorriam apenas nas datas oficiais e todas eram realizadas no paço Imperial. Em 1882, uma alemã que morava no Rio de Janeiro notou a ausência de festas na corte: "Vida social praticamente não existe, fora dos limites do corpo diplomático; o imperador não dá recepções".[20] O último grande baile oferecido por dom Pedro II, no paço Imperial, foi no inverno de 1852, quando compareceram 962 cavalheiros e 548 senhoras. A recepção, que durou até as cinco horas da madrugada, foi animada por dezenove contradanças, vinte quadrilhas, quatro chotes e seis valsas. Nessas ocasiões, dom Pedro II usava o uniforme de marechal do Exército, mas não era um entusiasta da vida social. Preferia conversas reservadas ao barulho dos salões. O traje da coroação seria usado duas vezes por ano, no Senado, para a abertura e o fechamento das sessões plenárias do Congresso, quando ele discursava para os parlamentares das duas câmaras — a chamadas Falas do Trono. Em 1872, ao retornar da primeira excursão à Europa, aboliu a antiga prática do beija-mão.

O palácio de Petrópolis era o preferido do imperador. Erguido sob a coordenação do mordomo-mor Paulo Barbosa da Silva, estava localizado na antiga fazenda do Córrego Seco, no alto da serra da Estrela, a setenta quilômetros do centro do Rio. A área pertencera a dom Pedro I, que passara pela fazenda em 1822, enquanto seguia para Minas Gerais, e a comprara em 1830. Recuperada dos credores dez anos mais tarde, a fazenda foi arrendada ao major e engenheiro militar alemão Júlio Frederico Koeler em 1843. O então chamado outeiro de Santa Cruz foi reservado à construção de um palácio, enquanto Koeler planejava e construía com mão de obra imigrante uma cidade em seu entorno, a "cidade de Pedro". A fazenda foi dividida em mais de 1.200 lotes e aforamentos, o que dava ao explorador o direito de uso e não a posse definitiva de propriedade. Esse instrumento jurídico muito singular, o laudêmio, daria origem ao chamado "imposto do príncipe", que, em regime de enfiteuse, inalienável, hereditário e perpétuo, até hoje é recolhido pela Companhia Imobiliária de Petrópolis, administrada por descendentes de um ramo não dinástico da família imperial conhecido como "ramo de Petrópolis".[21] Com o tempo, o lugar se desenvolveu. No final da década de 1850, a região de Petrópolis era habitada por 3.300 colonos alemães, suíços e portugueses.

O palácio foi projetado por Koeler para servir de residência de verão à família. As obras tiveram início em 1845 e só foram encerradas dezessete anos mais tarde, muito tempo depois da morte do engenheiro. A família imperial, no entanto, passou a ocupar o lugar bem antes, logo nos primeiros anos. Construído em estilo neoclássico, o edifício tem dois andares com terraço sobre um pórtico. Os jardins foram projetados pelo arquiteto francês João Batista Binot. A decoração do edifício coube a Araújo Porto-Alegre, o mesmo artista que havia trabalhado na cerimônia de coroação de dom Pedro II. No saguão da entrada foram utilizados mármore belga e de Carrara, com colunas gregas. Portas, esquadrias, janelas e assoalhos foram desenhados e confeccionados em cedro, jacarandá, peroba e pequiá-rosa. Tetos de estuque e ricas ferragens se entrelaçavam formando as iniciais dos imperadores, motivos nacionais e símbolos decorativos portugueses, como coroas e a serpe dos Bragança.

Apesar do esforço empregado e do dinheiro investido, a construção não se comparava às residências dos reis europeus. O príncipe de Württemberg comparou o palácio a um "triste edifício que no máximo satisfazia as exigências de um próspero mercador, mas não as de um grande monarca".[22] O palácio não possuía água encanada. No andar superior, havia um quarto de banhos, com uma banheira de folha de flandres e um lavatório de louça. A água era transportada até o espaço em vasilhas. Como vaso sanitário, utilizavam-se as *chaises percées*, no Brasil conhecidas como "comuas", cadeiras com urinóis embutidos. A cozinha ficava em uma construção próxima. A refeição era transportada para o palácio através de um corredor lateral à sala de jantar, em caixas de madeira forradas de zinco, com carvão em brasa ao fundo para mantê-la aquecida. No corredor, a comida era transferida para as louças que iam à mesa. Os poucos escravizados, cocheiros e serviçais ficavam na ucharia, uma construção à parte, onde eram armazenados também mantimentos e instrumentos de trabalho. Todos os empregados do palácio que tinham acesso à família imperial eram assalariados, incluindo os escravizados. Os moços da câmara prestavam serviço direto ao imperador, à imperatriz e às filhas. Eram em geral jovens e provenientes de boas famílias.

No começo, a viagem do Rio até Petrópolis levava dois dias. A construção da estrada de ferro, em 1854, encurtou o tempo em quatro horas. Ia-se de barco do cais do paço até o porto Mauá. Daí eram dezoito quilômetros de trem até a raiz da serra, trajeto percorrido em uma hora. Depois eram necessárias mais duas horas de carruagem até Petrópolis.[23]

Isolado do mundo na região serrana, o imperador vivia como um cidadão comum. Vestindo casaca preta, chapéu alto e insígnia da ordem do Tosão de Ouro na lapela, ele passeava pela cidade, colhia flores nos jardins, visitava exposições no palácio de Cristal, cumprimentava as pessoas e conversava com amigos. Dom Pedro II e a família imperial viviam com parcos oitocentos contos por ano. No começo do reinado, isso significava 3% das despesas do governo. No final, eram míseros 0,5%. O monarca nunca aceitou aumento e, às vezes, doava parte da dotação ao Tesouro Nacional. Em 1867, em meio à Guerra do Paraguai, mandou diminuir seu salário em 25%. Grande parte do dinheiro ia para esmolas, doações a entidades beneficentes e científicas e bolsas de estudo. Os lucros da fazenda Santa Cruz, de propriedade da Coroa, eram distribuídos entre os pobres. Durante todo o Segundo Reinado foram 151 bolsistas. Entre eles, os pintores Pedro Américo e Pedro Weingärtner, e o engenheiro Guilherme Schüch Capanema, filho do professor de alemão e italiano do imperador. Não é de admirar que em quase cinco décadas, para saldar dívidas contraídas, a Casa Imperial tenha precisado pedir empréstimo 24 vezes. Todas as três viagens para o exterior foram realizadas com empréstimos pessoais.

A timidez e a voz fina e aguda do imperador contrastavam com o porte avantajado, de 1,90 metro, e a barba espessa, que lhe davam um aspecto sério e de força. Apesar da aparência sadia, depois dos cinquenta anos dom Pedro II não gozava de boa saúde. Além dos eventuais ataques epilépticos, sofria com o diabetes, condição que lhe provocava gangrenas nos pés e comprometia sua visão. A doença foi diagnosticada em 1882 pelo médico Cláudio Velho da Mota

Maia, após ver a quantidade de formigas no urinol do imperador. Não obstante, era um trabalhador compulsivo. Acordava cedo e dormia tarde, dedicando boa parte de seu tempo aos negócios de Estado e as horas livres aos estudos. Nunca foi original, mas desenvolveu inteligência suficiente para ser considerado um intelectual: um "rei filósofo". Ao longo da vida, escreveu 5.500 páginas de diário, registradas a lápis em 43 cadernos. As anotações começam em 2 de dezembro de 1840 e são encerradas em 1º de dezembro de 1891, quatro dias antes de falecer. São quase todas dedicadas ao registro de atividades diárias, pessoais e governamentais. As anotações das viagens são as mais detalhistas, com dados sobre horários, distâncias percorridas, temperatura e vários outros aspectos. Há poucas confissões ou revelações. A anotação de 31 de dezembro de 1861, porém, é uma autodescrição, o perfil do homem e do imperador:

> Tenho espírito justiceiro, e entendo que o amor deve seguir estes graus de preferência: Deus, humanidade, pátria, família e indivíduo. Sou dotado de algum talento; mas o que sei devo-o sobretudo à minha aplicação, sendo o estudo, a leitura e a educação de minhas filhas, que amo extremosamente, meus principais divertimentos. [...] Nasci para consagrar-me às letras e às ciências, e, a ocupar posição política, preferiria a de presidente da República ou ministro à de imperador.[24]

Até meados da década de 1840, dom Pedro II só conhecia o Brasil e o mundo através dos livros. Nos anos seguintes, ele faria excursões pelo interior brasileiro e pelo hemisfério Norte do globo. A primeira grande viagem do imperador pelo país ocorreu logo após a pacificação do Rio Grande do Sul. Dom Pedro II chegou em Desterro (a atual Florianópolis), em Santa Catarina, em outubro de 1845. No mês seguinte já estava em Porto Alegre, vestindo um ponche tradicional e posando para fotografias. Em dezembro, visitou São Leopoldo, no vale dos Sinos, a primeira colônia alemã do país, criada após a Independência. Em janeiro do ano seguinte visitou São Gabriel, na campanha gaúcha. Em fevereiro chegou a Santos; em março, visitou São Paulo. Em abril de 1846, o monarca estava de volta ao Rio de Janeiro. No ano seguinte, visitou os campos fluminenses durante quase três meses. Uma segunda excursão pelo Brasil foi realizada entre outubro de 1859 e fevereiro de 1860. Nessa ocasião, dom Pedro II visitou Espírito Santo, Bahia, Sergipe, Pernambuco e Paraíba.

Após a Guerra do Paraguai, o imperador empreendeu três viagens para o exterior. Em maio de 1871, antes de partir para a primeira, escreveu alguns conselhos à princesa Isabel, que ficaria como regente em seu lugar. Sobre a emancipação dos escravizados afirmou que era "uma das reformas mais úteis à moralização e à liberdade política dos brasileiros". Quanto à educação, esta seria "a principal necessidade do povo brasileiro". Sobre as eleições: "Sem bastante educação popular não haverá eleições como todos, e sobretudo o imperador, primeiro representante da nação, e, por isso, primeiro interessado em que ela seja legitimamente representada, devemos querer". Quanto à administração, dom Pedro escreveu que ela dependia, "sobretudo, da nomeação de empregados honestos e aptos para os serviços".[25]

Na Europa, visitou Portugal, Espanha, França, Inglaterra, Bélgica, Alemanha, Suíça, Áustria e Itália. Foi à Palestina, ao Egito e à Ásia Menor. Em Londres, o casal imperial foi recebido pela rainha Vitória no castelo de Windsor. Em Viena, dom Pedro II jantou no Schönbrunn com o imperador Francisco José, seu primo — o imperador Habsburgo era sobrinho de dona Leopoldina. Na terra dos faraós, subiu no topo das pirâmides e conversou com especialistas em egiptologia. Regressou ao Brasil em março de 1872. Enquanto esteve fora do país, a princesa Isabel promulgou a Lei do Ventre Livre, em 28 de setembro de 1871. A lei declarava livre todos os filhos de mulheres escravizadas nascidos no Brasil.

Em 1876, o imperador fez uma viagem aos Estados Unidos. Saiu do Rio de Janeiro em março, passou por Salvador, na Bahia, e Belém, no Pará, chegando a Nova York em meados de abril. Visitou a Exposição Universal na Filadélfia, realizada em celebração ao centenário da Independência Americana, ocasião em que se encontrou com o inventor Alexandre Graham Bell e teve contato com o telefone. Em seguida, visitou o Canadá, de onde partiu em junho para a Inglaterra. Seguiu viagem passando por França, Alemanha, Dinamarca, Suécia, Noruega e Rússia, onde passou por São Petersburgo, Moscou, Kiev, Odessa e Sebastopol, na Crimeia. Dali seguiu para o Império Otomano e a Grécia, onde visitou as escavações arqueológicas em Micenas. Esteve em Rodes, Chipre, Terra Santa e Egito. De Alexandria se dirigiu para a Itália, a Áustria e a França, onde se encontrou com o escritor Victor Hugo. Em junho de 1877, chegou novamente a Londres, de onde partiu para Escócia e Irlanda, regressando a Bélgica, Holanda, Suíça e, finalmente, Portugal. De Lisboa retornou ao Rio de Janeiro, onde chegou no final de agosto.

Em sua terceira viagem, foi à Europa em busca de tratamento médico. Deixou o Rio de Janeiro em junho de 1887, tendo chegado em Lisboa no dia 15 do mês seguinte. Parte em seguida a Paris, para realizar exames médicos. Seu maior problema era o diabetes. Foi aconselhado a passar uma temporada nas termas de Baden-Baden, na Alemanha. O imperador retornou a Paris em outubro. Fez uma visita à Bélgica, retornou à França, de onde em abril de 1888 partiu para a Itália, para visitas a Gênova, Roma, Nápoles, Pompeia, Florença, Bolonha, Veneza e Milão, onde se encontrou com Carlos Gomes. Em maio, após sair do teatro onde o maestro brasileiro realizara um concerto, dom Pedro resfriou-se, o que resultou numa pleurisia. Obrigado a permanecer em Milão, ali recebeu a notícia da Lei Áurea. Em seguida, se dirigiu para Aix-les-Bains, na França, de onde iniciou a viagem de volta ao Brasil, chegando ao Rio de Janeiro em 22 de agosto de 1888.

TREZE DE MAIO

Na década de 1850, os problemas políticos internos do país estavam resolvidos. Não havia mais rebeliões no Brasil. Teve início, então, um surto de progresso econômico e tecnológico, desenvolvimento que iria aumentar após a Guerra do Paraguai, quando o Segundo Reinado alcançou o apogeu. Nas palavras de um dos biógrafos de dom Pedro II, o diplomata Heitor Lyra, "a era de ouro da monarquia".[26]

O maior promotor da industrialização do país talvez tenha sido o empresário gaúcho Irineu Evangelista de Souza, barão e mais tarde visconde de Mauá. Filho de um estancieiro assassinado por ladrões de gado, Mauá iniciou a vida como caixeiro e guarda-livros de uma casa comercial, aos quinze anos. Oportunista, inteligente e empreendedor, ele enriqueceu rapidamente. Em 1846, criou um estaleiro em Niterói e, no ano seguinte, uma companhia de rebocadores a vapor no Rio Grande do Sul. Em 1852, fundou o Banco do Brasil, que, fundido ao Banco Comercial do Rio de Janeiro em outubro de 1853, daria origem ao terceiro e atual Banco do Brasil. Desde meados da década de 1840, os estabelecimentos de crédito estavam se multiplicando no Brasil — Bahia (1845), Maranhão (1849), Pernambuco, Pará (1851) e Rio Grande do Sul (1858). A Caixa Econômica seria criada em 1861. Depois da criação do banco, Mauá começou a explorar a navegação no rio Amazonas e inaugurou uma fábrica de gás, o que possibilitou a iluminação pública do Rio de Janeiro. Em 30 de abril de 1854, inaugurou os 14,5 quilômetros iniciais da primeira ferrovia brasileira, que ligaria o centro do Rio de Janeiro a Petrópolis. Foi um marco na história do país. Dom Pedro II e dona Teresa Cristina estavam presentes na cerimônia. Na ocasião, Mauá recebeu do imperador o título de barão — o de visconde receberia vinte anos mais tarde.

O aumento da produção brasileira exigiu que as estradas de ferro se multiplicassem e ferrovias foram construídas em todo o país. Em 1858, foi inaugurada a linha Cinco Pontas-Cabo, em Pernambuco, bem como a Estação da Corte-Queimados, no Rio de Janeiro, que receberia o nome de Estrada de Ferro Dom Pedro II e constituiria o primeiro trecho do elo estratégico entre Rio, São Paulo e Minas Gerais. Em 1860, surgia a Calçada-Paripe, em Salvador, na Bahia; em 1867, o porto de Santos foi ligado a Jundiaí, em São Paulo; em 1873, uma linha foi construída em Fortaleza, no Ceará; em 1874, Porto Alegre foi conectada a São Leopoldo, no Rio Grande do Sul; em 1881, foi construída a linha Sítio-Barroso, em Minas; e em 1885, o porto de Paranaguá foi ligado a Morretes, no Paraná. Locomotivas a vapor seriam o principal meio de escoamento da produção agrícola brasileira. Em 1889, o país tinha quase dez mil quilômetros de trilhos em funcionamento e outros nove mil em construção.

Na década de 1860, o café representava 45% das exportações nacionais — o algodão (18,3%) e o açúcar (12,3%) eram os outros dois principais produtos brasileiros. No final da década de 1880, o café já representava mais de 61%. O aumento extraordinário da produção nas décadas finais do século XIX permitiu à elite cafeeira paulista o acúmulo de capital necessário para ampliar seu campo de investimentos. Em um primeiro estágio, atuando como "comissários do café". Como eram controladores de parte significativa do comércio do produto e com contato direto com as principais firmas exportadoras, os fazendeiros mais ricos passaram a financiar as plantações de terceiros sobre hipoteca e, agindo como corretores, intermediavam a venda do café entre as fazendas e as empresas estrangeiras, cobrando comissão pelo negócio, despesas com armazenamento e juros de financiamento do plantio. O passo seguinte foi o surgimento de um grupo de "fazendeiros-industriais", que passou a investir em diversos novos negócios — bancos, estradas de ferro, indústrias têxteis, fábricas de vidro etc. A pujança da economia transformou São Paulo, chamada então de "metrópole do café", no principal centro econômico e comercial do

430 *Rodrigo Trespach*

Brasil e no catalisador de uma série de transformações. No campo político, era o centro do movimento republicano. No final do império, a capital paulista já não era mais a pequena cidade de 6.920 habitantes que dom Pedro I encontrou em 1822 às vésperas do Sete de Setembro. Com a chegada de milhares de imigrantes europeus, São Paulo tinha uma população maior que 65 mil. O restante do país passava por um processo semelhante. Entre as décadas de 1860 e 1880, pelo menos trinta mil imigrantes chegavam ao Brasil anualmente. A partir de 1874, esse número passava de setenta mil.[27]

A sociedade brasileira dinamizou-se, proporcionando transformações socioeconômicas, urbanísticas e demográficas, e o surgimento de novas tecnologias. A primeira linha de telégrafo foi inaugurada em maio de 1852, ligando o palácio de São Cristóvão ao quartel-general do Exército, sob a orientação do físico Guilherme Schüch, depois barão de Capanema. Em 1865, uma linha foi inaugurada entre o Rio e Petrópolis. Alguns anos depois, um cabo submarino começou a ser instalado na costa brasileira. Em 22 de junho de 1874, o país foi conectado à Europa. Instalado na Biblioteca Nacional, o imperador dom Pedro II celebrou a novidade enviando telegramas à rainha Vitória, da Inglaterra, ao rei dom Luís I, de Portugal, e a diversos outros governantes. A Lisboa, telegrafou: "Liga a eletricidade dois povos irmãos. Jubilosas congratulações e saudosas lembranças". No fim da década de 1880, o Brasil tinha mais de 18.900 quilômetros de linhas telegráficas. Nesse meio-tempo, uma linha telefônica foi instalada na corte, em 1878. Nos anos seguintes, concessões foram dadas a empresários ingleses, ampliando as ligações entre a capital e o resto do país. Entusiasta das modernidades, dom Pedro se apaixonou pela fotografia em janeiro de 1840, quando um abade francês lhe apresentou o daguerreótipo, aparelho fotográfico primitivo inventado pelo pintor Louis Daguerre. O imperador se transformaria no primeiro fotógrafo amador do Brasil. Até o fim da vida, reuniria um acervo com mais de 25 mil fotografias, imagens capturadas por ele em viagens pelo Brasil e pelo mundo.

Enquanto o país se desenvolvia economicamente, dom Pedro II se preocupava com a educação. O ministro José Maria da Silva Paranhos, visconde de Rio Branco, lembraria mais tarde de uma fala do monarca a ouvintes em Cannes, na França: "Se eu não fosse imperador, desejaria ser mestre-escola [professor]. Não conheço missão maior e mais nobre que a de dirigir as inteligências jovens e preparar os homens do futuro". Para o visconde de Rio Branco, presidente do Conselho de Ministros que mais tempo permaneceu no cargo durante o Segundo Reinado, o imperador encorajava as ciências, as letras e as artes, protegendo e financiando artistas, poetas e literatos.[28]

O apreço de dom Pedro II pela educação era notório e ele nunca escondeu sua predileção pelo colégio Dom Pedro II, criado em 1837 a partir de um antigo seminário e transformado em modelo nacional de culto às letras e às ciências. Certa vez, o monarca revelou em carta que só governava duas coisas no Brasil: "minha casa e o Colégio Pedro II". Em 1856, o Brasil possuía 2.460 escolas primárias e secundárias e mais de 82.500 alunos. Com o estímulo do imperador, pouco mais de uma década mais tarde eram 3.500 escolas com quase 116 mil estudantes. No último ano do império, os números haviam dobrado: 7.500 instituições de ensino e trezentos mil alunos.[29] Ainda assim, em 1889, o país de quase catorze milhões de habitantes tinha 85% de analfabetos.

Dom Pedro II também fundou a Academia de Música, a Ópera Nacional e o Instituto Histórico e Geográfico Brasileiro. Criado em 1838 a partir de um projeto do cônego Januário e do brigadeiro Raimundo da Cunha Matos, o instituto contava com o imperador para o financiamento de pesquisas, para reunir e armazenar documentos, promover expedições e elaborar relatórios e publicações relevantes à história do país — liberal e republicano, o cônego Januário foi um dos criadores do jornal *Revérbero Constitucional Fluminense*, o primeiro a escrever abertamente sobre a independência do Brasil, em 1822. Ativo, dom Pedro II participou de mais de quinhentas sessões da instituição.

Para dom Pedro II, a educação era um contratempo social a se resolver. Mas o Brasil tinha outro problema mais grave e complexo, que envolvia questões sociais, econômicas e políticas: a escravidão. A situação era delicada e se arrastava desde os tempos de dom João VI e os acordos assinados com a Inglaterra, que proibiam o tráfico e previam a abolição gradual. A primeira Constituição do Brasil, de 1824, no entanto, foi outorgada sem resolver o problema. Somente em 1831, durante a regência de Diogo Feijó, é que uma lei determinou o fim da importação de escravizados, considerando livres todos os africanos trazidos para o Brasil a partir daquela data. Pelo dispositivo, os acusados de traficar e importar escravizados seriam punidos. Na prática, nada foi feito. Era uma lei "para inglês ver". Como os brasileiros não respeitavam os acordos e o que determinava a lei nacional, em agosto de 1845 o parlamento inglês aprovou o Ato de Supressão ao Comércio de Escravos, que ficaria conhecido no Brasil como "Bill Aberdeen", alusão a lorde Aberdeen, ministro de Relações Exteriores da Inglaterra. A lei passou a considerar os navios negreiros embarcações piratas, o que permitiu que a Marinha britânica capturasse os barcos e julgasse suas tripulações em tribunais ingleses. A entrada de africanos no país caiu drasticamente. Cinco anos mais tarde, pressionado, o Brasil aprovou a Lei Eusébio de Queirós, determinando a extinção do tráfico de escravizados.

O imperador sempre se mostrou favorável à abolição do elemento servil. Ele mesmo não mantinha escravizados, e os chamados "escravos da nação", que serviam em instituições públicas, eram seus protegidos, recebiam remuneração e frequentavam escolas de instrução primária e religiosa. Só não libertou esses cativos porque eles pertenciam ao Estado; conceder-lhes liberdade sem o amparo da lei significaria expropriação de bens nacionais. No Brasil do século XIX, o escravizado era considerado juridicamente uma propriedade, tanto na esfera pública quanto na privada; era herdado ou repassado entre os bens inventariados do proprietário. Um dos mais próximos e leais servidores de dom Pedro II foi o "negro Rafael". Nascido em 1791, em Porto Alegre, Rafael servira como pajem de dom Pedro I durante a Guerra Cisplatina. Morando no palácio de São Cristóvão, ele acompanhou dom Pedro II em suas viagens internacionais e pelo interior do Brasil. Morreu de ataque cardíaco ao saber do banimento da família imperial, em 1889.[30]

Após a Guerra de Secessão dos Estados Unidos, o tema abolição passou a fazer parte do cotidiano parlamentar. No começo de 1864, dom Pedro II deu instruções a Zacarias de Góis, presidente do Conselho de Ministros, sobre encontrar uma solução para o problema. A primeira medida deveria ser uma lei que libertasse os filhos de escravizados. Dois anos depois, em uma conversa particular com Elizabeth Agassiz, dom Pedro II declarou enfaticamente que a escravidão era "uma terrível maldição sobre qualquer nação" e que deveria desaparecer o mais rápido possível.[31] A Guerra da Tríplice Aliança, porém, desviou por anos parte das atenções e o foco do parlamento para a política externa. Consultados sobre se convinha abolir diretamente a escravidão, quando deveria ser feita e com que cautela, os conselheiros não chegavam a um acordo. O país tinha a dimensão de um continente e alicerçara sua economia, quase inteiramente rural e agrícola, na escravidão. A maioria dos deputados e senadores do país eram fazendeiros latifundiários e senhores de escravos, principalmente os do Sudeste. Assim como ocorrera com dom Pedro I, dom Pedro II não tinha forças para enfrentar a forte oposição de uma bancada escravagista — mesmo para suas viagens internacionais, o imperador precisava ter autorização do Congresso, sempre enfrentando oposição e limitações. Alguns deputados, como o cearense José de Alencar, autor dos romances nativistas *O Guarani* e *Iracema*, acusavam o governo imperial de querer provocar desordem pública atacando a propriedade privada. Não era um caso isolado, mas a voz da maioria. Para evitar uma ruptura social — e uma guerra civil, como ocorrera nos Estados Unidos —, o processo de emancipação deveria ser gradual. Seria preciso postergar uma posição mais forte e agir lentamente. Um dos meios encontrados foi a promoção da vinda de imigrantes, que substituiriam a mão de obra escravizada na lavoura. Depois de suprimidos em 1830, os projetos de imigração foram retomados na década de 1850.

O visconde do Rio Branco escreveu que dom Pedro II desejava ardentemente a emancipação dos escravizados, mas não era um autocrata ou um adepto do absolutismo. Fora educado para respeitar a Constituição e acreditava na representação parlamentar. "O que podia fazer era empregar todo o seu prestígio e encorajar os esforços dos políticos que trabalhavam nesse sentido", escreveu o ministro. "Para realizar a sua aspiração filantrópica, precisava, em primeiro lugar, esclarecer a opinião e obter o apoio da maioria."[32]

Além do imperador, outros membros da família imperial atuavam em favor da causa. Ao encerrar a guerra no Paraguai, o conde d'Eu, genro de dom Pedro II e comandante das forças de ocupação, solicitou ao governo provisório instalado em Assunção que abolisse a escravatura no país. No Brasil, pressionado interna e externamente, o gabinete do visconde do Rio Branco finalmente conseguiu passar a Lei do Ventre Livre, em 1871. Os nascidos livres, porém, deviam permanecer oito anos junto com as mães, ainda escravizadas. Somente depois desse prazo poderiam ser libertados, tendo o proprietário que receber seiscentos mil-réis de indenização (ou os cativos permaneceriam com seus donos até os 21 anos, como compensação). A mesma lei criou o Fundo de Emancipação, cujos recursos seriam destinados à libertação de escravizados. Em quinze anos, dez mil cativos foram libertados pelo fundo e outras sessenta mil alforrias foram concedidas espontaneamente. Na mesma época, foram impulsionados os projetos de imigração europeia, permitindo a substituição do trabalho servil pela mão de obra livre e assalariada.

Enquanto isso, intensificou-se a campanha abolicionista. Os principais líderes do movimento lançaram mão de todos os instrumentos possíveis. O deputado pernambucano Joaquim Nabuco atuou como principal líder abolicionista no parlamento. O jornalista José do Patrocínio, filho de um vigário com uma escrava, fazia campanha por meio de artigos na imprensa. O engenheiro

André Rebouças, neto de africanos e próximo da família imperial, articulava ações entre o espaço público e o político. A sensibilização popular, tal como ocorrera na Europa, começou a surtir efeito no Brasil. As agremiações contra a escravidão foram se multiplicando. Entre 1868 e 1888, foram criadas 296 associações abolicionistas pelo país. O número de manifestações públicas na década de 1880 passou a 780.[33] Com apoio do povo, de advogados e empresários, também aumentaram as fugas e os quilombos. No Rio de Janeiro, o quilombo do Leblon tornou-se famoso por uma particularidade: os escravizados refugiados ali se dedicavam ao cultivo e ao comércio de flores, especialmente camélias brancas. A flor foi logo associada aos abolicionistas. Usar uma camélia na lapela esquerda do paletó ou cultivá-la no jardim de casa passou a ser um gesto político, uma declaração de apoio à causa da abolição e um sinal de apoio e proteção aos cativos fugidos. A própria princesa Isabel passou a usar camélias em passeios públicos — além de proteger escravizados fugitivos.

Em 1884, a escravidão foi extinta no Ceará. Foi o primeiro estado do país a promover a abolição incondicional. No ano seguinte, foi aprovada a Lei dos Sexagenários, que regulava a libertação dos escravizados com mais de sessenta anos, desde que prestassem mais três anos de trabalho como indenização ao proprietário. José do Patrocínio a chamou de "lei infamante". O jurista e deputado baiano Rui Barbosa definiu os escravocratas do país como "travessões opostos a todo movimento". "Não admitem progresso, a não ser para trás", disparou um dos maiores intelectuais brasileiros.

Em junho de 1887, quando a princesa Isabel assumiu pela terceira vez a regência, o golpe final no sistema escravista era uma questão de tempo. Em março do ano seguinte, com apoio dos moradores de Petrópolis, a regente comprou a liberdade de mais de uma centena de escravizados da cidade imperial. Por determinação da princesa, o ministro da Agricultura Rodrigo Augusto da Silva apresentou à Câmara um projeto de abolição incondicional dos escravizados. No dia 9 de maio, os deputados aprovaram a lei — 83 votaram a favor, apenas nove foram contrários. Dois dias depois, quando o projeto de abolição chegou ao Senado, apenas dois conservadores fizeram discursos em oposição. Um deles, João Maurício Wanderley, o barão de Cotegipe, achava que a lei era uma violação dos direitos de propriedade. "Daqui a pouco se pedirá a divisão das terras e o Estado poderá decretar a expropriação sem indenização", reclamou. Mesmo os que votaram a favor do projeto não tinham convicções abolicionistas. Um deputado de Sergipe afirmou ter votado a favor "porque não havia outra solução". Em 13 de maio de 1888, o Brasil finalmente declarou extinta a escravidão em todo o país. A Lei Áurea libertou 723.719 mil escravizados.[34]

QUINZE DE NOVEMBRO

Após a Guerra do Paraguai, a monarquia brasileira passou a enfrentar um renovado movimento republicano, adormecido após o período regencial. Os promotores da ideia de república, no entanto, estavam divididos em dois grupos: o de políticos e o dos militares positivistas, orientados pela filosofia do francês Auguste Comte. Para Comte, o Estado moderno não aceitaria mais a origem divina do poder, como ocorria na monarquia, devendo o governo passar à soberania popular. Para o francês, era a ciência que deveria orientar a vida social e pessoal, pois o conhecimento das leis naturais e sociais tornaria possível prever o futuro. Esse sistema proporcionaria uma reforma intelectual no homem, e o poder não estaria mais nas mãos dos juristas, mas nas dos cientistas, que teriam uma "concepção universal da humanidade". A tarefa de reformar a sociedade caberia então a uma elite culta. Como uma enorme massa da população permanecia ignorante, esta seria conduzida e controlada pelos positivistas, que deveriam instaurar uma "ditadura republicana" — ou científica. O foco do positivismo no Brasil estava na Escola Militar da Praia Vermelha. Um de seus maiores entusiastas foi o professor e tenente-coronel Benjamin Constant.[35]

Quanto aos civis, o primeiro clube republicano do Brasil foi fundado em 3 de novembro de 1870. Além da criação do Partido Republicano e do jornal *A República*, nasceu ali a ideia de um manifesto à nação — o Manifesto Republicano. O documento, divulgado um mês depois pelo periódico de quatro páginas e tiragem de dois mil exemplares, trazia uma retrospectiva histórica dos problemas enfrentados pelo Brasil, creditando as mazelas brasileiras à incompatibilidade entre o sistema monárquico e a democracia. Em menos de duas décadas, havia 237 clubes e 74 jornais republicanos no país, propondo uma nova ordem com a derrubada da monarquia — os mais radicais, pregando o assassinato do imperador. Mas, apesar do barulho, o Partido Republicano só conseguiu eleger três deputados durante as eleições de 1884. No pleito seguinte, em agosto de 1889, apenas dois deputados mineiros foram eleitos. Estava claro que, a despeito dos problemas do país, a população não abraçara a causa republicana.

Nesse ínterim, dom Pedro II se desgastava com a Igreja católica. Segundo a Constituição, a Igreja estava submetida ao Estado, em regime de padroado. Isso significava que nenhuma ordem vinda do Vaticano poderia ser acatada no Brasil sem a anuência do imperador. Mas, em 1872, o padre Almeida Martins fez um discurso em homenagem ao visconde do Rio Branco, grão-mestre da maçonaria brasileira, pela Lei do Ventre Livre. A fala desagradou o bispo do Rio de Janeiro, dom Pedro Maria de Lacerda, que ordenou a retratação do padre. Martins manteve a posição e o bispo suspendeu-lhe as ordens. Os bispos dom Vital Gonçalves de Oliveira, de Olinda, e dom Antônio Macedo Costa, do Pará, resolveram apoiar o bispo do Rio e punir os católicos que fossem membros da maçonaria ou a apoiassem. Os dois bispos acabaram presos, julgados e condenados a quatro anos de cárcere com trabalhos forçados, pena depois comutada para prisão simples. O julgamento e a decisão do júri dividiram a família imperial. Dona Isabel apoiava os religiosos, mas dom Pedro II se colocou ao lado do visconde de Rio Branco e dos maçons. A posição do monarca não era pessoal nem política ou filosófica, muito menos religiosa. O imperador simplesmente não aceitava o descumprimento das leis do império, tampouco o desrespeito ao poder civil e ao chefe de Estado. Os bispos haviam descumprido leis e deviam pagar por isso. O papa Pio IX, por sua vez, encarou as decisões do governo brasileiro como uma afronta e interditou as irmandades religiosas. Somente após três anos, o novo gabinete, do duque de Caxias, convenceu dom Pedro II a libertar os bispos. Em troca, haveria uma reforma eleitoral, a Lei dos Terços, cuja finalidade era reorganizar as eleições e acabar com as fraudes eleitorais.[36]

A década de 1880 foi decisiva para a monarquia e a dinastia de Bragança. O imperador estava envelhecido, cansado e doente, e dona Isabel e o conde d'Eu não eram bem-vistos por parte da imprensa do país. O atrito com a Igreja tinha arranhado a imagem de dom Pedro II, e a geração de políticos, servidores e militares que haviam dado sustentação à monarquia durante décadas estava desgastada — alguns nomes de expressão no Exército tinham morrido, como Osorio e Caxias. Além disso, havia o fortalecimento da campanha republicana (pelo menos nos jornais), a pressão pela abolição da escravatura e o descontentamento das Forças Armadas com os rumos do país. Em junho 1887, nasceu o Clube Militar, onde seria tramada a derrubada de dom Pedro II. Dos 248 sócios fundadores, 176 eram do Exército e 72 da Marinha, cinco membros eram generais e 39 oficiais superiores. Entre os líderes do clube estavam Benjamin Constant e o marechal Manuel Deodoro da Fonseca.

No dia 9 de novembro de 1889, enquanto a corte participava de um baile na ilha Fiscal, na baía de Guanabara, os militares se preparavam para destronar o imperador. A festa, promovida pelo ministro Afonso Celso de Assis Figueiredo, visconde de Ouro Preto, era uma homenagem ao Chile. Com toda pompa possível, a festa reuniu 4.500 convidados. Um batalhão de 210 copeiros e garçons serviu aos convidados doze mil garrafas de bebidas, doze mil sorvetes e doze mil taças de ponche. O jantar contou com quinhentos pratos variados (dezoito pavões, oitenta perus, mais de trezentos frangos, mil caças, cinquenta peixes e 25 cabeças de porco) e dez mil sanduíches, preparados por cinquenta cozinheiros e quarenta auxiliares. Dois dias depois do baile, foram ajustados os detalhes para que o gabinete do visconde de Ouro Preto, fosse derrubado no dia 16. Boatos de que o governo ordenara a prisão de Deodoro da Fonseca precipitaram tudo. Às nove horas da manhã do dia 15 de novembro de 1889, o marechal Deodoro entrou no quartel-general do ministério da Guerra, onde o visconde de Ouro Preto se encontrava reunido com ministros. O militar fez um breve discurso, ressentido, falou das humilhações pelas quais ele e o Exército haviam passado e anunciou que o ministério estava dissolvido; em seu lugar seria organizado outro, com nomes que levaria ao imperador — que àquela altura se dirigia de Petrópolis para o Rio de Janeiro.

Convalescendo de uma dispneia causada pela arteriosclerose, Deodoro retirou-se do cômodo, montou um cavalo, deixou o quartel e desfilou pelas ruas da capital. Segundo um relato, mal se sustentava na sela, tinha a cara fechada e a cor ferrosa puxando para o verde. Ao ouvir gritos de "Viva a República!", conteve-se em dizer que ainda era cedo. "Não convêm, por ora, aclamações." Para o velho marechal, derrubar o ministério de Ouro Preto já era o suficiente. Mas não para Benjamin Constant, um ardoroso republicano. "Agitem o povo. A República não está proclamada!" A proclamação foi, então, redigida na redação do jornal *Cidade do Rio*. Endereçada aos representantes das Forças Armadas, anunciava que "o povo, reunido em massa na Câmara Municipal, fez proclamar, na forma da lei ainda vigente, pelo vereador mais moço, após a gloriosa revolução que *ipso facto* aboliu a Monarquia no Brasil". O "povo reunido" era o grupo republicano que se juntara às pressas. O "vereador mais moço" era José do Patrocínio, presidente da Câmara Municipal e até dias antes defensor da princesa Isabel. Concluída a redação da moção, os civis republicanos esperavam que os militares referendassem a decisão. Por volta das seis da tarde, realizou-se um ritual improvisado na Câmara. Sem símbolos nacionais, enquanto

José do Patrocínio hasteava uma bandeira que lembrava a dos Estados Unidos, todos cantaram a *Marselhesa*, o hino da França revolucionária. Terminada a encenação, o grupo se dirigiu à casa de Deodoro, onde encontraram Benjamin Constant, que recebeu o grupo e prometeu que tão logo fosse possível seria convocada uma constituinte e um referendo, "a fim de que pudesse a nação deliberar definitivamente acerca de uma forma de governo". A consulta popular só seria realizada em 1993, mais de um século depois.[37]

Enquanto isso, dom Pedro II chegava à corte e se dirigia ao paço. Ali ficou a par de um plano esboçado por André Rebouças e que já havia sido apresentado ao conde d'Eu: reunir o maior número de aliados possíveis, retornar a Petrópolis e de lá comandar a resistência. O imperador, no entanto, achava que tudo não passava de um mal-entendido. Depois de ouvir seu ministro deposto, o imperador decidiu nomear o senador Gaspar Silveira Martins como novo chefe de gabinete. Era a pior escolha possível. O gaúcho era inimigo político e pessoal do marechal Deodoro. Demovido da ideia, dom Pedro II aceitou a indicação do baiano José Antônio Saraiva para o novo gabinete.

Ao mesmo tempo que o imperador tentava organizar um novo gabinete, o marechal Deodoro foi informado sobre a indicação de Silveira Martins. Acreditando que era uma afronta pessoal e prevendo que, se os revoltosos fossem derrotados pelo político gaúcho, ele seria um homem morto, Deodoro assentiu, finalmente, em proclamar a república. Com a anuência do líder militar, Benjamin Constant reuniu o grupo de republicanos em sua residência, também sede do Instituto dos Meninos Cegos, do qual era diretor. Ali se definiram os nomes do governo provisório. A chefia caberia ao marechal Deodoro. Além da organização dos ministérios, foram redigidos os primeiros decretos: "Artigo 1º — Fica proclamada provisoriamente e decretada como forma de governo da Nação Brasileira a República Federativa; Artigo 2º — As províncias do Brasil, reunidas pelo laço da federação, ficam constituindo os Estados Unidos do Brasil".

O jornalista republicano Aristides Lobo, do *Diário Popular*, de São Paulo, escreveu que "o povo assistiu àquilo tudo bestializado, atônito, surpreso, sem conhecer o que significava". O governo era militar, "a colaboração do elemento civil foi quase nula". Lobo assistiu a tudo como membro do governo republicano, mas a opinião dos diplomatas estrangeiros não foi diferente: o povo passou longe de qualquer envolvimento no golpe. O embaixador da Áustria, em despacho para Viena, afirmou que a população do Rio de Janeiro manteve-se indiferente à "comédia, encenada por uma minoria decidida". Londres foi notificada por seu representante de que o povo demonstrou "a maior indiferença pelo acontecido". A Inglaterra recebeu a notícia do golpe com desconfiança — agente financeiro do país na Europa, a família Rothschild era constantemente chamada para salvar o combalido cofre público brasileiro desde a independência, assim como concedia empréstimos pessoais ao imperador. O embaixador francês observou que "dois mil homens comandados por um soldado revoltado bastaram para fazer uma revolução".[38]

EXÍLIO E MORTE

Já era madrugada do dia 16 de novembro de 1889 quando o Brasil passou a ter um novo regime de governo. A casa de Bragança fora destituída do poder e a monarquia deixava de existir. Dom Pedro II reinou sobre o Brasil durante 49 anos, três meses e 22 dias. Nenhum monarca da dinastia, em Portugal e no Brasil, havia permanecido tanto tempo no poder. Em Portugal, entre os Bragança, o rei dom João V reinou por 44 anos (1706-50). Entre todas as dinastias portuguesas, o rei dom João I governou por 48 anos (1385-1433).

Pela manhã, por volta das dez horas, uma ordem do governo provisório determinou que a família imperial não deixasse o paço. O conde d'Eu esboçou um plano de fuga, imediatamente rechaçado pelo monarca. Às três da tarde, o major Sólon Ribeiro entregou nova ordem: o ex-imperador e seus familiares teriam 24 horas para deixar o país. Em um bilhete de despedida, dom Pedro II escreveu: "Conservarei do Brasil a mais saudosa lembrança, fazendo ardentes votos por sua grandeza e prosperidade". O temor de manifestações monarquistas e de confrontos entre partidários exaltados, no entanto, fez com que uma nova determinação fosse despachada para o palácio por volta de uma e meia da madrugada do domingo, dia 17. A partida teria que ser imediata. Levados ao cais do porto durante a madrugada, ao meio-dia o imperador e a família foram acomodados no cruzador *Parnaíba*. Ao apertar a mão do comandante da embarcação, dom Pedro confidenciou: "O meu maior desejo é ter a notícia na Europa de que tudo se passou sem derramamento de sangue". Logo depois, foram levados para o vapor *Alagoas*, que os levaria para o exílio. Escoltado pelo encouraçado Riachuelo, o navio partiu para o Velho Mundo.[39]

O imperador destronado chegou em Lisboa no dia 7 de dezembro. Dom Pedro II recusou a oferta de hospedagem oferecida pelo sobrinho-neto, o rei dom Carlos I de Portugal, e hospedou-se no hotel Bragança. Alguns dias mais tarde, foi com a esposa a Coimbra e depois ao Porto, onde visitou o coração do pai, na igreja da Lapa. Ali, recebeu a notícia de que o governo do Brasil havia decretado a Lei do Banimento, que proibia o retorno da família imperial ao território nacional e estabelecia um prazo para a liquidação de todos os seus bens no país. Estava em visita à Escola de Belas-Artes, na tarde do dia 28, quando recebeu a notícia do falecimento de dona Teresa Cristina, aos 67 anos, no Grande Hotel. Com dom Pedro em situação financeira delicada, as despesas do sepultamento foram pagas com um empréstimo junto a um comerciante português, que enriquecera com negócios no Brasil.

Dom Pedro passaria os dois anos seguintes em peregrinação por estações termais, casas de amigos e hotéis de segunda categoria em Cannes, Versalhes, Vichy, Baden-Baden e Paris. Ele se negou a morar numa casa alugada por dona Isabel e o conde d'Eu, que passou a receber auxílio do pai, o duque de Némours. Dom Pedro também já havia rejeitado os cinco mil contos que o governo brasileiro ofereceu como ajuda, ainda no Rio de Janeiro. Em 1891, o ex-imperador também recusou uma proposta de pensão. Algumas vezes foi obrigado a se instalar na residência de amigos, no castelo da condessa de Barral e na casa de seu camarista, o conde de Nioac, na França; e na casa dos Krupp, na Alemanha. Suas companhias frequentes eram o doutor Mota Maia, o conde de Aljezur, seu mordomo, e o professor Fritz Seybold.

Em outubro de 1891, estava hospedado no quarto 18 do hotel Bedford, em Paris. Com um abscesso no pé, tinha dificuldades para andar, mas continuava a fazer visitas a instituições artísticas e científicas. No dia 24 de novembro fez um passeio pelo rio Sena, em carro aberto e sob neblina. À noite, começou a tossir. No dia seguinte, foi diagnosticado com pneumonia. Em 2 de dezembro, com dom Pedro acamado, não houve comemorações pelo seu aniversário de 66 anos, apenas uma missa e a comunhão. Dois dias depois, com o quadro agravado, recebeu a extrema-unção do abade d'Angily. Aos 35 minutos do dia 5, dom Pedro faleceu. Muito fraco, sua última palavra foi "Brasil". O corpo foi embalsamado e vestido com a farda de marechal do Exército brasileiro. Puseram-lhe a faixa da Ordem da Rosa, o Tosão de Ouro no pescoço e a placa do Cruzeiro no peito. Um crucifixo dado pelo papa, três anos antes, em Milão, foi colocado entre as mãos. Em seguida, foi deitado sobre um travesseiro que continha um punhado de terra de seu amado Brasil.[40]

A morte do "rei filósofo" repercutiu por toda a Europa. O presidente da república francesa determinou honras militares, ignorando os protestos do representante brasileiro. Mais de dois mil telegramas e centenas de flores chegaram ao modesto hotel parisiense. No dia 8, o caixão foi levado em cortejo oficial à igreja da Madeleine, na Place de la Concorde, próxima da avenida Champs-Élysées, onde foi posto num catafalco e coberto com a bandeira imperial. No dia seguinte, houve exéquias solenes, com a presença de representantes de diversos governos e casas reais europeias, de países sul-americanos (menos do Brasil), de academias científicas da França, membros do governo francês, e homens ilustres como o escritor português Eça de Queirós e o diplomata brasileiro Joaquim Nabuco. Da igreja, um imenso cortejo composto de doze regimentos militares e duzentos mil pessoas seguiu para a estação de Austerlitz, de onde o caixão foi transportado de trem para Portugal. O funeral foi encerrado no Panteão dos Bragança, no antigo mosteiro de São Vicente de Fora. O esquife com tampa de vidro foi depositado entre o jazigo de dona Teresa Cristina e o da imperatriz dona Amélia. Nos Estados Unidos, ao noticiar a morte do brasileiro, o jornal *New York Times* escreveu que dom Pedro II foi "o mais ilustrado monarca do século".

Em 1916, o Instituto Histórico e Geográfico Brasileiro solicitou permissão ao governo para que os restos mortais do casal imperial voltassem à pátria para o centenário da Independência, em 1922. O projeto estava arquivado no Congresso havia dez anos. Em 1920, durante a presidência de Epitácio Pessoa, a Lei do Banimento foi finalmente revogada e o encouraçado *São Paulo* trouxe de Lisboa os esquifes do imperador e da imperatriz. O navio chegou à capital federal em 8 de janeiro de 1921 e os restos mortais foram depositados na antiga capela Imperial, no Rio de Janeiro. Em 5 de dezembro de 1939, o presidente Getúlio Vargas inaugurou o Mausoléu Imperial, na catedral de São Pedro de Alcântara, em Petrópolis, com a presença do cardeal dom Sebastião Leme, de dom José Pereira Alves, bispo diocesano de Niterói e Petrópolis, e representantes da família imperial. Ali, no lado direito do adro, dom Pedro II e dona Teresa Cristina repousam em ataúdes cobertos com esculturas de mármore.

18.

Orleans e Bragança

Eram cerca de dez horas de uma ensolarada manhã de domingo, 13 de maio de 1888, quando a população carioca começou a se aglomerar em torno do palácio do Conde dos Arcos, próximo ao campo da Aclamação (atual praça da República), onde o Senado estava instalado desde o Primeiro Reinado. Atendendo ao chamado da Confederação Abolicionista, estampado em todos os jornais do dia, milhares de pessoas se espremiam nas ruas apertadas do centro do Rio de Janeiro para acompanhar um dos dias mais importantes da história brasileira.

Pouco antes da uma da tarde, os senadores aprovaram o projeto de lei. Previamente preparado em um pergaminho com iluminuras pelo calígrafo Leopoldo Heck, o texto foi imediatamente levado para sanção da princesa regente, que estava no paço Imperial, a menos de três quilômetros do Senado. Às três horas, a lei imperial nº 3.353 foi assinada pela princesa Isabel com uma pena de ouro cravejada de diamantes e pedras preciosas. Tinha apenas dois artigos: "1º — É declarada extinta desde a data desta lei a escravidão no Brasil; 2º — Revogam-se as disposições em contrário". Da sacada do antigo prédio colonial, Joaquim Nabuco comunicou aos que aguardavam do lado de fora que, naquele momento, o Brasil era, de fato, um país de homens livres. A multidão irrompeu em aplausos e manifestações de júbilo. Anos mais tarde, o escritor Machado de Assis escreveria: "Verdadeiramente, foi o único dia de delírio público que me lembra ter visto". Opinião compartilhada pelo jornalista Lima Barreto: "Jamais, na minha vida, vi tanta alegria".[1]

Dom Pedro II estava em Milão, na Itália, quando o telegrama do Conselho de Ministros chegou com a notícia da abolição e de que a filha dona Isabel fora aclamada nas ruas. O imperador não estava bem de saúde. Para poupá-lo de emoções fortes, conforme orientação dos médicos, o conde Nioac ocultou a informação do monarca e escreveu uma resposta protocolar para o Rio: "Agradeço a Redentora, seu pai. Pedro". Somente no dia 20, já recuperado, dom Pedro tomou conhecimento da emancipação. "Graças a Deus!", repetiu vinte vezes.[2]

PRINCESA ISABEL, "A REDENTORA"

A princesa Isabel assumiu o trono brasileiro como regente em três oportunidades: a primeira, entre maio de 1871 e março de 1872; a segunda, de março de 1876 a setembro de 1877; e a última, entre junho de 1887 e agosto de 1888. Ao todo, foram 45 meses, quase quatro anos. Em duas oportunidades, na primeira e na terceira regências, ela assinou leis abolicionistas: a do Ventre Livre, em 1871, e a Lei Áurea, em 1888, que lhe valeram o cognome de "a Redentora". Além de governar, dona Isabel também foi a primeira mulher a ocupar um cargo no Senado. Pelo menos é o que determinava o artigo 46 da Constituição, que garantia aos príncipes da Casa Imperial o direito a uma cadeira na casa legislativa quando completassem 25 anos. No caso da primogênita de dom Pedro II, o artigo se aplicava, em tese, a partir de 1871. No entanto, embora estivesse na Constituição, o direito da princesa foi contestado por inúmeros senadores, para quem apenas os príncipes homens poderiam ocupar um assento no Senado — a mulher era considerada inabilitada para cargos políticos. Por isso, não há registros de que ela tenha sido convidada a participar das sessões parlamentares.

Além disso, a princesa recebeu a Rosa de Ouro, condecoração concedida pelo papa Leão XIII. A distinção, um pequeno vaso em formato de jarro contendo doze ramos, 24 espinhos, oito rosas, doze botões e 124 folhas feitas em ouro, era dada às igrejas e personalidades que se distinguiam por ações beneméritas. A cerimônia de entrega, realizada na capela Imperial pelo núncio papal, monsenhor Spolverini, ocorreu em 28 de setembro, aniversário das leis do Ventre Livre e dos Sexagenários. Além do imperador e da família imperial, estavam presentes os bispos do Rio de Janeiro, de São Paulo, Olinda, Recife e do Pará.

Dona Isabel nasceu no palácio de São Cristóvão, às seis e vinte e cinco da noite do dia 29 de julho de 1846. O bispo do Rio a batizou na capela Imperial, com água proveniente do rio Jordão, na Palestina, com o nome de Isabel Cristina Leopoldina Augusta Micaela Gabriela Rafaela Gonzaga. Os dois primeiros nomes eram uma homenagem à mãe, a imperatriz dona Teresa Cristina, e à avó, dona Maria Isabel, rainha viúva de Nápoles.[3] Assim como o pai, princesa Isabel foi amamentada por uma ama de leite trazida da colônia teuto-suíça de Nova Friburgo. Para sua aia, foi nomeada dona Rosa de Sant'Anna Lopes, uma dama da corte de meia-idade que mais tarde receberia o título de baronesa de Sant'Anna. A princesa Isabel a chamava de "minha Rosa". No ano seguinte ao seu nascimento, o irmão mais velho e herdeiro do trono, dom Afonso, faleceu. Um ano mais tarde, faleceu seu irmão mais novo, dom Pedro Afonso. Assim, aos quatro anos, dona Isabel foi reconhecida como herdeira da coroa brasileira e a primeira na linha de sucessão. Sua irmã, dona Leopoldina, um ano mais nova, era a segunda. Em 1860, aos catorze anos, princesa Isabel jurou a Constituição, sendo declarada oficialmente a sucessora de dom Pedro II.

O imperador se preocupava com a formação das filhas e não poupou esforços. Ele mesmo ministrava algumas aulas. Acreditava que a educação e "o caráter de qualquer das princesas deve ser formado tal qual convém a senhoras que poderão ter que dirigir o governo constitucional de um império como o do Brasil".[4] Dona Isabel estudava quinze horas por dia as mais variadas disciplinas: latim, grego, alemão, italiano, francês, inglês, geografia, geologia, mineralogia, astronomia, botânica, história natural, história da Inglaterra, da França, de Portugal e do Brasil, Roma Antiga, história da América, história da Igreja, retórica, economia, física, filosofia, política, desenho, música e pintura.

Além de preparar a princesa para assumir o governo, era preciso encontrar-lhe um esposo e garantir o futuro da dinastia. As negociações matrimoniais começaram cedo, em meados da década de 1850. Inicialmente, com Portugal. As especulações, porém, não caíram bem na imprensa do país e foram descartadas. Os brasileiros não estavam dispostos a se envolver novamente com a Coroa portuguesa e os problemas sucessórios. Em 1860, quando Maximiliano, irmão de Francisco José, imperador da Áustria, esteve no Brasil, surgiram boatos sobre o interesse do arquiduque em encontrar uma esposa para o irmão Luís Vítor, de dezoito anos, ou para seu cunhado, o conde de Flandres, de 23 anos. Dona Isabel tinha treze anos, dona Leopoldina, doze. As princesas agradaram Maximiliano, que escreveu que ambas "seriam a felicidade de qualquer príncipe europeu". Nada além disso.

Em maio de 1864, dom Pedro II anunciou publicamente que negociava o casamento das duas princesas. As tratativas envolviam os primos Luís Augusto, duque de Saxe-Coburgo-Gota, de dezenove anos, e Gastão de Orleans, conde d'Eu, de 22. Dona Isabel e dona Leopoldina acreditaram que as duas haviam escolhido seus maridos: "Pensava-se no conde d'Eu para minha irmã e no duque de Saxe para mim. Deus e nossos corações decidiram diferentemente". Na verdade, os bastidores já haviam definido com quem cada uma casaria. Embora, de fato, dom Pedro II tenha ouvido as filhas e, por amarga experiência própria, se certificado da aparência dos príncipes com "fotografias não favorecidas dos noivos, e mesmo outros retratos pelos quais se possa fazer ideia exata de sua fisionomia".[5]

Dona Isabel se casaria primeiro, com o conde d'Eu. O casal deveria morar no Brasil, mas teria permissão para viajar à Europa algumas vezes. Dona Leopoldina desposaria o duque de Saxe. Poderiam morar na Europa, mas deveriam ter os filhos no Brasil. As condições de dom Pedro II se mostrariam acertadas a curto prazo, porque garantia a sucessão. Dona Isabel levaria dez anos para ter filhos. Até lá, foram os filhos de dona Leopoldina os únicos herdeiros ao trono (dom Pedro Augusto, dom Augusto Leopoldo, dom José Fernando e dom Luís Gastão).

Gastão de Orleans, o conde d'Eu, era o primogênito de Luís, duque de Némours, e da princesa Vitória de Saxe-Coburgo-Koháry. Seu pai era o quarto filho do rei Luís Filipe I da França; irmão de Fernando, príncipe de Joinville, casado com a princesa dona Francisca, irmã de dom Pedro II; e irmão de Maria Clementina, casada com o duque Augusto de Saxe-Coburgo-Gota, pais de Luís Augusto, o duque de Saxe, prometido a dona Leopoldina. A mãe de Gastão, por sua vez, era irmã do rei dom Fernando II de Portugal, esposo de dona Maria II, a irmã mais velha do imperador brasileiro. Os Orleans descendiam de um ramo da Casa de Bourbon: de Filipe, irmão mais novo do rei Luís XIV, o Rei Sol. O avô paterno de Gastão, Luís Filipe II, duque de Orleans, era conhecido como "Filipe Igualdade" devido a sua posição liberal e associação à maçonaria. Mas mesmo tendo apoiado a Revolução Francesa e a execução de seu primo o rei Luís XVI, acabou guilhotinado em 1793. Esse ramo governou a França entre 1830 e 1848.[6]

Gastão nasceu no castelo de Neuilly, nos arreadores de Paris, em 1842. Tendo recebido o título de conde d'Eu do avô, viveu na França até os seis anos, quando uma revolução derrubou Luís Filipe I do trono e instalou a Segunda

República Francesa. Em março de 1848, o rei, a esposa, os três filhos, as três noras e os seis netos conseguiram fugir para a ilha de Jersey, no canal da Mancha, e de lá alcançaram a Inglaterra. Foram abrigados pela rainha Vitória no castelo de Claremont. O avô morreu dois anos mais tarde. A mãe, quando Gastão tinha dezesseis anos. O jovem estudou na Inglaterra, na Escócia e depois prestou serviço militar no Exército espanhol que lutava no Marrocos. Quando começaram as trocas de cartas e acertos para o casamento com a princesa Isabel, a irmã de dom Pedro II, dona Francisca, escreveu ao imperador brasileiro: "Se você pudesse botar as mãos nele para uma de suas filhas, seria a perfeição. Ele é alto, forte, belo moço, bom, doce, muito amável, bem instruído e, além disso, tem uma pequena fama como militar".[7]

Com os acordos encaminhados, o conde d'Eu e o duque de Saxe embarcaram para o Brasil no navio *Paraná*, que partiu de Southampton, na Inglaterra, em agosto de 1864. Ao chegar ao Rio, no mês seguinte, Gastão escreveu à irmã e foi taxativo: "As princesas são feias". Apesar do primeiro impacto negativo, os dois se deram bem. No dia 18, Gastão aceitou as condições do sogro e decidiu pelo casamento com a princesa Isabel. À irmã, confidenciou:

> Acho-a mais capaz do que a irmã caçula de assegurar minha felicidade doméstica [...]. Para que não te surpreendas ao conhecer minha Isabel, aviso-te que ela nada tem de bonito; sobretudo uma característica que me chamou a atenção. É que lhe faltam completamente as sobrancelhas. Mas o conjunto de seu porte e de sua pessoa é gracioso.[8]

O casamento de dona Isabel com o conde d'Eu foi realizado no dia 15 de outubro de 1864. Dona Leopoldina se casaria dois meses mais tarde, em dezembro do mesmo ano, e não tardaria a ter filhos. Em março de 1866, a segunda na linha de sucessão deu à luz dom Pedro Augusto, o neto mais velho de dom Pedro II e durante muito tempo o herdeiro do trono, conhecido como o Predileto.

Para o matrimônio de dona Isabel, uma missa foi realizada no palácio de São Cristóvão. Em seguida, dez carruagens levaram a família imperial até a capela Imperial, no centro do Rio. A união foi consagrada por dom Manuel Joaquim da Silveira, arcebispo primaz do Brasil. Após o casamento, a princesa seguiu para Petrópolis, para uma casa alugada pelo esposo junto ao futuro visconde de Ubá. A lua de mel da princesa foi melhor do que a do pai, 22 anos antes. É o que se depreende das cartas do casal. Um ano depois, lembrando da data com o esposo, dona Isabel escreveu que "estava agitada, é verdade, mas, deves compreender, estava tão contente e feliz". A casa de Petrópolis seria residência do casal até o ano seguinte, quando partiram para a Europa. Antes, em outubro, a princesa Isabel participou pela primeira vez de cerimônias públicas e bailes na corte. Ela tinha recebido uma educação intelectualmente primorosa, mas extremamente religiosa, resguardada e deliberadamente longe do mundo fora dos palácios. Enquanto o casal estava na Europa, o Brasil se envolveu na Guerra do Paraguai. Apesar dos protestos do genro e de sua família, que acreditavam que a participação militar de Gastão seria importante para sua imagem, como faziam os príncipes prussianos e arquiduques austríacos, dom Pedro ii manteve o genro longe do conflito por anos. Como a princesa Isabel e o conde não tinham filhos, a sucessão do trono não estava assegurada. O imperador só enviou Gastão para a guerra na primavera de 1869, quando a vitória já havia sido assegurada por Osorio e Caxias. Mesmo assim, uma apreensiva princesa Isabel escreveu várias vezes ao pai pedindo que não enviasse seu esposo, que sofria de bronquite crônica, para servir de "capitão do mato atrás do López". De todo modo, o conde d'Eu foi ao Paraguai e retornou.

Em maio de 1871, dona Isabel assumiu pela primeira vez a regência do país. Quatro meses depois, sancionava a Lei do Ventre Livre. No ano seguinte, quando o imperador retornou da Europa, ela voltou ao anonimato. Os dois se davam bem, a princesa era uma filha obediente e solícita, mas achava que o pai era um "cabeça-dura". A princesa não era ambiciosa e achava a política "entediante, desconhecida e cansativa". Tanto dona Isabel quanto o conde d'Eu eram membros do Conselho de Estado, mas quase nunca eram consultados para questões importantes.

No final da década de 1880, a campanha abolicionista intensificara a pressão pela abolição da escravatura. Mas, enquanto a princesa Isabel ganhava a simpatia dos líderes do movimento pela emancipação, os fazendeiros latifundiários e republicanos se juntavam pelo fim de um Terceiro Reinado. A Lei Áurea seria um divisor de águas. O fato de Isabel ser mulher também incomodava os setores mais conservadores do país, que viam nela a esposa submissa de um estrangeiro e demasiadamente carola, "beata" e "retrógrada". Quando o Golpe de Quinze de Novembro acabou com a monarquia no Brasil em 1889 e a família imperial foi informada de que teria que deixar o país, a princesa Isabel não estava preocupada com o dinheiro oferecido pelo governo ou com o título que perdia: "O que me custa é deixar a pátria, onde fui criada, onde tenho minhas afeições. É isto o que mais lamento perder; nem trono, nem ambições, que não as tenho".[9] Ao passar pela mesa onde havia assinado a Lei Áurea, teria afirmado que, se o motivo da expulsão dos Bragança do Brasil era a abolição, "tornaria a escrever meu nome sem vacilação".

Com exceção de dom Pedro Augusto, filho de dona Leopoldina e do duque de Saxe, o restante da família imperial conformou-se com o destino imposto e aceitou pacificamente o exílio. Aos 23 anos, ele trabalhava havia anos com a possibilidade de assumir o trono no lugar da tia. Para isso, contava com apoio da Marinha e de muitos monarquistas. Na Europa, o neto preferido de dom Pedro II tentou organizar um grupo de apoio à restauração, mas a progressão de seus problemas mentais minou qualquer tentativa. Dom Pedro Augusto já demonstrara sinais da doença na viagem a bordo do *Alagoas*, em novembro de 1889. Temendo que o navio fosse bombardeado, o príncipe jogava garrafas ao mar com pedidos de socorro. Foi preciso mantê-lo preso no camarote da embarcação. Acabaria morrendo num manicômio, na Áustria, aos 68 anos.

Ao chegar a Lisboa, enquanto o casal imperial seguiu para visitar Coimbra e o Porto, dona Isabel e o conde d'Eu partiram para a Espanha. Estavam em Madri quando receberam a notícia da morte da imperatriz. Mais tarde, a princesa e o marido passaram a viver na França. Resignada, ela não tinha mais interesse na coroa brasileira. E, como o pai, não aceitava se envolver em qualquer conflito que resultasse no derramamento de sangue brasileiro. Não permitiu que o filho de dezesseis anos fosse usado para a causa monarquista quando o marechal Deodoro deu um golpe e dissolveu o Congresso Nacional, em 1891, nem quando uma guerra civil começou dois anos mais tarde. "Acima de tudo, sou católica e preciso zelar pela alma do meu filho. Não o entregarei a homens que possam corrompê-la." O ex-senador Silveira Martins, líder federalista e emissário dos monarquistas respondeu à princesa que, "neste caso, senhora, seu lugar é no convento".[10] Dona Isabel passou a dividir o tempo entre passeios, visitas a igrejas e atividades sociais. Resolvidos os problemas financeiros e de herança, a família restaurou o castelo d'Eu, na Normandia, e Gastão pôde viajar pelo mundo. Sem trono no Brasil, ele tentou sem sucesso manter-se vinculado à família real francesa, concedendo o título de conde a seu primogênito. Mas, como ele havia renunciado aos direitos dinásticos para o casamento com a princesa Isabel, no Brasil, nada mais o ligava à Casa da França. Seu herdeiro não podia receber o título do pai nem transmiti-lo aos seus.

Em janeiro de 1921, o conde d'Eu e o filho dom Pedro de Alcântara vieram ao Brasil, acompanhando os restos mortais de dom Pedro II e dona Teresa Cristina. Doente e fragilizada, dona Isabel permaneceu na França. Aos 75 anos, a Redentora acabaria por falecer no castelo d'Eu, em 14 de novembro. Segundo o telegrama enviado ao Brasil por Gastão, "de fraqueza cardíaca agravada por congestão pulmonar".[11] Em agosto do ano seguinte, o conde d'Eu morreu enquanto regressava ao Brasil para os festejos do centenário da Independência. Estava a bordo do vapor *Massília*. Tinha oitenta anos. Quando o navio chegou ao Rio, o corpo foi exposto na igreja de Santa Cruz dos Militares e mais tarde enviado à França, para ser sepultado com a esposa na capela Real de Dreux, noventa quilômetros a oeste de Paris, lugar de sepultamento dos Orleans.[12]

Naquele ano, em 1922, durante as comemorações do Sete de Setembro, o presidente Epitácio Pessoa fez a primeira transmissão radiofônica no Brasil. Em 1971, os restos mortais de dona Isabel e do marido foram trazidos para o Rio de Janeiro. Os esquifes foram expostos na igreja do Rosário. Em seguida, foram levados para o mausoléu da catedral de São Pedro de Alcântara, em Petrópolis. Ali, no dia 13 de maio, os caixões foram colocados sob esculturas de mármore.

Em 21 de abril de 1993, o plebiscito prometido pelo governo republicano provisório em 1889 finalmente foi realizado. O histórico da República brasileira não era positivo: em pouco mais de cem anos, o país adotara seis constituições, sofrera cinco intervenções militares, com três golpes de Estado; dois presidentes foram afastados antes de assumir o cargo, três renunciaram, cinco foram derrubados do poder (dois por impeachment) e um cometeu suicídio durante o mandato. Em suas seis primeiras décadas, a democracia republicana se mostrara mais restritiva do que a monárquica, permitindo que menos de 6% da população participasse das eleições — isso quando elas eram permitidas. Durante o Segundo Reinado, 50% da população masculina votava (13% do total), número bem superior a países como Inglaterra (7%) e Estados Unidos (2,5%). Depois de um século, no entanto, o ideal monarquista havia sido totalmente eclipsado. Pelo menos foi o que apontou o resultado da consulta popular: pouco mais de 66% dos brasileiros votaram pela república como forma de governo; 55,67% escolheram o presidencialismo como sistema de governo. A monarquia recebeu apenas 10,25% dos votos; o parlamentarismo quase 25%.[13]

OS ORLEANS E BRAGANÇA

Dona Isabel e o conde d'Eu tiveram três filhos: dom Pedro de Alcântara, nascido em 1875; dom Luís Filipe, em 1878; e dom Antônio Gastão, em 1881.[14] Antes de conseguir gerar herdeiros para o trono, porém, a princesa passou por situações difíceis. Ela sofreu um aborto em 1872; e dois anos mais tarde perdeu uma filha durante um trabalho de parto de mais de cinquenta horas, que quase lhe custou a vida.

Dom Pedro de Alcântara, o primogênito, era príncipe do Grão-Pará, o segundo na linha de sucessão. O título fora criado por dom Pedro I, em 1824. Homenagem à maior província do país, era destinado ao segundo na linha de sucessão, após o primogênito e herdeiro presuntivo, chamado de Príncipe Imperial — e que até a morte da princesa Isabel, pertenceu a ela. A filha mais velha de dom Pedro I, dona Maria da Glória, foi a primeira a receber o título. Em 30 de outubro de 1908, para se casar com a condessa tcheca Elisabeth Dobrzensky de Dobrzenicz, dom Pedro de Alcântara renunciou aos seus direitos dinásticos. "Lizy" era filha de barões do império austro-húngaro, mas não tinha os ascendentes reais exigidos pela tradição. O casal levou uma vida modesta e despretensiosa. Tiveram cinco filhos: dona Isabel Maria, dom Pedro Gastão, dona Maria Francisca, dom João de Orleans e dona Teresa Maria Cristina. Dom Pedro de Alcântara faleceu em Petrópolis, em 1940, aos 64 anos. Anos depois, seu filho dom Pedro Gastão questionou a renúncia do pai e tentou, sem sucesso, assumir a liderança da Casa Imperial. Esse ramo da família Orleans e Bragança é conhecido como "ramo de Petrópolis".

O filho mais novo de dona Isabel e do conde d'Eu, dom Antônio Gastão, conhecido como Príncipe Soldado, serviu como piloto de avião na Marinha Real britânica durante a Primeira Guerra Mundial. Morreu sem herdeiros, aos 37 anos, em um acidente aéreo alguns dias após o armistício que pôs fim ao conflito.

Com a renúncia do irmão, dom Luís Filipe, o Príncipe Perfeito, passou a ser o primeiro na linha de sucessão. Ele casou com dona Maria Pia de Bourbon-Duas Sicílias no mesmo ano do irmão, em 1908. Dona Maria Pia era filha do príncipe Afonso, conde de Caserta, e sobrinha de Francisco II, último rei das Duas Sicílias. O casal teve três filhos: dom Pedro Henrique, dom Luís Gastão e dona Pia Maria. O irrequieto dom Luís Filipe tentou alavancar um movimento de restauração da monarquia, mas se viu frustrado pela Lei de Banimento e pela pouca acolhida dispensada em um momento político conturbado do país. Percorreu o mundo, esteve na África do Sul, na Índia e na América do Sul, e escreveu livros. Lutou nas trincheiras de Flandres durante a Primeira Guerra. Morreu em Cannes, em 1920, aos 42 anos, vítima de uma doença contraída durante o conflito.

O sucessor de dom Luís Filipe foi seu filho dom Pedro Henrique, o primogênito, nascido em 1909. Ele assumiu a chefia da Casa Imperial brasileira após a morte da avó, em 1921 — e a comandou até 1981, quando faleceu em Vassouras, aos 71 anos. Ele havia se casado em 1937, no palácio de Nymphenburg, em Munique, com dona Maria Elisabeth da Baviera, que pertencia à dinastia Wittelsbach. A esposa era a filha mais velha do príncipe Francisco da Baviera e da princesa Isabel de Croÿ, e neta de Luís III, último rei bávaro. O casal teve doze filhos, entre eles dom Luiz Gastão de Orleans e Bragança, seu primogênito e sucessor, falecido sem herdeiros aos 84 anos, em 2022; dom Eudes, que para se casar com Ana Maria Bárbara de Moraes Barros precisou renunciar à linha de sucessão em 1966; e o atual chefe da Casa Imperial brasileira, dom Bertrand Maria José Pio Januário Miguel Gabriel Rafael Gonzaga de Orleans e Bragança, nascido em Mandelieu, na França, em 1941, e registrado no consulado brasileiro em Paris.

Dom Bertrand retornou para o Brasil com a família após a Segunda Guerra Mundial. Residiram no Rio de Janeiro e em Petrópolis até 1951, quando se mudaram para o Paraná. Mais tarde, a família mudou-se para Vassouras, no Rio de Janeiro. É por isso que o grupo de familiares descendentes de dom Pedro Henrique (o pai de dom Bertrand) é conhecido como "ramo de Vassouras". O atual pretendente ao trono e à coroa — o imperador *de jure*, segundo a Constituição de 1824 e o movimento pró-monarquia — estudou no Rio de Janeiro e concluiu o curso de direito na Universidade de São Paulo (USP) em 1964. Sem herdeiros, os sucessores de dom Bertrand são os filhos de seu irmão, dom Antonio de Orleans e Bragança, falecido em 2024: dom Rafael e dona Maria Gabriela. A irmã de dom Bertrand, dona Eleonora de Orleans e Bragança, princesa do Brasil e de Ligne, é a próxima na linha de sucessão. Seu filho, o príncipe hereditário Henri, o seguinte.

Linha de sucessão e de pretendentes ao trono brasileiro após o período imperial:
- Princesa Isabel (chefe da Casa Imperial entre 1891 e 1921)
- Dom Luís Filipe (o primeiro na linha de sucessão 1908-20)
- Dom Pedro Henrique (chefe da Casa Imperial entre 1921-81)

- Dom Luiz Gastão (1981-2022)
- Dom Bertrand (chefe da Casa Imperial desde 2022)

Mesmo que o plebiscito de 1993 não tenha sido favorável, grupos monarquistas e iniciativas em prol da restauração monárquica ainda são uma realidade no Brasil. Desde a década de 1990, eles são coordenados pelo Pró Monarquia, uma associação cívico-cultural sediada em São Paulo que atua como auxiliar do secretariado da Casa Imperial do Brasil. Além da divulgação da agenda do príncipe, dos eventos públicos relacionados ao período imperial e das mensagens dos chefes da Casa Imperial dirigidas aos brasileiros monarquistas, entre as publicações periódicas do Pró Monarquia estão o *Anuário da Casa Imperial do Brasil* e o boletim *Herdeiros do Porvir*.

Em 2018, Luiz Philippe de Orleans e Bragança foi eleito deputado federal por São Paulo. Nascido em 1969, filho de dom Eudes e com formação em administração e ciência política, Luiz Philippe é o primeiro membro da família imperial a alcançar um cargo de destaque na política nacional desde o fim do Segundo Reinado. Foi reeleito em 2022.

19.

O ÚLTIMO REI

DOM PEDRO I TOMOU CONHECIMENTO da morte do pai, dom João VI, e de sua aclamação como dom Pedro IV de Portugal na segunda quinzena de abril de 1826, através dos despachos trazidos pela fragata portuguesa *Lealdade*. Depois de dar uma Constituição aos portugueses, em 2 de maio o imperador do Brasil abdicou do trono de Portugal em favor da filha dona Maria da Glória, sua filha mais velha, que reinaria como dona Maria II.

A RAINHA EDUCADORA E O REI POPULAR

Nascida no palácio de São Cristóvão, no Rio de Janeiro, às cinco horas da tarde de 4 de abril de 1819, dona Maria foi consagrada a Nossa Senhora da Glória e levada até a igreja no Outeiro nos braços do avô. Como de praxe, recebeu um extenso nome, homenagem aos avós, à mãe e a santos e arcanjos: Maria da Glória Joana Carlota Leopoldina da Cruz Francisca Xavier de Paula Isidora Micaela Rafaela Gonzaga.

A jovem princesa tinha apenas sete anos e fora prometida em casamento ao tio dom Miguel. O matrimônio foi realizado, por procuração, em 29 de outubro de 1826, em Viena. A noiva foi representada pelo barão de Vila Seca. Durante dois anos, a regência coube à sua tia, dona Isabel Maria, irmã de dom

Pedro IV. No começo de agosto de 1828, o imperador do Brasil enviou a filha que estava no Rio de Janeiro para a capital austríaca, a fim de estudar na corte do avô. Enquanto isso, dom Miguel chegava a Lisboa para assumir a regência no lugar da esposa e sobrinha. No dia 11 de agosto, no entanto, ele foi aclamado rei de Portugal após assumir o controle do governo e depor o ministério liberal, restaurando o absolutismo. Dona Maria estava em Paris e foi obrigada a voltar ao Brasil no ano seguinte, acompanhando a madrasta dona Amélia de Leuchtenberg.

Após a abdicação de dom Pedro I no Brasil e seu retorno à Europa, teve início uma guerra civil em Portugal. Derrotado pelo irmão, dom Miguel partiu para o exílio em junho de 1834, assinando um tratado em que garantia jamais voltar a se envolver nos negócios do reino. Seguiu para a Itália e depois para a Inglaterra, antes de se fixar na Alemanha. Em 1851, aos 49 anos, casou com a princesa bávara Adelaide de Löwenstein-Wertheim-Rosenberg, com quem teria sete filhos. Viveu no castelo de Bronnbach, em Wertheim, até morrer, quinze anos mais tarde. Foi sepultado no convento franciscano de Engelberg e só na década de 1960 seus restos mortais foram transferidos para o Panteão dos Bragança, em Lisboa. Seu filho, dom Miguel Januário, retomaria a briga pelo direito de sucessão ao trono após a queda da monarquia portuguesa em 1910.

Colocada no trono pelo pai, dona Maria II casou, por procuração, em dezembro de 1834, com o príncipe Augusto de Beauharnais, irmão de dona Amélia, segunda imperatriz brasileira. O esposo tinha 25 anos, a rainha dezesseis. Beauharnais, duque de Leuchtenberg, chegou a Lisboa em janeiro do ano seguinte. O casamento não havia se consumado quando o rei consorte adoeceu, com dores de garganta, e morreu em março, apenas dois meses após conhecer a esposa. Suspeitas de envenenamento circularam pela corte, e o duque de Palmela foi um dos acusados — queria que o filho casasse com a rainha e acabasse com a monarquia constitucional. A rivalidade entre liberais e absolutistas (ou "pedristas" e "miguelistas") ainda ecoava em Portugal. Rapidamente foi necessário encontrar um esposo para a rainha. Sua madrasta propôs que ela se casasse com Maximiliano, seu cunhado. Mas dona Maria achava-o feio e com "cara de batata frita". Queria se casar com um dos filhos do rei Luís Filipe I da França, Luís, o duque de Némours, ou com o irmão dele, Francisco, príncipe de Joinville, mas o casamento com um príncipe francês tinha oposição inglesa. Os irmãos franceses acabariam por se juntar aos Bragança no Brasil:

o filho do duque de Némours se casaria com a princesa dona Isabel, filha de dom Pedro II; e seu irmão com dona Francisca, irmã do imperador brasileiro.

No início de 1836, o casamento de dona Maria II foi acertado com um primo da rainha Vitória da Inglaterra: dom Fernando de Saxe-Coburgo, filho do príncipe Fernando e de uma princesa húngara da casa de Koháry. O novo rei tinha vinte anos e ao chegar a Portugal encontrou "uma viúva sem ter sido esposa" — ou seja, ainda virgem. Quando o casal teve o primeiro filho, dom Fernando passou a ser oficialmente rei consorte com o título de dom Fernando II. O novo soberano tivera boa educação, era inteligente e estava sintonizado com a cultura contemporânea. Amante das artes, ficaria conhecido como Rei Artista. Entre suas obras de destaque, está a construção do palácio da Pena, no topo da serra de Sintra, erguido sobre as ruínas de um antigo convento de monges jerônimos do século XVII. O projeto foi realizado pelo barão Wilhelm von Eschwege, alemão que viveu no Brasil durante a permanência de dom João VI. A dom Fernando é atribuída ainda a introdução da árvore de Natal em Portugal. O próprio rei se vestia de Papai Noel, de roupa verde e branca.

O casal foi feliz e dona Maria II teve onze filhos, dos quais sete sobreviveram até a idade adulta. Entre eles, os dois monarcas seguintes de Portugal: dom Pedro V, cognominado de o Esperançoso (ou o Muito Amado), e dom Luís I, o Popular. Os cinco infantes que sobreviveram à infância foram dom João, dona Maria Ana, dona Antônia, dom Fernando e dom Augusto. Todos os filhos do casal real foram criados sob a supervisão de um tutor alemão, o protestante Carl Andreas Dietz.[1] O casamento reforçou a "germanização" da família real portuguesa, ampliando os laços que haviam se iniciado com o casamento de dom Pedro I (IV) e dona Leopoldina no Brasil. Dos filhos que herdaram o trono português, dom Pedro V se casaria com uma Hohenzollern; e dom Luís I com a filha do rei da Itália, cuja mãe era austríaca. Depois da queda da monarquia, dom Manuel II também se casou com uma princesa Hohenzollern. Do ramo miguelista, além do próprio dom Miguel, seus descendentes e pretendentes ao trono também se casariam com princesas alemãs.

Dona Maria II herdou um reino em crise econômica e política, desgastado pelas lutas napoleônicas e por uma guerra civil, em um período singularmente turbulento na história portuguesa. Não obstante, reinou com polimento e espírito apaziguador, sendo respeitada e admirada por outros monarcas europeus, como a rainha Vitória da Inglaterra, de quem foi amiga e correspondente. As duas se conheceram quando tinham oito anos. Em uma anotação de seu diário, de 1836, a monarca inglesa escreveu sobre dona Maria, por quem sempre nutriu um "carinho muito grande": "Ela é calorosa, honesta e carinhosa, e quando fala, é muito simpática. [...] Ela também está longe de ser simples; ela tem uma requintada tez, nariz bonito e cabelos finos". Mais tarde, em carta a lorde Palmerston, a soberana inglesa afirmou que "quem quer que seja íntimo da rainha sabe o quão honesta, boa e bem-intencionada e corajosa ela é".[2]

Em 1852, dona Maria II conseguiu empreender uma reforma constitucional que, entre outras coisas, aboliu a pena de morte por crimes políticos. Esteve extremamente envolvida com a melhoria da educação e das artes; ampliou a rede escolar, criou a Academia de Belas-Artes, a Escola Politécnica, o Conservatório Nacional e o Teatro Nacional, no Rossio. Foi chamada de a Educadora.[3] Em setembro de 1853, a rainha estava em Sintra quando entrou em trabalho de parto. Na manhã do dia 15, depois de treze horas, mãe e criança faleceram. Assim como a mãe, dona Maria II morria muito jovem. Estava com 34 anos.

Como dom Pedro V tinha apenas dezesseis anos, o pai dom Fernando II assumiu como regente por dois anos. O jovem monarca era quieto, estudioso e moralista, e tanto fisicamente quanto intelectualmente se parecia muito com o tio brasileiro, o imperador do Brasil dom Pedro II. Tinha os cabelos louros, os olhos azuis e a pele muito branca, gostava de estudar e se isolar no palácio de Mafra. Era poliglota, falava inglês, alemão e francês, dominava o grego e o latim; estudara filosofia e retórica — entre seus professores se destacou o historiador Alexandre Herculano. Para adquirir conhecimento e experiência, seu tutor Carl Dietz fez com que dom Pedro conhecesse o reino e também países europeus. Adorava caçar e pouco ia ao teatro, pois achava a corte lusa indecente. Também censurava o comportamento do irmão e do pai, que, segundo ele, mantinham uma vida "que não posso aprovar nem imitar porque se opõe tanto aos meus princípios".[4] Após a morte de dona Maria II e com quase cinquenta anos, dom Fernando se envolveu com Elisa Hensler, atriz e cantora de 24 anos. Mais tarde, em 1869, o rei viúvo se casaria com Hensler, já condessa de Edla e apelidada de "megera" pelo povo. Com exceção de dom Augusto, a relação nunca foi aceita pelos filhos da falecida rainha.

Após completar a idade necessária, dom Pedro V foi aclamado rei em 16 de setembro de 1855. Três anos mais tarde, apaixonado, casou com dona Estefânia de Hohenzollern-Sigmaringen, filha do príncipe Carlos Antônio, então primeiro-ministro da Prússia. A cerimônia foi realizada em maio de 1858, em Lisboa, mas dona Estefânia só viveria mais catorze meses. A rainha morreu de difteria, aos 22 anos, em julho do ano seguinte. Apesar do amor entre os dois, dom Pedro v não teve filhos, fazendo surgir suspeitas de que era impotente. De toda forma, o rei, depressivo pela perda da esposa, acabou falecendo em 11 de novembro de 1861, com apenas 24 anos, vítima de febre tifoide.[5] Mais uma vez, surgiram rumores sobre envenenamento de um monarca português.

Com a morte de dom Pedro v, seu irmão dom Luís i assumiu o trono. Tinha 23 anos e iria reinar por quase três décadas, até morrer em 1889. Nascido no palácio das Necessidades, em Lisboa, em 31 de outubro de 1838, "Lipipi" era duque do Porto e da Saxônia. Como todos os filhos de dona Maria ii, teve boa educação. Falava vários idiomas europeus, estudou desenho, pintura e música; tocava vários instrumentos, em especial violino e piano. Era entusiasta de novas tecnologias e do teatro, foi presidente da Academia Real de Ciências e tradutor de algumas obras de Shakespeare para o português, como *Hamlet*, *O mercador de Veneza* e *Ricardo* iii. Como não era o primeiro na linha de sucessão, serviu na Marinha. A rainha queria que os filhos dessem exemplo, vivendo na prática — e não apenas como oficiais honorários — a experiência dos soldados do país. Quando a mãe faleceu e o pai assumiu a regência, dom Luís empreendeu uma viagem de instrução, tendo o irmão mais velho como companhia. Os dois foram os primeiros príncipes da dinastia de Bragança a visitar outros países além do Brasil. A bordo do vapor *Mindelo* chegaram em Londres, seguindo depois para Bélgica, Holanda e Alemanha; passaram ainda pela Áustria e pela França, conhecendo as principais figuras políticas da Europa da época. Voltaram a Lisboa para que dom Pedro v assumisse o trono. Depois da morte do irmão, dom Luís i foi aclamado em 22 de dezembro de 1861.

Como seus dois irmãos mais novos, os infantes dom João e dom Fernando, de dezenove e quinze anos, faleceram em novembro e dezembro do mesmo ano, vitimados pela cólera, tornou-se urgente encontrar uma esposa para o rei. Mais uma vez, a casa de Bragança corria o risco de não ter herdeiros. Até que dom Luís I tivesse filhos, o próximo na linha de sucessão seria seu irmão, o infante dom Augusto, duque de Coimbra, então com catorze anos. Mas dom Augusto nunca se casaria, morrendo sem filhos em 1889, aos 41 anos.

Em junho de 1862, um acordo foi realizado com Vítor Manuel ii, recém-coroado rei da Itália. A princesa dona Maria Pia de Saboia seria rainha de Portugal. A filha mais nova do rei italiano tinha quinze anos e era considerada bonita; teve uma formação comum às demais cortes, mas gostava especialmente de música. O casamento foi realizado por procuração, em Turim, em 27 de setembro. Dona Maria Pia chegou a Lisboa nove dias depois, sendo recebida por suntuosos festejos, apresentações teatrais, circo e touradas. O casal teria apenas dois filhos, dom Carlos, herdeiro e futuro rei, e dom Afonso, duque do Porto. Dom Luís, porém, teria inúmeros casos extraconjugais e, provavelmente, filhos bastardos — pelo menos um foi reconhecido. Descrito como "um homenzinho loiro e rechonchudo", dado à boemia e mulherengo, o rei costumava sair do palácio da Ajuda acompanhado pelo doutor Magalhães Coutinho. Usava o pseudônimo de "Dr. Tavares". Entre suas amantes mais famosas estava a atriz Rosa Damasceno, com quem teria tido filhos. Segundo as fofocas, dona Maria Pia também teria seus casos. O casamento quase acabou em divórcio e a rainha passou a manter uma vida extravagante, promovendo bailes de máscaras luxuosos para exibir vestidos caríssimos. O casal real também dava banquetes diários e festas suntuosas, em contraste com a dura realidade do país. Durante o casamento do filho dom Carlos, a rainha marcou a cerimônia para a hora exata em que o sol entrasse pelo vitral da capela da igreja de São Domingos e realçasse o brilho de seu vestido. O comportamento chocava a opinião pública, sendo motivo de protestos por parte dos republicanos portugueses.[6] Odiada por alguns, a rainha era amada por outros. Entre o povo, apesar das excentricidades, ela ficaria conhecida como "anjo de caridade", tendo recebido o cognome Mãe dos Pobres, devido às obras sociais.

No campo político, o reinado de dom Luís I marcou o fim oficial da escravidão em Portugal. Desde 1836, por decreto de dona Maria II, a exportação de escravizados era proibida no país. Em 25 de fevereiro de 1869, o monarca decretou a abolição em todas as colônias portuguesas. Acompanhava, assim, o exemplo da Inglaterra e da França, que haviam acabado com a escravidão em 1833 e 1848; e da Rússia, que abolira a servidão em 1861. Embora as relações exteriores tenham se estabilizado, a política interna foi sacudida por movimentos no estrangeiro, principalmente revoluções na Espanha, onde La Gloriosa destronou a promíscua rainha dona Isabel II em 1868; e na França, onde a Comuna de Paris deixou um saldo de quase dez mil mortos, em 1871. O nome de dom Luís foi cogitado para assumir o governo espanhol, mas ele rejeitou a coroa: "Nasci português, português quero morrer", proclamou aos jornais.

Portugal, porém, estava diante de problemas históricos que dom Luís I não conseguiu resolver. O país era pouco industrializado e militarizado em relação às demais potências imperialistas europeias. A população era, em sua maioria, analfabeta. Até o final do século XIX, apenas 36% dos homens portugueses sabiam ler e escrever; na França, eram mais de 86%; na Inglaterra, 97%. Portugal também vivia em constante crise política, com alternância entre ministérios de posições antagônicas. A crise econômica e financeira acabou por desestabilizar o país, colocando em xeque a monarquia constitucional.[7] Surgiram movimentos políticos que acabariam por derrubar a dinastia de Bragança: o Partido Reformista (1865), o Partido Socialista (1875) e os partidos Progressista e Republicano (1876). Os republicanos começaram a ocupar um espaço cada vez maior, elegendo deputados a partir de 1881.

Se as coisas não andavam bem para o governo, no fim dos anos 1880 era o próprio rei que enfrentava graves problemas de saúde. Sofrendo com neurossífilis, ele passou os dois últimos anos da vida em agonia: apresentava dificuldades motoras, não conseguia movimentar uma perna e usava cateter para urinar. Em 19 de outubro de 1889, dom Luís i, o Popular, faleceu em Cascais, aos 51 anos.

DOM MANUEL II, O ÚLTIMO REI

Com a morte do pai, Carlos i assumiu o trono. Ficaria conhecido como o Diplomata, devido às suas viagens internacionais. Foi ele, pouco antes da aclamação, quem recebeu a família imperial brasileira, exilada após o Golpe de Quinze de Novembro. Dom Carlos tinha 26 anos e uma educação primorosa, embora pouca experiência para governar. Falava alemão, italiano, francês e inglês fluentemente, pintava com maestria, era um exímio caçador e amante de expedições científicas; chegou a escrever livros sobre ornitologia e suas aventuras, além de promover exposições públicas sobre as explorações que fazia. Herdara os olhos azuis, os cabelos louros e a pele clara dos ancestrais germânicos e a tradição de manter amantes dos reis portugueses.

Quando foi aclamado rei, em 28 de dezembro de 1889, estava casado havia três anos com dona Maria Amélia de Orleans, filha de Luís Filipe, conde de Paris, e da princesa Maria Isabel de Montpensier. O pai de dona Amélia era neto do rei Luís Filipe i da França e sobrinho do duque de Némours e do príncipe de Joinville — que eram pai do conde d'Eu e esposo da princesa dona Francisca, respectivamente. Dom Carlos e dona Amélia estavam apaixonados. Nascida em Londres, os dois se conheceram em Paris. O noivado foi oficializado em fevereiro de 1886 e o casamento realizado na igreja de São Domingos,

Lisboa, em 22 de maio. Ao chegar em Portugal, a comitiva de dona Amélia era composta de 57 servidores. A cerimônia religiosa foi realizada pelo cardeal-patriarca de Lisboa e outros dezesseis bispos. A união gerou três filhos: dom Luís Filipe, o príncipe da Beira, nascido no ano seguinte ao casamento dos pais; dona Maria Ana, que faleceu logo após o nascimento, em 1887; e dom Manuel, futuro monarca, em 1889. A felicidade conjugal, no entanto, durou pouco. O cientista social português Rui Ramos escreveu que o rei "acumulava aventuras, as ligações e os deboches, com uma avidez insaciável. Quando andava a caçar, colecionava as camponesas da Estremadura e do Alentejo, como quem apanha flores".[8] Os amores e "devaneios eróticos" de dom Carlos incluíam ainda mulheres da nobreza e da corte, como as condessas da Guarda e de Paraty.

A situação política, porém, se agravara. Pouco tempo depois de assumir, dom Carlos precisou resolver problemas diplomáticos com a Inglaterra na África oriental, abdicando de um vasto território entre Angola e Moçambique. Em janeiro de 1891, eclodiu no Porto a primeira revolta republicana. Sufocada, a agitação serviu para revelar a existência de uma ameaça real à monarquia. O gabinete do ministro José Dias Ferreira conseguiu contornar a crise econômica e acalmar os ânimos, mas apenas por um tempo. Republicanos, revolucionários, nacionalistas, socialistas e anarquistas estavam agindo com violência contra cabeças coroadas e casas reais europeias. A execução do imperador Maximiliano de Habsburgo no México, em 1867, foi seguida do assassinato do príncipe Miguel da Sérvia (1868), do tsar Alexandre II (1881), da imperatriz Sissi (1898), do rei Umberto da Itália (1900) e do casal real Alexandre e Draga da Sérvia (1903).

Em 1906, o clima de radicalização atingiu seu ponto máximo em Portugal. Para o historiador Oliveira Martins, as reuniões do parlamento não passavam de "reuniões turbulentas e inúteis".[9] Durante o reinado de dom Carlos I, o parlamento foi dissolvido onze vezes. A política do "rotativismo", com a alternância dos partidos no poder, não funcionava mais. Era impossível formar uma coalizão. Dentro dos partidos não havia consenso, mas diversas facções que brigavam entre si. Tentando se manter no poder, o rei indicou João Franco, líder do Partido Regenerador-Liberal, para formar um gabinete. Como presidente do Conselho de Ministros, Franco governou conforme a Constituição durante alguns meses, mas logo passou a liderar como ditador, com apoio do monarca. Quando se tornou público que a família real devia uma enorme soma em dinheiro ao Estado por causa de "adiantamentos", teve início uma violenta campanha antimonarquista. As histórias da vida privada e os casos indecorosos do monarca foram amplamente explorados pelos republicanos. Dom Carlos I costumava passar as férias em Cascais, frequentando lugares onde havia sempre presença feminina. Por isso, ganhou o apelido de "balão cativo", porque era gordo e ficava amarrado a um lugar onde havia mulheres bonitas. A rainha também foi atacada, com rumores sobre casos lésbicos.[10] O governo de Franco contra-atacou com repressão, prendendo opositores, fechando jornais e o parlamento, e governando por decreto.

Em 31 de janeiro de 1908, em Vila Viçosa, o monarca assinou uma lei que concedia a Franco amplos poderes. No dia seguinte, às cinco da tarde, uma organização semissecreta ligada aos republicanos chamada Carbonária atacou a carruagem da família real que acabava de desembarcar na praça do Comércio, em Lisboa. O veículo foi alvejado no início da rua do Arsenal. O rei dom Carlos I e o príncipe herdeiro dom Luís Felipe foram atingidos por tiros, morrendo no local. O infante dom Manuel ficou ferido. Dois atiradores foram mortos pela polícia: o vendedor Alfredo Costa e o professor Manuel Buiça, cuja arma fora presentada pelo próprio rei em um concurso de tiro.[11] O funeral real foi realizado uma semana depois. As investigações inocentaram o Partido Republicano, embora membros da agremiação estivessem envolvidos. Chamado para salvar a monarquia, Franco demitiu-se e fugiu para a Espanha.

Aclamado rei no dia 6 de maio, dom Manuel II tinha apenas dezoito anos. O jovem pouco pôde fazer por sua dinastia — a monarquia estava chegando ao fim. Nas eleições municipais de 1908, os republicanos elegeram toda a bancada. Em agosto de 1910, o pleito para o legislativo do país consolidou o poder republicano. Portugal era uma monarquia constitucional sem monarquistas. No dia 4 de outubro, uma revolução civil amparada por tropas militares tomou as ruas da capital. O palácio das Necessidades foi bombardeado por dois navios de guerra e o rei precisou se refugiar em Mafra, fora de Lisboa, para onde seguiram também as duas rainhas viúvas, dona Amélia e dona Maria Pia. No dia seguinte, a República foi proclamada. Dom Manuel conseguiu embarcar no iate real *Amélia*, ancorado no cais de Ericeira, a dez quilômetros do palácio de Mafra. A ideia inicial de comandar a resistência a partir do Porto, ao norte, fracassou. A família real foi levada a Gibraltar e, em seguida, para o exílio na Inglaterra, onde foi recebida pelo rei Jorge v. Dom Manuel se casaria três anos mais tarde com Augusta Vitória de Hohenzollern-Sigmaringen. Assim como o esposo, dona Augusta era bisneta de dona Maria II através da infanta dona

Antônia. O último rei de Portugal faleceu em Londres, de um edema na laringe, em 2 de julho de 1932, aos 42 anos.

Com a deposição de dom Manuel II, estavam encerrados 767 anos de história monárquica em Portugal. A dinastia de Bragança havia reinado por 270 anos. Três tentativas de restauração fracassaram nos anos seguintes — as chamadas "incursões monárquicas" em 1911-2 e 1919, todas lideradas pelo capitão Henrique de Paiva Couceiro, ex-governador de Angola. Nenhuma delas teve apoio do rei deposto. A ação mais importante ocorreu depois que os monarquistas conseguiram eleger alguns deputados nas eleições de 1918. Paiva Couceiro tentou tomar o poder, mas a revolta foi suprimida pelo Exército republicano.

Como dom Manuel II não tivera filhos (e nem seu irmão, assassinado junto com o pai em 1908), e como os outros três filhos de dona Maria II morreram sem deixar herdeiros (dois deles falecidos muito jovens), foram os descendentes de dom Miguel I, o Absolutista, filho do rei dom João VI, que passaram a reivindicar o trono.[12]

A sucessão pelo ramo miguelista teria sido acordada em 30 janeiro de 1912, no chamado pacto de Dover, entre o rei deposto e o único filho varão de dom Miguel I, dom Miguel Januário, nascido na Alemanha, e então com 59 anos. Este passou a reivindicar a coroa com o título de dom Miguel II. Ele havia se casado duas vezes. Do primeiro matrimônio, com Isabel de Thurn e Taxis, filha de Nenê, a irmã mais velha da imperatriz Sissi, da Áustria, nasceram três filhos: dom Miguel Maximiliano, dom Francisco José e dona Maria Tereza. O mais velho pretendente miguelista, dom Miguel Maximiliano, renunciou aos seus direitos para casar com uma atriz; enquanto dom Francisco José morreu sem ter casado. Do segundo casamento de dom Miguel Januário, com Adelaide de Löwenstein-Wertheim-Rosenberg, nasceram sete filhas e apenas um filho, dom Duarte Nuno, que passou a ser o herdeiro do pai. Nascido em 1907, em Seebenstein, na Áustria, ele foi batizado com água da terra natal dos Bragança, em Guimarães. Apoiado pelo pai e pelo irmão que havia renunciado aos seus direitos, dom Duarte Nuno conseguiu ser reconhecido legítimo herdeiro do trono por dom Manuel II. O acordo foi estabelecido em 1922 e ficaria conhecido como pacto de Paris. A essa altura, o último monarca português estava com 33 anos e ciente de que não teria filhos. Seu ramo estaria extinto de qualquer modo, já que o tio dom Afonso, duque do Porto e único herdeiro restante, havia falecido dois anos antes, também sem filhos. Não deixa de ser curioso, no entanto, que um rei destituído de poderes e vivendo no exílio tenha concedido direitos dinásticos a um ramo rival.

Dez anos mais tarde, em 19 de outubro de 1932, três meses após a morte de dom Manuel ii, diversas facções monarquistas se uniram para declarar dom Duarte Nuno rei de Portugal como dom Duarte ii. Em novembro do ano seguinte, o governo republicano português formalizou um acordo com a família real, criando a Fundação Casa de Bragança, que ficaria responsável por gerir o paço de Vila Viçosa, as diversas outras propriedades e muitas coleções da dinastia — a criação da instituição fora manifestada em testamento pelo rei dom Manuel ii, em 1915.

Em 1942, dom Duarte Nuno casou com dona Maria Francisca, bisneta do imperador dom Pedro ii do Brasil. Ela era filha de dom Pedro de Alcântara, que havia renunciado aos seus direitos ao trono brasileiro, e dona Elisabeth Dobrzensky de Dobrzenicz. O casamento foi realizado em Petrópolis, mas o casal passou a morar na Suíça. Dom Duarte Nuno retornou a Portugal em 1950, quando as leis que baniam a família real do país foram revogadas. Quando ele faleceu em 1976, o pretendente miguelista seguinte ao trono português passou a ser seu filho, dom Duarte Pio, nascido em Berna, na Suíça, em 1945.

Linha de sucessão e de pretendentes ao trono português (ramo miguelista):
- Dom Miguel i
- Dom Miguel Januário (dom Miguel ii)
- Dom Duarte Nuno (dom Duarte ii, 1932-76)
- Dom Duarte Pio (desde 1976)

O atual duque de Bragança, dom Duarte Pio, é casado com dona Isabel de Herédia desde 1995. São seus filhos dom Afonso, príncipe da Beira; dona Maria Francisca, duquesa de Coimbra; e dom Dinis, duque do Porto. Assim como no Brasil, a Casa Real portuguesa continua acreditando na restauração da monarquia. Ainda mantém casamentos dinásticos e tradições seculares.

BIBLIOGRAFIA

ALBA, André. *Tempos modernos*. São Paulo: Mestre Jou, 1968.

ALMEIDA, Fortunato de. *História de Portugal*. 6 v. Coimbra: F. de Almeida, 1922-9.

ALMEIDA, Lopo de. *Cartas de Itália*. Lisboa: Imprensa Nacional, 1935.

ALONSO, Angela. *Flores, votos e balas: O movimento abolicionista brasileiro (1868-1888)*. São Paulo: Companhia das Letras, 2015.

ALVAREZ, Gonzalo; CEBALLOS, Francisco C.; QUINTEIRO, Celsa. "The Role of Inbreeding in the Extinction of a European Royal Dynasty". PLOS ONE, n. 4, v. 4, 15 abr. 2009. Disponível em: https://doi.org/10.1371/journal.pone.0005174.

AMBIEL, Valdirene do Carmo. *O novo grito do Ipiranga*. São Paulo: Linotipo Digital, 2017.

ANAIS DO MUSEU HISTÓRICO NACIONAL. *O ramo brasileiro da Casa de Bragança*, v. 18. Rio de Janeiro: Ministério da Educação, 1968.

ANDERSON, Perry. *Linhagens do Estado absolutista*. São Paulo: Editora Unesp, 2016.

ANDRADE E SILVA, Sofia. *A vida dos reis e rainhas de Portugal*. Lisboa: Verso da Kapa, 2016.

ARMITAGE, João. *História do Brasil*. Brasília: Senado Federal, 2011.

ARMSTRONG, Karen. *Campos de sangue: Religião e a história da violência*. São Paulo: Companhia das Letras, 2016.

AZEVEDO, Francisca L. Nogueira de. *Carlota Joaquina na corte do Brasil*. Rio de Janeiro: Civilização Brasileira, 2003.

AZEVEDO, J. Lúcio de. *O marquês de Pombal e a sua época*. Lisboa: Alfarrábio, 2009.

BARBIER, Frédéric. *A Europa de Gutenberg*. São Paulo: Edusp, 2018.

BARBOSA, I. de Vilhena. *Estudos historicos e archeologicos*. 2 v. Porto: Antonio José da Silva Teixeira, 1875.

BARMAN, Roderick J. *Princesa Isabel do Brasil*. São Paulo: Editora Unesp, 2005.

BARROCA, Mário Jorge. *No tempo de D. Afonso Henriques: Reflexões sobre o primeiro século português*. Porto: CITCEM, 2017.

BENEVOLO, Leonardo. *História da cidade*. São Paulo: Perspectiva, 1999.

BEADIAGA, Begonha (org.). *Diário do Imperador D. Pedro II (1840-1891)*. Petrópolis: Museu Imperial, 1999.

BÉRENGER, Jean. *A History of the Habsburg Empire, 1273-1700*. Nova York: Routledge, 2013.

BERNSTEIN, Peter L. *O poder do ouro: A história de uma obsessão*. Rio de Janeiro: Campus, 2001.

BETHELL, Leslie (org.). *América Latina Colonial*. 2 v. São Paulo: Edusp; Brasília: Fundação Alexandre de Gusmão, 2004.

BLACK, C. F. *et al. O mundo do Renascimento: Arte e pensamento renovam a Europa*. 2 v. Madri: Del Prado, 1997.

BLANNING, Tim. *Frederico, o Grande: O rei da Prússia*. Barueri: Amarilys, 2018.

BONNEY, Richard. *A Guerra dos Trinta Anos 1618-1648: Os Bourbon e os Habsburgo disputam a Europa*. Barcelona: Osprey Publishing, 2010.

BÖSCHE, Eduardo Theodor. Quadros alternados de viagens terrestres e marítimas, aventuras, acontecimentos políticos, descrição de usos e costumes de povos durante uma viagem ao Brasil. *Revista do IHGB*, Rio de Janeiro, t. LXXXIII, pp. 133-241, 1918.

BOWN, Stephen R. *1494: Como uma briga de família na Espanha medieval dividiu o mundo ao meio*. São Paulo: Globo, 2013.

BOXER, Charles R. *The Portuguese Seaborne Empire 1415-1825*. Londres: Hutchinson, 1969.

BRADY JR., Thomas A. *German Histories in the Age of Reformations, 1400-1650*. Nova York: Cambridge University Press, 2009.

BRANCO, Manuel Bernardes. *Portugal na epocha de d. João v*. 2ª ed. Lisboa: Antonio Maria Ferreira Editor, 1886.

BRASIL. SENADO FEDERAL. *Falas do trono: Desde o ano de 1823 até o ano de 1889*. Brasília: Senado Federal, 2019.

BRION, Marcel. *Viena no tempo de Mozart e Schubert*. São Paulo: Companhia das Letras, 1991.

BURBANK, Jane; COOPER, Frederick. *Impérios: Uma nova visão da história universal*. São Paulo: Planeta, 2019.

BURKE, Peter. *O polímata: Uma história cultural de Leonardo Da Vinci a Susan Sontag*. São Paulo: Editora Unesp, 2020.

CADORNEGA, António de Oliveira de. *Descrição de Vila Viçosa*. Lisboa: Imprensa Nacional; Casa da Moeda, 1982.

CALMON, Pedro. *O rei filósofo: Vida de d. Pedro II*. São Paulo: Companhia Editora Nacional, 1938.

___. *História do Brasil*. 5 v. São Paulo: Companhia Editora Nacional, 1939-56.

___. *Princesa Isabel "a Redentora"*. São Paulo: Companhia Editora Nacional, 1941.

___. *O rei do Brasil: Vida de d. João VI*. São Paulo: Companhia Editora Nacional, 1943.

CÂMARA MUNICIPAL DE VILA VIÇOSA. *Vila Viçosa: Vila Ducal Renascentista*. v. 3. Estudos Históricos. Vila Viçosa: Câmara Municipal, 2020.

CANTÚ, César. *Historia universal*. 20 v. Lisboa: Francisco Arthur da Silva, 1875-9.

CARS, Jean des. *Sissi, impératrice d'Autriche*. Paris: Perrin, 1983.

___. *La saga de los Habsburgo*. Buenos Aires: El Ateneo, 2019.

CARVALHO, José Murilo de. *Os bestializados*. São Paulo: Companhia das Letras, 1987.

___. *A formação das almas*. São Paulo: Companhia das Letras, 2004.

___. *D. Pedro II: Ser ou não ser*. São Paulo: Companhia das Letras, 2007.

CASAS, Lincoln Maiztegui. *Mozart por trás da máscara*. São Paulo: Planeta do Brasil, 2006.

CASCUDO, Luís da Câmara. *Conde d'Eu*. São Paulo: Companhia Editora Nacional, 1933.

CASSOTTI, Marsilio. *A biografia íntima de Leopoldina*. São Paulo: Planeta, 2015.

CEREJEIRA, M. Gonçalves. *Clenardo: O humanismo em Portugal*. Coimbra: Coimbra Editora, 1926.

CHARTIER, Roger (org.). *História da vida privada 3: Da Renascença ao Século das Luzes*. São Paulo: Companhia das Letras, 2009.

CINTRA, Francisco de Assis. *D. Pedro I e o Grito da Independência*. São Paulo: Companhia Melhoramentos, 1921.

___. *A vida íntima do imperador e da imperatriz*. São Paulo: Unitas, 1934.

CLARK, Christopher. *Os sonâmbulos*. São Paulo: Companhia das Letras, 2014.

CLODFELTER, Micheal. *Warfare and Armed Conflicts: Statistical Encyclopedia of Casualty and Other Figures, 1492-2015*. 4. ed. Jefferson: McFarland & Company, 2017.

COLLINSON, Patrick. *A Reforma*. Rio de Janeiro: Objetiva, 2006.

CORDEIRO, Luciano. *Portugueses fora de Portugal*. Lisboa: Imprensa Nacional, 1894.

CORTESÃO, Jaime. *Alexandre de Gusmão e o Tratado de Madrid*. 2 v. São Paulo: Funag, 2006.

CORTI, Egon Conte. *A imperatriz Elisabete (Sissi)*. Rio de Janeiro: Vecchi, 1958.

CORVISIER, André. *História moderna*. São Paulo: Difel, 1980.

COSTA E SILVA, Alberto da (coord.). *Crise colonial e Independência 1808-1830*. v. 1. São Paulo: Objetiva, 2014.

COSTA, Sérgio Corrêa da. *As quatro coroas de d. Pedro I*. Rio de Janeiro: Casa do Livro, 1972.

COXE, William. *The History of the House of Austria*. 2 v. Londres: Luke Hansardand Sons, 1807.

CRANKSHAW, Edward. *Maria Theresa*. Londres: Bloomsbury Publishing, 2011.

CRONIN, Vincent. *Napoleão: Uma vida*. Barueri: Amarilys, 2013.

CROUZET, Maurice (dir.). *História geral das civilizações*. 17 t. São Paulo: Difusão Europeia do Livro, 1955-8.

CROWLEY, Roger. *Conquistadores: Como Portugal forjou o primeiro império global*. São Paulo: Planeta, 2016.

CUNHA, Mafalda Soares. *Linhagem, parentesco e poder: A Casa de Bragança (1384-1483)*. Lisboa: Fundação Casa de Bragança, 1990.

___. *A Casa de Bragança, 1560-1640: Práticas senhoriais e redes clientelares*. Lisboa: Editorial Estampa, 2000.

CURTIS, Benjamin. *The Habsburgs: The History of a Dynasty*. Londres: Bloomsbury, 2013.

DONATO, Hernâni. *Dicionário das batalhas brasileiras*. Rio de Janeiro: Biblioteca do Exército; São Paulo: Ibrasa, 2001.

DREGER, Moriz. *Baugeschichte der K. K. Hofburg in Wien bis zum XIX. Jahrhundert*. Viena: Schorll, 1914.

DRUMMOND, Antônio de Menezes Vasconcelos de. *Anotações de A. M. Vasconcelos de Drummond à sua biografia*. Brasília: Senado Federal, 2012.

DUBY, Georges (org.). *História da vida privada 2: Da Europa feudal à Renascença*. São Paulo: Companhia das Letras, 2009.

DUFALLO, Basil; MCCRACKEN, Peggy. *Dead Lovers: Erotic Bonds and the Study of Premodern Europe*. Ann Arbor: University of Michigan, 2007.

EBEL, Ernst. *O Rio de Janeiro e seus arredores em 1824*. São Paulo: Companhia Editora Nacional, 1972.

ENGLUND, Steven. *Napoleão*. Rio de Janeiro: Zahar, 2005.

ESPANCA, Joaquim José da Rocha. *Memórias de Vila Viçosa: Cadernos culturais da Câmara Municipal de Vila Viçosa*. 36 v. Vila Viçosa: Câmara Municipal, 2022 [versão digital].

FARINA, Duílio Crispim. *Tempo de vida, doença e morte na casa de Bragança*. São Paulo: Hucitec; Edusp, 1979.

FAUSTO, Boris. *História do Brasil*. 12. ed. São Paulo: Edusp, 2006.

FERGUSON, Niall. *Civilização*. São Paulo: Planeta, 2012.

___. *A ascensão do dinheiro*. 2. ed. São Paulo: Planeta, 2017.

___. *A praça e a torre*. São Paulo: Planeta do Brasil, 2018.

FICHTNER, Paula Sutter. *Historical Dictionary of Austria*. Plymouth: Scarecrow Press, 2009.

FISCHER-FABIAN, S. *Die deutschen Kaiser: Triumph und Tragödie der Herrscher des Mittelalters*. Bergisch Gladbach: Bastei Lübbe, 2004.

FLANDRIN, Jean-Louis; MONTANARI, Massimo. *História da alimentação*. São Paulo: Estação Liberdade, 1998.

FLEIUSS, Max. *Páginas da história*. 2. ed. Rio de Janeiro: Imprensa Nacional, 1930.

FLORES, Moacyr. *História do Rio Grande do Sul*. 9. ed. Porto Alegre: Martins Livreiro, 2013.

FOGG, Marnie (ed. geral). *Tudo sobre moda*. Rio de Janeiro: Sextante, 2013.

FONSECA, Jorge. "Os escravos de d. Teodósio I, duque de Bragança". *Callipole: Revista de Cultura*, Vila Viçosa, n. 13, pp. 43-53, 2005.

FOSSIER, Robert. *As pessoas da Idade Média*. Petrópolis: Vozes, 2018.

___. *O trabalho na Idade Média*. Petrópolis: Vozes, 2018.

FRANÇA, Eduardo d'Oliveira. *O Poder Real em Portugal e as origens do Absolutismo*. Bauru: Edusc, 2013.

FREY, Peter. "Die Habsburg im Aargau. Berichtüber die Ausgrabungen von 1978-1983". *Argovia: Jahresschrift der Historischen Gesellschaft des Kantons Aargau*, Aarau, v. 98, pp. 23-116, 1986.

FRIEDA, Leonie. *Catarina de Médici*. São Paulo: Planeta, 2019.

FROTA, Guilherme de Andrea. *Quinhentos anos de História do Brasil*. Rio de Janeiro: Biblioteca do Exército, 2000.

GAIO, Felgueiras. *Nobiliário de famílias de Portugal*. 17 v. Braga: Pax, 1938-41.

GAUTHIER, Guy. *O imperador republicano*. São Paulo: Maquinaria Sankto Editoria e Distribuidora Ltda., 2021.

GIORDANI, Mário Curtis. *História do mundo feudal*. 2 v. 2. ed. Petrópolis: Vozes, 1984.

___. *História dos séculos XVI e XVII na Europa*. Petrópolis: Vozes, 2003.

GLETE, Jan. *Warfare at Sea, 1500-1650: Maritime Conflicts and the Transformation of Europe*. Londres: Routledge, 2000.

GÓES, Marcus. *Dom João: O trópico coroado*. Rio de Janeiro: Biblioteca do Exército, 2008.

GÓIS, Damião de. *Crónica do felicissimo rei d. Manuel*. 4 v. Coimbra: Imp. da Universidade, 1926.

GONÇALVES, Maria Paula Anastácio. *A senhora duquesa e o pajem: Um caso de adultério na aristocracia quinhentista*. 2008. Dissertação (Mestrado em História Moderna). UNL, Lisboa, 2008.

GRAHAM, Maria. *Diário de uma viagem ao Brasil e de uma estada nesse país durante parte dos anos de 1821, 1822 e 1823*. São Paulo: Editora Nacional, 1956.

___. *Correspondência entre Maria Graham e a imperatriz dona Leopoldina*. Belo Horizonte: Itatiaia, 1997.

GRISTWOOD, Sarah. *Juego de reinas: Las mujeres que dominaram el siglo XVI*. Barcelona: Ariel, 2017.

HABSBURGO, Maximiliano de. *Bahia 1860: Esboços de viagem*. Rio de Janeiro: Tempo Brasileiro; Bahia: FCEB, 1982.

HALLER, Günther. *Maria Theresia: Österreichs große Hersscherin 1717-1780*. Viena: Die Presse-Geschichte, 2017.

HAMANN, Brigitte (org.). *Die Habsburger: Ein biographisches Lexikon*. Viena: Verlag Carl Ueberreuter; Munique: R. Piper Verlag, 1988.

___. *Sisi: Emperatriz contra su voluntad*. Barcelona: Editorial Juventud, 1989.

HARARI, Yuval Noah. *Sapiens: Uma breve história da humanidade*. Porto Alegre: L&PM, 2015.

HASTINGS, Max. *Inferno*. Rio de Janeiro: Intrínseca, 2012.

___. *Catástrofe: 1914: A Europa vai à guerra*. Rio de Janeiro: Intrínseca, 2014.

HERCULANO, Aluísio. *Vida e feitos dos reis e rainhas de Portugal*. Lisboa: Chiado, 2015.

HERM, Gerhard. *Glanz und Niedergang des Hauses Hohenzollern*. Düsseldorf: Econ, 1996.

HERNÁN, Enrique García (coord.). *Presencia germânica en la milicia española*. Comisión Internacional de Historia Militar III. Madri: Ministerio de Defensa, 2015.

HIKO. *Neue Deutsche Biographie*. 27 v. Berlim: Duncker & Humblot, 1953-2020.

HILTON, Lisa. *Elisabeth I: Uma biografia*. Rio de Janeiro: Zahar, 2016.

HLAWITSCHKA, Eduard. "Zur Herkunft und zu den Seitenverwandten des Gegenkönigs Rudolf von Rheinfelden — Genealogische und politisch-historische Untersuchungen". In: WEINFURTER, Stefan; KLUGER, Helmuth; SIEFARTH, Frank M. (orgs.). *Die Salier und das Reich*. v. 1. Sigmaringen: Jan Thorbecke Verlag, pp. 175-220, 1991.

HOBSBAWM, Eric. *A Era do Capital 1848-1875*. 4. ed. Rio de Janeiro: Paz e Terra, 1988.

___. *A Era dos Impérios 1875-1914*. Rio de Janeiro: Paz e Terra, 1988.

___. *A Era das Revoluções 1789-1848*. 23. ed. Rio de Janeiro: Paz e Terra, 2013.

HOLANDA, Sérgio Buarque de (dir.). *O Brasil Monárquico: O processo de emancipação*. t. 2, v. 3. 9. ed. Rio de Janeiro: Bertrand Brasil, 2003. (Coleção História Geral da Civilização Brasileira).

___. *O Brasil Monárquico: Dispersão e unidade*. t. 2, v. 4. 8. ed. Rio de Janeiro: Bertrand Brasil, 2004. (Coleção História Geral da Civilização Brasileira).

___. *O Brasil Monárquico: Reações e transações*. t. 2, v. 5. 8. ed. Rio de Janeiro: Bertrand Brasil, 2004. (Coleção História Geral da Civilização Brasileira).

HORNE, Anton. *Geschichte von Frankfurt am Main in gedrängter Darstellung*. Frankfurt: C. Jügel, 1893.

HOURANI, Albert. *Uma história dos povos árabes*. São Paulo: Companhia das Letras, 1994.

HUBERMAN, Leo. *História da riqueza do homem*. 21. ed. Rio de Janeiro: Guanabara, 1986.

HUGHES, Michael. *Early Modern Germany, 1477-1806*. Filadélfia: University of Pennsylvania Press, 1992.

HUIZINGA, Johan. *O outono da Idade Média: Estudo sobre as formas de vida e de pensamento dos séculos XIV e XV na França e nos Países Baixos*. São Paulo: Penguin Companhia das Letras, 2021.

HUNT, Jocelyn. *Spain, 1474-1598*. Nova York: Routledge, 2001.

HUSSEY, Andrew. *A história secreta de Paris*. Barueri: Amarilys, 2011.

IMPRENSA NACIONAL. *Decretos, cartas e alvarás de 1822*. Rio de Janeiro: Imprensa Nacional, 1887.

INGRAO, Charles W. *The Habsburg Monarchy, 1618-1815*. 2. ed. Cambridge: Cambridge University Press, 2000.

INHOMIRIM, Barão de. *Bulletins sobre o estado da enfermidade de sua Magestade a Imperatriz*. Rio de Janeiro: Imprensa Imperial e Nacional, 1826.

INSTITUTO ANTÔNIO HOUAISS. *Dicionário Houaiss da língua portuguesa*. Rio de Janeiro: Objetiva, 2001.

IOTTI, Luiza Horn (org.). *Imigração e colonização: Legislação 1747-1915*. Porto Alegre: Alergs; Caxias do Sul: UCS, 2001.

ISAACSON, Walter. *Leonardo da Vinci*. Rio de Janeiro: Intrínseca, 2017.

JIMÉNEZ, Juan Barceló. "Yuste, o el ocaso de un monarca hacialamuerte". *Murgetana*, Real Academia Alfonso X el Sabio, n. 103, p. 101-7, 2000.

JOHNSON, Paul. *Tempos modernos: O mundo dos anos 20 aos 80*. Rio de Janeiro: Biblioteca do Exército; Instituto Liberal, 1994.

KANN, Bettina; LIMA, Patrícia Souza (pesquisa e seleção). *D. Leopoldina: Cartas de uma imperatriz*. São Paulo: Estação Liberdade, 2006.

KARNER, Herbert; CIULISOVÁ, Ingrid; GARCÍA, Bernardo J. *The Habsburgs and Their Courts in Europe, 1400-1700: Between Cosmopolitism and Regionalism*. Viena: Palatium, 2014.

KAYSERLING, Meyer. *História dos judeus em Portugal*. São Paulo: Pioneira, 1971.

KEEGAN, John. *Uma história da guerra*. São Paulo: Companhia das Letras, 1995.

KERSHAW, Ian. *De volta do inferno: Europa, 1914-1949*. São Paulo: Companhia das Letras, 2016.

KIEM, P. Martin. *Geschichte der Benedictiner Abtei Muri-Gries: Muri's älteste und mittlere Geschichte*. Stans: Caspar von Matt, 1888.

KING, Greg; WOOLMANS, Sue. *O assassinato do arquiduque*. São Paulo: Cultrix, 2014.

KLECKER, Elisabeth. "Bella gerant alii: tu, felix Austria, nube! Eine Spurensuche". *Österreich in Geschichte und Literatur*, Viena, v. 41, pp. 30-44, 1997.

KONSTAN, Angus. *Lepanto 1571: Os cristãos recuperam o Mediterrâneo*. Barcelona: Osprey Publishing, 2010.

KRIEGER, Karl-Friedrich. *Die Habsburger im Mittelalter: Von Rudolf I. bis Friedrich III*. Suttgart: Verlag W. Kohlhammer, 2004.

LACEY, Robert; DANZIGER, Danny. *O ano 1000: A vida no final do primeiro milênio*. 3. ed. Rio de Janeiro: Campus, 1999.

LANDES, David S. *A riqueza e a pobreza das nações*. 3. ed. Rio de Janeiro: Campus, 1998.

LE GOFF, Jacques. *A bolsa e a vida: Economia e religião na Idade Média*. Rio de Janeiro: Civilização Brasileira, 2007.

____. *As raízes medievais da Europa*. 3. ed. Petrópolis: Vozes, 2010.

LEAL, Augusto Soares de Azevedo Barbosa de Pinho. *Portugal antigo e moderno: Diccionario geographico, estatistico, chorographico, heraldico, archeologico, historico, biographico e etymologico de todas as cidades, villas e freguezias de Portugal e de grande numero de aldeias*. 12 v. Lisboa: Livraria Editora de Matos Moreira & Companhia, 1873-90.

LEITHOLD, Theodor von; RANGO, Ludwig von. *O Rio de Janeiro visto por dois prussianos em 1819*. São Paulo: Brasiliana, 1966.

LENCASTRE, Isabel. *Bastardos reais: Os filhos ilegítimos dos reis de Portugal*. Lisboa: Oficina do Livro, 2012.

LHOTSKY, Alphons. "AEIOU. Die 'Devise' Kaiser Friedrichs III. und sein Notizbuch". *Mitteilungen des Instituts für österreichische Geschichtsforschung*, Viena, n. 60, p. 155-193, 1952.

LIMA, Luiz Octavio de. *A guerra do Paraguai*. São Paulo: Planeta, 2016.

LIMA, Manuel de Oliveira. *Dom João VI no Brasil (1808-1821)*. Edição fac-similar. 2 v. Brasília: Funag, 2019.

____. *O movimento da Independência (1821-1822)*. Brasília: Funag, 2019.

LINDBERG, Carter. *História da Reforma*. Rio de Janeiro: Thomas Nelson Brasil, 2017.

LOPEZ, Luiz Roberto. *História do Brasil Imperial*. Porto Alegre: Mercado Aberto, 1982.

____. *História do Brasil colonial*. 7. ed. Porto Alegre: Mercado Aberto, 1993.

LOURENÇO, Paula (coord.); PEREIRA, Ana Cristina; TRONI, Joana. *Amantes dos reis de Portugal*. 7. ed. Lisboa: A Esfera dos Livros, 2010.

LUCCOCK, John. *Notas sobre o Rio de Janeiro e partes meridionais do Brasil*. Belo Horizonte: Itatiaia; São Paulo: Edusp, 1975.

LUSTOSA, Isabel. *D. Pedro I*. São Paulo: Companhia das Letras, 2006. (Perfis brasileiros).

LUZ, Milton. *A história dos símbolos nacionais*. Brasília: Senado Federal, 2005.

LYNCH, John (dir.). *Historia de España. v. 4. España moderna: El auge del Império, 1474-1598*. Barcelona: Crítica, 2005.

____. *Historia de España. v. 5. España moderna: Crisis y recuperación, 1598-1808*. Barcelona: Crítica, 2005.

LYNCH, John. *Los Austrias (1516-1598)*. Barcelona: Crítica, 1993.

LYRA, Heitor. *História de dom Pedro II*. 3 v. São Paulo: Editora Nacional, 1938-40.

___. *História da queda do império*. 2 v. São Paulo: Editora Nacional, 1964.

MACAULAY, Neill. *Dom Pedro I: A luta pela liberdade no Brasil e em Portugal 1798-1834*. Rio de Janeiro: Record, 1993.

MACGUIGAN, Dorothy Gies. *Familie Habsburg, 1273-1918*. Berlim: Ullstein, 2011.

MACHADO, José T. Montalvão. *Dom Afonso, primeiro Duque de Bragança*. Lisboa: Edição do Autor, 1964.

MACMILLAN, Margaret. *A Primeira Guerra Mundial*. São Paulo: Globo, 2014.

MADARIAGA, Salvador de. *Carlos V*. 5. ed. Barcelona: Grijalbo, 1986.

MAGALHÃES, J. B. *A evolução militar do Brasil*. Rio de Janeiro: Biblioteca do Exército, 1998.

MAINKA, Peter Johann. "O Sacro Império Romano-Germânico por volta de 1500 — um irregulare aliquod corpus et monstro simile?". *Diálogos*, Maringá, v. 23, n. 2, pp. 162-84, 2019.

MANSFELD, Julius. *Meine Reise nach Brasilien im Jahre 1826*. 2 v. Magdeburgo: Bänsch, 1828.

MARQUES, A. H. de Oliveira. *História de Portugal*. 13. ed. 3 v. Lisboa: Presença, 1998.

___. *Brevíssima história de Portugal*. Rio de Janeiro: Tinta da China Brasil, 2016.

MARTÍNEZ, Juan María (dir.). *Espanha e Portugal: História e cultura da península Ibérica*. 2 v. Madri: Edições del Prado, 1997.

MATTHEW, Donald. *Europa Medieval*. Barcelona: Folio, 2006.

MATTOS, Yllan de. *A Inquisição contestada*. Rio de Janeiro: Mauad, 2014.

MEREDITH, Martin. *O destino da África*. Rio de Janeiro: Zahar, 2017.

MIRANDA, Ana. *Que seja em segredo*. Porto Alegre: L&PM, 2014.

MONTEFIORE, Simon Sebag. *Os Románov*. São Paulo: Companhia das Letras, 2016.

___. *Catarina, a Grande, & Potemkin*. São Paulo: Companhia das Letras, 2018.

MONTEIRO, Nuno Gonçalo. *D. José: Na sombra de Pombal*. Lisboa: Círculo de Leitores, 2006.

MONTEIRO, Tobias. *História do Império: A elaboração da Independência*. 2 v. Belo Horizonte: Itatiaia; São Paulo: Edusp, 1981.

___. *História do Império: O Primeiro Reinado*. 2 v. Belo Horizonte: Itatiaia; São Paulo: Edusp, 1982.

___. *História do Império: A elaboração da independência, 1803-1823*. Brasília: Senado Federal, 2018.

MONTET, Baronne du. *Souvenirs de la baronne du Montet, 1785-1866*. Paris: Plon, 1914.

MORAES, A. J. de M. *Brasil histórico*. Rio de Janeiro: Typ. dos Editores, 1866.

___. *História do Brasil-Reino e Brasil-Império*. Rio de Janeiro: Typ. de Pinheiro & Cia., 1871.

___. *Chronica geral do Brazil*. 2 v. Rio de Janeiro: L. Garnier Livreiro, 1886.

MORAIS, Alexandre José de Melo. *A Independência e o Império do Brasil*. Brasília: Senado Federal, 2004.

MORENO, César Cervera. *Los Austrias: El imperio de loschiflados*. Madri: La Esfera de los Libros, 2016.

MORTIMER, Ian. *Séculos de transformações*. Rio de Janeiro: Difel, 2018.

MOSSÉ, Benjamin. *Dom Pedro II, imperador do Brasil: Imperador visto pelo barão do Rio Branco*. Brasília: Funag, 2015.

MUMFORD, Lewis. *A cidade na História: As origens, transformações e perspectivas*. 4. ed. São Paulo: Martins Fontes, 1998.

MUSEU HISTÓRICO NACIONAL (org.). *Moedas portuguesas da época dos descobrimentos*. Rio de Janeiro: MHN, 2000.

NETO, Margarida Sobral. *D. Isabel de Portugal: Imperatriz perfeitíssima*. Vila do Conde: Quidnovi, 2011.

NEWITT, Malyn. *The Braganzas: The Rise and Fall of the Ruling Dynasties of Portugal and Brazil, 1640-1910*. Londres: Reaktion Books, 2019.

NORTON, Luiz. *A corte de Portugal no Brasil*. Rio de Janeiro: Editora Nacional, 1938.

NOVINSKY, Anita. *Os judeus que construíram o Brasil*. São Paulo: Planeta, 2015.

OBERACKER JR., Carlos Henrique. "'O grito do Ipiranga': problema que desafia os historiadores: Certezas e dúvidas acerca de um acontecimento histórico". *Revista de História*, São Paulo, v. 45, n. 92, p. 411-64, 1972.

___. *A imperatriz Leopoldina: Sua vida e sua época*. Rio de Janeiro: Imprensa Nacional, 1973.

___. "A Corte de D. João VI no Rio de Janeiro segundo dois relatos do diplomata prussiano Conde von Flemming". *Revista do IHGB*. Brasília, Rio de Janeiro, v. 346, p. 7-55, jan.-mar. 1985.

ONCKEN, Guillermo (org.). *Historia universal*. 45 v. Barcelona: Montaner y Simón, 1929.

OSBORNE, Roger. *Civilização: uma nova história do mundo ocidental*. Rio de Janeiro: Difel, 2016.

PAICE, Edward. *A ira de Deus: A incrível história do terremoto que devastou Lisboa em 1755*. Rio de Janeiro: Record, 2010.

PALMER, Alan. *Twilight of the Habsburgs: The Life and Times of Emperor Francis Joseph*. Nova York: Atlantic, 1997.

___. *Declínio e queda do Império Otomano*. São Paulo: Globo, 2013.

PARKER, Geoffrey. *Imprudent King: A New Biography of Philip II*. New Haven: Yale University Press, 2014.

PARKER, Geoffrey (dir.). *Historia de la guerra*. Madri: Akal, 2015.

___. *Emperor: A New Life of Charles V*. New Haven: Yale University Press, 2019.

PASTOR, Ludwig. *The History of the Popes*. Londres: John Hodges, 1891.

PAVLAC, Brian A.; LOTT, Elisabeth S. *The Holy Roman Empire: A Historical Encyclopedia*. 2 v. Santa Barbara, CA: ABC-Clio, 2019.

PEDRERO-SÁNCHEZ, Maria Guadalupe. *História da Idade Média: Textos e testemunhas*. São Paulo: Editora Unesp, 2000.

PERCIVALDI, Elena. *A vida secreta da Idade Média*. Petrópolis: Vozes, 2018.

PEREIRA, Esteves; RODRIGUES Guilherme. *Portugal: Dicionário historico, chorographico, heraldico, biographico, bibliographico, numismatico e artistico*. 7 v. Lisboa: J. Romano Torres Editor, 1904-15.

PERROT, Michele (org.). *História da vida privada 4: Da Revolução Francesa à Primeira Guerra*. São Paulo: Companhia das Letras, 2009.

PIMENTEL, Alberto. *As amantes de d. João V*. Lisboa: Ferin, 1892.

PINA, Rui de. *Chronica de el-rey d. Affonso* v. 3 v. Lisboa: Bibliotheca de Classicos Portuguezes, 1902-4.

___. *Chronica de el-rei d. Duarte.* Porto: Renascença Portuguesa, 1914.

PINTO, Albano da Silveira. *Resenha das famílias titulares e grandes de Portugal.* 2 v. Lisboa: Editora de Francisco Arthur da Silva, 1883-5.

PIRES, António Caldeira. *História do palácio Nacional de Queluz.* 2 v. Coimbra: Imprensa da Universidade, 1926.

PITA, Rocha. *História da América portuguesa.* Brasília: Senado Federal, 2011.

POMBO, Rocha. *História do Brasil.* 11. ed. São Paulo: Melhoramentos, 1963.

PONTES, Evandro Fernandes de. *Os pilares da Independência do Brasil.* Brasília: Funag, 2021.

PRESAS, José. *Memórias secretas de d. Carlota Joaquina.* Brasília: Senado Federal, 2013.

PRIORE, Mary del. *O castelo de papel: Uma história de Isabel de Bragança, princesa imperial do Brasil, e Gastão de Orléans, conde d'Eu.* Rio de Janeiro: Rocco, 2013.

___. *Histórias da gente brasileira.* 4 v. Rio de Janeiro: Leya Brasil, 2016-9.

___. *D. Maria I: As perdas e as glórias da rainha que entrou para a história como "a louca".* São Paulo: Benvirá, 2019.

PRÓ MONARQUIA. *Revista Herdeiros do Porvir.* São Paulo: Pró Monarquia, várias edições.

PUCHNER, Martin. *O mundo da escrita: Como a literatura transformou a civilização.* São Paulo: Companhia das Letras, 2019.

QUAAS, Gerhard. *Das Handwerk der Landsknechte: Waffen und Bewaffnung zwischen 1500 und 1600.* Osnabrück: Biblio, 1997.

RADY, Martyn. *The Habsburgs: The Rise and Fall of a World Power.* Londres: Penguin, 2022.

RAMIREZ, Ezekiel Stanley. *As relações entre a Áustria e o Brasil: 1815-1889.* São Paulo: Editora Nacional, 1968.

RAMOS, Rui; VASCONCELOS, Bernardo; MONTEIRO, Nuno (coords.). *História de Portugal.* Lisboa: A Esfera dos Livros, 2012.

RANGEL, Alberto. *Dom Pedro I e a marquesa de Santos: À vista de cartas íntimas e de outros documentos públicos e particulares.* São Paulo: Brasiliense, 1969.

___. *Cartas de d. Pedro I à marquesa de Santos.* Rio de Janeiro: Nova Fronteira, 1984.

RASSOW, Peter. *Karl V: der Letzte Kaiser des Mittelalters.* Göttingen: Musterschmidt Verlag, 1957.

REDLICH, Oswald. *Rudolf von Habsburg: das Deutsche Reich nach dem Untergange des Alten Kaisertums.* Innsbruck: Verlag der Wagnerschen Universitäts-Buchhandlung, 1903.

REZZUTTI, Paulo. *D. Pedro II: O último imperador do Novo Mundo revelado por cartas e documentos inéditos.* Rio de Janeiro: Leya, 2019.

ROBERTS, Jenifer. *D. Maria I: A vida notável de uma rainha louca.* Lisboa: Casa das Letras, 2012.

ROIDER JR., Karl A. (org.). *Maria Theresa.* Nova Jersey: Prentice-Hall, 1973.

ROPER, Lyndal. *Martinho Lutero: Renegado e profeta.* Rio de Janeiro: Objetiva, 2020.

SALVÁ, Miguel; BARANDA, Pedro Sainz de. *Colleción de documentos inéditos para la História de España.* Madri: Imprenta de la Viuda de Calero, 1846.

SAMPAYO, Antonio de Villas-Boas. *Nobiliarchia portugueza: Tratado da nobreza hereditaria e politica*. Lisboa: Francisco Villela, 1676.

SANMARTINI, Giulio. *Casa de Bragança — Casa de Habsburgo: Origem da Família Imperial Brasileira*. Rio de Janeiro: Edição do Autor, 1998.

SANTOS, Luiz Gonçalves dos. *Memórias para servir à história do reino do Brazil: Divididas em três épocas; da felicidade, honra e gloria; escriptas na Corte do Rio de Janeiro no anno de 1821*. 2 v. Lisboa: Impressão Régia, 1825.

SAVINE, Albert (org.). *Le Portugal il y a centans: Souvenirs d'une ambassadrice. Annotés d'après les Documents d'Archives et les Mémoires*. 2. ed. Paris: Louis-Michaud, 1912.

SCHINDLING, Anton; ZIEGLER, Walter (orgs.). *Die Kaiser der Neuzeit: 1519-1918*. Munique: Beck, 1990.

SCHLICHTHORST, C. *O Rio de Janeiro como é (1824-1826)*. Brasília: Senado Federal, 2000.

SCHMETTERER, Christoph. *Kaiser Franz Joseph I*. Viena: Böhlau, 2016.

SCHNEIDER, Louis. *A guerra da Tríplice Aliança contra o Paraguai*. Porto Alegre: Pradense, 2009.

SCHRADY, Nicholas. *O último dia do mundo: Fúria, ruína e razão no grande terremoto de Lisboa de 1755*. Rio de Janeiro: Objetiva, 2011.

SCHWARCZ, Lilia Moritz; STARLING, Heloisa Murgel. *Brasil: Uma biografia*. 2. ed. São Paulo: Companhia das Letras, 2018.

SCHWARCZ, Lilia Moritz. *As barbas do imperador: D. Pedro II, um monarca nos trópicos*. 2. ed. São Paulo: Companhia das Letras, 2010.

SEIDLER, Carl. *Dez anos no Brasil*. Brasília: Senado Federal, 2003.

SERRÃO, Veríssimo. *História de Portugal*. 12 v. Lisboa: Verbo, 1990.

SETON-WATSON, R. W. *Maximilian I: Holy Roman Emperor*. Londres: Archibald Constable, 1902.

SHAW, Carlos Martínez. *Breve historia de la España moderna (1474-1808)*. Madri: Alianza, 2020.

SIEGRIST, Jean Jacques. "Die Acta Murensiaund die Frühhabsburger". *Argovia: Jahresschrift der Historischen Gesellschaft des Kantons Aargau*, Aarau, v. 98, p. 5-21, 1986.

SILVA, Elisiane da; NEVES, Gervásio Rodrigo; MARTINS, Liana Bach (orgs.). *José Bonifácio: A defesa da soberania nacional e popular*. Brasília: Fundação Ulysses Guimarães, 2013.

SILVA, José Soares. *Memorias para a historia de Portugal que comprehendem o governo del Rey D. João o I*. Lisboa: J. A. da Sylva, 1730.

SILVA, Kalina Vanderlei; SILVA, Maciel Henrique. *Dicionário de conceitos históricos*. 3. ed. São Paulo: Contexto, 2017.

SILVA, Marcelo Cândido da. *História medieval*. São Paulo: Contexto, 2019.

SILVA, Paulo Napoleão Nogueira da. *Crônica de dom João VI*. Rio de Janeiro: Biblioteca do Exército, 2005.

SINCLAIR, Andrew. *Death by Fame: A Life of Elisabeth, Empress of Austria*. Nova York: St. Martin's Press, 1999.

SKED, Alan. *Declínio e queda do Império Habsburgo: 1815-1918*. Lisboa: Edições 70, 2008.

SLEMIAN, Andréa; PIMENTA, João Paulo G. *A corte e o mundo: Uma história do ano em que a família real portuguesa chegou ao Brasil*. São Paulo: Alameda, 2008.

SMITH, Gene. *Maxmilian and Carlota: The Habsburg Tragedy in Mexico*. Londres: Harrap, 1974.

SOLSTEN, Eric; MCCLAVE, David E. (orgs.). *Austria: A Country Study*. 2. ed. Washington: Federal Research Division; Library of Congress, 1994.

SOUSA, António Caetano de. *Historia genealogica da Casa Real Portugueza*. 12 v. Lisboa: Joseph António da Silva, 1735-48.

___. *Provas da historia genealogica da Casa Real Portugueza*. 6 v. Lisboa: Sylvania da Academia Real, 1739-48.

SOUSA, Otávio Tarquínio de. *Fatos e personagens em torno de um regime*. Belo Horizonte: Itatiaia; São Paulo: Edusp, 1988.

___. *História dos fundadores do Império do Brasil: A vida de d. Pedro I.* 3 v. Brasília: Senado Federal, 2018.

STAËL, Madame de. *Da Alemanha*. São Paulo: Editora Unesp, 2016.

STEVENSON, David. *1914-1918: A história da Primeira Guerra Mundial*. 4 v. São Paulo: Novo Século, 2016.

TAUBER, Christine. *Ludwig II: das phantastische Leben des Königs von Bayern*. Munique: C. H. Beck, 2013.

TAUNAY, Affonso de E. *Do reino ao império*. São Paulo: Diário Oficial, 1927.

THOMAS, Hugh. *The Golden Empire: Spain, Charles V, and the Creation of America*. Nova York: Randon House, 2010.

TORRES, Joana Bento (coord.). *De todas as partes do mundo: O património do 5° Duque de Bragança, D. Teodósio I.* Vila Viçosa: Cham; Fundação da Casa de Bragança, 2018.

TRESPACH, Rodrigo. *Histórias não (ou mal) contadas: Escravidão, do ano 1000 ao século XXI*. Rio de Janeiro: HarperCollins Brasil, 2018.

___. *Personagens da Independência do Brasil: Os principais nomes da emancipação política do país e da história do Sete de Setembro*. São Paulo: Editora 106, 2021.

___. *Às margens do Ipiranga: A viagem da Independência; a jornada de d. Pedro do Rio de Janeiro a São Paulo, em agosto e setembro de 1822*. Porto Alegre: Citadel, 2022.

___. *Grandes Guerras: De Sarajevo a Berlim, uma nova perspectiva sobre os dois maiores conflitos do século XX*. Rio de Janeiro: HarperCollins Brasil, 2022.

___. *1824: Como os alemães vieram parar no Brasil, criaram as primeiras colônias, participaram do surgimento da Igreja protestante e de um plano para assassinar d. Pedro I.* Porto Alegre: Citadel, 2023.

TREVISAN, Armindo. *Uma viagem através da Idade Média*. Porto Alegre: AGE, 2014.

UJVARI, Stefan Cunha. *A história da humanidade contada pelos vírus, bactérias, parasitas e outros microrganismos...* São Paulo: Contexto, 2018.

VAINFAS, Ronaldo; NEVES, Lúcia Bastos Pereira das. *Dicionário do Brasil Joanino (1808-1821)*. Rio de Janeiro: Objetiva, 2008.

VAINFAS, Ronaldo (org.). *Dicionário do Brasil colonial (1500-1808)*. Rio de Janeiro: Objetiva, 2001.

___. *Traição: Um jesuíta a serviço do Brasil holandês processado pela Inquisição*. São Paulo: Companhia das Letras, 2008.

VALCKENSTEIN, Nicolau Lanckman de. *Leonor de Portugal, imperatriz da Alemanha*. Lisboa: Edições Cosmos, 1992.

VARNHAGEN, Francisco Adolfo de. *História da Independência do Brasil*. Brasília: Ministério da Educação e Cultura; Instituto Nacional do Livro, 1972.

VASCONCELOS, Barão de; VASCONCELOS, Barão Smith de (orgs.). *Archivo Nobiliarchico Brasileiro*. Lausanne: La Concorde, 1918.

VEYNE, Paul (org.). *História da vida privada 1: do Império Romano ao ano mil*. São Paulo: Companhia das Letras, 2009.

VIANNA, Hélio. *História do Brasil*. 7. ed. 2 v. Rio de Janeiro: Melhoramentos, 1970.

VILAS, Román *et al.* "Is the 'Habsburg Jaw' Related to Inbreeding?". *Annals of Human Biology*, v. 46, pp. 553-61, 2019.

VINCENT, Gérard; PROST, Antoine (orgs.). *História da vida privada 5: da Primeira Guerra a nossos dias*. São Paulo: Companhia das Letras, 2009.

VITERBO, Joaquim de Santa Rosa de. *Elucidário das palavras, termos e frases que em Portugal antigamente se usaram e que hoje regularmente se ignoram*. 2. ed. Lisboa: Ed. A. J. Fernandes Lopes, 1865.

VOCELKA, Karl. *Die Familien Habsburg und Habsburg-Lothtingen: Politik, Kultur, Mentalität*. Viena: Böhlau, 2010.

VOVK, Justin C. *In Destiny's Hands: Five Tragic Rulers, Children of Maria Theresa*. Nova York: iUniverse, 2010.

WALSH, Robert. *Notices of Brazil in 1828 and 1829*. Londres: Frederick Westleyand A. H. Davis, 1830.

WEBER, Caroline. *Rainha da moda: Como Maria Antonieta se vestiu para a Revolução*. Rio de Janeiro: Zahar, 2008.

WEISS, Johann Baptist von. *Geschichte der Kaiserin-Königin Maria Theresia*. Viena: Im Commissions von K. Gronemeyer, 1872.

____. *Weltgeschichte*. 22 v. Graz; Leipzig: Verlags-Buchhandlung Styria, 1892-1905.

WHEATCROFT, Andrew. *The Habsburgs: Embodying Empire*. Londres: Penguin Books, 1996.

____. *The Enemy at the Gate: Habsburgs, Ottomans and the Battle for Europe*. Nova York: Basic Books, 2009.

WILCKEN, Patrick. *Império à deriva: A corte portuguesa no Rio de Janeiro, 1808-1821*. Rio de Janeiro: Objetiva, 2010.

WILSON, Peter H. *Europe's Tragedy: A History of the Thirty Years War*. Londres: Allen Lane, 2009.

WINDER, Simon. *Danubia: A Personal History of Habsburg Europe*. Londres: Pan Macmillan, 2013.

WRAXALL, Nathaniel. *Historical Memoirs of My Own Time*. Londres: Kegan Paul, Trench, Trübner, 1904.

ZAMOYSKI, Adam. *Ritos de paz: A queda de Napoleão e o Congresso de Viena*. Rio de Janeiro: Record, 2012.

ZWEIG, Stefan. *Autobiografia: O mundo de ontem*. Rio de Janeiro: Zahar, 2014.

ARQUIVOS, INSTITUIÇÕES, FUNDAÇÕES, ORGANIZAÇÕES, PROJETOS E COMISSÕES HISTÓRICAS

Aachener Dom: www.aachenerdom.de

AHI — Arquivo Histórico do Itamaraty: www.gov.br

AHEX — Arquivo Histórico do Exército: www.ahex.eb.mil.br

AHMI — Arquivo Histórico do Museu Imperial: www.museuimperial.museus.gov.br

AN — Arquivo Nacional: www.arquivonacional.gov.br

ANTT — Arquivo Nacional Torre do Tombo: antt.dglab.gov.pt

BN — Biblioteca Nacional: www.bn.gov.br

BNP — Biblioteca Nacional de Portugal: www.bnportugal.gov.pt

BNF — Bibliothèque Nationale de France: www.bnf.fr

BSB — Bayerischen Staatsbibliothek: www.bsb-muenchen.de

Casa Imperial do Brasil: www.monarquia.org.br

Casa Real Portuguesa: www.casarealportuguesa.org

CHDD — Centro de História e Documentação Diplomática: www.funag.gov.br

DB/NDB/ADB — Deutsche Biographie/Neue Deutsche Biographie/Allgemeinen Deutschen Biographie: www.deutsche-biographie.de

Die Welt der Habsburger: www.habsburger.net

FUNAG — Fundação Alexandre de Gusmão: www.funag.gov.br

Fundação Casa de Bragança: www.fcbraganca.pt

Fundação Museu Mariano Procópio, Juiz de Fora, MG

GNM — Das Germanische Nationalmuseum: www.gnm.de

HDBN — Hemeroteca Digital da Biblioteca Nacional: www.memoria.bn.br

HIKO — Historische Kommission bei der Bayerischen Akademie der Wissenschaften: www.historischekommission-muenchen.de

IHGB — Instituto Histórico e Geográfico Brasileiro: www.ihgb.org.br

IÖG — Instituts für Österreichische Geschichtsforschung: www.geschichtsforschung.univie.ac.at

KHM — Kunsthistorisches Museum Wien: www.khm.at e www.projekt-reichskrone.at

MGH — Monumenta Germaniae Historica: www.mgh.de

Mosteiro de S. Vicente de Fora: www.mosteirodesaovicentedefora.com

Museu Imperial: www.museuimperial.museus.gov.br

Museum Aargau: www.museumaargau.ch

ONB — Österreichische Nationalbibliothek: www.onb.ac.at

OESTA — Österreichisches Staatsarchiv: www.oesta.gv.at

Paço dos Duques: www.pacodosduques.gov.pt

Paço Imperial: www.amigosdopacoimperial.org.br

RAH — La Real Academia de la Historia: www.rah.es

Royal Collection Trust/ The King's Military Collection: www.militarymaps.rct.uk

SIPA — Sistema de Informação para o Património Arquitetónico/ DGPC — Direção-Geral do Património Cultural: www.monumentos.gov.pt

TSE — Tribunal Superior Eleitoral: www.tse.jus.br

Wörterbuchnetz: www.woerterbuchnetz.de

NOTAS

Prólogo
HOCHZEIT

1. Muitas das informações deste capítulo foram extraídas dos jornais *Wiener Zeitung*, de 16 maio 1817; *Österreichischer Beobachter*, de 17 maio 1817; e *Linzer Zeitung*, de 19 maio 1817, disponíveis em ONB. O protocolo da corte para o dia 13 de maio está em OeSta, Zeremonialprotokoll 1817-8 (ZA-Prot. 49), p. 30 ss. Ver também Carlos Henrique Oberacker Jr., *A imperatriz Leopoldina*.

2. Baronne du Montet, *Souvenirs de la baronne du Montet*, p. 174.

3. Carta de 14 maio 1817, em Bettina Kann e Patrícia Souza Lima, *D. Leopoldina: Cartas de uma imperatriz*, pp. 291-2.

4. Sobre a situação de dona Leopoldina, ver cartas em Bettina Kann e Patrícia Souza Lima, *op. cit.*, pp. 293-4; e Carlos Henrique Oberacker Jr., *op. cit.*, p. 99.

5. As descrições dos salões estão em *Österreichischer Beobachter*, de 12 jun. 1817. Sobre o baile, ver ONB, *Allgemeine Zeitung*, de 9 jun. 1817; e HBN, *Gazeta do Rio de Janeiro*, de 20 set. 1817. Ver também Ezekiel Stanley Ramirez, *As relações entre a Áustria e o Brasil*, p. 8.

OS HABSBURGO

1. Até 1581, os Países Baixos correspondiam aos atuais territórios da Bélgica, de Luxemburgo e da Holanda. De 1581 até 1795, o que conhecemos hoje por Bélgica e Luxemburgo era chamado de Países Baixos Espanhóis (depois Austríacos) ou Habsburgo. Território distinto, os Países Baixos eram conhecidos como Holanda, nome de uma de suas províncias. Em 2019, o país voltou a se autodenominar Países Baixos. Salvo quando indicado, a referência aos Países Baixos ao longo dos capítulos se refere ao período anterior ao século XVIII.

1. O CASTELO DO AÇOR

1. Peter Frey, *Die Habsburg im Aargau*, pp. 23-30. Ver também Martyn Rady, *The Habsburgs*. *Habicht* (*Accipiter gentilis*) é muitas vezes traduzido erroneamente como "falcão" e não como "açor". Na bibliografia inglesa o termo usado é *hawk* (gavião), ave da mesma família do açor.

2. Ver descrição histórica do local em Museum Aargau, disponível em: www.museumaargau.ch. Acesso em: 28 dez. 2022.

3. Jean Jacques Siegrist, "Die Acta Murensia und die Frühhabsburger", p. 5.

4. Sobre as origens históricas e lendárias dos Habsburgo ver Jean Bérenger, *A History of the Habsburg Empire*, pp. 8-13.

5. As controvérsias sobre a fundação de Muri e a relação com os Habsburgo são tratadas por P. Martin Kiem, em *Geschichte der Benedictiner Abtei Muri-Gries*.

6. Adalberto é conhecido pela historiografia de língua alemã como Adalbert von Saargau; Conrado, como Kuno von Öhningen ou Konrad i. Ver Eduard Hlawitschka, *Zur Herkunft und zu den Seitenverwandten des Gegenkönigs Rudolf von Rheinfelden*, pp. 183-8; e Jean Jacques Siegrist, "Die Acta Murensia und die Frühhabsburger", p. 14.

7. Jean Bérenger, *op. cit.*, p. 12.

8. Mário Giordani, *História do mundo feudal*, v. 2, pp. 145-6; Armindo Trevisan, *Uma viagem através da Idade Média*, pp. 183-5.

9. Elena Percivaldi, *A vida secreta na Idade Média*, pp. 106-12; Robert Lacey e Danny Danziger, *O ano 1000*, p. 60.

10. John Keegan, *Uma história da guerra*, pp. 338-9.

11. Jacques Le Goff, *As raízes medievais da Europa*, pp. 190-1.

12. Kalina Vanderlei Silva e Maciel Henrique Silva, *Dicionário de conceitos históricos*, pp. 150-3.

13. Guillermo Oncken, *Historia universal*, pp. 454-6.

14. Hans Prutz, "Los Estados de Occidente en la Edad Media", em Guillermo Oncken, *op. cit.*, p. 133.

15. Mário Giordani, *op. cit.*, v. 1, p. 249.

2. SENHORES DO SACRO IMPÉRIO

1. Informações sobre a capela e o trono de Carlos Magno estão disponíveis na página oficial da catedral. Sobre termos antigos em alemão, consultar *Althochdeutsches Wörterbuch*, disponível em: www.woerterbuchnetz.de. Acesso em: 14 fev. 2024.

2. Detalhes sobre a coroa e o projeto de pesquisa realizado em 2022 podem ser acessados na página do Kunsthistorisches Museum, disponível em: www.khm.at ou www.projekt-reichskrone. at. Acesso em: 15 jun. 2024.

3. Ver relato em Oswald Redlich, *Rudolf von Habsburg*, pp. 168-9.

4. Jean Bérenger, *A History of the Habsburg Empire*, p. 13. O marco (*Mark*) era uma moeda ou unidade de medida (aproximadamente 234 gramas) e seu valor variou muito ao longo do tempo. Além do mais, não havia uniformidade na cunhagem, que mudava de região para região.

5. Oswald Redlich, *op. cit.*, p. 123 e 167.

6. Peter J. Mainka, *O Sacro Império Romano-Germânico por volta de 1500*, p. 164.

7. Anton Horne, *Geschichte von Frankfurt am Main in gedrängter Darstellung*, pp. 11-8 e 42.

8. Roland Mousnier, "Os séculos XVI e XVII", p. 291, em Mário Giordani, *História dos séculos XVI e XVII na Europa*, p. 445.

9. Título concedido a nobres do Sacro Império que se reportavam diretamente ao imperador.

10. Johann Baptist von Weiss, *Weltgeschichte*, v. 6, p. 14. Hoje, um pé corresponde a 30,48 centímetros. Até o século XX, porém, a medida era muito variável, de 25 a 35 centímetros. O pé carolíngio media 32,24 centímetros. Carlos Magno foi descrito como tendo "sete pés" de altura e "estatura mediana" e pesquisas modernas afirmam que sua altura era 1,84 metro. Se a medida usada for semelhante, Rodolfo teria aproximadamente essa mesma altura.

11. César Cantú, *Historia universal*, v. 7, p. 377; Martyn Rady, *The Habsburgs*, p. 6.

12. Título concedido aos nobres responsáveis por governar áreas de fronteira no Sacro Império.

13. Martyn Rady, *op. cit.*, p. 47.

14. Oswald Redlich, *op. cit.*, p. 284.

15. Ibid., p. 322.

16. Ibid., p. 325.

17. Mário Giordani, *História do mundo feudal*, v. 1, pp. 306-7.

18. Martin Mutschlechner, "Albrecht I: Ehen und Nachkommen", disponível em *Die Welt der Habsburger*: www.habsburger.net. Acesso em: 14 fev. 2024.

19. Jean des Cars, *La saga de los Habsburgo*, p. 34.

20. Mário Giordani, *op. cit.*, pp. 308-9.

21. Andrew Wheatcroft, *The Habsburgs*, pp. 34-5.

22. Ibid., p. 35.

23. Heinz Dopsch, "Rudolf IV", *Neue Deutsche Biographie*, v. 22, pp. 179-80, 2005.

24. Andrew Wheatcroft, *op. cit.*, pp. 44-7 e 50.

25. Martin Rady, *op. cit.*, p. 57.

26. Donald Matthew, *Europa medieval*, pp. 210-1; Alphons Lhotsky, "Friedrich IV", *Neue Deutsche Biographie*, v. 5, pp. 524-5, 1961.

3. A.E.I.O.U.

1. Alphons Lhotsky, "Friedrich III", *Neue Deutsche Biographie*, v. 5, p. 484, 1961.

2. Karl-Friedrich Krieger, *Die Habsburger im Mittelalter*, p. 171; Alphons Lhotsky, *op. cit.*, p. 486.

3. Patrick Collinson, *A Reforma*, pp. 44-5; Frédéric Barbier, *A Europa de Gutenberg*, pp. 46, 68 e 339-40.

4. O florim (do italiano *fiorino*, de *fiore*, "flor", devido à flor-de-lis que identificava as primeiras moedas cunhadas em Florença, no século XIII) era uma moeda muito popular na Europa medieval. Os alemães a chamavam de *Gulden*. Pesava 349 gramas de ouro e o valor era muito variável. O dote pago corresponderia a mais de 8,5 milhões de dólares atuais. Ver Dorothy McGuigan, *Familie Habsburg*, p. 635.

5. Ver detalhes dos festejos, preparativos, viagem e coroação de dona Leonor em Nicolau Lanckman de Valckenstein, *Leonor de Portugal, imperatriz da Alemanha*. Alguns complementos estão em Rui de Pina, *Chronica de el-rey d. Affonso* v, v. 2, pp. 120-8; e Vilhena Barbosa, *Estudos historicos e archeologicos*, v. 2, pp. 61-97.

6. Luciano Cordeiro, *Portugueses fora de Portugal*, pp. 40-1.

7. Ludwig Pastor, *The History of the Popes*, v. 2, pp. 155-6. Ver também Nicolau Lanckman de Valckenstein, *op. cit.*, pp. 73-7.

8. Lopo de Almeida, *Cartas de Itália*, pp. 21-31; Andrew Wheatcroft, *The Habsburgs*, p. 78.

9. Andrew Wheatcroft, *op. cit.*, p. 313.

10. Ver Charles Ingrao, *The Habsburg Monarchy*, p. 3; Andrew Wheatcroft, *op. cit.*, p. 81; e Alphons Lhotsky, "AEIOU. Die 'Devise' Kaiser Friedrichs III und sein Notizbuch", p. 166.

11. Martyn Rady, *The Habsburgs*, p. 64.

12. Mário Giordani, *História dos séculos XVI e XVII na Europa*, pp. 15-6 e 99-100; Andrew Wheatcroft, *op. cit.*, pp. 85-6.

13. Martyn Rady, *op. cit.*, p. 68.

14. Mário Giordani, *op. cit.*, p. 100; Hans Prutz, "Los Estados de Occidente en la Edad Media", em Guillermo Oncken, *Historia universal*, pp. 484-6; César Cantú, *Historia universal*, v. 9, p. 102.

15. Johann Baptist von Weiss, *Weltgeschichte*, v. 7, p. 624.

16. Martyn Rady, *op. cit.*, p. 70; Peter Burke, *O polímata*, pp. 57-8.

17. Brian A. Pavlac e Elisabeth Lott, *The Holy Roman Empire*, v. 1, p. 35.

18. Elisabeth Klecker, "Bella gerant alii: tu, felix Austria, nube! Eine Spurensuche", pp. 30-44.

19. R. W. Seton-Watson, *Maximilian I*, p. 13; Johann Baptist von Weiss, *op. cit.*, p. 435.

20. R. W. Seton-Watson, *op. cit.*, p. 14.

21. Andrew Wheatcroft, *op. cit.*, p. 86.

22. O ducado (do italiano *ducato*, pois tinha uma efígie representando um duque) foi muito usado na Europa (especialmente na Itália, na França e na Espanha) e seu valor foi muito variável ao longo do tempo. Como comparativo de época, um empregado do alto escalão do governo de Milão recebia 150 ducados anuais. Assim, quatrocentos mil ducados corresponderiam hoje a cerca de 25 milhões de dólares. Ver Dorothy McGuigan, *op. cit.*, p. 635.

23. Jean des Cars, *La saga de los Habsburgo*, pp. 62, 79-81.

24. Samuel Sanchez y Sanchez, "Until Death Do Us Part?", em Basil Dufallo e Peggy McCracken, *Dead Lovers*, pp. 114-21.

25. R. W. Seton-Watson, *op. cit.*, p. 29.

26. Gerhard Quaas, *Das Handwerk der Landsknechte*, p. 120; Mário Giordani, *op. cit.*, p. 103.

27. Roland Mousnier, "Os séculos XVI e XVII: Os progressos da civilização europeia", em Maurice Crouzet (dir.), *História geral das civilizações*, v.1, pp. 63-4.

28. Martyn Rady, *op. cit.*, p. 73. Ver detalhes em Hermann Wiesflecker, "Maximilian I", *Neue Deutsche Biographie*, v. 16, pp. 458-71, 1990.

29. Andrew Wheatcroft, *op. cit.*, pp. 101-2; R. W. Seton-Watson, *op. cit.*, pp. 75-6.

30. Dorothy McGuigan, *op. cit.*, p. 102; Martyn Rady, *op. cit.*, p. 78.

4. O SENHOR DO MUNDO

1. Jean de Cars, *La saga de los Habsurgo*, p. 72.

2. Detalhes dos últimos dias de Filipe estão na carta do dr. Parra escrita ao rei dom Fernando II, na qual noticiou sua morte, em Miguel Salvá e Pedro Sainz de Baranda, *Colleción de documentos inéditos para la história de España*, pp. 394-7; Jean de Cars, *op. cit.*, p. 74; Brigitte Hamann, *Die Habsburger*, p. 385.

3. Salvador de Madariaga, *Carlos V*, p. 68.

4. Frederico de Bezold, "La reforma religiosa en Alemania", em Guillermo Oncken, *Historia universal*, p. 336; Dorothy McGuigan, *Familie Habsburg*, p. 108; Peter Rassow, *Karl V*, pp. 11-2.

5. Johann Baptist von Weiss, *Weltgeschichte*, v. 7, p. 627.

6. Ibid., p. 627-8; Salvador de Madariaga, *op. cit.*, pp. 61-3.

7. Frederico de Bezold, *op. cit.*, p. 335.

8. Ibid., pp. 337-43; Carter Lindberg, *História da Reforma*, p. 107.

9. Leo Huberman, *História da riqueza do homem*, pp. 93-4; Peter Bernstein, *O poder do ouro*, pp. 153-4. O valor de 850 mil florins corresponde a cerca de dez milhões de dólares atuais. Sobre as conversões, ver Dorothy McGuigan, *op. cit.*, p. 635.

10. Sobre o cerimonial, ver Dorothy McGuigan, *op. cit.*, pp. 145-6.

11. John Lynch, *Los Austrias*, p. 50.

12. Frederico de Bezold, *op. cit.*, p. 424.

13. Margarida Sobral Neto, *D. Isabel de Portugal*, pp. 29-30.

14. A. H. de Oliveira Marques, *História de Portugal*, v. 2, p. 153; Brigitte Hamann, *op. cit.*, pp. 167 e 439.

15. Margarida Sobral Neto, *op. cit.*, p. 89.

16. Hugh Thomas, *The Golden Empire*, pp. 37-8. Ver também Geoffrey Parker, *Emperor*.

17. Roland Mousnier, "Os séculos XVI e XVII: Os progressos da civilização europeia", em Maurice Crouzet (dir.), *História geral das civilizações*, v. 1, p. 72.

18. Mário Giordani, *História dos séculos XVI e XVII na Europa*, pp. 565-6.

19. Peter Burke, *O polímata*, pp. 81-2.

20. Geoffrey Parker, *op. cit.*, pp. 8-9; Jean de Cars, *op. cit.*, p. 94.

21. Perry Anderson, *Linhagens do Estado absolutista*, p. 73; Mário Giordani, *op. cit.*, pp. 105-6; John Lynch, *op. cit.*, p. 65.

22. André Alba, *Tempos modernos*, pp. 10-2; Mário Giordani, *op. cit.*, pp. 20-5; Johann Baptist von Weiss, *op. cit.*, p. 627; Walter Isaacson, *Leonardo da Vinci*, pp. 529-30.

23. Leonie Frieda, *Catarina de Médici*, pp. 64-6; Mário Giordani, *op. cit.*, pp. 20-5.

24. Jean de Cars, *op. cit.*, pp. 132-5.

25. Rodrigo Trespach, *Escravidão, do ano 1000 ao século XXI*, pp. 63-4; Leo Huberman, *op. cit.*, pp. 98-9; Peter Bernstein, *op. cit.*, p. 154.

26. Roland Mousnier, *op. cit.*, p. 64.

27. Martin Dreher, *De Luder a Lutero*, p. 87.

28. Mário Giordani, *op. cit.*, p. 493; Carter Lindberg, *op. cit.*, p. 197; Lyndal Roper, *Martinho Lutero*, p. 272.

29. Thomas Brady Jr., *German Histories in the Age of Reformations*, pp. 217-8; Carter Lindberg, *op. cit.*, p. 278; Karen Armstrong, *Campos de sangue*, p. 273.

30. Martin Meredith, *O destino da África*, p. 166; Jan Glete, *Warfare at Sea 1500-1650*, pp. 25 e 101.

31. "Memorias de Carlos V", em Salvador de Madariaga, *op. cit.*, pp. 172, 195 e 261.

32. Juan Jiménez, "Yuste, o el ocaso de un monarca hacia la muerte", pp. 102-3.

5. LOS AUSTRIAS

1. Gérard Walter, "El legado de los Reyes Católicos", em Salvador de Madariaga, *Carlos V*, pp. 18-9 e 45-50.

2. John Lynch, *Historia de España*, v. 4, p. 29.

3. Carlos M. Shaw, *Breve historia de la España moderna (1474-1808)*, pp. 23-5; John Lynch, *op. cit.*, v. 4, p.11.

4. Martin Philippson, "La Europa Occidental", em Guillermo Oncken, *Historia universal*, t. 22, p. 399.

5. Geoffrey Parker, *Imprudent King*, pp. 81 e 370.

6. Martin Philippson, *op. cit.*, p. 417.

7. Martyn Rady, *The Habsburgs*, p. 99.

8. Meyer Kayserling, *História dos judeus em Portugal*, p. 121.

9. Tony Bryan, *Lepanto 1571*, pp. 20-1 e 88.

10. Stephen Bown, *1494*, p. 198; Peter Bernstein, *O poder do ouro*, p. 147.

11. Geoffrey Parker, *op. cit.*, p. 65.

12. Peter Bernstein, *op. cit.*, p. 154.

13. Martin Philippson, *op. cit.*, p. 403; Geoffrey Parker, *op. cit.*, p. 46.

14. Leonie Frieda, *Catarina de Médici*, pp. 25-7; Paula Lourenço (coord.), Ana Cristina Pereira e Joana Troni, *Amantes dos reis de Portugal*, p. 142.

15. Geoffrey Parker, *op. cit.*, p. 160.

16. Martyn Rady, *op. cit.*, pp. 98-9; Jean des Cars, *La saga de los Habsburgo*, p. 200; Juan Martínez, *Espanha e Portugal*, v. 1, p. 80; César Moreno, *Los Austrias*, p. 153.

17. Geoffrey Parker, *op. cit.*, pp. 30 e 117-8.

18. A. H. de Oliveira Marques, *História de Portugal*, v. 2, pp. 164-5; Geoffrey Parker, *op. cit.*, pp. 269-70.

19. Ronaldo Vainfas, *Dicionário do Brasil colonial*, pp. 436-7.

20. Mário Giordani, *História dos séculos XVI e XVII na Europa*, pp. 165-6.

21. Jean des Cars, *op. cit.*, pp. 203-4; Geoffrey Parker, *op. cit.*, p. 317.

22. Lisa Hilton, *Elisabeth I*, pp. 304-5; Geoffrey Parker, *op. cit.*, p. 323.

23. A. H. de Oliveira Marques, *op. cit.*, p. 165.

24. John Lynch, *Historia de España*, v. 5, p. 10.

25. Ibid., p. 17.

26. Adjetivo usado na península Ibérica para designar um protegido, estimado; aquele que se coloca sob proteção de alguém mais poderoso.

27. Ronaldo Vainfas, *Traição*, pp. 36-8.

28. John Lynch, *Historia de España*, v. 5, p. 243.

29. César Moreno, *op. cit.*, p. 347.

30. Ver detalhes em Gonzalo Alvarez, Francisco C. Ceballos e Celsa Quinteiro, "The Role of Inbreeding in the Extinction of a European Royal Dynasty", e Román Vilas et al. "Is the 'Habsburg Jaw' Related to Inbreeding?".

31. Jean des Cars, *op. cit.*, p. 244; César Moreno, *op. cit.*, p. 340.

6. SÉCULO DE SANGUE

1. Perry Anderson, *Linhagens do Estado absolutista*, pp. 336-7.

2. Martyn Rady, *The Habsburgs*, pp. 121-2.

3. Ibid., p. 112; Jean des Cars, *La saga de los Habsburgo*, pp. 118-224.

4. Richard Bonney, *A Guerra dos Trinta Anos 1618-1648*, pp. 12-3.

5. Martyn Rady, *op. cit.*, p. 146.

6. Peter Wilson, *Europe's Tragedy*, pp. 336-7.

7. Richard Bonney, *op. cit.*, p. 89; Karen Armstrong, *Campos de sangue*, p. 268.

8. Richard Bonney, *op. cit.*, p. 7; Peter Wilson, *op. cit.*, pp. 540-2.

9. Alan Palmer, *Declínio e queda do Império Otomano*, pp. 10-1.

10. Andrew Wheatcroft, *The Enemy at the Gate*, p. 79.

11. Mário Giordani, *História dos séculos XVI e XVII na Europa*, pp. 121-3.

12. Adam Wolf, "Austria durante los reinados de María Teresa, José II e Leopoldo II", em Guilhermo Oncken, *Historia universal*, t. 30, p. 218.

13. Andrew Wheatcroft, *op. cit.*, pp. 162-87.

14. Ibid., pp. 189-99.

7. A GRANDE IMPERATRIZ

1. Brigitte Hamann, *Die Habsburger*, pp. 185-7.

2. Sobre a Sanção Pragmática, ver mais detalhes em Edward Crankshaw, *Maria Theresa*; ou em Dorothy McGuigan, *Familie Habsburg*, pp. 349-50; Martyn Rady, *The Habsburgs*, pp. 187-8; e Adam Wolf, "Austria durante los reinados de María Teresa, José II y Leopoldo II", em Guillermo Oncken, *Historia universal*, t. 30, pp. 227-8.

3. Dorothy McGuigan, *op. cit.*, p. 360.

4. Brigitte Hamann, *op. cit.*, pp. 215-8.

5. William Coxe, *The History of the House of Austria*, v. 2, pp. 220-1; Edward Crankshaw, *op. cit.*, p. 6.

6. Jean des Cars, *La saga de los Habsburgo*, pp. 272-3; William Coxe, *op. cit.*, p. 225.

7. Edward Crankshaw, *op. cit.*, p. 66.

8. William Coxe, *op. cit.*, pp. 563-5. Ver mais sobre os filhos em Justin Vovk, *In Destiny's Hands*.

9. Tim Blanning, *Frederico, o Grande*, p. 23.

10. Sobre a orientação sexual do rei da Prússia, ver Tim Blanning, *op. cit.*, pp. 48-58.

11. Dorothy McGuigan, *op. cit.*, p. 359.

12. Edward Crankshaw, *op. cit.*, p. 66.

13. Marnie Fogg, *Tudo sobre moda*, pp. 106-13.

14. Karl Roider, *Maria Theresa*, p. 75.

15. Martyn Rady, *op. cit.*, pp. 192-3; Roland Mousnier e Ernst Labrousse, "O século XVIII: O último século do Antigo Regime", em Maurice Crouzet (dir.), *História geral das civilizações*, t. 5, v. 1, p. 207.

16. Madame de Staël, *Da Alemanha*, p. 47.

17. Ibid., pp. 47-8. Viena conta hoje com mais de 260 igrejas. Até o final do século XVIII eram 112. Dados levantados por Othmar Kremser, de Viena, em maio de 2023.

18. Adam Wolf, *op. cit.*, t. 30, pp. 222-4.

19. Andrew Wheatcroft, *The Habsburgs*, p. 225.

20. Sobre a história do Hofburg, em detalhes, ver Moriz Dreger, *Baugeschichte der k.k. Hofburg in Wien bis zum XIX. Jahrhundert*. Ver também a página *Die Welt der Habsburger*, disponível em: www.habsburger.net. A página também pode ser consultada para informações sobre o Schönbrunn e o Laxenburg.

21. Lincoln Casas, *Mozart por trás da máscara*, pp. 29-30.

22. Marcel Brion, *Viena no tempo de Mozart e Schubert*, pp. 120-5; Madame de Staël, *op. cit.*, p. 49.

23. William Coxe, *op. cit.*, p. 562; e George Upton, *Maria Theresa*, p. 140.

24. Adam Wolf, *op. cit.*, p. 304.

25. Simon Montefiore, *Catarina, a Grande & Potemkin*, p. 317.

26. Adam Wolf, *op. cit.*, p. 365.

27. Marcel Brion, *op. cit.*, p. 105.

28. William Coxe, *op. cit.*, p. 654.

8. UMA HABSBURGO NO TRONO BRASILEIRO

1. Caroline Weber, *Rainha da moda*, pp. 319-21.

2. Roland Mousnier e Ernst Labrousse, "O século XVIII: A sociedade do século XVIII perante a Revolução", em Maurice Crouzet (dir.), *História geral das civilizações*, t. 5, v. 2, pp. 37-58.

3. Eric Hobsbawm, *A era das revoluções*, p. 119; Andrew Hussey, *A história secreta de Paris*, pp. 230-9.

4. Vincent Cronin, *Napoleão*, pp.182-5; Steven Englund, *Napoleão*, p. 106.

5. Steven Englund, *op. cit.*, pp. 263-4 e 271-2; Vincent Cronin, *op. cit.*, pp. 250-5.

6. Adam Zamoyski, *Ritos de paz*, p. 70.

7. Micheal Clodfelter, *Warfare and Armed Conflicts*, p. 152; Jean des Cars, *La saga de los Habsburgo*, p. 347.

8. Rodrigo Trespach, *1824*, pp. 30-1.

9. ONB, *Wiener Zeitung*, n. 7, 25 jan. 1797, p. 233.

10. As informações sobre a localização dos aposentos onde dona Leopoldina nasceu são de Martin Mutschlechner, do departamento de Pesquisa e Documentação do Grupo Schönbrunn, conforme entrevista em maio de 2023.

11. Betina Kann, "Apontamentos sobre a infância e juventude de Leopoldina", em Bettina Kann e Patrícia Souza Lima, *D. Leopoldina: Cartas de uma imperatriz*, p. 68; Maria Graham, *Diário de uma viagem ao Brasil*, p. 297.

12. Luiz Norton, *A corte de Portugal no Brasil*, p. 89. Ver a carta de Marialva, de 30 nov. 1816, pp. 341-9.

13. Tobias Monteiro, *A elaboração da Independência*, v. 1, pp. 175-9.

14. AHMI, II-POB [1826] L. B.-dc.; carta de 15 abr. 1817, em Bettina Kann e Patrícia Souza Lima, *op. cit.*, p. 284.

15. Rodrigo Trespach, *op. cit.*, pp. 20-1.

16. Marsilio Cassotti, *A biografia íntima de Leopoldina*, p. 105; Luiz Norton, *op. cit.*, pp. 98-9.

17. Cartas de 8 nov. 1817, em Bettina Kann e Patrícia Souza Lima, *op. cit.*, pp. 313-4.

18. Cartas de 20 e 26 jan. 1818, em Bettina Kann e Patrícia Souza Lima, *op. cit.*, pp. 325-6 e 329.

19. Carta de dona Leopoldina ao pai, o imperador Francisco I, datada de 1º mar. 1819, e carta a Maria Luísa, de 30 set. 1824, em Bettina Kann e Patrícia Souza Lima, *op. cit.*, pp. 351 e 431.

20. Baronne du Montet, *Souvenirs de la baronne du Montet*, p. 175. Os lábios proeminentes eram uma característica marcante da família Habsburgo, por isso a baronesa se refere a "lábios salientes dos austríacos", isto é, a família imperial.

21. Theodor von Leithold e Ludwig von Rango, *O Rio de Janeiro visto por dois prussianos em 1819*, p. 59; Marsilio Cassotti, *op. cit.*, p. 239; Eduardo Teodoro Bösche, "Quadros alternados", p. 153.

22. Julius Mansfeldt, *Meine Reise nach Brasilien im Jahre 1826*, v. 1, p. 85; carta a Maria Luísa, de 2 jul. 1821, em Bettina Kann e Patrícia Souza Lima, *op. cit.*, p. 383.

23. Cartas de 9 jun. 1821, de final de 1821 e de 8 jan. 1822, em Bettina Kann e Patrícia Souza Lima, *op. cit.*, pp. 381 e 389.

24. Carta de 19 ago. 1822, em Bettina Kann e Patrícia Souza Lima, *op. cit.*, pp. 407-8.

25. A. J. de M. Moraes, *História do Brasil-Reino e Brasil-Império*, p. 384-5; Antônio Menezes Vasconcelos de Drummond, *Anotações*, p. 101; Carlos Henrique Oberacker Jr., *A imperatriz Leopoldina*, p. 275.

26. Carlos Henrique Oberacker Jr., "O grito do Ipiranga", pp. 446-7.

27. Antônio Menezes Vasconcelos de Drummond, *op. cit.*, p. 103.

28. Carta de 10 set. 1824, em Bettina Kann e Patrícia Souza Lima, *op. cit.*, p. 429.

29. Sobre a situação da imperatriz nos dias finais, ver detalhes em Barão de Inhomirim, *Bulletins sobre o estado da enfermidade de sua Magestade a Imperatriz*. A carta do barão consta em Maria Graham, *Correspondência entre Maria Graham e a imperatriz dona Leopoldina*, p. 145.

30. Max Fleiuss, *Páginas da história*, p. 298; Carl Seidler, *Dez anos no Brasil*, p. 127; Eduardo Teodoro Bösche, *op. cit.*, p. 180; Maria Graham, *op. cit.*, p. 55; id., *Diário de uma viagem ao Brasil*, p. 170.

31. Sobre as condições do sepultamento, ver Valdirene Ambiel, *O novo grito do Ipiranga*, pp. 147-67, com o trabalho forense realizado na exumação do corpo da imperatriz em 2012.

9. DECLÍNIO E QUEDA DA DINASTIA

1. Adam Zamoyski, *Ritos de paz*, pp. 51-2.

2. Steven Englund, *Napoleão*, p. 394; Jean des Cars, *La saga de los Habsburgo*, p. 362.

3. Vincent Cronin, *Napoleão*, p. 313.

4. Ibid., pp. 350-1 e 401-6.

5. Baronne du Montet, *Souvenirs de la baronne du Montet*, p. 114.

6. Adam Zamoyski, *op. cit.*, p. 294-302; Jean des Cars, *op. cit.*, p. 373.

7. Rodrigo Trespach, *1824*, pp. 50-3; Jane Burbank e Frederick Cooper, *Impérios*, pp. 427-9.

8. Lorenz Mikoletzky, "Ferdinand I. von Österreich (1835-1848)", em Anton Schindling e Walter Ziegler, *Die Kaiser der Neuzeit*, p. 334; Alan Sked, *Declínio e queda do Império Habsburgo*, p. 23.

9. Brigitte Hamann, *Die Habsburger*, pp. 121-4.

10. Maximiliano de Habsburgo, *Bahia 1860*, p. 69.

11. Egon Corti, *A imperatriz Elisabete*, p. 14; Jean des Cars, *op. cit.*, p. 404.

12. Alan Palmer, *Twilight of the Habsburgs*, pp. 13-6.

13. Greg King e Sue Woolmans, *O assassinato do arquiduque*, p. 45.

14. Egon Corti, *op. cit.*, pp. 20-3 e 28-31.

15. Jean des Cars, *op. cit.*, pp. 421-4.

16. Egon Corti, *op. cit.*, p. 79; Brigitte Hamann, *Sisi*, p. 179.

17. Martyn Rady, *The Habsburgs*, p. 262; Brigitte Hamann, *Sisi*, p. 305.

18. Egon Corti, *op. cit.*, p. 285; Brigitte Hamann, *Sisi*, pp. 162, 176 e 274.

19. Brigitte Hamann, *Sisi*, pp. 386-91.

20. Egon Corti, *op. cit.*, pp. 249-55; Brigitte Hamann, *Die Habsburger*, pp. 415-7.

21. Egon Corti, *op. cit.*, pp. 306-9 e 313.

22. Jonathan Steinberg, *Bismarck*, p. 592. Sobre os movimentos políticos e militares entre 1848 e 1867 tratados a seguir, ver Alan Sked, *op. cit.*, pp. 157-210; e Martin Kitchen, *História da Alemanha moderna*, pp.125-50.

23. Alan Sked, *op. cit.*, pp. 212-23; Egon Corti, *op. cit.*, pp. 106-9; Rodrigo Trespach, *Grandes guerras*, pp. 59-63.

24. David Stevenson, *1914-1918*, v. 1, pp. 19-20; Paul Johnson, *Tempos modernos*, p. 29.

25. Stefan Zweig, *Autobiografia*, p. 198.

26. Rodrigo Trespach, *Grandes guerras*, pp. 63-4.

27. Greg King e Sue Woolmans, *op. cit.*, pp. 77 e 97.

28. Rodrigo Trespach, *Grandes guerras*, pp. 57-8.

29. Margaret MacMillan, *A Primeira Guerra Mundial*, p. 233.

30. Rodrigo Trespach, *Grandes guerras*, pp. 32, 68 e 107.

31. Alan Palmer, *op. cit.*, p. 344.

32. Rodrigo Trespach, *Grandes guerras*, p. 205.

33. Stefan Zweig, *op. cit.*, p. 255.

10. CASA DUCAL

1. A. H. de Oliveira Marques, *História de Portugal*, v. 1, pp. 34-8, 59-64 e 74-81; e Eduardo França, *O poder real em Portugal*, p. 35.

2. A. H. de Oliveira Marques, *Brevíssima história de Portugal*, pp. 28-30.

3. Id., *História de Portugal*, v. 1, pp. 215-6.

4. Ver Jean-Louis Flandrin, "Tempero, cozinha e dietética nos séculos XIV, XV e XVI", em Jean-Louis Flandrin e Massimo Montanari, *História da alimentação*, pp. 478-85.

5. Sobre a expansão marítima portuguesa e as questões de disputas com a Espanha, ver Roger Crowley, *Conquistadores*, e Stephen Bown, *1494*. Ver também Martin Meredith, *O destino da África*, pp. 111-45. Sobre os escravos brancos, ver Rodrigo Trespach, *Escravidão, do ano mil ao século XXI*, pp. 22-9.

6. O cruzado de ouro foi criado em Portugal pelo rei dom Afonso V, em 1457, tendo recebido esse nome devido à cruz cunhada no reverso, alusão à cruzada contra os otomanos. Pesava cerca de 3,55 gramas de ouro 23 quilates. O rei dom João IV, o primeiro Bragança a governar Portugal, passou a cunhar o cruzado de prata logo após a Restauração. Seu valor foi muito variável ao longo do tempo. Ver Museu Histórico Nacional, *Moedas portuguesas da época dos descobrimentos*, p. 77.

7. Roger Crowley, *op. cit.*, pp. 117-21 e 167. Ver também Helio Vianna, *História do Brasil*, v. 1, pp. 30-48.

8. A descrição do rei dom João I consta em António Caetano de Sousa, *Historia genealogica da Casa Real Portugueza*, v. 2, p. 21. Muitos dos dados sobre a biografia de dom Afonso foram extraídos da mesma obra, v. 5, pp. 1-97. Ver também Isabel Lencastre, *Bastardos reais*, pp. 7 e 56-61. Sobre os demais Bragança deste capítulo, ver os volumes 5 e 6 da obra de Sousa.

9. José S. Silva, *Memorias para a historia de Portugal*, pp. 252-61. Ver ainda Machado Montalvão, *Dom Afonso, primeiro Duque de Bragança*, pp. 44-5; e Paula Lourenço (coord.), Ana Cristina Pereira e Joana Troni, *Amantes dos reis de Portugal*, pp. 92-3.

10. Mafalda Cunha, *Linhagem, parentesco e poder*, pp. 30 e 95; id., *A Casa de Bragança*, p. 23; e A. H. de Oliveira Marques, *op. cit.*, v. 1, p. 213.

11. António Caetano de Sousa, *op. cit.*, v. 5, pp. 38-40; Rui de Pina, *Chronica de el-rey d. Affonso V*, v. 2, p. 11; Machado Montalvão, *op. cit.*, p. 322; e Joaquim José da Rocha Espanca, *Memórias de Vila Viçosa*, v. 5, pp. 12-3.

12. Augusto Soares de Azevedo Barbosa de Pinho Leal, *Portugal antigo e moderno*, v. 1, pp. 481-85. Ver também Fr. Joaquim de Santa Rosa de Viterbo, *Elucidário das palavras, termos e frases que em Portugal antigamente se usaram*, v. 1, pp. 129-31.

13. Mafalda Cunha, *op. cit.*, p. 37. A dobra era uma designação geral dada a algumas moedas portuguesas e estrangeiras que circulavam em Portugal entre os séculos XII e XV.

14. Esteves Pereira e Guilherme Rodrigues, *Portugal*, v. 7, pp. 581-2.

15. Joaquim José da Rocha Espanca, *op. cit.*, v. 4, p. 111; Rui de Pina, *Chronica de el-rei d. Duarte*, p. 198; e António Caetano de Sousa, *op. cit.*, v. 5, p. 168.

16. A. H. de Oliveira Marques, *op. cit.*, v. 1, pp. 293-4.

17. António Caetano de Sousa, *op. cit.*, v. 5, pp. 431-4; Esteves Pereira e Guilherme Rodrigues, *op. cit.*, v. 2, p. 460; Joaquim José da Rocha Espanca, *op. cit.*, v. 5, pp. 23-8; e Meyer Kayserling, *História dos judeus em Portugal*, pp. 69-70.

18. António Caetano de Sousa, *op. cit.*, v. 5, p. 573.

19. Um estudo pormenorizado sobre o assassinato foi realizado em 2008 por Maria Paula Anastácio Gonçalves em *A senhora duquesa e o pajem*, em sua dissertação de mestrado. Ver também Jorge Fonseca, "Os escravos de D. Teodósio I, duque de Bragança" e o relato do padre, em Joaquim José da Rocha Espanca, *op. cit.*, v. 5, pp. 51-63.

20. Esteves Pereira e Guilherme Rodrigues, *op. cit.*, pp. 461-3. O quintal era uma unidade de medida de massa, que correspondia a quatro arrobas (cada arroba, 14,7 quilos), ou seja, 58,8 quilos.

21. Damião de Góis, *Crónica do felicíssimo rei d. Manuel*, v. 1, p. 138.

22. António Caetano de Sousa, *op. cit.*, v. 6, p. 85.

23. Descrições históricas e arquitetônicas sobre o paço ducal de Vila Viçosa constam de uma publicação da câmara do município, editada em 2020: *Vila Viçosa: Vila Ducal Renascentista*.

24. António Caetano de Sousa, *op. cit.*, v. 6, pp. 17-30 e 50-1.

25. A. H. de Oliveira Marques, *op. cit.*, v. 1, pp. 269-70; e v. 2, pp. 79-80; Fortunado de Almeida, *História de Portugal*, v. 5, p. 159.

26. M. Gonçalves Cerejeira, *Clenardo*, p. 273.

27. Joana Bento Torres, *De todas as partes do mundo*, v. 2, p. 10.

28. A. H. de Oliveira Marques, *op. cit.*, v. 2, p. 159.

29. Jorge Fonseca, "Os escravos de d. Teodósio I, duque de Bragança", p. 46.

30. A. H. de Oliveira Marques, *op. cit.*, v. 2, pp. 160-1.

II. REIS DE PORTUGAL

1. A. H. de Oliveira Marques, *História de Portugal*, v. 2, pp. 161-2.

2. Assim como no caso dos duques anteriores, não há registros precisos sobre o ano de nascimento de dom João. Se considerarmos que era costume que os homens se casassem com mais idade do que as mulheres, e tendo o casamento com dona Catarina ocorrido em 1563, é provável que dom João tenha nascido em alguma data entre 1540 e 1543, tendo, portanto, entre quarenta e 43 anos quando de sua morte. Este caso serve como exemplo das dificuldades enfrentadas pelo historiador para se reconstruir biografias anteriores ao século XVI, mesmo entre famílias abastadas.

3. Muitos dados sobre a biografia de dom Teodósio II constam em António Caetano de Sousa, *Historia genealogica da Casa Real Portugueza*, v. 6, pp. 303-573.

4. Joaquim José da Rocha Espanca, *Memórias de Vila Viçosa*, v. 7, pp. 63-5.

5. Ibid., pp. 59 e 70-2.

6. António Caetano de Sousa, *op. cit.*, v. 6, p. 358; e Joaquim José da Rocha Espanca, *op. cit.*, v. 6, p. 93.

7. A. H. de Oliveira Marques, *op. cit.*, v. 2, p. 122.

8. António Caetano de Sousa conta detalhes do contrato e das bodas em *Historia genealogica da Casa Real Portugueza*, v. 6, pp. 372-448.

9. António Caetano de Sousa, *op. cit.*, v. 7, pp. 238-40; e Malyn Newitt, *The Braganzas*, p. 79.

10. Malyn Newitt, *The Braganzas*, p. 79.

11. A. H. de Oliveira Marques, *op. cit.*, v. 2, pp. 128-34; id., *Brevíssima história de Portugal*, p. 101; e Ronaldo Vainfas, *Dicionário do Brasil colonial*, pp. 308-10. Ver também Anita Novinsky, *Os judeus que construíram o Brasil*.

12. António Caetano de Sousa, *op. cit.*, v. 7, pp. 24-9.

13. Paula Lourenço (coord.), Ana Cristina Pereira e Joana Troni, *Amantes dos reis de Portugal*, pp. 158-9.

14. Meyer Kayserling, *História dos judeus em Portugal*, p. 192.

15. A. H. de Oliveira Marques, *Brevíssima história de Portugal*, pp. 90-3; e Fortunado de Almeida, *História de Portugal*, v. 5, p. 159.

16. Rocha Pita, *História da América portuguesa*, p. 250; Meyer Kayserling, *op. cit.*, p. 278; e A. J. de M. Moraes, *Chronica geral do Brazil*, v. 2, p. 378.

17. António Caetano de Sousa, *op. cit.*, v. 7, pp. 97-110; e Joaquim José da Rocha Espanca, *op. cit.*, v. 7, pp. 122-3.

18. A. H. de Oliveira Marques, *op. cit.*, v. 2, pp. 83-4.

19. Rocha Pita, *op. cit.*, p. 220; e Pedro Calmon, *História do Brasil*, v. 2, p. 197.

20. Alexandre de Melo, *A Independência e o Império do Brasil*, pp. 234-5; e Pedro Calmon, *op. cit.*, v. 2, pp. 360-1.

21. Joaquim José da Rocha Espanca, *op. cit.*, v. 8, pp. 86-7; Paula Lourenço (coord.), Ana Cristina Pereira e Joana Troni, *op. cit.*, p. 161.

22. Ronaldo Vainfas, *op. cit.*, pp. 444-7. Ver mais em Yllan de Mattos, *A Inquisição contestada*.

23. Fortunado de Almeida, *História de Portugal*, v. 5, p. 18.

24. António Caetano de Sousa, *op. cit.*, v. 7, pp. 263-76; e A. J. de M. Moraes, *Brasil histórico*, v. 2, p. 168.

25. Paula Lourenço (coord.), Ana Cristina Pereira e Joana Troni, *op. cit.*, pp. 164-5; e Rocha Pita, *op. cit.*, p. 268.

26. António Caetano de Sousa, *op. cit.*, v. 7, p. 287 ss.; e Pedro Calmon, *op. cit.*, v. 2, p. 171.

27. A. H. de Oliveira Marques, *op. cit.*, v. 2, p. 196.

28. António Caetano de Sousa, *op. cit.*, v. 7, p. 397.

29. Paula Lourenço (coord.), Ana Cristina Pereira e Joana Troni, *op. cit.*, pp. 166-70; e A. H. de Oliveira Marques, *op. cit.*, v. 2, p. 200.

30. Isabel de Lancastre, *Bastardos reais*, pp. 146-53; Paula Lourenço (coord.), Ana Cristina Pereira e Joana Troni, *op. cit.*, pp. 172-3.

31. Moacyr Flores, *História do Rio Grande do Sul*, p. 41.

32. Rodrigo Trespach, *Revoltas, golpes e revoluções*, pp. 73-4.

33. Yuval Harari, *Sapiens*, pp. 147-8; David Landes, *A riqueza e a pobreza das nações*, pp. 131-2; e Helio Vianna, *História do Brasil*, p. 259.

34. Mário Giordani, *História dos séculos XVI e XVII na Europa*, p. 208.

35. António Caetano de Sousa, *op. cit.*, v. 7, pp. 658-63.

12. ERA DE OURO

1. António Caetano de Sousa, *Historia genealogica da Casa Real Portugueza*, v. 8, pp. 1-5; Veríssimo Serrão, *História de Portugal*, v. 5, p. 234; Charles Boxer, *The Portuguese Seaborne Empire*, p. 162.

2. Alberto Pimentel, *As amantes de d. João v*, p. 56.

3. António Caetano de Sousa, *op. cit.*, v. 8, pp. 323-4; Alberto Pimentel, op. cit., p. 54; e Esteves Pereira e Guilherme Rodrigues, *Portugal*, v. 4, p. 85.

4. Alberto Pimentel, *op. cit.*, p. 31; e Isabel Lencastre, *Bastardos reais*, p. 159.

5. A carta é citada por Alberto Pimentel, *op. cit.*, p. 101, mas o autor não identifica o manuscrito, apenas menciona que faz parte do acervo da Biblioteca Nacional.

6. Malyn Newitt, *The Braganzas*, p. 122.

7. Edward Paice, *A ira de Deus*, p. 43; Nicholas Shrady, *O último dia do mundo*, p. 129; e Malyn Newitt, *op. cit.*, p. 126.

8. Paula Lourenço (coord.), Ana Cristina Pereira e Joana Troni, *Amantes dos reis de Portugal*, p. 187; e Alberto Pimentel, *op. cit.*, p. 65.

9. Manuel Branco, *Portugal na epoca de d. João v*, pp. 36-7; Ana Miranda, *Que seja em segredo*, p. 12.

10. Edward Paice, *op. cit.*, p. 46; e Manuel Branco, *op. cit.*, p. 43.

11. Paula Lourenço (coord.), Ana Cristina Pereira e Joana Troni, *op. cit.*, p. 187.

12. Moacyr Flores, *História do Rio Grande do Sul*, pp. 43-4.

13. Rocha Pombo, *História do Brasil*, v. 1, p. 264; A. H. de Oliveira Marques, *História de Portugal*, v. 2, p. 303; e Jaime Cortesão, *Alexandre de Gusmão e o Tratado de Madrid*, v. 1, pp. 60-1.

14. Charles Boxer, *op. cit.*, p. 158.

15. Algumas descrições constam em Edward Paice, *op. cit.*, pp. 40-4; e Aluísio Herculano, *Vida e feitos dos reis e rainhas de Portugal*, p. 168. Mais informações sobre as obras arquitetônicas no site do SIPA/DGPC.

16. Charles Boxer, *op. cit.*, p. 161; e Jaime Cortesão, *op. cit.*, v. 1, p. 63.

17. Ver A. J. R. Russel-Wood, "O Brasil Colonial: o Ciclo do Ouro", em Leslie Bethell, *América Latina Colonial*, pp. 471-525; e Lilia Schwarcz e Heloisa Starling, *Brasil*, pp. 138-40.

18. A. H. de Oliveira Marques, *op. cit.*, v. 2, p. 364; Esteves Pereira e Guilherme Rodrigues, *op. cit.*, v. 3, pp. 1048-51.

13. DESPOTISMO ESCLARECIDO

1. Manuel Branco, *Portugal na epoca de d. João v*, p. 101; Charles Boxer, *The Portuguese Seaborne Empire*, pp. 341-2, 344 e 356.

2. Kalina Vanderlei Silva e Maciel Henrique Silva, *Dicionário de conceitos históricos*, pp. 210-2; e Ian Mortimer, *Séculos de transformações*, pp. 242-6.

3. Kalina Vanderlei Silva e Maciel Henrique Silva, *op. cit.*, pp. 43-4; Ian Mortimer, *op. cit.*, pp. 249-56; Yuval Harari, *Sapiens*, pp. 321-4. Ver também David Landes, *A riqueza e a pobreza das nações*.

4. Rodrigo Trespach, *1824*, p. 105.

5. David Landes, *op. cit.*, p. 287 ss.; Ian Mortimer, *op. cit.*, pp. 253-4.

6. Muitas informações deste capítulo sobre dom José I constam em António Caetano de Sousa, *Historia genealogica da Casa Real Portugueza*, v. 8, pp. 335-64.

7. Nathaniel Wraxall, *Historical Memoirs of My Own Time*, p. 7; e Jenifer Roberts, *D. Maria* I, p. 42.

8. A descrição do roteiro, em detalhes, consta em António Caetano de Sousa, *op. cit.*, v. 8, pp. 280-98. Ver também Alberto Pimentel, *As amantes de d. João* v, pp. 127-8. Coches e berlindas eram veículos de quatro rodas, podiam ser puxados por quatro ou mais cavalos, e se distinguiam pelo sistema de suspensão, sendo a berlinda a mais rápida delas. A sege, de dois ou quatro lugares, era movida por um ou dois animais. A caleça tinha quatro rodas e levava duas ou mais pessoas. A liteira não possuía rodas, transportava até duas pessoas e era puxada por duas mulas, uma à frente e outra na parte de trás do compartimento onde o viajante se sentava.

9. Paula Lourenço (coord.), Ana Cristina Pereira e Joana Troni, *As amantes dos reis de Portugal*, p. 197.

10. Nuno Gonçalo Monteiro, *D. José* I, p. 214; e Jenifer Roberts, *op. cit.*, p. 36.

11. Nathaniel Wraxall, *op. cit.*, p. 12.

12. Paula Lourenço (coord.), Ana Cristina Pereira e Joana Troni, *op. cit.*, pp. 199-200.

13. Ver, entre outros, Nuno Gonçalo Monteiro, *op. cit.*, p. 104 ss.; J. Lúcio de Azevedo, *O marquês de Pombal*, pp. 180-94; Paula Lourenço (coord.), Ana Cristina Pereira e Joana Troni, *op. cit.*, pp. 199-203; e Esteves Pereira e Guilherme Rodrigues, *Portugal*, v. 7.

14. Malyn Newitt, *The Braganzas*, p. 143.

15. Rocha Pombo, *História do Brasil*, v. 1, p. 284.

16. J. Lúcio de Azevedo, *op. cit.*, p. 10.

17. Albano da Silveira Pinto, *Resenha das famílias titulares e grandes de Portugal*, v. 2, p. 279.

18. J. Lúcio de Azevedo, *op. cit.*, pp. 123-4 e 126.

19. Ibid., pp. 124-5.

20. Moacyr Flores, *História do Rio Grande do Sul*, pp. 52-62.

21. A. H. de Oliveira Marques, *História de Portugal*, v. 2, pp. 370-1.

22. Charles Boxer, *op. cit.*, p. 190.

23. Na Torre do Tombo, em Lisboa, há uma série de alvarás sobre a escravidão. Ver ANTT, Leis e Ordenações, maço 8, n. 102.

24. J. Lúcio de Azevedo, *op. cit.*, p. 333.

25. Edward Paice, *A ira de Deus*, p. 47.

26. Nicholas Shrady, *O último dia do mundo*, p. 37.

27. J. Lúcio de Azevedo, *op. cit.*, pp. 147-51; Edward Paice, *op. cit.*, pp. 193-7.

28. Museu de Lisboa.

29. J. Lúcio de Azevedo, *op. cit.*, p. 384.

14. A RAINHA LOUCA

1. Ver detalhe em um manuscrito de António Pedro Virgolino, guardado na Torre do Tombo, intitulado "Autos de levantamento e juramento que os grandes, títulos seculares, eclesiásticos, e mais [...]", ANTT, CF/180.

2. Nuno Gonçalo Monteiro, *D. José I*, pp. 60-1; e Mary del Priore, *D. Maria I*, pp. 53-4.

3. Jenifer Roberts, *D. Maria I*, p. 5.

4. Ver António Caldeira Pires, *História do palácio Nacional de Queluz*.

5. Nathaniel Wraxall, *Historical Memoirs of My Own Time*, pp. 22-4; e Mary del Priore, *op. cit.*, p. 91.

6. Rodrigo Trespach, *1824*, p. 69.

7. Id., *Revoltas, golpes e revoluções no Brasil*, pp. 13-29.

8. Mary del Priore, *op. cit.*, p. 151.

9. Ibid., p. 159.

15. A CORTE NO RIO

1. Mary del Priore, *D. Maria I*, p. 165.

2. Otávio Tarquínio de Sousa, *A vida de d. Pedro I*, v. 2, t. 1, p. 16; e Malyn Newitt, *The Braganzas*, p. 180.

3. Mary del Priore, *op. cit.*, p. 105.

4. John Luccock, *Notas sobre o Rio de Janeiro e partes meridionais do Brasil*, p. 64; e Malyn Newitt, *op. cit.*, pp. 187-8.

5. Albert Savine, *Le Portugal il y a cent ans*, p. 111.

6. Ibid., pp. 112-4.

7. John Luccock, *op. cit.*, p. 65.

8. Tobias Monteiro, *História do Império*, v. 1, p. 94.

9. Ibid., pp. 97-103; e Isabel Lencastre, *Bastardos reais*, pp. 178-82.

10. Paulo Nogueira da Silva, *Crônica de dom João VI*, p. 26.

11. Theodor von Leithold e Ludwig von Rango, *O Rio de Janeiro visto por dois prussianos em 1819*, p. 62.

12. Paulo Nogueira da Silva, *op. cit.*, pp. 32-5.

13. Otávio Tarquínio de Sousa, *op. cit.*, p. 16; Pedro Calmon, *História do Brasil*, v. 4, p. 24.

14. Rodrigo Trespach, *Personagens da Independência do Brasil*, p. 45. Ver Patrick Wilcken, *Império à deriva*.

15. Luiz Gonçalves dos Santos, *Memórias para servir à história do reino do Brazil*, v. 1, pp. 21-30.

16. Rodrigo Trespach, *Às margens do Ipiranga*, pp. 36-9.

17. John Luccock, *op. cit.*, p. 29.

18. Ronaldo Vainfas e Lúcia Bastos Pereira das Neves, *Dicionário do Brasil joanino*, pp. 381-2; John Luccock, *op. cit.*, p. 176; Maria Graham, *Diário de uma viagem ao Brasil*, p. 277.

19. John Armitage, *História do Brasil*, pp. 52-3.

20. Theodor von Leithold e Ludwig von Rango, *op. cit.*, pp. 63-4.

21. Rodrigo Trespach, *1824*, pp. 39-40; e Helio Vianna, *História do Brasil*, v. 2, pp. 21-7.

22. Rodrigo Trespach, *1824*, p. 83.

23. Manuel de Oliveira Lima, *Dom João VI no Brasil*, v. 1, p. 3.

24. Mary del Priore, *op. cit.*, p. 186.

25. Luiz Gonçalves dos Santos, *op. cit.*, v. 2, pp. 212-35.

26. Ver mais detalhes em BN, *Gazeta Extraordinária do Rio de Janeiro*, de 10 fev. 1818.

27. Manuel de Oliveira Lima, *op. cit.*, v. 2, p. 1.130.

28. Mary del Priore, *op. cit.*, pp. 194-5.

29. Rodrigo Trespach, *Revoltas, golpes e revoluções no Brasil*, p. 47.

30. Pedro Calmon, *O rei do Brasil*, p. 318.

16. "INDEPENDÊNCIA OU MORTE!"

1. Carta de dom Pedro ao pai, de 19 jun. 1822, relembrando os acontecimentos de abril de 1821. AHMI, I-POB-09.01.1822-PI.B.C 1-7.

2. Rodrigo Trespach, *Às margens do Ipiranga*, p. 36.

3. Ibid., pp. 19-21.

4. Auguste de Saint-Hilaire, *Segunda viagem a província de São Paulo*, p. 190; C. Schlichthorst, *O Rio de Janeiro como é*, p. 251; Maria Graham, *Diário de uma viagem ao Brasil*, p. 79 e 340; e id., "Escorço biográfico de dom Pedro I", em *Correspondência entre Maria Graham e a imperatriz dona Leopoldina*, p. 73.

5. Rodrigo Trespach, *Às margens do Ipiranga*, pp. 112-5.

6. Ernst Ebel, *O Rio de Janeiro e seus arredores em 1824*, pp. 140-5.

7. Maria Graham, *Correspondência entre Maria Graham e a imperatriz dona Leopoldina*, p. 147.

8. Otávio Tarquínio de Sousa, *A vida de d. Pedro I*, v. 2, t. 2, p. 554.

9. Ibid., t. 1, p. 271; Carlos Henrique Oberacker Jr., *A imperatriz Leopoldina*, p. 38; e id., "A corte de d. João VI no Rio de Janeiro", p. 261.

10. C. Schlichthorst, *op. cit.*, pp. 60-1.

11. Rodrigo Trespach, *Personagens da Independência do Brasil*, pp. 57-60.

12. Valdirene Ambiel, *O novo grito do Ipiranga*, p. 197.

13. Eduardo Teodoro Bösche, "Quadros alternados", p. 153; e Bettina Kann e Patrícia Souza Lima, *D. Leopoldina: Cartas de uma imperatriz*, p. 284.

14. Ernst Ebel, *op. cit.*, p. 140; João Armitage, *História do Brasil*, p. 71; e Robert Walsh, *Notices of Brazil*, v. 2, p. 457.

15. Eduardo Teodoro Bösche, *op. cit.*, p. 163.

16. Carl Seidler, *Dez anos no Brasil*, p. 126.

17. Maria Graham, *Correspondência entre Maria Graham e a imperatriz dona Leopoldina*, p. 65.

18. HDBN, *Revérbero Constitucional Fluminense*, n. 25, 30 abr. 1822, p. 303.

19. Carta de dom Pedro ao pai, de 19 jun. 1822. AHMI, II-POB-09.01.1822-PI.B.c 1-7.

20. Ver detalhes em Rodrigo Trespach, *Às margens do Ipiranga*.

21. Ibid., pp. 130-2

22. Ibid., pp. 135-7.

23. Imprensa Nacional, *Decretos, cartas e alvarás de 1822*, v. 2, pp. 46-8.

24. Milton Luz, *A história dos símbolos nacionais*, p. 110-1; e António Caetano de Sousa, *Provas da historia genealogica da Casa Real Portugueza*, v. 6, p. 666.

25. Rodrigo Trespach, *Às margens do Ipiranga*, p. 139.

26. Ibid., pp. 144-6; e id., *Personagens da Independência do Brasil*, pp. 24-7.

27. Isabel Lustosa, *D. Pedro I*, p. 296.

28. Otávio Tarquínio de Sousa, *op. cit.*, v. 2, t. 3, p. 836.

29. A. H. de Oliveira Marques, *Brevíssima história de Portugal*, pp. 148-9.

30. Otávio Tarquínio de Sousa, *op. cit.*, v. 2, t. 3, pp. 1035-6.

17. O IMPERADOR FILÓSOFO

1. Carta de 17 dez. 1825, em Bettina Kann e Patrícia Souza Lima, *D. Leopoldina: Cartas de uma imperatriz*, p. 442.

2. Lilia Schwarcz, *As barbas do imperador*, p. 57.

3. José Murilo de Carvalho, *D. Pedro II*, p. 10.

4. Ezekiel Stanley Ramirez, *As relações entre a Áustria e o Brasil*, p. 75.

5. José Murilo de Carvalho, *op. cit.*, pp. 44-5 e 50.

6. Boris Fausto, *História do Brasil*, p. 171.

7. Lilia Schwarcz, *op. cit.*, p. 54.

8. Pedro Calmon, *O rei filósofo*, p. 62.

9. Lilia Schwarcz, *op. cit.*, pp. 73-6.

10. Rodrigo Trespach, *Revoltas, golpes e revoluções*, pp. 62-3.

11. Ibid., p. 59.

12. Pedro Calmon, *op. cit.*, p. 81.

13. Ibid., pp. 85-7.

14. Guy Gauthier, *O imperador republicano*, p. 96.

15. Roderick Barman, *Princesa Isabel do Brasil*, p. 33.

16. José Murilo de Carvalho, *op. cit.*, pp. 66 e 75.

17. Ibid., pp. 106-10.

18. Hernâni Donato, *Dicionário das batalhas brasileiras*, pp. 129-32; e Lilia Schwarcz e Heloisa Starling, *Brasil*, p. 298.

19. Hernâni Donato, *op. cit.*, pp. 306 e 439-40; Louis Schneider, *A guerra da Tríplice Aliança*, pp. 204-6; Guilherme Frota, *Quinhentos anos de História do Brasil*, p. 389. Ver também Luiz Octavio de Lima, *A guerra do Paraguai*.

20. José Murilo de Carvalho, *op. cit.*, p. 93.

21. Guilherme Nicastro, "O laudêmio de Petrópolis", em Pró Monarquia, *Revista Herdeiros do Porvir*, ano 29, n. 68, pp. 4-5, 2022.

22. Mary del Priore, *O castelo de papel*, p. 21.

23. Lilia Schwarcz, *op. cit.*, pp. 232-6. Ver também a página do Museu Imperial na web, disponível em: www.museuimperial.museus.gov.br.

24. José Murilo de Carvalho, *op. cit.*, p. 77.

25. Ibid., pp. 88-9.

26. Heitor Lyra, *História de dom Pedro II*, v. 2, p. 3.

27. Boris Fausto, *op. cit.*, p. 191; Helio Vianna, *História do Brasil*, v. 2, pp. 168-70; Guilherme Frota, *Quinhentos anos de História do Brasil*, p. 410; e Luiza Iotti, *Imigração e colonização*, p. 27.

28. Benjamin Mossé, *Dom Pedro II*, p. 202.

29. Guy Gauthier, *op. cit.*, p. 125.

30. Ibid., pp. 320-1.

31. José Murilo de Carvalho, *op. cit.*, p. 132.

32. Benjamin Mossé, *op. cit.*, p. 128.

33. Angela Alonso, *Flores, votos e balas*, p. 429.

34. Rodrigo Trespach, *op. cit.*, pp. 77-80.

35. O texto sobre o Golpe de Quinze de Novembro é baseado no capítulo "Ao som da Marselhesa", em Rodrigo Trespach, *Revoltas, golpes e revoluções*, pp. 85-103.

36. José Murilo de Carvalho, *op. cit.*, pp. 150-6.

37. Heitor Lyra, *História da queda do império*, v. 2, pp. 285-6 e 363-77.

38. Id., *História de dom Pedro II*, v. 3, pp. 185-6.

39. Id., *História da queda do império*, v. 2, pp. 409, 438-40.

40. Pedro Calmon, *op. cit.*, pp. 458-9; e Paulo Rezzutti, *D. Pedro II*, pp. 493-501.

18. ORLEANS E BRAGANÇA

1. Ver Rodrigo Trespach, *Revoltas, golpes e revoluções no Brasil*, p. 65.

2. Paulo Rezzutti, *D. Pedro II*, p. 390.

3. Roderick Barman, *Princesa Isabel do Brasil*, p. 41.

4. Mary del Priore, *O castelo de papel*, p. 46.

5. Paulo Rezzutti, *op. cit.*, p. 248; e Roderick Barman, *op. cit.*, p. 84.

6. Luís da Câmara Cascudo, *Conde d'Eu*, pp. 12-20 e 23-6.

7. Mary del Priore, *op. cit.*, p. 23.

8. Roderick Barman, *op. cit.*, p. 91.

9. Mary del Priore, *op. cit.*, pp. 276-7.

10. Guy Gauthier, *O imperador republicano*, p. 315.

11. Pedro Calmon, *Princesa Isabel*, p. 348.

12. Luís da Câmara Cascudo, *op. cit.*, p. 155.

13. Rodrigo Trespach, *op. cit.*, p. 43. Sobre o plebiscito, dados da página do Tribunal Superior Eleitoral, disponível em: www.tse.jus.br.

14. As informações que seguem foram extraídas de *O ramo brasileiro da Casa de Bragança*, pesquisa genealógica realizada por dom Carlos de Saxe-Coburgo e Bragança e publicada nos Anais do Museu Nacional em 1968. Ver também a página da Pró Monarquia: https://monarquia.org.br, onde está disponível o Anuário da Casa Imperial do Brasil 2024.

19. O ÚLTIMO REI

1. Malyn Newitt, *The Braganzas*, p. 234.

2. Ibid., p. 241.

3. Sofia Andrade e Silva, *A vida dos reis e rainhas de Portugal*, pp. 131-2.

4. Paula Lourenço (coord.), Ana Cristina Pereira e Joana Troni, *As amantes dos reis de Portugal*, p. 261.

5. Aluísio Herculano, *Vida e feitos dos reis e rainhas de Portugal*, pp. 212-3.

6. Isabel Lencastre, *Bastardos reais*, pp. 207-9; Paula Lourenço, *op. cit.*, p. 273.

7. Ian Mortimer, *Séculos de transformações*, p. 310; e A. H. de Oliveira Martins, *História de Portugal*, v. 3, pp. 111-6.

8. Paula Lourenço (coord.), Ana Cristina Pereira e Joana Troni, *op. cit.*, p. 277.

9. A. H. de Oliveira Martins, *op. cit.*, p. 154.

10. Paula Lourenço (coord.), Ana Cristina Pereira e Joana Troni, *op. cit.*, pp. 276-9.

11. Malyn Newitt, *op. cit.*, pp. 282-3.

12. Malyn Newitt, *op. cit.*, pp. 292-6. Ver a página da Casa Real Portuguesa, disponível em: www.casarealportuguesa.org.

ESTE LIVRO, COMPOSTO NA FONTE FAIRFIELD,
FOI IMPRESSO EM PAPEL LUX CREAM 60G/M² NA GRÁFICA SANTA MARTA.
SÃO BERNARDO DO CAMPO, FEVEREIRO DE 2025.